KB111131

조직행동의 이해와 관리

이해와 관리

이학종 · 김영조

圖書出版 오래

"사람이 기업의 가장 중요한 자산"이라는 표현은 아마도 경영자나 경영학자들이 가장 즐겨 쓰는 표현 중의 하나일 것이다. 우리 경제가 지식기반경제로 진입하면서 구성원들이 보유하고 있는 지식, 기술과 능력이 기업경쟁력의 주요 원천이 되고 있기 때문이다. 그만큼 우수 인재를 확보하기 위한 경쟁이 치열해지고 있다. 그런데 인적자원을 통해 기업경쟁력을 확보하려면 우수 인재를 확보하는 것도 중요하지만 이들 인적자원들이 역량을 최대한 발휘할 수 있도록 관리하는 것 또한 중요하다. 구성원들의 헌신과 몰입을 이끌어내야만 구성원들로부터 높은 성과를 기대할 수 있기 때문이다. 구성원들로부터 헌신과 몰입, 그리고 바람직한 행동을 이끌어내고 이를 통해 조직목표를 성공적으로 달성하는 것, 이것이 바로 조직행동론의 학문적 목적이다.

이와 같이 조직행동론(organizational behavior)은 조직구성원들의 태도와 행동이 조직성과를 좌우하는 중요요인이라는 관점에서 조직구성원들의 행동을 이해하고, 더 나아가 바람직한 행동을 이끌어내는 것을 목적으로 하는 실천학문이다. 현대 사회에는 여러 가지 형태의 조직이 존재하는데, 조직생활을 경험해본 사람이라면 상사, 동료, 부하 등 다른 사람의 태도와 행동을 이해하는 것이 그들과 좋은 관계를 유지하는 데뿐만 아니라 주어진 과업을 성공적으로 수행하는 데도 매우 중요하다는 것을 경험해봤을 것이다. 이처럼 조직행동론은 현대의 조직사회를 살아가는 사람들에게 꼭 필요한 학문이라 할 수 있다.

저자가 조직행동론 교재를 국내에 처음 출판한 것은 지금으로부터 30년 전인 1984년이다(조직행동론, 1984, 세경사). 그 당시 우리나라 기업들은 급속한 경제성장에 힘입어서 짧은 기간에 규모가 급속히 팽창한 반면에, 조직을 합리적으로 관리하기 위한 체계는 제대로 갖추어지지 않은 실정이었다. 한 마디로 말해 내실 경영보다는 성장 위주의 전략을 추진하던 시기였고, 그로 인해 합리적인 조직관리에 대한 관심은 상대적으로 적을 수밖에 없었다. 게다가 국내에 조직관리에 대한 학문적 지식과 이론도 축적되어 있지 않아서 거의 걸음마 수준이었다. 이러한 시대적 상황에서 기업의 관리자들에게 그리고 차세대 전문경영자를 꿈꾸는 경영학도들에게 조직관리에 대한 지식과 이론을 전파할 목적으로 조직행동 교재를 집필하였다. 30년 동안 저자의 교재는 이러한 목적에 충실했고, 그동안 독자들의 많은 사랑을 받아왔다. 이 책의 공저자 중 한 사람(김영조)은 이 교재로 조직행동을 배웠고 그 영향을 받아 오늘까지도 계속 조직행동을 연구하고 있다.

우리나라는 지난 30년 동안 지속적인 경제발전뿐만 아니라 정치 민주화와 사회문화의 발달, 과학기술의 진보 등 대대적인 변화에 직면해 왔다. WTO 가입으로 세계화 · 개방화가 급속히 진전됐고, 외환위기를 겪으면서 대규모 구조조정을 실시했고, 정보기술이 눈부시게 발달했고, FTA 체결로 글로벌화는 더욱 가속화되고 있다. 이러한 경영환경의 변화는 조직행동의 이론 및 지식체계에도 지속적인 영향을 미쳐왔고, 이를 반영하기 위해 저자는 다섯 차례의 개정판을 내왔다. 따라서 이번에 새로이 출판하는 『조직행동의 이해와 관리』는 여섯 번째 판이 되는 셈이다. 본서는 최근의 환경 변화를 반영하는 것 외에도 다음과 같이 몇 가지 사항에 초점을 두어 집필하였다.

첫째, 대학에서 한 학기에 강의하는 데 크게 부담이 되지 않도록 12개의 장으로 구성하였다. 조직행동론 강의는 이론강의뿐만 아니라 실습과 사례분석 방법을 활용하는 것이 일반적인데 너무 많은 장으로 구성되어 있는 경우 이를 15주 내에 마치는 것이 어려울 수 있다. 따라서 중요도가 떨어지는 주제들은 과감하게 생략하거나 통합하고, 또 최대한 설명들을 간결하게 함으로써 전체 분량을 줄였다.

둘째, 최근 윤리경영, 감정노동, 정보기술 기반의 커뮤니케이션, 서번트 리더십 등등에 대한 관심이 증가하였는데, 이러한 새로운 주제들을 좀 더 자세히 다루었다.

셋째, 조직행동론의 경우 주로 추상적인 개념들을 다루기 때문에 학생들이 모호하고 이해하기 어렵다는 평가를 하는 경우가 많은데, 본서는 가능하면 분명하고 쉬운 표현을 사용하여 가독성(readability)을 높이고자 하였다.

넷째, 학생들이 이 책을 보면서 조직행동에 대해 재미를 느낄 수 있도록, 그리고 조직행동의 이론을 좀 더 쉽게 이해할 수 있도록 재미있는 일화, 연구결과 등을 상자 안에 별도로 추가하였다.

이 책을 집필하면서 다른 책과 차별화되게 하고자 노력하였으나 여러 가지로 미흡하다는 생각이 든다. 이 책의 부족한 점은 앞으로도 계속 보완 · 발전시켜 나갈 계획이다. 저자들이 계속 조직행동에 관한 연구를 하면서 지속적으로 개선해나갈 뿐만 아니라 독자 여러분들로부터 부족한 점에 대한 피드백을 받아서 개선해나갈 것이다.

끝으로 이 책을 출판하는 데 관심과 지원을 아끼지 않은, 그리고 원고가 늦어지는 데도 인내심을 갖고 오랫동안 기다려 준, 도서출판 오래의 황인욱 사장님에게 감사드린다. 또한 출판 및 편집 작업을 위해 수고한 편집부 직원에게도 감사의 마음을 전한다.

2014년 2월
저자 이학종 · 김영조

차 례

Chapter 03 개인의 성격과 가치관

3. 윤리적 행동에 영향을 미치는 상황요인 91

Chapter 04 **지각, 학습과 직무태도**

Chapter 07 커뮤니케이션과 의사결정

Chapter **10** 조직구조 설계와 조직행동

Chapter 11 조직문화와 성과

조직행동의 개념

Organizational
Behavior

조직행동의 개념

우리 사회에는 영리기업뿐만 아니라 학교, 병원, 은행, 공공기관, 종교단체, 군대, 사회봉사단체, 예술·문화단체 등 다양한 형태의 조직들이 존재한다. 이들 조직들이 제각각 효율적으로 운영되는 경우 그만큼 한 사회의 경쟁력도 향상되고 조직에 몸담고 있는 구성원들의 삶의 질도 향상된다. 반면에, 한 사회의 조직들이 제대로 기능을 하지 못하게 되면 사회의 효율성과 건강성도 떨어지게 되고, 결국 사회구성원들의 삶의 질도 떨어질 수밖에 없다. 한 마디로 말해 조직의 성과가 한 사회의 경쟁력과 사회구성원들의 삶의 질을 좌우한다는 것인데, 그렇다면 어떻게 조직성과를 향상시킬 수 있을까? 조직행동론(organizational behavior)은 이러한 근본적인 질문에 체계적으로 답을 하기 위한 학문 분야이다.

이 책의 기본목적은 조직구성원들의 행동을 체계적이고 과학적으로 연구하는 것이다. 조직구성원들은 조직의 일원으로서 그리고 업무팀의 일원으로서 각자의 기능과 역할을 수행하며, 그들의 기능과 역할은 개인과 집단 그리고 전체 조직 수준에서의 행동과 성과로 나타나고 있다. 조직구성원들의 행동에 대한 체계적인 연구를 통하여 그들의 행동을 보다 잘 이해하고, 나아가서는 조직의 성과를 향상시키는 방향으로 조직행동을 관리하는 방안을 제시하는 것이 이 책의 근본목적이다.

이 장은 조직행동이란 무엇이고, 왜 조직행동을 연구해야 하며, 조직행동을 어떻게 연구하는 것인지를 개괄적으로 살펴본다. 제1절에서는 조직행동과 조직성과의 개념, 제2절에서는 조직행동론의 학문적 특성을 살펴보고, 제3절에서는 조직행동의 연구방법에 대해 다룬다.

우리가 조직행동을 연구하는 궁극적인 목적은 조직성과를 향상시키는 데 있다. 아무리 우수한 인재라 할지라도 조직 또는 경영진에 대해 부정적인 태도를 갖고 있고 업무에 몰입하지 않는다면 조직성과가 높아지기 어렵다. 반면에, 능력이 다소 떨어지더라도 조직 및 경영진을 신뢰하고 자신이 하는 일에 사명감을 갖고 열의를 보이고 몰입한다면 직무성과는 향상될 수 있다. 이처럼 조직구성원들이 어떠한 태도와 행동을 취하느냐에 따라서 조직성과는 큰 차이를 보일 수 있기 때문에 조직성과를 향상시키기 위해서는 조직구성원들의 행동을 체계적으로 이해하고 관리하는 것이 무엇보다도 중요하다. 조직행동의 학문적 성격과 내용, 그리고 조직성과 개념에 대해 살펴보고자 한다.

1 조직행동의 기본성격

우리 사회에는 다양한 형태의 조직들이 존재하며, 이들은 인력, 자금, 설비 등 여러 가지의 자원을 동원하여 각자가 추구하는 조직목표를 달성하기 위하여 노력하고 있다. 이처럼 모든 조직들이 조직의 생존과 발전을 위해 노력하지만 그 성과는 제각각 다르다. 어떤 조직은 제한된 자원을 가지고도 높은 성과를 올리는 반면, 어떤 조직은 자원이 풍부함에도 불구하고 조직운영의 효율성이 떨어져서 조직성과가 떨어지고 결국 쇠퇴의 길을 걷는다. 그렇다면 여기에서 다음과 같은 질문들이 제기될 수 있다.

- 왜 어떤 조직은 효율적인 운영으로 높은 성과를 거두고 있는 반면, 어떤 조직은 여러 문제를 겪고 있고 저조한 성과를 면치 못하고 있는가?
- 왜 어떤 구성원들은 조직에 대해 긍정적인 태도를 갖고 생산적인 행동을 하는 반면에, 어떤 구성원들은 조직에 대해 부정적인 태도를 갖고 역기능적인 행동을 하는가?
- 왜 어떤 팀은 구성원들 간에 신뢰와 협력관계가 구축되고 팀워크가 좋은 반면, 어떤 팀은 구성원들 간에 갈등관계가 만연하고 정치적 행동들이 난무하는가?
- 왜 어떤 조직은 어려운 환경과 작업조건에도 불구하고 구성원들 간에 단합과 협조가 잘 이루어지는 반면, 어떤 조직은 유리한 경영환경과 작업조건임에도 불구하고 구성원들 간에 갈등과 분열이 자주 발생하는가?

🖐 우리나라의 직장인들은 얼마나 열심히 일할까?

　한국의 근로자들은 열심히 일하는 것으로 널리 알려져 있다. 단적인 예를 들자면 매우 긴 근로시간을 들 수 있다. 2017년 현재 OECD 국가들의 연간 근로시간을 보면, 한국은 2,024시간으로 멕시코(2,257시간)와 코스타리카(2,179시간) 다음으로 가장 근로시간이 긴 나라이다. OECD 국가들의 연평균 근로시간이 1,759시간이므로 우리나라의 근로자들은 OECD 국가들 평균보다 연간 265시간이나 더 많이 일을 한다는 것이다. 이를 1일 법정근로시간인 8시간으로 나누면 33.1인데, 이는 우리나라 근로자들은 1년에 33.1일이나 더 일을 한다는 것을 뜻한다. 이와같은 장시간 노동은 우리나라의 경제발전을 일구는 데 큰 원동력이 되었다고 한다.

　패스트 컴퍼니(Fast Company)는 '어느 국가가 무엇으로 세계를 선도하는가(What each country leads the world in)'라는 제목으로 세계 지도를 실었는데, 한국을 '워크홀릭'으로 세계를 선도하는 국가로 표기했다. 그런데, 한국 직장인들은 세계 1위의 워크홀릭(workaholic)이지만, 갤럽의 조사결과에 의하면 정말 열심히 일하는 직원 비율은 주요국들 중 최하위권으로 나타났다. 즉, 한국 직장인들은 장시간 일을 하는 워크홀릭이지만, 업무에 몰입하지는 않는다는 것이다. 갤럽은 업무에 몰입하는 직원(engaged employees), 대충 일하는 직원(not engaged employees), 업무 방해형 직원(actively disengaged employees) 등 3개 그룹으로 직원들을 분류해 각각의 비율을 조사했는데 한국은 업무에 몰입하는 직원의 비중이 11%로서 미국(30%)이나 글로벌 기업(63%)보다 현저하게 떨어질 뿐 아니라 세계 평균(13%)에도 못 미쳤다. 반면 대충 일하는 직원은 67%, 적극적으로 게으름 피우는 업무방해형 직원은 22%에 이르렀다.

　갤럽은 2년마다 전 세계 직장인의 업무 몰입 정도를 분석하는 보고서를 발표하고 있다. 근로자가 재료와 장비를 적절히 사용하는지, 근로자의 의견이 생산성 개선에 반영되는지,

국가	몰입 (engaged)	비몰입 (not engaged)	적극적 비몰입 (actively disengaged)
한국	11	67	22
미국	30	52	18
덴마크	21	69	10
독일	15	61	24
영국	17	57	26
세계 평균	13	63	24

자료: 갤럽, 2011-2012 글로벌 업무현장보고서.

최근 6개월 사이 업무 향상과 관련한 재교육을 받았는지 등 12개 지표를 통해 몰입도를 산출한다. 2011~2012년 보고서는 전 세계 142개국 약 23만 명의 직장인을 상대로 조사했다.

직장인들이 일에 집중하지 않거나 몰입하지 않는다면 생산성이 높을 리가 없다. 그렇다면 구성원들의 직무몰입도를 높이려면, 그리하여 조직의 생산성을 높이려면 어떻게 해야 할까? 이러한 질문에 대한 답을 구하는 학문이 바로 조직행동론(organizational behavior)이다.

자료: OECD Statistics(http://stats.oecd.org); "워크홀릭은 세계 1위지만 열심히 일하는 직원은 드문 한국," 「MK뉴스」, 2013.11.04; "한국 직장인 90% 업무 몰입 못해… 부하 잘 이끌 리더 키워야," 「한국경제」, 2013.10.21.

- 왜 어떤 관리자는 구성원들의 동기를 유발하고 직무에 몰입하도록 하여 직무성과를 높이는 반면, 어떤 관리자는 구성원들로 하여금 능력을 제대로 발휘하지 못하게 하고 이직하게끔 만들거나 일탈적 행동을 하게 만드는가?
- 왜 어떤 조직은 고객욕구의 변화, 시장경쟁의 변화와 기술의 진보 등 외부환경의 변화에 유연하게 대처하는 반면, 어떤 조직은 환경변화를 제대로 감지하지 못하거나 또는 환경변화에 대응하지 못하고 쇠퇴하고 마는가?
- 왜 어떤 조직은 협력적이고 적응적이고 혁신적인 조직문화를 형성하는 반면, 어떤 조직은 현실안주의 보수적인 문화를 형성하는가?
- 왜 어떤 조직은 조직문제를 체계적으로 진단하고 이를 해결함으로써 성공적인 조직변화를 이끄는 반면, 어떤 조직은 조직변화에 실패하는가?

조직행동론(OB; organizational behavior)은 이러한 질문들에 대해 체계적으로 연구하는 학문분야이다. 조직행동론은 조직구성원들의 행동이 조직생존 및 성공에 중요한 영향을 미칠 수 있다는 관점하에 개인행동, 집단행동 및 조직행동을 체계적으로 이해하고, 예측하고, 더 나아가 조직문제에 대한 해결대안을 제시하는 학문이다. 그러므로 조직행동론은 조직에서 일어나는 여러 가지의 현상과 문제에 대한 우리들의 이해를 높여주는 것은 물론, 조직문제를 해결하기 위한 처방을 해주는 데 도움을 줄 수 있다.

1) 조직행동의 중요성

조직행동을 연구하는 이유는 단순하다. 조직행동이 조직 차원의 성과뿐만 아니라 조직구성원들의 삶의 질 측면에서도 중요하기 때문이다. 우리는 조직에서 항상 다른 사람들과 접촉하면서 그들과의 관계에 많은 시간을 보낸다. 즉, 아침에 출근하여 저녁에

퇴근할 때까지 다른 구성원들과 함께 일하면서 시간을 보낸다. 만일 구성원들이 서로를 싫어하고, 자신이 해야 할 일이 무엇인지도 잘 모르고, 너나 할 것 없이 빈둥대면서 무임승차하려 하고, 관리자는 무능력하고 무책임하다면, 이런 조직은 성과가 높을 리가 없으며 사람들은 분명 이런 조직에서 일하기를 원치 않을 것이다. 반면에, 구성원들이 서로 친밀하고, 각자가 해야 할 일들을 분명히 알고 있고, 즐거운 기분으로 일할 수 있는 조직분위기가 조성되어 있고, 또 관리자는 구성원들에게 열심히 일하고자 하는 의욕을 불어넣어 주고 있다면, 이런 조직은 성과가 높을 것이고 사람들은 분명 이런 조직에서 일하기를 원할 것이다. 이러한 직장이라면 사람들은 아침에 회사에 나가고 싶어하고, 자신의 일에 최선을 다하고자 열의를 보일 것이고, 자신이 하는 일에 자부심을 갖게 될 것이다.

조직행동에 대한 지식은 조직을 효과적으로 관리하는 데 도움을 줄 수 있으며, 비효율적인 조직을 효율적인 조직으로 변화시키는 데 도움을 줄 수 있다. 조직행동의 지식은 여러 가지 조직문제를 해결하는 데 도움을 줄 수 있는데, 몇 가지 예를 들자면 다음과 같다.

- 사람들마다 독특한 성격을 갖고 있는데, 조직행동의 지식은 구성원들의 성격에 적합한 직무를 배정하는 데 도움을 줄 수 있다. 즉, 개인-직무 간의 적합도를 높임으로써 직무성과를 높이는 동시에 개인의 만족도를 높일 수 있다.
- 조직행동의 지식은 사람들의 성격차이, 가치관 및 욕구의 차이를 이해하게 해주며, 이는 좀 더 원만한 인간관계를 이끌어가는 데 도움이 된다.
- 구성원들이 조직에 대해 부정적인 인식과 태도를 갖고 있다면, 조직행동의 지식은 그러한 태도가 형성된 원인을 분석하고 이를 개선하는 데 도움을 줄 수 있다.
- 조직행동에 대한 연구를 통해 사람들의 욕구와 동기에 대한 체계적인 이해를 하게 되면 그들을 동기부여할 수 있는 방안을 찾아내고 이를 통해 직무동기와 열의를 향상시킬 수 있다.
- 조직행동의 지식은 효과적인 직무설계를 통해 직무수행의 효율성을 높이는 동시에 구성원들의 직무만족도를 향상시키는 데 도움이 될 수 있다.
- 팀구성원들 간의 역학관계(team dynamics)를 잘 알고 있다면, 팀내 갈등을 해결하고 신뢰적이고 협력적인 관계를 구축함으로써 팀워크를 강화할 수 있다.
- 효과적인 리더십을 발휘하는 방법을 알고 있다면, 리더십 역량을 개발함으로써 성공적인 조직운영을 가능케 할 수 있다.

🗞️ 업무몰입은 생산성에 얼마나 영향을 미치는가?

갤럽의 2006년도 보고서에 의하면 미국 근로자들 중 31%만이 진심으로 일에 몰입하는 것으로 나타났는데, 이들은 열정을 갖고 일을 하며 회사에 대한 소속감을 갖고 회사의 발전에 기여하고자 한다. 몰입하지 않고 대충대충 일을 하는 직장인은 52%인데, 이들은 일을 하는 데 시간을 쏟기는 하지만 일하는 시늉만 하고, 일에 대한 열정을 보이지 않는다. 한편, 17%의 직장인들은 업무수행에서 적극적으로 일탈하는 것(actively disengaged)으로 나타났는데, 이들은 일을 할 때 열정을 보이지 않는 것에 그치는 것이 아니라 불쾌감을 표출하고 동료들의 과업수행을 방해하여 업무성과를 떨어뜨리기도 한다. 이들 비몰입 직원으로 인해 발생하는 비용은 매우 큰데, 2005년 3분기에 생산성 손실액이 약 400조원에 이르는 것으로 추산되었다. 이러한 조사결과는 조직구성원들이 어떠한 태도와 행동을 보이는가가 조직성과에 크나큰 영향을 미칠 수 있다는 것을 보여주고 있다.

갤럽의 아태지역(APAC) 래이 이몬드 사장은 한국경제신문과의 인터뷰에서 "기업이 성장하기 위한 투자는 직무를 직접 담당하는 직원의 몰입이 뒷받침될 때 최대로 실현된다"며 "한국의 CEO들은 '직원 몰입도 지수'를 주가나 매출액, 수익만큼 중요한 지표로 삼아야 한다"고 강조했다. 이몬드 사장은 "직장에서의 낮은 몰입은 조직원들의 타고난 성향 때문이 아니라 기업의 잘못된 관리로 인한 결과"라고 강조하며, "한국 기업들이 직원들의 몰입도를 끌어올릴 수 있는 역량 있는 팀리더를 개발하는 데 더 노력해야 한다"고 주문했다. 한국 기업들이 글로벌 리더로서 혁신을 선도하려면 부문별 리더를 개발하고 인재육성에 더 많이 투자해야 한다고 강조했다.

그는 또한 "돈 같은 인센티브는 회사에 대한 충성도를 높일 수 있는 요소 가운데 하나지

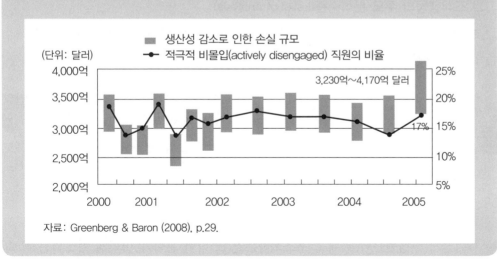

자료: Greenberg & Baron (2008), p.29.

만 대부분의 구직자들은 보수보다는 업무 성취감과 회사 내 교감에 더 큰 가치를 둔다"며 "그들이 가장 잘하는 일을 하고 있고, 자신들의 발전에 대해 신경을 써주는 조직에서 일하고 있다는 느낌을 갖도록 하는 게 중요하다"고 강조했다. 그리고 "누군가에게 회사를 위해 일하도록 동기를 부여하고자 한다면 그 사람의 특징을 먼저 파악해야 한다"고 조언했다.

조직행동론은 조직구성원들의 행동에 초점을 맞추어 조직구성원들의 태도 및 행동이 조직성과에 어떠한 영향을 미치는지 연구한다. 조직행동의 지식은 구성원들의 행동을 이해하는 데 도움을 줄 뿐만 아니라, 더 나아가 조직문제를 진단하고 해결하는 데 도움을 줄 수 있다는 점에서 우리에게 매우 유용한 학문이라 할 수 있다.

자료: Greenberg & Baron (2008), *Behavior in Organizations*, pp.27~29; "한국 직장인 90% 업무 몰입 못해… 부하 잘 이끌 리더 키워야," 「한국경제」, 2013.10.21.

- 커뮤니케이션의 방법과 패턴에 대한 지식을 갖고 있다면 소통의 부재 문제를 해결하고 조직 내의 정보의 흐름을 활성화하고 의사결정을 효율화할 수 있다.
- 조직구조의 설계와 관리에 대한 지식을 갖고 있다면, 조직의 전략적 목표에 적합하게 조직을 설계함으로써 조직성과를 향상시킬 수 있다.
- 환경-조직 간의 관계에 대한 지식을 가지면, 환경특성에 적합하게 조직을 설계하고 관리함으로써 조직의 생존과 성장에 도움을 줄 수 있다.
- 조직행동의 지식은 조직문화가 조직구성원들의 태도와 행동에 미치는 영향을 이해하고 바람직한 방향으로 조직문화를 형성하는 데 도움을 줄 수 있다.

2) 조직행동의 주요 분석수준(Level of Analysis)

조직행동론은 위와 같이 매우 다양한 문제들을 다루는데, 이를 크게 세 가지 분석수준으로 구분해볼 수 있다.

① 개인 수준의 연구: 조직구성원들의 행동에 대한 이해 및 관리를 목적으로 개인의 성격과 가치관, 지각과 학습, 태도, 욕구와 동기 등을 주로 분석하고 연구함
② 집단 수준의 연구: 조직 내의 집단 또는 팀의 구조와 기능에 초점을 두는 연구로서 집단역학(group dynamics), 의사결정, 커뮤니케이션, 조직 정치와 권력, 갈등, 리더십 등의 주제를 주로 다룸
③ 조직 수준의 연구: 조직구조 등 전체 조직의 구조와 특성에 초점을 두는 연구로서 어떻게 구성원들의 관계를 구조화하는지, 조직의 문화가 어떻게 형성되는지, 그

리고 조직이 외부 환경과 어떻게 상호작용하고 적응하는지를 주로 다룸

조직행동의 연구주제들은 특정 분석수준에 초점을 두지만, 세 가지 수준은 서로 밀접한 관련성을 갖는 것이 일반적이다. 예컨대, 조직구조를 어떻게 설계하느냐는 구성원들의 행동에 영향을 미칠 수밖에 없으며, 거꾸로 구성원들의 태도와 행동이 조직구조의 설계에 또한 영향을 미칠 수 있다. 똑같은 구성원이라고 할지라도 다른 구조 속에 처하게 되면 서로 다른 행동을 취하게 되는 것이 일반적이며, 또한 아무리 잘 설계된 조직구조라고 할지라도 구성원들이 그러한 구조에 맞게 행동을 취하지 않으면 구조가 설계된 대로 운영되는 것이 아니라 변형을 겪게 된다. 즉, 조직 수준의 구조적 특성과 구성원의 개인적 특성은 상호 영향관계를 갖는다고 할 수 있다. 따라서 조직현상에 대해 온전한 이해를 하기 위해서는 이들 상이한 수준 간의 상호 의존관계 및 영향관계를 인식하고 전체적이고 통합적인 관점에서의 이해가 이루어져야만 한다.

2 조직성과의 개념

앞에서 설명한 바와 같이 조직행동 연구의 목적은 조직의 성과향상에 기여함으로써 개인의 성장뿐만 아니라 더 나아가 사회의 발전에 도움을 주는 데 있다. 이와 같이 조직행동 연구의 궁극적인 목적은 조직성과의 향상과 밀접한 관계를 갖고 있는 만큼, 조직성과가 무엇을 의미하는지 그 개념을 명확히 할 필요가 있다. 조직에서 성과(performance)는 주로 생산성과 관련된 업무상의 가시적 결과나 또는 업무수행상의 효율성으로 이해되고 있다. 그렇지만 조직행동 연구에서는 이러한 가시적이고 직접적인 결과뿐만 아니라 심리적이고 간접적인 차원의 성과도 또한 중시한다. 조직행동 연구에서 강조하는 대표적인 성과로는 생산성, 만족감과 성장, 세 가지를 들 수 있다(Coffey, Athos, & Reynolds, 1975, pp.90~95).

1) 조직성과의 주요 요소

(1) 생산성

조직성과의 첫 번째 요소는 구성원들이 조직에서 일을 수행한 결과물로 나타나는 생산성(productivity)이다. 생산성은 기본적으로 투입(input) 대비 산출(output)을 의미하며, 구체적으로 종업원 1인당 생산량, 근로시간당 생산량, 제품당 인건비 등 여러 가지

경영학에서는 조직성과를 설명할 때 종종 효율성과 효과성이라는 개념을 대비하곤 한다. 여기서 효율성이란 투입(input) 대비 산출(output)의 극대화, 즉 자원의 효율적 활용을 의미하고, 효과성이란 조직이 추구하는 목표를 궁극적으로 달성한 정도를 가리킨다. 예컨대, 주어진 자원(인력, 예산과 원재료 등)을 가지고 다른 기업보다(또는 이전보다) 더 많은 제품을 생산해냈다면 이는 효율성이 높은 것이라 할 수 있다. 그런데 효율성이 높다고 해서 반드시 효과성이 보장되는 것은 아니다. 왜냐하면 만일 고객들이 이 제품을 구매하지 않는다면 이 기업은 궁극적인 목표를 달성할 수 없기 때문이다. 이 경우 효율적이지만 효과적이지는 못하다고 할 수 있다.

수단-목표(means-ends) 관계에서 봤을 때, 효과성은 목표 차원이고 효율성은 이러한 목표를 달성하기 위한 수단 차원으로 이해될 수 있다. 그런데 경영현장에서는 수단과 목표가 뒤바뀌어서 수단을 오히려 우상시하는 현상들이 흔히 나타나는데, 이러한 문제점을 비판적으로 지적하기 위해 경영학자들은 다음과 같은 표현을 쓰곤 한다. "해서는 안 될 일을 효율적으로 하는 것만큼 비효과적인 것은 없다"

사우스웨스트 항공사는 "비행기가 지상에 있을 때는 돈을 벌지 못한다"는 슬로건하에 비행기가 이륙하는 데까지 걸리는 시간을 최소화하고 있다. 이 항공사의 지상요원들은 비행기가 15분 이내에 이륙할 수 있는 상태로 만든다. 심지어 조종사와 승무원들까지 기내 청소와 정돈을 하는 것을 도움으로써 이륙준비에 걸리는 시간을 최소화하고 있다. 이처럼 사우스웨스트 항공사는 자원활용도를 높임으로써 효율성을 극대화하고 있다. 한편, 사우스웨스트 항공사는 중소도시간 항공노선 운영과 친절하고 유머 넘치는 서비스 등을 통해 고객들에게 차별화된 서비스를 제공함으로써 고객만족도를 높이고 있다. 따라서 사우스웨스트 항공사의 경우 효율성과 효과성이 모두 높은 회사라고 평가할 수 있다.

의 계량적인 척도로 측정된다. 그리고 보다 넓은 의미에서 보자면 생산성은 조직의 수익률 및 성장률 등의 성과를 포괄한다고 할 수 있다.

(2) 만족감

경제적인 차원의 가시적인 성과와 더불어 조직성과의 또 한 가지 차원은 조직구성원들이 느끼는 심리적 성과이다. 즉, 구성원들이 조직에서 느끼는 만족감, 사기(morale),

몰입(commitment), 충성심, 동기(motivation) 등 그들의 태도와 행동에 영향을 주는 심리적 요소이다. 이들 요소는 설문조사를 통한 만족감 및 사기 지수뿐만 아니라 조직의 공식 자료로부터 나올 수 있는 이직률, 결근율, 사고율, 고충처리건수 등 여러 가지의 척도와 지표를 사용하여 계량적으로 표시될 수 있다.

(3) 성 장

조직성과의 또 한 가지 차원은 구성원들의 성장(growth)과 발전이다. 즉, 구성원들은 조직에서 업무를 수행하는 과정 및 교육훈련을 통해서 잠재능력을 개발할 수 있으며, 또는 리더의 멘토링이나 코칭 활동 또는 동료 구성원들 간의 학습동아리(CoP; community of practice) 활동을 통해서도 지식과 기술이 습득될 수 있다. 이러한 공식적 및 비공식적 과정을 통해 개발된 지식, 기술 및 능력(KSA; knowledge, skills, and abilities)은 조직의 장기적인 경쟁력의 원천이 된다는 점에서 조직성과의 매우 중요한 차원이라 할 수 있다. 이러한 이유로 구성원의 성장과 개발은 전략적 인적자원관리 관점에서도 매우 강조되고 있다.

2) 조직성과의 세 수준

앞에서 조직행동 연구의 분석수준을 세 가지로 구분하여 설명하였는데, 조직성과도 이와 마찬가지로 세 수준에서 파악될 수 있다. 〈그림 1-1〉에서 보는 바와 같이 조직성과는 개인, 집단 및 조직 수준의 성과로 구분할 수 있다.

첫째, 개인 수준의 성과로는 개인의 생산성(생산량 증가 또는 업무시간 단축, 자원절약, 비용절감 등), 역할행동의 수행 정도, 능력개발 및 역량향상, 결근 및 이직, 스트레스, 그리고 구성원들의 직무관련 태도들(직무만족, 조직몰입, 사기 등)을 들 수 있다. 특히, 조직행동 연구에서는 구성원들의 태도가 행동에 영향을 미친다는 전제하에 구성원들의 직무관련 태도에 많은 관심을 두고 연구를 진행해 왔다.

둘째, 집단 수준의 성과로는 집단의 생산성 및 직무수행 정도, 팀워크 수준, 응집성과 갈등 정도 등을 들 수 있다. 즉, 집단이 얼마나 응집성이 강한지, 그리고 집단규범이 형성되어 있고, 팀워크가 구축되어 있어서 직무관련 행동이 효과적으로 수행되는지를 가리킨다.

마지막으로 조직 수준의 성과로는 부가가치 생산성과 재무성과(수익률, 시장가치, 성장률 등), 경쟁우위(기술경쟁력, 시장점유율 등), 조직 전체적인 결근율과 이직률, 조직생존, 그리고 다양한 이해관계자들의 욕구충족 정도를 들 수 있다. 특히, 최근에는 기업가

긍정적 조직행동의 핵심 차원: 루탄스(F. Luthans)의 CHOSE 모형

　최근 인생지침서와 자기계발서에서 "긍정 심리"를 강조하고 있는데, 루탄스는 개인행동 및 조직성과에 유익한 영향을 미칠 수 있는 긍정적 행동(positive organizational behavior)의 다섯 가지 차원을 CHOSE 모형으로 요약하여 제시하고 있다. 연구결과, 이들 긍정적 조직행동은 직무몰입, 조직몰입, 직무만족 및 고객서비스 등과 긍정적인 관계를 갖는 것으로 나타났기 때문에 다음의 긍정적 조직행동을 조성하는 것이 바람직하다고 할 수 있다.

- 자신감/자기효능감(confidence/self-efficacy): 특정 과업을 성공적으로 수행할 수 있다는 믿음
- 의지(hope): 목표를 설정하고, 목표를 달성하기 위한 방법을 찾아내고, 목표를 달성하기 위해 스스로 동기부여하고 적극적으로 추진함
- 낙관주의(optimism): 결과에 대한 긍정적인 기대감, 행복과 성공에 대한 확신
- 주관적 안녕감(subjective well-being): 행복감을 느낄 뿐만 아니라 자신의 삶에 대해 긍정적으로 평가하고 만족함
- 감성지능(emotional intelligence): 자신 및 다른 사람의 감정을 인식하고 또 관리하는 능력. 즉, 자신의 감정에 대한 인식(self-awareness), 자신의 감정 관리(self management), 타인의 감정에 대한 이해(social awareness), 그리고 타인과의 관계의 관리(relationship management)

자료: Kinicki, A. & Kreitner, R. (2009), *Organizational Behavior: Key Concepts, Skills & Best Practices*, 4th ed., McGraw-Hill, p.17.

치의 증대를 통한 투자자들의 부를 증대시키는 것뿐만 아니라 이를 가능케 하는 수단으로서 고객들에게 만족스런 서비스를 제공하고 고객욕구를 충족시키는 것을 강조하고 있다. 또한 장기적으로 조직의 생존을 보장하기 위해 혁신(제품혁신, 기술혁신 및 조직혁신)의 중요성이 또한 강조되고 있다.

　최근 기업들은 경제적 성과만을 추구하는 것이 아니라 사회시민(corporate citizen)의 일원으로서 지속가능한 경영을 위해 사회적 책임활동을 강조하고 있으며, 이를 반영한 사회책임 성과(social responsibility performance)를 중시하고 있다. 또한 개인 수준에서도 성과 차원들이 계속 확장되고 있는 추세인데, 구성원들에게 공식적으로 부여된 역할뿐만 아니라 구성원들이 자발적으로 행하는 역할외 행동(extra-role behavior) 또한 조

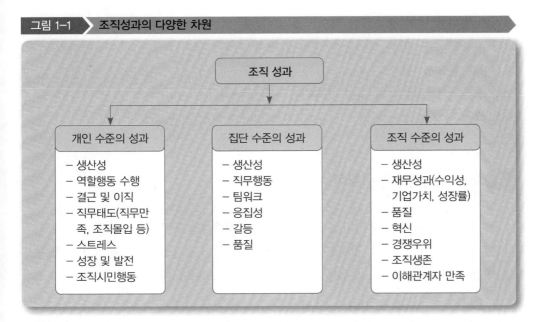

그림 1-1 조직성과의 다양한 차원

```
                          조직 성과
     ┌────────────────────────┼────────────────────────┐
 개인 수준의 성과          집단 수준의 성과          조직 수준의 성과
 – 생산성                  – 생산성                  – 생산성
 – 역할행동 수행           – 직무행동               – 재무성과(수익성,
 – 결근 및 이직            – 팀워크                    기업가치, 성장률)
 – 직무태도(직무만         – 응집성                  – 품질
   족, 조직몰입 등)        – 갈등                    – 혁신
 – 스트레스                – 품질                    – 경쟁우위
 – 성장 및 발전                                      – 조직생존
 – 조직시민행동                                      – 이해관계자 만족
```

직의 기능에 중요한 영향을 미칠 수 있다는 것을 강조하고 있다. 구성원들이 조직에서 공식적으로 규정한 역할행동만을 엄격하게 수행하거나 공식적인 보상체계에 의해 보상이 주어지는 행동만을 취하는 것이 아니라 조직의 효과적인 기능에 도움이 되는 역할외 행동들을 자유재량에 의거하여 자발적으로 수행하는 경우 조직의 효율성이 높아질 뿐만 아니라 외부 상황에 유연하게 대처할 수 있는 가능성이 높아진다는 점에서 역할외 행동의 중요성이 크다고 할 수 있다(김영조, 2008). 이러한 역할외 행동으로서 최근 많은 연구가 이루어지고 있는 개념이 바로 조직시민행동(organizational citizenship behavior), 친사회적 조직행동(prosocial organizational behavior)과 혁신적 과업행동(innovative work behavior) 등이다. 이들 역할외 행동은 공식적인 역할행동이 미처 다루지 못하는 공백을 메워줌으로써 조직의 효과적인 기능을 도와줄 수 있다.

이처럼 조직성과는 매우 다양하게 개념화되고 측정될 수 있다. 때로는 이들 조직성과 지표들이 서로 상충될 수도 있다는 점에서 조직성과의 관리가 복잡하고 어렵다고 할 수 있다. 예컨대, 조직의 생산성을 높이고자 하는 노력이 구성원들의 만족감을 떨어뜨리는 결과를 가져올 수 있으며, 단기 성과를 높이고자 하는 관리가 장기적인 경쟁력을 희생할 수도 있다. 새로운 기회를 탐색하고 혁신을 추구하는 것이 변화하는 환경에 적응할 수 있는 잠재력을 높일 수 있지만, 현재 갖고 있는 조직역량을 최대한 활용하는 데 방해됨으로써 생산성이 떨어질 수 있다. 반면에, 현재의 조직역량을 최대한 활용하기 위해 기존의 시스템을 유지하는 데 중점을 두는 경우 단기적인 효율성을 높일 수는 있지만 변화에 대한 적응력을 떨어뜨릴 수 있다. 따라서 조직의 경영자는 서로 모순되거나 상충될 수도 있는 성과들을 균형 있게 추구하는 것이 요구된다. 즉, 변화와 안정, 혁신성과 효율성, 탐색(exploration)과 활용(exploitation), 단기 성과와 장기 성과 등 상충될 수도 있는 성과들에 대해 양자택일 식으로 접근(either/or)하는 것이 아니라 두 가지를 균형 있게 추구하는 접근(both/and)을 취하는 것이 필요하다.

3 누가 조직행동을 관리하는가?

조직행동이 그렇게 중요하다면 도대체 누가 조직행동을 관리하는가? 왜 조직에서 조직행동을 담당하는 직책을 찾아볼 수 없는가? 조직의 직책들을 보면, 경리과장, 인사부장, 영업팀장, 생산담당 이사 등등 다양한 업무를 담당하는 사람들이 있는데, 왜 조직행동을 담당하는 사람들은 하나도 안 보이는가? "누가 조직행동을 관리하는가?"라는 질문에 대한 답은 바로 "조직구성원 모두"이다. 즉, 조직구성원이라면 누구나 조직행동을 담당하고 관리한다는 것이다. 높은 직급의 경영자이든 말단 직급의 평사원이든 조직행동을 담당하며, 재무, 인사, 마케팅, 연구개발, 생산 부서든 소속부서에 상관없이 모든 구성원들이 조직행동의 관리를 맡는다.

최고경영층의 경영자들은 조직과 환경 간의 관계를 관리하고, 조직구조를 설계하고, 조직 전체적으로 리더십을 발휘하는 데 조직행동의 지식을 활용하고, 부서장이나 팀장과 같은 중간관리자들은 부서의 직무를 설계하여 팀원들에게 배정하고, 리더십을 발휘하여 팀원들의 동기를 유발하고, 팀원들 간의 갈등을 조정하고, 팀원들 간에 협력적 관계와 팀워크를 구축하는 데 조직행동의 지식을 활용한다. 평사원들도 동료 구성원들과 원만한 대인관계를 하고, 효과적인 커뮤니케이션을 하고, 자기 스스로에게 동기부여를 하고 자기개발을 하는 데 조직행동의 지식을 활용한다. 대인관계 기술은 직급의 높고 낮음에 상관없이 중요하다고 할 수 있는데, 원만한 대인관계를 위해서는 다른 사람들의 행동과 태도, 욕구와 가치에 대한 이해를 해야 할 뿐만 아니라 자기 자신의 행동 및 태도, 욕구 및 가치, 그리고 감정에 대한 이해, 즉 자아인식(self-awareness)이 필수적이라 할 수 있다. 조직행동의 지식은 자기 자신 및 타인의 행동과 욕구에 대한 민감성을 높여줌으로써 조직내의 대인관계를 효과적으로 이끄는 데 도움을 준다.

또한, 어떠한 기능부서가 되었든 사람을 관리하는 것은 가장 필수적이고 기본적인 기능이기 때문에 모든 기능부서의 관리자들은 공통적으로 조직행동을 관리한다고 할 수 있다. 생산, 마케팅, 재무, 인사, 연구개발 등 어떤 기능부서에서든 목표 설정, 동기부여, 커뮤니케이션, 리더십, 집단역학, 갈등관리, 조직정치 및 권력 문제 등이 발생하기 때문에 모든 부서의 관리자와 구성원들은 조직행동을 담당하는 주체라고 할 수 있다.

결론적으로 말해, 모든 조직구성원들이 조직행동을 담당하는 주체인 동시에 객체라고 할 수 있다. 따라서 조직에 몸담고 있는 구성원이라면 누구나 조직행동에 대해 이해하고 이를 체계적으로 활용할 수 있는 능력을 갖추고 있어야 한다.

4 환경변화와 조직행동

조직환경의 급속한 변화는 조직행동 연구의 필요성을 더욱 확대시키고 있다. 예컨 대, 세계화가 진전됨에 따라 인력구성의 다양성이 증가하게 되고 그 결과 서로 다른 문화적 배경과 가치관을 갖고 있는 구성원들을 이해하고 관리해야 하는 도전에 더욱 직면하고 있다. 인터넷 등 정보기술의 발달도 조직내 커뮤니케이션 패턴의 변화를 가져오고 있고, 더 나아가서는 구성원들 간의 인간관계의 변화와 재택근무(telecommuting) 등 근무형태의 변화를 가져오고 있다. 따라서 조직행동의 체계적인 이해 및 관리를 위해서는 이에 영향을 미칠 수 있는 외부환경에 대한 이해가 이루어져야 한다. 최근의 몇 가지 주목할 만한 환경변화에 대해 살펴보고자 한다.

① 세계화(globalization) : 세계화와 개방화가 급진전됨에 따라 국가 간의 장벽이 무너지고 지구촌이 하나의 시장으로 통합되고 있다. 이러한 세계화와 국가간 장벽의 제거는 기업들로 하여금 거대시장에 접근할 수 있게 해준다는 점에서 기회가 되지만, 그와 동시에 글로벌기업들과 무한경쟁을 해야 한다는 점에서 커다란 위협이 되고 있다. 또한 세계화가 진전됨에 따라 상이한 문화배경을 갖고 있는 사람들과 상호작용할 기회가 증가하고 있고, 따라서 문화차이에 대한 이해와 관리가 중요해지고 있다. 특히, 외국근로자를 채용하거나 해외에 진출하여 현지인을 채용하는 경우 이들 외국인을 관리하는 것이 중요한 이슈로 등장하고 있다.

② 급속한 기술진보(technological advance) : 과학기술의 발달과 그로 인한 4차 산업혁명은 조직에 커다란 변화를 가져오고 있다. 컴퓨터와 통신기술의 발달은 업무 효율화를 통해 조직이 슬림화되도록 할 뿐만 아니라 이메일을 통한 커뮤니케이션, 인터넷을 활용한 전자결재, 화상회의, 스마트폰을 활용한 업무처리, 재택근무 등 업무수행의 방식을 근본적으로 변화시키고 있다. 이처럼 정보통신기술은 업무 구조 및 인간관계의 변화를 가져오고 있다. 또한 정보통신기술은 조직간 정보흐

름을 혁신함으로써 컴퓨터통합생산(CIM; computer integrated manufacturing)과 공급사슬관리(SCM; supply chain management)가 최적화될 수 있도록 해주고 있다.

③ 인력구성의 다양성(diversity) 증가: 여성의 경제활동참가 증가, 인구의 고령화, 고용형태의 변화, 외국인 근로자의 채용 등으로 인해 인력구성의 다양성이 증가하고 있는 추세이다. 다양성의 증가는 다양한 지식과 관점의 활용, 창의성 및 혁신성의 증가 등 긍정적인 효과를 가져올 수 있지만, 다른 한편으로는 의견의 차이로 인한 갈등의 증가와 조정비용의 증가 등 부정적인 효과를 또한 초래할 수 있다. 따라서 다양한 인력계층에 대해 이해하고, 이들의 갈등을 효과적으로 해결하고 조정하는 능력을 갖추는 것이 필요하다.

④ 고용형태의 변화: 1990년대부터 기업들이 고용유연화 전략을 적극적으로 추구하고, 또 변형근로제와 파견근로제 등 고용유연화를 위한 법제화가 이루어짐에 따라 짧은 기간 안에 고용형태의 급속한 변화를 겪게 되었다. 고용형태가 시간제 근로(파트타임), 기간제 근로, 파견근로, 용역근로, 도급근로, 특수고용과 가내근로 등 매우 다양해졌으며, 그 결과로 1990년대 이후 정규직 근로자(상용근로자)의 비율은 감소한 반면, 비정규직 근로자들의 비율은 대폭 증가하였다. 2018년도 경제활동인구조사 부가조사(2018년 8월)를 분석한 결과에 의하면, 비정규직 근로자의 비율은 40.9%(821만 명)를 차지하고 있다. 이는 비정규직 비율이 56.6%(772만 명)로 정점이었던 2002년 8월에 비해 감소된 수치이지만 여전히 높은 수치라고 할 수 있다(김유선, 2018). 고용형태의 다양화는 인력 및 조직관리의 복잡성을 증폭시키고 있으며, 이들 다양한 고용인력의 특성을 파악하고 이에 적합한 조직관리를 해야 할 필요성이 증가하고 있다.

⑤ 사회발전과 욕구수준의 변화: 급속한 경제발전과 민주화가 이루어지면서 사회구성원들의 욕구수준과 의식 및 가치관에도 많은 변화를 가져왔고, 이는 조직행동의 관리에도 영향을 미치고 있다. 국민소득이 증가함에 따라 구성원들의 욕구수준이 높아지고, 단순히 경제적 욕구만을 추구하는 것이 아니라 자아실현 욕구를 추구함에 따라 구성원들을 동기부여하기 위한 수단도 경제적 보상에 의존하는 것만으로는 안 되고 직무내재적 보상을 제공하는 것이 중요해지고 있다. 또한, 민주화가 진전됨에 따라 조직 내에서도 권위주의와 위계질서를 거부하는 현상이 나타나고 있고, 대신 민주주의적 절차와 조직공정성을 지향하는 조직관리의 필요성이 두드러지고 있다. 특히, 경제적인 어려움을 겪지 않은 신세대들은 "더럽고 위험하고 힘든 일(3D; dirty, dangerous, and difficult work)"을 기피하고 권위주의에 대

해 강한 거부감을 보이고, 또 개인주의적 성향을 강하게 보이는 것이 일반적인데, 이들 신세대들을 효과적으로 관리하려면 기존의 조직관리 방식과는 다른 관리방식을 필요로 하고 있다. 조직행동 연구는 이러한 환경의 변화를 파악하고, 시대의 요구에 대응할 수 있는 지식과 관리기법을 개발하는 것을 목표로 하고 있다.

조직행동론의 학문적 특징 02

앞에서 우리는 조직행동이 어떤 학문이고, 왜 조직행동을 연구하는지에 관하여 살펴보았다. 조직이란 공통의 목표를 달성하기 위해 인간들로 구성된 사회적 실체(social entity)를 가리키므로 조직 연구에 있어서 인간행동은 가장 중요한 연구대상이 된다. 앞에서 살펴본 바와 같이 조직행동 연구의 특징은 다양한 분석수준에서 인간행동을 연구한다는 것이다. 이와 더불어 〈그림 1-2〉와 같이 조직행동론은 종합적인 학문, 과학적 연구방법의 활용, 상황적합적 접근 등의 특징을 갖고 있다. 조직행동론의 학문적 특징을 살펴보고자 한다.

그림 1-2 　 조직행동론의 학문적 특징

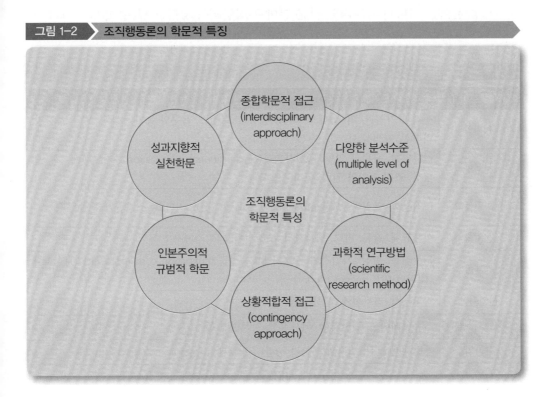

1 종합적 응용학문

조직행동 연구는 행동과학(behavioral science) 분야에서 축적된 이론과 지식을 활용함으로써 조직문제를 해결하고자 한다. 행동과학이란 심리학, 사회학과 인류학 등 다양한 학문분야가 모여서 현대 사회의 인간행동에 대해 과학적인 연구를 하는 것을 말하며, 이들 연구결과를 조직에서의 인간행동에 대한 이해 및 관리에 적용하는 것이 바로 조직행동론(organizational behavior)이다. 이처럼 조직행동론은 행동과학에 기반을 두고 있는데, 이들은 종합적인(또는 학제적인) 응용학문(interdisciplinary applied science)의 특징을 갖고 있다. 특히, 심리학, 사회학과 문화인류학 등은 오늘날의 조직행동론의 발달에 큰 기여를 하였다. 심리학 분야는 성격, 가치관, 지각과 태도, 욕구와 동기 등 개인 행동과 개인간 행동을 이해하는 데 큰 도움을 주었고, 사회학은 집단역학, 커뮤니케이션, 조직사회화(organizational socialization), 조직권력과 조직구조 등 집단행동 및 전체 조직구조를 이해하는 데 기여하였다. 그리고 문화인류학은 조직문화, 조직상징의 관리, 조직변화와 적응 등을 연구하는 데 영향을 미쳤다. 이들 학문 분야 이외에도 정치학, 경제학, 생물학 등 다양한 학문 분야들이 조직행동론의 발달에 영향을 주었다. 이처럼 다양한 학문 분야들이 조직행동론의 발달에 영향을 미친 것이 사실이지만 오늘날의 조직행동 분야는 하나의 독자적인 학문 분야로 정립되어 있다고 할 수 있다. 〈표 1-1〉

표 1-1 조직행동론의 학문적 토대	
학문분야	관련 주제
심리학	성격과 가치관, 지각, 태도, 학습, 정서, 스트레스, 욕구와 동기, 직무설계, 의사결정, 리더십, 창의성 등
사회학	집단역학, 규범과 역할, 조직사회화(organizational socialization), 커뮤니케이션, 리더십, 조직 정치와 권력, 조직구조 등
문화인류학	조직문화, 조직의례(organizational rituals)와 상징, 리더십, 조직변화와 적응 등
정치학	이해관계, 갈등, 권력, 의사결정, 조직정치, 기업지배구조 등
경제학	의사결정, 협상, 기업지배구조(거래비용접근 transaction cost approach), 보상체계(대리인 이론 agency theory) 등
산업공학	직무분석, 직무설계, 생산성 등
정보시스템	커뮤니케이션, 집단역학, 의사결정, 지식경영 등
생물학	개방체계 관점, 조직의 생존과 사멸(조직생태학 organizational ecology) 등

은 조직행동론의 발달에 기여한 학문 분야들을 정리한 것이다.

2 성과지향적 실천학문

둘째로, 조직행동론은 궁극적으로 조직성과의 향상을 지향하고 있다. 조직행동론은 구성원들의 행동에 대한 이해 및 관리를 통해 궁극적으로 조직성과를 높이는 것을 목적으로 한다는 점에서 순수학문이라기보다는 실천학문이라 할 수 있다. 특히, 기업과 같은 영리조직에서는 조직목표의 달성을 위하여 생산성과 수익성 등 경제적 성과를 중요시하고 있다. 그렇지만 앞에서 설명한 바와 같이 조직행동에서의 성과 개념은 경제적 성과뿐만 아니라 사회적 책임성과와 구성원들의 직무만족과 자아실현 등 다양한 성과 차원들을 중시하고 있다. 게다가 조직성과를 지향하는 것은 영리조직만이 아니다. 비영리조직의 경우에도 "고비용 · 저효율"에서 탈피하여 "저비용 · 고효율"의 조직을 지향하고 있으며, 이를 위해 선진 경영기법들을 도입 · 적용하고 있다.

3 가치중심적 · 규범적 학문

셋째로, 조직행동론은 성과지향적인 학문인 동시에 인본주의적 가치를 중시하는 규범적 학문이다. 앞에서 살펴본 바와 같이 조직행동 연구는 경제적 성과와 더불어 사회책임성과 등의 사회적 성과, 그리고 조직구성원의 직무만족과 성장 등 심리적 성과를 동시에 중요시한다. 조직은 어디까지나 인간으로 구성된 사회집단이므로 조직을 구성하고 있는 인간을 존중하지 않고서는 조직의 생존 및 발전 자체를 기대할 수 없기 때문이다. 이러한 관점에서 조직행동론은 조직구성원들을 인격적으로 존중하고, 구성원들에게 능력을 개발하고 발휘할 기회를 제공하고, 구성원들의 다양한 욕구를 충족시켜 직무만족을 높이고, 궁극적으로 삶의 질을 향상시키는 것을 중요한 가치로 삼고 있다.

4 과학적 연구방법

조직행동론은 과학적 연구방법을 활용하여 자료를 수집하고 조직현상에 관한 가설을 검증한다. 앞서 설명한 바와 같이 조직행동론은 현대 사회의 인간행동에 대한 체계적인 지식을 추구하는 행동과학에 기반을 두고 있는데, 행동과학은 실험, 설문조사, 면접, 참여자관찰 등 과학적 연구방법을 활용하는 것을 특징으로 한다. 조직행동 연구는 물리학이나 화학 등의 자연과학 분야처럼 객관적인 현상이 아니라 사회적이고 문화적인 현상을 다룬다는 점에서 자연과학의 방법론처럼 객관적이고 법칙정립적인 연구방법을 활용하지는 않지만 인간행동과 조직현상에 대한 체계적인 관찰과 측정에 기반을 둔다는 점에서 과학적 연구방법에 의존한다고 할 수 있다.

5 개방체계 관점과 상황적 접근방법

조직은 조직의 생존과 발전을 위하여 외부환경으로부터 원재료, 인력, 정보, 자금과 설비 등 여러 가지 자원을 획득해야 하며, 투입물을 가치 있는 산출물로 전환하여 외부환경에 제공해야 한다. 즉, 조직은 외부환경과 끊임없이 상호작용하면서 외부환경에 효과적으로 적응해야만 생존과 발전이 가능해진다. 또한, 조직은 내부적으로 상호의존적인 하위시스템들로 구성되어 있기 때문에 한 부서의 문제가 다른 부서에 영향을 미치고, 더 나아가 조직 전체에 파급효과를 가질 수 있다. 따라서 조직문제를 제대로 해결하기 위해서는 개방체계 관점에서 하위시스템들 간의 상호의존성을 이해하고 전체적인 접근을 하는 것이 요구된다. 이와 같이 조직행동 연구는 개방체계 관점에 기반을 두고서 외부환경과 조직 간의 상호 영향관계 및 하위시스템들 간의 상호의존관계를 중요하게 다룬다.

조직행동론은 어떠한 상황에나 적용될 수 있는 보편적인 조직이론이나 원리를 추구하기보다는 "상황에 적합한 대안"을 탐구하는 것을 지향한다. 이와 같이 "상황에 적합한 대안"을 모색하는 것은 똑같은 처방이라 할지라도 상황이 다르면 서로 다른 결과를 낳을 수 있기 때문이다. 즉, 한 상황에서 효과적인 대안이 다른 상황에서는 기대한 것과 달리 비효과적인 결과를 가져올 수 있다. 예를 들자면, 부하 직원들이 능력도 뛰어나고 또 열심히 일하고자 하는 동기도 매우 강한 경우에는 시시콜콜 지시하고 감독하는 지시형의 리더십보다는 부하 직원들에게 자율성과 재량권을 부여하고 물적·심리적 지원을 하는 위임형의 리더십이 적합한 반면, 부하 직원들이 능력도 떨어지고 일하고자 하는 동기도 낮은 경우에는 엄밀한 지시와 통제를 하는 지시형의 리더십이 바람직하다고 할 수 있다. 그리고 번즈와 스털커(Burns & Stalker, 1961)의 연구에서 밝혀진 바와 같이, 환경의 변화가 적은 안정적 환경에는 조직의 효율성을 높이기 위해 공식화 및 집권화 수준이 높은 기계적 조직이 적합한 반면, 환경의 변화가 많은 동태적 환경에서는 환경변화에 유연하게 대응할 수 있는 유기적 조직이 적합하다고 할 수 있다. 결론적으로 말해, 모든 상황에 적용할 수 있는 유일 최선의 해결책(one best way)은 없으며, 상황에 따라 그에 적합한 대안을 찾는 것, 즉 상황적합적 접근(contingency approach)이 요구된다.

전통적인 경영이론들은 어떤 조직이나 어떤 상황에든 보편적으로 적용될 수 있는 조직경영 방법이나 기법을 모색하려고 노력해온 반면, 현대의 경영이론들은 조직경영에 영향을 미칠 수 있는 상황요인들을 찾아내고 상황특성과 조직경영 간의 적합성을 높이는 데 초점을 맞추고 있다. 상황적합적 접근에 의하면, 경영자는 어떤 문제에 직면했을 때 상황을 체계적으로 이해하고 진단하는 것이 필요하고, 이러한 상황에 가장 적절한 전략을 선택해야 한다.

상황적합적 접근은 경영자로 하여금 좀 더 현실적인 해결대안을 제시해준다는 이점이 분명 있지만, 우리는 또한 극단적인 상황론 관점을 경계해야 한다. 상황적합성 모형은 때로는 가치를 제공하기보다는 오히려 혼란을 가중시킴으로써 적절한 해결대안을 모색하는 것을 방해할 수도 있다. 보편론적 접근이 한계를 내포하고 있다는 주장에도 불구하고 최근 우수 경영관행(best practices)으로부터 교훈을 배우고 벤치마킹하려는 노력에서 엿볼 수 있듯이 규범적인 관점이나 보편적인 규칙이 여전히 효력을 갖고 있다고 할 수 있다. 따라서 보편론적 관점과 상황적합적 접근 간의 균형을 적절히 유지하는 것이 요구된다.

조직행동의 연구방법 03

조직현상에 대한 정교한 이론을 구축하려면 무엇보다도 과학적인 연구방법을 활용해야 한다. 여기에서는 과학적 연구의 절차와 연구방법들에 대해 살펴보고자 한다.

1 조직행동 연구의 절차

과학적 연구의 절차는 〈그림 1-3〉과 같이 기존 이론들로부터 논리적 추론을 통해 가설(hypothesis)을 도출하고, 이러한 가설을 검증하기 위해 개념에 대한 조작적 정의를 하고 측정도구를 개발한다. 이렇게 설계된 연구방법을 활용하여 자료를 수집하고 분석함으로써 가설을 검증하며, 이를 통해 발견된 사실을 일반화하여 이론을 구축한다. 이와 같이 일련의 연구과정를 거치면서 이론을 개발하고 검증하고, 또 발전시켜 나간다.

조직행동 연구에서 주로 사용하는 구체적인 연구절차를 살펴보면 다음과 같다.

- 연구 문제(research question)를 제기하고, 이러한 연구의 필요성을 구체화한다.
- 기존 이론과 선행 연구로부터 논리적 추론 과정을 거침으로써 가설(hypothesis)을 도출 · 설정한다.
- 가설에 포함된 주요 개념에 대한 조작적 정의(operationalization)를 내리고, 이들 개념을 측정하기 위한 도구를 개발하며, 표본 설계 등 연구설계를 한다.
- 설문조사, 면접, 참여관찰, 실험, 사례연구 등 타당한 연구방법을 활용하여 연구자료를 수집한다.
- 수집된 자료를 분석하여 가설을 검증한다.
- 가설검증 결과를 중심으로 이론적 및 실무적 시사점을 논의하고, 마지막으로 연구의 한계점과 향후 연구방향을 제시한다.

그림 1-3 ▶ 과학적 연구방법

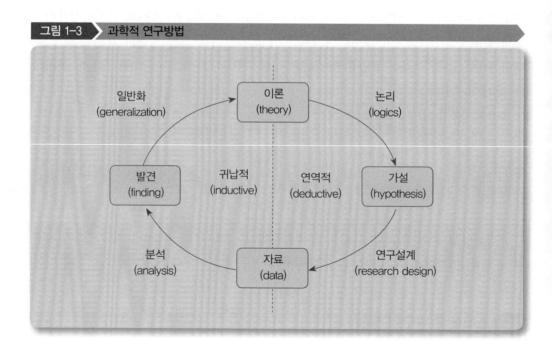

2 연구방법

연구자료를 수집하기 위한 방법으로는 여러 가지가 있는데, 조직행동 연구에서 가장 보편적으로 사용하는 연구방법에 대해 살펴보고자 한다.

1) 설문조사방법

설문조사방법(survey research method)은 개인행동, 집단행동, 리더십, 그리고 조직문화 등 조직행동 분야에서 가장 많이 사용되는 자료수집방법이다. 주로 설문서를 사용하여 사전에 선정된 문제에 대하여 조직구성원들로부터 그들의 지각과 의견을 직접 수집한다. 설문조사방법은 학문적 연구뿐만 아니라 조직문제의 해결을 위한 조직진단 목적으로도 활용되고 있다. 대표적인 예로 미시간대학교 설문조사연구소의 설문조사피드백(survey research feedback)을 들 수 있다. 설문조사방법은 짧은 시간 안에 대규모 자료수집이 가능하고, 상대적으로 조사비용이 저렴하고, 또 자료를 계량화하여 분석할 수 있다는 이점을 갖는다. 반면에, 자료조사가 사전에 선정된 이슈에만 한정되며, 응답자들의 주관적인 편견이 개입될 수 있다는 한계점을 갖는다.

2) 면 접

면접(interview)은 연구자가 조직구성원들과의 면담을 통해 조직현상에 관한 자료를 수집하는 방법을 말한다. 면접 방법은 설문서로부터 수집될 수 없는 질적인 자료를 얻을 수 있고, 사전에 선정한 이슈뿐만 아니라 그 외의 주제에 대해서도 풍부한 자료를 수집할 수 있다는 장점이 있는 반면에, 개별면접에 시간과 비용이 많이 발생하고, 면접자(interviewer)의 주관적 편견이 개입될 수 있고, 수집된 자료를 계량화하기 힘들다는 단점을 지니고 있다.

3) 사례연구

대규모 표본을 대상으로 자료를 수집하여 통계분석을 실시하는 설문조사방법과 달리 사례연구(case study)는 하나 또는 소수의 표본을 대상으로 여러 변수들을 동시에 심층적으로 연구하는 것을 말한다. 즉, 조직현상에 관한 실제 사례를 기반으로 하여 귀납적 방법(inductive method)에 의하여 이론과 지식을 구축한다. 사례연구 방법은 소수의 대상을 심층적으로 분석하고 여러 변수들이 서로 어떤 상호작용을 하는지 생생하게 그리고 풍부하게 서술(thick description)할 수 있는 이점이 있으나 제한된 사례에 의존하기 때문에 연구결과를 일반화하기 어렵다는 한계점을 갖는다. 따라서 사례연구 방법의 신뢰성을 높이려면 설문조사, 면접과 참여관찰법 등을 상호 보완적으로 활용하는 것이 바람직하다.

4) 참여관찰 방법

참여관찰 방법(participant observation method)은 문화인류학 분야에서 주로 활용되어 온 것으로서 연구조사자가 연구하려는 조직이나 집단의 한 구성원으로 참여하여 연구대상 구성원들과 함께 생활하면서 자료를 수집하는 방법을 말한다. 설문조사나 면접은 조사대상자들의 설문응답이나 의견에 의존하는 반면, 참여관찰 방법은 조사대상자들의 의견이나 입장뿐만 아니라 실제 행동을 관찰하기 때문에, 구성원들 간에 실제로 어떤 상호작용이 이루어지는지를 파악할 수 있다. 따라서 구성원들 간의 갈등관계나 정치적 행동 또는 상징적 행동 등 설문조사나 면접을 통해 얻기 어려운 민감한 자료를 수집할 수 있다. 이와 같이 참여관찰 방법은 연구대상 구성원들과 실제 문제상황 속에 몰입한 상태에서 자료를 수집하기 때문에 살아 있는 자료를 수집할 수 있는 반면에, 자료수집에 시간과 비용이 많이 들고, 관찰자의 주관적 편견이 개입될 수 있다는 단점을 갖는다.

5) 실험방법

실험방법(experiment method)은 독립변수와 종속변수 간의 인과관계를 규명한다는 점에서 가장 과학적인 방법이라 할 수 있다. 실험 방법은 조명의 밝기가 생산성에 영향을 미치는지, 성과급제의 도입이 구성원들의 동기유발에 긍정적인 영향을 미치는지, 변혁적 리더십 등 새로운 리더십의 발휘가 집단의 성과를 높이는지, 조직구조의 개편이 조직효율성을 높이는지 등등 독립변수와 종속변수 간의 인과적 관계를 검증하는 데 활용된다. 예컨대, 성과급제의 도입이 구성원들의 동기수준에 영향을 미치는지 검증하기 위해 성과급제를 적용하는 실험집단(experiment group)과 성과급제를 적용하지 않는 통제집단(control group)으로 나누어 두 집단 구성원들의 동기 수준이 차이를 보이는지 비교분석을 하는 것이다.

실험방법은 실험이 어디에서 진행되느냐에 따라서 현장실험(field experiment)과 실험실실험(laboratory experiment)으로 분류된다. 현장실험은 공장이나 사무실, 작업집단 등 실제 작업이 이루어지는 현장에서 연구가 진행되는 것을 말하고, 실험실실험은 연구를 목적으로 인위적으로 만들어진 장소(setting)에서 진행되는 실험을 말한다. 따라서 현장실험은 말 그대로 조직현장에서 연구가 이루어지기 때문에 현실적 타당성(ecological validity)이 높지만, 연구변수 이외의 외생변수들이 개입될 가능성을 제대로 통제하지 못한다는 한계점을 갖는다. 반면에, 실험실실험은 연구변수 이외의 외생변수들을 엄격하게 통제함으로써 변수들 간의 인과관계를 규명할 수 있다는 이점이 있지만, 실험실 환경과 실제 환경이 서로 다르기 때문에 실험실실험에서 나온 결과를 현실의 상황에 일반화하는 데 한계가 있다는 단점을 갖는다.

우리 조상의 실험정신

세종대왕이 집권을 하니 농민들이 토지세 제도에 불만이 많다는 상소가 계속 올라왔다. 세종이 "왜 이런 일이 일어나는가?"라고 신하들에게 묻자 신하들이 "사실은 고려 말에 토지세 제도가 문란했는데 아직까지 개정이 안 되었습니다"라고 답했다.

세종의 리더십은 "즉시 명령하여 옳은 일이라면 현장에서 해결한다"는 입장이었다. 그래서 개정안을 완성해서 세종 12년 3월에 조정회의에 걸었지만 조정회의에서 부결되고 말았다. "마마, 수정안이 현행안보다 농민들에게 유리한 것은 틀림없습니다. 그러나 농민들이 좋아할지 안 좋아할지 우리는 모릅니다"라는 이유로 부결된 것이었다.

"그러면 어떻게 하자는 말이냐"라고 토론하다가 "직접 물어보자"는 기발한 의견이 나왔다. 물어보는 방법을 찾는 데 5개월이 걸렸고, 세종 12년 8월에 국민투표를 실시했다. 그 결과 찬성 9만 8,657표, 반대 7만 4,149표가 나왔다. 찬성이 훨씬 많았다. 그래서 세종이 조정회의에 다시 걸었지만 또 부결되고 말았다. 왜냐하면 대신들의 견해는 "마마, 찬성이 9만 8,000, 반대가 7만 4,000이니까 찬성이 물론 많습니다. 그러나 7만 4,149표라고 하는 반대도 대단히 많은 것입니다. 이 사람들이 상소를 내기 시작하면 상황은 전과 동일합니다"라는 것이었다.

세종이 "그러면 농민에게 더 유리하도록 안을 만들라" 해서 새로운 안이 완성되었다. 그래서 실시하자 그랬는데 또 부결이 되었다. 그 이유는 "백성들이 좋아할지 안 좋아할지 모른다"는 것이었다. "그러면 어떻게 하자는 말이냐"하니 "조그마한 지역에 시범실시를 하자"는 의견이 나왔다. 그래서 3년간 시범실시를 했고, 결과가 성공적이라고 올라왔다. 그래서 "전국에 일제히 실시하자"고 다시 조정회의에 걸었는데, 조정회의에서 또 부결되었다. 신하들이 "마마, 농지세라고 하는 것은 토질이 좋으면 생산량이 많으니까 불만이 없지만 토질이 박하면 생산량이 적으니까 불만이 있을 수 있습니다. 그래서 이 지역과 토질이 전혀 다른 지역에도 시범실시를 해 봐야 됩니다"라고 주장했고, 세종이 그러라고 했다. 다시 시범실시를 했고, 결과가 성공적이라고 올라왔다. 세종이 다시 "전국에 일제히 실시하자"고 다시 조정회의에 걸었는데, 또 부결이 되었다. 이유는 "마마, 작은 지역에서 이 안을 실시할 때 모든 문제점을 우리는 토론했습니다. 그러나 전국에서 일제히 실시할 때 무슨 문제가 나올지를 우리는 토론한 적이 없습니다"라는 것이었고, 세종이 토론하라 해서 세종 25년 11월에 드디어 이 안이 공포되었다. 세종이 백성을 위해서 만든 개정안을 정말 백성들이 좋아하는지 국민투표를 실시했을 뿐만 아니라 여러 가지 조건에서 시범실시를 하고 토론을 거쳐서 13년 만에 공포하고 시행한 것이었다.

우리 조상은 이처럼 정책을 입안하고 집행함에 있어서 실험정신, 즉 투철한 과학정신에 기반을 두고 있었다. 과학이란 이처럼 끊임없이 의문을 던지고, 자신의 믿음 내지 가설이 옳은지를 통제조건에서 실험을 통해 검증하는 것을 말한다.

자료: "조선은 어떻게 500년이나 갔을까?"(서울대 중어중문학과 허성도 교수의 강연중 일부 http://dotty.org/2699099)

3 이 책의 구성

이 책은 크게 네 개의 부분으로 구성되어 있다. 제Ⅰ부 조직행동의 본질에서는 조직행동론의 개념과 학문적 특징(제1장), 그리고 조직행동 연구의 역사적 발전배경(제2장)을 살펴본다. 제Ⅱ부는 개인행동 연구로서 개인의 성격과 가치관(제3장), 지각과 학습(제4장), 욕구와 동기(제5장) 등 개인 수준의 행동들을 다룬다. 제Ⅲ부는 집단행동 연구로서 소집단과 팀행동(제6장), 커뮤니케이션과 의사결정(제7장), 집단간 행동(제8장), 그리고 리더십(제9장)에 대해 연구한다. 마지막으로 제Ⅳ부는 조직체행동 연구로서 조직구조 설계와 조직행동(제10장), 조직문화와 성과(제11장), 그리고 조직개발과 조직변화(제12장)에 대해 다룬다.

>>> 사우스웨스트항공의 즐거운 직장생활

2001년에 미국 항공업계는 9·11테러와 경기 불황으로 70억 달러의 적자를 기록하였다. 그러나 텍사스주에 본부를 둔 사우스웨스트항공(Southwest Airlines)은 계속 흑자를 내면서 2001년에도 56억 달러의 매출에 5.1억 달러의 흑자를 기록하였다. 주식가격도 다른 항공회사들은 모두 약세에 머물고 있었지만, 사우스웨스트항공의 주가는 4년간 연평균 26%나 상승하였다. 따라서 많은 학자들과 경영자들은 사우스웨스트항공의 성공비결에 많은 관심을 보여 왔는데, 그들은 무엇보다도 인간존중의 가치와 신바람 나는 직장문화가 높은 성과의 원동력이 되고 있다고 보고 있다.

1971년 창설 이래 사우스웨스트항공은 최고의 승객서비스, 인간존중, 창의성의 세 가지 경영이념으로 미국 서남부지역으로부터 시작하여 서부와 중서부 그리고 동부와 동남부로 항로를 점차 확장해 왔다. 그리하여 2002년 현재 355개의 최신 제트 여객기로 미국내 58개 도시에 연 6,400만 명 이상의 승객을 나르는 미국 제4위의 항공사로 성장하였다. 최고의 승객서비스는 무엇보다도 저렴한 항공요금으로 승객을 제 시간에 즐겁게 모시는 것을 의미하고, 인간존중은 구성원의 성장을 위한 균등한 기회 그리고 경영자와 구성원들 간의 존경과 지지를 의미하며, 창의성은 성과향상에 대한 기여를 의미한다.

특히, 구성원 개개인의 창의성과 아이디어를 존중하고 구성원의 만족을 최대로 중요시하는 것은 사우스웨스트항공의 가장 두드러진 문화특성이다. 경영진은 항상 구성원들이 회사의 가장 중요한 고객이라는 점을 강조하고 그들의 주인의식을 제고시켜 조직의 효율성을 꾀한다. 급여수준은 다른 항공사에 비하여 대체로 낮은 편인데도 불구하고, 필요하면 조종사가 체크인을 도와주고 기내 승무원들이 수화물처리를 돕는 등 구성원들 간에 그리고 직종 간에까지 자발적인 협력이 잘 이루어진다. 전체 구성원의 84%가 노조에 가입했고 노조활동도 매우 활발하지만 과거 15년간 단 한 건의 파업 없이 노사화합이 잘 유지되고 있다.

사우스웨스트항공의 또 하나의 가시적 특성은 즐겁고 신바람 나는 직장문화이다. 공동창업자인 켈러허(H. Kelleher) 회장은 구성원으로 하여금 열심히 일하도록 만들려면 그러한 환경을 만들어 주어야 한다는 신념하에 '재미있는 일터'의 경영철학을 주장하고 이를 일관성 있게 추구해 왔다. 그리하여 신입사원 선발에 있어서도 개인적 성취보다는 팀성과에서 즐거움을 찾는 성향, 팀워크에 대한 관심, 그리고 유머감각을 중요한 자질로 강조한다. 켈러허 회장 자신이 사업상의 분쟁을 팔씨름으로 해결하고, 오찬석상에서 가수 엘비스 프레슬리의 복장차림으로 나타나는 등 '재미있는 일터'의 분위기를 직접 조성하는 데 힘쓰기도 한다.

이와 같이 구성원 개개인을 인정해 주는 인간존중과 신바람 나는 직장문화로 사우스웨스트항공은 승무원 1인당 고객수 2,400여 명으로 타 항공사들을 압도하고 있고, 가장 적은 고객불평수, 가장 신속한 수화물처리, 가장 높은 정시도착률 등 각종 평가척도에서 선두를 기록하고 있다. 그리하여 사우스웨스트항공은 미국 포춘(*Fortune*)지의 '가장 존경받는 기업(America's Most Admired Company)' 평가에서 지속적으로 상위 10위 안에 오르고 있다.

토의질문

01. 사우스웨스트항공사가 어떻게 높은 성과를 달성하고 있는지 이에 기여하고 있는 주요 요인들을 분석하시오.

02. 다른 항공사에서는 왜 사우스웨스트항공사와 같은 성과요인들을 조성하지 못하는지 분석하시오.

Chapter **02**

조직행동론의
학문적 발전

Organizational
Behavior

조직행동론의 학문적 발전

인간이 모여 살면 조직이 만들어지고 사회가 구성된다. 조직은 인류역사만큼이나 긴 역사를 가지고 있지만, 조직에 대한 학문적인 연구가 이루어진 것은 극히 최근의 일이라고 할 수 있다. 특히, 우리가 관심을 가지고 있는 기업조직의 경우 20세기에 들어와서야 체계적인 연구가 이루어지기 시작하였다. 이처럼 짧은 기간 동안이지만 조직연구는 매우 빠른 속도로 그리고 활발하게 이루어져서 그동안 다양한 조직이론들이 축적되어 왔고, 조직 문제를 해결하기 위한 방법과 기법들도 급속도로 개발되어 왔다. 이러한 급격한 발전 속에서 조직행동론은 경영학 분야에서 매우 중요한 위치를 차지하게 되었다. 이는 사람이 경쟁력의 주요원천이라는 인식, 다시 말해 효과적인 조직관리가 기업의 성패를 좌우할 뿐만 아니라 더 나아가 사회의 발전을 결정하는 중요 요소라는 인식에서 비롯된 것이다.

현대적 학문으로서 조직이론이 등장하게 된 주요 배경으로는 산업혁명 이후 가내수공업 형태에서 공장제 생산방식으로 전환된 것을 들 수 있다. 공장제 생산방식으로 인해 조직의 규모가 커지고, 이와 더불어 인력 구성이 동질적인 가족구성원이 아니라 이질적인 인력들로 구성됨에 따라서 인력 및 조직관리의 문제가 주요 이슈로 대두된 것이다. 이러한 조직관리 문제를 체계적으로 다루기 위해 초창기에는 현장 실무자들을 중심으로 경험에 바탕을 둔 조직연구가 이루어지기 시작하였다. 현장 경험에 기반을 둔 조직이론들의 축적에 이어 점차 과학적인 방법을 활용한 조직연구가 이루어지게 되었고, 이는 조직이론의 획기적인 발전을 가져오는 계기가 되었다.

조직에 대한 학문적 연구는 20세기 초부터 집중적으로 시작되었다. 연구 초기에는 조직경영을 주로 합리적 관점에서 연구하는 고전이론이 개발되었고, 1920년대부터는 조직을 자생적·비공식적 관점에서 연구하는 인간관계이론이 개발되었으며, 1940년대부터는 일반시스템 이론이 경영학에 본격적으로 응용되기 시작하였다. 이러한 조직경영에 대한 기본관점의 변화와 경영학이론의 발전 속에서 1950년대부터 조직행동의 학문적 발전이 본격화되었다.

이 장은 조직행동론이 어떻게 발전해왔는지 소개하고 있다. 먼저 제1절에서는 효율성과 합리성 관점에서 조직을 연구한 고전이론을, 제2절에서 조직의 인간적 및 사회적 요소에 초점을 두고 접근하는 인간관계이론을, 그리고 제3절에서 일반시스템이론을 각각 살펴보고, 제4절에서 조직행동론의 학문적 발전에 관해 종합적으로 정리한다.

고전 경영이론과 조직행동론 　01

조직행동론은 경영학의 한 분야이므로 조직행동론의 역사적 배경을 이해하려면 경영학의 학문적 발전을 살펴보아야 한다. 현대적 학문으로서의 경영학은 20세기 초에 기업조직을 처음으로 체계적으로 연구한 고전이론가(classical theorists)들에 의해 발전되기 시작하였다. 산업혁명 이후 서구 각국에서는 기업조직이 급속히 발달하기 시작하였고, 점차적으로 산업사회가 형성됨에 따라서 보다 합리적이고 효율적인 조직경영이 요구되었는데, 이것이 경영학 발달의 직접적인 동인이 되었다.

고전이론(classical theories)은 조직연구의 초기 이론들로서 조직을 연구하는 데 있어서 경영의 합리성(rationality)을 중심으로 보편적인 이론과 원리를 추구하는 데 관심을 두었다. 이들은 어떠한 조직이나 어떤 상황에서든 보편적으로 적용될 수 있는 최선의 조직관리 방식(one best way)이 있다는 것을 가정하고, 이를 조직이론과 원리로 체계화하고 학문화하고자 노력했다. 이러한 고전 조직이론의 대표적인 예로 과학적 관리법, 일반경영이론과 관료제이론을 들 수 있다.

1 과학적 관리법

조직에 대한 선구적인 연구로서 길브레스 부부(F. and L. Gilbreth), 간트(H. Gantt)와 에머슨(H. Emerson) 등 생산전문가들의 연구, 그리고 이들 기법들을 종합·정리한 프레드릭 테일러(Frederick W. Taylor)의 과학적 관리법을 들 수 있다(Taylor, 1911a). 테일러는 1878년부터 1890년까지 미드베일철강회사(Midvale Steel Co.)에서 감독자로 근무하면서 근로자들이 일을 게을리하는 현상을 목격하였는데, 과업에 대한 체계적인 분석이 이루어지지 않았을 뿐만 아니라 근로자들의 생산성을 측정할 방법이 전혀 없었기 때문에 대부분의 경영자들은 이러한 태업 문제를 제대로 인식조차 못하고 있다는 것을 발견하게 되었다. 산업화가 진전됨에 따라 미국의 공장이 점차적으로 대량생산체계를 갖추게 되었음에도 불구하고 기존의 주먹구구식의 조직관리 방식을 답습하고 있어서 근로자들의 조직적 태업에 제대로 대처하지 못하고 있었던 것이다. 테일러는 이러한 문제를 인식하고 현장 경험을 바탕으로 공장을 합리적이고 효율적으로 경영하기 위한 새로운 방법으로서 과학적 관리법을 창안하였다.

1) 과업관리

과학적 관리법의 첫째 원리는 과업에 대해 체계적인 분석을 실시해야 한다는 것이다. 이를 위해 경영자와 근로자의 직책을 분업화하여 경영자는 근로자의 직무를 설계하고 합리적인 직무수행방법도 구체적으로 설정하는 기획업무를 담당하는 반면, 근로자는 경영자가 설정한 직무를 계획한 대로 단순히 수행하도록 하는 것이다. 이는 그동안 숙련근로자들의 경험과 판단에 의존하여 이루어지던 과업수행을 관리자의 과학적 분석에 기반을 둔 과업수행으로 전환하는 것을 의미한다. 과업관리의 구체적인 방법으로 시간 및 동작연구(time and motion study)가 제시되었으며 과업수행에 필요한 동작과 이에 소요되는 시간을 분석함으로써 표준생산량을 산출하고 이를 근로자들을 통제하는 기준으로 삼도록 했다.

2) 과학적 선발과 훈련

과학적 관리법의 둘째 원리는 동작연구에 의하여 설계된 직무내용과 합리적인 직무수행방법을 기준으로 하여 직무를 효율적으로 수행하는 데 필요한 근로자의 자격조건을 명시하고, 이에 따라 근로자들을 선발하고 훈련시켜야 한다는 원리이다. 따라서 과학적 선발과 훈련은 합리적 인사관리 원리로서 직무내용과 작업조건을 중심으로 인간공학(human engineering) 측면에서 직무에서 요구되는 육체적 · 지능적 자격을 갖춘 근로자들을 선발하고, 또 직무조건에 맞추어 표준생산량을 감당할 수 있도록 근로자들을 훈련시키는 것을 말한다.

3) 성과에 의한 보상

과학적 관리법의 또 한 가지 원리는 근로자들의 근로의욕을 향상시키고 생산성을 높이기 위한 방안으로 성과에 비례하여 임금을 지불해야 한다는 것이다. 그런데 테일러는 생산량에 정비례하여 보상을 지불하는 단순성과급제가 아니라 표준생산량을 설정하고 근로자의 생산량이 표준을 초과하는 경우 더 높은 임금률을 적용하는 차등성과급제를 창안하였다. 이와 같이 차등성과급제를 통하여 근로자의 경제적인 동기를 유발시켜 생산성을 극대화시키려는 것이 과학적 관리법의 중요한 목적이다.

4) 노사 간의 화합

경영자와 근로자는 서로 화합을 이룰 수 있고, 이 화합관계는 근로자의 생산실적에 대한 정당한 보상을 통하여 실제로 가능하다는 것이 과학적 관리법의 기본전제이다. 테일러는 기업의 목적은 생산성과 이에 따른 이익을 극대화시키는 데 있고, 근로자의 목적은 경제적 인간(economic man)으로서 자신의 보상을 극대화시키는 데 있다고 보았다. 테일러는 차등성과급제를 활용하여 생산실적에 대한 정당한 보상을 제공함으로써 기업과 근로자 양측의 목적을 동시에 충족시키고 노사화합을 이룰 수 있다고 주장하였다.

5) 기능적 감독자제도

공장의 생산성을 높이기 위한 과학적 기법은 근로자의 직무설계뿐만 아니라 공장의 관리조직에까지도 적용되었다. 테일러는 공장의 생산성에 가장 중요한 역할을 하는 관리자는 일선감독자이지만, 대부분의 경우에 일선감독자에게 주어진 임무가 너무 많기 때문에 감독자의 관리기능이 제대로 발휘되지 못하게 되고, 따라서 이것이 생산성을 저하시키는 요인이 된다고 보았다. 그리하여 테일러는 감독자의 직무에도 분업의 원리를 적용하여 일선감독자는 부하근로자의 생산을 감독하는 감독업무에만 치중하게 하고 기타 생산계획이나 품질검사, 기계수리, 그리고 근로자훈련 등 다른 관리업무는 이를 전문적으로 담당하는 감독자들을 채용하여 그들에게 맡겨야 한다는 기능적 감독자제도 (functional foremanship)를 제안하였다. 이와 같이 일선감독자의 직책을 여러 기능으로 전문화시켜 감독자들이 각기 전문적으로 맡은 기능을 수행함으로써 일선 감독업무가 효율화될 수 있다는 것이 기능적 감독자제도이다(Taylor, 1911b, pp.98~100).

과학적 관리법은 당시 실무관리자들에게 많은 호응을 얻었고 곧바로 하나의 표준으로 자리잡게 되었으며 미국의 경영시스템에 큰 영향을 미쳤다. 과학적 관리법은 주로

📖 경영학의 어머니?

과학적 관리법을 주창한 테일러(F. Taylor)를 흔히 경영학의 아버지라 칭한다. 그렇다면 경영학의 어머니는 누구일까?

최근 많은 경영관련 서적들이 임파워먼트, 교차기능팀(cross-functional team), 조직유연성, 그리고 지식기반 리더십 등의 중요성을 강조하고 있는데, 이러한 신개념들은 사실 약 90년 전에 이미 폴레트(Mary Parker Follett)에 의해 주창되었던 것들이다. 폴레트는 1868년 매사추세츠주 퀸시에서 태어났고, 래드클리프 대학(Radcliffe College)을 졸업한 후 몇 년 동안 정치학을 강의했다. 이 시기에 그녀는 많은 자선사업가와 경영자들과 사교모임을 가졌는데, 이들은 대부분 부자들이었고 사회적인 영향력도 큰 사람들이었다. 이들 중에 한 경영자가 임금체계와 직무구조에 관한 그녀의 아이디어에 매료되었고, 그녀가 관심사와 아이디어를 개발하는 데 더 많은 시간을 투입할 수 있도록 정기적으로 연구자금을 지원해주었다.

그녀는 이러한 도움에 힘입어 효과적인 조직설계 및 관리에 대한 일련의 연구를 장기간 수행하기 시작하였다. 그녀가 첫 번째로 제안한 아이디어들 중의 하나는 근로자의 경영참여제도이다. 그녀는 그 당시 유행하던 관료제적 조직이 하위 직급 구성원들의 지식과 능력을 잠들게 만들 뿐만 아니라 자율적 통제를 통한 동기유발을 저해한다고 경고하였다.

폴레트는 또한 교차기능팀(cross-functional work team)의 유용성을 처음으로 인식한 학자이다. 그녀는 조직내 권한이 상하 수직적으로가 아니라 부서 간에 수평적으로 배분되어야 한다고 주장하였다. 즉, 권력이나 직위보다는 전문성에 기반을 두고 협력해야 한다는 것을 강조하고 있다. 그 당시 대부분의 경영자들은 위계에 따라서 권력을 배분해야 한다고 생각한 반면, 폴레트는 요즘 조직이론가들이 강조하는 것처럼 지식과 전문성에 따라서 권력이 배분되어야 한다고 제안하였다.

그녀의 아이디어들이 체계를 갖추기 시작하였고, 그만큼 그녀의 영향력도 커지게 되었다. 그녀는 경영자들을 대상으로 강연을 하였고, 널리 존경 받는 인물이 되었다. 일부 경영자들은 자기 회사에 그녀의 아이디어를 적용해보았다. 그러나 폴레트가 1933년 사망하자 그녀가 주창하던 경영관점도 점점 힘을 잃게 되었다. 그 당시 대부분의 전문가들이 다른 관점과 접근방법을 주장했기 때문에, 자신의 독특한 아이디어를 설득할 폴레트가 없게 되자 그녀의 아이디어도 점차 빛을 잃게 된 것이었다. 그러나 오늘날 그녀의 관점은 경영자와 경영학자들로부터 새로운 조명을 받고 있고, 그녀는 경영의 선구자로 인정을 받고 있다.

테일러와 폴레트는 비슷한 시대에 살면서 매우 대비되는 경영관점을 제시하였고, 각자 독특한 방식으로 경영학의 발전에 기여를 하였다. 테일러가 조직의 합리성과 생산성을 지향한 반면, 폴레트는 조직의 인간적인 요소를 강조했다는 점에서 테일러를 현대 경영학의 공장경영을 대상으로 생산성을 극대화시킬 수 있는 합리적이고 효율적인 방법을 모색하고 이를 구체적인 관리기법으로 만듦으로써 체계적인 경영조직 연구에 선구적 역할을 하였다.

2 일반경영이론

테일러가 미국에서 공장경영을 중심으로 과학적 관리법을 제안하는 동안에 이와 때를 같이하여 유럽에서는 프랑스의 앙리 파욜(Henri Fayol)이 자신의 기업경험을 중심으로 기업경영의 일반원리를 연구·발표하였다(Fayol, 1949). 파욜은 50여 년 동안 대기업에서 경영을 했던 경험을 토대로 하여 성공적인 기업경영을 위한 일반원리를 〈표 2-1〉과 같이 14가지로 정리하였다.

조직관리에 관한 14가지 원리와 더불어 파욜은 경영자가 수행해야 할 기본 관리기능으로서 기획, 조직, 지휘, 조정, 통제를 제시하였는데, 이는 현대 경영학에서 말하는 경영기능의 원조라 할 수 있다. 경영자의 관리기능은 경영자에 따라 그 내용이 각각 다르지만, 일반적으로 상위 계층일수록 기획기능에 더 치중하게 되고 하위 계층일수록 지휘와 통제기능이 더 큰 비중을 차지하게 된다. 경영자는 계층을 막론하고 모두가 이 다섯 가지의 관리기능을 수행하고 있으며, 경영자가 이들 관리기능을 얼마나 잘 발휘하느냐에 따라서 조직의 성장과 발전이 결정된다고 파욜은 주장하였다.

이와 같이 파욜은 조직경영에 있어서 경영자의 관리기능을 합리화·체계화하고, 관리기능을 수행하는 데 있어서 도움이 될 수 있는 여러 가지의 원리를 발표하였다. 이들 원리가 실제적으로 어떠한 성과를 가져오는지 그 결과에 관하여는 실증연구를 하지 않았지만, 파욜은 오랜 기간에 걸친 기업경험을 토대로 하여 일반적으로 적용될 수 있는 조직경영원리를 체계적으로 제시한 것이다.

파욜의 일반경영이론은 1930년대와 1940년대에 들어와서 무니, 라일리, 어윅 등 여러 학자들에 의하여 새로운 측면이 추가·보완되고 재정리됨으로써 고전이론의 이론적

| 표 2-1 | 파욜의 14가지 일반경영원리 |

① 분업의 원리(division of work): 노동의 전문화·세분화를 통한 생산성 향상

② 연결계층(scalar chain)의 원리: 조직 전체를 수직적으로 연결하는 계층구조와 의사소통 경로를 통한 체계적인 의사결정

③ 명령일원화(unity of command)의 원칙: 권한체계의 혼선을 피하기 위해 각각의 조직구성원은 단 한 사람의 상사로부터 명령과 지시를 받아야 한다는 것

④ 권한과 책임(authority and responsibility)의 원리: 구성원에게 부여되는 권한과 책임 간에 균형이 성립되어야 한다는 것

⑤ 집권화(centralization)의 원칙: 조직의 질서와 성과를 달성하기 위해 적절한 집권적 구조가 형성되어야 한다는 것

⑥ 지휘통일(unity of direction)의 원리: 조직 내의 업무는 통일된 명령과 지시에 의해 수행되어야 한다는 것

⑦ 질서(order)의 원리: 조직의 자원은 질서정연하게 정돈되어야 하고 구성원은 각자의 직무내용이 분명하게 설정되어 상호간의 연결이 매끄럽게 이루어져야 한다는 것

⑧ 규율(discipline)의 원칙: 규율의 엄격한 준수

⑨ 개인 이익의 전체 이익에 대한 종속(subordination of individual interest to the general interest): 개인 목표보다 조직 목표를 우선시함

⑩ 보상(remuneration)의 원칙: 구성원의 충성심과 공헌도에 상응하는 공정한 보상의 제공

⑪ 공정성(equity)의 원칙: 구성원에 대한 적절하고 공정한 대우

⑫ 고용안정(stability of tenure of personnel)의 원칙: 생산성 향상을 위한 구성원의 장기근속과 안정적인 인력 유지

⑬ 주도권(initiative)의 원칙: 주도권 또는 창의력 발휘

⑭ 단결(esprit de corps)의 원칙: 조직의 단결·단합

체계가 더욱 강화되었다(Mooney & Reiley, 1931; Urwick, 1944). 특히 전문경영자로서 오랜 경력을 쌓은 체스터 바나드는 목표설정과 자원확보에 대한 경영자의 역할을 강조하고 이를 관리기능에 보완하였다. 그뿐 아니라 바나드는 조직의 목표달성에 있어서 경영층과 구성원 간의 상호협조의 중요성을 강조하고, 구성원의 협조를 유도할 수 있는 의사소통과정과 구성원 중심의 자생적·비공식적 측면을 제시하여 종래의 고전이론을 수정·보완함으로써 보다 현실성 있는 조직경영이론을 정립하는 데 많은 기여를 하였다(Barnard, 1938).

3 관료제 이론

과학적 관리법 및 일반경영이론과 더불어 조직에 관한 대표적인 고전이론으로 관료

제이론을 들 수 있다. 19세기 말 독일의 사회학자인 베버(Max Weber)는 대규모 조직을 합리적으로 운영할 필요성이 커지는 시대적 상황에서 관료제를 근대 사회조직의 이념형으로 제시하였다. 즉, 전근대적 사회에 만연해 있던 연고채용, 정실인사와 비전문적 관리의 문제를 해결하기 위한 대안으로 관료제를 제시한 것이다. 관료제 이론은 합리적 조직관리에 관한 주요 관점과 개념을 제시하고 있어서 행정조직뿐만 아니라 경영조직에 대한 연구에 많은 영향을 주어 왔다. 관료제 이론의 주요 내용을 정리하면 〈표 2-2〉와 같다.

베버의 관료제 이론은 조직의 합법성과 공정성을 높이는 것이 조직의 합리성과 효율성을 높이는 것으로 전제하고, 전문화된 직무설계로부터 시작하여 권한계층과 규칙에 의한 관리에 이르기까지 체계적인 조직관리를 주장하였다. 그리하여 개인의 자의적인 판단과 변칙적인 의사결정을 없애고 객관성, 일관성, 그리고 예측가능성이 높게 조직을 운영하는 것을 지향하였다. 따라서 조직관리에 있어서 합법성과 공정성 그리고 객관성이 중요시되는 공공조직과 행정기관에는 이러한 관료제 이론이 광범위하게 적용되고 있는 것을 볼 수 있다.

관료제가 잘 운영된다면 합리적 의사결정과 효율적인 조직관리가 이루어질 수 있지만, 실제로는 원래 의도와는 달리 부정적인 결과가 나타날 수 있다. 예컨대, 규칙과 절차를 지나치게 강조하다 보면 규칙만능주의에 따르는 수단-목표 간의 전도현상이 나타나고 환경변화에 대한 적응이 떨어질 뿐만 아니라 문서제일주의, 무사안일주의 등의 역기능적인 현상이 나타날 수 있다.

표 2-2   관료제 조직의 주요 요소

① 공식 규칙과 절차(formal rules and procedures): 공식적으로 명문화된 규칙과 표준화된 운영절차에 따른 일관성 있는 업무처리
② 분업과 전문화(specialization and division of labor): 직무를 단순하고 일상적이며 명확히 규정된 과업들로 세분화하고, 능력과 자격을 갖춘 인력을 배정
③ 권한계층(hierarchy of authority): 분명한 명령계통을 확립하고 계층에 의한 관리 및 통제가 이루어짐. 즉, 상하 계층 간에 지시·명령과 복종·보고의 관계가 형성됨
④ 전문적 능력과 자격에 의한 채용(formal selection): 연고(nepotism)나 정실(favoritism)에 의한 인사가 아니라 전문적 능력과 자격에 의한 인사관리
⑤ 경력의 보장(career orientation): 임의적인 해고를 배제하고 직업과 신분의 보장
⑥ 비개인적 특성(impersonality): 개인의 판단에 의존하는 자의적인 관리가 아니라 공식 규칙과 절차의 일관된 적용. 즉, 공(公)과 사(私)의 분리
⑦ 문서화(documentation): 문서에 의한 의사소통 및 관리활동에 대한 기록

📖 포드주의 생산방식(Fordism)과 노동소외

　　1908년이 되자 조립공이 공구나 부품을 가지러 가기 위해 움직일 필요가 없게 되었다. 포드 사의 숙련공도 1908년에는 1903년과 전혀 다르게 되었다. 이 기간에 최종 조립공정이 세부적인 공정으로 분할되었다. 이전에 "모든 일을 행하던" 만물박사식 대신에 이제는 몇 명의 조립공들이 각각 제한된 작업에 책임을 지고 협력하여 한 대의 차를 조립하게 되었다.

　　연속적인 컨베이어 체인을 사용함으로써 모델T를 조립하는 데 걸리는 시간은 이전의 1/10로 줄어들었으며, 1925년에는 하루 만에 이전의 방법으로는 거의 1년 동안에 생산되던 수의 차를 생산할 수 있게 되었다.

　　포드주의 생산방식은 이처럼 생산효율의 경이적인 증대를 가져온 반면, 노동소외라는 문제점을 유발하게 되었다. 새로운 생산방식에 대한 노동자의 혐오는 대단히 커서 1913년에만 380%라는 매우 높은 이직률을 기록하게 되었다.

　　노동자들이 새로운 종류의 작업에 대해 반발을 했지만, 이러한 반발은 점차 사라지게 되었다. 포드 사가 획득한 경쟁우위 때문에 다른 자동차업체에서도 너 나 할 것 없이 포드의 조립 라인을 채택하게 되고, 산업 전반적으로 다른 형태의 노동이 사라져 감에 따라 노동자는 조립 라인에 종속되지 않을 수 없게 되었다.

자료: H. Braverman(브레이버맨)/이한주·강남훈(1987), 『노동과 독점자본: 20세기에서의 노동의 쇠퇴』, 까치, 132~134쪽.

　　이상 조직이론의 선두 역할을 한 과학적 관리법과 일반경영이론 그리고 관료제 이론의 주요 내용을 설명하였다. 이들 고전이론은 조직목표의 달성을 위하여 경제적으로 가장 합리적이고 효율적인 조직구조와 경영방법을 제시함으로써 조직행동론에서 공식조직과 관련된 분야의 기초적인 지식과 연구의 틀을 마련하였다.

고전 조직이론은 합리성과 효율성을 높이는 데 일차적인 관심을 기울였고, 이를 위해 분업의 원리에 의한 직무설계, 경제적 욕구의 충족을 통한 동기부여, 규칙과 절차에 의한 관리, 집권화와 권한계층 등을 강조한 반면, 조직 내의 개인이나 집단의 역할에 대해서는 별 관심을 기울이지 않았다. 물론, 오웬(Robert Owen), 뮌스터버그(Hugo Munsterberg)와 폴레트(Mary P. Follett) 등 몇몇 학자들이 인간에 대한 관심을 기울이긴 했지만, 인간의 욕구 및 인간관계에 대해 본격적인 관심을 쏟게 된 것은 호손공장실험의 결과가 소개되고 그로부터 인간관계론이 하나의 학파로 형성되면서부터라고 할 수 있다.

1 호손공장실험

하버드(Harvard) 대학의 사회학자인 엘튼 메이요(Elton Mayo)와 프릿츠 로스리스버거(Fritz Roethlisberger)는 1920년대 후반기부터 시카고 근교에 위치한 웨스턴 일렉트릭(Western Electric) 회사의 호손(Hawthorne) 공장에서 과학적 관리법의 타당성을 검증하기 위한 연구를 시작하였다(Mayo, 1933; Roethlisberger & Dickson, 1939). 호손공장실험(Hawthorne Plant Experiment)이라고 불리는 이 연구는 1927년부터 1932년까지의 장기간에 걸쳐서 이루어졌는데, 이 실험의 결과로부터 조직관리에 있어서 공식조직뿐만 아니라 비공식 조직이 중요하다는 점이 인식되기 시작하였고, 더 나아가 인간관계(Human Relations)라는 새로운 학문분야가 대두됨으로써 조직행동론의 학문적 발전에 매우 중요한 역할을 하였다.

1) 합리성에 관한 검증

호손공장실험은 처음에는 과학적 관리법에서 기본전제로 삼고 있는 작업장의 물리적 환경과 생산성과의 상호 연관관계를 검증하는 데 기본목적을 두고 있었다. 즉, 작업환경을 표준화하고 동작연구를 통하여 최선의 작업방법을 설정하여 그대로 작업을 수행하게 함으로써 생산성을 극대화시킬 수 있다는 과학적 관리법의 기본전제가 실제로 옳은지를 연구하려는 것이 원래의 목적이었다. 메이요와 로스리스버거는 현장실험 방법을 활용하여 조명, 작업시간, 휴식시간, 기본급, 성과급 등 여러 가지 작업조건과 보상제도가 생산성의 변화에 영향을 미치는지 연구하였다.

조명실험의 예를 들자면, 통제집단은 조명을 현장의 밝기 그대로 한 반면, 실험집단은 조명을 밝게 또는 어둡게 하고, 이러한 조명의 변화가 생산성에 미치는 영향을 분석하였다. 연구결과, 조명을 밝게 한 실험집단에서 생산성이 올라갔다. 그런데 놀랍게도 현장과 똑같이 조명을 한 통제집단의 생산성도 올라갔고, 심지어 조명을 어둡게 한 실험집단에서도 오히려 생산성이 높게 나타났다. 이는 조명이라는 작업조건이 생산성에 영향을 미치는 것이 아니라 뭔가 다른 요인이 생산성에 영향을 미쳤다는 것을 의미하는데, 분석결과 실험에 참여한 구성원들은 자신들이 각별하게 선발된 특별 존재라고 인식함으로써 근로의욕이 향상된 것으로 나타났다.

그리고 9명으로 구성된 작업집단을 대상으로 성과급제의 효과에 대한 실험을 실시하였는데, 구성원들은 자신의 소득을 극대화하기 위해 더 열심히 일할 것이라는 과학적 관리법의 예상과 달리, 작업집단에서 자체적으로 정해 놓은 성과 수준을 지키려 한다는 것을 발견하였다. 즉, 집단구성원들 간에 성과수준에 대한 규범이 형성되고, 이러한 비공식적 규범을 지키기 위해 구성원들이 자신의 성과가 너무 높거나 낮아지지 않도록 신경을 쓰는 것으로 나타났다. 일부 구성원들은 더 많이 생산하여 더 많은 소득을 올릴 수 있음에도 불구하고 집단에서 받아들여질 수 있도록 하기 위해 자신의 생산량을 줄이는 것으로 나타났다. 일련의 실험연구 결과 이처럼 작업조건과 생산성 사이에 유의적인 연관관계가 나타나지 않았고, 작업조건보다는 오히려 작업집단과 관련된 인간적 요소가 생산성에 더 밀접하게 관련되어 있다는 것을 발견하게 되었다.

2) 비공식적 · 인간적 요소와 생산성

이러한 연구결과가 나타남에 따라 메이요와 로스리스버거는 연구의 초점을 점차 작업환경으로부터 집단행동으로 전환하여 연구를 계속하였다. 2만여 명을 대상으로 조사하여 직무 또는 관리자에 대한 만족감 등 심리적 요인이 생산성에 미치는 효과를 집중적으로 연구하였다. 연구 결과, 조직의 생산성은 작업집단 구성원들 사이에서 형성되는 상호관계 그리고 거기에서 나오는 감정적인 요소들에 의하여 크게 영향을 받고 있다는 것을 발견하게 되었다. 그리하여 호손공장실험은 공식적인 직무구조와 권한체계보다도 집단구성원들 간의 상호관계, 집단규범 등 작업집단에서 자연발생적으로 나타나는 비공식적 요소, 그리고 집단구성원이 자기 직무와 관리자에 대하여 어떻게 지각하고 있는지가 생산성에 매우 큰 영향요소로 작용한다는 결론을 내리게 되었다.

🗂 시장규칙과 사회규범

헤이먼과 애리얼리(Heyman & Ariely)는 사회규범과 시장규칙의 효과를 연구하였는데, 여기서 사회규범은 인간의 사회적 본성과 공동체를 유지하기 위한 것이고, 시장규칙이란 임금, 가격, 이자, 비용−수익 등 금전적인 교환관계로 설명되는 것이다.

이 실험에서 실험참가자가 할 일은 마우스를 이용하여 원을 끌어다 네모상자에 포개는 것인데, 원은 컴퓨터 화면 왼쪽에 배치하고 네모상자는 오른쪽에 배치하였다. 원을 상자 안으로 잘 끌어다 놓으면 원은 화면에서 사라지고, 새로운 원이 처음 원이 있던 자리에 다시 생긴다. 실험참가자에게 가능하면 많은 원을 끌어다 놓으라고 주문한 뒤, 5분 동안 얼마나 많은 원을 끌어다 놓는지 쟀다.

실험참가자 가운데 일부는 이 짧은 실험을 하는 데 5달러씩이나 받았다. 그들에게는 실험 전에 돈을 주고, 컴퓨터에서 실험이 끝났다고 알려주면 실험실을 떠나도 좋다고 했다. 이 상황의 경우 실험참가자들은 자신의 수고에 대해 충분한 돈을 받았기 때문에, 시장규칙을 적용하고 그에 따라 행동할 것으로 예상하였다.

두 번째 참가집단에게도 똑같은 지시사항과 해야 할 일을 주었는데, 그들에게는 수고비를 낮게 책정해서 한 실험에서는 50센트, 또 다른 실험에서는 10센트를 지불했다. 이 상황에서도 시장규칙을 적용하고 그에 따라 행동할 것으로 예상하였다.

마지막으로 세 번째 참가집단에게는 사회규범의 차원에서 실험참가를 부탁했다. 어떠한 물질적 대가도 제공하지 않고 그저 시간을 좀 내달라는 부탁 정도만 했다. 이 상황에서는 실험참가자들이 사회규범을 적용하고 그에 따라 행동할 것으로 기대했다.

각 집단은 얼마나 열심히 실험에 응했을까? 시장규칙에 따라 5달러를 받은 참가자들은 평균 159개의 원을 끌어다 놓았고, 50센트를 받은 참가자들은 평균 101개의 원을 끌어다 놓았다. 예상했던 대로 더 많은 보상을 받은 사람이 그렇지 않은 사람보다 50퍼센트 이상 더 많은 동기가 유발되어 훨씬 열심히 일했다.

보상을 받지 않은 집단은 어땠을까? 그들은 현금보상을 받은 이들보다 작업을 덜 열심히 했을까? 아니면 돈을 받지 않은 상황에 사회규범을 적용하며 더 열심히 작업에 임했을까? 그들은 평균 168개의 원을 끌어다 놓으며 50센트를 받은 사람들보다 훨씬 더 열심히 과업을 수행했다. 이는 5달러를 받은 사람들보다도 조금 더 높은 성과였다. 이러한 실험결과는 아무리 돈의 위력이 강하다 하더라도 돈이 오가지 않는 사회규범에 따라 작업을 할 때 사람들은 더 열심히 일한다는 것을 보여주고 있다.

자료: 애리얼리(Ariely, D.)/장석훈 (2008), 『상식 밖의 경제학(*Predictably Irrational*)』, 청림출판, 113~115쪽.

2 인간관계론

호손공장에서의 연구결과는 조직관리에 대하여 새로운 인식과 관점을 제기하였고, 이는 인간관계론의 학문적 기반이 되었다. 호손공장의 연구결과를 중심으로 인간관계론에서 중요시되고 있는 기본전제 몇 가지를 살펴본다.

1) 조직의 사회적 성격

조직은 단순히 직무와 권한의 공식구조가 아니라 사람들로 구성된 사회적 집합체이다. 따라서 조직의 목적을 달성하고 생산성을 높이려면 합리적인 공식구조(formal structure)도 중요하지만, 이와 더불어 조직에서 개인들 간의 상호작용 과정에서 나타나는 자연발생적인 비공식 구조(informal structure)도 매우 중요하다. 호손공장연구에서 집단의 생산성을 지배하는 것은 직무체계와 표준생산량 등의 공식적인 요소보다는 집단구성원들 사이의 사회적인 관계가 더 중요한 것으로 나타났다. 즉, 경영층에서 공식적인 직무설계와 권한체계를 마련했다 하더라도, 조직구성원이 실제로 이것을 어떻게 받아들일지는 구성원과 조직의 관계 그리고 구성원들 간의 상호관계에 달려 있다는 것이다. 호손공장실험 결과에 의하면 구성원들은 비공식조직을 형성하고 집단규범을 만들어서 작업장에서의 집단행동을 통제하는 것으로 나타났다.

또한, 실제 조직 내의 구성원들 간의 관계를 보면 공식적으로 설계된 조직구조의 틀 내에서만 관계가 형성되는 것이 아니라 같은 학교나 같은 지역 출신끼리, 취미가 같은 사람끼리, 이해관계가 비슷한 사람끼리, 그리고 공간적으로 가까이 지내는 사람끼리 자주 접촉하게 되고, 이 과정에서 다양한 인간관계가 자연스럽게 맺어지고 그 결과로 비공식 조직들이 형성될 수 있다. 이러한 비공식적 인간관계의 네트워크는 조직 내에서 정보흐름의 채널로 작용하며, 주요 의사결정을 내리는 데도 직간접적으로 영향을 미칠 수 있다는 점에서 조직운영에 있어서 중요한 역할을 한다.

2) 개인의 행동동기

조직구성원들은 단순히 경제적인 욕구에 의해서만 동기부여되는 것이 아니라 사회적인 욕구의 영향을 받는다. 성과급 제도에 관한 호손공장실험의 결과, 높은 소득을 올리고자 하는 경제적 동기보다는 자신의 생산량을 제한하거나 생산이 저조한 동료를 도와준다든지 집단에 소속되고자 하는 사회적 동기가 강하게 작용한다는 것을 잘 보여주고 있다.

3) 직무만족과 인간중심적 관리

조직의 생산성은 조직구성원이 자기 직무에 얼마나 만족하고 있고 자기 자신이 관리자로부터 얼마나 인정을 받고 있는지에 달려 있다. 따라서 조직구성원의 직무만족도를 높이기 위하여 구성원을 잘 이해하고 그들의 문제에 관심을 가지고 그들을 배려해 주는 인간중심적이고 민주적인 관리방법이 중요하다. 직무만족은 집단의 사기(morale)를 높이고 응집력을 강화시킴으로써 집단의 성과를 올리는 데 중요한 역할을 한다.

4) 의사소통과 경영참여

조직구성원은 자신의 의견을 다른 사람들, 특히 관리층에게 표현하기를 원하고, 나아가서는 여러 가지 문제를 토론하고 문제해결에 참여하고 싶어 한다. 이러한 의사소통과 경영참여를 통하여 구성원은 만족감을 높일 수 있을 뿐만 아니라 조직에 대한 주인의식을 갖게 됨으로써 자신의 업무에 몰입하고 적극적인 노력을 기울이게 된다. 호손공장연구의 결과 근로자와의 면접에서 의사소통의 중요성이 나타났고, 특히 비지시적 면담(non-directive interview)은 근로자가 자기 자신의 문제를 이해하고 이를 스스로 해결하도록 유도하는 데 매우 유용한 것으로 나타났다.

이와 같이 호손공장실험은 조직에 대한 새로운 인식과 관점을 제기하여 조직과 조직행동연구에 있어서 그 초점을 조직의 구조적, 공식적 측면으로부터 사회적, 비공식적 측면으로 전환시키고, 인간행동에 관한 연구에 있어서도 그 초점을 개인의 경제적 욕구 추구로부터 집단구성원으로서의 사회적 욕구 추구로 전환시켰다. 인간관계는 이러한 새로운 관점에 학문적 기반을 두고 새로운 조직경영 및 인사관리기법을 개발하게 되었고, 이들 기법은 미국에서 1930년대부터 1950년대에 이르기까지 조직경영에 많이 적용되었다. 민주적 리더십, 사기조사(morale survey), 인사상담 제도, 제안제도와 복수 경영제도(multiple management), 참여제도 등이 인간관계 학파에서 개발되어 기업조직에 실제로 적용된 관리기법들이다.

인간관계론은 또한 리더십과 소집단행동에 대한 학문적인 연구를 계속하여, 1940년대에 본격적으로 발달하기 시작한 행동과학(Behavioral Science)에도 이론적인 기반이 되었다. 리더십에 관한 사회심리학적 연구, 집단역학, 소시오메트릭연구(sociometric study), 상호작용연구(interaction analysis) 등은 인간관계 문제를 보다 과학적으로 연구하여 행동과학 분야의 학문적 발전을 촉진시켰다(Cartwright & Zander, 1960; Moreno, 1953; Haire et al., 1956; Lewin, 1947).

조직의 인간적 측면(human side of organization)과 조직성과

메이요(Elton Mayo)는 직물공장 근로자들에게 일정한 휴식시간을 주었을 때 생산성이 향상된다는 것을 입증했다. 메이요가 떠나자 공장의 작업반장은 휴식시간을 없애버렸고 생산성은 곤두박질쳤다. 경영관리자들은 왜 효과가 있는 전략을 거부하고 그렇지 못한 전략을 고집하는 것일까? 한 가지 이유는 대부분의 경영자들이 통제 상실과 종업원 태만을 우려하기 때문이다. 다른 이유는 인적 자원에의 투자는 시간이 너무 오래 걸리기 때문이다. 인적 자원에의 투자가 결실을 맺기까지는 오랜 시간과 인내심이 요구된다. 단기 성과에만 집착하는 경영관리자들은 비용절감, 전략변경, 조직개편 등의 방법론이 신속한 결과를 가져온다고 믿는 경우가 너무나 많다. 페퍼(Jeffrey Pfeffer)는 '재무적' 관점에 갇혀 조직을 오직 재무자산의 집합으로만 간주하려는 시각이 또 하나의 장애요인이라고 믿고 있다. 이 같은 관점은 재무적 수치만이 중요한 것이고, 사람 문제는 주관적이고, 사소하며, 부차적인 것이라고 간주한다.

이 같은 장애요인에도 불구하고 잘해 나가고 있는 조직도 많다. 이들 조직과 그 근로자들은 밝은 전망을 가지고 앞으로 나간다. 이들 조직은 경쟁업체에 비해 충성심이 높고, 재능과 의욕과 활력이 넘치는 팀을 지니고 있기 때문에 계속 번성해 나간다. 이들 근로자들은 높은 생산성을 달성하고, 좀 더 혁신적이며, 더 나은 고객서비스를 제공한다. 이들은 일하는 것이 즐겁고, 일을 통해 충분한 정신적 보상을 얻는다.

이러한 특성을 갖춘 조직들을 고몰입 작업조직(high performance work system)이라 부르는데, 이들 조직은 구조적 측면과 효율성을 강조하기보다는 인간적 요소를 강조하고 인적 자원의 몰입과 헌신을 통해 조직의 경쟁우위를 확보하고 높은 성과를 실현한다.

자료: Bolman, L.G. & Deal, T.E./신택현(옮김) (2004), 『조직의 리프레이밍(*Reframing Organizations: Artistry, Choice, and Leadership*)』, 지샘, 169쪽.

3 X이론과 Y이론

맥그리거(D. McGregor)는 기존의 조직이론과 접근방법들을 종합·정리하여 크게 두 가지로 분류하였다. 그는 고전 조직이론과 인간관계론으로 대표되는 기존 조직이론의 가장 큰 차이점이 인간에 대한 기본가정에 있다고 보고 인간의 본성에 대한 기본 가정

표 2-3	맥그리거(D.McGregor)의 X이론과 Y이론	
구 분	X이론	Y이론
인간에 대한 관점	1. 인간은 일을 싫어하고 가능하면 일을 피하려고 한다. 2. 인간은 책임을 지려 하지 않으며, 안정을 선호하고, 일을 할 때 분명한 지시를 원한다. 3. 인간은 조직목표의 달성에 관심이 없고, 자신의 이익을 추구한다.	1. 인간은 본래 일을 싫어하지 않으며, 일을 즐긴다. 일을 놀이와 휴식과 마찬가지로 자연스러운 것으로 받아들인다. 2. 인간은 스스로 책임지고자 하며, 자신의 잠재능력을 개발하고 발휘하고자 한다. 3. 인간은 조직목표의 달성에 공헌하고자 하며, 성취감과 자아실현을 추구한다.
조직관리 방식	직무수행에 대한 분명한 지시와 엄격한 감시, 그리고 처벌과 경제적 보상의 통제를 통해 조직목표를 달성하고자 한다.	자율적 통제, 자아실현 욕구의 충족, 그리고 잠재능력 개발을 중심으로 개인 목표와 조직목표가 통합될 수 있도록 환경을 조성한다.

을 X이론과 Y이론의 두 가지로 제시하고 있다. 즉, 인간을 어떤 관점으로 바라보느냐에 따라 조직관리의 방법도 거기에 맞추어 달라진다는 것이다(McGregor, 1960).

〈표 2-3〉에서 보는 바와 같이 X이론은 인간은 근본적으로 게으르고 일을 싫어하며, 이기적이고 조직목표의 달성에 무관심하며, 책임을 지고자 하지 않으며, 주로 안정과 경제적 욕구를 충족하고자 한다고 전제한다. 이러한 인간관을 갖는 경우 직무구조의 체계화, 엄격한 통제, 권위주의적 리더십, 그리고 경제적 유인에 의한 동기유발 등의 조직관리 방식을 활용하는 것을 지향한다. 요컨대, X이론은 고전 조직이론이 기본적으로 가정하는 인간관이다.

한편, Y이론은 인간은 원래 일을 싫어하는 것이 아니라 일을 즐기며, 조직목표에 공헌하고자 하고 자아실현을 추구하며, 책임과 자율성 그리고 창의성을 발휘하고자 하는 존재라고 전제한다. 이와 같이 인간을 Y이론의 관점으로 인식하는 경우 자율 경영, 참여적 경영, 민주적 리더십 또는 관계지향 리더십, 자아실현 욕구에 의한 동기유발 등의 조직관리 방식을 지향한다. 이처럼 Y이론은 인간관계론과 행동과학의 인간관을 반영하고 있다.

한국전 참전 후 귀국한 스완슨(David Swanson)은 미국 소비재산업의 강자인 P&G(Proctor & Gamble)의 임원으로 취임하였다. 그러나 훌륭한 민간기업에서 일한다는 즐거움은 이내 사라지고 말았다. 계급, 명령과 상의하달식 통제를 근간으로 하는 미육군 전투부대 관리방식을 생산공장에 그대로 적용한 P&G의 경영방식에 크게 실망했기 때문이다. 이 같은 경영방식이 가져온 결과는 전투적인 노조, 뿌리 깊은 불신감, 끝없는 노사간 대립 등 매우 부정적인 것이었다. P&G의 한 공장에서 분규가 진행되는 동안 이 공장의 결손인력 지원을 위해 본사에서 파견된 관리자들이 공항에서 빠져나오지 못한 일도 있었다. 기관총으로 무장한 조합원들이 트럭을 동원해 공항을 포위했기 때문이었다. 스완슨은 뭔가 돌파구가 있어야 한다고 생각했다.

스완슨은 과거 MIT 학창시절 맥그리거(Douglas McGregor) 밑에서 수학했었다. 맥그리거는 근로자들이 사실상 좋은 직무를 수행하기를 원한다고 믿었던 몇 안 되는 1950년대 미국인 중 한 명이었다. 직무가 근로자 욕구와 잘 조화되도록 합리적인 경영만 이루어진다면 근로자의 생산성이 비약적으로 향상되리라고 맥그리거는 믿었다. 고위직으로 승진 이후 스완슨은 조지아주 오거스타 소재의 신설 공장의 책임자로 부임했다. 그는 공장의 경영관리시스템 구축을 위해 맥그리거에게 도움을 청했다. 두 사람은 전 직원에게 희소식과 나쁜 소식 등 모든 정보의 완전공개, 자율관리팀(self-managing team)의 구축, 동료평가 임금제도 도입 등 공장을 "열린 시스템(open system)"으로 설계했는데, 이는 당시로서는 매우 급진적인 개념이었다. 하지만 이 실험은 엄청난 성공을 거두었다. "1960년대 중반에 이르러서 오거스타 공장의 생산성은 P&G의 여타 공장에 비해 무려 30% 이상이나 높았다.

자료: Bolman, L.G. & Deal, T.E./신택현(옮김) (2004), 『조직의 리프레이밍(Reframing Organizations: Artistry, Choice, and Leadership)』, 지샘, 141~142쪽.

---

03 시스템이론과 조직행동론

시스템이론(Systems Theory)은 제2차 세계대전 후 독일의 생물학자인 루드빅 베르탈란피(Ludwig von Bertalanffy)가 여러 학문분야를 통합할 수 있는 공통적인 사고와 연구의 틀을 찾으려는 노력 끝에 발표한 이론이다. 베르탈란피는 과학이 발달하고 인류의 문화가 발전할수록 여러 학문분야 간의 교류가 더욱 증진되어야 함에도 불구하고,

오히려 학문별 사고방식, 연구초점과 방법 등이 점점 달라져서 학문 간의 대화와 상호 간의 이해 및 교류가 점점 더 어려워진다는 것을 인식하였다. 그리하여 생물학·물리학·화학 등 자연과학 분야는 물론 사회과학을 포함한 모든 학문분야를 통합할 수 있는 이론으로서 일반시스템이론을 발표하게 된 것이다(Bertalanffy, 1968).

여러 학문분야를 통합하는 이론체계에 대한 관심은 1950년대에 들어와서 다양한 학문분야로 급속히 확산되었는데, 경제학자 케네스 보울딩이 시스템이론의 목적과 기본적인 골격을 작성하여 일반시스템이론(General Systems Theory)을 체계적으로 정립하였다(Boulding, 1971). 그 후 존슨, 카스트, 로젠즈웨이그 등의 학자들이 시스템이론을 경영학 분야에 적용하는데 선두적 역할을 하여 경영조직 분야에 일반시스템이론을 접목시키고 정립하는 데 크게 기여하였다(Johnson, Kast, & Rosenzweig, 1973).

1 일반시스템의 개념과 속성

근본적으로 시스템이란 서로 연관된 부분들이 모여서 만들어진 개체를 뜻한다. 시스템 개념은 첫째로 개체(unitary whole), 둘째로 이를 구성하고 있는 부분, 그리고 셋째로 이들 구성부분들 간의 상호의존관계 및 개체와 부분들 간의 상호연관성을 강조하고 있다(Ackoff, 1971). 이러한 시스템 개념을 적용할 때 우리 주변에는 수많은 시스템이 존재하고 있는 것을 볼 수 있다. 태양계로부터 시작하여 자연환경시스템, 우리들이 일상생활에서 항상 접하고 있는 경제시스템, 교통시스템, 통신시스템, 조직시스템, 그리고 우리들 자신의 인체시스템, 또 이를 구성하고 있는 신경시스템, 혈액순환시스템 등등 매우 다양한 시스템이 존재한다.

일반시스템이론은 다양한 시스템들의 공통점에 초점을 맞추어서 구성요소들 간의 상호의존관계를 연구하고 이를 이해하는 데 도움이 되는 종합적인 틀을 제공하는 것이 기본목적이다(Buckley, 1967). 이와 같이 세상에는 다양한 유형의 시스템들이 존재하지만, 이들 시스템들은 근본적으로 공통적인 특성을 지니고 있다. 일반시스템이론에서 강조하고 있는 시스템의 기본속성은 다음과 같다.

(1) 구성요소들 간의 상호 연관성과 상호 의존성

시스템의 가장 기본적인 속성은 시스템을 구성하고 있는 부분들 사이에 상호 연관성과 의존성을 지니고 있다는 것이다. 그뿐 아니라 시스템은 상위시스템과 하위시스템의 여러 계층으로 구성되어 있어서 여러 관련부분들이 한 시스템 속에서 그리고 다른 시

🏿 시너지(synergy): "협력의 결과는 무한하다"

1953년 과학자인 제임스 왓슨(James Watson)과 프랜시스 크릭(Francis Crick)은 생명의 비밀을 밝혀냈다. 생명체의 유전자 정보를 전달하는 생물학적 물질인 DNA의 이중 나선구조를 발견한 것이다.

우리 시대의 가장 중요한 과학적 발견으로 기록될 DNA 이중 나선구조를 발견한 지 50년째 되는 날, 왓슨은 이 업적을 주제로 인터뷰를 하였다. 왓슨은 수많은 다른 훌륭한 과학자들보다 먼저 DNA의 구조를 풀 수 있었던 비결이 "과학자들 중에서 제일 영리한 사람이 아니었기 때문"이라고 말했다. 왓슨은 "자기 자신의 판단이 제일 정확하고 자신이 지구상에서 최고로 똑똑한 사람이라고 생각하는 태도가 때로는 자신을 가장 위험한 궁지에 몰아넣을 수 있다"고 설명했다. "그 당시 프로젝트에 참여한 과학자들 중에서 제일 영리한 사람은 로잘린드 프랭클린(Rosalind Franklin)이었는데, 로잘린드는 너무나 영리해서 거의 조언을 구하지 않았어요. 만약 당신이 어떤 집단에서 가장 명석한 사람이라면, 당신 또한 그녀처럼 심각한 곤경에 처할 겁니다."

리더들은 집단 안에서 경험과 지식이 가장 많고 능력이 뛰어날지라도 반드시 조직구성원들과 협력해야 한다. 행동과학자 패트릭 래플린(Patrick Laughlin)의 연구팀은 협동 작업을 하는 그룹의 성과가 혼자 작업하는 팀원들의 평균적인 성과보다 더 나을 뿐만 아니라 그룹에서 문제해결 능력이 가장 뛰어난 사람 혼자서 작업한 성과보다도 훨씬 더 낫다는 것을 보여주었다. 풍부한 경험과 지식, 뛰어난 능력을 갖춘 덕분에 자기 자신이 가장 유능한 해결사라고 생각하는 리더는 팀원들에게 의견을 묻지 않는다.

래플린 연구팀의 실험에 따르면, 최고의 능력을 갖춘 리더가 혼자 만들어낸 결과물이 전문성은 부족하지만 협동 작업을 하는 그룹의 결과물에 패배할 수밖에 없는 이유가 두 가지 있다. 첫째, 혼자서 의사결정하는 사람은 지식과 관점의 다양성을 따라갈 수 없다. 타인의 의견은 혼자서 일할 때는 불가능한 사고과정을 자극한다. 연상작용에 불을 붙이는 동료의 말을 듣고 새로운 아이디어를 얻을 수 있는 것이다. 둘째, 혼자서 해결방법을 찾는 사람은 '평행적인 프로세싱'이라는 또 다른 중요한 이익을 잃어버린다. 즉, 협동하는 그룹은 한 가지 문제에 딸린 수많은 하위 과제를 팀원들에게 분산시킬 수 있지만, 혼자 일하는 사람은 각각의 과제를 순차적으로 해결해야 한다.

자료: 치알디니 · 골드스타인 · 마틴(Cialdini, R.B., Goldstein, N.J., & Martin, S.J.)/윤미나 (2008), 『설득의 심리학: Yes를 끌어내는 설득의 50가지 비밀(Yes!: 50 Scientifically Proven Ways to Be Positive)』, 21세기북스, 88~91쪽.

스템과의 상호 연관관계 속에서 끊임없는 상호작용을 한다.

(2) 전체성(Holism 또는 Wholism)

부분들 간의 상호 연관성과 상호 의존성으로 말미암아 시스템은 '부분들의 단순한 합'이 아니라 그 이상의 전체성을 특징으로 한다. 한마디로 말해, "전체는 부분의 합이 아니라 그 이상이다." 따라서 각 부분에 대한 개별적 분석만으로는 전체 시스템을 이해할 수 없고, 부분들 간의 상호관계를 중심으로 총체적인 분석을 해야만 시스템을 제대로 이해할 수 있다. 동시에 시스템을 구성하고 있는 부분들도 전체 시스템을 고려하지 않고서는 정확하게 이해할 수 없다.

(3) 목표지향성(Goal-Seeking)

부분 간의 상호 연관성은 전체 시스템의 목적을 달성하기 위하여 부분들이 상호작용을 하고 있다는 것을 의미한다. 일반적으로 시스템의 목적은 부분들 간의 균형을 통하여 시스템 자체를 계속 유지하는 것이고, 나아가서는 더욱 성장하는 것이다.

(4) 투입−산출(Input and Output) 및 전환과정(Transformation)

한 시스템이 자체의 목적을 달성하려면 이에 필요한 자원들이 투입되어야 한다. 투입물들은 전환과정을 통하여 목표달성에 필요한 활동이나 산출물로 변형된다. 이 목표달성 과정에서 시스템이 외부 환경으로부터 얼마나 투입자원을 잘 확보하느냐에 따라서 시스템의 폐쇄성과 개방성이 결정된다. 즉, 폐쇄 시스템(closed system)과 달리 개방 시스템(open system)에서는 외부 환경으로부터 투입물을 계속 획득해야만 시스템을 유지할 수 있다.

(5) 부의 엔트로피(Negative Entropy)

열역학(thermodynamics) 법칙에 의하면 시스템은 내부의 엔트로피작용에 의하여 자연소멸되어 버리는 경향이 있다. 시스템은 이러한 엔트로피작용에 대응하고 시스템을 존속시키기 위하여 부의 엔트로피(negative entropy) 속성을 갖는데, 이는 시스템 생존에 필요한 에너지를 외부 환경으로부터 지속적으로 확보하는 것을 말한다.

(6) 조절(Regulation)

시스템은 자체의 목적을 효과적으로 달성하기 위해 부분들 간의 상호작용 등 시스템의 기능에 대해 통제하고 조절한다. 이 통제기능은 시스템이 달성하고자 하는 목표와 실제 결과 간의 차이에 대한 정보피드백을 통해 이루어진다. 즉, 피드백 받은 정보를 활용하여 표준과 실제 성과 간에 편차를 수정하기 위한 조치를 취한다.

(7) 기능의 분화(Differentiation)

시스템은 시간이 흐르고 규모가 커질수록 구성 부분들의 기능은 더욱 전문화되고 기능간의 분화도 더욱 심화된다. 그리고 시스템이 분화되는 만큼 분화된 부분들을 통합시키는 상호작용 기능이 시스템 목적달성에 더욱 중요해진다.

(8) 이인동과성(Equifinality)

시스템 목적을 달성하는 데에는 여러 가지의 방법과 수단이 사용될 수 있다. 다시 말해서, 하나의 결과를 얻기 위해서 유일 최선의 방법만이 존재하는 것이 아니라 다양한 방법과 전략이 있을 수 있다는 것이다. 따라서 이인동과성(異因同果性) 개념은 시스템의 목적을 달성하기 위한 방안을 모색하는 데 있어서 가능하면 다양한 의사결정 대안을 개발하려는 개방적인 관점을 갖는 것이 중요하다는 것을 보여주고 있다.

이상 일반시스템의 기본속성을 살펴보았다. 이들 속성은 모든 시스템이 공통적으로 지니고 있지만, 시스템의 개방성과 복잡성에 따라서 시스템이 지니는 속성은 그 정도가 각각 다르며, 그로 인해 시스템들은 저마다 서로 다른 특성을 갖게 된다.

2 시스템관점에서의 경영조직

여러 유형의 시스템들 중에서 조직시스템은 우리 사회에서 매우 중요한 위치를 차지하고 있다. 따라서 일반시스템이론은 실무관리적 측면뿐만 아니라 이론적인 차원에서도 경영조직에 광범위하게 적용되어 왔고, 그 과정에서 많은 이론적 발전을 이루어왔다. 특히 경영환경이 급변하고 복잡성이 증가됨에 따라 조직의 생존을 위해 조직과 환경의 관계 및 조직내 구성부분들 간의 유기적 관계의 중요성이 더 커지면서 시스템이론의 적용성도 더욱 증가되고 있다.

1) 경영조직의 상·하위시스템

시스템 관점에서 보자면 경영조직은 일반시스템의 속성을 두드러지게 가지고 있다. 경영조직은 한편으로는 정치·경제·사회·문화·과학기술 환경이라는 상위시스템 속에서 존재하며, 다른 한편으로는 자체적으로 생산, 마케팅, 재무, 회계, 인사 시스템 등 여러 기능부문을 하위시스템으로 갖고 있다. 경영조직이 효과적으로 운영되고 성장·발전하기 위해서는 조직 내부적으로 여러 기능부문들이 효율적으로 조정·통합되어야 할 뿐만 아니라 대외적으로 환경과의 우호적인 관계를 형성하면서 조직운영에 필요한 자원들을 효과적으로 확보해야만 한다.

이와 같은 상·하위 시스템들 간의 상호의존관계 때문에 경영조직의 문제를 이해하고 해결하려면 하위 시스템에 대한 개별적인 분석과 더불어, 이들 하위 시스템 간의 상호작용으로 인해 나타나는 전체 시스템 차원의 체계적 분석, 그리고 이러한 시스템을 둘러싸고 있는 환경에 대한 분석이 종합적으로 이루어져야 한다. 즉, 경영조직에 대한 온전한 이해를 하려면 구성부분에 초점을 두는 부분적 접근에 머무는 것이 아니라 시스템에 대한 전체적이고 체계적인 접근이 요구된다.

2) 경영조직의 목적

둘째로, 모든 시스템이 목적을 가지고 있는 것과 같이 경영조직도 생산성, 수익성, 성장 등의 구체적인 목적을 가지고 있고, 이러한 목적을 달성하기 위하여 여러 가지의 자원을 투입하여 이들을 제품이나 서비스 등의 산출물로 전환하는 과정을 거친다. 경영조직 시스템은 이러한 전환과정을 통해 고객들이 요구하는 제품과 서비스를 생산하

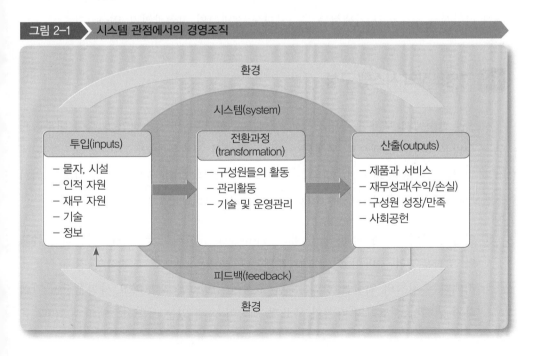

그림 2-1 ▶ 시스템 관점에서의 경영조직

여 제공하며, 이를 바탕으로 기업의 재무적 목표를 달성할 뿐만 아니라 조직구성원들의 만족감 향상과 성장 목표를 달성하고, 더 나아가 사회적 가치를 실현한다.

3) 조직구조와 관리체계

셋째로, 시스템이론에 의하면 경영조직은 투입된 자원을 산출물로 전환하는 과정을 효과적으로 수행하기 위하여 시스템을 여러 기능부분으로 분화시키고 전문화시켜 나간다. 수직적으로는 최고경영층에서 현장직원에 이르기까지 계층구조를 형성하며, 수평적으로는 서로 다른 기능 또는 활동을 담당하는 부서 또는 팀들로 세분화한다. 이러한 전문화 및 분화현상은 조직이 성장하고 규모가 커질수록 더욱 심화되는데, 조직목표를 효과적으로 달성하기 위해서는 각 하위시스템이 효율적으로 운영될 뿐만 아니라 분화된 하위시스템을 긴밀하게 통합·조정해야 한다.

4) 조직의 복잡화와 대안 선택의 중요성

일반시스템의 이인동과적 특성에 의하면 조직의 목적을 달성하는 데에는 오직 한 가지의 방법 또는 절차만이 있는 것이 아니라, 여러 가지 다양한 전략대안과 접근방법이 있을 수 있다. 성공적인 조직들이 모두 똑같은 방식으로 운영되는 것은 아니다. 조직마다 처해 있는 환경이나 조직이 지향하는 가치, 보유하고 있는 자원과 내부 여건이 각각 다르기 때문에 그러한 상황적 여건에 맞는 대안을 선택하는 것이 중요하며, 이러한 전략적 적합성을 도모하기 위해서는 무엇보다도 창의적인 경영관리가 요구된다.

3 경영조직의 시스템 구성

시스템 관점에서 보자면 경영조직은 사회를 구성하는 한 시스템인 동시에 내부적으로는 수많은 하위시스템으로 구성되어 있다. 앞에서 설명한 바와 같이 경영조직은 여러 하위시스템들로 분화·전문화되는데, 〈그림 2-2〉와 같이 크게 다섯 가지의 하위시스템으로 구분해볼 수 있다(Kast & Rosenzweig, 1974, pp.111~113).

① 이념적 하위시스템(Goals and Values Subsystem) : 조직이 추구하는 기본적인 목표와 조직운영의 기반이 되는 가치체계를 나타내는 것으로서 조직의 전체 활동을 지배하는 지침의 역할을 한다. 또한 조직이 정당성을 확보하고 사회발전에 기여하기 위해서는 조직의 가치와 목표가 조직이 속해 있는 사회시스템의 문화 및 규

그림 2-2　조직의 상 · 하위시스템

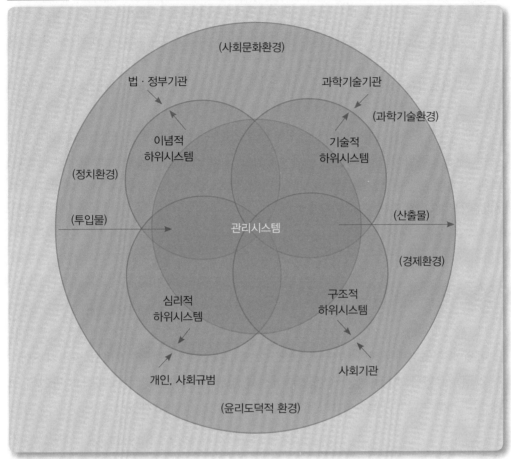

자료: Kast & Rosenzweig (1974), p.112.

범과 일관성을 유지하는 것이 요구된다.

② 기술적 하위시스템(Technical Subsystem): 조직에 투입된 자원을 산출물로 전환하는 데 활용되는 모든 기술(지식, 방법, 기법)과 설비를 포함하며, 조직의 효율적 운영에 중요한 영향을 미친다.

③ 사회 · 심리적 하위시스템(Socio-Psychological Subsystem): 개인의 성격, 욕구와 행동, 그리고 집단 내의 역학관계 등으로 구성된다. 즉, 조직의 인적인 측면(human side of organization)으로서 구성원들 개인의 심리적 차원과 구성원들 간의 사회적 관계 차원을 포함한다.

④ 구조적 하위시스템(Structural Subsystem): 조직목표를 효과적으로 달성하기 위해 체계적으로 짜여진 직무구조, 권한관계, 수평적 · 수직적 분화, 규칙과 절차 등 조

직의 공식적 측면을 포함한다.

⑤ 관리적 하위시스템(Managerial Subsystem) : 조직의 효과적인 운영을 위하여 여러 하위시스템을 통합하는 기능을 담당하는 것으로서 계획, 조직, 지휘 및 통제 등 조직의 외부환경과 내부여건에 적합한 목적을 설정하고 이를 달성하기 위한 일련의 기능을 포함한다.

이와 같이 조직은 대외적으로는 외부환경으로부터 투입자원을 확보하고, 대내적으로는 다양한 하위시스템들 간의 통합·조정을 통해 조직을 유지하고 발전시켜 나간다. 특히 시스템 관점에 의하면 구성부분들 간의 상호의존성에 초점을 두고 전체적 관점에서 조직문제에 접근하는 것을 강조한다.

04 행동과학의 발달과 조직행동론

이제까지 조직행동론의 발전배경으로 고전이론과 인간관계론 그리고 일반시스템이론을 살펴보았다. 이들 이론 중 인간관계론과 일반시스템이론은 행동과학의 발전에 크게 기여하면서 조직행동론의 학문적 발전에 결정적인 역할을 하였다.

1 행동과학과 조직행동론의 체계화

호손공장실험을 계기로 1930년대부터 본격적으로 발전하기 시작한 인간관계운동 (Human Relations Movement)은 조직 연구에 있어서 인간적 요소와 집단행동 그리고 비공식 조직에 대한 인식을 높여줌으로써 조직을 보다 현실적으로 연구분석하는 데 크게 기여하였다. 실제 기업경영에 있어서도 인간관계 연구는 조직의 비공식적 차원을 중심으로 개인의 직무만족과 집단의 응집성을 증대시키기 위한 리더십과 여러 가지 인사관리기법을 개발함으로써 조직경영에 새로운 지평을 열어 주었다.

1) 행동과학의 발전

2차 세계대전 이후 지속적인 경제발전뿐만 아니라 사회·문화의 발달이 가속화됨에 따라 현대 사회에서의 인간 행동에 대한 과학적 연구의 필요성이 더욱 커지게 되었다.

인간 행동을 좀 더 체계적으로 이해하기 위해서는 인간의 심리적 과정 그 자체에 대한 연구뿐만 아니라 이에 영향을 미치는 여러 가지 사회적 맥락에 대한 연구를 종합적으로 실시하는 것이 필요하게 되었고, 또한 인간 행동에 대한 연구를 함에 있어서 객관성을 확보하기 위해 과학적인 연구방법을 활용할 필요성이 커지게 되었다. 행동과학은 이러한 배경하에 등장한 학문으로서 크게 두 가지 특징을 갖고 있다. 첫째, 행동과학의 가장 큰 특징은 학제적 접근(interdisciplinary approach)이다. 행동과학은 인간 행동에 대한 종합적인 이해를 위해 심리학, 사회학, 인류학 등 여러 학문 분야의 학자들이 공동으로 참여하여 상이한 분야의 지식들을 통섭하고자 하였다. 둘째, 행동과학은 과학적이고 실증적인 연구방법을 활용하였다. 내성(introspection) 등 주관적인 연구방법에 의존하는 것을 탈피하고 반증가능한 가설을 설정하고 과학적인 방법을 활용하여 자료를 수집하고 이를 검증하는 연구방법을 활용하였다.

행동과학이 현대 사회에서의 인간 행동에 대한 과학적인 연구라고 한다면, 조직행동론은 '조직'이라는 맥락 속에서 인간의 행동을 이해하고 설명하고자 하는 학문이라 할 수 있다. 다시 말해, 행동과학 분야의 연구로부터 축적된 이론과 지식을 조직구성원들의 행동을 설명하는 데 적용한 것이 바로 조직행동론이다. 따라서 행동과학의 발전은 조직구성원들의 행동을 체계적으로 이해하고 설명하고자 하는 조직행동론의 발전에 큰 영향을 미쳤다.

2) 조직행동론의 체계화

인간 행동에 관한 연구는 오래전부터 많은 심리학자들에 의하여 이루어져 왔는데, 이는 기업조직과는 무관하게 주로 순수 심리학적인 측면에서 다루어져 왔다. 한편, 1950년대 급속한 경제발전이 이루어지면서 기업조직의 규모가 커지고 현대 사회에서 기업조직이 차지하는 비중이 커짐에 따라 효과적인 조직관리의 중요성도 급속히 확대되었다. 효과적인 조직관리를 위해서 체계적인 조직연구, 특히 기업조직에 몸담고 있는 구성원들의 태도와 행동을 체계적으로 이해하고자 하는 연구가 집중적으로 이루어지기 시작하였다. 즉, 순수 학문적인 차원에서의 인간행동의 연구가 아니라 효과적인 조직관리라는 현실적인 문제를 해결하기 위해 심리학적 지식이 본격적으로 조직에 적용되기 시작한 것이다. 이러한 과정에서 행동과학과 조직행동론은 점점 밀접한 관계를 유지하면서 서로의 학문적 발전을 촉진시켜 왔다. 특히, 성격, 지각, 동기유발, 학습 등 인간행동에 관한 연구들이 조직에서의 개인행동을 이해하고 개선하는 데 많은 도움을 주었다.

심리학뿐만 아니라 사회학과 인류학도 행동과학의 발전에 중요한 부분을 차지해 왔다. 사회학과 인류학은 개인의 행동은 물론, 집단행동 연구에 있어서 개인과 집단 간의 상호관계, 집단규범, 영향력 과정, 집단역학 등 비공식 조직에 대한 이해도를 높여 주었다. 문화적 환경에 대한 연구도 개인과 집단 그리고 전체 조직행동 분석에 적용되어 조직행동에 대한 이해는 물론, 주어진 환경 여건하에서 효율적으로 작용할 수 있는 집단구성과 조직설계에 큰 도움을 주었다.

이와 같이 경제 및 사회문화의 발달과 더불어 사회가 복잡해지고 개인행동도 복잡해짐에 따라서 심리학·사회학·인류학 등 여러 사회과학 분야들이 점차적으로 종합적·학제적 관점에서 인간 행동을 연구하게 되었다. 그리고 이러한 행동과학의 이론과 지식이 기업조직을 대상으로 개인 및 집단 행동, 그리고 전체 조직행동 분석에 적용됨으로써 조직행동론 분야가 종합적인 학문으로 발전하게 되었다.

2 일반시스템이론의 공헌

행동과학과 더불어 일반시스템이론도 이론적 및 실무적 측면에서 조직행동론의 발전에 큰 공헌을 하였다.

1) 행동과학의 종합학문화

일반시스템이론은 여러 사회과학 학문의 공통성과 상호 연관성을 인식시켜 주고 이들 학문분야 간의 상호 교류와 이해를 증진시켜 주었다. 특히 일반시스템이론의 전체성(holism) 개념과 상호관련성(interrelationship) 개념은 인간행동 연구에 있어서 개인, 집단과 환경 간의 상호관계와 이에 작용하는 다양한 요인들을 체계적으로 그리고 종합적으로 연구하도록 하는 기본적인 관점과 접근방법을 제시해 주었고, 이는 행동과학과 조직행동이 종합적인 학문으로 발전하는 데 중요한 역할을 하였다.

2) 연구방법상의 공헌

일반시스템이론은 심리학, 사회학, 그리고 인류학 등 여러 분야의 학문 발전에도 크게 기여하였다. 일반시스템이론은 연구조사방법에 있어서 시스템적인 개념과 전체적인 사고방식에 의하여 연구에 포함된 모든 요인들을 명확히 해 주고 이들 간의 상호관계와 그 결과를 분명히 해 줌으로써 보다 과학적이고 객관적인 연구가 가능하도록 해주었고, 따라서 이러한 체계적인 연구를 통하여 학문 발전이 가속화될 수 있었다.

3) 조직행동의 실증적 연구

인간행동과 그 환경에 대한 연구는 순수과학의 측면에서뿐만 아니라 실제 조직상황에서 많은 실증적 또는 경험적 연구가 이루어졌으며, 이를 통해 축적된 지식과 이론들은 현실 조직에 적용됨으로써 조직의 효과성 제고에도 많은 기여를 하였다. 심리학 연구가 주로 실험실에서 이루어져온 반면, 조직행동 분야에서의 연구는 주로 실제 조직현장에서 이루어졌고 그 과정에서 행동과학의 현실적 적용성이 증대되어 왔다.

4) 조직행동의 상황적 관점

이러한 실증적 연구에 있어서 일반시스템이론은 행동 변수들 간의 상호작용은 물론 이들 변수들이 조직성과에 미치는 영향에 초점을 맞춤으로써 효과적인 조직 설계 및 관리에 많은 기여를 하였다. 또한 일반시스템이론의 개방체계 관점은 조직행동과 성과 및 이들 간의 관계에 영향을 미치는 상황변수를 강조하였는데, 이는 상황적합적 관점(contingency view)의 발전을 가져오는 요인이 되었다.

이와 같이 일반시스템이론은 행동과학과 조직행동 연구에 있어서 새로운 관점과 연구방법을 통하여 보다 종합적이고 과학적이며 또 실증적인 연구를 가능하게 해주었다. 그리하여 행동과학의 이론적 발전은 물론, 실제 조직에의 적용가능성을 크게 증진시킴으로써 조직행동의 학문적 발전과 더불어 조직경영을 효율화하는 데에도 크게 기여하였다.

3 조직행동론의 발전동향

행동과학의 발전과 더불어 행동과학의 지식과 이론이 조직문제에 본격적으로 적용됨에 따라서 조직행동론 분야의 지속적인 학문발전이 이루어졌을 뿐만 아니라 조직문제 해결을 위한 다양한 경영기법들이 또한 개발되어 왔다.

1) 조직개발 및 조직혁신 기법의 발달

경영환경이 급변함에 따라 환경에 대한 조직의 적응력을 높이고 조직성과를 향상시키기 위해 조직구성원의 행동과 집단행동 그리고 전체 조직행동에도 많은 변화가 필요하게 되었다. 이러한 시대적 상황에서 개인 및 집단행동을 계획적으로 그리고 성공적으로 변화시키기 위한 이론과 기법들이 요구되었으며, 이는 조직개발(organization development)의 발달을 가져왔다. 감수성훈련(sensitivity training)과 행동조사모형(action research model) 등 개인행동과 집단행동의 개발기법은 1940년대 중반부터 개발되어 여러 형태로 적용되어 오다가(Lewin, 1947), 1950년대부터 미국 대기업에서 본격적으로 활용되기 시작하였다.

개인 및 집단행동의 개발에는 감수성훈련(sensitivity training) 또는 소집단훈련(T-Group Training)이 적용되기 시작하였고, 집단 및 조직행동 개발에는 설문조사피드백(survey research and feedback) 방법이 활용되기 시작하였다(Bradford, Gibb, & Benne, 1964). 1960년대에 들어서면서 이들 조직개발 기법은 미국의 IBM, Polaroid, Texas Instrument, TRW, Union Carbide, General Motors, Harwood-Weldon 등 여러 회사에 활용되었고, 캐나다와 호주 그리고 유럽 각국의 기업에도 확산되었다. 이들 기법 이외에도, 목표관리(MBO), 시스템4 조직개발, 관리그리드(Managerial Grid) 훈련 등 다양한 형태의 조직개발 기법이 소개되고 적용됨으로써 조직개발 분야에 많은 발전이 이루어졌다.

최근 조직을 둘러싸고 있는 정치, 경제, 사회문화 및 기술 환경이 급변하고 불확실성이 증대됨에 따라 조직변화의 필요성이 더욱 커졌을 뿐만 아니라 변화의 규모와 복잡성도 증대되어 왔다. 따라서 단순히 개인행동이나 집단행동의 변화를 지향하는 것이 아니라 전체 조직 수준에서 전략적이고 급진적인 변화를 중시하게 되었다. 구체적인 예로 경영이념의 재정립, 경영전략의 변경, 조직문화의 재창조, 구조조정(restructuring), 리엔지니어링, 다운사이징 등의 경영혁신 기법들이 개발되어 왔으며, 많은 기업들이 경영위기를 극복하기 위한 수단으로서 이러한 전략적 변화들을 추진해 왔다. 이들은 조직의 전체 구조와 전략을 급진적으로 변화시키기 위한 기법들로서 조직혁신(organizational transformation) 또는 기업쇄신(corporate transformation)이라 부른다.

2) 연구대상 조직의 다양화

조직행동은 기업과 같은 산업조직뿐만 아니라 공공기관과 군조직을 대상으로 주로 연구가 이루어졌다. 그것은 이들 조직이 인력고용이나 사회발전에 매우 중요한 위치를 차지하고 있고, 또 이들 조직이 추구하는 목적이 이익, 효율성과 공공 서비스 등 명백하기 때문이다. 그런데 사회문화가 발전하여 다양한 형태의 조직들이 등장하고 제각각 자기 역할을 수행하는 다원화된 사회가 됨에 따라 조직행동론의 연구대상 조직도 다양화되어 왔다. 기업, 군조직과 공공기관 등 전통적인 연구대상 조직 이외에 교회, 정치단체, 협회, 재단, 문화기관, 자원봉사단체, 교육기관, 의료기관 등 다양한 조직을 대상으로 조직행동 연구가 이루어지고 있다.

3) 연구관점과 접근방법의 다양화

1970년대 이후 1980년대에 행동과학의 학문적 발전이 급진전됨에 따라서 조직을 대상으로 한 조직행동 연구도 더욱 가속화되었다. 특히 과학기술의 고도화와 사회문화의 발전, 세계화와 기업의 다국적화, 그리고 이에 따른 조직환경의 변화는 조직행동과 조직개발의 중요성을 한층 더 높여 주었고, 조직행동 연구에 있어서도 새로운 연구관점과 연구방법이 시도되어 새로운 이론들이 다양하게 제시되었다.

조직생태학(organizational ecology), 조직경제학(organizational economics), 거래비용접근(transaction cost approach), 제도화이론(institutional theory), 조직문화(organizational culture), 자원의존이론(resource dependence), 학습조직(learning organization)이론, 조직양면성(organizational ambidexterity) 이론 등 조직에 대한 다양한 관점과 이론이 등장하여 조직이론의 발전에 많은 공헌을 하고 있다(Weick, 1979; Hannan & Freeman, 1988; Zucker, 1983; Schein, 1985; Pfeffer & Salancik, 1978; Senge, 1990). 사회문화의 발전이 계속되고 조직과 외부 환경 간의 긴밀한 상호작용이 증가됨에 따라 앞으로도 새로운 조직 관점과 이론의 창출은 가속화될 것이고, 그 과정에서 조직행동론의 학문적 발전도 계속될 것으로 예상된다.

4 한국에서의 조직행동 연구

조직행동론은 종합학문일 뿐 아니라 성과지향적이고 인간중심적 학문인 만큼, 우리나라에서도 급속한 경제발전이 이루어지는 과정에서 효과적인 조직운영의 필요성이 커지게 되고, 특히 조직운영에 있어서 인간적 요소의 중요성이 널리 인식됨에 따라 조직행동에 대한 관심과 연구가 증가되어 왔다.

(1) 조직행동 연구의 도입 및 활용

1960년대의 본격적인 경제개발과 기업성장은 기업경영의 고도화를 필요로 하게 되었고, 그 과정에서 우리나라에 조직행동 개념이 도입되어 주로 관리자의 리더십과 조직구성원의 교육훈련에 적용되기 시작하였다. 1970년대 중반기에는 조직행동론 강좌가 우리나라 경영대학에 개설되기 시작하였고, 기업의 지속적인 성장과 더불어 조직행동에 대한 관심도 커뮤니케이션, 동기부여와 팀워크 등 다양한 주제들로 확대되어 나갔고, 1980년대에는 조직의 효과성을 높이기 위한 방안으로 목표관리, 설문조사피드백, 조직분위기 쇄신과 계획적 변화관리 등 다양한 경영혁신 및 조직개발 기법이 기업

경영 문제에 적용되기 시작하였다.

조직 및 인사관리에 대한 전문적인 학술단체로 1978년 6월 한국인사관리학회가 설립되었고, 이듬해 12월에 전문학술지인 「인사관리연구」가 창간되었다. 「인사관리연구」에는 인사관리와 노사관계뿐만 아니라 조직행동과 경영전략 분야의 연구결과물들이 게재되었는데, 1979년에서 2008년까지 총 519편의 논문이 발표되었고, 그중 조직 분야의 논문은 337편으로서 64.9%를 차지함으로써 조직행동 분야의 연구가 많이 이루어져 왔음을 알 수 있다. 시대별로 보면, 1980년대에 90편, 1990년대에 151편, 그리고 2000년대(2000~2008년)에 278편의 연구논문이 발표됨으로써 인사 및 조직 분야의 연구가 시간이 갈수록 점점 더 활발하게 이루어지고 있음을 알 수 있다(박상언·김영조, 2010).

한편, 1990년에 인사 및 조직 분야의 또 다른 전문 학술단체로 한국인사·조직학회가 창립되었고, 1991년부터 「인사·조직연구」가 발간되기 시작하였다. 「인사·조직연구」에도 조직행동, 거시 조직이론, 인사관리, 노사관계와 전략경영 분야의 연구들이 게재되고 있고, 1991년부터 2007년까지 17년 동안 총 218편의 논문이 발표되었다. 218편의 논문 중에 조직 분야의 연구는 108편으로 48.6%를 차지함으로써 조직 분야의 연구의 비중이 크다는 것을 보여주고 있다(이경묵, 2008). 이와 같이 1980년대 이후 조직분야에 대한 전문적인 연구가 활발하게 이루어져 왔고, 최근 들어 조직 연구는 양적인 측면뿐만 아니라 질적인 측면에서도 급속히 성장·발전하고 있다.

(2) 조직개발의 확산

1980년대에도 조직행동론과 조직개발 기법은 우리나라 기업경영의 선진화과정에 매우 중요한 역할을 하였다. 특히, 우리나라 기업의 국제화와 다각화, 그리고 신기술 및 정보기술의 도입은 기업경영과 구성원행동에 많은 변화와 개선을 요구하였고, 따라서 조직행동론과 조직개발 기법의 적용은 급격히 증가하게 되었다. 또한 조직행동 관점에서의 우리나라 기업에 관한 연구는 한국적 경영을 정립하는 데 기여하였고, 각종 조직개발 기법은 교육훈련과 경영합리화 그리고 여러 가지의 변화과정을 효율화시키면서 우리나라의 기업경영 발전에 많은 기여를 하였다. 그리고 조직행동론과 조직개발 기법은 기업뿐만 아니라 금융기관과 공공조직, 병원과 군조직 등 다양한 형태의 조직에 적용되어 왔다.

(3) 경영혁신과 조직개발

1987년부터 본격적으로 전개된 민주화운동과 사회개혁의 물결은 우리나라의 모든 형태의 조직에 경영시스템과 구성원행동에 많은 변화를 요구해 왔다. 특히 세계화(glo-balization), 정보화와 개방화의 거센 물결은 우리나라 기업의 경쟁력 향상에 한층 더 큰 압력으로 작용하였고, 사람이 기업 경쟁력의 주요 원천이라는 인식이 확산되면서 조직행동과 조직개발의 중요성도 더욱 커지게 되었다. 1997년의 외환위기를 계기로 우리나라 기업의 경영혁신이 가속화됨에 따라서 구성원들의 의식개혁, 기업구조조정(restructuring)과 리엔지니어링 등 구성원의 의식과 행동을 변화시키고 새로운 조직문화를 개발하기 위한 조직혁신 활동이 더욱 활발하게 전개되었다.

사·례·연·구

▶▶▶ 다국적기업 경영자의 충격

스웨덴 출신의 요한슨(M. Johansson) 씨는 필리핀에 위치한 한 조립공장의 현지사장으로 부임했을 때 현지 관리자들의 경영스타일에 놀라지 않을 수 없었다. 필리핀 기업을 다국적기업이 인수하면서 부임한 요한슨 사장은 아시아 국가들의 경영스타일이 서구의 경영방식과 차이가 있을 것이라는 예견을 했지만, 실제로 경험해보니 예상한 것보다도 훨씬 더 큰 문화충격을 느끼게 된 것이었다.

현지 근로자들은 대부분 초등학교나 중학교 출신의 10대 후반과 20대 초반의 미혼 여성으로서 대부분 서구적인 조직생활에 익숙하지가 않아서 조직에 제대로 적응하지 못했다. 그 결과 결근율과 이직률이 매우 높아서 평균 근무기간이 3~4년에 불과하였다. 임금 및 복리혜택은 대체로 그 지역의 다른 공장들과 비슷했고, 생산성도 거의 비슷한 수준이었다. 공장의 조립공정은 대부분 기계화된 단순 업무로 구성되었으며, 따라서 근로자들은 2주일 정도의 훈련만 받은 후 생산라인에 투입되었다.

250명의 공장 근로자들은 요한슨 사장이 보기에는 너무나 엄격한 감독하에서 일을 하고 있었다. 출퇴근 시간의 엄격한 통제는 물론, 생산라인에서 근로자들의 일거수일투족이 치밀하게 감시되었으며, 2시간마다 주어지는 10분간의 휴식시간 이외에는 감독자의 허락 없이 작업 현장을 떠날 수 없게 되어 있었다. 필리핀 공장의 경영방식은 구성원들의 경영참여와 직무충실화 그리고 직장생활의 질 향상을 강조하는 스웨덴의 경영방식과는 너무나 대조적이었다.

요한슨 사장은 공장 관리자 및 감독자들에게 자신들의 경영방식에 대해 어떻게 생각하는지 물어보았다. 그들은 필리핀이 산업화의 경험이 없어서 근로자들의 근면성과 욕구동기가 결여되어 있기 때문에 엄격한 관리와 통제가 필요하다는 의견이었다. 그리고 작업을 근로자들의 자율에 맡기면 질서가 무너지고 기강이 해이해져서 불량품이 증가하는 것은 물론이고 정상적인 공장가동마저 어렵다는 것이었다. 요한슨 사장은 공장 관리자와 감독자들의 말을 믿을 수 없었다. 그는 현재의 경영방식이 그대로 계속될 수는 없고 이러한 경영방식이 근본적으로 바뀌지 않는다면 공장경영에 매우 심각한 문제가 발생할 것이라고 확신했기 때문이다.

토의질문

01. 필리핀 현지공장의 경영스타일을 X이론과 Y이론의 관점에서 분석하시오.

02. 요한슨 사장의 당면 문제와 대응방안을 제시하시오.

개인의 성격과 가치관

**Organizational
Behavior**

개인의 성격과 가치관

제1장과 제2장에서 우리는 조직행동의 기본개념과 학문적 발전과정을 살펴보았다. 이제 우리는 조직행동의 학문적 내용을 개인행동, 집단행동, 전체 조직행동의 세 부분으로 나누어서 차례로 살펴보고자 한다. 제3장에서는 개인의 성격과 가치관, 제4장에서는 지각과 학습, 그리고 제5장에서는 욕구와 동기를 각각 다루고자 한다.

조직은 개인들로 구성되어 있기 때문에, 개인행동 연구는 전체 조직행동을 이해하기 위한 출발점이 된다. 특히 사회문화가 발전할수록 개인의 행동은 더욱 복잡해지고 개인행동이 조직에 미치는 영향도 더욱 커진다. 그리하여 조직에서 개인의 행동을 정확하게 이해하고 개인으로부터 바람직한 행동을 유도하기가 어려워지며, 따라서 개인행동에 관한 연구와 이해가 더욱 중요해진다. 개인의 성격과 가치관을 연구하는 데 있어서 이 장은 제1절에서 개인 간의 차이를 살펴보고, 제2절은 개인의 성격, 제3절은 개인의 가치관, 제4절은 윤리적 가치관, 그리고 제5절에서는 사회문화와 개인행동을 각각 연구한다.

조직구성원 개개인은 조직의 중요한 자원 중의 하나이다. 인적 자원은 자금이나 시설 등 물적 자원과 비교할 때 여러 가지 면에서 다른데, 가장 큰 차이점은 사람은 제각각 독특한 특징을 가지고 있다는 점이다. 사람들은 자신만의 신체적인 특징을 가지고 있을 뿐만 아니라 지식과 기술, 취미와 관심, 그리고 성격과 가치관 등 여러 면에서 차이를 보인다. 그리고 사람들은 동일한 상황에 처해 있더라도 서로 다른 태도를 보이고 다른 행동을 취함으로써 개인마다 행동상의 차이를 나타낸다.

사람들은 이처럼 조직에서 서로 다른 행동을 보이는데, 개인 행동은 〈그림 3-1〉에서 보는 바와 같이 성격, 가치관, 능력, 태도, 동기와 욕구 등 개인적 요인(personal factor)과 사회문화적 배경, 조직구조와 규정, 집단 규범, 직무특성 등 환경적 요인(environmental factor)에 의해 형성된다. 레빈(Lewin, 1947)이 $B = f(P, E)$로 단순화해서 설명한 것처럼 인간 행동은 개인적 요소와 환경적 요소의 함수로 설명될 수 있다.

그림 3-1 ▶ 개인행동의 영향요인

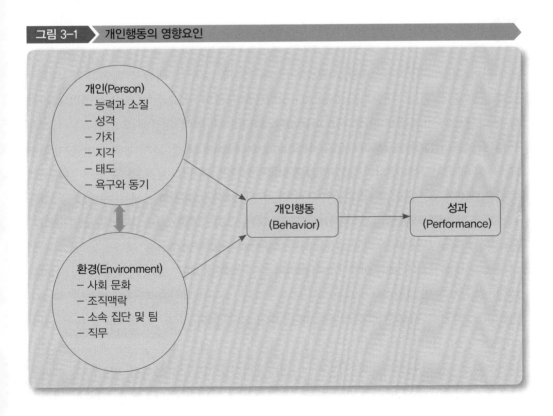

1 개인적 요인(Personal Factor)

조직내 개인행동의 차이는 성격, 가치관, 능력, 지각과 태도, 욕구와 동기 등 개인적 요인의 차이에 기인하는 것이라 할 수 있다. 어떤 조직구성원은 맡은 업무에 필요한 기술과 자질을 갖추고 있을 뿐 아니라, 성격도 적극적이어서 주어진 과업을 성실히 수행하고 자신의 능력개발에도 많은 관심을 보이는 반면, 어떤 구성원은 능력과 자질이 모자랄 뿐 아니라, 맡은 업무에도 태만하여 업무성과가 떨어진다. 어떤 사람은 조직의 방침과 프로그램에 대해 긍정적으로 인식하고 협조적인 태도를 보이는 반면에, 어떤 사람은 항상 냉소적이고 부정적인 태도를 보인다. 또 어떤 구성원은 자기 업무에 보람을 느끼고 새로운 도전과 변화를 시도하는 반면, 어떤 구성원은 현상유지를 선호해서 변화에 저항하고 경제적 보상에만 관심을 보인다. 따라서 구성원들로부터 바람직한 행동을 유도하고 조직성과를 높이기 위해서는 개인의 성격, 가치관, 능력, 욕구와 동기 등 개인차에 대한 이해가 우선되어야 한다.

2 환경적 요인(Environmental Factor)

이러한 성격과 능력 등 개인적 요소 이외에 환경적 요인에 의해서 개인의 행동이 다르게 나타날 수 있다. 프랑스의 INSEAD 경영대학원에서 한 교수가 유럽 각국의 관리자들을 대상으로 기업에서 흔히 나타나는 부서간 갈등에 대한 해결책을 도출하는 사례분석을 시켰더니, 프랑스 관리자들은 상위 계층의 권한에 의한 문제해결 방안을 제안했고, 독일 관리자들은 부서간 갈등해결을 위한 방침과 규율의 설정 등 구조적 문제해결 방법을 제안했고, 영국 관리자들은 부서간 커뮤니케이션과 상호관계를 개선할 수 있는 인간관계 교육을 제안했다고 한다(Hofstede, 1983, p.87). 이와 같이 유럽 각국의 관리자들이 똑같은 문제를 서로 다르게 지각하고 상이한 문제해결방안을 제안하는 것은 유럽 내에서도 사회문화적 배경의 차이가 관리자들의 지각과 태도 그리고 행동에 많은 영향을 준다는 것을 말해준다.

이러한 거시적 사회문화 환경뿐만 아니라 조직 구조와 방침, 조직문화적 특성, 집단규범, 상사의 리더십 스타일, 개인이 맡고 있는 직무특성도 개인의 행동에 중요한 영향을 미칠 수 있다. 예컨대, 똑같은 사람이라 할지라도 그가 삼성에서 일하느냐 아니면 현대에서 일하느냐에 따라서 판이하게 다른 행동을 보이게 된다. 또한, 민주적 리더십을 발휘하는 상사 밑에서 일할 때와 권위주의적 리더십을 발휘하는 상사 밑에서 일할 때 서로 다른 행동을 취하며, 단순하고 지루한 직무를 수행할 때와 도전적이고 재미있는 일을 수행할 때 각각 다른 행동을 취하게 된다. 따라서 조직구성원들의 행동을 이해하려면 그 구성원이 처해 있는 조직맥락과 환경을 이해하는 것이 요구된다.

3 개인간 차이의 효율적인 관리 및 활용

개인간 차이는 조직경영에 있어서 많은 문제의 원천이 된다. 그렇지만 개인간 차이를 잘 이해하고 적절히 관리하면 오히려 집단이나 조직성과를 높일 수 있는 좋은 기회를 제공할 수 있다. 예컨대, 구성원의 성격과 가치관, 능력과 욕구를 잘 파악하여 이러한 특성에 적합한 리더십을 발휘하고, 또 개인 특성에 적합한 직무를 배정하면, 구성원들로 하여금 적절한 동기를 유발하고 자신의 잠재능력을 최대한 개발하고 발휘할 수 있도록 해줌으로써 개인의 성장과 발전뿐만 아니라 조직의 성과 향상에도 기여할 수 있다. 즉, 개인차에 대한 이해를 바탕으로 개인–직무 적합성(personjob fit) 및 개인–조직 적합성(person-organization fit)을 높인다면 개인 목표와 조직 목표를 동시에 효과적으로 달성할 수 있다. 다시 말해, 효과적인 조직관리를 하는 데 있어서 개인차에 대한 이해가 무엇보다도 중요하다고 할 수 있다.

개인의 성격과 행동 | 02

사람들은 용모와 신체적 특징은 물론 사고방식, 태도와 행동도 모두 다르다. 개인을 이해하는 데 있어서 우리는 나이, 학력, 출신배경과 경력 등 다양한 요인들을 고려하지만 가장 중요시하는 것은 역시 성격이다. 그리하여 원만한 성격, 내성적 성격, 사교적 성격 등등 개인을 이해하는 데 있어서 여러 가지의 성격분류 방법을 활용한다. 이와 같이 성격은 개인을 이해하는 데 매우 중요한 요소이다. 먼저 성격이란 무엇인지 그 개념을 알아보고, 이어서 여러 가지의 성격분류와 이에 따른 행동경향을 살펴본다.

1 성격의 개념

일반적으로 개인의 성격은 내성적 · 능동적 · 이기적 · 권위적 등 중심적 행동경향을 기반으로 기술적(descriptive)으로 표현되거나, 또는 성격이 좋다거나 나쁘다는 등 평가적으로 표현된다. 넓은 의미에서 성격은 개인의 특성과 행동경향의 복합(Champoux, 2003, p.99)으로서, 개인으로 하여금 자신이 처해 있는 환경에 독특하게 적응해 나가도록 해주는 역동적인 심리–생리적 시스템(dynamic psycho-physical system)이라고 할 수 있다(Allport, 1937, p.48). 성격은 개인의 비교적 안정적인 행동패턴을 가리키는 동시에, 이러한 행동성향을 가져오게 하는 내적인 상태를 가리킨다. 성격 개념의 특징을 요약 · 정리하면 다음과 같다(Gibson et al., 1994, pp.124~127).

- 성격은 개인의 독특한 개성을 나타내는 총체적인 개념이다. 겉으로 드러나는 개인의 행동패턴과 이러한 행동에 영향을 미치는 사고체계, 가치관과 유전적 특성 등 내적 요인을 포괄한다.
- 개인의 성격은 어느 정도 안정성을 갖는다. 성격이 변하지 않는 것은 아니지만 한번 형성된 성격은 장기간 동안 지속되는 특징을 갖는다.
- 성격은 선천적 · 유전적 요인을 바탕으로 외부 환경과의 상호작용 과정에서 형성된다.
- 성격은 개인행동의 본질적 · 심층적 요인인 핵심성격(core personality)과 표면적인 차원에서 나타나는 주변성격(peripheral personality)으로 구성된다.

2 성격의 형성과정

인간은 성장해 나가는 과정에서 환경과의 상호작용을 통하여 자기 자신의 독특한 성격을 형성하고 이를 정착시켜 나간다. 이러한 성격의 형성과정은 심리학자들에 의하여 여러 단계로 개념화되어 왔다.[1] 이들 개념은 성격형성 과정을 이론적으로 설명해줌

---

[1] 성격형성의 단계적 과정에 관하여 에릭슨(E. Erikson)은 성격발달과정을 유아기, 아동기, 사춘기 그리고 성인기로 크게 구분하고, 이를 각기 전후기로 더욱 세분하여 여덟 단계의 성격발달과정으로 나누어 설명한다. 슈퍼(D. Super)는 성격발달을 15세까지의 성장기(growth), 15~25세의 탐색기(exploration), 25~45세의 확립기(establishment), 45세부터 은퇴까지의 유지기(maintenance), 그리고 그 이후의 쇠퇴기(decline) 다섯 단계로 나누어서 설명한다. 그리고 정신분석학자인 프로이트(S. Freud)는 성격의 발달 단계를 생후 1년까지의 구강기(oral stage), 생후 1~2년의 항문기(anal stage), 3~5년의 잠재기(latency stage), 5~13세의 사춘기 초기, 그리고 그 이후의 생식기(genital stage)로 구분하여 설명한다(Erikson, 1963; Super, 1957).

으로써 개인행동에 관한 이해를 도와준다. 조직행동과 관련하여 개인행동을 이해하는 데 도움을 주는 성격발달 이론으로서 아지리스의 성숙이론을 들 수 있다(Argyris, 1957, pp.50~55). 성숙이론에 의하면 개인의 성격은 유아에서 성인으로 성장해 나감에 따라 미성숙한 성격에서부터 점차적으로 성숙된 성격으로 발달해나간다. 즉, 아지리스는 〈표 3-1〉과 같이 일곱 가지의 요소를 중심으로 개인의 성격발달을 설명하고, 그 과정에서 나타나는 개인과 조직체와의 관계를 분석한다.

성숙이론을 간단히 요약하면, 개인은 미성숙한 단계에서는 수동적이고 타인에 대한 의존도가 높으며 능력범위도 제한되어 있고 관심 수준도 얕으며, 타인보다 낮은 지위에서 단기적 관점을 가지고 있고 자아인식도 결여되어 있는 것이 일반적인 경향이다. 그러나 성인으로 성장함에 따라서 개인은 점점 능동적이고 독립적이며 능력범위도 넓어지고 관심 수준도 깊어지며 장기적인 관점을 갖게 되고, 다른 사람을 다스리는 위치를 차지하게 되며 자기 자신에 대한 자아인식도 높아짐으로써 성숙된 인간으로서의 성격을 갖추게 된다.

아지리스는 인간의 성격발달과 조직의 관리방식 사이에 근본적인 갈등이 존재한다는 것에 주목했다. 찰리 채플린(Charlie Chaplin)이 주연한 영화 〈모던 타임즈(Modern Times)〉를 보면, 주인공이 조립라인 앞에서 나사를 조이는 장면이 나오는데, 워낙 조립라인이 빨리 움직여서 단 몇 초 안에 작업을 마쳐야 한다. 즉, 매우 단순한 일을 반복적으로 수행해야 하는데, 이는 근로자들을 미성숙한 존재로 취급하고 있다는 것을 보여주고 있다. 이와 같이 조직은 조직목표를 효율적으로 달성하기 위해 분업화, 명령계통과 위계적 통제 등 구조화해 나가는데, 이 과정에서 구성원들을 미성숙한 존재로 취급하게 됨으로써 성숙한 존재로 발전하는 것을 방해하게 되고, 결국 구성원들의 좌절감을 유발하고 부적응 행동을 초래하게 된다. 따라서 인간의 성격발달과 조직화 방식 사

표 3-1 ▶ 개인의 성숙과정		
미성숙성		**성숙성**
수동성(passive)	→	능동성(active)
의존성(dependence)	→	독립성(independence)
제한된 능력(limited behavior)	→	다양한 능력(diverse behavior)
얕은 관심 수준(shallow interest)	→	깊은 관심 수준(deep interest)
단기 시안(short-term perspective)	→	장기 시안(long-term perspective)
하위 지위(subordinate position)	→	상위 지위(superordinate position)
자아인식의 결여(lack of self-awareness)	→	자아인식과 통제(self-awareness & control)

이에 존재하는 갈등을 해소하고 개인의 자아실현과 조직의 목표달성을 동시에 달성하려면 직무충실화, 자율경영팀, 민주적 리더십 등 새로운 방식의 조직설계 및 관리를 필요로 한다.

3 성격의 분류와 행동경향

많은 심리학자들은 심리학 발달의 초창기부터 개인의 성격을 측정하고 파악하는 데 많은 노력을 기울여 왔다. 개인의 성격을 구성하고 있는 특성들을 중심으로 성격목록(personality inventory)을 작성하고, 개인의 성격을 측정하기 위한 각종 검사도구를 개발하였다.[2] 알포트와 오드버트(Allport & Odbert, 1936)는 영어 사전을 조사하여 성격을 나타내는 17,953개의 단어를 찾아냈고, 여기서 동의어 등을 제외하여 171개의 구분 가능한 성격특성을 도출하였다. 카텔(Cattell, 1973)은 요인분석방법을 사용하여 이들 성격특성을 16개의 요인으로 다시 압축하였다(〈표 3-2〉 참조). 성격 검사 도구에서 얻은 결과는 전문가의 분석과 해석을 통하여 개인의 행동을 예측하는 데 이용됨으로써 조직 구성원의 효율적인 활용과 개발에 많은 도움을 줄 수 있다. 개인의 성격을 이해하는 데 도움이 되는 주요 성격분류와 행동경향을 알아본다.

표 3-2 카텔의 성격목록	
1. 내향적 – 외향적(reserved – outgoing)	9. 잘 믿는 – 잘 의심하는(trusting – suspicious)
2. 덜 이지적인 – 이지적인 (less intelligent – more intelligent)	10. 실질적 – 상상적(practical – imaginative)
3. 감성적 – 비감성적(emotional – nonemotional)	11. 솔직한 – 영리한(forthright – shrewd)
4. 순종적 – 지배적(submissive – dominant)	12. 자기확신적 – 불안한 (self assured – apprehensive)
5. 진지한 – 낙천적인(serious – happy go lucky)	13. 보수적 – 실험적(conservative – experimenting)
6. 편의주의적 – 성실한(expedient – conscientious)	14. 의존적 – 독립적(dependent – self sufficient)
7. 소심한 – 모험적(timid – venturesome)	15. 통제가 힘든 – 통제적(uncontrolled – controlled)
8. 강인한 – 예민한(toughminded – sensitive)	16. 느긋한 – 긴장한(relaxed – tense)

---

2) 성격검사 도구로 Minnesota Multiphasic Personality Inventory(MMPI), Myers-Briggs Type Indicator(MBTI), Bernreuther Personality Inventory, Guilford-Martin Personality Test, Thematic Apperception Test(TAT), Rorschach Test 등이 있다.

(1) 5대 성격차원(Big 5 Dimensions of Personality)

알포트와 카텔 등의 심리학자가 제시한 바와 같이 성격에는 매우 다양한 차원이 존재한다. 그런데 조직구성원들의 행동을 이해하기 위해서 그렇게 많은 성격 차원들을 모두 이해한다는 것은 현실적으로 어려우며 또한 효율적이지도 못하다. 이러한 상황에서 조직구성원들의 행동을 좀 더 효과적으로 이해하기 위한 목적으로 과업수행과 관련된(work-related) 성격차원들이 개발되어 나오기 시작하였다. 일련의 연구들로부터 조직상황에서 구성원들의 행동을 이해하는 데 도움이 되는 다섯 가지 핵심적인 성격차원이 도출되었는데, 코스타와 맥크래(Costa & McCrae, 1992)는 이를 '5대 성격차원'이라 명명하였고, 다섯 가지 핵심 성격차원을 측정하기 위해 NEO Personality Inventory (NEO-PI)라는 검사도구를 개발하였다. 이 측정도구는 이후 심리검사뿐만 아니라 실증연구에도 활발하게 활용되고 있다(Waller & Ben-Porath, 1987; Zuckerman, 1994, pp.53~68; John & Srivastava, 1999, pp.139~153). 다섯 가지 성격차원은 다음과 같으며, 각각의 성격차원은 유사한 많은 성격특성들을 포괄하고 있다.

① 외향성(Extroversion): 활동적, 사교적, 적극적, 의욕적, 확신적이고, 말하기 좋아하는 성향을 가리킴. 반대되는 성격으로는 내성적이고 소심한, 소극적이고 침묵하는 것을 선호하는 성향으로 내향성을 가리킴

② 정서적 안정성(Emotional Stability): 마음이 안정적이고, 침착하고 차분한, 여유 있는 성향을 가리킴. 이에 상반되는 성격은 신경증적 성향(neuroticism)이라 부르며 이는 신경과민증, 불안감 등 불쾌한 감정을 쉽게 경험하는 것을 가리킴

③ 친화성(Agreeableness): 다른 사람들과 잘 어울려 지내는 성향으로서 협조적, 포용적, 신뢰적이고, 온화한, 그리고 남을 배려하는 성격을 가리킴

④ 성실성(Conscientiousness): 자아절제(self-discipline)를 보이는 성향으로 근면하고 성실한, 계획적이고 체계적인, 신중하고 믿음직하며 책임감이 강한 성격을 가리킴

⑤ 경험에 대한 개방성(Openness to Experience): 새로운 경험과 아이디어를 즐기는 성향으로 창의적, 개방적, 혁신적이고, 융통성 있고 호기심 많고 상상력이 강한 성격을 가리킴

조직행동에 관한 연구 결과, 이들 성격차원은 조직구성원의 태도 및 행동, 집단성과 및 조직성과와 관계가 있는 것으로 나타나고 있다(Ashton, 1998).

(2) 외향성-내향성(extrovert-introvert orientation)

조직행동 연구에서 주로 사용되고 있는 또 다른 성격유형으로 외향성과 내향성을 들 수 있다. 외향성-내향성은 주어진 상황에 반응을 함에 있어서 개인의 에너지가 외부와 내부 중에 어느 쪽을 더 지향하는가를 가리키는 것으로서, 반응 에너지가 외적 행동으로 많이 나타나는 것을 외향성(outward orientation)이라고 부르고, 이와 반대로 반응 에너지가 개인의 감정이나 의식 등 내적으로 내면화하는 행동경향을 내향성(inward orientation)이라고 부른다.

〈표 3-3〉에 요약되어 있는 바와 같이 이들 두 성격유형은 여러 면에 있어서 차이가 있는데, 대체로 외향적 성격유형은 내향적 성격유형에 비하여 모험과 위험을 두려워하지 않고, 새로운 과업을 선호하며, 불확실하고 모호한 직무상황에 불안감을 느끼지 않고, 다른 구성원과의 갈등과 이에 따른 스트레스도 비교적 잘 수용하는 경향을 보인다 (Hamner & Organ, 1982, pp.230~234).

표 3-3 외향적-내향적 성격	
외향적 성격	내향적 성격
1. 사람이나 물건을 대상으로 일하기를 좋아한다.	1. 아이디어 중심으로 일하기를 좋아한다.
2. 표현을 잘한다.	2. 표현을 잘하지 않는다.
3. 소음 등 외부 환경의 물리적 자극이 있을 때 일을 잘한다.	3. 물리적 자극이 없고 간섭이 없을 때 일을 잘한다.
4. 흥미 없는 일의 경우 잘 못한다.	4. 꾸준한 주의를 요하는 일을 잘한다.
5. 말이 많고 활동적이다.	5. 조심스럽고 주의 깊게 행동한다.
6. 아침보다 오후에 더 활기 있다.	6. 오후보다 오전에 더 활기 있다.

자료: Kreitner & Kinicki, 1995, p.89.

(3) 독재성-민주성(authoritarian-democratic orientation)

독재적 그리고 민주적 성격도 보편화된 성격유형 분류의 하나이다. 독재적 성격은 흔히 아도르노 등이 개발한 F-척도(Fascism scale; Adorno et al., 1950; Jennings, 1962, pp.164~165)에 의하여 측정된다. 이 척도는 개인이 얼마나 지시적이고 지배적인 행동경향을 보이는지, 그리고 권위나 규율에 대해 얼마나 순종적인지를 나타낸다. 독재적-민주적 성격유형은 특히 리더십과 관련하여 많이 연구되어 왔는데, 리더의 성과를 높이기 위해서는 과업목적과 부하와의 관계 등 직무환경에 따라서 이에 적합한 성격을 가진 리더가 활용되어야 한다는 것이 일반적인 인식이다(Fiedler, 1971, pp.130~133; Hersey & Blanchard, 1993).

성격에 대한 이해와 대인관계

　　MBTI(Myers-Briggs Type Indicator)는 사람들을 내향성[I] 대 외향성[E](introversion vs. extroversion), 감각자료[S] 대 직관자료[N](sensing vs. intuition), 사고형[T] 대 감정형[F](thinking vs. feeling), 판단형[J] 대 인식형[P](judging vs. perceiving)의 네 차원을 기준으로 16가지 성격으로 분류한다. MBTI 검사의 첫 번째 기본가정은 각 성격유형에 강점과 약점이 있긴 하지만, 어느 한 가지 유형이 다른 유형보다 절대적으로 더 좋다고 할 수 없다는 것이다. 두 번째 가정은 개인이 자신의 유형과 동료의 유형을 이해하고 이를 받아들일 경우 대인관계에서의 혼란과 좌절이 그만큼 줄어든다는 것이다.

　　16가지 유형 중의 하나인 ENFP 유형은 온화한 열정주의자이고, 기백과 재능이 있으며, 상상력이 풍부하다. 그러나 이 유형은 규칙과 관료주의를 혐오하며, 하던 일을 채 마치기도 전에 새로운 일을 벌이는 스타일이다. 또한, 책상 정돈이 안 되어 늘 지저분하며, 조직적이지 못하고, 지나친 꼼꼼함을 견디지 못하며, 계획을 세우는 데 별로 관심이 없는 유형이다. 한편, ENFP 유형에 가장 대비되는 ISTJ 유형은 진지하고, 조용하고, 철저하고, 실제적이며, 신뢰성이 있는 그런 스타일이다. 두 유형의 사람이 만나서 일을 하게 되면 성격의 차이로 인해 관계가 삐걱거리고 불협화음이 발생할 가능성이 높다.

　　ISTJ는 회의준비를 체계적으로 해서 회의자료를 만들어서 회의에 참석하는 반면, ENFP는 열정과 추상적인 몇 가지 아이디어만을 가지고 참석한다. 매 협의사항마다 ISTJ는 자신이 해야 할 일과 상대방이 해야 할 일을 세밀하게 리스트로 작성하는 반면, ENFP는 아무 종이나 찢어서 알아보기 힘든 필체로 대충 끄적거린다. ISTJ는 자신이 맡은 일을 한 치의 오차도 없이 완수하려고 노력하는 반면, ENFP는 할 일을 적은 메모지를 제대로 보관하지도 않고, 회의에 자주 늦을 뿐만 아니라 자신의 기억과 판단을 토대로 중요하다고 여겨지는 일만 한다. ISTJ는 ENFP의 스타일에 심란함을 느끼면서 상대방이 의도적으로 해를 입히려고 하는 것이 아닌지 의심하기도 한다. 반면에, ENFP 또한 상대방의 관료주의적 경직성에 대해 염증을 느끼곤 한다.

　　만일 두 사람이 자신 및 상대방의 성격유형에 대해 전혀 모른다면, 그리고 상대방의 성격을 받아들이지 못하고 이를 거부하기만 한다면, 두 사람의 관계는 깨지고 말 것이다. 반면에, 각자의 성격유형에 대해 서로 이해한다면, 그리고 성격의 차이가 반드시 문제라기보다는 오히려 도움이 될 수 있다는 것을 인식하고 잘 활용한다면, 두 사람은 상호 보완적인 그리고 건설적인 관계를 형성함으로써 과업을 좀 더 효과적으로 수행할 수 있을 것이다.

　　자료: Bolman, L.G. & Deal, T.E./신택현(옮김) (2004), 『조직의 리프레이밍(Reframing Organizations: Artistry, Choice, and Leadership)』, 지샘, 216~217쪽.

독재성과 비슷한 성격유형으로 마키아벨리적 성향(Machiavellianism or Mach)도 조직행동에서 흔히 사용되는 개념이다. 마키아벨리적 성향은 16세기 〈군주론〉의 저자인 니콜로 마키아벨리(Niccolo Machiavelli)의 이름을 딴 것으로서 군주론에서 강조되고 있는 권력지향적인 성격유형을 말한다. 즉, 권모술수에 능하여 목적달성을 위해서 수단방법을 가리지 않고, 권력을 쟁취하기 위해서 조작적 수단까지도 동원하는 권력지향적 행동경향을 가리키는 개념이다(Vleeming, 1979). 연구결과 마키아벨리적 성격유형이 대체로 조직성과를 높여주는 것으로 나타났지만, 윤리도덕적 관점에서 봤을 때 과연 바람직한 성격유형인가에 대해 많은 논란이 제기되어 왔다.

독재적-민주적 성격유형과 관련하여 독단적 성격(dogmatism)도 연구되어 왔다. 주어진 문제에 대한 폐쇄적 태도(closed-mindedness)를 보이는 것이 이 성격유형의 특징이며, 신속한 의사결정과 자기 견해에 대한 강한 확신을 갖고 있는 것도 또한 이 성격유형의 특징이다(Szilagyi & Wallace, 1990, pp.61~62).

(4) 내재론자-외재론자(internal vs. external locus of control)

조직행동 연구에서 많이 활용되고 있는 또 다른 성격유형은 내재론자-외재론자이다. 이는 자신의 행동이나 그 결과를 자기 자신이 통제할 수 있다고 생각하는지 아니면 외부 환경적 요인에 의해 좌우된다고 믿는지를 가리키는 행동유형이다. 이를테면, 어떤 사람은 프로젝트를 성공적으로 완수하는 것이 자신의 노력이나 능력에 달려 있다고 생각하는 반면, 어떤 사람은 자신의 노력 여부보다는 외부 상황요인이나 운에 의해서 결정된다고 생각한다. 전자는 어떤 상황을 자기 자신이 주도적으로 통제할 수 있다고 믿는 유형, 즉 통제의 원천(locus of control)이 자기 자신에게 있다고 믿는 유형으로 내재론자(internalizer)라 부른다. 이와 반대로, 후자는 상황을 자신이 통제하기 힘들고 여러 가지 외부 요인에 의하여 결정된다고 믿는 유형, 즉 통제의 원천이 자기 자신이 아니라 외부에 존재한다고 믿는 유형으로 외재론자(externalizer)라고 부른다. 요컨대, 조직생활을 하면서 어떤 일의 결과가 자기 자신에게 달려 있다고 보는지 아니면 외부 요인에 의해 좌우되는 것으로 인식하는지를 구분하는 성격유형으로서 이를 내적 또는 외적 통제원천(internal or external locus of control)이라고도 부른다(Rotter, 1966).

이 두 성격유형은 조직에서 직무를 수행함에 있어서 서로 다른 행동경향을 보이며, 따라서 성과에 있어서도 차이가 나타난다. 연구결과에 의하면 내재론자는 외재론자에 비하여 직무만족도가 높고 좀 더 적극적이고 참여적인 행동을 보일 뿐만 아니라, 정서적인 안정성도 높고 스트레스에 대한 수용력도 더 강함으로써 일반적으로 더 높은 성

📖 운칠기삼(運七技三)

　　사업, 승진과 시험 등 어떤 일에서의 성공요인을 얘기할 때 사람들은 운칠기삼(運七技三)이라는 표현을 즐겨 쓴다. 모든 일의 성공요인은 운이 7할을 차지하고, 능력과 노력은 3할밖에 되지 않는다는 것이다. 따라서 운이 따라주지 않으면 일을 이루기 어렵다는 뜻이다. 아무리 노력해도 일이 이루어지지 않거나, 노력을 들이지 않았는데 운 좋게 어떤 일이 성사되었을 때 쓰는 말이다. 또한 자신의 주위에 어떤 사람이 있는데, 별로 노력을 하지 않았는데도 하는 일마다 잘되어 성공을 거둘 경우, 인생사는 모두 운수나 재수에 달려 있어 인간의 노력 가지고는 되지 않는다는 체념의 뜻으로 쓰기도 한다.

　　중국 괴이문학의 걸작으로 꼽히는 포송령(蒲松齡)의 『요재지이(聊齋志異)』에 이와 관련된 내용이 실려 있다. 한 선비가 자신보다 변변치 못한 자들은 버젓이 과거에 급제하는데, 자신은 늙도록 급제하지 못하고 패가망신하자 옥황상제에게 그 이유를 따져 물었다. 옥황상제는 정의의 신과 운명의 신에게 술 내기를 시키고, 만약 정의의 신이 술을 많이 마시면 선비가 옳은 것이고, 운명의 신이 많이 마시면 세상사가 그런 것이니 선비가 체념해야 한다는 다짐을 받았다. 내기 결과 정의의 신은 석 잔밖에 마시지 못하고, 운명의 신은 일곱 잔이나 마셨다. 옥황상제는 세상사는 정의에 따라 행해지는 것이 아니라 운명의 장난에 따라 행해지되, 3할은 이치에 따라 행해지는 법이니 운수만이 모든 것을 지배하는 것은 아니라는 말로 선비를 꾸짖고 돌려보냈다.

　　당신은 성공요인으로 운이나 재수가 중요하다고 생각하는가 아니면 재주와 노력이 중요하다고 생각하는가? 성공이 운이나 재수에 의해 좌우된다고 믿으면 외재론자이고 재주와 노력에 따라 좌우된다고 믿으면 내재론자라 할 수 있다.

　　자료: 네이버 두산백과

과를 보인다. 반면에, 외재론자는 불안감을 더 많이 느끼고 스트레스에 약하며 정형화되고 분명한 직무환경을 선호하는 경향을 보인다(Mitchell et al., 1975; Spector, 1982; Norris & Niebuhr, 1984).

(5) A형, B형 성격

　　개인의 성격유형을 건강과 관련시켜 연구하는 것으로 A형(A type)과 B형(B type)을 들 수 있다. A형, B형의 성격분류는 원래 의학계에서 혈압, 스트레스와 심장병과 관련하여 시작되었는데, 그 결과가 조직행동에도 적용되면서 많은 관심을 끌게 되었다. 근래에 성과지향적 조직분위기로 인해 성취동기가 강조되고, 그 결과 조직구성원들이 스트레스를 많이 겪으면서 건강문제가 대두됨에 따라서 A형-B형 성격과 행동에 대한 관심이 높아졌다.

A형, B형은 상대적인 성격유형을 가리키는 것으로서, 일반적으로 A형 성격 또는 행동스타일은 다음과 같은 특성을 보이는 것을 말한다(Friedman & Rosenman, 1974, pp.83~85; Robbins, 1989, pp.510~511).

- 야심이 크고 경쟁적이며, 힘차고 공격적이다.
- 참을성이 없고 기다리지 못한다.
- 몇 가지 일을 한꺼번에 빨리 처리함으로써 짧은 시간 내에 많은 일을 하려고 한다.
- 항상 무엇을 하고 있고, 음식도 빨리 먹으며 걸음걸이도 빠르다.
- 말을 힘차게 하고, 말을 천천히 하는 사람에 대해 답답함을 느낀다.
- 과업지향적이고, 항상 마감일이나 마감시간을 의식한다.

A형-B형 성격과 행동은 상대적인 것인 만큼, 위의 특성을 많이 보일수록 A형 성격에 가깝고 그 반대일수록 B형 성격에 가깝다고 할 수 있다. 연구결과, 대체로 A형 구성원들이 B형 구성원들에 비하여 일을 더 많이 하는 것으로 나타났고, 그만큼 고혈압, 콜레스테롤과 스트레스 증상 등 직업병을 더 많이 앓으며 더 나아가서 심장병과 뇌졸중으로 사망하는 확률도 더 높게 나타났다(Northcraft & Neal, 1989; Booth-Kewley & Friedman, 1987).

4 성격과 직무의 적합성 관계

개인의 성격이 사람마다 제각기 다른 것과 마찬가지로 직무의 내용도 직무마다 다르다. 구성원들이 자신의 성격에 맞지 않는 직무를 수행하는 경우 직무에 적응하기 어렵게 되고 결국 직무만족도가 떨어지면서 직무성과도 저하된다. 따라서 구성원들의 직무몰입과 생산성 향상을 위해서는 직무를 배정함에 있어서 구성원 성격에 적합하게 직무를 배정하는 것이 중요하다.

1) 성격과 직업

성격과 직업 간의 적합관계를 분석한 대표적인 연구로 홀란드의 여섯 가지 직업성격유형(6 personality type model)을 들 수 있다(Holland, 1973, pp.22~25). 이 모형은 개인의 성격이 직업을 선택하는 데 영향을 미친다는 인식에서 출발하여 개인의 성격유형을

고양이와 개: 충견형 인력과 고양이형 인재

"사람은 개를 길들이고, 고양이는 사람을 길들인다."

개는 회사종속형 인간을 지칭하고 고양이는 자기주도형 인간을 지칭한다. 맹목적 충성심이 강한 개는 산업사회, 즉 대량생산시대에 적합한 충견형 인력에 가까운 반면, 명시적 신뢰관계에 근거한 합리적 이유가 있지 않으면 결코 움직이지 않는 고양이는 지식창조화 사회가 요구하는 인재에 비유된다.

개는 주인에게 길들여지면 무조건적 사랑과 충성심을 보여준다. 개는 주인이 밖에 나갔다 들어오면 꼬리를 흔들면서 반갑게 맞이한다. 이에 반해서 고양이는 주인이 밖에서 들어와도 반가운 기색을 전혀 보이지 않는다. 그저 마지못해 아는 체를 하는 정도이다. 기뻐도 반가움을 겉으로 표출시키지 않는다. 주인이 몇 번을 불러주면 그제야 한 발짝씩 다가오다 이내 멈춰서 주인을 바라보기도 한다. 개는 메시지를 받으면 바로 응답하지만 고양이는 메시지를 받고 한참 있다가 반응을 보인다. 이처럼 고양이는 자신이 판단해서 재미있다고 생각하는 일에는 관심을 보이지만 그렇지 않은 경우에는 몸을 움직이지 않는다. 고양이는 자기성장에 도움이 되면서 의미심장하게 다가오는 일에 강한 흥미를 표시하지만 반강제적으로 어쩔 수 없이 해야 되는 일에 대해서는 무시하거나 냉담하기조차 하다. 고양이는 헌신과 몰입의 원천이 내면에서 우러나오는 반면, 개는 주인이나 다른 사람으로부터 충성심이 유발된다.

고양이는 확실히 다른 사람들이 어떻게 생각하는가에 대해서 별 다른 걱정과 관심을 두지 않는다. 고양이들은 어느 누구에게 의지하지 않고 독립적으로 생활하는 것을 좋아한다. 고양이는 자신이 좋아하는 것을 찾으면 그 일에 열정적으로 몰입한다. 개는 주인의 명령에 따라 타율적으로 움직이지만 고양이는 스스로 목표지점을 정해놓고 독자적으로 움직인다. 도약하기 전에 사전에 치밀하게 따져보고 가능성을 다각도로 탐색해본다. 고양이는 기회가 왔을 때는 주저하지 않고 기민한 동작으로 목표를 달성한다. 고양이는 어지간한 두려움에는 아랑곳하지 않는다. 일단 도전해야 될 목표가 결정되면 과감하게 도전한다. 일상에 대한 호기심과 호기심으로 터득한 학습 덕분에 고양이는 자신의 몸을 던져야 될 곳과 그렇지 못한 곳을 본능적으로 알고 있다.

당신은 충견형 인력인가 고양이형 인재인가?

자료: Lundin, S.C./유영만(옮김) (2010), 『캣츠: 고양이에게 배우는 9가지 혁신원리(*CATS: The Nine Lives of Innovation*)』, K-books.

여섯 가지로 구분하고 이에 적합한 직업들을 제시한다. 예컨대, 현실적 성격유형은 엔지니어나 건축업 분야가 적합하고, 사교적 성격유형은 사회사업, 상담사, 영업 등의 직업에 적합한 것으로 나타났다.

표 3-4	홀랜드의 성격유형과 적합한 직업
여섯 가지 성격유형과 특성	적합한 직업
현실적(Realistic): 도구와 기계의 사용을 선호 탐구적(Investigative): 관찰, 분석, 평가 등 인지활동을 선호 사교적(Social): 인간관계, 사교활동을 선호 관례적(Conventional): 구조화되고 정형화된 행동 선호 창업적(Enterprising): 모험적 및 혁신적 활동 선호 예술적(Artistic): 창의적, 예술적 활동 선호	엔지니어, 건축가 등 교수, 과학자, 수사관 등 상담가, 교사, 사회사업가 등 회계사, 은행원, 공무원 등 기업가 등 예술가, 광고인 등

2) 성격특성 간의 유사성

이들 여섯 가지 성격유형 간에는 서로 차별성과 유사성이 있어서 직업이나 직무의 적합성을 비교·평가하는 데 도움을 준다. 〈그림 3-2〉의 육각형 모형은 성격유형들 간의 적합성을 파악하는 틀이 되는데, 이들 성격유형은 그 위치가 근접할수록 서로 유사성이 있다는 것을 의미하고, 그 위치가 떨어져 있을수록 차별성이 크다는 것을 의미한다. 예컨대, 관례적 성격유형은 예술적 성격유형보다는 창업적 그리고 현실적 성격유형에 더 가깝고, 따라서 예술이나 음악보다는 엔지니어나 창업이 비교적 더 적합하다는 것을 말해 준다(Spokane, 1985).

그림 3-2	홀랜드 성격유형 간의 관계

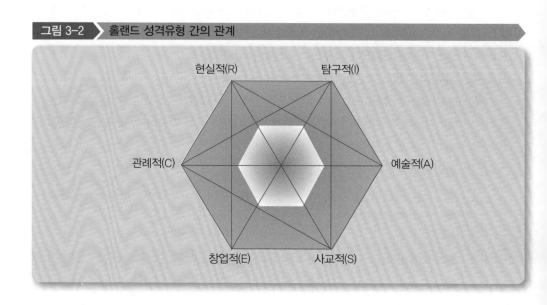

사람들의 생활패턴을 설명할 때 아침형 인간과 저녁형 인간으로 분류하곤 한다. 아침형 인간은 일찍 자고 일찍 일어나며 아침 시간에 머리도 더 맑고 일의 능률도 더 높은 사람을 일컫는 것이고, 저녁형 인간은 밤늦게까지 일을 하고 늦게 자고 늦게 일어나며 저녁 시간에 더 활동적인 사람을 일컫는다. 이른 아침에 하루의 일과를 시작하여 아침시간을 활용하는 것이 성공적인 삶을 영위할 가능성이 높기 때문에 성공하기 위해서는 아침형 인간이 되어야 한다는 주장이 많이 제기되어 왔다. 그런데, 아침형 인간이 저녁형 인간보다 반드시 성공 가능성이 높다고 할 수 있을까? 또는 그 반대가 성립할 수 있을까?

거드리 등(Guthrie, Ash, & Bendapudi, 1995)은 대학생들을 대상으로 아침형과 저녁형 인간이 성과에 있어서 차이를 보이는지 연구하였다. 연구자들은 조사에 참가한 학생들에게 언제 잠을 자고 언제 일어나는지, 그리고 언제 공부를 하는지 일지에 작성하도록 하였고, 또한 간단한 설문지를 통해서 아침형인지 저녁형인지 조사하였다. 그리고 대학 본부의 협조를 구해서 학생들의 수업시간과 성적에 관한 정보를 확보하였다. 분석 결과, 아침형 인간은 오후 수업이나 저녁 수업보다는 오전 수업에서 성적이 더 좋은 반면, 저녁형 인간은 오전 수업보다는 오후 수업에서 더 좋은 성적을 올렸다.

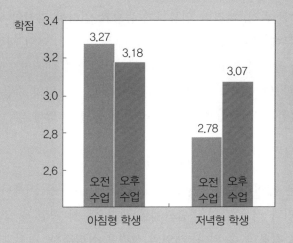

이러한 연구결과는 사람들마다 하루 중에 선호하는 시간이 다르다는 것을 보여주며, 더 나아가 이러한 개인차가 직무성과와 관련성이 있다는 것을 보여준다. 아침형 인간은 오전 일찍 공부하거나 일을 하는 것이 효과적이고, 저녁형 인간은 오후 또는 저녁에 공부하거나 일을 하는 것이 효과적이다. 그림을 보면 아침형 학생들이 저녁형 학생들보다 전반적으로 성적이 더 좋은 것으로 나타났지만, 각 유형의 학생들이 언제 더 능률이 더 높은지를 또한 보여주고 있다. 이것도 일종의 개인-직무 적합(person-job fit)이라 할 수 있지 않을까? 따라서 관리자는 개개인의 유형을 잘 파악하고, 이들의 특성에 적합하게 근무시간을 잘 배정하는 것이 요구된다.

당신은 아침형 인간인가 저녁형 인간인가?

3) 직무배정과 작업환경의 조성

개인성격에 대한 이해는 직업 선택뿐만 아니라 조직에서 직무 배치와 관련하여 적재적소원칙을 적용하고 개인성격에 맞는 작업환경을 조성하는 데에도 많은 도움을 준다. 연구결과에 의하면 내향적 성격은 일반적으로 재무, 회계, 기술직이 적합하고, 외향적 성격은 판매, 영업, 일반관리직이 더 적합한 것으로 인식되고 있다. 그리고 A형 성격의 구성원에게는 업무과다를 피하여 스트레스를 조절하도록 지원하고, 모험성(risk-taking)이 강한 구성원에게는 새롭고 실험적인 과업을 줌으로써 그의 특성을 잘 활용할 수 있다.

또한 직무상황의 명확성 또는 모호성(ambiguity)에 대하여 사람들마다 반응이 다른데, 이는 조직구성원의 행동과 성과에 중요한 영향요소로 작용할 수 있다. 어떤 사람들은 새로운 직무, 낯선 환경, 복잡한 업무관계 등으로 인하여 자신의 역할과 책임이 모호할 때 불안감 때문에 좋은 성과를 거두지 못한다. 반면에, 어떤 사람들은 이러한 불확실성과 모호성을 잘 수용하고 좀 더 주도적으로 상황에 대처함으로써 좋은 성과를 거둔다. 이처럼 역할모호성이나 환경불확실성에 대한 구성원의 수용능력이 다르므로 이를 고려하여 적절한 직무에 배정해야 직무성과를 높일 수 있다.

4) 종합평가제도

이와 같이 성격은 개인행동의 영향요소로서 개인의 행동을 이해하는 데 도움을 주고, 나아가서는 개인과 직무 간의 적합관계를 꾀함으로써 개인 및 조직성과를 높이는 데 중요한 요인으로 작용할 수 있다. 개인의 성격은 심리검사, 면접과 관찰 등 여러 가지 방법에 의하여 측정되고, 개인과 직무의 관계는 개인의 직무만족도와 생산성 등 여러 가지의 성과지표에 의하여 평가될 수 있다. 조직에서 구성원들의 성격, 능력과 성과를 체계적으로 평가하여 그 결과를 관리자선발, 인력개발과 경력개발에 사용하는 기법으로서 종합평가제도(assessment center)가 있다(Keil, 1981; Byham, 1970).

종합평가제도는 1950년대 중반에 미국 American Telephone & Telegraph(AT&T) 회사에서 주로 관리자들의 잠재능력을 측정하는 방법으로 개발되었는데, 그 후 평가자료의 유용성이 입증됨에 따라서 신입사원 선발·배치와 경력개발 등 인사관리 전반으로 확대·적용되어 왔다. 그리고 종합평가제도 개념은 IBM과 GE 등 미국의 많은 기업에 확산되었고, 미국뿐만 아니라 유럽 각국과 캐나다, 일본과 호주 등 세계 각국에서 널리 사용되고 있으며, 근래에 우리나라 기업들도 관리자 선발에 이 개념과 기법을 활용하고 있다. 종합평가제도는 구성원의 성격뿐만 아니라, 지식, 기술, 리더십, 의사소통 능력과 문제해결 능력 등을 다각적으로 분석·평가함으로써 기술, 능력과 개인적 특성을 종합적으로 이해하는 데 많은 도움을 준다.

개인의 가치관과 행동　03

비용을 절감하기 위하여 오염물질을 하수도에 흘려보내도 좋은가? 자기의 업적을 올리기 위하여 유능한 부하를 오랫동안 자기 밑에 묶어두는 것이 정당한가? 상급자의 지시라면 부정이나 비리행위라도 불사할 것인가? 이러한 질문에 대한 대답은 개인의 가치관(value)에 달렸고, 실제 상황하에서 개인이 어떻게 행동하는가도 역시 그의 가치관에 따라 달라진다. 따라서 가치관은 성격과 더불어 개인행동에 영향을 미치는 매우 중요한 요소이다.

1 가치관의 개념

가치관은 무엇이 중요하고 옳은지에 대한 개인의 신념체계를 가리킨다. 가치관은 어떤 행동의 옳고 그름, 좋고 나쁨, 선과 악, 아름다움과 추함을 판단하는 평가적 기준을 의미하는데, 이는 개인의 태도와 행동에 매우 광범위하게 그리고 지속적으로 영향을 미치는 심층적 요인이라는 점에서 개인차를 이해하는 데 있어서 중요한 요소가 된다. 일반적으로 가치관은 개인적으로나 사회적으로 선호하는 행동방식(modes of conduct)이나 결과적 상태(end-state of existence)에 대한 신념으로 정의되고 있다(Rokeach, 1973, p.5). 따라서 가치관은 여러 가지 행동대안 또는 여러 가지 결과상태 중에서 어느 것이 더 좋고 어느 것이 더 나쁘다거나 또는 어느 것이 더 올바르고 어느 것이 더 그르다는 개인의 규범체계를 가리킨다.

가치관은 개인이 성장하는 과정에서 학습을 통해 형성되며, 한 번 가치관이 정립되면 오랫동안 변하지 않고 지속되는 특성을 갖는다. 가치관은 태도와 다른데, 가치관이 삶에 대한 일반적인 신념체계로서 장기간 지속되며 개인 행동에 광범위한 영향을 미치는 반면, 태도는 특정 사물, 사건, 또는 사람에 대한 개인의 반응성향을 가리키며 상황에 따라서 상대적으로 변화가능성이 높다고 할 수 있다.

2 가치관의 분류와 행동경향

개인행동에 영향을 미치는 가치관을 체계적으로 분류하기 위한 연구들이 이루어져 왔다. 여기서 몇 가지 대표적인 연구를 살펴보고자 한다.

1) 알포트 등의 가치관 연구

가치관에 관한 심층적 연구로서 알포트 등(Allport, Vernon, & Lindzey)의 연구를 들 수 있는데, 그들은 독일 철학자 스프랑그레르(E. Sprangler)의 가치관 분류에 기초하여 가치관을 측정하는 상세한 설문서를 개발하고 실증분석을 통해 개인의 가치관과 행동 경향을 분석하였다(Allport, Vernon, & Lindzey, 1951). 그들이 사용한 가치관의 분류는 다음과 같다.

① 이론적(Theoretical) : 지식의 기반이 되는 추상적 진리를 중요시하는 가치관
② 경제적(Economic) : 실질성과 기능성 그리고 유효성을 중요시하는 가치관
③ 미학적(Aesthetic) : 예술과 아름다움을 중요시하는 가치관
④ 사회적(Social) : 사람과 사교 그리고 인간관계를 중요시하는 가치관
⑤ 정치적(Political) : 권력과 영향력을 중요시하는 가치관
⑥ 종교적(Religious) : 정신적 측면과 윤리·도덕성을 중요시하는 가치관

알포트 등의 연구는 직업, 인종, 종교 등 여러 집단별로 가치관과 행동경향의 차이를 분석하여 흥미 있는 결과들을 보여 주었다. 예를 들면, 영업 분야에 종사하는 사람들은 경제적·정치적 및 사회적 가치관이 비교적 강하게 나타났고, 연구·개발 분야에 종사하는 사람들은 이론적 및 경제적 가치관이 비교적 강한 것으로 나타났다. 알포트 등의 연구는 많은 학자들에 의하여 널리 사용됨으로써 가치관에 관한 연구에 크게 기여하였다.

2) 로키취의 가치관 분류

개인의 가치관을 통하여 개인차를 이해하는 데 도움을 주는 연구로 로키취(M. Rokeach)의 연구를 들 수 있다. 로키취는 가치관을 '개인이 선호하는 행동방식과 결과적 상태'로 정의하는 자신의 개념을 기반으로 가치관을 수단적 가치관(instrumental value)과 궁극적 가치관(terminal value)으로 크게 구분하였다. 〈표 3-5〉에서 보는 바와 같이, 수단적 가치관과 궁극적 가치관은 각각 18개의 가치항목으로 구성되어 있다. 수단적 가치관은 목표를 달성하기 위한 수단과 관련된 가치관들로서 개인이 선호하는 결과 상태에 도달하기 위해 어떠한 행동방식이 허용되는지를 가늠하는 가치관을 의미한다. 한편, 궁극적 가치관은 달성하고자 하는 목표 또는 선호하는 결과적 상태와 관련된 가치관들이다.

이와 같이 수단적 가치관은 개인의 단기적 행동방식과 관련되고, 궁극적 가치관은 개인이 장기적으로 선호하는 결과상태와 관련되어 있는 만큼, 수단적 가치관은 말 그대로 궁극적 가치관을 실현하는 도구가 되는 가치관들이라 할 수 있다. 따라서 개인의 수단적 가치관과 궁극적 가치관이 서로 조화를 유지하고 일관성이 있을수록 개인의 가치체계는 보다 건전하다고 할 수 있다. 로키취의 가치관목록을 활용하여 미국인들의

표 3-5	로키취(M. Rokeach)의 가치관 목록
수단적 가치관(instrumental value)	**궁극적 가치관(terminal value)**
정직성(honesty)	세계평화(world peace)
야망(ambition)	안정된 가정(family security)
책임감(responsibility)	자유(freedom)
관용(forgiving)	행복(happiness)
개방성(open-mindedness)	자아존경(self-respect)
용기(courage)	지혜(wisdom)
도움(helpfulness)	평등(equality)
청결(cleanliness)	구원(salvation)
능력(competence)	번영(prosperity)
자제(self-control)	성취/업적(achievement)
애정/사랑(affection/love)	진정한 우정(true friendship)
쾌활함(cheerfulness)	국가안보(national security)
독립성(independence)	마음의 평화(inner peace)
공손함(politeness)	성숙된 사랑(mature love)
지능(intelligence)	사회적 인정(social recognition)
순종(obedience)	미의 세계(world of beauty)
상상력(imagination)	즐거움(pleasure)
합리성(rationality)	화끈한 삶(exciting life)

가치관에 대한 조사가 이루어져 왔는데, 응답자로 하여금 가치관들에 대한 상대적 중요도를 순위로 표시하도록 하는 설문지를 활용하여 가치관이 파악·분석되었다. 연구 결과, 수단적 및 궁극적 가치관에 대한 미국인들의 순위는 오랫동안 상당히 안정적인 것으로 나타났다. 로키취는 1968년부터 1981년까지 네 차례 조사를 실시하였는데, 이 기간 동안 가치관의 순위가 거의 변하지 않았다. 미국인들은 수단적 가치관으로 정직성, 야망, 책임감, 관용, 개방성과 용기를 중요시하고, 궁극적 가치관으로 세계평화, 가정의 안정, 자유, 행복, 자아존경과 지혜를 중요시하는 것으로 나타났다(Rokeach & Ball-Rokeach, 1989).

미국인들이 선호하는 가치관의 순위는 상당히 안정적인 반면, 개인들은 가치체계에 있어서 큰 차이를 보이는 것으로 나타났다. 대표적인 예로 사회적 존경을 들 수 있다. 일부 사람들은 다른 사람들로부터 존경을 받는 것을 바라고 이를 달성하기 위해 열심히 일하는 반면, 어떤 사람들은 다른 사람들이 자신을 어떻게 생각하느냐에 전혀 개의치 않았다. 또한, 대부분의 사람들이 성취/업적을 궁극적 가치로 중요시하는 반면, 이러한 목표를 어떻게 달성할 것인가에 대해서는 서로 다른 가치를 보였다. 이는 개인의 행동을 이해하기 위해서는 개인의 가치관을 이해하는 것이 중요하다는 것을 보여주고 있다.

3 가치관의 갈등

사람들마다 가치관이 다르기 때문에, 그리고 조직이 지향하는 가치관과 개인이 중요시하는 가치관이 다를 수 있기 때문에 가치관은 여러 가지 갈등의 원천이 될 수 있다. 조직에서 흔히 나타나는 가치관의 갈등은 다음과 같다.

1) 개인의 내적 갈등

첫째는 개인의 내적 갈등(intrapersonal value conflict)으로서, 이는 개인이 중요시하는 여러 가지 가치관들이 서로 다투고 마찰이 있는 상태를 말한다. 예컨대, 개인의 경제적 이익과 인간관계 중에서 무엇을 지향할 것인가, 다른 사람에게 인정을 받는 것과 자아실현 중에서 무엇이 더 중요한가, 사랑과 우정 중에 어느 쪽을 선택할 것인가 등등 개인이 지향하는 가치관이 서로 상충되는 것을 가리킨다.

2) 개인 간의 가치관 갈등

둘째는 개인 간의 가치관 갈등(interpersonal value conflict)으로서, 이것은 구성원들 사이 또는 구성원과 상급자 사이에 지향하는 가치관이 서로 다름으로 인해서 발생하는 갈등을 말한다. 예를 들면, 구성원은 독립성과 자율성을 소중히 여기는 반면 상급자는 복종을 강요하는 경우, 마케팅부장은 제품혁신을 강조하는 반면 생산부장은 생산성과 원가절감을 중시하는 경우, 그리고 인사결정에서 어떤 사람은 능력을 강조하는 반면 다른 사람은 근속연수를 강조하는 등 사람들이 서로 다른 가치관을 지향하는 것을 말한다.

3) 개인-조직 간의 가치관 갈등

셋째는 개인과 조직 간의 가치관의 갈등(individual-organization value conflict)으로서, 이것은 개인이 지향하는 가치관과 조직이 공식적으로 표방하고 지향하는 가치관이 서로 다를 때 발생하는 갈등이다. 개인-조직 간의 가치관 갈등의 예를 들자면, 조직은 이윤극대화를 추구하는 반면 구성원은 사회적 책임을 중시하는 경우, 조직은 위계질서를 강조하는 문화를 갖고 있는 반면 구성원은 자율성과 독립성을 지향하는 경우 등을 들 수 있다. 개인과 조직 사이의 갈등이 심해지는 경우, 즉 개인-조직 간의 적합성(person-organization fit)이 떨어지는 경우 구성원들은 조직에 잘 적응하지 못해 직무만족도가 떨어지고 생산성이 저하될 가능성이 높다. 또한 조직에 역기능적인 행동을 취하거나 조직에 정착하지 못하고 이직을 함으로써 조직에 부정적인 영향을 미칠 수 있다.

윤리적 가치관과 조직행동

근래 많은 조직들이 윤리경영을 강조하고 있다. 이렇게 윤리경영을 강조하는 것은 단 한 번만의 비윤리적 의사결정만으로도 기업의 이미지가 실추되고 더 나아가 기업이 도산할 수도 있기 때문이다. 대표적인 사례로 2001년 파산한 엔론(Enron)사를 들수 있는데, 이 회사는 파산하기 바로 전 해까지만 해도 "일하기 좋은 100대 기업", 그리고 "가장 존경받는 기업" 중 가장 혁신적인 기업으로 선정될 정도로 승승장구하던 기업이었다. 엔론사는 연 1억 달러가 넘는 순이익과 68%라는 경이적인 성장률을 보이면서 2001년 9월 포춘이 선정한 미국 고도성장 100대 기업 중 30위에 올랐다. 그러나 엔론사의 자산과 이익 수치가 대부분 가짜였음이 확인됐고, 회사의 회계장부에는 부채와 손실이 교묘하게 감춰져 있었다. 이러한 회계장부 조작과 외부감사인의 태만으로 2001년 12월 엔론사는 결국 파산했으며, 외부감사인도 함께 문을 닫았다. 불과 1년 사이에 엔론의 주식은 주당 80달러에서 80센트로 곤두박질쳤으며, 수십억 달러에 달하는 투자자 지분이 순식간에 증발했다. 또한 수많은 일자리와 종업원 퇴직금도 흔적없이 사라져버렸다(Deal & Bolman/신택현, 2004, 3쪽).

많은 기업들이 윤리경영을 실천하기 위해 윤리헌장과 윤리강령(code of ethics)을 제정·선포하고, 윤리경영 실천대회를 열고, 윤리경영 전담조직을 설치하고, 내부신고제도를 마련하는 등의 노력을 기울이고 있다. 그렇지만 윤리경영의 성패는 윤리경영을 위한 제도적 장치를 마련하는 것뿐만 아니라 조직 내부 구성원들이 윤리적 가치관을 갖고 이를 실천하느냐에 달려 있다고 할 수 있다. 여기서는 구성원들의 윤리적 가치관과 행동에 대해 살펴보고자 한다.

1 윤리적 행동의 개념과 관점

윤리(ethics)란 어떤 행동이 옳은지 아니면 그른지, 어떤 결과가 바람직한지 아니면 나쁜 것인지를 결정하는 원칙 내지 가치관을 가리킨다. 어떠한 행동이 윤리적인 행동인가를 판단하는 관점으로는 다음과 같이 크게 네 가지가 있다(Greenberg & Baron, 2008; McShane & von Glinow, 2000; Slocum, Jackson, & Hellriegel, 2008).

🤝 글로벌기업의 윤리경영

미국의 제약회사이자 생활용품업체 존슨앤드존슨의 '타이레놀 사건'은 기업의 윤리경영이 얼마나 중요한지를 단적으로 보여주는 대표적 사례다. 1982년 미국 시카고에서 존슨앤드존슨의 대표 제품인 타이레놀에 치명적 청산가리가 주입돼 이 약을 복용한 소비자 7명이 사망한 사건이 발생했다. 이로 인해 미국 전역은 물론 전 세계가 발칵 뒤집혔다. 하지만 '우리의 신조(Our Credo)'라는 윤리강령을 50년 가까이 고수한 회사의 위기 대처법은 남달랐다. 당시 회사의 최고경영자(CEO)인 제임스 버크는 시카고 지역의 판매분을 회수하라는 미국 식품의약청(FDA)의 권고를 넘어 전미 지역을 대상으로 2억 4,000만 달러를 들여 제품을 전량 회수하여 폐기했다. 사고 원인이 규명될 때까지 언론을 통해 소비자에게 타이레놀을 복용하지 말라는 대대적인 캠페인도 벌였다.

경찰 수사 결과 누군가 고의로 캡슐을 뜯어 독극물을 투입한 것으로 밝혀져 회사는 혐의를 벗었지만 이후 유사 사건 발생을 막기 위해 1억 5,000만 달러를 투입해 타이레놀을 캡슐에서 알약 형태로 바꿨다. 이러한 조치로 회사는 사고 직후 7%까지 추락했던 시장점유율을 3년 만에 35%대로 다시 끌어올렸다. 제임스 버크는 '뚝심 있는' 윤리경영으로 2003년 포춘이 선정한 '역사상 최고 CEO 10인'에 선정되기도 했다.

사무 · 의료용품 제조업체 3M은 구체적 윤리경영 매뉴얼과 이의 엄격한 적용으로 정평이 나 있다. △커피와 도넛은 제외, 연간 50달러 이상의 금품과 향응 제공 금지, △정부 관료에 대한 접대는 지위 · 횟수 · 양에 상관없이 무조건 금지, △부당하게 취득한 금품은 3배로 회사에 납부 등 한도 금액이나 금지 내용이 상세하다.

휴대폰 제조업체 모토로라는 뇌물에 관해 엄격한 윤리강령을 지킬 것을 직원들에게 강조하고 있다. 실제로 한 중역은 연 수익을 25%나 올릴 수 있는 계약에서 남미 국가의 정부 관리가 커미션을 요구했다는 이유로 거래를 중단했고 이 결정을 최고경영자가 극찬한 사실이 알려지면서 주목받기도 했다.

이 밖에 반도체 회사 인텔은 EHS(Environment, Health and Safety) 정책을 마련해 반드시 준수해야 하는 기업 윤리를 제시하고 있으며, 컴퓨터 제조업체 IBM은 내부 윤리감시체제를 두고 국내는 물론 해외 지사에 이르기까지 윤리경영을 폭넓게 실천하고 있다. 미국 최대의 유통업체인 월마트는 회사 창립 때부터 직원들에게 '납품업자로부터 커피 한 잔도 받지 말라'는 규정을 두고 있다.

자료: "미국, 글로벌기업 윤리의식 주도… 90%가 기업윤리강령 보유," 「이투데이」, 2013.5.23.

1) 공리주의적 관점(utilitarian view)

공리주의적 관점은 대안을 선택할 때 '최대 다수의 최대 행복(the greatest good for the greatest number of people)'을 가져다주는 결정이라면 윤리적인 것으로 보는 관점이다. 즉, 공리주의적 관점은 최대한 많은 사람들에게 만족감을 제공해주는 대안을 선택할 것을 권장한다. 예를 들어, 경영위기에 빠진 기업이 있는데 만일 이 기업이 위기를 극복하지 못하고 도산한다면 100%의 구성원들이 모두 일자리를 잃는 반면, 30%의 인력감축을 통해 경영위기를 극복하여 70%의 인력이 일자리를 유지할 수 있다면, 이는 최대한 많은 사람들의 이익을 충족시켰다는 점에서 윤리적인 의사결정으로 볼 수 있다는 것이다. 이 관점은 어떤 결과를 얻기 위한 과정보다는 의사결정의 결과에 초점을 둔다는 점에서 결과지향적 관점이라 할 수 있다. 그런데, 이러한 관점은 목표를 위해 수단을 정당화하는 문제점, 그리고 다수의 이익을 위해 소수의 이익이 희생될 수도 있다는 문제점을 가질 수 있다.

2) 개인주의적 관점(individualism view)

개인주의적 관점은 장기적인 이해관계를 충족시켜주는 행동 또는 의사결정을 윤리적인 것으로 본다. 여기서 중요한 것은 '장기적인' 이해관계를 충족시킨다는 것인데, 이는 자신의 이해관계를 장기적으로 충족시키려면 상대방의 이해관계를 존중해야 한다는 인식에 기반을 두고 있다. 상대방의 이익을 무시하면서 자신의 이익을 장기간 충족시킨다는 것은 현실적으로 불가능하기 때문이다. 즉, 개인주의적 관점은 상호 호혜성의 규범(norm of reciprocity)에 기반을 두고 자신의 이익을 추구해야 한다고 제안한다.

3) 도덕권리 관점(moral rights view)

도덕권리 관점은 인간의 기본권, 즉 인간다운 생활을 영위하기 위해 인간으로서 당연히 누려야 할 기본적인 권리를 존중하고 보호하는 행동을 윤리적인 것으로 보는 것을 가리킨다. 양심의 자유, 표현의 자유, 종교의 자유, 사생활 보호, 행복추구권 등 인간의 기본권을 존중해야 한다는 것이다. 그러므로 도덕권리 관점에 의하면 경영자나 구성원들은 무엇보다도 다른 사람들의 권리를 침해하는 의사결정을 해서는 안 된다.

4) 정의 관점(justice view)

정의 관점 또는 공정성 관점(fairness view)은 규칙과 절차, 그리고 객관적 기준에 의해 편파적이지 않게 그리고 공정하게 내린 의사결정을 윤리적인 것으로 보는 관점이다. 이러한 정의 관점에는 분배적 정의, 절차적 정의와 상호작용적 정의의 세 가지가 있다. 분배적 정의(distributive justice)는 자원배분의 결과가 얼마나 공정한가를 나타내는 것이다. 예컨대, 선발, 승진, 급여 등 보상 결정을 함에 있어서 성과와 능력이 비슷한 경우 보상도 비슷하게 배분되어야 하고, 성과와 능력이 차이를 보이면 보상도 이에 따라 차이를 두는 것을 말한다. 절차적 정의(procedural justice)는 자원배분 결정의 절차와 과정이 얼마나 공정한가를 나타내는 개념이다. 절차적 공정성을 갖추기 위한 요건으로는 (1) 규칙 적용의 일관성, (2) 의사결정 과정에의 참여, (3) 객관적 정보의 활용, (4) 의견제시 또는 이의제기의 기회 제공, 그리고 (5) 편파성 배제 등을 들 수 있다. 마지막으로 상호작용적 정의(interactional justice)는 의사결정이 이루어지는 과정에서 의사결정의 영향을 받는 사람들을 얼마나 공정하게 대했는지를 가리키는 개념이다. 구체적으로 의사결정의 배경과 이유를 설명하고, 의사결정을 할 때 상대방을 인격적으로 존중하고, 또 부정적인 영향을 미치는 의사결정을 내리는 경우 이에 대해 유감을 표명하는 것 등을 포함한다. 조직구성원들은 조직의 의사결정이 공정하다고 인식하는 경우 조직에 대해 긍정적인 태도를 갖고 조직에 도움이 되는 행동을 하는 것이 일반적이다.

2 윤리적 가치관과 도덕성 발달

윤리적 가치관의 발달 정도와 실천 정도는 개인의 도덕성 발달 수준에 따라 다르다고 할 수 있다. 콜버그(Kohlberg, 1981)는 〈그림 3-3〉과 같이 도덕성 발달을 여섯 단계로 설명하고 있다. 인습 이전 수준은 도덕성 발달이 가장 낮은 수준으로서 주로 개인의 이해관계에 기반을 두고 행동하는 것을 말한다. 가장 낮은 단계는 처벌을 피하기 위해서 권위에 복종하는 행동을 취하는 것이고, 그 다음 단계는 자신의 욕구와 이익을 챙기기 위한 행동을 선택하는 것을 가리킨다.

대부분의 사람들은 인습적 수준의 도덕성을 보이는데, 이는 사회적 관계를 유지하고 법과 질서를 준수하는 것을 말한다. 단계 3은 가족, 친구, 직장 상사와 동료 등의 기대를 충족하여 그들과 원만한 관계를 유지하고자 하는 행동을 취하는 것이다. 즉, 다른 사람들에게 좋은 사람으로 인식되길 원하며('good boy' orientation), 그에 맞는 행동을 하는 것이다. 단계 4의 도덕성은 법과 질서를 준수하는 행동을 가리킨다.

인습 이후의 수준은 개인의 행동이 외적인 강제에 의해 결정되는 것이라기보다는 사회의 또는 자기 자신의 보편적인 윤리기준에 기반을 두는 것을 말한다. 단계 5의 도덕성은 사람들이 사회적 합의 과정을 거쳐서 고유의 윤리적 기준을 설정하고 이를 준수

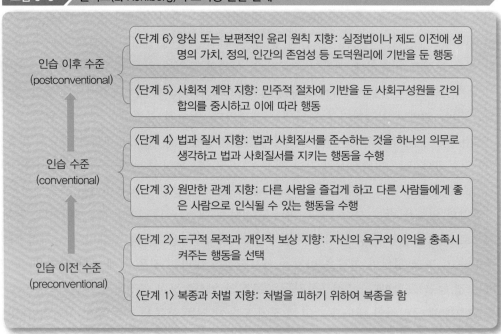

그림 3-3 콜버그(L. Kohlberg)의 도덕성 발달 단계

인습 이후 수준
(postconventional)

〈단계 6〉 양심 또는 보편적인 윤리 원칙 지향: 실정법이나 제도 이전에 생명의 가치, 정의, 인간의 존엄성 등 도덕원리에 기반을 둔 행동

〈단계 5〉 사회적 계약 지향: 민주적 절차에 기반을 둔 사회구성원들 간의 합의를 중시하고 이에 따라 행동

인습 수준
(conventional)

〈단계 4〉 법과 질서 지향: 법과 사회질서를 준수하는 것을 하나의 의무로 생각하고 법과 사회질서를 지키는 행동을 수행

〈단계 3〉 원만한 관계 지향: 다른 사람을 즐겁게 하고 다른 사람들에게 좋은 사람으로 인식될 수 있는 행동을 수행

인습 이전 수준
(preconventional)

〈단계 2〉 도구적 목적과 개인적 보상 지향: 자신의 욕구와 이익을 충족시켜주는 행동을 선택

〈단계 1〉 복종과 처벌 지향: 처벌을 피하기 위하여 복종을 함

하는 것을 말한다. 단계 6은 가장 높은 도덕성 수준을 가리키는 것으로서 양심, 정의, 인간의 존엄성 등 보편적인 윤리기준을 따르는 행동을 가리킨다.

개인마다 도덕성 발달의 수준이 다르기 때문에 윤리적인 행동을 실천하는 정도도 서로 다르다고 할 수 있다. 도덕성의 발달 수준이 낮은 사람은 거래업체로부터 선물을 받거나 출장비를 출장 목적이 아니라 사적으로 쓰는 등의 행동을 아무렇지 않게 여기는 반면, 도덕성 수준이 높은 사람은 이러한 행동이 심각한 문제로 발전될 가능성이 없는데도 불구하고 자신의 윤리적 가치관에 위배된다고 판단하고 이런 행동을 취하지 않는다. 도덕성 발달 수준과 절도행위 간의 관계에 대한 연구 결과, 도덕성 발달 수준이 낮을수록 회사에서 잔돈을 더 많이 훔치는 것으로 나타났다(Greenberg, 2002). 그런데, 윤리 교육, 윤리전담 임원 등 윤리경영 프로그램을 운영하고 있는 경우, 절도행위가 유의하게 줄어드는 것으로 밝혀졌다. 〈그림 3-4〉를 좀 더 구체적으로 살펴보자면, 인습 수준의 구성원들의 경우 윤리경영 프로그램의 운영이 절도행동을 유의하게 줄어들게 만든 반면, 인습 이전 수준의 구성원들의 경우 윤리경영 프로그램의 운영과 무관하게 절도행위를 많이 하고 있음을 알 수 있다. 따라서 조직에서 비윤리적 행동을 줄이려면 도덕성 발달 수준이 높은 사람을 선발하는 동시에 윤리 교육 등 윤리경영 프로그램을 운영하는 것이 요구된다.

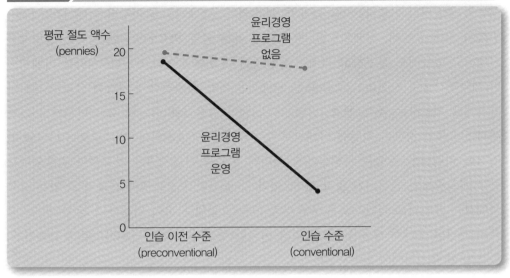

그림 3-4 도덕성 발달, 윤리경영 프로그램과 비윤리적 행동의 관계(Greenberg, 2002)

3 윤리적 행동에 영향을 미치는 상황요인

구성원들이 얼마나 윤리적인 또는 비윤리적인 행동을 하느냐는 앞에서 살펴본 바와 같이 도덕성 발달의 수준 등 개인차에 의해 좌우될 수 있지만, 다른 한편으로는 상황적 요인들의 영향을 받는다. 예를 들어, 상사가 실현 불가능한 목표를 설정하고 이를 강요할 때, 또는 구성원들의 윤리적 가치관과 상충되는 사항을 지시할 때, 구성원들은 비윤리적인 행동을 취할 가능성이 높아진다. 구성원들의 비윤리적 행동을 유발할 수 있는 상황요인들을 몇 가지 살펴보자면 다음과 같다(Greenberg & Baron, 2008, pp.66~68).

1) 비윤리적 행동을 유발하는 조직규범

조직구성원들은 조직 내에서 대부분의 사람들이 적절한 것으로 받아들이는 행동방식을 따라한다. 예를 들자면, 조직구성원들은 윤리적으로 옳지 못한 행동을 목격했더라도 이에 대해 문제제기하거나 고발하기보다는 못 본 척 침묵을 지키는 것이 일반적이며, 이를 현명한 것으로까지 생각한다. 이처럼 비리와 관련된 중요한 정보를 제보하지 않고 은폐하는 관행이 형성될 수 있는데, 이런 상황에서는 조직구성원들의 방관하에 비윤리적 행동이 발생할 가능성이 높아진다. 이런 관행이 형성되는 것은 주로 내부고발을 하는 사람을 조직의 배신자로 낙인찍고 따돌리거나 더 나아가 그들에게 여러 가지 인사상의 불이익을 주는 일이 종종 있어왔기 때문이다.

또한, 보편적인 윤리기준에 반하는 규범이 조직 내에 형성되어 있는 경우 비윤리적 행동이 근절되기 어렵다. 예를 들자면, 보건의료산업에서는 과거부터 리베이트(rebate) 관행이 있어 왔는데, 리베이트를 준 사람은 물론 받은 의료인도 처벌한다는 쌍벌제를 시행하고 있음에도 불구하고 리베이트 관행이 여전히 지속되고 있다. 의약품 리베이트 란 제약회사들이 자신들이 생산 또는 판매하는 약을 환자들에게 처방해 달라며 의사나 약사에게 제공하는 금전, 물품, 편익, 노무, 향응 등을 의미하는데, 2007년부터 2011년 까지 5년 동안 정부가 적발한 리베이트 수수금액은 1조 1천억이 넘는 것으로 나타났다. 이처럼 리베이트 관행은 국민들에게 사회적 비용을 가중시키는 불공정한 관행임에도 불구하고 좀처럼 근절되지 않고 있다. 이와 같이 고질적인 관행이 자리 잡고 있는 상황 하에서는 개인의 노력만으로는 비윤리적 행동을 없애는 것이 어렵다고 할 수 있다. 따 라서 개인의 윤리적 행동을 제고하려면 이러한 구조적 문제를 근본적으로 개선하기 위 한 노력이 우선되어야 할 것이다.

2) 성과 위주의 경영가치

많은 경영자들은 기본적으로 윤리적이지만, 그들은 종종 구성원들로 하여금 비윤리 적 행동을 유발하도록 하는 경영방식을 무의식적으로 채택할 수 있다. 예를 들자면, 경 영자들이 생산량, 매출액, 순이익 등의 재무성과를 가장 중요한 목표로 삼는 경우, 조직 구성원들은 무엇보다도 이러한 성과목표를 달성해야 하는 것이 지상 과제가 되기 때문 에 윤리적인 측면을 고려하는 것이 우선순위에서 밀릴 수 있다. 즉, 개인 또는 성과목 표를 지나치게 강조하거나 재무성과만을 유일한 목표로 강조하는 경우 비윤리적인 행 동이 유발될 가능성이 높아진다.

또한 조직구성원들 간의 경쟁이 치열한 경우 다른 사람에 대한 배려보다는 자신의 이해관계를 우선시하게 되고, 이는 비윤리적 행동의 가능성을 높이게 된다. 즉, 성과인 센티브, 승진, 복리후생 혜택 등을 둘러싸고 경쟁이 치열한 상황에서는 다른 사람과의 협력과 배려가 줄어들고 비윤리적 행동의 가능성이 높아진다.

3) 경영자의 비윤리적 행동

경영자가 비윤리적 행동을 하는 경우 이는 조직 내에 비윤리적 행동이 만연되게 만 드는 결과를 초래할 수 있다. 예를 들면, 경영자가 회사의 관용차를 사적인 용도로 사 용하거나 부하 직원에게 개인적인 심부름을 시키는 경우 이는 회사의 자원을 자기 마 음대로 써도 된다는 의미로 받아들여질 수 있다. 특히, 경영자가 말로는 윤리적 가치

전국경제인연합회, 『경제계 기업경영헌장 실천지침』 제정

전국경제인연합회(이하 전경련)는 대기업의 사회적 책임에 대한 국민적 요구에 부응하고자 『경제계 기업경영헌장 실천지침』을 제정하였다. 이 실천지침은 (1) 직무윤리, (2) 협력사 및 고객, (3) 구성원 및 주주, (4) 국가 및 사회, 그리고 (5) 실천지침의 준수 및 이행의 5대 분야에서 준수해야 할 총 41개의 행동강령으로 구성되어 있다. 전경련은 회원사 협조공문을 통해 회사 내부규정을 제·개정할 때나 자체 규정에서 정한 바가 없는 경우 『경제계 기업경영헌장 실천지침』을 적극 활용해줄 것을 요청했다.

5대 분야	19개 조	41개 행동강령
제1장 직무윤리	– 공정한 직무수행 – 경제적 이익추구 금지 – 청탁 금지	– 기업과 이해관계자 상호간에 경제적 이익(금품, 접대, 편의제공, 인사청탁 등)을 주고받는 행위 불가
제2장 협력사 및 고객	– 상생경영 – 협력사 정보보호 – 고객중심 경영 – 고객정보 보호	– 협력사: 공정·투명하게 선정, 우월적 지위로 부당행위 금지 – 고객: 만족스러운 서비스 및 정확한 정보제공, 고객정보 보호
제3장 구성원 및 주주	– 인간 위주의 경영 – 구성원의 안전과 행복 – 기업가치 제고 – 주주권익 보호	– 구성원: 인격존중, 학습기회 적극 제공, 안전·행복한 환경 추구 – 주주: 이사회 중심 투명경영, 법령에 따른 충실한 공시자료 제공
제4장 국가 및 사회	– 경제발전 기여 – 환경친화적 경영 – 사회공헌 활동 – 정치적 중립성 유지	– 지속적 고용창출, 성실 납세 – 기업시민으로서 사회봉사 활동과 취약계층 지원 적극 참여 – 대정부 관련 부적절 거래 지양
제5장 실천지침 준수 및 시행	– 적용대상 – 윤리상담센터 운영 – 위반자 처리 – 특수사항	– 윤리상담센터 등과 같이 위반사례 신고·검토·조치를 담당하는 윤리조직 운영

자료: 전경련, 『경제계 기업경영헌장 실천지침』, 2013.11.20. (http://www.fki.or.kr)

관과 행동을 강조하면서 실제로는 비윤리적인 행동을 하는 경우, 구성원들은 경영자의 언행불일치와 이중잣대에 대해 냉소주의적인 반응을 보이면서 비윤리적 행동을 보편적인 것으로 받아들일 수 있다.

4 윤리적 행동을 장려하기 위한 방안

최근 많은 기업들이 윤리적 행동을 장려할 목적으로 윤리경영 프로그램을 마련하여 운영하고 있다. 이러한 노력들은 윤리적 이슈에 대한 민감도를 높이고 비윤리적 행동을 줄일 수 있는 윤리적인 조직문화를 만드는 데 초점을 두고 있다. 윤리적 행동을 장려하기 위한 방안들을 제시하고자 한다(Greenberg & Baron, 2008, pp.68~71; Kinicki & Kreitner, 2009, pp.32~33).

1) 윤리헌장과 윤리강령(code of ethics)의 제정 및 선포
2) 윤리 교육: 기업윤리에 대한 교육을 실시할 때 윤리강령의 효과가 더욱 확대됨
3) 윤리경영 전담 부서 설치 및 임직원 임명: 윤리담당임원, 윤리위원회 등
4) 내부신고제도(whistle blowing) 또는 익명신고제도 운영
5) 윤리적·비윤리적 행동에 대한 보상제도 및 징계제도
6) 선발제도 개선: 윤리적 가치관을 선발기준에 포함시켜 윤리의식이 높은 사람 채용
7) 윤리적 리더십: 경영자가 윤리적 행동을 실천하여 윤리경영의 역할모델(role model)이 됨

05 사회문화와 개인행동

사회문화에 따라서 사회구성원이 지향하는 가치관이 다르기 마련이다. 중요한 이슈에 대해 의견이 서로 다른 상황에서 미국 경영자들은 최고 상급자가 논쟁을 매듭짓기 위해 최종 의사결정을 내려야 한다고 생각하는 반면, 스웨덴 등 스칸디나비아 국가의 경영자들은 집단의 합의를 도출해야 한다고 생각하고 최고 상급자가 내린 결론을 단지 개인적 의견으로 간주한다(McShane & von Glinow, 2000, p.215). 글로벌경영의 시대인 만큼 구성원들 또는 고객들의 가치관을 이해하기 위해 국가간 문화의 차이를 이해하는 것이 매우 중요하다. 사회문화와 개인행동에 관한 연구 중에서 가장 널리 인용되고 있는 호프스테드(Geert Hofstede)의 연구를 중심으로 사회문화적 요인과 개인행동의 관계를 살펴보고자 한다.

문화권별 개인행동의 차이

호프스테드의 연구는 조직구성원들의 기본가치와 행동경향에 대한 대표적인 국가 간 비교연구로서 50개국에 진출해 있는 IBM의 구성원 116,000명을 대상으로 설문서를 통하여 가치관과 행동경향에 대한 자료를 수집하였다. 그는 개인-집단중심성, 권력격차, 불확실성 회피성, 남성-여성중심성, 그리고 유교적 가치관 등 다섯 가지 차원에서 세계 각국의 사회문화특성을 비교하였는데, 그 결과를 요약하면 다음과 같다(Hofstede, 1980).

1) 개인-집단중심성

개인 또는 집단중심성(individualism-collectivism)은 개인에게 얼마나 많은 자유가 주어져 있고, 또 개인목표와 집단목표 중에서 어느 쪽을 더 중요시하는가를 가리킨다. 개인주의자들과 집단주의자들을 비교하자면 다음과 같다. 첫째, 개인주의자들은 자신을 독립적인 존재로 보는 반면, 집단주의자들은 집단에 소속되어 있는 한 구성원으로 인식한다. 둘째, 개인주의자들은 자신의 이익을 우선시하는 반면, 집단주의자들은 개인의 이익보다는 집단의 이익에 우선순위를 둔다. 셋째, 개인주의자들은 개인적인 신념과 가치관을 중시하는 반면, 집단주의자들은 사회규범과 사회적 정서를 강조한다. 마지막으로 개인주의자들은 과업성취를 강조하는 반면, 집단주의자들은 인화와 단결 등 원만한 인간관계를 강조한다.

예를 들어, 한국, 미국과 일본 사람의 개인 또는 집단중심성을 비교하면, 미국은 개인중심성이 높고 우리나라는 집단중심성이 높으며, 일본은 그 중간이지만 집단중심성 쪽에 가깝게 나타나고 있다. 미국은 호주 및 영국과 더불어 개인중심성이 가장 높은 나라이고, 우리나라와 태국, 싱가포르 등 아시아 국가는 집단중심성이 높은 나라들에 속한다.

2) 권력격차

다음은 권력격차(power distance)로 이는 사회에 권력이 얼마나 균등 또는 불균등 (inequality)하게 배분되어 있는지를 가리킨다. 권력격차가 큰 나라에서는 불균등한 권력 배분을 받아들이고 이를 당연시하는 반면, 권력격차가 작은 나라에서는 권력이 상대적으로 균등하게 배분된다. 따라서 권력격차가 큰 국가에서는 구성원들이 상급자로부터 명령을 받는 것을 당연하게 여기며, 갈등이 발생하는 경우 공식 규칙이나 계층에

개인주의 문화와 집단주의 문화: 한국과 미국의 비교

한상필과 샤론 샤비트(Sharon Shavitt)의 연구팀은 설득과 관련된 문화적 차이가 마케팅 환경에서 무엇을 의미하는지 조사했다. 그들은 집단주의 문화에서는 집단구성원들(친구, 가족, 직장동료 등)에게 돌아가는 혜택에 초점을 맞춘 광고가 소비자 자신을 위한 혜택에만 초점을 맞춘 광고보다 설득력이 더 강할 거라고 예상했다. 특히, 에어컨이나 치약처럼 일반적으로 다른 사람들과 같이 쓰는 제품의 경우에는 그러한 경향이 더 뚜렷하게 나타날 거라고 생각했다.

연구팀은 우선 가설을 뒷받침할 증거를 찾기 시작했다. 그들은 미국의 잡지 2개와 한국의 잡지 2개를 골랐다. 잡지들은 두 나라에서 각각 인기와 장르 면에서 비슷한 것으로 선택했다. 그 다음 잡지에서 무작위로 광고들을 선택한 다음, 각 언어의 모국어 화자들과 두 언어를 능숙하게 구사하는 사람들에게 광고의 초점이 소비자 자신을 위한 혜택에 맞춰져 있는지 혹은 집단을 위한 혜택에 맞춰져 있는지를 단계별로 평가하도록 했다. 연구팀은 미국의 광고가 한국의 광고보다 개인에게 돌아가는 혜택을 강조하는 경향이 더 크다는 것을 발견했다. 특히 다른 사람과 함께 쓰는 제품의 경우에 이런 경향의 차이가 더 크게 나타났다.

미국 광고는 소비자의 개성("독특해지는 기술")이나 자기계발 욕구("더 나은 당신을 위하여"), 개인적인 목표("새로운 모습 덕분에, 이제 새로운 역할도 자신 있어요") 등에 호소하는 반면, 한국 광고는 소비자가 속한 집단에 대한 책임감("가족을 위하는 유쾌한 방법"), 집단강화 욕구("우리 모두를 위한 성공의 꿈"), 집단 의견에 대한 배려("가족들이 가구가 마음에 든대요") 등에 호소하는 경향이 컸다.

연구팀은 다음으로 "집단주의 혹은 개인주의에 초점을 맞춘 메시지는 정말로 해당 문화권에서 더 설득력이 강할까?"에 대해 관심을 갖게 되었다. 연구팀은 이 질문에 답하기 위해 다양한 제품에 대하여 두 가지 버전의 광고를 만들었다. 한 버전은 개인주의적인 성향이 강했고, 다른 버전은 집단주의적인 성향이 강했다. 예를 들어 한 추잉검 브랜드 광고의 개인주의적인 버전은 이런 식이었다. "당신의 입안이 상쾌해지는 경험을 즐기세요." 이 메시지는 소비자 자신에게만 영향을 미치는, 입안이 상쾌해지는 혜택에 초점을 맞추고 있다. 그러나 우리 모두 경험상 알고 있다시피 한 사람의 구강 상태는 그 사람만의 개인적인 문제가 아니라 주위 사람에게도 영향을 미칠 수 있다. 그래서 이 광고의 집단주의적 버전은 다음과 같은 식이다. "입안이 상쾌해지는 경험을 나눠보세요."

결과적으로 한국 참가자들은 개인주의적인 광고보다 집단주의적인 광고에 더 많이 설득되었고, 미국 참가자들은 그 반대의 경향을 나타냈다. 이전 연구와 마찬가지로 이러한 효과는 특히 다른 사람들과 같이 쓰는 제품의 경우에 더욱 두드러지게 나타났다.

자료: 치알디니 · 골드스타인 · 마틴/윤미나 (2008), 『설득의 심리학: Yes를 끌어내는 설득의 50가지 비밀』, 21세기북스, 259~268쪽.

그림 3-5 | 개인-집단중심성과 권력격차

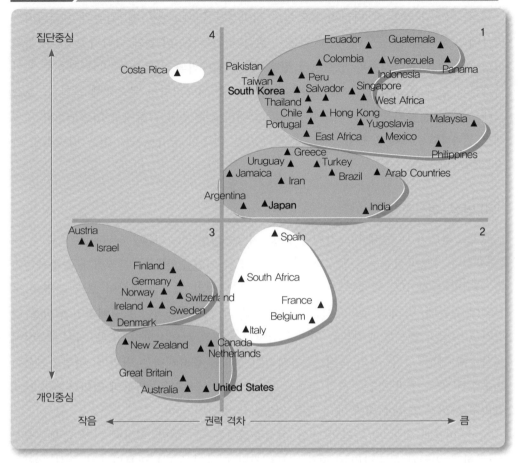

의해 갈등해결이 이루어진다. 반면에, 권력격차가 작은 국가에서는 참여적 경영이 선호되며, 갈등 해결도 대화와 협상을 통해 이루어진다. 〈그림 3-5〉에서 보는 바와 같이 한국, 미국과 일본 세 나라를 비교했을 때, 미국은 권력격차가 비교적 작고 우리나라와 일본은 비교적 크게 나타나고 있다.

3) 불확실성 회피성

호프스테드의 세 번째 분석차원은 불확실성 회피성향(uncertainty avoidance)인데, 이는 사람들이 불활실성과 모호성을 잘 수용하는지 아니면 불확실성과 모호성에 대해 불안감을 느끼고 이를 수용하지 못하는지를 가리키는 개념이다. 불확실성 회피성향이 높은 사회의 구성원들은 구조화된 상황을 선호하며, 이를 위해 의사결정이나 행동의 규칙을 공식화·명문화하려는 노력을 기울인다. 또한, 간접적이고 모호한 의사소통보다는 직접적이고 분명한 의사소통을 선호한다.

한국, 미국과 일본 세 나라의 불확실성 회피성향을 비교했을 때, 일본과 우리나라가 미국에 비하여 훨씬 높은데, 특히 일본이 우리나라보다도 더 높게 나타나고 있다. 불확실성 회피성을 권력격차와 연결시켜 봤을 때, 우리나라와 일본은 남미와 지중해 연안 국가들과 함께 비교적 높은 불확실성 회피성과 큰 권력격차의 문화권에 속한다. 호프스테드는 이 문화권을 '피라미드형'(pyramid)이라고 부르며 기업에서 계층구조와 명령계통(권력격차), 그리고 규율(불확실성 회피성)을 비교적 중요시하는 것을 일반적인 특징으로 한다.

4) 남성–여성중심성

호프스테드의 네 번째 비교차원은 남성–여성중심성(masculinity-femininity)으로서, 이는 사회나 조직구성원들이 남성과 여성의 사회적 역할을 얼마나 분명하게 구분하는지를 가리키는 것이다. 남성중심적 사회일수록 남녀간의 사회적 역할이 보다 분명히 구분되어 있는데, 이러한 사회에서는 일반적으로 남성은 적극적이고 지배적인 역할을 담당하고 여성은 남성을 도와주는 역할을 담당하는 것으로 인식한다. 또한, 남성중심성이 높을수록 경쟁, 성장, 부의 축적 등 가시적인 성과를 중요시하는 반면에, 여성중심성이 높을수록 양적 성과보다는 질적 관계를 중요시하고 양성평등, 생활의 질이나 환경보호 그리고 사회적 약자에 대한 배려 등을 강조하는 경향이 있다.

한국, 미국과 일본 세 나라의 남성–여성중심성을 비교하면, 일본이 가장 남성중심성이 강하고 미국과 우리나라는 중간 정도이지만 미국이 우리나라보다 남성중심성이 높은 것으로 나타났다. 50개국 중에서 일본이 가장 남성중심적이고, 스웨덴, 노르웨이와 덴마크 등 스칸디나비아 나라들이 가장 여성중심적인 것으로 나타났다.

5) 유교적 역동성

호프스테드의 마지막 비교차원은 유교적 가치관(Confucian dynamism)으로서, 일에 대한 근면성과 장기적 관점에 의한 계획성 및 저축성 등이 비교대상이다. 호프스테드는 1960년대와 70년대의 소위 아시아 '다섯 마리의 용'(한국, 일본, 대만, 홍콩, 싱가포르)의 고도성장에 깊은 인상을 받아 뒤늦게 이 차원을 추가하였다. 조사 결과 유교적 가치관의 영향을 많이 받은 이들 다섯 나라와 중국이 높게 나타났고, 유럽에서는 네덜란드가 높고, 남미에서는 브라질이 비교적 높게 나타났다(Hofstede, 1991).

그림 3-6 불확실성 회피성향과 남성-여성중심성

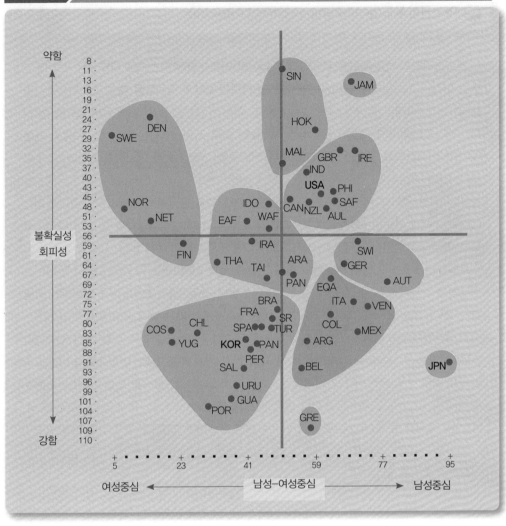

2 조직행동상의 시사점

  호프스테드의 연구는 기업 구성원들의 행동경향과 기업경영에 많은 의미를 부여하고 있다. 첫째로 개인중심성과 권력격차는 관리자의 리더십과 경영관리에 많은 의미를 지니고 있다. 미국 기업구성원들의 높은 개인중심성과 비교적 작은 권력격차는 구성원 각자의 개성을 존중하는 부하중심의 리더십과 참여적 경영방식을 요구한다. 그리고 집단중심성이 높고 권력격차가 큰 우리나라의 기업에서는 비교적 지시적이고 권위적인 리더십과 관리행동을 요구한다.

🖐 여성권한척도(gender empowerment measure)

호프스테드의 연구에서는 우리나라가 상당히 여성중심적인 것으로 나타났는데, 여러분들은 이러한 조사결과에 동의하는가? 호프스테드는 IBM의 직원들을 대상으로 설문조사를 실시했는데, 이러한 결과가 나온 것은 아마도 이러한 표본선정 방법 때문이라고 할 수 있다. 1970년대 외국계 기업에 근무하는 직원들이 한국 국민을 대표한다고 할 수 없기 때문에 이들을 대상으로 조사한 결과가 우리나라의 문화적 특성을 잘 반영하고 있다고 보기 어렵다.

한 사회가 얼마나 여성중심적 또는 남성중심적인가를 파악하기 위해서는 유엔개발계획(UNDP)에서 평가하는 여성권한척도(GEM)를 보는 것이 더 바람직하다고 할 수 있다. 이 척도는 여성 국회의원 비율, 행정관리직과 전문기술직 종사자의 여성 비율, 그리고 남녀 소득격차를 기준으로 국가별로 여성들의 정치·경제활동과 정책과정에의 참여도를 측정하여 고위직에서의 남녀평등 정도를 평가한다. 2009년 남녀 소득비율은 52%, 여성 국회의원 비율 14%, 행정관료 비율 9%, 그리고 기술관료 비율이 40%로서 매우 낮게 나타나고 있다.

우리나라는 남녀평등지수는 비교적 상위권에 속하나 여성권한척도는 늘 하위권에 머물러왔다. 1995년 처음으로 발표했을 때 한국의 인간개발지수는 31위, 여성개발지수는 37위로 인간개발에 있어서 남녀 간의 격차는 그리 크지 않은 것으로 나타났다. 2003년도에는 두 지수가 똑같이 30위였다. 그러나 여성권한척도의 경우 1995년 116개국 중 90위였으며, 2003년 70개국 중 63위, 2008년 93개국 중 68위, 2009년 109개국 중 61위를 기록했다.

따라서 여성권한척도를 봤을 때, 우리나라는 여성중심적인 사회라기보다는 남성중심적 사회라는 평가를 할 수 있다.

권력격차와 불확실성 회피성은 경영문제 해결과 관련하여 중요한 의미를 지니고 있다. 권력격차가 비교적 작고 불확실성 회피성이 중간 정도인 미국의 기업에서는 문제해결에 있어서 구성원들 간의 직접적인 토의와 참여를 강조하는 반면에, 권력격차와 불확실성 회피성이 모두 높은 우리나라의 기업에서는 주로 상위 계층에서 의사결정을 내리거나 규정에 의존하는 경향이 높다(이학종, 1997).

개인-집단중심성, 불확실성 회피성과 남성-여성중심성은 모두 기업구성원들의 동기부여와 밀접한 관계를 맺고 있다. 개인중심성이 높은 미국 기업의 구성원들에게는 자기존중(self-respect)과 자아실현(self-actualization)이 중요한 동기요인으로 작용한다. 반면에 집단중심성이 강한 우리나라 기업의 구성원들에게는 소속 회사 또는 부서에 대한 충성심이 중요하며, 따라서 자아실현보다는 체면을 살리는 것이 그들의 행동에 중요한 영향요인으로 작용한다. 이와 같이 호프스테드의 사회문화 연구는 조직구성원들의 행동경향을 이해하는 데 많은 도움을 준다.

호프스테드의 연구는 비교경영 연구에 큰 영향을 미쳤지만, 다음과 같은 한계점을 또한 갖고 있다. 첫째, 호프스테드의 연구는 세계 각국에 진출해 있는 IBM의 직원들을 대상으로 자료를 수집하였다. 각 국가를 대표할 수 있는 표본이 아니라는 점에서 호프스테드의 연구결과를 가지고 한 국가의 사회문화를 단정하는 것은 문제가 있다. 둘째, 호프스테드의 연구는 한 세대 이전에 이루어졌고, 또 급속한 경제발전 과정에서 사회문화적 가치도 많이 변했다는 점을 들 수 있다. 예컨대, 우리나라의 경우 1970년대만 하더라도 집단주의적이고 남성중심적인 가치관이 매우 강했지만, 최근 새로운 세대들은 개인주의적 가치관을 갖고 있는 경우가 많으며 양성평등의 가치관이 강조되는 등 여성중심적 가치관이 많이 확산되었고, 민주화와 개방화가 진전되면서 권력격차도 완화되었다고 평가할 수 있다. 셋째, 호프스테드의 연구처럼 국가간 비교연구에서는 한 사회가 하나의 지배적인 문화적 가치를 갖고 있는 것으로 가정하지만, 실제로 사회마다 다양한 하위문화가 공존하기 때문에 이러한 일률적인 문화비교는 설득력이 떨어질 수 있다. 예컨대, 미국은 다양한 문화가 공존하는 매우 다원화된 사회이기 때문에 미국의 사회문화적 가치를 한 마디로 단정하는 것은 무리가 따른다.

게다가 호프스테드의 연구에서 우리나라의 남성중심성이 평균 이하로 낮게 나타난 것에 대해서 강한 반론이 제기될 수 있다. 과거 우리나라는 일본만큼이나 남성의 지배적 역할을 강조하였고 성장과 부의 축적 등 양적 성과를 중요시하는 등 남성적 문화성향이 강했기 때문이다. 한국, 미국과 일본 세 나라의 남성-여성중심성을 심층 연구한 한 논문에서는 우리나라의 조직구성원들이 일본과 미국의 조직구성원들보다 강한 남성중심성을 실제로 나타냈다(Ahn, 1996). 따라서 앞으로도 이에 대한 연구가 계속되어 문화간의 행동차이가 보다 정확하게 규명되어야 할 것이다.

AT&T사의 종합평가제도

조직이 우수한 인재를 채용하고 필요한 역량을 개발하는 것은 조직경영의 가장 중요한 기능의 하나이다. 따라서 많은 행동과학자들이 오랜 기간에 걸쳐서 조직성과에 기여할 수 있는 성격, 능력, 자질 등 구체적인 특성이 무엇인지를 연구하고, 그 결과를 인력 선발 및 개발에 활용해 왔다.

이러한 노력의 선두적 역할을 한 것이 AT&T(American Telephone & Telegraph)사의 종합평가제도(Assessment Center)이다. 여기서 개발된 기법과 제도는 전 세계의 많은 조직에서 활용되어 왔으며, 근래 우리나라 기업의 선발과정에서도 부분적으로나마 적용되고 있다. AT&T사의 종합평가제도를 간단히 요약한다.

1. 종단적 연구

AT&T사는 종합평가제도를 시작하기에 앞서서 1956년에 AT&T사의 인재상, 즉 AT&T사가 요구하는 바람직한 자질과 능력 특성이 무엇인지를 8년간에 걸쳐 종단적 연구를 실시하였다. 즉, AT&T사는 조직성과에 기여할 것으로 기대되는 능력과 행동을 규명하고, 이를 기반으로 하여 신입사원을 선발하고, 8년 후에 그들의 실제 업무성과와 입사 당시의 평가결과 간의 상관관계를 분석하여 선발제도의 타당도를 검증하였다. 그리하여 타당도가 검증된 특성을 중심으로 공식적인 종합평가제도를 실시하였다. 처음에는 하위관리자를 대상으로 중간관리자로의 승진 잠재능력을 평가하는 것으로부터 시작했다가, 점차적으로 고위관리자의 자질평가로 적용범위를 확대하였다. 또한, 종합평가제도로부터 축적된 인사자료는 관리자의 장기적인 경력개발의 자료로 활용되게 되었다.

2. 종합평가과정

AT&T사는 각 사업부에서 추천한 평가대상 관리자들을 12~20명의 소집단으로 구성하여 통상적으로 3박 4일 동안 다양한 교육훈련을 진행하며, 이 과정에서 여섯 명 정도로 구성된 평가위원들이 참가자들을 심층적으로 평가한다. 교육훈련 및 평가방법으로는 대체로 다음 여섯 가지가 활용된다.

① 집단토의: 특정 주제를 주고 리더 없이 자유로운 토론을 하게 하며, 이 과정에서 피평가자들의 의사소통능력과 인간관계기술 그리고 설득력 등을 측정한다.

② 모의 투자게임: 6명 정도의 소집단을 단위로 하여 모의 증권투자게임을 진행하고 피평가자들의 의사결정 행동을 관찰함으로써 집단상황하에서의 성과지향적 행동을 평가한다.

③ 관리직 실습: 피평가자들에게 경영관련 문서, 메모, 보고서, 기타 정보자료들을 제공하고 경영업무에 대한 역할연기를 하게 한 후 이를 관찰하여 경영관리능력을 평가한다.

④ 문제해결 실습: 경영사례를 주고 피평가자들의 문제분석 및 해결능력을 평가한다.

⑤ 심층면접: 심층면접을 통하여 피평가자의 자아인식, 경력계획, 동기수준 등을 평가한다.

⑥ 필기검사: 심리검사와 직무적성검사 등을 실시하고, 그 결과를 실습평가 결과를 확인 또는 보완하는 데 활용한다.

3박 4일간의 평가결과는 평가위원들의 종합·정리를 거쳐 종합평가표가 작성되며, 평가결과는 피평가자에게 피드백되고 그의 소속 인사담당자에게도 전달된다. 이처럼 종합평가 결과는 경력계획을 수립하고 경력개발을 해나가는 데 중요한 자료로 활용된다. 종합평가에 포함된 평가항목은 여섯 가지 분야에 모두 24개로 구성되어 있는데, 이들은 AT&T사에서 경영성과에 중요시되는 특성들로서 신입사원의 선발은 물론 구성원의 경력개발과 인사고과 등 인적자원관리 전반에 활용된다.

[표] 종합 평가표

	피평가자 코드: 일　　자: 평 가 위 원:				
개인특성:	1	2	3	4	5
1. 활력(energy)					
2. 자아객관성(self-objectivity)					
3. 불확실성에 대한 수용능력					
4. 스트레스에 대한 수용능력					
5. 취미의 다양성					
6. 지적 능력					
의사소통능력:					
7. 발표능력					
8. 구두설명					
9. 서면상의 의사소통					
인간관계:					
10. 리더십					
11. 영향력					
12. 행동의 융통성					
13. 인간관계의 민감도					
14. 자율성					
관리능력:					
15. 의사결정					
16. 결단력					
17. 조직·기획능력					
분석능력:					
18. 정보자료수집					
19. 정보자료의 분석·해석					
20. 문제해결					
경력관리:					
21. 직무성과에 대한 의욕수준					
22. 경력목표					
23. 욕구충족 추구					
24. 개발의욕					

종합평가:

　　　수 _____ 우 _____ 미 _____ 양 _____ 가 _____ 불가 _____

토의질문

01. 조직행동 연구에서 종합평가제도는 어떤 면에서 중요한가?

02. 우리나라 조직에서 종합평가제도를 성공적으로 운영하기 위한 요건을 설명하시오.

Chapter **04**

지각, 학습과 직무태도

**Organizational
Behavior**

지각, 학습과 직무태도

앞 장에서 우리는 개인행동에 영향을 미치는 성격과 가치관을 살펴보았다. 이 장에서 우리는 개인행동 형성과정에 많은 영향을 미치는 또 다른 요인인 지각과 학습에 관하여 다루고자 한다.

우리는 일상생활에서 의식적으로 또는 무의식적으로 경험을 쌓아가고 있다. 우리는 이러한 일련의 경험을 통해 행동을 학습하게 된다. 또한 우리는 모르는 사람을 처음 만났을 때, 그의 용모, 옷차림, 말투와 행동거지로부터 그 사람이 어떤 사람인지 추측을 하고, 나아가서는 그를 좋아하거나 싫어하는 태도까지도 형성한다. 이처럼 사람들은 일상생활에서 일어나는 일들을 항상 지각하고 해석하며, 이에 근거하여 반응행동을 선택한다.

이와 같이 지각과 해석, 그리고 학습은 서로 상호작용을 하면서 개인의 행동형성에 중요한 영향을 미친다. 따라서 개인행동을 이해하려면 지각과정과 학습원리에 대해 이해를 하는 것이 매우 중요하다. 먼저 제1절과 제2절에서 지각과정을 살펴보고, 제3절과 제4절에서 학습과 행동수정을, 제5절에서 개인의 태도형성, 그리고 제6절에서 감정과 조직행동에 관하여 각각 살펴보고자 한다.

개인행동의 대부분은 자극(stimulus)에 대한 반응으로 이루어진다. 그런데 사람들은 동일한 자극에 대하여 동일한 지각을 하는 것이 아니라 서로 다르게 지각을 하기 마련이다. 동일한 자극이 주어지는 데도 사람들이 각각 다른 반응행동을 취하게 되는 것은 바로 이러한 지각의 차이 때문이라고 할 수 있다. 따라서 개인의 행동형성 과정을 이해하려면 지각과정을 체계적으로 파악하는 것이 필요하다.

똑같은 자극에도 사람들이 서로 다르게 지각하는 것은 지각과정에 개개인의 독특한 성격과 가치관, 인지구조와 과거 경험이 작용하기 때문이다. 〈그림 4-1〉에서 사람들은 젊은 여성으로 지각할 수도 있고 나이든 여성으로 지각할 수도 있다. 한 실험에서 〈그림 4-1〉의 그림을 보여 주기 전에 한 집단에게는 젊은 여성의 그림을 여러 장 보여주었고 다른 집단에게는 나이 많은 여성의 그림들을 보여주었는데, 젊은 여성의 그림을 본 집단은 〈그림 4-1〉의 그림을 젊은 여성으로 많이 지각한 반면, 나이든 여성의 그림을 본 집단은 상대적으로 늙은 여성의 그림으로 더 많이 지각하는 것으로 나타났다(Hofstede, 1983, p.76). 이는 과거 경험이 다르면 동일한 자극도 서로 다르게 지각할 수 있다는 것을 보여준다.

그림 4-1 ▶ 젊은 여성, 나이든 여성?

지각(perception)이란 개인이 자신이 접하고 있는 환경에 대한 정보를 수용하고 이에 의미를 부여하는 과정으로서 개인행동의 형성에 많은 영향을 주는 중요요소이다 (Bertenthal, 1996). 이러한 지각에는 어떤 정보를 선택할 것인지, 그 정보를 어떻게 조직화할 것인지, 그리고 자신의 인지체계 내에서 이를 어떻게 해석할 것인지 결정하는 것을 포함한다. 〈그림 4-2〉에서 보는 바와 같이, 외부 환경의 자극을 수용하고 이를 종합정리하고 해석하는 과정을 거치게 되며, 또한 개인의 성격과 가치관, 과거 경험과 인지체계가 이러한 지각과정에 영향을 미친다. 이러한 지각과정을 통해 어떤 대상에 대한 태도와 감정이 형성되고 이에 적절한 행동을 취하게 된다.

그림 4-2 　지각과정

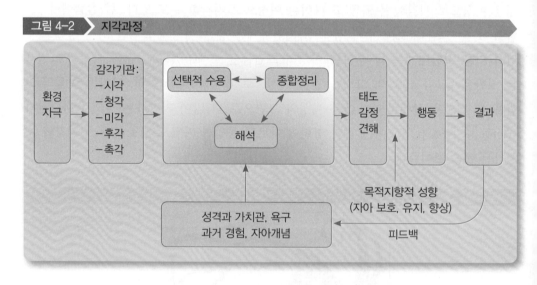

1) 수용과 선택

지각의 첫 번째 과정은 환경으로부터의 자극이 개인의 다섯 가지 감각기관을 통해 감지(sense)되는 것이다. 그런데 사람들은 외부의 자극을 모두 감지하는 것이 아니라 어떤 자극에는 주의를 기울여서 감지를 하고, 또 어떤 자극은 그대로 여과시켜 버린다. 예컨대, 종합병원의 의사나 간호사가 약품냄새, 환자들이 떠드는 소리, 엘리베이터에서 나는 신호음 등에는 신경을 쓰지 않는 반면, 환자의 의료기기에서 나는 경보음에 대해서는 매우 민감한 주의를 기울인다. 이처럼 우리의 감각기관을 통해서 감지된 정보를 여과하게 되는데, 이 과정을 선택적 수용이라 한다. 이러한 선택적 수용이 이루어지는 이유는 외부의 모든 상황과 자극을 감지하고 수용하는 것은 생리적으로나 심리적으로

기대하는 것만 보는 오류

우리의 기대는 타인을 판단하는 방식에도 영향을 미친다. 짐(Jim)에 대한 다음의 묘사를 살펴보자.

> 짐은 지적이고 재주가 많으며, 부지런하고 마음이 따뜻하다. 또한 단호하고 실제적이며 신중하기까지 하다. 다음의 대립 항들 중에서 짐이 갖고 있을 것 같은 특성에 동그라미를 하시오.
>
> 관대한 ------------------------------- 인색한
> 불행한 ------------------------------- 행복한
> 성격이 까다로운 --------------------- 성격이 좋은
> 익살스러운 --------------------------- 무미건조한

75~95%의 사람들은 '관대한'과 '행복한', '성격이 좋은', '익살스러운'에 동그라미를 친다. 그러나 '마음이 따뜻하다'라는 말을 '마음이 차갑다'라는 말로 바꿔놓으면 약 5~35%의 사람들만이 이런 특성들에 동그라미를 친다. 또 부하들을 지적이라고 생각하는 군 지휘관들은 부하들이 통솔력도 있고 성격도 더 좋다고 여긴다. 누군가를 매력적인 사람이라고 생각하면 그가 행복하고 성격도 좋으며 일도 더 잘하리라고 보는 것처럼 말이다.

자료: 토마스 키다/박윤정 (2007), 『생각의 오류』, 열음사, 158~159쪽.

불가능하기 때문이다.

일반적으로 사람들은 자신에게 관련된 자극이나 자신에게 유리한 자극만을 선택적으로 감지하는 경향을 가지고 있다(Coffey, Athos, & Reynolds, 1975, p.60; Leavitt, 1964, p.12). 이러한 선택과정에 개인의 성격, 욕구와 가치관 등이 영향을 미친다. 즉, 경제적으로 어려운 사람은 임금에 대한 정보에 더 민감하고, 성취감이 강한 사람은 직무 자체의 특성에 더 민감하다. 또한 사람들은 자신의 태도 및 기존의 인지체계와 일치하는 정보는 수용하고, 일치하지 않는 정보는 배제하는 성향을 보인다. 예컨대, 자기가 평소에 싫어하는 직원이 있다고 했을 때, 그에 대한 부정적인 정보는 수용하는 반면, 새로이 제공되는 긍정적인 정보는 그대로 걸러 버리는 것이 일반적이다. 그뿐 아니라 자신에게 골치 아픈 정보나 불리한 정보도 가급적 외면하려는 경향이 있다.

2) 해 석

감지된 자극은 개인의 성격과 욕구, 과거 경험, 가치관과 자아개념 등 자신의 준거체계(frame of reference)에 의하여 해석되고 의미를 부여하게 된다. 단순히 해석하는 것에 그치는 것이 아니라 자신의 준거체계를 중심으로 자극된 상황에 대한 평가를 함으로써 자극에 한층 더 많은 의미를 부여하기도 한다. 이 과정에서도 사람들은 자기 자신을 보호하고 유지하며, 나아가서는 자기 자신의 자존감을 향상시키는 방향으로 자극을 해석하고 평가하는 경향이 있다(Coffey et al., 1975, pp.63~65).

3) 종합정리

감지 및 선택된 자극은 일정한 기준을 가지고 조직화가 이루어지고, 여기에 종합적인 의미를 부여하게 된다. 즉, 정보를 분류하고, 체계화하고, 이를 분석한 후 최종적으로 그 의미를 부여하는 것이다. 또한, 사람들은 선택된 자극을 해석하고 평가하는 과정에서 그 원인을 분석하는 귀인과정(attribution)을 거쳐 나간다. 따라서 개인은 지각과정에서 원래 감지된 상황보다도 더 많은 정보와 의미를 추가하게 된다(Swanda, 1979, pp.84~85). 그리하여 개인은 이 모든 지각결과를 종합하여 전체적인 감을 잡고 상황에 대한 결론과 판단을 내리면서 태도 및 행동형성 과정으로 넘어간다.

이와 같은 지각과정은 주로 무의식중에 그리고 순간적으로 이루어지기 때문에 개인이 지각과정을 실제로 의식하는 경우는 드물다. 그리고 지각과정은 단계적으로 또는 순서적으로 일어나기보다는 선택, 해석, 종합정리 등의 세부 과정이 동시에 일어나며 최종적인 의미를 부여할 때까지 이들 세부 과정 사이의 상호 피드백과 상호작용이 되풀이된다.

2 사회적 지각

앞에서 일반적인 지각 과정을 설명하였다. 그런데 조직 내에서의 구성원들의 지각과정을 보자면 지각의 주요 대상이 사물이 아니라 사람인 경우가 훨씬 더 많다. 따라서 개인행동을 이해하기 위해서는 사회적 지각(social perception)에 초점을 두는 것이 요구된다.

1) 사회적 지각의 복잡성 및 중요성

조직에서 사회적 지각은 물품, 기계와 설비 등 사물에 대한 지각에 비하여 훨씬 더 중요하고 복잡하다. 다른 사람의 태도와 행동을 정확하게 지각하고 이해하는 것은 사물을 지각하고 이해하는 것보다 훨씬 더 복잡하고 어렵기 때문이다. 그뿐 아니라 다른 사람에 대한 지각 오류는 사물에 대한 오해에 비하여 그 결과가 훨씬 더 심각하다. 사물에 대한 잘못된 이해는 사후교정이 비교적 용이하지만 사람들 간에 빚어진 오해와 갈등은 돌이킬 수 없는 인간관계 문제를 초래할 수 있다.

2) 사회적 지각의 영향요소

사회적 지각은 지각 대상(target), 조직 상황(situation)과 지각자 자신(perceiver) 간의 상호작용에 의하여 이루어진다(Steers & Black, 1994, pp.69~71). 첫째, 지각대상자의 신체적 특성(나이, 성별, 인종 등)이나 생김새, 표정, 옷차림, 직업, 말투, 그리고 여러 가지 행동거지는 지각자의 지각에 영향을 줄 수 있다. 목소리가 큰 사람, 뚱뚱한 사람, 매력적인 사람 등은 그렇지 않은 사람들보다 더 많은 시선을 끌 수 있다. 특히, 한국인들 사이에 있는 외국인이라든지 남자 관리자들 사이에 있는 여성 관리자라든지 집단 내에서 다른 사람들과 현저하게 다른 특성을 갖고 있는 사람은 그만큼 더 주의를 끌게 된다. 둘째, 지각자의 개인적 특성에 따라 지각 대상에 대한 지각이 크게 달라질 수 있다. 똑같은 지각 대상이라고 할지라도 지각자의 성격, 욕구와 동기, 인지체계, 과거 경험과 기대 등에 따라서 지각의 내용은 달라진다. 만일 어떤 조직구성원이 경영자란 누구나 권위주의적이고 비도덕적인 존재라고 믿는다면, 그는 경영자의 실제 특성과 무관하게 경

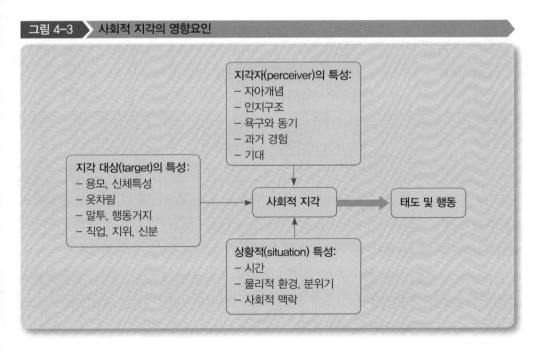

그림 4-3 사회적 지각의 영향요인

영자들을 늘 그런 식으로 인지할 것이다. 셋째, 어떤 시간, 어떤 장소, 어떤 사회적 맥락에 처해 있느냐도 지각에 중요한 영향을 미친다. 회의 시간에 농담을 하는 것은 저녁 회식 시간에 농담을 하는 것과는 완전히 다른 의미를 갖는다. 평일 근무시간에 양복을 입고 있는 것은 극히 정상적인 것으로 지각되지만, 주말 야유회에 정장을 하고 나타난다면 이상한 눈으로 쳐다볼 것이다. 즉, 지각자와 지각대상은 달라지지 않았는데, 어떤 상황이냐에 따라 지각이 완전히 달라질 수 있다.

02 귀인과 지각오류

사람들은 다른 사람을 지각할 때 그가 어떤 사람인지 잘 모르기 때문에 그의 행동을 준거로 삼아 그를 지각하게 된다. 그리고 그가 왜 그런 행동을 하는지 원인을 찾는 노력을 기울이며, 이러한 원인 분석결과에 기초하여 그를 최종적으로 평가하고 판단하게 된다. 그런데, 이러한 귀인과정에서 오류를 범할 수 있으며, 이는 태도와 행동의 형성에도 중요한 영향을 미친다. 이 절은 사회적 지각에서 중요시되고 있는 귀인과정과 지각적 오류에 관하여 설명한다.

1 귀인과정

다른 사람에 대한 지각과정에서 사람들은 지각된 상황에 대하여 그 원인을 찾으려는 노력을 기울이는데, 이러한 인지과정을 귀인(attribution)이라고 한다(Baron & Byrne, 1991, pp.55~83; Myers, 1993, p.112). 부하 직원이 결근을 했는데 그가 왜 결근을 했는지, 김 대리가 과장 승진에서 탈락했는데 무엇 때문인지, 팀장이 회의시간에 화를 버럭 냈는데 왜 화를 낸 것인지, 이 과장이 예년보다 훨씬 성과가 향상되었는데 그 성공 비결이 무엇인지, 내가 맡은 프로젝트가 이번에 실패로 끝났는데 그 이유가 무엇인지 등등 어떤 행동이나 결과(성공 또는 실패)가 어디에서 기인한 것인지 그 원인을 추측하고 판단하는 과정을 귀인이라 한다. 이러한 귀인과정은 크게 두 가지 범주로 나누어볼 수 있는데, 하나는 어떤 행동 또는 결과의 원인을 행위자의 내부에서 찾는 내적 귀인이고, 다른 하나는 행위자 외부의 상황적 요인에서 찾는 외적 귀인이다. 〈표 4-1〉에서 보

표 4-1	내적 귀인과 외적 귀인	
	내적 귀인 (internal attribution)	외적 귀인 (external attribution)
안정적	능력	과업난이도
변동적	노력	운

는 바와 같이 내적 귀인의 대표적인 요소는 능력과 노력이고, 외적 귀인의 대표적인 대상은 과업난이도와 운이다. 예컨대, 일을 성공적으로 마쳤을 때 내적 귀인은 업무수행 능력이 뛰어나거나 열심히 노력했기 때문이라고 판단하는 것이고, 외적 귀인은 과업이 쉬웠다거나 운이 좋았기 때문이라고 인식하는 것을 말한다.

그런데 귀인을 어떻게 하느냐에 따라서 개인의 태도와 행동이 달라지고, 그것이 향후 성과에도 중요한 영향을 미치게 된다. 예를 들면, 부하 직원이 결근을 한 이유가 어쩔 수 없는 상황 때문이라고 생각할 수도 있고, 그 반대로 그가 원래 게으르고 불성실한 때문이라고 생각할 수도 있는데, 어떻게 귀인하느냐에 따라 리더의 반응행동은 판이하게 달라진다. 어쩔 수 없는 상황요인 때문이라고 판단하는 경우, 결근을 전혀 문제 삼지 않으며 오히려 그러한 문제상황에 대해 염려하고 이를 해결해주기 위한 지원행동을 하게 된다. 반면에, 부하 직원이 게으르고 무책임한 것 때문이라고 판단하는 경우, 상사는 부하 직원에게 경고를 하거나 징계 등의 조치를 취할 수 있다. 이러한 상사의 반응행동은 다시 부하 직원의 태도와 행동에 영향을 미치며, 상사와 부하 간의 인간관계에도 영향을 주게 된다.

또 다른 예를 들자면, 자신이 승진에 탈락했을 때 그 원인을 능력이나 노력 부족 때문으로 인식한다면 향후 능력을 개발하거나 더 열심히 일하고자 하는 쪽으로 행동이 나타나는 반면, 상황이나 운이 나빠서 그런 것으로 생각한다면 더 열심히 일하거나 능력을 개발하려는 노력을 기울이기보다는 자신이 처한 상황에 대해 불평하거나 원망을 하게 된다.

1) 내적-외적 귀인의 기준

사람들이 내적 요소로 귀인하느냐 아니면 외적 요소로 귀인하느냐를 결정할 때 주로 다음의 세 가지 기준을 활용한다(Kelley, 1972).

① 일치성(Consensus) : 개인의 행동이 다른 사람의 행동과 얼마나 일치하느냐를 가

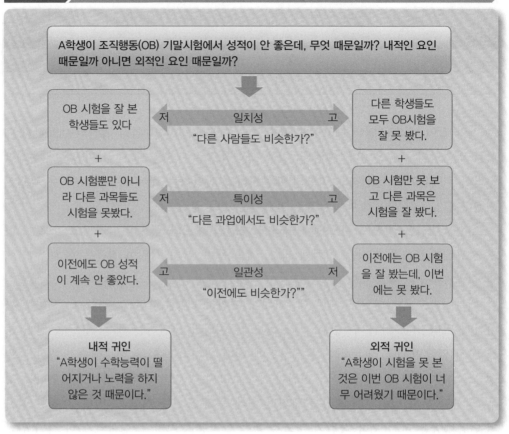

그림 4-4 귀인의 기준

A학생이 조직행동(OB) 기말시험에서 성적이 안 좋은데, 무엇 때문일까? 내적인 요인 때문일까 아니면 외적인 요인 때문일까?

| OB 시험을 잘 본 학생들도 있다 | 저 ◆ 일치성 ▶ 고 "다른 사람들도 비슷한가?" | 다른 학생들도 모두 OB시험을 잘 못 봤다. |

\+

| OB 시험뿐만 아니라 다른 과목들도 시험을 못봤다. | 저 ◆ 특이성 ▶ 고 "다른 과업에서도 비슷한가?" | OB 시험만 못 보고 다른 과목은 시험을 잘 봤다. |

\+

| 이전에도 OB 성적이 계속 안 좋았다. | 고 ◆ 일관성 ▶ 저 "이전에도 비슷한가?"" | 이전에는 OB 시험을 잘 봤는데, 이번에는 못 봤다. |

| **내적 귀인** "A학생이 수학능력이 떨어지거나 노력을 하지 않은 것 때문이다." | **외적 귀인** "A학생이 시험을 못 본 것은 이번 OB 시험이 너무 어려웠기 때문이다." |

리키는 것으로서, 특정 상황에서 개인의 행동이 다른 사람의 행동과 똑같을수록 일치성은 높다.

② 특이성(Distinctiveness): 개인의 특정과업에 대한 행동이 다른 과업에 대한 행동과 얼마나 다르냐를 가리키는 것으로서, 개인의 특정과업에 대한 행동이 다른 과업에 대한 행동과 많은 차이를 보일수록 특이성은 크다.

③ 일관성(Consistency): 개인의 특정과업에 대한 행동이 일정 기간 동안 얼마나 일관되게 나타나느냐를 가리키는 것으로, 개인의 행동 또는 성과가 일정한 수준을 계속 유지할수록 일관성은 높다.

조직에서 이들 기준은 각각 비교대상이 다른데, 일치성은 동료구성원들에게, 특이성은 과업들에, 그리고 일관성은 시간에 각각 적용된다. 연구결과에 의하면, 사람들은 지각과정에서 높은 일치성, 높은 특이성과 낮은 일관성을 지각하는 경우 외적 또는 상황적 요인에 귀인하는 경향을 보이는 반면, 낮은 일치성, 낮은 특이성과 높은 일관성을 지각하는 경우 내적 요인에 귀인하는 게 일반적이다(Kelley, 1973; Hinton, 1993, pp.143~146; Kasof, 1999, p.147).

예를 들면, 한 부하 직원의 업무성과가 떨어졌는데 다른 구성원들도 모두 성과가 낮으며(높은 일치성), 다른 과업들은 성공적으로 수행했는데 그 과업에서만 성과가 나쁘고(높은 특이성), 또 이전에는 업무성과가 괜찮았는데 이번에만 성과가 떨어진 것이라면(낮은 일관성), 관리자는 과업 자체가 어렵다거나 여타 불리한 상황 여건 때문에 업무성과가 떨어진 것으로 귀인할 가능성이 높다. 반면에, 다른 구성원들은 업무성과가 나쁘지 않은데 그 직원만 성과가 떨어졌고(낮은 일치성), 그 과업뿐만 아니라 다른 과업들에서도 성과가 저조하며(낮은 특이성), 이번뿐만 아니라 이전에도 계속 성과가 나쁜 것이라면(높은 일관성), 관리자는 부하 직원이 업무수행 능력이 떨어지거나 열심히 일을 하지 않은 것 때문으로 내적 귀인을 할 가능성이 높다.

2) 귀인과 성취동기

개인이 그의 지각과정에서 어떻게 귀인하느냐에 따라서 그의 자아개념과 성취동기에 많은 영향을 줄 수 있다(Weiner, 1980). 앞에서 언급한 바와 같이 조직에서 성과에 대한 귀인의 원천으로서 구성원의 능력과 노력(내적 요소) 그리고 과업난이도와 운(외적 요소) 등이 흔히 논의되고 있다. 연구결과에 의하면 구성원이 그의 높은 성과를 자신의 내적 요인에 귀인할수록 성취동기가 강화되고 직무만족도 더욱 향상되며 자부심이 높아지고 더욱 높은 수준의 목표를 추구하는 경향이 크다. 그 반면에, 성과가 낮은 구성원이 그의 낮은 성과의 원인을 능력부족 때문이라고 내적 요인에 귀인하는 경우, 자신감을 잃게 되고 동기는 저하되며 목표수준도 더욱 낮게 설정하는 경향이 나타난다(Norris & Niebuhr, 1984; Chacko & McElroy, 1983).

귀인과 성취동기의 밀접한 관계는 구성원의 교육훈련에 적용되어 구성원의 성취동기를 강화하는 데 도움을 줄 수 있다. 성과가 저조한 구성원이 그 이유를 노력부족 때문으로 귀인하지 않고 자신의 능력부족으로 귀인하는 경우 성취동기를 떨어뜨릴 수 있다. 따라서 성과가 저조한 구성원으로 하여금 그 원인을 능력부족보다는 노력부족에 귀인하도록 인지구조의 변화를 유도함으로써 그의 성취동기를 강화시킬 수 있다(Forsterling, 1985).

3) 귀인상의 편견

사람들은 지각과정에서 귀인상의 편견을 통하여 상황을 자기에게 유리하게 해석하는 경향이 있다. 즉, 사람들은 자기의 성공적인 성과에 대해서는 그 원인을 자기 자신의 내적 요소에 귀인하고, 좋지 않은 성과에 대해서는 그 원인을 외적 요소에 귀인하는 경향이 있는데, 이를 자기위주 편향(self-serving bias)이라 한다(Greenberger, 1989; Manzoni & Barsoux, 1998). 학생들의 경우 시험성적이 좋을 때는 자신의 능력과 노력 때문이라고 생각하고, 시험성적이 나쁘면 문제출제가 잘못 되었다거나 운이 나빴다고 생각하는 것을 흔히 볼 수 있다. 그 반면에, 사람들은 다른 사람의 좋은 성과에 대해서는 그 원인을 외적 요소에 귀인하고, 나쁜 성과에 대해서는 그 원인을 내적 요소에 귀인하는 경향이 있다. 문화적 요인도 귀인과정에 영향을 준다. 북미와 같이 개인주의가 강한 문화권에서는 결과의 원인을 내적 요소에 귀인하는 경향이 큰 반면에, 인도와 같이 집단주의가 강한 문화권에서는 결과의 원인을 외적 요인에 귀인하는 경향이 있다(Miller, 1984).

2 지각적 오류

사람들은 조직 내에서 또는 일상생활 속에서 다른 사람들과 상호작용하는 과정에서 그들을 오해하거나 잘못 인식하는 오류를 범하는 경우가 많이 있다. 이러한 오해는 의도적인 것이 아니라 대부분의 경우 상황을 잘못 이해하거나 우리들의 인지체계가 불완전하기 때문에 나타나는 결과이다. 다시 말해서, 사람들이 일상적으로 범하는 오해와 행동상의 과오는 지각상의 오류(perceptual error)에 기인한 것인 경우가 많다.

이미 설명한 바와 같이, 개인의 행동은 환경자극에 대한 반응으로 나타나며 개인의 자아를 유지·보호하고 향상시키려는 목적지향적 성격을 지니고 있다. 따라서 개인은 환경자극을 해석·평가하고 귀인을 통하여 전체적인 상황에 의미를 부여하는 과정에서 여러 가지의 지각적 오류를 범하게 되고, 나아가서는 행동상의 과오를 범하게 된다. 개인이 흔히 범하는 지각적 오류와 이것이 개인행동에 미치는 영향을 요약해 본다.

1) 선택적 지각

선택적 지각(selective perception)은 개인이 가장 흔히 범하는 지각적 오류로서, 〈그림 4-5〉에서 보는 바와 같이 환경으로부터의 자극을 모두 감지하지 않고 개인 자신의 준거체계에 일치하는 자극, 그리고 자신에게 유리한 자극만을 선택적으로 수용하려는

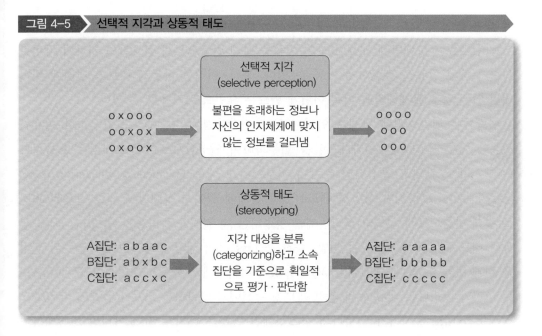

| 그림 4-5 | 선택적 지각과 상동적 태도 |

선택적 지각 (selective perception)

불편을 초래하는 정보나 자신의 인지체계에 맞지 않는 정보를 걸러냄

o x o o o
o o x o x
o x o o x

→

o o o o
o o o
o o o

상동적 태도 (stereotyping)

지각 대상을 분류 (categorizing)하고 소속 집단을 기준으로 획일적으로 평가·판단함

A집단: a b a a c
B집단: a b x b c
C집단: a c c x c

→

A집단: a a a a a
B집단: b b b b b
C집단: c c c c c

경향을 말한다(Henderson & Hollingsworth, 1999). 따라서 선택적 지각이 발생하는 경우 모든 자극을 지각대상으로 받아들이지 않기 때문에 환경상황에 대한 완전한 해석과 평가가 어려워지고, 동시에 상황에 대한 객관적인 지각은 물론 정확한 의미 부여도 불가능해진다.

2) 상동적(常同的) 태도

상동적 태도(stereotyping: 또는 고정관념)는 개인이 외부상황을 지각하는 과정에서 일관된 인식을 유지하려는 경향에서 나타나는 현상이다(Hilton & von Hippel, 1996). 상동적 태도는 〈그림 4-5〉에서 보는 바와 같이 특정 사회적 집단에 속한 사람들은 유사한 특성을 갖고 있고, 똑같은 방식으로 행동하는 경향이 있다고 인식하는 것을 가리킨다. 즉, "나이 많은 사람은 판단력은 뛰어난데 기억력이 떨어진다"거나 "여직원들은 가족만을 생각하고 조직에 대한 충성도가 떨어진다", "서울 출신을 깍쟁이이고, 경상도 사람은 감정표현에 서툴고 무뚝뚝하다" 등등 사회적 집단을 기준으로 그 집단에 속해 있는 사람들을 모두 동일하게 지각하는 것을 말한다. 다시 말해, 성, 종교, 연령, 출신지역이나 출신학교 등 지각대상이 소속되어 있는 사회적 집단에 대한 인식을 바탕으로 하여 특정 집단에 속해 있는 사람들을 일률적·획일적으로 평가하는 오류를 가리킨다. 조직 내에서도 경리, 영업, 연구개발 등 기능분야에 대한 상동적 태도, 블루칼라와 화이트칼라에 대한 상동적 태도, 라인과 스태프에 대한 상동적 태도, 그리고 사용자와 근로자에 대한 상동적 태도 등 다양한 형태의 상동적 태도가 형성될 수 있다. 그런데 이러한 상동적 태도는 상대방에 대해 잘못된 인식을 하게 만듦으로써 상호간의 지각의 차이로 인한 오해와 갈등을 유발하게 만들 수 있다. 특히, 이러한 상동적 태도가 강하게 뿌리 내려 있는 경우 문제해결을 더욱 어렵게 만드는 요인으로 작용할 수 있다.

사람들은 인지능력에 한계가 있기 때문에 지각과정을 단순화하고 효율화할 필요가 있는데, 상동적 태도는 지각대상들을 범주화하여 인식함으로써 정보처리를 효율화하는 동시에 일관되고 안정적인 지각이 이루어지게 해준다(Sargent & Williamson, 1966, pp.260~261). 그렇지만 상동적 태도는 인간관계에 있어서 상대방에 대한 잘못된 편견을 갖게 만듦으로써 신뢰와 협력관계를 형성하는 데 걸림돌로 작용할 수 있다. 또한, 상동적 태도로 인한 평가오류는 선발, 승진, 성과급 등의 인사 의사결정에서 잘못된 결정을 하게 만들 수 있다. 예컨대, 성과와 능력이 뛰어남에도 불구하고 여성이라는 이유 또는 나이가 어리다는 이유 등의 편견 때문에 승진에서 탈락하는 결과가 초래될 수 있다.

상동적 태도는 지각자의 평가의 정확성에만 영향을 미치는 것이 아니라 지각대상이 되는 집단의 행동과 성과에도 영향을 미칠 수 있다. 즉, 자신이 속한 집단에 대해 부정적인 편견이 존재하는 경우, 집단구성원들은 이에 대해 불편한 감정을 갖게 되고 이는 집단의 행동 및 성과에도 부정적인 영향을 초래할 수 있다. 한 실험 결과, 자기가 속한 집단에 대한 부정적 편견(negative stereotype)이 존재한다는 것을 인지한 구성원들은 부

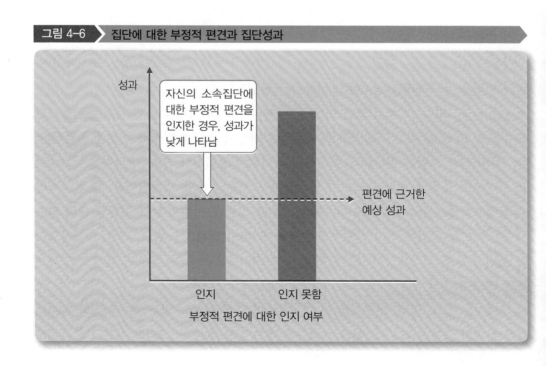

그림 4-6 집단에 대한 부정적 편견과 집단성과

성과

자신의 소속집단에 대한 부정적 편견을 인지한 경우, 성과가 낮게 나타남

편견에 근거한 예상 성과

인지 인지 못함

부정적 편견에 대한 인지 여부

🖐 고정관념(stereotyping)의 맹점: 지휘자는 누구?

어린 시절에 아버지를 여읜 마크는 어머니와 단둘이서 살고 있다. 어느 날, 마크는 자전거를 타고 가다 교통사고를 당했다. 병원에 옮겨져 치료를 받고 있던 중, 연락을 받은 유명 교향악단의 수석 지휘자가 마크의 병실로 뛰어들면서, "오, 내 아들! 무사해서 정말 다행이다!"라고 외쳤다.

대체 이 지휘자는 누구일까?

이 문제를 보여주면 많은 사람들이 대체 이 지휘자가 누구일까 하고 고민한다. 심지어 마크의 어머니와 사귀는 남자, 새 아버지 등의 답도 나온다. 대부분의 사람들이 "교향악단의 지휘는 남자"라고 생각하기 때문이다. 이처럼 자신이 상식이라고 믿었던 것이 문제해결을 방해할 때도 있다.

자료: 하워드 댄포드/김윤경 (2011), 『불합리한 지구인』, 비즈니스북스, 38~39쪽.

정적 편견의 존재를 모르고 있는 구성원들보다 성과가 떨어지는 것으로 나타났다. 그리고 흥미로운 점은 이 집단의 성과 수준이 부정적 편견에서 기대하는 성과 수준과 일치한다는 것이다(Steele, Spencer, & Aronson, 2002). 요컨대, "저 집단은 C 등급밖에 안 되는 집단이야"라는 편견의 굴레가 존재하는 경우, 이를 인지한 구성원들은 불편한 감정을 경험하게 되고 그 결과 실제 성과도 C 등급 수준을 보였다는 것이다.

3) 후광효과

후광효과(halo effect)란 지각대상의 어느 한 특성에 대한 평가가 그 대상의 전체 평가에 일관되게 영향을 미치는 것을 의미한다(Hellriegel et al., 2001, p.83). 즉, 어느 하나 또는 몇 개 특성에 대한 긍정적인(또는 부정적인) 인식이 다른 특성들 전반에 대해서도 긍정적(또는 부정적)으로 인식하게 만드는 경향을 말한다. 잘 생기고 인상이 좋다고 해서 성격도 좋다고 인식하거나 인간성이 좋다고 해서 업무능력도 뛰어나다고 인식하는 것, 업무성과가 떨어진다고 해서 게으르다고 인식하는 것 등을 예로 들 수 있다. 후광효과도 조직 및 일상생활에서 많이 나타나는 지각적 오류인데, 어느 한 특성이 전체적인 특성을 반영하지 않거나 다른 평가차원들과 독립적인 경우에는 심각한 평가 오류가 발생할 수 있다.

🖐 후광효과(halo effect)

솔로먼 애쉬(Solomon Asch)는 앨렌과 벤 두 사람에 대해 묘사한 후 그들의 성격을 질문했다. 당신은 앨렌과 벤에 대해 어떻게 생각하는가?

▷ 앨렌: 똑똑하다 – 근면하다 – 충동적이다 – 비판적이다 – 고집스럽다 – 질투심이 많다
▷ 벤 : 질투심이 많다 – 고집스럽다 – 비판적이다 – 충동적이다 – 근면하다 – 똑똑하다

대부분의 사람들은 벤보다 앨렌에게 훨씬 더 호감을 느낀다. 두 사람을 묘사한 목록에서 처음에 나온 특징들은 나중에 나오는 특징들의 의미를 바꿔놓는다. 똑똑한 사람의 고집은 정당화될 가능성이 높고 실제로 존경심을 불러일으킬 수도 있지만, 질투 많고 고집 센 사람이 똑똑하면 더 위험하게 느껴진다.

한 사람의 특징들을 관찰하는 순서는 종종 우연히 결정된다. 그러나 후광효과는 첫 번째 인상에 무게감을 두며, 이는 이후 나온 정보를 대부분 쓸모없게 만들기 때문에 순서가 중요해진다. 두 개의 시험문제를 내고 답안지를 채점하면 두 답안에 대한 평가결과가 놀랄 만큼 비슷하게 된다. 첫 답안에 대해 높은 점수를 줬다면, 나중에 채점한 답안에서 모호하거나 이상한 내용을 접하더라도 단순한 실수라고 판단하고 넘어간다. 첫 번째 답안을 잘 쓴 학생은 두 번째 답안에서도 바보 같은 내용을 쓰지 않을 것이라는 논리가 작용하는 것이다.

그러나 이런 식의 평가에는 심각한 문제가 있었다. 만일 한 학생이 두 편의 논문을 작성했는데 하나는 아주 훌륭하고 나머지 하나는 엉성하다면, 당신이 둘 중 어떤 것을 먼저 읽느냐에 따라서 최종 평가가 판이하게 달라진다. 즉, 먼저 읽은 논문이 나중에 읽은 논문보다 최종 평가에 훨씬 더 많은 영향을 미치게 되는 것이다.

자료: Kahneman, D./이진원 (2012), 『생각에 관한 생각(*Thinking Fast and Slow*)』, 김영사, pp.125~128.

4) 투 사

투사(projection)는 개인의 지각과정에서 자신의 특성을 다른 사람에게 전가시키어 자신의 주관을 객관화하려는 행동을 의미한다. 즉, 개인의 감정, 성격, 욕구 또는 태도를 다른 사람에게 전가함으로써 지각상의 오류를 범하는 것이다. 예를 들면, 조직변화에 대한 소문에 위협을 느낀 구성원이 다른 구성원들도 실제보다 더 위협을 느끼는 것으로 판단하거나 더 나아가서는 조직변화 방침을 실제보다 더 위협적으로 평가하는 행동이다. 이와 같은 부정적인 투사와 이에 따른 지각적 오류는 일반적으로 자기 자신

의 부정적인 특성(인색함, 완고함 등)에 대하여 다른 사람들에게 적용되는 경우가 많다
(Hellriegel et al., 2001, p.83).

5) 매체에 의한 지각

사람들은 옷차림이나 인물 그리고 신체적 특징 등 표면적으로 나타나는 전체적인 단
서(totalistic cue)를 통하여 지각대상에 대한 인상을 갖게 되고, 지각된 인상에 따라서
행동이 영향을 받게 된다. 이들 매체(media)는 개인으로 하여금 자신의 평가과정에 의
하여 상동적 태도나 후광효과를 가져오게 하는 원인이 됨으로써 개인의 지각적 오류와
행동상의 과오를 초래할 수 있다.

6) 기타 지각오류

앞에서 살펴본 지각오류 외에도 유사성 오류, 첫인상 효과, 프레이밍 효과 등의 지
각오류가 있다. 유사성 오류(similar-to-me effect)는 지각대상이 평가자 자신과 비슷
한 특성을 갖고 있는 경우 긍정적으로 평가하는 경향성을 말하고, 첫 인상 효과(first-
impression error)는 지각대상에 대한 첫 인상에 기반을 두고 평가하는 경향을 가리킨다.
예를 들어, 어떤 사람의 성과가 처음에 매우 뛰어났고 그로 인해 첫 인상이 좋게 형성
된 경우, 이후의 성과가 매우 형편없는 데도 불구하고 첫 인상이 여전히 강하게 작용함
으로써 긍정적인 평가를 하게 만들 수 있다.

프레이밍 효과(framing effect)는 동일한 사건이나 상황인데도 불구하고 어떠한 틀로
표현하느냐에 따라 의사결정자의 태도나 행동이 달라지는 효과를 말한다. "우유가 반
이나 남았다"와 "우유가 반밖에 안 남았다"와 같이 똑같은 현상을 다르게 틀지어 표현
하는 것을 말한다. 예를 들어, 어떤 수술에 대하여 한 집단의 환자들에게는 생존율이
90퍼센트라는 말을 하였고, 나머지 집단의 환자들에게는 사망률이 10퍼센트라는 말을
하였는데, 두 집단에게 제공한 정보가 동일함에도 불구하고 생존율이 90퍼센트라는 설
명을 들은 사람들은 사망률이 10퍼센트라는 설명을 들은 사람들보다 훨씬 더 많이 수
술을 결정하였다.

이상 지각과정에서 나타나는 오류의 여러 가지 형태와 그것이 행동에 미치는 영향을
살펴보았다. 지각은 개인의 태도와 그의 행동형성 과정에 중요한 영향요소로 작용하는
만큼, 조직구성원의 효과적인 행동과 상호작용을 위해서 환경상황에 대한 정확한 지각
이 요구된다. 따라서 지각상의 오류를 가능한 한 줄이도록 노력해야 할 것이다. 지각상
의 오류는 대부분의 경우 무의식중에 범해지므로 이것을 인위적으로 없애기는 어렵다.

그러나 지각적 오류의 여러 가지 형태와 이것이 자신의 태도와 행동형성에 어떠한 영향을 미치는지 이해한다면 지각적 오류로 인한 문제를 줄일 수 있다.

03 학습의 기초이론

우리는 지금까지 개인의 성격과 가치관 그리고 지각을 중심으로 개인행동의 형성과정을 분석하였는데, 이들은 서로 밀접한 관계를 맺고 있다는 것을 알 수 있다. 그리고 이들 요소는 선천적인 것이라기보다는 후천적으로 습득된다고 할 수 있다. 특히, 개인의 성격은 환경과의 상호작용을 하는 과정에서 학습을 통하여 형성되고, 이와 같이 형성된 성격은 지각과정을 통하여 개인의 태도와 행동형성에 영향을 준다. 그러므로 학습은 성격 및 지각과 더불어 개인의 행동형성에 매우 중요한 역할을 한다. 이제 학습의 기본개념과 학습과정, 그리고 학습의 주요원리에 대해 살펴보고자 한다.

1 학습의 기본개념

학습(learning)은 개인행동 형성의 근본적인 과정으로서 반복적인 경험이나 연습을 통하여 이루어진 비교적 영구적인 행동변화를 의미한다(Gibson, Ivancevich, & Donnelly, 1994, p.172). 개인의 행동은 고정되어 있지 않고 일상생활을 통하여 항상 변해 나가고 있기 때문에 개인은 모두가 항상 학습과정을 거쳐 나가고 있다고 볼 수 있다. 개인의 지식과 기술은 물론, 신념과 가치관 그리고 정서적 감정과 태도 등은 모두가 학습을 통하여 얻어진 것이다. 학습의 주요요소들을 구체적으로 살펴보면 다음과 같다(Swanda, 1979, pp.110~111).

1) 행동변화

학습의 첫 번째 요소는 행동변화이다. 즉, 학습을 통해서 행동형성의 요인인 성격과 지각 그리고 동기와 태도 등의 변화를 가져온다. 학습은 지식, 기술 및 능력의 습득, 그리고 행동 개선 등 긍정적인 변화를 의미하는 것이 일반적이지만, 학습 그 자체는 긍정적인 변화만을 포함하는 것이 아니라 나쁜 습관과 편견, 상동적 태도, 공격적 행동 등 바람직하지 않은 행동을 습득하는 것도 포함한다.

2) 영구적 변화

이러한 행동의 변화는 비교적 영구적인 성격을 띤다. 따라서 상황에 따라 일시적으로 취하는 적응행동은 행동상의 변화로 보일 수 있지만, 영구적인 성격을 띠지 않고 일시적이기 때문에 학습의 결과로 보기 어렵다.

3) 연습과 경험

학습은 개인의 자연적인 성숙이나 일시적인 행동과는 구분되어야 한다. 즉, 개인의 신체적 성장이나 본능적 행동과 같이 자연발생적으로 나타나는 행동은 학습과 구분되어야 한다. 그뿐 아니라 피로나 습관 그리고 약물의 복용으로 인한 일시적인 행동도 학습의 결과라고 볼 수 없다. 따라서 학습은 자연적인 행동변화나 일시적 조작에 의한 행동변화가 아니라, 연습과 실습 그리고 실제 경험에 의하여 이루어지는 영구적인 변화를 의미한다

4) 강화작용

연습이나 경험을 통해 영구적인 변화를 가져오려면 이들 연습과 경험의 결과에 대한 강화작용이 필요하다. 이러한 강화작용이 없으면 새로이 습득된 행동이 지속되지 못하고 곧 소거되어 버린다. 즉, 개인의 행동에 대해 보상 및 처벌 등 강화요인을 적용함으로써 바람직한 행동을 정착시키게 된다.

5) 자극-반응이론과 인지이론

학습과정을 설명하는 이론에는 여러 가지가 있는데, 그 중 대표적인 이론으로 자극-반응심리학(stimulus-response psychology; S-R심리학)과 인지심리학(cognitive psychology)을 들 수 있다. 자극-반응심리학은 행동주의 심리학을 가리키는 것으로서 사람들의 행동이 외부 자극에 대한 반응으로부터 형성되는 것으로 보는 반면(Swanda, 1979, p.112), 인지심리학은 학습을 환경적 요소와 개인의 기대와의 복합적인 상호작용으로 보며, 외부 자극뿐만 아니라 개인의 기억, 지각, 의지, 욕구, 기대감 등을 포함하여 개인의 행동을 설명한다(Tolman, 1932). 고전적 조건화와 작동적 조건화를 중심으로 자극-반응심리학에 대해 설명하고, 그 다음으로 인지심리학 관점에 기반을 두고 있는 사회적 학습 개념에 대해 살펴보고자 한다.

2 고전적 조건화와 작동적 조건화

자극-반응심리학에서는 학습을 조건화(conditioning) 과정으로 보고 있다. 즉, 개인의 행동을 외부 자극에 대한 반응으로 볼 때, 학습에서 의도하는 행동변화는 외부 자극을 조건화함으로써 이루어질 수 있다고 전제한다. 따라서 자극-반응심리학의 관점에서 볼 때, 환경의 조건화가 학습과정에서 가장 중요한 부분을 차지한다. 자극-반응심리학에는 고전적 조건화와 작동적 조건화의 두 가지 모형이 있다.

1) 고전적 조건화

고전적 조건화(classical conditioning)는 20세기 초에 심리학자 파블로프(I. Pavlov)에 의하여 처음으로 발표되고 그 이후 거트리(E. Guthrie)에 의하여 보완된 이론으로서(Pavlov, 1927; Guthrie, 1952), 조건자극과 무조건자극을 연합시킴으로써 조건자극으로부터 새로운 조건반응을 얻어 내는 과정을 말한다(Shimp & Engle, 1991).

파블로프의 유명한 개실험에서 개는 고기(무조건자극)를 보고 그에 대한 반사적인 행동으로 침(무조건반응)을 분비하게 된다. 그러나 고기(무조건자극)를 줄 때마다 종(조건자극)을 울리면 나중에는 종만 울려도 타액을 분비하게 된다. 여기서 고기를 보고 타액을 분비하는 것은 '무조건자극에 대한 무조건반응'이고, 종소리로 인해 타액을 분비하는 것은 학습을 통해 형성된 '조건자극에 대한 조건반응'이다. 즉, 고기라는 무조건자극과 종소리라는 조건자극을 반복적으로 연결시킴으로써 타액분비라는 조건반응이 학습된 것이다(〈그림 4-7〉 참조). 이와 같이 무조건자극(고기)과 조건자극(종소리)을 연결시킴으로 조건반응(타액분비)을 유도해내는 것을 고전적 조건화라고 부른다.

고전적 조건화는 학습이론에 많은 공헌을 하였고 학습과정을 이해하는 데 많은 도움

그림 4-7 ▶ 파블로프(I. Pavlov)의 개실험과 고전적 조건화

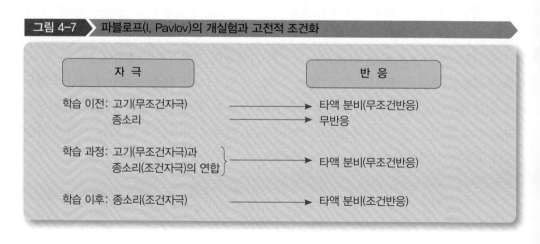

자 극	반 응
학습 이전: 고기(무조건자극)	→ 타액 분비(무조건반응)
종소리	→ 무반응
학습 과정: 고기(무조건자극)과 종소리(조건자극)의 연합	→ 타액 분비(무조건반응)
학습 이후: 종소리(조건자극)	→ 타액 분비(조건반응)

을 주었다. 그 이후에 여러 학자들이 학습에 관한 연구를 계속하여 학습이론을 발전시켰는데, 행동주의 심리학의 선구자인 왓슨은 학습과정에서 외부로부터의 보상을 강조하였다. 즉, 자극-반응에 있어서 반응행동에 대해 보상이 주어짐으로써 반응행동이 반복될 수 있다고 보았다(Watson, 1914). 따라서 보상을 조정함으로써 바람직한 반응행동을 유도해 낼 수 있다고 주장하면서 자극-반응의 빈도와 반응행동에 대한 신속한 보상의 중요성을 강조하였다.

손다이크도 왓슨에 이어 조건자극의 반복만으로는 학습효과가 지속되기 어렵다고 봤으며, 반응행동의 결과로부터 경험하는 만족 여하에 따라 학습효과가 결정된다는 효과의 법칙(law of effect)과 이에 기반을 둔 강화이론(reinforcement theory)을 발표하였다(Thorndike, 1932). 그리고 헐은 효과의 법칙과 강화이론을 개인의 욕구·동기 및 습관과 연결시켜 좀 더 종합적인 학습모형을 제시하였다(Hull, 1951). 이와 같이 이들 이론은 자극-반응이론에 반응행동의 효과가 학습효과에 미치는 영향을 강조함으로써 조건화 과정에 있어서 작동화 개념을 포함시켰다.

2) 작동적 조건화

작동적 조건화(operant conditioning)는 스키너에 의하여 개발된 개념으로서 학습은 〈그림 4-8〉이 보여주는 바와 같이 단순히 자극에 대한 조건적 반응에 의해 이루어지는 것이 아니라 반응행동으로부터 얻게 된 바람직한 결과(consequence)가 직접 반응행동을 작동시킴으로써 이루어진다는 것을 강조하였다(Skinner, 1953; 1948; 1974; Martinko & Fadil, 1994). 고전적 조건화에서는 자극에 따른 반응과 반응에 따른 결과를 서로 독립적인 과정으로 보지만, 작동적 조건화에서는 반응행동이 어떠한 결과를 작동시키려는 데에서 나타난다고 전제하고 학습과정에 보상이나 벌 등의 강화요인을 중요시하고 있다. 즉, 작동적 조건화의 기본가정은 사람들은 반응행동의 결과와 반응행동 자체를 연결시킴으로써 학습이 이루어진다는 것이다.

그림 4-8 ▶ 작동적 조건화 과정

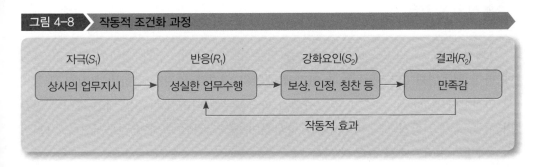

작동적 조건화는 조직이나 일상생활에서 흔히 볼 수 있다. 상사의 지시를 따라서 성실하게 업무를 수행하면 이에 대해 인정 및 보상을 받게 되고 여기서 만족감을 얻게 되는데, 이러한 만족감은 다시 열심히 일을 하는 행동을 작동시키게 된다. 이와 반대로 업무를 열심히 하지 않아서 보상이 줄어들거나 야단을 맞게 되면 부정적인 감정을 경험하게 되고, 이러한 불편한 감정을 줄이기 위해서 게으른 업무수행을 자제하게 된다. 이처럼 사람들은 자신의 반응행동이 성공적이고 만족스러우면 이러한 반응행동을 더욱 강화시키고, 반응행동이 만족스럽지 못하면 이러한 반응행동을 줄이게 된다. 이와 같이 고전적 조건화에서는 상사의 업무지시(자극)에 대한 반응으로서 성실한 업무수행(반응행동)이 학습되는 것으로 설명하는 반면, 작동적 조건화에서는 성실한 업무수행(반응행동)으로부터 얻게 되는 만족감(결과) 여부에 의해 성실한 업무수행(반응행동)이 학습되는 것으로 설명한다.

그런데 이러한 작동적 조건화 과정에서 강화요인이 핵심적인 역할을 한다. 〈그림 4-8〉에서 보는 바와 같이, 성실한 업무수행에 대해 상사가 인정해주고 보상을 올려주면 만족감을 경험하게 되고, 이는 다시 성실한 업무수행을 강화하는 요인으로 작용하게 된다. 반면에 구성원이 성실하게 업무를 수행해서 높은 성과를 올렸음에도 불구하고 상사가 이를 제대로 인정해주지 않거나 오히려 성과가 떨어지는 사람에게 더 많은 보상을 제공한다면 성실한 업무수행을 자극하는 것이 어렵게 된다. 다시 말해 반응행동에 대해 강화요인을 어떻게 적용하느냐에 따라 바람직한 행동의 학습이 좌우된다고 할 수 있다.

이와 같이 작동화 과정에서 강화요인을 도구로 사용하여 개인의 욕구동기를 자극시킴으로써 개인의 행동을 정착시키는 것을 도구적 조건화(instrumental conditioning)라고 부른다. 작동적 조건화는 행동수정(behavioral modification) 기법으로 발전되어 현대 조직에서 구성원들의 행동변화와 행동개선에 널리 활용되고 있다.

3 사회적 학습

사회적 학습(social learning)은 학습을 단순히 자극-반응-강화-결과의 기계적 과정에 따른 행동변화로만 보지 않고 여기에 개인의 성격과 인지가 결합된 복잡한 과정으로 인식한다(Bandura, 1977; 1997). 사회적 학습이론에 의하면 학습은 개인 자신의 인지와 행동 그리고 환경과의 계속적이고 복합적인 상호작용을 통하여 이루어진다. 사회적 학습과정의 중요요소를 요약해 본다.

🗂 보보인형 실험(Bobo doll experiment)과 관찰학습

TV, 영화 또는 비디오게임에서 폭력적인 장면을 본 어린이들은 그렇지 않은 아이들보다 더 공격적으로 행동하는가? 반듀라는 보보인형 실험(Bobo doll experiment)이라는 유명한 실험에서 공격적 행동이 관찰을 통해서 학습될 수 있다는 것을 보여주었다.

보보인형은 150센티미터 크기의 풍선인형으로 보통 어릿광대가 그려져 있고, 무게중심이 아래에 있어서 쓰러뜨려도 오뚝이처럼 금방 일어난다. 실험 참가자는 3세부터 6세까지의 유치원생들이었고, 남자 아이와 여자 아이가 각각 36명씩이었다. 이들을 실험집단과 통제집단으로 나누었는데, 실험집단의 아이들에게는 어른이 보보인형에게 공격적으로 행동하는 장면을 보여준 반면, 통제집단의 아이들에게는 공격적인 장면을 보여주지 않았다. 공격적인 행동으로는 발로 걷어차기, 작은 망치로 때리기, 공중으로 집어 던지기, 인형 위에 올라타서 때리기 등의 행동뿐만 아니라 "뻥!" "발로 차!" 등 공격적인 언어사용을 포함하고 있다. 그런 다음에 실험집단과 통제집단 아이들에게 보보인형을 갖고 놀 기회를 주었다.

실험결과, 실험집단의 아이들이 통제집단의 아이들보다 2배나 더 공격적인 행동을 보였는데, 이들은 놀랄 정도로 어른들의 행동을 그대로 따라하는 것으로 나타났다. 어른들의 공격적인 행동을 관찰한 아이들은 어른들처럼 보보인형을 발로 차고, 작은 망치로 때리고, 인형 위에 올라타서 코를 반복적으로 때리는 행동을 했다. 실험집단 아이들의 88%가 공격적 행동을 했으며, 8개월이 지난 후에도 44%의 아이들이 공격적인 행동을 보였다.

이러한 실험결과는 다른 사람의 행동에 대한 관찰만으로도 학습이 이루어질 수 있다는 것을 보여주고 있다.

자료: Bandura, A., Ross, D., & Ross, S.A. (1961), "Transmission of Aggression through the Imitation of Aggressive Models," *Journal of Abnormal and Social Psychology*, 63(3), pp.575~582

1) 모방학습(vicarious learning) 또는 관찰학습(observational learning)

사회적 상호작용에서 사람들은 다른 사람의 행동을 관찰하고 이를 모방함으로써 자신의 새로운 행동을 습득해 나가는 경우가 많다. 고전적 조건화나 작동적 조건화에서는 개인이 외부 자극을 직접 경험하거나 또는 강화요인을 통해 직접 동기부여됨으로써 반응행동을 취하게 된다. 그렇지만 직접적인 경험을 통해서만 학습이 이루어지는 것이 아니라 다른 사람의 행동을 관찰함으로써 행동을 모방하고 이러한 모방과정을 통해 많은 학습이 이루어진다. 예를 들어, 회사에 새로 들어온 신입사원들은 선배 직원들의 행동을 관찰하여 긍정적인 보상을 받는 행동들은 모방하고, 부정적인 결과를 가져오는 행동은 피함으로써 조직에서 바람직한 행동을 학습하게 된다.

2) 자아통제

사람들은 외부 자극에 기계적으로 반응만 하는 것이 아니라 자신의 목표와 욕구, 그리고 인지체계를 통하여 환경상황을 통제하고 변화시켜 나간다. 반두라(A. Bandura)는 외적인 강화요인만이 행동에 영향을 미치는 것이 아니라 자부심, 성취감, 자아실현 등 내재적 보상과 내적 강화요인도 행동형성에 중요한 영향을 미칠 수 있다는 것을 강조하였다. 즉, 사회적 학습이론의 관점에 의하면 인간은 외부 자극에 기계적으로 반응하는 결정론적인 존재가 아니라 자율의지를 가지고 자신의 행동을 선택하고 자신의 운명을 개척해나가는 자율적인 존재라고 할 수 있다.

사회적 학습이론은 개인의 행동을 설명함에 있어서 자아효능감(self-efficacy) 개념을 중요시하고 있다. 자아효능감이란 어떤 과업을 성공적으로 수행할 수 있다는 믿음, 즉 특정 과업을 효과적으로 수행하는 데 필요한 능력을 갖추고 있다는 믿음을 가리킨다. 자아효능감이 높은 사람들은 특정 과업을 성공적으로 완수할 수 있다는 자신감을 갖고 있기 때문에 전반적으로 직무성과가 높으며, 위기에 처했을 때 이를 좀 더 효과적으로 극복한다.

3) 상징적 인지과정

행동주의 심리학자들은 학습이 영구적인 행동 변화를 가져오는 것으로 주장하는 반면, 사회적 학습이론은 학습이 반드시 행동 변화를 수반하는 것은 아니고 행동의 변화 없이도 새로운 정보의 습득 및 학습이 이루어질 수 있다고 강조한다. 사람들은 자신의 기억체계와 인지체계를 활용하여 외부 정보를 처리하고 해석하며, 이러한 상징적 인지과정을 거쳐서 적절한 행동을 선택한다.

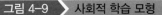

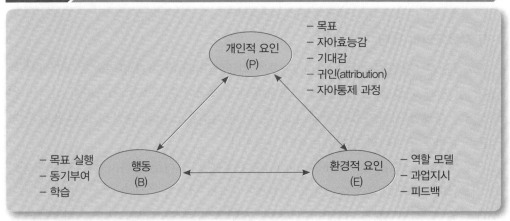

그림 4-9 사회적 학습 모형

〈그림 4-9〉에서 보는 바와 같이 이들 세 가지의 요소들이 쌍방향으로 서로 영향을 미치는 복합적인 관계 속에서 학습이 이루어진다. 행동주의 심리학의 관점이 환경 결정론이라고 한다면, 사회적 학습이론의 관점은 환경적 요인, 개인적 요인과 행동 간에 서로 영향을 미친다는 것으로서 상호 결정론(reciprocal determinism)이라 할 수 있다.

학습원리와 행동수정 04

이상 학습의 기초이론으로 자극-반응심리학 관점에서의 조건화이론과 인지심리학 관점에서의 사회적 학습이론을 살펴보았다. 학습이론과 학습과정을 이해하면 조직구성원들로 하여금 바람직한 행동을 형성하도록 환경을 조성할 수 있으며, 또한 학습과정을 효율화할 수 있다. 바람직한 행동의 형성과 학습과정의 효율화를 위한 학습 원리로 강화의 법칙과 소거의 법칙 그리고 피드백 법칙 등을 들 수 있다. 이들 법칙과 원리들을 간단히 설명한다.

1 강화의 법칙

작동적 학습과정을 설명하면서 이미 강화요인의 중요성에 대해 강조하였다. 그런데 강화요인을 어떤 방식으로 적용하느냐에 따라서 학습의 효과가 다르게 나타날 수 있으므로 다양한 강화요인들과 그러한 강화요인들의 적용방법에 대한 이해가 필요하다.

1) 강화요인의 유형

강화요인은 〈그림 4-10〉과 같이 두 가지 기준에 의해 네 가지 유형으로 구분해볼 수 있다. 첫 번째 기준은 강화요인이 사람들에게 긍정적이고 즐거운 자극인지 아니면 혐오적이고 불쾌한 자극인지의 차원이고, 두 번째 기준은 그러한 즐거운 또는 불쾌한 자극을 제공하는지 아니면 철회하는지의 차원이다.

긍정적 강화요인(positive reinforcement)은 반응행동을 더욱 증가시키기 위해 유쾌하고 기분 좋은 자극을 제공하는 것을 말한다. 열심히 업무를 수행하고 성과를 향상시킨 것에 대해 인정 및 칭찬, 연봉 인상, 승진, 포상 휴가 등 긍정적인 보상을 제공하는 것을 가리키는데, 이는 열심히 일하는 행동을 더욱 강화시켜주는 효과를 갖는다. 한편, 사람들은 때로는 불쾌한 자극을 피하기 위해서 바람직한 행동을 취하기도 하는데, 이를 부정적 강화(negative reinforcement)라 한다. 즉, 부정적 강화란 불쾌하고 혐오스러운 자극을 제거시켜주는 것을 가리킨다. 예를 들자면, 업무성과가 떨어지거나 늦게 출근하면 상사가 야단을 치거나 괴롭히는데, 이러한 불편한 경험을 피하기 위해서 열심히 일을 하고 일찍 출근하는 것을 말한다. 다시 말해, 일찍 출근하고 열심히 일을 하는 등 바람직한 행동을 하면 불쾌한 자극들을 적용하지 않고 철회해주는 것이다. 불쾌한 자극으로부터 벗어나기 위해서 바람직한 반응행동을 한다는 점에서 회피학습(avoidance learning)이라고도 한다.

이와 같이 긍정적 강화와 부정적 강화는 바람직한 행동을 증진시키는 효과를 갖는다

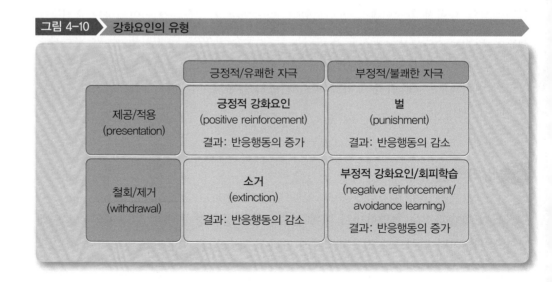

그림 4-10 강화요인의 유형

	긍정적/유쾌한 자극	부정적/불쾌한 자극
제공/적용 (presentation)	긍정적 강화요인 (positive reinforcement) 결과: 반응행동의 증가	벌 (punishment) 결과: 반응행동의 감소
철회/제거 (withdrawal)	소거 (extinction) 결과: 반응행동의 감소	부정적 강화요인/회피학습 (negative reinforcement/ avoidance learning) 결과: 반응행동의 증가

는 공통점이 있지만, 긍정적 강화는 칭찬이나 보상 등 만족스러운 강화요인을 적용하는 데 반해 부정적 강화는 불만족스러운 결과를 제거해줌으로써 바람직한 행동을 강화시킨다는 점에서 차이가 있다.

강화요인의 또 다른 유형으로 벌과 소거가 있는데, 벌(punishment)은 연봉 삭감, 강등, 징계, 경고, 꾸지람 등 불쾌한 자극을 적용함으로써 바람직하지 않은 행동을 줄이는 데 활용되는 강화요인이고, 소거(extinction)는 칭찬과 보상 등 긍정적인 자극을 철회함으로써 반응행동이 줄어들게 하는 강화요인을 가리킨다.

이와 같이 긍정적 강화와 부정적 강화는 바람직한 행동을 반복 또는 증가시키는 반면에, 벌과 소거는 바람직하지 않은 행동을 감소시키고 바람직한 행동을 유도하는 것을 목적으로 한다. 그러나 벌이 의도한 대로 효과가 나타나지 않는 경우가 많다. 벌이 반드시 바람직하지 않은 행동을 감소시킨다고 보장을 못하고, 벌을 계속 주지 않으면 행동개선에 미치는 효과가 사라지는 등 그 효과도 오래 지속되지 않는다는 문제점, 그리고 오히려 반발심리로 인해 바람직하지 못한 행동을 더 유발할 수도 있다는 문제점을 갖고 있다. 따라서 벌은 의도한 것과 달리 비효과적인 결과를 초래할 수 있으므로 조심스럽게 적용되어야 한다(Gibson et al., 1994, p.216).

2) 내재적-외재적 강화요인

반응행동에 대한 강화요인이 직무 그 자체적인 것인지 또는 직무 외적인 요소인지에 따라서 내재적 강화요인(intrinsic reinforcer)과 외재적 강화요인(extrinsic reinforcer)으로 구분할 수 있다. 결과에 대한 만족감이 직무수행상의 성취감이나 자아실현 등 직무 내적인 요인을 통해 유도되는 경우, 이를 내재적 강화요인이라고 부르는 반면, 경제적 보상이나 기타 직무외적인 물질적 또는 환경적 요인을 통해 유도되는 경우 이를 외재적 강화요인이라고 부른다.

어떠한 강화요인이 효과적인지는 학습상황과 조직여건에 따라서 다르다. 일반적으로 외재적 강화요인은 조직의 자원에 부담을 줄 수 있으므로 가능한 한 내재적 강화요인을 많이 활용하는 것이 바람직한 것으로 인식되고 있다. 그리고 개인에게 미치는 영향과 영구적인 행동변화 관점에서 부정적 강화요인보다는 긍정적 강화요인을 적용하는 것이 더 효과적인 것으로 인식되고 있다(Costello & Zalkind, 1963, pp.214~215).

🖐 뜨거운 난로의 규칙(Hot Stove Rule)

징계 또는 벌은 잘못 활용하면 예기치 않은 심각한 문제를 초래할 수 있기 때문에 신중하게 적용해야만 한다. 맥그리거(D. McGregor)는 "뜨거운 난로"라는 은유를 활용하여 징계를 할 때 지켜야 하는 네 가지 규칙을 제시하였다.

첫째, 사전 경고(warning)이다. 빨간 불꽃이 이글거리는 뜨거운 난로는 난로에 손을 대면 화상을 입게 된다는 것을 사전에 경고한다. 이와 마찬가지로 조직은 구성원들에게 성과를 떨어뜨리는 행동을 하거나 비윤리적인 행동을 하면 징계를 받게 된다는 사실을 사전에 알려야 한다. 즉, 어떠한 행동들이 징계의 대상이 되는 행동인지 사전에 알려주는 것이 필요하다.

둘째, 즉시성(immediacy)이다. 뜨거운 난로를 만졌을 때 사람들은 즉각적으로 뭔가 잘못 되었다는 것을 알게 되는 것처럼 조직에서 뭔가 잘못된 행동을 했을 때 즉각적인 조치를 취해야 한다. 즉, 조직의 규칙에 위배되는 행동을 했는데, 그 당시에는 문제 삼지 않다가 나중에 이를 문제 삼으면 위반 행동 그 자체가 아니라 징계 이면에 다른 이유가 숨어 있는 것으로 인식하게 된다.

셋째, 일관성(consistency)이다. 뜨거운 난로를 만질 때면 어김없이 화상을 입는 것처럼 위반행동을 했을 때 일관되게 벌이 집행되어야 한다. 징계를 함에 있어서 어떤 때는 관대하고 어떤 때는 엄격하면 구성원들의 수용을 이끌어내지 못하고 불만이 커지게 된다.

넷째, 공평성(impersonality)이다. 누구든 뜨거운 난로를 만지면 반드시 화상을 입게 되는 것처럼 누구든 위반행동을 하면 예외 없이 징계가 엄격하게 집행되어야 한다. 똑같은 위반행동을 했는데 징계과정에서 누구는 구제되고, 누구는 처벌을 받게 되면 공정성을 잃게 되고 이는 조직구성원들로 하여금 부정적 태도와 행동을 형성하게 만드는 요인이 된다.

2 강화의 스케줄(Schedule of Reinforcement)

강화법칙의 또 한 가지 측면은 강화요인을 언제 어떻게 적용하느냐에 대한 것이다. 강화 스케줄에 따라서 반응행동을 반복하게 할 가능성이 달라지므로 학습효과를 높이려면 강화스케줄을 잘 설계해야 한다(Latham & Huber, 1992; Komaki, 1998). 강화 스케줄은 강화요인의 적용시기를 중심으로 다음 두 가지로 나눌 수 있다.

첫째는 연속강화법(continuous reinforcement schedule)으로서, 이것은 바람직한 반응행동을 할 때마다 강화요인을 적용하는 것이다. 연속강화법은 학습효과를 높일 수 있는 장점이 있는 반면에, 강화요인의 적용이 중단되면 반응행동도 감소된다는 단점이 있다(Steers & Porter, 1991, pp.74~77). 그뿐 아니라 강화요인을 지속적으로 적용해야 하므로 비용이 많이 든다는 문제점이 있고, 강화요인의 적용을 으레 당연한 것으로 여기거나 또는 반복적인 적용으로 인해 싫증을 내는 등 포만효과(satiation effect)가 발생할 수 있다. 이러한 문제점을 해소하기 위해 흔히 사용되는 강화 스케줄이 부분강화법이다.

부분 또는 단속강화법(partial or intermittent reinforcement schedule)은 반응행동을 할 때마다 강화요인을 연속적으로 적용하는 것이 아니라 간헐적으로 또는 불규칙적으로 적용하는 방법이다. 부분강화법은 강화요인의 적용에 대한 예측성이 비교적 떨어지지만, 연속강화법보다 비용이 덜 든다는 점 그리고 학습효과가 장기적으로 지속되게 한다는 점에서 유리하다(Bass & Vaugham, 1966, p.20). 부분강화법에는 고정간격법과 변동간격법 그리고 고정비율법과 변동비율법의 네 가지가 있다.

1) 고정간격법과 변동간격법

고정간격법(fixed interval schedule)은 반응행동의 발생빈도와는 무관하게 일정한 시간을 간격으로 하여 강화요인을 적용하는 방법이다. 주급이나 월급과 같이 일정한 시간이 지났을 때마다 강화요인을 적용하는 것을 말한다. 이 방법은 반응행동과 상관없이 일정한 시간간격을 기준으로 강화요인을 적용하기 때문에 반응행동을 증진시키는

그림 4-11 강화 스케줄

	간격: 시간 기준 (time-based)	비율: 반응행동 기준 (behavior-based)
고정적 스케줄	고정간격법(fixed interval) 1주 2주 3주 〈예〉 주급	고정비율법(fixed ratio) 50개 100개 150개 〈예〉 성과급
변동적 스케줄	변동간격법(variable interval) 2년 5년 10년 〈예〉 승진	변동비율법(variable ratio) 2번 통화 8번 11번 통화 통화 〈예〉 판매에 성공한 통화

자료: McShane & von Glinow (2000), p.45.

효과를 기대하기 어렵다고 할 수 있다.

변동간격법(variable interval schedule)은 강화요인을 적용하는 시간간격이 일정하지 않고 변동적인 것을 말한다. 부하를 비정기적으로 칭찬해 준다거나 시간간격을 다르게 하면서 승급·승진시켜주는 것을 예로 들 수 있다. 변동간격법은 강화요인의 적용에 대한 예측성이 낮으므로 고정간격법에 비하여 학습효과가 일반적으로 더 높다고 할 수 있다(Nord, 1969).

조직행동론 과목에서 매주 월요일마다 정기적으로 쪽지시험을 본다면 이는 고정간격법이고, 주 1회 꼴로 쪽지시험을 보긴 하지만 그 간격이 일정하지 않고 어떤 주에는 시험을 안 보고 어떤 주에는 두 번 시험을 보는 식으로 한다면 이는 변동간격법이라 할 수 있다. 고정간격법을 활용하는 경우 학생들은 언제 쪽지시험을 보는지 예측할 수 있는 반면, 변동간격법을 채택하는 경우 언제 시험을 볼지 예측하기 어렵기 때문에 항상 시험준비를 하게 되고, 그만큼 학습효과가 높아질 수 있다.

2) 고정비율법과 변동비율법

고정비율법(fixed ratio schedule)은 반응행동의 빈도가 일정한 비율에 도달했을 때마다 강화요인을 적용하는 방법이다. 고정비율법의 예로 생산량 또는 판매량에 비례하여 지급하는 성과급제를 들 수 있으며, 구체적으로 50개를 판매했을 때마다 인센티브를 지급하는 식이다. 고정비율법과 달리 변동비율법(variable ratio schedule)은 반응행동의 빈도가 일정한 비율에 도달했을 때 강화요인을 적용하는 것이 아니라 그 비율이 변동적인 것을 말한다. 급여제도의 예를 들자면, 인센티브의 지급이 생산량이나 판매량에 비례하는 것이 아니라 불규칙적인 비율을 적용하는 것을 말한다. 평균적으로는 50개를 판매했을 때 한 번 인센티브를 지급하지만, 실제로는 어떤 때는 20개, 또 어떤 때는 100개 판매했을 때 인센티브를 지급하는 식으로 그 비율을 다르게 하는 것이다.

이들 강화방법 중 어떤 것이 가장 효과적인지는 학습성격과 환경상황에 따라 다르다. 실제 연구결과에서도 상황특성과 조직구성원의 성격에 따라서 연속강화법과 부분강화법의 효과가 다르게 나타나고 있다. 그러나 일반적으로 연속강화법보다는 부분강화법이 조직에서의 실용성이 높고, 부분강화법 중에서도 간격법보다는 비율법이 반응행동을 작동시킬 가능성이 더 높은 것으로 알려지고 있다(Yukl & Latham, 1975; Hendry, 1996).

3 기타 학습의 원리

강화의 스케줄 이외에 학습과정을 설명하기 위한 개념으로서 소거의 법칙, 피드백법칙과 학습패턴의 원리 등이 있다.

1) 소거의 법칙

강화작용의 가장 중요한 역할은 학습된 행동이 소거되어 버리는 것을 방지하는 것이다. 즉, 강화작용이 없으면 학습과정에서 형성된 새로운 행동이 지속되지 않고 점차적으로 사라져 버린다. 이와 같이 학습된 행동이 뿌리내리지 못하고 사라지는 현상을 소거(extinction)라고 부른다. 파블로프의 개실험에서 음식과 종소리를 함께 제시함으로써 나중에는 종소리만 울리더라도 침을 흘리는 행동을 학습하게 된다. 그렇지만 계속 종소리만 울리고 음식을 같이 제공하지 않으면 점차 침 흘리는 행동이 사라지게 되는데, 이 또한 소거현상이라고 할 수 있다. 교육훈련을 통해 새로운 행동을 학습했다고 하더라도 보상과 인정, 처벌 등 여러 가지 강화요인에 의하여 강화되지 않으면 새로운 행동은 점차적으로 사라져 버린다(Skinner, 1953, pp.53~72). 따라서 학습된 행동이 개인의 영구적인 행동으로 정착되게끔 하기 위해서는 강화요인을 체계적으로 적용하는 것이 필요하다.

2) 피드백 법칙

개인의 행동은 목적지향성을 지니고 있기 때문에, 효율적인 행동개선과 행동수정을 위해서는 어떠한 행동이 바람직한 행동이고 행동수정 과정에서 실제로 나타나고 있는 구체적인 성과는 어떠한지를 알려 주는 등 학습과정에 도움이 되는 정보를 피드백해 주어야 한다. 성과에 대한 정보피드백은 단계적인 행동개발 목표를 설정하고 행동수정을 하는 데 큰 도움을 준다. 실증연구 결과에서도 정확한 정보피드백이 학습효과를 높여주는 것으로 입증되어 왔다(Locke, 1968; Cummings, Schwab, & Rosen, 1971).

3) 학습패턴

학습과정은 학습상황과 학습내용에 따라서 다르지만 학습효과가 나타나는 패턴은 공통점을 갖는다고 할 수 있다. 심리학자들에 의하면 학습패턴은 적응, 가속, 플라토우, 회복, 정착의 다섯 단계로 진행되는 것으로 설명되고 있다(Strauss & Sayles, 1980, pp.120~122).

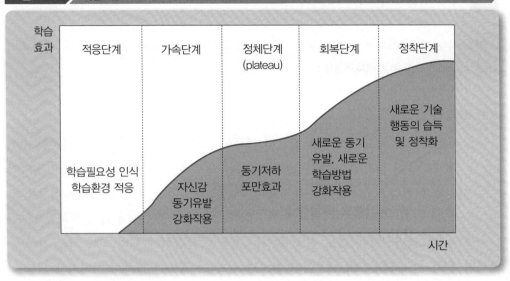

그림 4–12　학습패턴

　　첫 단계는 학습의 필요성을 인식하고 학습환경에 익숙해지는 적응단계이다. 이 단계에서는 물리적인 환경에 대한 적응뿐만 아니라 심리적 저항을 극복하고 동기를 유발시키는 것이 중요하다. 학습의 필요성이 인식되고 학습환경에도 익숙해짐에 따라서 점차 학습효과가 나타나기 시작하고, 학습결과에 대한 만족감이 증가하고 그만큼 학습동기도 유발되어서 학습이 가속화되는 단계로 들어가게 된다.

　　그러나 학습과정은 어느 시점이 되면 정체단계(plateau)에 도달하게 된다. 이것은 기존 학습방법의 효율성이 한계에 부딪히게 되고 구성원들의 동기도 저하되기 때문에 나타나는 현상이다. 이 시점에서 학습효과를 한 단계 더 높이려면 새로운 학습방법과 환경을 모색해야만 한다(Szilagyi & Wallace, 1990, pp.76~77). 새로운 학습방법이 모색되고 이에 따라 새로운 학습동기도 유발되면 학습효과가 다시 향상되는 회복단계로 나아가게 된다. 마지막 단계는 학습행동이 반복되고 강화작용이 적용됨으로써 새로운 행동이 정착되는 단계를 가리킨다.

　　학습패턴은 학습내용과 여건에 따라서 다르지만, 이러한 일반적인 패턴을 잘 인식하고 이해하고 있으면 학습환경에 대한 적절한 적응은 물론 학습여건도 잘 조성함으로써 학습효과를 극대화할 수 있다. 한편, 근래에는 단순히 개인 차원의 학습뿐만 아니라 조직 차원의 학습을 강조하고 있다. 즉, 급변하는 조직환경하에서 조직의 적응능력이 더욱 중요해짐에 따라서 새로운 지식과 기술을 습득 및 창출하고 바람직한 가치관과 행동을 성공적으로 개발해 나가는 학습조직(learning organization)이 점차 강조되고 있다.

행동수정(behavior modification)은 조직구성원들의 행동을 변화시키기 위한 기법, 즉 조직구성원들로 하여금 바람직한 행동을 습득하게끔 하는 기법으로서 작동적 조건화, 긍정적 강화, 효과의 법칙, 그리고 강화의 법칙 등 주요 학습이론과 원리를 종합적으로 활용한다. 행동수정은 조직구성원의 업무수행 과정에서 직접 이루어지는데, 이에 포함된 주요 절차를 요약하면 다음과 같다(Stajkovic & Luthans, 1997).

① 성과측정치의 설정: 업무성과를 측정할 수 있는 수치를 설정한다. 생산성과 품질 등 계량적·객관적 수치뿐만 아니라 구성원들 간의 협조와 신뢰감 등 인간관계와 조직분위기와 관련된 주관적 성과측정치도 포함한다.

② 목표설정: 생산성 증대, 품질향상 등 조직구성원이 일정기간 동안에 달성하고자 하는 구체적인 목표를 설정한다.

③ 결과피드백: 구성원은 자신의 성과를 주기적으로 점검하고 또한 상사로부터 피드백을 받음으로써 성과달성의 경과와 패턴을 인식하게 된다.

④ 강화작용: 관리자는 구성원이 처음에 설정한 목표와 실제로 달성한 성과를 비교·평가하여 보상을 제공함으로써 구성원으로 하여금 바람직한 행동과 성과를 반복하도록 유도한다. 강화요인으로는 금전적 보상뿐만 아니라 칭찬이나 격려, 포상 등이 흔히 사용된다.

행동수정은 일반적으로 행동개발 전문가의 도움을 받으면서 실무관리자의 주도하에 현장의 업무수행 과정에서 실시된다. 행동수정이 성공적이려면 목표설정, 강화방법과 강화일정 등 작동적 조건화 이론을 이해하고 체계적으로 적용하는 것이 필요하며, 구성원의 바람직한 행동개발을 위해 관리자의 지속적인 노력이 요구된다. 행동수정은 실제로 많은 조직에서 생산성과 품질 향상, 결근율과 사고율의 감소 등 좋은 결과를 거두어 왔다(Hamner & Hamner, 1976; Locke, 1977; Luthans & Stajkovic, 1999).

1) 행동수정에 대한 비판

이러한 행동수정에 대한 긍정적 평가에 반하여, 그 효과를 의문시하는 평가도 있다. 첫째로, 행동수정은 개인주의가 강하고 기대이론과 공정성이론이 잘 적용되는 문화권에서는 그 효과가 발휘되지만, 집단주의가 강하고 행동의 결과를 외적 요인에 귀인하는 경향이 높은 문화권에서는 그 효과가 확실하게 나타나지 않을 수 있다(Hofstede,

2001; Adler, 2002, pp.170~171).

또한, 행동수정은 강화요인을 사용하여 개인의 행동을 유도하면서 인간을 조작하고 인간의 자유를 침해한다는 윤리적인 비판도 받고 있다(Ruben & Ruben, 1985). 그리고 강화작용에 있어서도 관리자가 행동수정을 하는 데 필요한 강화요인을 자유롭게 사용할 수 없는 것이 현실이기 때문에 행동수정을 실시하는 데 한계가 있다는 점도 제기되고 있다(Deci, 1972; Luthans & Kreitner, 1985, pp.46~49).

05 태도와 행동

다른 사람, 자신의 직무, 그리고 자신이 몸담고 있는 조직에 대한 태도는 개인의 행동형성에 매우 중요한 부분을 차지한다. 즉, 조직의 경영자와 동료들에 대해 어떠한 인식을 하고 어떤 감정을 갖고 있는지, 그리고 자신의 직무와 조직에 대해 긍정적인 태도를 갖는지에 따라 업무수행 행동이 달라지고, 그 결과로 조직성과에도 중요한 영향을 미칠 수 있다. 업무 관련 태도에 대해 살펴보고자 한다.

1 태도의 구성요소

태도(attitude)에 대한 개념 정의는 학자들마다 다소 다르지만, 기본적으로 환경으로부터의 자극에 대해서 특정한 방식으로 반응하려는 자세(readiness to respond)로 정의될 수 있다(Allport, 1935; Fishbein & Ajzen, 1975, p.6). 그리고 태도의 개념이 사람, 사물, 또는 이슈에 대해 가지는 일반적이거나 지속적인 긍정적 또는 부정적 감정(Bem, 1970)으로 정의되는 데서도 알 수 있듯이 태도의 개념에는 감정적 요소를 포함하고 있다. 사람들은 어떤 상황에 반응할 때 자기 나름의 선호체계와 평가적 감정 등 선유경향(predisposition)을 가지고 있는데, 이것이 상황에 대한 반응태세에 작용하여 태도를 형성하게 된다. 또한, 개인의 행동이 후천적으로 학습되는 것처럼 태도도 학습된다. 즉, 사람은 태어나면서부터 어떤 태도를 선천적으로 가지고 태어나는 것이 아니라 후천적으로 습득한다. 개인의 성격과 경험, 그리고 외부 환경과의 상호작용 과정을 통해서 태도가 후천적으로 학습되며, 이는 개인의 태도가 변화될 수 있다는 것을 의미한다(Steers & Black, 1994, pp.87~89; Gibson et al., 1994, pp.114~117; Petty et al., 1997).

그림 4-13 │ 태도-행동의 관계 및 태도의 구성요소

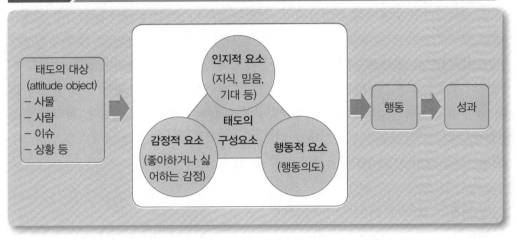

1) 인지적 요소(cognitive component)

사람들은 자신의 행동에 대하여 어떠한 결과를 믿거나 기대하는데, 이 믿음과 기대감이 자신의 태도를 형성하는 데 중요한 역할을 한다. 예를 들면, 열심히 일을 하면 성과가 높아질 것이라고 믿고, 또 상사한테 칭찬이나 인정을 받게 될 것이라고 믿음으로써 열심히 일하는 태도를 형성하게 된다. 태도는 이처럼 사물, 사람, 또는 이슈에 대한 정보와 지식을 기반으로 한다. 입사 동기가 자신보다 연봉을 많이 받는다는 인지, 상사가 업무에 대한 지식이 모자란다는 인지, 또는 자신의 직무는 동일한 작업을 반복적으로 수행해야 하는 것이라는 인지 등등 어떤 대상에 대한 인지적 요소를 포함하며, 이러한 인지적 요소들은 동료, 상사, 직무와 조직에 대한 감정 및 반응행동에 영향을 미치게 된다.

2) 감정적 요소(affective component)

태도는 사물, 사람, 또는 이슈 등에 대한 긍정적 또는 부정적 감정을 포함한다. 사람들은 자신의 믿음과 인지를 기반으로 하여 어떤 대상에 대해 좋아하는 감정을 갖거나 아니면 싫어하는 감정을 갖는다. 예를 들어, 부하 직원들의 성과를 가로채는 상사에 대해 어떤 느낌을 갖는가? 만약 그런 상사에 대해 불만을 느끼고 화를 낸다면 이는 상사에 대해 부정적인 감정을 갖고 있는 것이고, 조직에서 그런 일은 흔한 것이기 때문에 개의치 않는다고 하면 이는 중립적인 감정을 갖고 있는 것이다. 한편, 자신의 직장이 연봉은 적게 주지만 재미있게 일할 수 있는 분위기라면, 사람들은 이런 직장을 좋아할까 아니면 싫어할까? 연봉수준이 제일 중요하다는 가치관을 갖고 있는 사람이라면 이

런 직장에 대해 부정적인 감정을 가질 것이고, 조직분위기를 중시하는 가치관을 갖고 있는 사람이라면 긍정적인 감정을 가질 것이다. 그리고 조직에 대해 긍정적인 감정을 갖고 있는 사람은 이직하지 않고 조직에 계속 남아 있으려고 할 것이고 조직의 발전에 기여하고자 하는 반면에, 조직에 대해 부정적 감정을 갖고 있는 사람은 조직을 위한 헌신적인 행동을 보이기보다는 이직을 하고자 할 것이다. 이처럼 조직에 대한 긍정적 또는 부정적 감정은 구성원들의 행동에 영향을 미치는 핵심적인 요소이다. 따라서 구성원들의 바람직한 행동을 이끌어내기 위해서는 구성원들의 태도를 바람직한 방향으로 변화시키는 것이 무엇보다 중요하다고 할 수 있다.

3) 행동적 요소(behavioral component)

태도의 세 번째 구성요소는 행동적 요소로서 행동 의도(behavioral intention)를 가리킨다. 행동 의도는 사물, 사람, 또는 이슈 등에 대한 인지적 및 감정적 요소의 영향을 받아서 형성되며, 이는 다시 실제 행동에 영향을 미치게 된다. 자신의 상사가 업무 능력이 뛰어나고 솔선수범하는 리더라는 인식은 태도의 인지적 요소이고, 그래서 그러한 상사를 신뢰하고 좋아하는 것은 감정적 요소에 해당된다. 그러한 리더를 위해서 자신을 희생하는 한이 있더라도 적극적으로 지지하고 돕겠다는 의지를 갖고 있다면 이는 행동적 요소를 나타낸다. 이와 같이 행동적 요소는 인지적 및 감정적 요소를 바탕으로

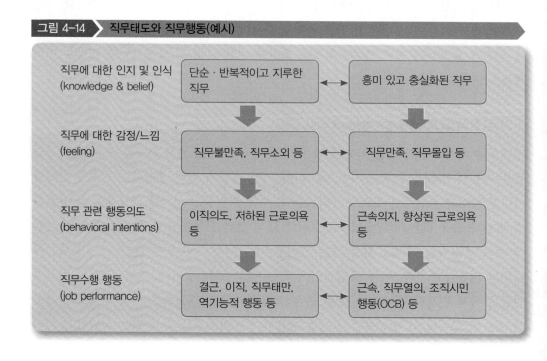

그림 4-14 　직무태도와 직무행동(예시)

직무에 대한 인지 및 인식 (knowledge & belief)	단순·반복적이고 지루한 직무	흥미 있고 충실화된 직무
직무에 대한 감정/느낌 (feeling)	직무불만족, 직무소외 등	직무만족, 직무몰입 등
직무 관련 행동의도 (behavioral intentions)	이직의도, 저하된 근로의욕 등	근속의지, 향상된 근로의욕 등
직무수행 행동 (job performance)	결근, 이직, 직무태만, 역기능적 행동 등	근속, 직무열의, 조직시민 행동(OCB) 등

하여 특정 행동을 기꺼이 취하려 하는 의사를 가리킨다.

직무만족과 같은 직무태도(job attitude)는 직무수행에 직접적인 영향을 미친다는 점에서 직무성과를 결정하는 주요 요인이 된다. 〈그림 4-14〉에서 보는 바와 같이 직무태도(job attitude)는 직무의 특성에 대한 인식과 그러한 직무에 대한 호·불호(好·不好)의 감정, 그리고 직무관련 행동의도 등을 포함한다. 즉, 사람들은 자신의 직무가 지루하고 힘들며 자율성이 없다고 인지하면, 직무에 대해 불만을 느끼게 되고, 직무를 소극적으로 수행하려 하거나 이직하고자 하는 의도를 갖게 된다. 이러한 직무태도는 실제로 직무태만이나 결근 또는 이직 등의 직무행동으로 이어지고, 이는 결국 조직성과에 영향을 미치게 된다.

4) 태도와 행동 간의 부조화

사람들은 일반적으로 자신의 태도와 행동 사이에 일관성을 유지하려고 노력한다. 즉, 사람들은 자신의 신념 및 태도와 일치되는 행동을 함으로써 심리적 균형상태를 추구한다. 그렇지만, 현실에서는 담배가 건강에 안 좋다는 것을 알고 또 담배를 싫어하는데도 불구하고 실제로는 담배를 끊지 못하고 피우는 것과 같이 태도와 행동 간의 불일치가 발생할 수 있다. 이러한 불일치 현상은 조직에서도 흔히 나타날 수 있다. 자신이 조직에 대해 부정적인 태도를 갖고 있음에도 불구하고 조직을 그만두지 않고 계속 다닌다거나 상사의 리더십에 대해 못마땅해 하면서도 실제로는 상사에게 충성을 다하고 복종적일 수 있다. 그런데, 이와 같이 태도와 행동이 서로 일관되지 않는 경우 사람들은 인지적 부조화(cognitive dissonance)를 경험하고 심리적 긴장감을 느끼게 되며, 이러한 심리적 긴장을 해소하기 위해 여러 가지 적응행동을 취하게 된다(Rosenberg, 1960).

첫째, 태도와 행동 간의 부조화를 해결하기 위한 가장 근본적인 방법은 행동 변화이다. 예를 들면, 담배가 건강에 안 좋다는 태도와 담배 피우는 행동 간의 불일치를 해소하기 위해 담배를 끊는 것이다. 조직으로부터 공정한 대우를 받지 못해서 조직에 대해 부정적인 태도를 갖고 있는 경우, 더 이상 업무를 열심히 수행하지 않음으로써 태도와 행동 간의 균형을 추구할 수 있다.

두 번째 방법은 태도 변화인데, 여러 가지 요인으로 인해 자신의 행동을 변화시키는 것이 현실적으로 불가능한 상황에서는 태도와 행동 간의 일관성을 회복하기 위해서 태도를 변화시킬 수 있다. 즉, 담배를 피우는 사람들도 건강하게 잘 살고 있다든지 담배가 스트레스를 푸는 데 도움이 된다든지 담배가 건강에 안 좋다는 태도를 바꿈으로써 담배에 대해 긍정적인 태도를 갖는 것이다. 조직에 대한 긍정적인 정보를 선택적으로 지각하여 조직에 대한 부정적 태도를 긍정적인 것으로 전환시키는 것도 태도변화의 예라고 할 수 있다.

세 번째 방법은 합리화이다. 예를 들면, 담배의 부정적인 측면은 과소평가하고 긍정적인 면은 과장함으로써 자신의 흡연 행동을 합리화하는 것, 그리고 현재의 조직이 공정하게 보상을 해주지 않아서 마음에 안 들지만 미래의 경력목표를 달성하려면 현재의 조직에 계속 다니는 것이 불가피하다고 합리화하는 것이다.

관리자는 구성원들로부터 긍정적인 태도와 행동을 이끌어내기 위해 구성원들의 태도 형성과정, 그리고 태도와 행동 간에 일관성을 유지하려는 현상을 잘 이해해야 한다. 즉, 태도형성 과정, 그리고 태도변화와 행동변화의 과정을 잘 이해한다면 그만큼 구성원들의 태도와 행동을 바람직한 방향으로 유도할 수 있다고 하겠다.

2 긍정적 직무태도

앞에서 살펴본 바와 같이 구성원들의 조직 및 직무에 대한 긍정적인 태도는 조직성과를 향상시키는 데 매우 중요한 요소라고 할 수 있다. 직무관련 태도 중에서 가장 중요하고 가장 많은 연구가 이루어진 주제는 아마도 직무만족과 조직몰입일 것이다. 직무만족(job satisfaction)은 여러 가지의 직무관련 요소들에 대한 구성원들의 긍정적인 감정 상태를 의미하며(Price & Mueller, 1986), 구체적으로 경제적 보상, 승진, 관리감독, 직무 자체, 그리고 동료와의 관계 등 다양한 요소들에 대한 종합적인 인지 및 감정을 가리킨다(Hanisch, 1992). 구성원들의 직무만족은 결근, 이직, 심리적 안녕감(well-being) 등의 조직성과와 관계가 있다고 할 수 있다(Ostroff, 1992; Duffy et al., 1998).

조직몰입(organizational commitment)은 조직에 대한 충성도(loyalty), 즉 구성원들이 자기가 속한 조직 및 조직목표에 대해 일체감을 느끼고 조직 성원으로 계속 남아 있으려는 태도를 가리킨다(Mowday & Steers, 1979; Price & Mueller, 1986). 조직몰입을 구성하는 요소로는 (1) 조직에 대한 동일시(조직의 일원임에 대한 자부심, 회사에 대한 애착과 관심, 조직 문제의 내면화 등), (2) 조직을 위한 헌신적 노력, 그리고 (3) 조직을 그만두지 않고 계속 조직의 성원으로 남아 있으려는 근속의지 등의 세 가지를 들 수 있다(Cook & Wall, 1980; Mowday & Steers, 1979).

조직몰입은 단일 차원의 개념이 아니라 감정적 몰입, 도구적 몰입과 규범적 몰입 등 세 가지 차원의 다차원 개념이라 할 수 있다(Allen & Meyer, 1990, 1996; Hackett et al., 1994; Meyer & Allen, 1984, 1991). 첫째, 감정적 몰입(affective commitment)은 조직에 대

해 일체감을 느끼면서 조직이 자기 마음에 들어서 조직에 남아 있으려는 태도를 보이는 것인 반면, 도구적 몰입 또는 유지적 몰입(continuance commitment)은 조직이 감정적으로 마음에 들어서라기보다는 회사를 그만두는 경우 그동안 투자한 노력과 현재 받고 있는 혜택들을 희생해야 한다든지 또는 다른 대안이 없기 때문에 마지못해서 조직에 남아 있으려는 태도를 보이는 것을 말한다. 즉, 감정적 몰입은 자신이 원해서(want) 조직에 머물고자 하는 것인 반면, 도구적 몰입은 자신이 원해서라기보다는 필요(need)에 의해서 조직에 머물고자 하는 것을 의미한다. 한편, 규범적 몰입(normative commitment)은 일종의 의무감에 의해서 조직에 남아 있으려는 태도를 보이는 것으로서, 구성원에 대한 조직의 금전적 또는 비금전적 보상 및 배려에 대한 반응으로서 나타나는 태도라고 할 수 있다. 즉, 규범적 몰입은 조직에 남아 있어야 한다는 의무감(ought to)에 의한 몰입성향을 의미한다.

조직몰입은 구성원의 직무만족과도 밀접한 관련성을 가지며, 더 나아가서 생산성에도 긍정적인 영향을 미친다(Dessler, 1999; Hellriegel et al., 2001, p.54). 이와 같이 구성원의 직무만족과 조직몰입은 조직성과와 가장 관련성이 큰 직무태도이다. 따라서 조직은 구성원들이 조직과 직무에 대해 긍정적인 태도를 형성할 수 있게끔 조직관리와 인적자원관리를 체계적으로 해야 한다.

감정과 행동 06

전통적인 경영이론에서는 조직은 논리적이고 합리적인 방법으로 조직목표를 추구하므로 감정적 요소는 경영관리에서 배제해야 하는 것으로 본다. 그렇지만 감정, 정서와 기분은 조직구성원들의 행동에서 중요한 부분을 차지한다. 조직구성원이 화를 잘 내는지 아니면 차분한지, 항상 유쾌하고 기분이 좋은지 아니면 늘 우울하고 기분이 나쁜지, 감정적으로 예민한지 아니면 둔감한지에 따라서 구성원들의 행동이 다르고, 그 결과 대인관계나 직무성과도 다르게 나타날 수 있다. 어떤 경영자들은 화를 내는 등 적극적인 감정표출을 통해서 조직을 관리하고, 또 어떤 관리자는 부하 직원들의 두려움을 이용하여 권위주의적 리더십을 발휘하기도 한다. 또 구성원들의 질투심은 구성원들 간의 갈등을 심화시키는 결과를 초래할 수 있다. 또한, 동일한 사람일지라도 어떠한 감정 상태에 있느냐에 따라서 그때그때 반응행동이 다르게 나타날 수 있다. 이처럼 구성원들의 감정 및 정서는 조직생활의 핵심적인 요소 중의 하나라 할 수 있기 때문에, 구성원들의 행동을 이해하기 위해서는 감정과 정서에 대한 이해가 필수적이라고 할 수 있다.

1 긍정적 감정과 부정적 감정

감정은 어떤 사물, 사람, 또는 상황에 대해 느끼는 정서적 상태를 의미한다. 사람들의 감정은 긍정적 감정과 부정적 감정으로 구분해볼 수 있는데, 이러한 구분은 목표지향성에 기반을 두고 있다. 즉, 긍정적인 감정은 목표를 달성했을 때 느끼는 감정을 말하고, 부정적인 감정은 목표달성에 실패해서 좌절했을 때 느끼는 감정을 가리킨다 (Kinicki & Kreitner, 2008, p.136). 〈그림 4-15〉는 긍정적 감정과 부정적 감정의 예를 보여주고 있는데, 프로젝트를 성공적으로 완수했을 때 행복감, 자부심과 안도감 등의 긍정적인 감정을 느끼게 되는 반면, 과업수행에 실패했을 때에는 분노, 수치심/죄책감, 슬픔 등 부정적인 감정을 느끼는 것이 일반적이다. 또한, 이들 감정은 목표달성에 도움

그림 4-15 ▶ 긍정적 감정과 부정적 감정

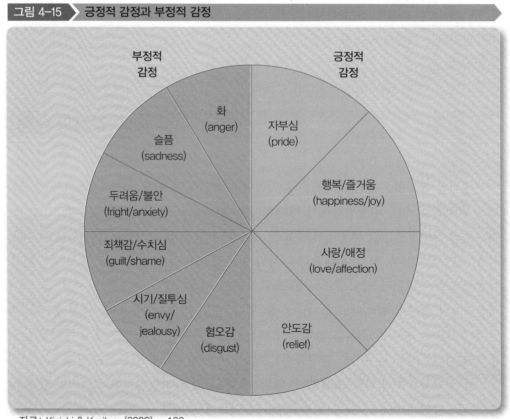

자료: Kinicki & Kreitner (2008), p.136.

감정이 의사결정에 미치는 영향

　최후통첩게임(ultimatum game)은 제안자와 반응자 두 사람이 참여하는데, 제안자에게 20달러의 돈을 주고 반응자와 어떻게 나누어 가질 것인지 결정하게 한다. 제안자와 반응자는 서로 모르는 사이이고 게임이 진행되는 동안에도 서로 상호작용할 수 없다. 제안자는 10:10으로 균등하게 분배할 수도 있고, 12:8이나 또는 18:2 등 자신에게 유리하게 분배를 할 수도 있다. 즉, 제안자가 20달러를 어떻게 나눌 것인지는 전적으로 제안자의 마음에 달려 있다. 제안자가 분배 결정을 하면, 반응자는 그 제안을 수용할 것인지 거부할 것인지를 결정한다. 반응자가 제안을 수용하는 경우 제안자의 제안대로 분배가 이루어지고, 만일 반응자가 제안을 거부하는 경우에는 제안자와 반응자 모두 돈을 한푼도 못 받게 한다. 제안자와 반응자는 서로 다른 장소에 위치해 있기 때문에 상대방의 모습을 볼 수 없고, 상대방이 어떤 사람인지에 대한 정보도 전혀 제공받지 못한다.

　한 실험에서 제안자가 15달러를 갖고 반응자에게는 5달러만 나누어주는 것으로 실험설계를 했는데, 당신이라면 이러한 제안을 받아들여서 5달러라도 챙기겠는가 아니면 불공평한 제안이라고 생각하고 제안자가 돈을 갖지 못하도록 하기 위해 5달러를 포기하겠는가? 이 실험에서 실험참가자들(반응자)을 두 개의 집단으로 나누었는데, 첫 번째 반응자 집단에게는 분노의 감정을 유발하는 영화(20년 동안 근무한 직장에서 부당하게 해고되어서 건축물 모형을 야구방망이로 때려 부수는 장면)를 보여주고 이와 유사한 자신의 경험을 회상하게 하였고, 두 번째 집단에게는 행복한 감정을 유발하는 영화(친구들 간에 즐겁게 대화하고 우정을 나누는 장면)를 보여주고 유사한 자신의 경험을 회상하게 하였다. 그 다음에 다른 방으로 옮겨서 최후통첩게임에 대해 설명하고 반응자에게 15달러 대 5달러로 분배하는 제안을 했다. 당신도 짐작할 수 있듯이 많은 사람들이 자신이 가질 수도 있었던 5달러를 포기하고 제안을 거부하는 결정을 하였다. 게다가 분노를 유발하는 영화를 보고 불쾌한 기분을 갖게 된 반응자들은 친구들 간의 우정을 담은 영화를 보고 유쾌한 기분을 갖게 된 반응자들보다 불공평한 제안을 거부하는 빈도가 더 높게 나타났다.

　이러한 실험결과는 실험참가자들이 개인적으로 경험한 감정이 의사결정에 영향을 미친다는 것을 보여준다. 영화를 시청하고 자신의 경험을 회상하는 것은 최후통첩게임과 전혀 관련이 없는 것이 분명하다. 이와 같이 전혀 관련 없는 경험으로부터 유발된 감정임에도 불구하고 의사결정에 영향을 미치는 한 요인으로 작용한 것이다.

자료: 댄 애리얼리(Dan Ariely)/김원호 (2011), 『경제심리학(The Upside of Irrationality)』, 청림출판, 391~397쪽.

을 주는 방향으로 구성원들의 행동에 영향을 미칠 수도 있으며, 반대로 목표달성을 어렵게 만드는 방향으로 영향을 미칠 수도 있다. 일반적으로 긍정적인 감정은 구성원들의 긍정적인 태도와 행동을 가져오고 이는 목표달성에 도움이 되는 반면, 부정적인 감정은 부정적인 태도와 행동을 형성함으로써 목표달성에 걸림돌로 작용할 수 있다. 그렇지만, 일정 수준의 두려움, 죄책감, 질투심 등은 동기를 유발하는 데 긍정적인 영향을 미칠 수도 있다. 따라서 어떤 종류의 감정이냐도 중요하지만 그러한 감정이 목표달성의 방향과 일치하는지 그리고 그러한 감정의 강도가 얼마나 강한지도 고려해야 한다.

2 감정노동(Emotional Labor)

1) 감정노동의 개념

요즘 기업들은 서비스 직원들로 하여금 밝은 표정과 상냥한 미소, 정성이 담긴 인사와 성의 있는 응대, 공손한 말투 등 긍정적인 감정을 고객들에게 표출하도록 요구하고 있다. 고객이 전화를 걸면 고객들에게 즐거움을 선사하기 위해 "사랑합니다. 고객님!", "정성을 다하는 ㅁㅁ회사 ㅇㅇㅇ입니다.", "기쁨을 드리겠습니다. ㅁㅁ회사 ㅇㅇㅇ입니다." 등 상냥하고 쾌활한 목소리로 정성이 담긴 인사를 하도록 하고 있다. 이와 같이 '감정'을 상품화하여 고객들에게 긍정적인 감정을 전달하고자 하는 노력을 감정노동(emotional labor)이라 부른다. 이러한 감정노동은 고객들에게 즐거운 감정을 경험하도록 함으로써 고객만족을 높여주고 서비스 품질에 대한 긍정적인 평가를 하도록 해준다(김영조 · 한주희, 2008).

감정노동 개념은 이처럼 서비스 분야의 종사자들이 육체노동과 정신노동뿐만 아니라 이와 차별화되는 또 다른 형태의 노동, 즉 업무의 일부로서 고객들과의 상호작용 과정에서 자신의 감정을 관리하고 적절한 감정을 표출하는 형태의 노동을 설명하기 위해 Hochschild(1979, 1983)에 의해 처음 쓰이기 시작했다. 감정노동이란 "대인적 상호작용 과정에서 과업목표를 효과적으로 달성하기 위해 감정표현규칙에 맞게 감정을 관리하고 표출하는 일련의 활동"으로 정의할 수 있다(Ashforth & Humphrey, 1993; Hochschild, 1983). 따라서 감정노동에는 구성원의 내적인 측면에서 '자신의 감정을 관리하고 조절하는 것'과 외적인 측면에서 '감정표현규칙에 맞게 감정을 전달하는 것'을 내포하고 있다. 그리고 '대인적 상호작용'은 고객과의 관계뿐만 아니라 조직 내의 인간관계까지도 포괄하는 것이지만, 그리고 조직 내의 상하관계나 동료관계에서도 감정노동이 일상적으로 수행되지만, 감정노동 개념은 일차적으로 고객과의 관계에 주목하여 논의가 이루어져 왔다.

2) 감정노동 유형: 표면연기와 심층연기

감정표현규칙(emotional display rule)은 직원들로 하여금 대인적 상호작용 과정에서 긍정적인 감정을 표출하도록 요구하지만, 이들이 항상 긍정적인 감정을 느낄 수는 없다. 따라서 사람들은 감정표현규칙을 위반하는 것을 피하기 위해서 일종의 연기를 하게 된다(Grandey, 2003). 이러한 상황에서 구성원들이 선택할 수 있는 대안은 크게 표면연기와 심층연기의 두 가지로 구분할 수 있다(Ashforth & Humphrey, 1993; Brotheridge & Grandey, 2002; Gosserand & Diefendorff, 2005; Grandey, 2003; Hochschild, 1983). 이처럼 감정노동을 표면연기와 심층연기로 파악하는 것은 감정노동이 마치 연극무대에서 연기(show)하는 것과 다를 바 없다는 인식에 기초하고 있다. 즉, 배우가 무대에서 정해진 각본대로 연기를 하는 것처럼 서비스 직원들은 서비스 접점(무대)에서 고객들을 대상으로 감정표현규칙(대본)대로 연기를 하는 것으로 보고 있다(김영조·한주희, 2008).

표면연기(surface acting)는 구성원의 내적인 감정은 그대로 둔 채, 겉으로 표출되는 가시적인 감정 측면만을 조직의 감정표현규칙에 일치시키는 것을 말한다. 얼굴표정, 몸짓, 말씨 등을 감정표현규칙에 맞게 꾸며내는 것으로서 실제로는 느끼지 않는 감정을 겉으로 가장하여 표출한다. 예를 들자면, 고객의 무례한 요구에 화가 났음에도 불구하고 이러한 부정적 감정을 숨기고 여전히 미소 지으면서 공손한 말씨로 친절하게 고객을 대하는 것을 들 수 있다.

심층연기(deep acting)는 겉으로 표출되는 감정을 단순히 꾸며내는 것이 아니라 내적인 감정 상태까지도 감정표현규칙에 일치되는 방향으로 변화시키고자 노력하는 것을 말한다. 조직에서 요구하는 감정을 진심으로 느끼고자 노력하는 것으로서 이를 위해 감정이입을 하거나 특정 감정을 유발하는 생각, 이미지, 기억들을 적극적으로 활용한다. 예를 들면, 간호사가 환자나 환자 가족의 아픔을 공감하고 진심으로 연민을 표하기 위해 자신이 그러한 상황에 처해 있는 것으로 상상하는 것을 들 수 있다.

그런데, 조직구성원들의 감정노동 수행은 표면연기와 심층연기의 두 가지 형태로만 나타나는 것이 아니라 자연발생적 감정표현과 감정일탈의 형태로도 나타날 수 있다(김상표, 2007; Ashforth & Humphrey, 1993; Chu & Murrmann, 2006; Diefendorff et al., 2005; Rafaeli & Sutton, 1987). 자연발생적 감정표현(spontaneous and genuine emotion)은 구성원들이 조직에서 요구하는 감정을 의식적인 노력 없이 자연스럽게 느끼고 이를 표출하는 것을 말한다. 즉, 조직에서 요구하는 감정, 외부로 표출하는 감정과 구성원이 실제로 느끼는 감정이 자연스럽게 일치하는 경우이다. 그리고 감정일탈(emotional deviance)은 구성원이 감정표현규칙에서 요구하는 감정을 표출하지 않고 이에 위배되는 감정을 표출하는 것을 가리킨다.

조직구성원들이 어떠한 형태의 감정노동을 수행하느냐에 따라서 고객들에게 전달되는 서비스품질(service quality)이 달라질 뿐만 아니라 구성원 자신의 심리적 안녕감(well-being)과 직무소진(job burnout) 수준이 달라질 수 있다. 연구결과에 의하면, 표면연기보다는 심층연기를 수행하는 경우 서비스품질이 높은 반면, 직무소진은 낮은 것으로 나타났다. 따라서 체계적인 교육훈련과 공식적 또는 비공식적 조직사회화 과정을 통해 구성원들로 하여금 조직의 감정표현규칙을 수용하고 이를 자신의 가치로 내면화하도록 하는 것이 중요하다고 할 수 있다(김영조 · 한주희, 2008)

3) 감정부조화(emotional dissonance)

앞에서 살펴본 바와 같이 감정노동을 수행하는 과정에서 구성원들이 실제로 느끼는 감정(felt emotions)과 겉으로 표출하는 감정(displayed emotions) 사이에 불일치가 발생하며, 이로 인해 감정부조화가 유발될 수 있다(Ashforth & Humphrey, 1993; Brotheridge & Grandey, 2002; Grandey, 2003; Hochschild, 1983; Zapf, 2002). 예를 들자면, 상사가 부당한 업무지시를 하는 것에 대해 속으로는 화가 치밀어 오르지만(실제로 느끼는 감정) 상사에게 대들거나 짜증을 내지 않고 상사의 지시에 수긍하는 표정(겉으로 표출하는 감정)을 짓는 것, 무례한 고객에게 속으로는 화가 나면서도 겉으로는 상냥한 표정으로 응대하는 것 등을 들 수 있다. 감정노동을 수행하는 과정에서 이처럼 '실제로 느끼는 감정'과 '겉으로 표출하는 감정'이 다른 경우가 많은데, 이러한 불일치를 감정부조화라 부른다. 감정부조화는 자아정체감과 과업역할 간의 갈등을 나타내며, 이는 자존감을 떨어뜨리고 심리적 긴장을 유발할 수 있으며, 더 나아가 감정 고갈(emotional exhaustion) 등의 직무소진을 유발할 수 있다.

3 감정지능(Emotional Intelligence)

감정노동을 효과적으로 수행하려면 자신뿐만 아니라 다른 사람의 감정을 잘 알아야 하고, 또한 자신의 감정을 잘 관리하고 적절하게 감정을 표현할 줄 알아야 한다. 대니얼 골만(Daniel Goleman)은 성공적인 대인관계를 위해서는 감정을 잘 관리할 줄 아는 능력이 지능(IQ)보다 더 중요하다고 주장하면서 감정지능(emotional intelligence) 개념을 내놓았다. 감정지능은 〈그림 4-16〉에서 보는 바와 같이 (1) 자기 자신의 감정을

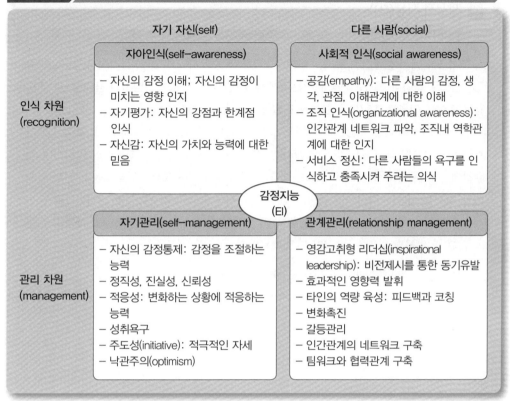

그림 4-16 감정지능(emotional intelligence)의 구성요소

	자기 자신(self)	다른 사람(social)
인식 차원 (recognition)	**자아인식(self-awareness)** – 자신의 감정 이해; 자신의 감정이 미치는 영향 인지 – 자기평가: 자신의 강점과 한계점 인식 – 자신감: 자신의 가치와 능력에 대한 믿음	**사회적 인식(social awareness)** – 공감(empathy): 다른 사람의 감정, 생각, 관점, 이해관계에 대한 이해 – 조직 인식(organizational awareness): 인간관계 네트워크 파악, 조직내 역학관계에 대한 인지 – 서비스 정신: 다른 사람들의 욕구를 인식하고 충족시켜 주려는 의식
관리 차원 (management)	**자기관리(self-management)** – 자신의 감정통제: 감정을 조절하는 능력 – 정직성, 진실성, 신뢰성 – 적응성: 변화하는 상황에 적응하는 능력 – 성취욕구 – 주도성(initiative): 적극적인 자세 – 낙관주의(optimism)	**관계관리(relationship management)** – 영감고취형 리더십(inspirational leadership): 비전제시를 통한 동기유발 – 효과적인 영향력 발휘 – 타인의 역량 육성: 피드백과 코칭 – 변화촉진 – 갈등관리 – 인간관계의 네트워크 구축 – 팀워크와 협력관계 구축

감정지능(EI)

자료: Goleman, Boyatzis, & McKee (2002), p.39.

잘 파악하는 자아인식(self-awareness), (2) 자신의 감정을 잘 제어하는 자기관리(self-management), (3) 다른 사람의 감정을 잘 이해하고 공감하는 사회적 인식(social awareness), 그리고 (4) 다른 사람과의 관계를 효과적으로 관리하는 관계의 관리(relationship management)의 네 가지 요소를 포함하고 있다. 앞의 두 가지 요소는 자신의 개인적 역량(personal competence)을 개발하고 관리하는 것이고, 나머지 두 가지는 사회적 역량(social competence)을 개발하고 관리하는 것을 가리킨다.

이러한 감정지능은 감정노동의 수행 과정에서 감정부조화가 발생하는 경우 이러한 상황에 효과적으로 대처할 수 있도록 해줌으로써 만족스런 관계를 유지할 수 있게 해준다. 또한, 감정지능은 구성원들의 역량을 개발하고, 팀워크를 구축하고, 갈등을 관리하고, 리더십을 발휘하는 데 윤활유 역할을 함으로써 개인의 성과뿐만 아니라 팀과 조직의 성과를 향상시키는 데 도움을 줄 수 있다(Kinicki & Kreitner, 2008, p.137).

🐷 정서적 지능(EQ)

현대 사회에서 성공하기 위해서 IQ보다 EQ가 더 중요시되고 있다. 정서적 지능(EQ)이란 정서적으로 얼마나 똑똑한가를 말하는데, 자신의 감정을 이해하고, 남들과 공감할 줄 알며, 행복한 삶을 이루는 방향으로 감정을 조절할 수 있는 능력을 일컫는다.

정서적 지능이 높은 사람들은 낙천적이며 어려움이 닥쳐도 기가 죽지 않고, 모험심과 자신감을 가지고 있다. 또한 대인관계에서는 남들의 감정에 민감하고 그들과 잘 공감하며 친절하게 대하는 것이 특징이다. 이들은 인기가 좋고 남들의 협조를 잘 얻어낸다. 인지적 지능과 정서적 지능은 직접적인 상관은 없으나, 인지적 지능이 비슷하다면 장기적으로는 정서적 지능이 높은 사람이 더 높은 성취를 이루게 된다. 정서적 지능이 소질과 재능이 시들지 않고 활짝 꽃필 수 있는 토양이 되기 때문이다.

자료: 정진경, "아이큐와 이큐," 한겨레신문, 1996.3.21.

욕구와 동기

**Organizational
Behavior**

Chapter 5 욕구와 동기

제3장에서 개인의 성격과 가치관, 그리고 제4장에서 지각과 학습, 직무태도 등 개인행동에 작용하는 중요요소들을 살펴보았다. 이들 요소는 개인행동의 형성과정을 설명해 줄 뿐만 아니라 개인의 행동경향도 제시해 준다. 그렇지만 조직구성원들을 통해 조직성과를 얻으려면 이러한 개인의 성향과 행동경향이 실제로 성과지향적인 행동으로 이어져야 한다. 즉, 조직구성원들 개개인이 조직성과를 향상시키고자 하는 동기를 가져야만 높은 성과를 실현할 수 있다.

그러면 개인의 동기는 어떻게 유발되고 개인의 동기행동은 어떻게 유도될 수 있을까? 이러한 문제를 중심으로 개인의 동기화 과정과 동기이론을 설명하는 것이 이 장의 목적이다. 먼저 제1절에서 개인의 동기유발 과정을 살펴보고, 제2절과 제3절에서 동기이론을 내용이론과 과정이론으로 나누어 각각 설명한 다음에 제4절에서 목표관리(MBO)와 직무설계 등 동기이론을 적용한 경영관리 기법에 관하여 다룬다.

동기(motivation)는 성격, 지각, 학습과 더불어 개인행동에 매우 중요한 역할을 한다. 따라서 동기는 행동과학 분야에서 가장 많은 연구가 이루어진 주제 중의 하나이다. 동기를 연구하는 데 있어서 동기의 기본개념을 정리하고 동기의 형성과정과 욕구불만족 행동에 대해 설명한다.

1 동기과정

동기라는 말은 기업조직은 물론 일상생활에서도 흔히 사용되는 용어로서 다양한 뜻을 지니고 있다. 특히 우리나라에서는 동기가 일반적으로 motive와 motivation의 두 가지 용어로 사용되므로 개념상의 혼돈을 가져올 수도 있다. 우선 motive로서의 동기는 어떤 목적을 달성할 수 있도록 개인의 행동을 일정한 방향으로 작동시키는 내적 심리상태를 말한다(Mitchell, 1982, p.81). 반면에 motivation으로서의 동기는 개인의 행동이 실제로 어떠한 과정을 거쳐 작동되는지 그 과정에 초점을 두는 것을 말한다.

개인의 행동형성 관점에서 볼 때, 동기는 다양한 요소로부터 영향을 받는다. 첫째, 동기는 개인의 욕구(need)에 의하여 발생되고, 그 강도는 욕구의 결핍 정도에 따라서 좌우된다. 그리고 발생된 동기는 욕구를 충족시키기 위한 목적지향적(goal-directed) 행동으로 전환된다. 이러한 전환과정에는 직무특성과 리더십 등 여러 가지 환경적 요소들이 영향을 미치는데, 동기와 목적지향성에 따라서 개인의 노력수준이 정해진다. 이러한 노력은 개인의 능력과 결합되어 성과를 결정하게 된다. 성과가 창출되게 되면 개인은 성과 그 자체로부터 욕구가 충족되든지, 아니면 성과에 대한 금전적 보상이나 인정 등을 매개로 욕구가 충족되게 된다. 그리고 욕구충족의 정도에 따라서 개인의 만족감이 좌우되게 된다. 또한, 이와 같이 얻어진 만족감은 차후의 동기과정에 있어서 결과에 대한 기대감으로 작용하여 개인의 동기와 목적지향성 그리고 노력수준에 영향을 준다(〈그림 5-1〉 참조).

이상의 동기과정을 볼 때, 조직행동 관점에서 개인의 동기를 이해하는 데에는 다음의 세 가지 측면이 중요하다(Gellerman, 1963).

그림 5-1 ▶ 동기과정

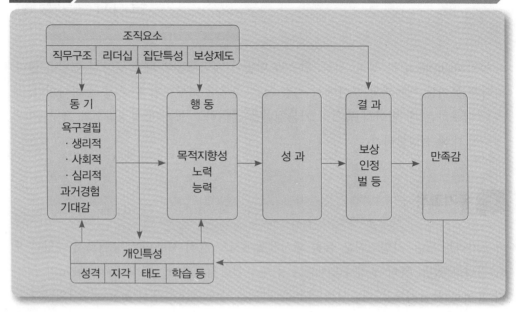

1) 행동의 작동

행동의 작동이란 동기를 발생시키고 이러한 동기가 행동으로 이어지게끔 하는 것을 말한다. 동기는 생리적 또는 심리적 욕구의 결핍 또는 불균형 상태에서 자극되어, 이를 해소하기 위한 에너지가 의식적 또는 무의식적으로 작동되는 과정에서 발생된다. 즉, 목이 마르거나 배가 고픈 것, 또는 일의 의미를 추구하거나 열심히 일한 성과에 대해 인정을 바라는 것 등 육체적 또는 심리적 욕구결핍 상태를 경험할 때, 개인은 이러한 불균형상태를 해소하기 위한 행동을 취하게 된다.

어떤 욕구가 개인에게 중요한지 그리고 이것이 어느 정도의 강도로 개인의 행동을 자극하는지는 성격과 지각 그리고 과거 경험 등 개인의 특성에 따라서 각각 다르다. 따라서 조직구성원의 동기를 자극시키려면 구성원의 성향과 행동경향을 충분히 이해해야 한다.

2) 행동의 유도

동기과정의 두 번째 측면은 작동된 동기가 개인의 욕구충족과 조직의 목적달성을 위한 구체적인 노력으로 유도하는 것이다. 즉, 작동된 에너지를 개인의 목적지향적 행동과 조직을 위한 성과지향적 행동으로 이끌어가는 것이다. 이 과정에서 조직은 구성원의 특성에 맞추어 직무배정, 목표설정, 보상체계의 활용 등 그에게 적합한 환경적 여건을 마련해 줌으로써 구성원으로부터 바람직한 행동을 유도할 수 있다.

🖐 왜 동기가 중요하며, 무엇이 종업원들의 동기를 유발하는가?

글로벌 기업의 근로자들 중 42%는 직장에서 직무에 몰입하지 않는 것으로 조사되었다. 회사 리더들의 90%가 직무 몰입이 회사의 성공에 필수적이라고 응답하였는데, 75%의 회사들은 아직 직원몰입을 향상시키기 위한 전략이 없다고 한다.

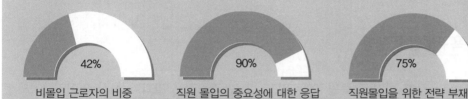

갤럽의 조사결과에 따르면, 미국에서 직무에 몰입하지 않는 직원들로 인한 연간 손실이 350조원이나 된다고 한다. 그리고 직원 몰입 수준이 상위 10% 안에 드는 기업들은 경쟁기업들보다 주당 순이익이 72%나 높고, 직무에 몰입하는 직원들은 그렇지 않은 직원들보다 생산성이 50%나 더 높은 것으로 나타났다. 이러한 조사결과들은 직원들의 동기가 기업경영에서 얼마나 중요한지 잘 보여주고 있다.

그렇다면 어떤 요인들이 구성원들의 동기를 자극하는가? 아래 그림에서 보는 바와 같이 동기를 유발하는 요인으로 관리자의 칭찬과 인정, 리더의 관심, 프로젝트를 책임질 기회 등이 연봉인상이나 스톡옵션보다 더 중요한 것으로 나타났다. 한마디로 말해, 돈은 동기를 유발하는 한 요인이긴 하지만, 가장 중요한 요인은 아니다.

구성원들이 돈보다 다른 것을 원한다면, 구체적으로 뭘 원할까? 첫째, 자율성(autonomy)이고, 둘째, 잠재능력 개발(mastery)이고, 셋째, 사명감과 목표의식(purpose)이다.

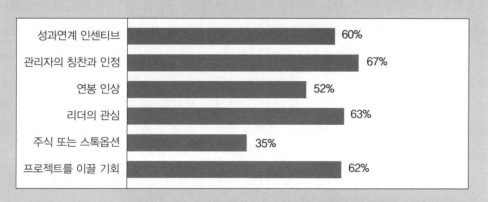

자료: Davis, K., "What Really Motivates Employees?" http://www.entrepreneur.com/blog/225560

3) 동기행동의 강화

동기과정의 마지막 측면은 개인이 달성한 성과에 대하여 적절한 보상을 해줌으로써 개인이 자신의 성과와 이에 따른 인정으로부터 만족감을 느끼게 하고, 이를 기반으로 목적지향적 동기행동을 강화시키는 것이다. 즉, 강화의 법칙에 따르면 구성원이 열심히 일한 결과 조직으로부터 보상을 받거나 상사로부터 칭찬을 받게 되면 만족감과 보람을 느끼게 되고, 이는 열심히 일하고자 하는 행동을 강화시키는 요인으로 작용하게 된다.

2 욕구불만족 행동

개인의 욕구가 항상 충족될 수는 없고, 또 만족스러운 결과가 항상 얻어질 수도 없다. 개인의 욕구 자체가 불확실할 때가 많고, 또 개인이 조직 여건에 비추어 과도한 욕구충족을 원할 때도 많으므로 조직구성원의 욕구가 완전히 충족되는 것은 현실적으로 불가능하다. 그런데 이처럼 욕구가 충족되지 않는 경우 개인의 동기행동이 단절되는 것은 물론, 욕구불만으로 인한 생리적 또는 심리적 불균형상태에 적응하려는 행동이 다양하게 나타나게 된다. 이러한 적응행동은 경우에 따라서 건전한 동기로 전환될 수도 있으나, 많은 경우 자신의 자아(self)를 보호하고 유지하려는 목적에서 역기능적인 행동으로 나타날 수 있다. 욕구불만으로 인한 불균형을 해소하기 위한 주요 적응행동을 살펴보면 다음과 같다(Swanda, 1978, pp.147~148).

1) 목표의 조정

첫째, 욕구가 충족되지 않는 경우 개인은 다른 욕구를 추구함으로써 자신의 목표를 조정하는 행동경향을 보인다. 이러한 목표의 조정은 건전한 동기가 새로이 유발되어 개인의 에너지가 자신의 발전과 조직목표의 달성에 건설적으로 기여할 수 있다. 그러나 개인의 욕구동기가 바람직스럽지 않은 방향으로 조정되는 경우에는 개인과 조직에 부정적인 결과를 초래하게 된다. 예를 들면, 승진을 목적으로 열심히 일해 오던 구성원이 자신이 바라는 목적을 달성하지 못하자 자신의 목표를 바꾸어 자기계발에 모든 에너지를 투입하는 경우, 그 구성원은 새로운 욕구충족과 만족의 원천을 찾아서 동기행동의 방향을 잘 조정했다고 볼 수 있다. 반면에, 그 구성원이 경영층에 대한 반항적 행동을 하는 데 자신의 에너지를 투입한다면, 이는 조직의 입장에서뿐만 아니라 개인의 발전 측면에서도 바람직스럽지 못하다고 할 수 있다.

2) 합리화행동

합리화행동은 욕구불만으로 인한 불균형상태를 해소하기 위하여 목표를 달성하지 못한 원인을 외부요소에 귀인하고 자신의 자아개념을 보호하려는 행동을 말한다. 즉, 승진에 탈락한 구성원이 그 원인을 불공정한 인사제도의 탓으로 돌리거나 또는 시험에 떨어진 학생이 자신의 노력부족이 아니라 이상한 문제가 출제됐다는 등의 외재적 요인을 이유로 드는 것을 말한다.

3) 공격적 행동

욕구불만은 개인에게 좌절감을 느끼게 하며, 이를 해소하기 위한 적응행동으로 공격적 행동이 유발될 수 있다. 공격적 행동은 주로 자신의 욕구충족과 목적달성에 장애요인이었다고 생각하는 대상에 대하여 신체적 또는 언어적 적대행동으로 나타난다. 신체적 공격행동으로는 협박이나 폭행, 그리고 언어적 공격행동으로는 대상인물에 대한 욕설, 중상모략 또는 험담 등을 들 수 있다.

4) 기타 해소행동

욕구불만으로 인한 심리적 불균형과 좌절감을 해소하기 위하여 퇴행, 체념, 그리고 고착 등의 행동이 나타날 수 있다. 퇴행(regression)은 개인이 추구하는 목표를 달성할 수 없는 좌절상황에서 건설적인 행동을 포기하고 어린아이처럼 미성숙한 행동을 취하는 것을 말하며, 체념(resignation)은 여러 차례의 욕구좌절로 인해 자신의 목적을 포기하고 단념해 버리는 것, 즉 동기를 상실한 상태를 말한다. 그리고 고착(fixation)은 반복적인 욕구좌절에도 불구하고 오로지 한 욕구만을 맹목적으로 추구하고 더 이상의 발전이 없는 것을 말한다.

조직구성원이 욕구불만으로 좌절감을 느끼는 경우 교육훈련을 통해 개인의 능력을 배양함으로써 욕구충족의 가능성을 높여주거나 개인으로 하여금 새로운 욕구를 추구하도록 에너지를 전환시키는 것이 바람직하다.

3 인지부조화

개인의 심리적 불균형은 욕구불만족뿐만 아니라 인지요소들 간의 부조화 또는 태도와 행동 간의 불일치에서도 발생할 수 있다. 제4장에서 설명한 바와 같이, 개인은 자기의 신념과 가치관 그리고 태도와 행동 간의 일관성을 유지하려고 노력한다. 따라서 동

📖 인지부조화 실험: 1달러-20달러 실험

　　인지부조화 개념은 심리학자 페스팅거(L. Festinger)가 처음으로 사용하였다. 페스팅거는 인지부조화 이론을 검증하기 위해 이른바 "1달러-20달러"실험을 고안했다. 이 실험에서 참가자들은 실을 감는 실패를 계속 방향을 바꿔가며 돌리는 과제를 수행했다. 이 과업은 단순하고 반복적인 것으로서 누구나 짐작하는 바와 같이 결코 재미있는 과제가 아니었다.

　　한 시간쯤 지났을 때 연구자는 실험참가자에게 다음과 같은 의외의 부탁을 했다. "오늘 실험조교가 사고로 실험실에 나오지 못해서 그러는데 실험조교를 대신해서 실험실 바깥에 대기하고 있는 다른 실험참가자들에게 이 실험이 매우 재미있는 실험"이라고 말해 달라는 것이었다. 실험의 내용을 감안해 볼 때, 이 부탁은 실험참가자들의 태도와는 상반되는 일종의 거짓말을 해달라는 요청인 셈이다. 연구자는 한 집단의 참가자들에게는 부탁을 들어준 대가로 1달러를 지불하겠다고 했고, 다른 집단의 참가자들에게는 20달러를 주겠다고 약속했다(그 당시 실험에 참가하면 보통 5달러를 지불했기 때문에 1달러는 평균보다 적은 금액이고, 20달러는 아주 큰 금액이라고 할 수 있음). 실험참가자들은 연구자의 요청을 들어주었다. 연구자는 실험참가자들과 사후 면담을 해서 실험과제가 실제로 얼마나 재미있었는지 조사하였다. 1달러 받은 집단과 20달러를 받은 집단이 차이가 있었을까? 당신은 두 집단 중 어느 집단이 실험과제를 더 재미있었다고 평가했을 것으로 생각하는가?

　　일반적으로 20달러를 받은 집단이 1달러를 받은 집단보다 더 많은 보상을 받았기 때문에 실험과제에 대해서도 더 긍정적으로 평가했을 것이라고 예상한다. 그런데 실험결과는 예상과는 달리 정반대로 나타났다. 20달러를 받은 집단의 참가자들은 실험과제가 정말 재미없었다고 응답한 반면, 1달러를 받은 집단의 참가자들은 과제가 꽤 재미있었다고 응답했다. 어떻게 해서 이런 결과가 나왔을까?

　　20달러를 받은 참가자들은 지루한 과제를 수행했는데 그 대가로 20달러의 충분한 보상을 받았기 때문에 인지부조화를 경험하지 않았고, 따라서 자신이 느낀 바대로 과제가 재미없었다고 솔직하게 평가한 것이다. 반면에, 1달러를 받은 참가자들은 지루한 과제를 수행했는데도 불구하고, 게다가 실험이 재미있다고 거짓말을 했는데도 불구하고 1달러라는 너무 적은 보상을 받았기 때문에 인지부조화를 경험하게 되었고, 이들은 이러한 인지부조화를 해소하기 위해서 실험과제에 대한 태도를 바꾸었다. 즉, 과제가 실제로 재미있었다고 자신의 감정을 왜곡하고 태도를 변화시킴으로써 인지부조화를 해소한 것이다. 그러니까 1달러를 받기 위해서 거짓말을 한 것이 아니라 실제로 실험이 재미있었다고 인식함으로써 자신의 행동을 합리화한 것이다.

자료: Festinger, L. (1957), *A Theory of Cognitive Dissonance*, Stanford, CA: Stanford University.

기과정에 있어서도 두 가지 이상의 인지요소가 서로 불일치하거나 일관성이 결여되면 개인은 심리적으로 불균형 또는 긴장상태를 느끼게 되고, 이를 해소하기 위한 적응행동을 취하게 된다. 이러한 인지요소 간의 부조화상태를 인지부조화(cognitive dissonance)라고 부른다(Festinger, 1967).

간단한 예로, 승진되어 다른 부서로 옮기게 된 구성원은 한편으로는 승진된 것을 기뻐하지만, 다른 한편으로는 지금까지 서로 친하게 지내온 동료들을 떠나서 낯선 곳으로 가야 하는 것에 대해 불편함으로 느낄 수 있다. 이 경우 승진과 기존의 인간관계 단절이라는 두 가지의 상호 부조화적인 인지요소를 경험하게 되는데, 이러한 부조화상태를 벗어나기 위하여 새로운 부서에서 마음에 맞는 좋은 사람들과 일하게 될 것이라는 식으로 자신을 위로하고 주어진 상황을 합리화하려고 한다.

사람들은 인지부조화 상태를 피하고 심리적 균형을 유지하기 위해 다음과 같은 행동들을 취할 수 있다(McGuire, 1960; Adams, 1961).

① 자기 자신의 의사결정을 정당화시킬 수 있는 정보자료를 수집한다.
② 정보자료를 선택적으로 지각한다.
③ 의사결정에서 선택된 대안의 장점을 강조하고 단점은 무시한다.
④ 의사결정에서 선택되지 않은 대안에 대하여 의식적으로 부정적 태도를 갖는다.

이와 같이 개인은 인지부조화를 해소하는 과정에서 동기행동이 형성되고, 인지부조화가 해소되면서 심리적 균형상태를 되찾게 된다.

내용이론 | 02

다양한 동기이론들이 발전해 왔는데, 이들 동기이론은 크게 두 가지로 분류해볼 수 있다. 하나는 내용이론(content theory)이다. 내용이론은 사람들의 행동을 작동시키는 에너지, 즉 내적 욕구에 초점을 맞추고 있으며, 사람들이 구체적으로 어떠한 욕구를 가지고 있는지 그 내용을 규명하는 데 관심을 기울여왔다. 다른 하나는 과정이론(process theory)이다. 과정이론은 사람들이 구체적으로 어떤 과정을 거쳐서 동기가 유발되고 특정 행동을 하게 되는지 그 과정에 초점을 맞추고 있다. 직무동기의 예를 들자면, 내용이론은 열심히 직무를 수행하게끔 만드는 욕구로 어떤 것들이 있는지를 규명하는 데 관심을 두는 데 반해, 과정이론은 어떤 메커니즘과 과정을 거쳐서 구성원들이 열심히 직무를 수행하게 되는지 그 과정을 설명하는 데 관심을 둔다. 이 절에서는 욕구단계론, ERG이론, 2요인이론, 그리고 성취동기이론 등 내용이론들에 대해 살펴보고, 다음 절에서는 과정이론에 대해 설명하고자 한다.

1 욕구단계론

욕구단계론(Need Hierarchy Theory)은 마슬로우에 의하여 발표된 이론으로서 사람들의 행동은 자신의 욕구를 충족시키는 과정에서 형성된다는 전제하에 사람들이 갖고 있는 공통적인 욕구와 이러한 욕구들의 단계적 구조를 제시하고 있다. 욕구단계론의 주요 내용을 요약한다(Maslow, 1943, 1997).

1) 개인의 기본욕구

첫째, 마슬로우는 개인의 기본욕구를 다음의 다섯 가지로 분류하고 있다.

① 생리적 욕구(physiological needs) : 인간의 생리적 균형을 유지하는 데 요구되는 가장 기본적인 욕구로서 의·식·주 등과 같이 인간의 생존에 필요한 욕구들을 포함한다. 개인의 욕구구조에 있어서 가장 기초적인 위치를 점하는데, 조직구성원들의 생리적 욕구는 주로 이를 충족시킬 수 있는 경제적 보상에 대한 관심으로 나타난다.

② 안전욕구(safety needs) : 신체적 안전과 심리적 안정(security)에 대한 욕구로서 신체적 보호와 안정된 직업 그리고 기본 생계에 대한 보장 등을 포함한다.

③ 사회적 또는 소속욕구(social needs or belongingness) : 대인관계에 대한 욕구로서 상호간의 교류, 친분, 소속감 등을 통해 서로 정을 주고받고 서로 친밀하게 지내기를 원하는 욕구를 말한다. 조직에서의 사회적 욕구는 다른 구성원들의 사랑을 받고 서로 잘 어울려 지내고, 집단에 소속되기를 원하는 행동으로 나타난다.

④ 존경욕구(esteem needs) : 욕구구조에서 네 번째 위치해 있는 욕구로서 다른 사람들로부터 인정 및 존경을 받고 싶어 하는 심리적 상태를 말한다. 조직에서 존경욕구는 자신의 노력, 능력과 성과에 대해 다른 사람들로부터 인정을 받고자 하고, 자존감을 지키고자 하는 행동으로 나타난다.

⑤ 자아실현욕구(self-actualization needs) : 욕구구조의 가장 꼭대기를 점하고 있는 욕구로서 개인의 잠재능력을 충분히 개발하고 자신의 능력을 최대한도로 발휘하고 싶어 하는 욕망을 말한다. 조직에서의 자아실현욕구는 자율성, 보람 있는 직무내용, 능력개발, 성취적 행동에 대한 관심으로 나타난다.

2) 욕구의 계층적 구조

마슬로우에 의하면 다섯 가지 기본욕구는 계층적 구조를 형성하고 있다. 즉, 가장 기초적인 욕구인 생리적 욕구가 충족되면 그 다음 단계의 안전욕구를 추구하고, 안전욕구가 충족되면 그 다음으로 사회적 욕구를 추구하게 되고, 계속하여 존경욕구, 자아실현욕구의 순으로 만족–진행(satisfaction-progression) 과정을 밟으면서 욕구를 추구한다는 것이다.

그렇지만 사람들은 한 순간에 한 가지의 욕구만을 추구하지는 않는다. 마슬로우에 의하면 보통의 성인들은 85%의 생리적 욕구와 70%의 안전욕구, 50%의 사회적 욕구와 40%의 존경욕구, 그리고 10%의 자아실현욕구를 충족시킨 상태라고 본다(〈표 5-1〉 참조). 욕구결핍과 욕구충족은 개인에 따라 각각 다르지만, 조직구성원의 욕구충족은 고차원적 욕구일수록 그 충족 정도가 점점 제한되는 것이 일반적이다.

표 5-1 마슬로우의 욕구단계론

욕구단계	주요 요인	조직 관련 요인	충족 정도
자아실현	자율성, 성장, 성취감	창의적 업무, 보람있는 업무, 자율적 직무, 성취감, 경력 발전	욕구 결핍
존경	인정, 존경, 자존감	직위, 상사 · 동료로부터 인정 · 존경	
소속/애정	소속감, 친밀감, 친분	인간관계, 집단응집성, 소속감	
안전	안전, 안정	산업안전, 고용보장, 후생복지	욕구 충족
생리	의 · 식 · 주, 수면, 성	급여, 근무시간 · 휴식시간	

3) 욕구의 효력

동기를 유발하는 것은 충족되지 않은 욕구이며, 이미 충족된 욕구는 동기를 작동시키는 효력을 잃게 된다. 마슬로우는 인간을 항구적으로 욕구를 추구하는 존재로 봤으며, 따라서 인간에게는 욕구결핍이 항상 존재하고 이것이 행동동기를 자극한다고 보고 있다. 그렇지만 사람들마다 욕구의 강도가 다르고 욕구충족의 정도가 각각 다르기 때문에 개인의 욕구와 행동을 정확하게 예측하는 것은 현실적으로 불가능하다.

📖 직원들의 동기를 자극하는 요인

　회계, 건설, 보험, 정보기술 등 다양한 분야의 직장인들을 대상으로 동기를 유발하는 데 가장 핵심적인 요인이 무엇인지 조사한 결과, 아래 그림과 같이 상위 10개 요인이 도출되었다. 그림에서 보는 바와 같이 인센티브나 급여보다도 팀워크와 도전적인 직무를 더 중요한 요인으로 꼽고 있음을 알 수 있다.

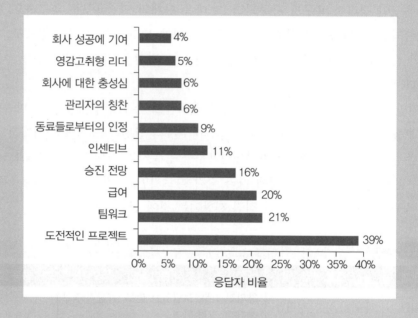

자료: Greenberg & Baron (2008), p.250.

　마슬로우의 욕구이론은 여러 연구결과를 통하여 입증 또는 기각되었다. 여러 수준의 욕구가 존재한다는 것이 밝혀졌고, 상위계층일수록 자율성과 존경 그리고 자아실현 등 고차원적 욕구를 강조하는 것으로 나타났다(Porter, 1963; Maslow & Kaplan, 1998). 그렇지만 욕구의 계층적 구조에 관해서는 많은 의문이 제기되어 왔다. 일부 연구결과에 의하면 다섯 개의 욕구계층이 나타나지 않고 생리적·안전 욕구와 소속·존경·자아실현 욕구의 두 개 계층만이 존재하고 있는 것으로 나타났으며, 사람들의 욕구가 반드시 계층적 구조를 갖는 것이 아니라 여러 가지 욕구가 동시에 병존할 수 있고 사람들에 따라서 하위 욕구가 충족되지 않더라도 상위 욕구를 추구하는 경우도 존재하는 것으로 나타났다. 또한, 알더퍼의 ERG이론에서 주장하는 바와 같이 욕구추구의 방향이 만족-진행의 과정뿐만 아니라 좌절-퇴행의 과정을 밟을 수도 있는 것으로 나타나고 있다 (Alderfer, 1972; Herzberg, 1968; Lawler & Suttle, 1972)

이와 같이 마슬로우의 이론은 타당성에 대한 많은 비판이 있어 왔지만, 개인의 기본욕구를 체계적으로 정리하여 범주화하고, 이들 욕구의 계층적 구조를 제시함으로써 개인의 행동동기를 이해하는 데 많은 도움을 주었다.

2 ERG이론

마슬로우의 욕구이론을 수정하여 조직상황에서의 개인의 욕구동기를 좀 더 현실적으로 설명하려는 것이 ERG이론이다. 이 이론은 알더퍼에 의하여 발표되었는데 주요내용을 요약하면 다음과 같다(Alderfer, 1972).

1) 기본욕구

인간의 욕구는 존재(existence), 관계(relatedness), 그리고 성장(growth)의 세 가지로 구성되며, 머릿글자를 따서 ERG이론이라 부른다. 존재욕구(E)는 마슬로우의 생리적 욕구와 안전욕구에 해당하며 경제적 보상과 안전한 작업조건 등을 포함한다. 관계욕구(R)는 마슬로우의 사회적 욕구와 존경욕구에 해당하며 사람들 간의 사교와 소속감 그리고 자존감 등을 포함하고, 성장욕구(G)는 마슬로우의 자아실현욕구를 의미하며 개인의 능력개발과 창의성 발현 그리고 성취감 등을 포함한다. 그리고 이들 세 가지 욕구는 마슬로우의 단계이론과 같이 계층구조를 갖는다.

2) 욕구충족행동

ERG이론에 의하면 하위수준의 욕구가 충족될수록 상위욕구를 더욱 강하게 추구하게 되고, 거꾸로 상위욕구가 충족되지 않을수록 하위욕구의 강도 또한 더욱 커진다. 예를 들면, 자기 능력에 맞는 보람 있는 일을 하지 못하게 되는 경우에 개인은 동료와의 관계를 더욱 중시함으로써 충족되지 않은 성장욕구 대신에 관계욕구를 한층 더 만족시키려고 노력한다.

3) 욕구단계론과의 차이점

ERG이론은 욕구의 단계적 구조와 욕구의 효력, 그리고 욕구계층에서의 만족-진행과

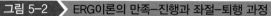

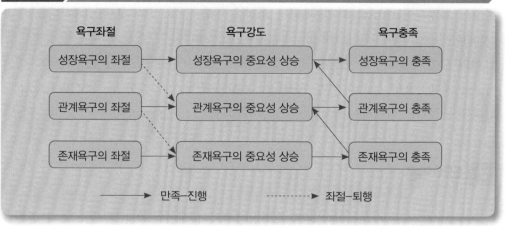

그림 5-2 　ERG이론의 만족-진행과 좌절-퇴행 과정

정(satisfaction-progression) 등 마슬로우의 이론과 공통점이 많다. 그러나 ERG이론은 두 가지 면에서 마슬로우의 이론과 차이를 보인다. 첫째, ERG이론은 존재, 관계, 성장의 세 가지로 욕구를 분류함으로써 욕구단계론보다 욕구의 유형을 간소하게 분류하고 있다. 둘째, 마슬로우는 욕구를 충족시키는 과정을 하위 욕구에서 상위 욕구로 올라가는 만족-진행 과정만을 설명하고 있는 반면, ERG이론은 고차원적 욕구에서 저차원적 욕구로 내려가는 좌절-퇴행(frustration-regression) 과정도 포함하고 있다. 〈그림 5-2〉에서 보는 바와 같이, 성장욕구를 추구하다가 이것이 좌절되면 관계욕구의 중요성이 더 커지고, 관계욕구가 좌절되면 존재욕구가 중요한 동기로 작용하게 된다. ERG 이론은 마슬로우 이론에 비하여 비교적 현대적인 이론으로서 마슬로우의 이론을 많이 보완해 준다.

3 2요인이론

마슬로우의 이론과 더불어 조직행동 분야에서 가장 많이 인용되고 있는 또 하나의 동기이론은 2요인이론(Two Factor Theory)이다. 허즈버그는 회계전문가와 엔지니어들을 대상으로 직장생활을 하면서 만족을 가져왔던 상황과 불만족을 유발했던 상황들에 대해 광범위한 면담조사를 실시한 결과, 만족과 동기를 유발하는 요인들(동기요인)과 불만족을 없애주는 요인(위생요인)들이 서로 구분된다는 것을 발견하였는데, 이를 2요인이론이라 칭하였다(Herzberg et al., 1959; Herzberg, 1968).

1) 위생요인

두 가지 요인 중의 하나는 위생요인(hygiene factor) 또는 불만족요인(dissatisfier)이다. 이는 개인의 불만족을 방지해 주는 요인으로서 주로 임금, 안정된 직업, 작업조건, 지위, 경영방침, 관리감독, 대인관계 등을 포함한다. 허즈버그에 의하면 조직에 이들 요인이 갖추어져 있지 않으면 구성원들은 불만족을 느껴서 조직을 떠나거나 부정적인 태도와 행동을 보이는 반면, 이들 요인이 잘 갖추어졌다 하더라도 조직구성원으로 하여금 열심히 일하도록 동기를 유발하지는 못하고 다만 불만족을 없애주는 효과만을 갖는다. 위생요인은 주로 개인의 생리적 욕구와 안전욕구 그리고 사회적 욕구들로 구성되는데, 이는 직무외재적(extrinsic job condition) 요인들이라고 할 수 있다.

2) 동기요인

동기요인(motivator)은 개인으로 하여금 열심히 일하고자 하는 동기를 유발하고 성과도 높여 주는 요인으로서 성취감, 인정, 책임감, 성장, 발전, 보람있는 직무내용, 존경과 자아실현 등을 포함한다(〈그림 5-3〉 참조). 위생요인이 직무외재적 성격을 지니는 데 반해, 동기요인은 주로 직무내재적(intrinsic job condition) 성격을 띤다. 동기요인이 충족되는 경우 열심히 일하고자 하는 동기가 유발되는 반면, 이러한 동기요인이 갖추어지지 않았다고 하더라도 불만족을 초래하지는 않는다. 즉, 동기요인이 갖추어지지 않더라도 불만족이 증가하지는 않는다는 것이다. 따라서 관리자의 입장에서 구성원들의 동기를 유발하려면 위생요인을 충족시켜주기보다는 동기요인을 확충하는 노력을 기울이는 것이 필요하다.

이와 같이 허즈버그는 개인행동에 영향을 미치는 요인들을 두 가지로 구분하고, 이들이 개인의 불만족행동과 동기행동에 미치는 영향을 분석하고 있다. 기존의 동기이론들이 만족과 불만족을 단일연속선(unidimensional continuum) 개념으로 이해해온 반면, 허즈버그의 2요인이론은 〈그림 5-4〉에서 보는 바와 같이 만족과 불만족을 독립적인 차원(independent continuum)의 개념, 즉 복수 연속선의 개념으로 이해하고 있다. 2요인이론은 이처럼 위생요인과 동기요인을 두 개의 독립적인 차원으로 인식함으로써 각각의 요인들이 어떤 영역에서 실질적인 효과를 가질 수 있는지에 대한 시사점을 제공해 주고 있다. 예컨대, 직무충실화는 직무를 재설계함에 있어서 작업환경, 급여 등 직무 외적인 요인이 아니라 과업다양성, 과업정체성, 자율성과 피드백 등 직무 그 자체를 재설계함으로써 직무동기를 향상시키고자 한다. 다시 말해, 위생요인이 아니라 전적으로 동기요인에 초점을 두고 직무를 재설계하려는 것이다.

그림 5-3 · 2요인이론: 위생요인과 동기요인

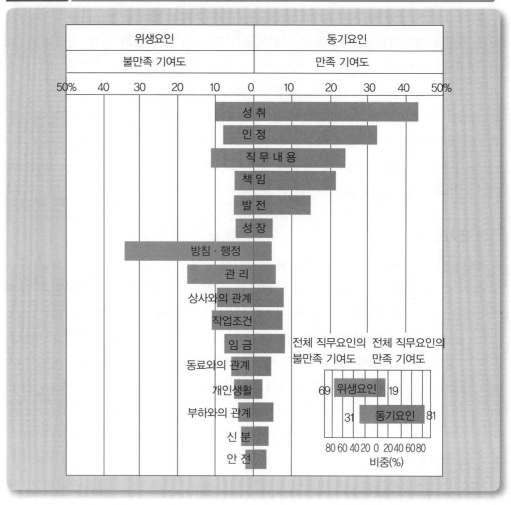

3) 2요인이론에 대한 평가

2요인이론에 대해서도 적지 않은 비판과 논쟁이 제기되어 왔다. 우선 2요인이론의 연구대상이 엔지니어와 회계사 등 전문직업인들이었다는 점에서 이론 자체가 다른 직종의 구성원들에게 일반화할 수 있는지에 대한 의문이 제기되었다. 그리고 연구자료가 중요사건방법에 의하여 수집되었다는 점에서 응답자들의 자아보호적 편견이 내포되었을 가능성이 지적되고 있으며, 따라서 동기요인이 과대평가되었다는 비판도 제기되었다(House & Wigdor, 1967; Schneider & Locke, 1971).

또한, 우수한 인적자원을 선발하고 이들의 동기를 유발하기 위해 금전적 보상과 여타 위생요인들을 광범위하게 활용하는 현실에 비추어봤을 때 위생요인이 불만족만을

그림 5-4   2요인이론의 만족－불만족 복수연속선 개념

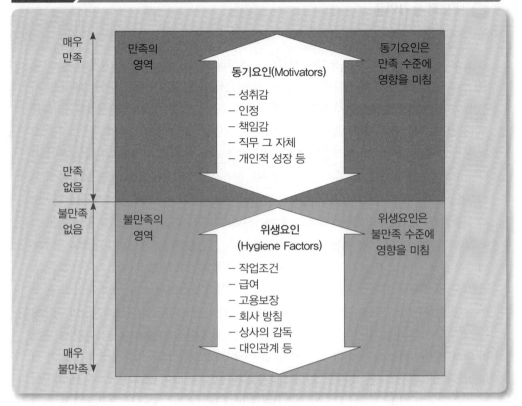

없애줄 뿐이고 동기를 유발하는 기능을 하지 못한다는 주장은 설득력이 떨어진다고 할 수 있다. 직무의 내용이 도전적이고 재미있어야 하는 것이 중요하지만 쾌적한 근무환경도 그만큼 중요하다고 할 수 있다. 금전적 보상만을 가지고 지루한 직무를 수행하게끔 동기부여를 하기 어려운 것과 마찬가지로 아무리 즐거운 일이라고 할지라도 임금수준이 낮은 경우 구성원들의 근로의욕을 불러일으키기 어렵다고 할 수 있다.

이러한 비판에도 불구하고 허즈버그의 2요인이론은 세계 각국에서 그 적용성이 널리 인정받아 왔다. 근래의 연구결과에 의하면 미국뿐만 아니라 핀란드, 일본, 헝가리, 이태리 등의 국가에서도 허즈버그의 만족요인이 동기유발 요인으로 작용하고 있고, 위생요인은 실제로 불만족요인으로 작용하고 있다는 것이 입증되었다(Roberts et al., 1998; Snell et al., 1998).

2요인이론이 우리나라 조직에 얼마나 잘 적용될 수 있는지에 대하여도 적지 않은 의문이 제기될 수 있다. 특히 임금과 지위 그리고 인간관계와 관련된 요인들이 우리나라에서도 과연 위생요인으로만 작용할 것인지가 의문스럽다. 이에 대한 실증적 연구가

내재적 동기이론

　　데씨(Deci, 1971)는 외재적 보상이 사람들의 내재적 동기를 떨어뜨릴 수 있다는 데 주목했다. 데씨는 이를 검증하기 위한 실험을 실시하였는데, 실험참가자들은 이 실험에서 한 시간 동안 세 세션으로 나누어서 재미있는 퍼즐을 맞추는 과업을 수행했다. 실험참가자들을 두 집단으로 나눴는데, 실험집단은 금전적 보상을 제공한 집단으로서 2번째 세션이 진행되는 동안 보상을 해주었고, 통제집단에게는 금전적 보상을 전혀 하지 않았다. 각 세션이 끝나면 휴식시간을 갖는데, 이 휴식시간 동안 실험참가자들이 퍼즐을 맞추는 데 얼마나 많은 시간을 쓰는지 측정하였다. 이는 실험시간이 아닌 자유시간에 실험과업을 수행하는 것이므로 실험참가자가 얼마나 실험과업에 대해 동기부여되어 있는가를 나타낸다고 할 수 있다.

　　실험결과, 두 번째 세션 동안 금전적 보상을 받은 집단은 휴식시간 동안 퍼즐을 맞추는 데 투입한 시간이 크게 증가하였다. 즉, 금전적 보상이 과업에 대한 동기를 자극한 것이다. 그런데, 세 번째 세션에서 금전적 보상이 주어지지 않자 그림에서 보는 바와 같이 퍼즐 맞추는 데 쓴 시간이 급격히 줄어들었다. 반면에, 보상을 전혀 받지 않은 통제집단의 경우에는 퍼즐 맞추는 데 쓴 시간이 조금 증가하였다. 따라서 외재적 보상이 내재적 동기를 오히려 떨어뜨린 것으로 볼 수 있다. 외재적 보상이 주어지지 않을 때는 퍼즐 맞추기 자체가 재미있어서 퍼즐을 갖고 논 것인데, 외재적 보상을 한 번 받고 나면 내재적 동기의 의미가 희석되게 되고 그 결과 외재적 보상이 사라지게 되면서 과업동기도 줄어든 것이다.

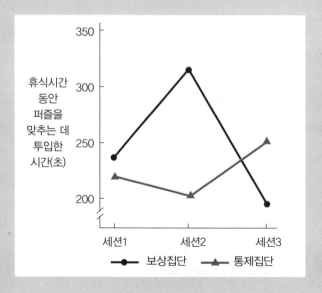

다음의 이야기를 읽어보면 내재적 동기에 대해 좀 더 쉽게 이해할 수 있을 것이다.

어떤 선생님이 조용한 곳에서 작품활동을 하기 위해 시골 동네로 이사를 갔다. 그런 데 동네를 잘못 골랐는지 동네 아이들이 매일 집 주변에 몰려와서 깡통을 두드리며 시끄럽게 굴었다. 다른 곳에 가서 놀라고 해도 막무가내였다. 그래서 그 선생님은 전략을 바꿨다. 오히려 아이들에게 3천원을 주며 매일 오후 세시부터 한 시간씩 깡통을 시끄럽게 두들겨 달라고 부탁했다. 아이들은 웬 떡이냐 하면서 너무 좋아했다.

며칠이 지나자 선생님은 "내가 경제사정이 넉넉지 못해서 그러니 한 시간에 2천원으로 줄여야겠구나. 그래도 해 줄 수 있겠니?"라고 물었다. 아이들은 못마땅해서 입이 삐죽 나왔지만 날마다 와서 깡통을 두드리며 놀았다. 또 며칠이 지나자 선생님은 "내가 경제사정이 안 좋아져서 그러니 한 시간에 5백원으로 해줄 수 있겠니?"라고 물었다.

그러자 아이들은 "우리는 그 정도 받고는 절대 못해요"라고 하면서 가버렸다.

처음 아이들은 깡통 두드리는 놀이가 그냥 재미있어서 돈을 받지 않고 하던 것이었는데, 금전적 보상을 받기 시작하자 이제 놀이가 아니라 일이 되어버린 것이다. 즉, 외재적 보상의 제공이 내재적 동기를 훼손시키고, 외재적 보상에 의존하게 만들었다.

마크 트웨인도 소설 『톰소여의 모험』에서 이러한 내재적 동기의 의미를 잘 통찰하고 있다. "영국에는 여름만 되면 날마다 네 마리 말이 끄는 마차를 타고 30킬로미터에서 40킬로미터를 달리는 부유한 신사들이 있다. 이런 특권을 누리려면 돈이 꽤 든다. 그런데 돈을 받고 그 짓을 하려는 순간 그것은 일이 되어 그들은 그만두고 말 것이다."

필요하겠지만, 우리나라 사람들의 일반적인 욕구수준과 문화적 특징을 고려할 때 우리나라 기업에서는 이들 요인이 동기요인의 성격을 지니고 있을 가능성이 많을 것으로 예상된다.

이와 같이 2요인이론은 연구방법과 이론 면에서 비판을 받고 있지만, 기업 실무경영자들의 많은 관심을 끌고 있고 그들의 리더십 개발에도 많이 적용되고 있다. 따라서 허즈버그의 2요인이론은 조직행동연구와 경영행동개발에 실질적으로 많은 공헌을 하고 있다.

4 성취동기이론

개인의 동기가 사회문화 환경과 상호작용하는 과정에서 학습을 통하여 형성될 수 있다는 관점하에 조직에서의 동기행동을 중점적으로 연구한 것이 성취동기이론이다 (McClelland, 1962, 1971). 이 이론을 발표한 맥클레란드에 의하면 개인의 욕구 중에서 사회문화적으로 습득되는 욕구들은 성취욕구(need for achievement 또는 nAch), 소속욕구(need for affiliation 또는 nAff), 그리고 권력욕구(need for power 또는 nPow) 등으로서 이들은 모두 현대 조직에서 중요시되고 있는 욕구들이다.

1) 성취동기의 특징

이들 욕구 중에서도 맥클레란드는 특히 개인의 성취동기에 많은 관심을 기울이고 집중적으로 연구를 하였는데, 성취동기가 강한 사람들은 다음과 같은 몇 가지의 중요한 특징을 지니고 있는 것을 발견하였다(McClelland & Burnham, 1976; Sagie et al., 1996).

① 목표설정(goal-setting) : 성취동기가 강한 사람들은 목표설정을 중요시한다. 실제 목표설정에 있어서 자신의 능력에 비추어 도전적인 목표를 설정하고 이를 점차적으로 상위수준으로 올리면서 성과를 높여 나가려는 강한 욕구를 갖고 있다.
② 성과피드백(feedback) : 목표달성 과정에서 성취동기가 강한 사람들은 진행상황과 그 결과에 대한 피드백을 적극 원한다.
③ 동료관계(peer relations) : 성취동기가 강한 사람들은 같이 일하는 동료에 대하여 많은 관심을 가지고 있고, 목표달성에 기여할 수 있는 성과지향적인 동료들과 함께 일하는 것을 선호한다.

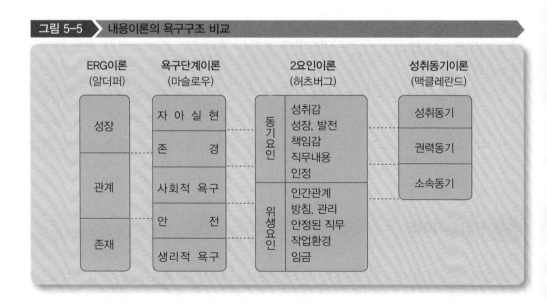

그림 5-5 내용이론의 욕구구조 비교

2) 성취동기의 개발

성취동기는 선천적으로 형성되는 것이라기보다는 사회 및 조직생활에서 후천적으로 학습되기 때문에 맥클레란드는 개인의 성취동기가 개발될 수 있다고 주장한다. 개인의 성취동기 수준을 측정하여 이를 기반으로 적절한 목표 설정과 피드백 그리고 집단구성 등 작업환경을 조성함으로써 성취동기를 자극하고, 개인의 과업수행 결과를 바탕으로 목표수준을 점차적으로 높여감으로써 개인의 성취동기를 강화시켜 나갈 수 있다(McClelland et al., 1953).

개인의 성과지향적 행동이 중요시됨에 따라서 성취동기이론에 대한 관심도 점차 증가되어 왔다. 많은 조직이 구성원들의 성취동기를 측정하고 개발하고자 하는 노력을 기울여 왔을 뿐만 아니라 인사 선발과 배치전환, 평가 및 보상 등 인적자원관리를 효율화시키는 데도 활용해 왔다. 특히 도전적이고 혁신적인 행동(entrepreneurial behavior)을 강조하는 창업 초기의 조직 또는 급변하는 환경하에서 경영혁신을 강조하는 조직들은 성취동기를 배양하는 데 적합한 내부환경을 조성하기 위한 노력을 기울여 왔다.

성취동기와 조직성과와의 관계에 대한 연구결과, 하위관리층에서는 성취동기가 성과에 크게 작용하고 상위계층으로 올라갈수록 권력동기가 중요해지는 것으로 나타나고 있다(McClelland & Boyatzis, 1982; Cornelius & Lane, 1984). 그리고 개발도상국에서도 성취동기이론에 많은 관심을 갖고 이를 적용하는 데 힘써 왔다.

5 문화적 차이와 내용이론

지금까지 우리는 개인의 동기를 설명하는 이론들 중에서 내용이론에 대해 살펴보았다. 이들 이론이 개인의 동기를 얼마나 잘 설명할 수 있는지는 상황에 따라 다르다고 할 수 있다. 개인행동에 영향을 미치는 중요한 상황 중의 하나로 문화적 특성을 들 수 있다. 제3장에서 설명한 바와 같이 개인행동은 개인주의-집단주의, 권력격차, 불확실성 회피성, 남성-여성중심성 등 문화적 특성에 따라 차이를 보인다. 예를 들면, 일본이나 그리스와 같이 불확실성 회피성이 높은 문화권에서는 안전욕구가 자아실현욕구에 비하여 강하게 나타나는 경향을 보인다. 즉, 이들 문화에서는 고용안정과 종신고용이 도전적이고 보람 있는 일보다도 중요시되고 있다. 스칸디나비아의 나라들과 같이 직장생활의 질을 강조하는 여성중심적 문화에서는 사회적 욕구를 자아실현적 욕구보다도 더 강조하는 경향이 있다. 그리고 집단주의적 문화에서는 개인의 자아실현욕구보다 집단소속감과 사회적 욕구를 더 중요시하는 경향이 있다(Adler, 2002, pp.174~178). 그러므로 사회문화적 특성에 따라서 마슬로우가 주장한 욕구의 계층구조가 서로 다르게 나타날 수 있다.

허즈버그의 2요인이론도 문화적 특성에 따라서 그 적용성이 달라질 수 있다. 미국과 같이 개인주의와 남성지향성이 강한 문화에서는 직무설계를 함에 있어서 생산성을 강조하는 반면, 스칸디나비아 국가들과 같이 개인주의적이면서도 여성지향적인 문화에서는 직무만족과 직장생활의 질을 향상시키기 위한 노력을 더 많이 기울이는 경향이 있다. 이와 같이 한 문화에서 위생요인으로 분류되는 요인들이 다른 문화에서는 동기요인으로 작용할 수 있다. 예컨대, 미국 직장인들에게 위생요인으로 작용하는 것으로 나타난 임금, 승진, 인간관계 등이 우리나라 사람들에게는 동기요인으로 작용할 수도 있다.

맥클레란드의 성취동기이론도 문화에 따라 차이를 보일 수 있다. 문화에 따라서 성취 개념을 다르게 인식할 수 있는데, 서구 문화권에서는 생산과 모험성을 의미하지만 남미나 아프리카 문화권에서는 이와 다른 의미로 이해된다(Sagie et al., 1996). 따라서 맥클레란드가 주장하는 성취동기의 개발도 문화에 따라서 그 효과가 다르게 나타난다고 할 수 있다. 이와 같이 사회문화에 따라 개인의 욕구와 동기가 다르게 나타나기 때문에 바람직한 개인행동을 개발하려면 문화적 특성에 맞게 욕구동기이론을 적용해야 할 것이다.

03 과정이론

지금까지 개인의 동기를 구성하는 요소들로 어떤 것들이 있는지를 설명하는 데 초점을 두고 있는 내용이론들에 대해 살펴보았다. 그런데 개인의 동기를 이들 요소만으로 설명하는 것은 충분하지 않고, 이들 요소 이외에 행동동기가 발생하는 과정에서의 인지적 요소(cognitive factors)를 또한 고려해야 한다. 이들 인지적 요소를 강조하면서 개인의 동기발생 과정과 행동선택 과정을 설명하는 데 초점을 두고 있는 것이 과정이론이다. 대표적인 과정이론으로 기대이론, 공정성이론, 그리고 목표설정이론을 들 수 있다.

1 기대이론

기대이론(Expectancy Theory)은 개인의 대안선택에 초점을 두고 있다는 점이 가장 큰 특징이다. 즉, 사람들은 자기 자신과 상황 특성을 감안하여 여러 가지 행동대안들을 평가하고 그중에서 가장 가치 있는 결과를 가져올 것으로 기대되는 대안을 선택한다는 것이다(Lynd-Stevenson, 1999). 기대이론은 이처럼 사람들이 목적지향적인 행동을 하며, 상황에 대한 합리적 평가와 결과에 대한 기대감을 근거로 행동대안을 선택한다고 설명한다. 따라서 기대이론은 인간을 합리적 존재로 인식하고 있다.

1) 기대이론의 주요 설명변수

브룸(V.Vroom)에 의해 발표된 기대이론은 다음의 다섯 가지 변수가 동기를 발생시키는 과정에서 중요한 것으로 설명하고 있다(Vroom, 1964).

① 결과 및 보상(outcome or reward): 이는 개인행동의 결과물을 가리키는 것으로서 개인행동의 직접적인 결과로 나타나는 성과(예, 작업수행의 결과로 나타나는 생산량)와 그러한 성과에 대한 대가로 제공되는 보상(예, 인센티브, 승진)으로 구분된다.

② 기대감(expectancy): 기대감이란 개인의 행동이 특정 결과(outcome)를 가져올 것이라는 믿음을 가리키는 것으로서, 이를 수치로 표현하자면 0에서부터 1까지이다. 0은 개인이 어떤 행동을 선택하여 열심히 노력하더라도 기대하는 결과를 전혀 얻지 못할 것이라고 믿는 것을 말하고, 1은 개인이 열심히 하면 기대하는 결과를 가져올 가능성이 100%로 확실하다는 것을 의미한다.

③ 유의성(valence): 유의성이란 개인이 성과 또는 보상을 얼마나 의미 있고 가치 있는 것으로 생각하는지 그 강도를 가리킨다. 이는 개인의 욕구에 따라 다르며 보상, 승진과 인정의 경우 긍정적 유의성(positive valence)으로 나타나고, 과업과정에서의 스트레스와 처벌 등의 경우 부정적 유의성(negative valence)으로 나타난다.

④ 수단성(instrumentality): 수단성이란 개인행동의 성과(1차적 결과)가 보상(2차적 결과)으로 이어질 것이라는 믿음을 가리키는 것으로서, 수단성이 높다는 것은 개인이 성과를 올린다면 그에 따라 보상도 많아질 것으로 믿는 것이고, 수단성이 낮다는 것은 성과-보상 간의 연계성이 떨어진다는 것을 의미한다. 성과-보상 간의 수단성은 성과와 보상 간의 역의 관계(예, 성과가 높은 사람에게 오히려 인센티브를 적게 주는 경우)를 갖는 −1.0에서부터 전혀 관계가 없는 0, 그리고 성과-보상 간에 정의 관계를 갖는 +1.0까지 가능하다.

⑤ 선택행동(choice behavior): 여러 가지 행동대안들 중에서 노력-성과-보상 간의

기대감과 수단성이 가장 높은 행동을 선택하는 것을 말한다.

예를 들어 승진이 조직구성원들에게 열심히 일하게끔 동기를 부여하는 요인이 되려면, 첫째 열심히 노력하면 성공적으로 성과를 창출할 것이라는 기대감, 둘째 이러한 성과가 승진으로 이어질 것이라는 수단성, 그리고 조직성과 및 승진을 가치 있고 중요한 것으로 여기는 유의성이 모두 갖추어져야 한다. 노력–성과 간의 기대감, 성과–보상 간의 수단성, 또는 성과 및 보상에 대한 유의성 중에 그 어느 하나라도 낮다면 구성원으로 하여금 동기를 유발하게 하기 어렵다고 할 수 있다. 조직구성원이 승진을 원하지만(높은 유의성) 성과를 창출할 수 있다는 자신감이 없거나(낮은 기대감) 또는 성과 창출에 대한 자신감을 가지고 있더라도(높은 기대감) 경영층이 높은 성과를 승진결정에 반영하지 않는다면(낮은 수단성), 구성원의 동기수준은 낮아질 것이다. 따라서 개인의 동기는 유의성, 기대감과 수단성의 복합적인 함수로 표현된다.

〈그림 5–6〉에서 보는 바와 같이, 개인의 동기(F)는 자기 능력에 비추어 자기 자신이 달성할 수 있으리라고 기대하는 1차적 성과(V_j) 그리고 이 1차적 성과가 실제로 2차

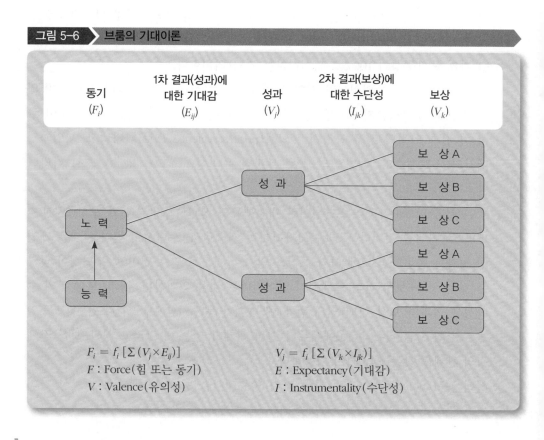

그림 5–6 ▶ 브룸의 기대이론

동기	1차 결과(성과)에 대한 기대감	성과	2차 결과(보상)에 대한 수단성	보상
(F_i)	(E_{ij})	(V_j)	(I_{jk})	(V_k)

$$F_i = f_i \left[\Sigma \left(V_j \times E_{ij} \right) \right] \qquad V_j = f_i \left[\Sigma \left(V_k \times I_{jk} \right) \right]$$

F : Force(힘 또는 동기)　　　　　　　E : Expectancy(기대감)

V : Valence(유의성)　　　　　　　　　I : Instrumentality(수단성)

적 보상(V_k)을 가져올 것이라는 수단성(I_{jk})의 복합적 함수에 의하여 결정된다. 따라서 개인의 능력이 실제 성과를 거두리라고 기대하고, 이러한 성과가 승진이나 보상 등 개인이 원하는 결과(보상)를 가져올 것으로 믿을수록 개인의 동기는 강하게 작용하고, 그 반면에 성과 창출에 자신이 없고 성과와 개인이 원하는 보상 간에 아무런 상관관계가 없다고 생각할수록 개인의 동기는 낮게 나타난다. 이와 같이 기대이론은 "결과에 대한 가치(유의성)", "노력→성과에 대한 기대감"과 "성과→보상에 대한 수단성" 등 개인의 인지여하에 따라서 개인의 행동선택과 동기의 강도가 정해진다고 설명한다.

2) 기대이론의 보완

브룸의 기대이론은 여러 학자들에 의하여 보완되어 왔다. 첫째로 일부 학자들은 보상(2차적 결과)에 대한 유의도를 승진과 급여 등의 직무외재적 요인과 성취, 개발, 인정 등의 직무내재적 요인으로 세분하여 개인의 동기과정을 분석하였다. 또 다른 학자들은 개인의 기대감을 두 가지로 나누어서 노력과 성과 간의 관계를 1차적 기대감(expectancy Ⅰ)으로, 그리고 성과와 보상 간의 관계를 2차적 기대감(expectancy Ⅱ)으로 설정하여 분석함으로써 개인의 동기과정을 더욱 명확히 하였다(Campbell et al., 1970, pp.344~346).

일부 학자들은 설명변수를 더 추가함으로써 기대이론의 변수관계를 더욱 종합적으로 만드는 동시에 기대이론의 실제 적용성과 현실성을 높여 주었다. 즉, 브룸의 원래 이론모형에 개인의 성격을 연결시켜 개인의 자존감과 자신감이 기대감에 미치는 지각

| 그림 5-7 | 포터와 로울러의 동기이론 |

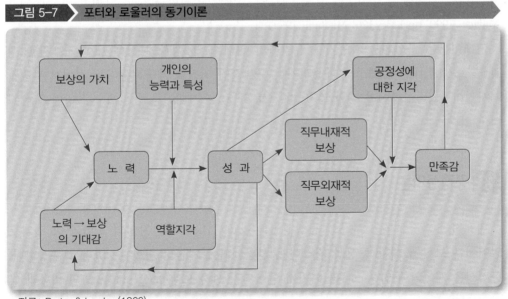

자료: Porter & Lawler (1969).

적 영향관계를 분석하거나, 과거경험이 기대감에 주는 영향, 그리고 개인의 능력과 역할지각(role perception)이 개인의 동기와 실제 성과에 작용하는 매개과정 등을 연구함으로써 기대이론의 연구범위를 확장시켰다. 그리하여 성과뿐만 아니라 2차적 결과에 대한 개인의 만족감도 기대이론의 중요한 변수로 인정받게 되었다(House et al., 1974).

포터(L. Porter)와 로울러(E. Lawler)는 브룸의 기대이론을 토대로 하여 이들 추가 변수를 종합하고 공정성이론도 연결시켜 자신들의 포괄적인 동기모형을 제시하였다(Porter & Lawler, 1968, pp.10~15). 이 모형에 의하면 개인의 동기는 노력, 성과, 보상과 만족의 복합적인 함수관계로 나타나며, 이 복합관계에서 성과와 보상에 대한 기대감과 보상에 대한 공정성개념 그리고 개인의 특성 등도 중요한 요소로 작용한다는 것을 강조하고 있다(〈표 5-10〉 참조).

3) 기대이론의 검증

기대이론은 1960년대 초에 브룸이 처음 발표한 이래 많은 변수들이 추가되어 매우 복잡한 이론으로 발전되어 왔고, 그 과정에서 기대이론의 유효성도 검증되어 왔다. 그러나 이론 자체의 복잡성으로 말미암아 이론 전체에 대한 실증적 연구는 극히 어렵기 때문에 대부분 기대이론의 전체가 아니라 일부분에 초점을 맞추어서 연구를 진행해 왔다. 이들 연구결과에 의하면 노력-성과 간의 기대감 및 성과-보상 간의 기대감은 실제 보상 및 이에 대한 만족감과 정의 관계를 가지고 있는 것이 입증되었다. 그리고 개인의 성격이 기대감과 유의성에 대한 지각에 영향을 미친다는 것도 밝혀졌다(Szilagyi & Wallace, 1990, pp.123~126; Mitchell, 1974).

기대이론은 구성원들의 동기를 유발하기 위해 노력-성과-보상에 대한 기대감과 성과 및 보상에 대한 유의성을 향상시키는 구체적인 지침을 제공해준다는 점에서 관리적 시사점이 많은 이론이라고 할 수 있다. 〈표 5-2〉는 기대이론의 실제 적용방안을 예시하고 있다.

2 공정성이론

대표적인 과정이론의 하나인 공정성이론(Equity Theory)은 자신의 노력과 그 결과로 얻어지는 보상에 대한 공정성 지각이 구성원들의 동기를 유발할 수 있다고 주장한다. 공정성은 개인의 투입(input)과 여기서 얻어지는 산출 또는 보상(outcome)의 비율과 다른 사람의 투입-산출 비율 간의 상대적 관계에 관련된 개념이다. 즉, 개인이 지각하는

표 5-2 | 기대이론의 실무 적용방안

기대이론의 요소	목적	적용 방안
노력–성과 기대감	구성원이 직무를 성공적으로 수행할 수 있다는 믿음을 강화시킴	– 전문적인 지식과 능력을 갖춘 인재 선발 – 성공적인 직무수행에 요구되는 요건을 구체화하고 이에 필요한 교육훈련 실시 – 직무수행에 필요한 시간과 자원을 충분히 제공 – 업무숙련도가 높아질 때까지 쉬운 과업부터 단계적으로 수행하게 함 – 성공적으로 과업을 수행한 직원을 예로 제시하고 모델로 삼게 함 – 자신감을 결여한 직원들을 대상으로 상담과 코칭 제공
성과–보상 수단성	높은 성과가 더 나은 보상을 가져다줄 것이라는 믿음을 향상시킴	– 직무성과에 대한 공정한 평가 – 훌륭한 성과를 올렸을 때 어떤 보상을 받는지 분명하게 설명 – 구성원들의 보상이 과거 성과와 어떻게 연계되는지 설명 – 높은 성과를 올린 직원이 더 나은 보상을 받은 실제 사례를 제시
성과 및 보상에 대한 유의성	성과 및 보상에 대해 의미와 가치를 부여하게 함	– 구성원들이 가치 있게 생각하는 보상을 파악하고 이를 제공할 수 있는 보상제도 설계 – 개인의 가치와 특성에 적합하게 보상을 개별화(individualize rewards) – 부정적 유의성을 조장하는 집단규범(예, 성과지향적인 가치가 아니라 대충대충 일하자는 가치)을 약화시킴

자료: McShane & Von Glinow (2000), p.77.

자기 자신의 투입–산출 비율이 다른 사람의 투입–산출 비율과 대등하다면 공정하다고 느끼게 되고, 그 비율이 서로 다르다고 지각하면 불공정성을 느끼게 된다. 따라서 불공정성을 느끼면 심리적 불균형과 긴장, 불안감이 수반되게 되고 이것을 해소시키려는 과정에서 개인의 동기와 행동이 형성된다는 것이다(Adams, 1963; Korgaad et al, 1998).

여기서 비교대상 인물 또는 준거인물(referent person)은 같은 조직이나 작업집단 또는 다른 조직에서 자기 자신과 비슷한 상황에 있는 사람들이다. 그리고 투입요소들은 노력, 능력, 교육훈련, 비용, 시간 등 과업수행에 소비된 모든 에너지와 자원을 포함하며, 산출은 보상, 승진, 인정, 성취 등 과업의 결과로서 얻어지는 모든 대가를 포함한다.

개인이 지각하는 자신의 투입–산출 비율$(O/I)_F$과 준거인물의 투입–산출 비율$(O/I)_R$ 사

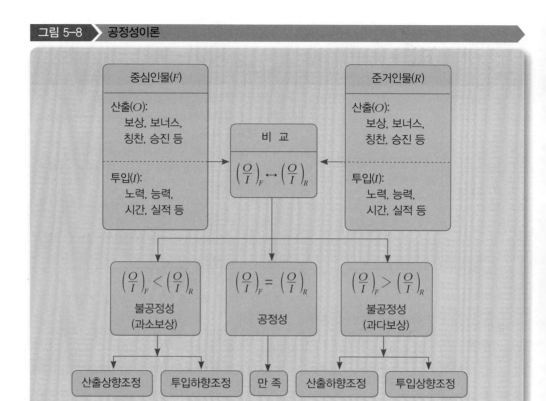

그림 5-8 ▶ 공정성이론

이에 불균형 관계를 지각하면 개인은 일반적으로 불안감과 긴장을 느끼게 되고, 따라서 비율 간의 균형상태를 이루기 위하여 다음과 같은 여러 가지 행동을 취하게 된다 (Adams, 1965; Hellriegel et al., 2001, pp.152~153).

1) 투입과 산출의 조정

첫째로, 자신이 준거인물과 비교하여 보상을 적게 받고 있다고 지각하는 경우(과소보상 불공정성) 일을 열심히 하지 않는 등 자신의 투입을 감소시킴으로써 불공정성을 해소하고, 준거인물보다 더 많이 받고 있다고 지각하여 일종의 죄책감을 느끼는 경우(과다보상 불공정성) 더 열심히 일하는 등 자신의 투입을 증가시킴으로써 불공정성을 해소하려고 노력한다. 이처럼 불공정성을 해소하려는 과정에서 동기가 유발되거나 저하된다는 점에서 공정성 여부는 구성원의 동기를 설명하는 주요 요인이 될 수 있다(Adams & Rosenbaum, 1962).

불공정성을 해소하려는 노력은 투입을 조정하는 것뿐만 아니라 산출을 조정하는 것으로 나타날 수도 있다. 즉, 과다보상의 경우에는 더 이상 추가적인 보상을 요구하지 않거나 더 나아가서 휴가반납 등 보상을 줄이려는 노력을 기울이고, 과소보상의 경우에는 상사에게 더 많은 보상을 요구하는 등 자신의 보상을 더 증가시키려는 노력을 기울일 수 있다.

2) 준거인물의 투입과 산출의 변경

둘째로, 불공정성을 지각하는 경우 자기 자신의 투입과 산출을 조정하는 대신에 준거인물의 투입과 산출을 조정하려는 시도를 할 수 있다. 이 경우 자신의 투입과 산출을 조정하는 것과는 정반대의 방향으로 나타난다. 예컨대, 과소보상 불공정성을 지각하는 경우 준거인물인 동료에게 더 많은 노력을 기울여줄 것을 직접 요구하거나 아니면 상사를 통해서 간접적으로 영향력을 행사하여 더 열심히 일하게 만들 수 있다.

준거인물의 투입과 산출을 변경하는 것보다는 자신의 투입과 산출을 변경하는 것이 더 쉽고, 자신의 산출보다는 투입을 조정하는 것이 자신의 통제영역 안에 있기 때문에 더 쉽다고 할 수 있다. 따라서 불공정성을 지각하는 경우 자신의 투입 수준을 증가시키거나 감소시키는 방향으로 동기화되는 것이 일반적이라고 할 수 있다.

3) 투입과 산출의 인지적 왜곡

셋째, 개인은 투입과 산출의 양 자체를 조정하려는 노력뿐만 아니라 투입과 산출의 가치를 인지적으로 재해석함으로써 불공정성을 해소하려고 한다. 예컨대, 과다보상 불공정성의 경우 자신의 학력이나 능력의 가치를 더 높게 평가함으로써, 또는 거꾸로 자신이 받는 인센티브나 승진 등 보상의 의미를 과소평가함으로써 투입-산출의 비율을 인지적으로 조정할 수 있다. 이처럼 투입과 보상 간에 불공정성을 지각하는 경우 인지적 부조화를 경험하게 되고, 이러한 부조화를 해소하려는 과정에서 태도변화나 행동변화뿐만 아니라 인지적 재해석을 하는 행동도 나타날 수 있다.

4) 준거인물의 변경

준거인물과의 비교에서 불공정성을 느끼는 경우, 개인은 비교대상인 준거인물을 변경함으로써 불균형상태를 줄일 수도 있다. 예를 들면, 준거인물의 임금이 인상되어 개인이 불공정성을 느끼게 되면, 이를 줄이기 위하여 준거인물을 상위지위의 인물로 보고 자기의 비교대상에서 제외시킬 수 있다. 그러나 이러한 비교대상에 대한 인지적 변경은 투입과 산출의 구체적인 변화가 없이는 영구성이 매우 희박하다. 임금인상과 더불어 준거인물의 업무내용상의 변화나 투입증가가 지각되지 않는다면 준거인물의 변경은 불공정성을 근본적으로 해소해주지 못한다(Adams, 1982, pp.292~295).

5) 이직 또는 기타 행동

　　불공정성이 극도로 심하게 느껴지고 이를 해소하기 위한 노력들이 모두 실패하게 되면 개인은 마지막 방법으로 이직을 할 수도 있다. 불공정한 상황에 대응하여 개인은 지금까지 설명한 여러 가지의 행동 이외에 결근을 하거나 극단적으로는 조직의 물건을 훔치거나 공금을 횡령하는 등 절도행동을 취하기도 한다.

　　이와 같이 공정성이론은 다른 사람과 비교한 투입-산출의 비율이 공정한지에 따라서 개인의 행동이 동기화되며, 지각된 불공정성으로 인한 심리적 불균형과 긴장 그리고 부조화를 해소하는 과정에서 행동이 형성된다고 보고 있다. 공정성이론은 왜 직원들이 회사를 그만두고 다른 직장으로 옮기는지, 왜 과거에 성과가 뛰어났던 직원이 이제 더 이상 열심히 일을 안 하는지, 왜 직원들이 조직에 대해 또는 동료들에 대해 적대

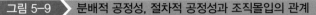

그림 5-9 | 분배적 공정성, 절차적 공정성과 조직몰입의 관계

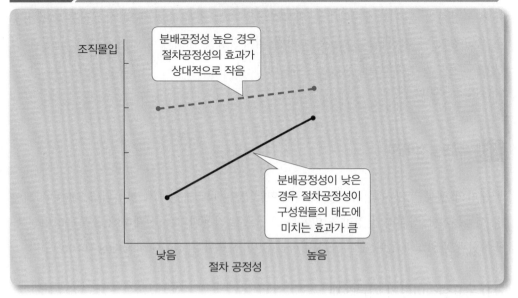

적인 행동을 취하는지, 왜 어떤 직원들은 이타적 행동 등 자신에게 주어진 역할 외에 추가적인 역할을 적극적으로 수행하는 반면, 왜 어떤 직원들은 횡령, 절도 등 조직에 해가 되는 행동을 취하는지를 설명하는 데 도움이 된다. 공정성이론이 관리자에게 주는 가장 큰 교훈은 조직구성원들로부터 긍정적인 태도와 행동을 이끌어내려면 무엇보다도 보상을 공정하게 배분해야 한다는 것이다.

조직공정성은 최근 분배공정성(distributive fairness), 절차적 공정성(procedural fairness)과 상호작용적 공정성(interactional fairness)의 다차원 개념으로 연구되고 있다. 조직공정성에 대한 초기 연구는 주로 보상의 배분 결과가 얼마나 공정한가를 나타내는 분배적 공정성에 초점을 두었지만, 이후 연구들에서는 보상의 배분 결과뿐만 아니라 보상배분의 결정 과정 및 절차가 얼마나 공정한가를 나타내는 절차적 공정성 그리고 보상의 배분 결정을 내리는 과정에서 조직 또는 관리자가 구성원들을 얼마나 인격적으로 대우했는지를 나타내는 상호작용적 공정성이 중요하다는 것을 강조해왔다(Folger & Konowsky, 1989; Niehoff & Moorman, 1993; Thibaut & Walker, 1975). 비록 분배적인 측면에서 불리한 보상 배분이 이루어졌다고 하더라도 보상 결정의 과정과 절차가 공정했다고 느끼는 경우 구성원들은 조직을 공정한 것으로 지각하고 조직에 대해 긍정적인 태도와 행동을 보일 수 있다. 즉, 절차가 공정한 경우 구성원들은 부정적인 결과라도 수용하는 반면, 절차가 공정하지 못하다고 느끼는 경우 구성원들은 의사결정 결과에 더 민감하게 반응할 가능성이 높다고 할 수 있다. 특히, 다운사이징이나 감봉 등 구성원들에게 부정적인 결과를 가져다주는 의사결정을 하는 경우 절차적 및 상호작용적 공정성의 중요성이 더 커지므로 경영자는 이런 의사결정을 내림에 있어서 주어진 규칙과 절차를 준수하고 구성원들을 인격적으로 대우하는 노력을 적극적으로 기울일 필요가 있다(김영조, 2001).

3 목표설정이론

개인의 행동은 자신의 목적을 의식적으로 추구하는 과정에서 형성된다. 목표가 개인의 행동동기에 직접적인 영향을 미치는 요인으로 작용한다는 전제하에 조직구성원의 목표설정과 과업성과 간의 관계를 설명하는 것이 목표설정이론(Goal-Setting Theory)이다.

1) 목표설정이론의 기본전제

목표설정이론은 록크에 의하여 발표되었는데, 이 이론은 개인의 행동과정에 두 가지의 인지적 요인을 강조한다(Locke, 1968; Locke & Latham, 1984). 첫째는 개인의 가치관이고, 둘째는 개인의 의도이다. 가치관은 구성원이 조직에서 무엇을 원하고 어떠한 목표를 추구할 것인지에 영향을 주고, 의도는 그의 노력, 집중도와 지속성에 영향을 줌으로써 그의 행동과 나아가서는 성과에 영향을 준다.

2) 목표-성과 관계의 주요요소

과업성과는 구성원의 동기행동에 의해 좌우되고, 동기행동은 목표가 어떻게 설정되고 목표달성이 어떻게 추구되느냐에 따라 결정된다. 목표설정의 주요 요소들은 다음과 같다(Posdakoff et al., 1997; Vande Walle & Cummings, 1997).

① 목표의 구체성: 일반적으로 추상적인 목표(예, 생산성을 향상시키자)보다는 구체적이고 명확한 목표(예, 전년 대비 5% 생산성 향상)가 동기유발 효과가 크다. 예컨대, '이번 학기에는 열심히 공부하자'는 두루뭉술한 목표보다는 '이번 학기에는 학점을 4.0 이상 받자'는 구체적인 목표가 분명한 방향성을 제시하고 더 많은 노력을 기울이게끔 할 수 있다.

② 목표수준: 목표의 난이도, 즉 목표가 얼마나 달성하기 어렵고 도전적인가도 동기유발과 성과에 많은 영향을 준다. 일반적으로 구성원들은 달성하기 쉬운 목표보

🖐 목표설정은 성과를 향상시키는 데 효과적일까?

오클라호마의 벌목장에서 수행된 고전적 연구(Latham & Baldes, 1975)에 의하면 구체적이고 도전적인 목표의 설정이 조직성과에 중요한 영향을 미친다는 것이 밝혀졌다. 이 연구의 대상은 벌목장에서 목재소까지 목재들을 실어 나르는 운전기사들이다. 연구가 시작되기 전 3개월 동안의 실태를 파악한 결과, 운전기사들은 목재를 적정 적재량의 60% 정도만 싣는 것으로 나타났다. 그만큼 낭비가 많고, 쓸데없는 비용이 지출되고 있었다. 연구시작 시점에 구체적인 목표가 설정되었고, 이는 적정 적재량의 94%를 싣는다는 도전적인 목표이었다. 이러한 목표설정은 얼마나 효과적이었을까?

아래 그림에서 보는 바와 같이 목표설정의 효과는 매우 극적이었다. 3~4개월 만에 성과가 목표수준(94%)까지 근접할 정도로 획기적으로 향상되었다. 그리고 목표설정의 효과는 장기간 지속되어서 7년 후에도 높은 성과가 계속 유지되었다.

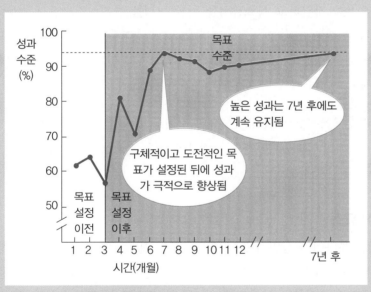

자료: Greenberg & Baron (2008), p.259.

다는 도전적인 목표가 설정되었을 때 좀 더 집중적이고 지속적인 노력을 기울인다. 도전적인 목표는 목표를 달성했을 때 구성원으로 하여금 성취욕구와 자아실현욕구를 충족시켜주기 때문에 그만큼 동기유발 효과가 크다고 할 수 있다. 그렇지만 지나치게 어려운 목표는 목표달성 과정에서 구성원들로 하여금 좌절감을 느끼게 할 수 있기 때문에 구성원들의 동기를 저하시킬 수 있다. 따라서 구성원들의 동기를 극대화하기 위해서는 도전적이지만 달성가능한 목표(challenging, but achievable)를 설정하는 것이 요구된다(Locke & Latham, 1984, p.21). GE는 이러한 목표를 스트레치(stretch) 목표라고 부르고 있는데, 이는 구성원들의 능력과 동기를 최대한 활용하게 만드는 목표라는 의미이다.

③ 구성원의 참여: 구성원들이 목표설정 과정에 참여하는가도 성과에 영향을 준다. 경영층이나 상사가 설정해서 하달한 목표와 달리 구성원 자신이 참여해서 목표를 설정한 경우 목표에 대한 주인의식을 갖게 되기 때문에 목표를 달성하고자 하는 의지가 높아지게 된다. 또한 구성원이 목표설정 과정에 참여하는 경우 목표달성과 관련된 지식과 정보를 충분히 갖게 되고 목표에 대한 이해도가 높아지기 때문에 좀 더 효과적이고 신축적으로 목표를 달성할 수 있다는 이점을 갖게 된다.

④ 결과에 대한 피드백: 피드백의 제공도 효과적인 목표설정의 필수요건 중의 하나이다. 목표를 얼마나 달성하였는지에 대한 주기적인 결과피드백은 구성원의 목표달성 의욕을 자극하고 목표달성을 위한 노력을 증진시킴으로써 업무성과에 영향을 준다.

⑤ 목표에 대한 수용도: 구성원이 목표를 적절하고 타당한 것으로 동의하고 수용할수록 동기수준과 그에 따르는 과업성과가 향상된다.

이와 같이 구체적이고 도전적인 목표를 설정하고, 구성원들이 직접 참여하여 목표를 설정할수록 그리고 성과–보상 간의 기대감이 높을수록 목표달성이 직무동기를 유발할 가능성은 높아진다.

3) 상황적 요소

목표설정을 통하여 구성원의 동기가 유발되는 데에는 조직의 여러 상황적 요소가 작용한다. 첫째, 보상제도, 과업구조와 기술시스템 등 구조적 요소는 구성원들의 동기 및 목표달성 행동을 조성하거나 제한하는 요소로 작용한다. 둘째, 관리자의 리더십 행동도 구성원들의 목표설정과 동기유발 과정에 많은 영향을 미친다. 셋째, 구성원들 간의 개인적 차이도 동기행동과 성과수준에 크게 작용한다. 예를 들어, 성취동기가 강한 구성원은 결과피드백, 구체적인 목표설정과 도전적인 목표에 긍정적인 반응을 보임으로써 높은 성과를 달성하는 한편, 성취동기가 약한 구성원들의 경우 도전적인 목표가 동기유발 효과를 갖기 보다는 오히려 좌절감을 갖게 만듦으로써 성과를 저하시킬 수 있다. 한편, 자기효능감(self-efficacy)이 강한 구성원들은 자신이 과업을 성공적으로 수행할 수 있는 능력을 갖고 있다는 자신감을 갖고 있기 때문에 도전적인 목표를 수용하고 이를 달성하고자 하는 의욕이 강한 반면에, 자기효능감이 떨어지는 구성원들은 도전적인 목표를 달성할 수 있다는 자신감을 결여하고 있기 때문에 이러한 목표를 수용하지 않고 기피하는 경향을 보인다.

따라서 목표설정 과정을 통해 구성원들의 동기를 유발하고 성과를 높이려면 개인의 동기형성 과정에 작용하는 여러 상황적 요소들을 이해할 필요가 있다.

4 ▶ 문화적 차이와 과정이론

내용이론에서와 마찬가지로 과정이론의 적용에 있어서도 사회문화적 차이가 중요한 영향을 미칠 수 있다. 기대이론에서 개인행동에 영향을 주는 유의성은 사회문화에 따라 많은 차이를 보인다. 앞 절에서 설명한 바와 같이 개인주의적이고 남성중심적인 문화에서는 자아실현과 관련된 요인에 강한 유의성을 보이지만, 집단주의적이고 여성중심적인 문화에서는 관계지향적 요인들에 높은 유의성을 보이는 경향이 있다(Adler, 2002, pp.179~182). 이와 같은 문화차이에 따른 욕구의 차이는 목표설정 행동에도 영향을 줄 수 있다.

기대이론에서 노력-성과-보상 간의 관계에 있어서 통제의 원천(locus of control)이 내재적이냐 아니면 외재적이냐에 따라서도 행동동기가 달라진다. 개인주의적인 문화에서는 대체로 자신이 환경을 통제할 수 있다고 인식함으로써 내재적 통제 원천을 갖는 반면, 집단주의적 문화에서는 대체로 자신이 집단규범 등 외부 환경의 영향을 많이 받는다고 인식함으로써 외재적 통제 원천을 보이는 경향이 있다. 통제의 원천을 내재적인 것으로 인식하는 경우 성과 및 보상이 자신의 노력에 달려 있다고 인식함으로써 동기유발 효과가 강하게 나타나는 반면, 통제의 원천을 외재적인 것으로 인식하는 경우 자신의 노력보다는 외적 요인에 의해 좌우된다고 보기 때문에 열심히 노력을 기울이려는 동기가 덜 유발된다고 할 수 있다. 이와 같이 문화적 차이는 노력-성과-보상 간의 관계에 대한 인식을 달리하게 함으로써 구성원들의 동기와 행동에 다른 영향을 미칠 수 있다. 따라서 개인행동을 이해하기 위해 과정이론을 적용하는 데 있어서도 사회문화적 차이를 고려해야 할 것이다.

지금까지 이 장은 개인동기를 설명하는 주요 이론을 내용이론과 과정이론으로 구분하여 살펴보았다. 이들 동기이론은 강화의 법칙과 피드백 원리 등 학습이론과 함께 조직경영에 적용되어 조직구성원들의 동기를 유발하고 성과를 높이는 데 중요한 역할을 하고 있다. 이들 이론을 실제 조직관리에 적용한 기법으로 목표관리(MBO)를 들 수 있다. 그리고 허즈버그의 2요인이론에 의하면 직무 그 자체가 동기를 유발하는 요인으로 작용할 수 있는데, 이와 같이 구성원들의 직무를 좀 더 도전적이고 의미 있는 것으로 만듦으로써 구성원들의 동기를 유발할 수 있다. 이 절에서는 목표관리와 직무설계에 대해 살펴보고자 한다.

1 목표관리

1) 목표관리의 개념

목표관리(MBO; management by objective)는 결과관리(management by result), 참여적 목표설정(participative goal-setting), 공동 목표설정(group goal-setting) 등 다양한 용어로 불리고 있는데, 목표설정 이론에 기반을 두고서 상위관리자와 하위구성원 간의 공동 목표설정 및 공동 실적평가를 통해 구성원들의 동기유발과 성과향상을 유도하는 경영관리기법이다(Szilagyi & Wallace, 1990, pp.144~148).

목표관리의 기본개념은 원래 1950년대 드러커(P. Drucker)에 의하여 제시되었는데 (Drucker, 1954, pp.128~129), 그 이후 여러 학자들에 의하여 수정되고 구체화되었고 (Greenwood, 1981; Tosi, 1975), 특히 조직행동 전문가들에 의하여 행동개발 측면에서 많이 보완되어 옴으로써 현대조직의 매우 중요한 경영기법으로 발전해 왔다. 목표관리는 (1) 공동 목표설정, (2) 구성원 참여, (3) 목표추구, 그리고 (4) 성과 평가 및 피드백 등 네 가지의 주요과정으로 구성된다.

2) 목표관리의 과정

목표관리 과정은 관리자와 구성원 간의 공동 목표설정으로부터 시작된다. 관리자는 조직의 경영목표를 반영하고, 구성원은 자신의 개인 목표를 반영하여 3개월, 6개월, 또는 1년 등 일정 기간 동안에 달성할 구체적인 목표를 설정한다. 이 과정에서 구성원은 성과목표뿐만 아니라 능력개발과 경력목표 등 조직 생활을 통하여 추구하고 싶은 것들을 구체적인 목표로 제시하며, 관리자는 조직의 전체목표를 고려하여 적정한 목표를 제시한다. 구성원과 관리자가 제시한 목표를 바탕으로 상하 간의 협의과정을 거쳐서 실현가능한 목표를 공동으로 설정하는데, 가능한 한 목표를 도전적인 수준으로 설정하여 구성원의 동기를 유발시키려고 노력한다.

관리자와 구성원이 공동으로 설정하는 목표는 크게 두 가지로 분류될 수 있다. 하나는 구성원의 공식 업무와 관련된 과업목표(performance objective)이고, 다른 하나는 구성원이 업무수행상 필요로 하는 기술향상이나 앞으로 장기적으로 갖추어야 할 기본자질의 향상을 위한 개인개발목표(personal development objective)이다. 또한, 과업목표는 통상적인 업무에서 달성해야 하는 일상과업목표, 특별한 문제를 해결하기 위한 문제해결목표, 그리고 새로운 방법으로 업무를 시도해 보는 창의적 목표(innovative objective)로 세분될 수 있다.

여러 가지 목표들 중에서 어떤 유형의 목표를 강조하느냐에 따라서 목표관리의 기본 성격과 조직과 구성원 사이의 통합 정도가 좌우된다. 목표설정이 주로 과업목표에 치우쳐 있고 일상목표의 비중이 클수록 조직의 목표달성을 위하여 목표관리가 활용되고 있다고 볼 수 있고, 그 반면에 개인개발목표 중에서도 기본 자질개발을 많이 강조할수록 개인의 목표달성을 중요시하고 있다고 볼 수 있다. 물론 과업목표와 개인개발목표 간의 적절한 균형을 이루는 것이 효율적인 목표관리의 중요한 측면이다.

일반적으로 목표관리의 활용 초기에는 주로 과업목표로부터 시작하여 점차 목표의 범위를 넓혀서 개인개발 목표로 확대시켜 나가게 된다. 그리고 부하의 목표설정 과정에 있어서도 초기에는 부하 자신보다 관리자의 지도하에 목표가 설정되는 경우가 많지만, 경험이 축적됨에 따라서 점차적으로 부하 자신의 목표설정 역할이 커진다. 전반적으로 봤을 때, 경영노하우가 축적된 우수 기업일수록 다양한 목표를 설정하고, 과업목표와 개인개발 목표 사이에 적절한 균형이 유지된 상태에서 상사와 부하 간의 적극적인 참여가 이루어진다.

관리자와 구성원 간의 공동목표설정에 앞서서 조직의 상위경영층과 하위실무계층 사이에 많은 회의와 커뮤니케이션이 이루어진다. 이처럼 조직 내의 커뮤니케이션이 활성화됨으로써 조직과 개인 간의 통합뿐만 아니라 조직 상하계층 간의 협력과 통합도 이루어진다.

3) 피드백, 강화작용, 직무내재적 만족

목표관리는 중간시점에서 그 때까지의 진행상황과 결과를 평가하고, 이를 피드백해 줌으로써 앞으로의 방향을 조정할 수 있게 해준다. 관리자와 구성원은 원래의 목표를 재검토하고 상황변화에 따른 목표의 수정과 우선순위의 조정도 고려하는 동시에, 구성원이 개선해야 할 점도 공동으로 토의한다. 그리고 조직에서의 자원지원 등의 변동사항도 고려하여 앞으로의 목표관리 방향을 현실에 맞게 다시 조정한다.

기말에 관리자와 구성원은 목표관리 기간 동안에 설정된 목표와 실제 성과를 중심으로 최종평가를 한다. 최종 성과는 목표관리 기간 동안의 실제 상황과 구성원의 개발 그리고 차기의 목표설정 관점에서 공동으로 토의되고 평가된다. 목표미달의 경우에는 평가기간 동안의 상황에 비추어 그 원인을 밝혀내어 차기 목표설정에 반영한다. 구성원의 기술이나 능력상의 문제도 차기 목표설정에 반영하고, 목표관리 시스템 자체의 문제도 개선·보완해 나간다. 이와 같이 관리자와 구성원의 공동평가를 통해 앞으로의 개선방안을 마련함으로써 좀 더 높은 성과는 물론 구성원 개인의 지속적인 개발을 지향해 나간다.

목표관리의 마지막 절차는 구성원이 달성한 성과에 대하여 적절한 보상을 해주는 것이다. 성과에 대한 적절한 보상은 구성원에게 만족감을 주어 그의 직무태도에 영향을 줄 뿐 아니라 그의 동기행동을 강화해줌으로써 앞으로의 목표설정 행동과 과업성과에도 많은 영향을 준다(Frink & Ferris, 1998). 성과에 대한 적절한 보상이 제공되지 않는 경우 구성원의 동기행동이 뿌리내리지 못하고 소거될 위험성이 있다.

이와 같이 목표관리는 개인행동에 관한 여러 이론을 실제 과업달성과 조직행동에 종합적으로 적용한 대표적인 경영기법이다. 목표관리는 서구 기업들에서 오래전부터 널리 적용되어 좋은 성과를 가져왔고, 우리나라에서도 많은 기업들이 도입하여 좋은 성과를 도출하고 있다.

2 직무설계

직무설계는 구성원들이 수행하는 직무의 내용과 범위, 그리고 직무수행의 과정을 구체적으로 정하는 것을 말한다. 즉, 구성원이 어떤 과업들을 수행해야 하는지, 그런 과업을 수행함에 있어서 어떤 권한과 책임이 부여되는지, 그리고 다른 과업과 어떻게 상호 협조하는지를 구체적으로 설계하는 것을 가리킨다. 그런데 어떻게 직무를 설계하느냐에 따라 기술적인 측면에서 과업수행의 효율성이 달라질 뿐만 아니라 인간적인 측면에서 동기유발의 수준이 달라진다. 또한, 직무설계는 노동강도 및 노동의 의미에 영향을 미치기 때문에 직무수행자의 신체적·심리적 웰빙(well-being), 성취감과 자아실현 등 구성원의 삶의 질에도 영향을 미친다.

1) 직무설계의 기본 요소

직무설계는 기본적으로 다음과 같은 요소들을 고려한다.

① 조직목표: 첫 번째로 고려해야 하는 요소는 직무가 추구하는 목표이다. 직무는 궁극적으로 조직목표를 달성하기 위한 것이라는 점에서 직무의 내용에는 조직목표를 달성하는 데 필요한 과업, 책임과 임무 등을 포함해야 한다.
② 기술적 요소: 산업공학적 요소, 즉 직무의 기술적 측면을 또한 고려해야 한다. 직무설계는 효율적인 직무수행과정을 고안하고 직무수행방법을 개선함으로써 생산성을 높일 수 있어야 한다.
③ 인간적 요소: 직무는 사람에 의해 수행되는 것이므로 직무수행자의 인간적 요소를 또한 고려해야 한다. 직무수행자의 지식, 능력과 기술, 그리고 동기와 직무태도를 종합적으로 고려해야 한다.

직무가 기술적인 측면에서 매우 합리적으로 설계되었다고 하더라도 구성원들이 그런 직무를 수행할 능력이 없거나 그럴 의사가 없다면 그런 직무는 효과적으로 수행되기 어렵다고 할 수 있다. 거꾸로 노동의 인간화(work humanization)를 통해 직무수행자의 자아실현이 가능하도록 직무가 설계되더라도 만일 직무의 생산성이 떨어진다면 그런 직무는 경쟁사회에서 오래 지속될 수 없다고 하겠다. 따라서 직무를 설계할 때는 기술적 요소와 더불어 인간적 요소를 동시에 고려해야 한다.

2) 직무설계의 접근방법

직무설계의 접근방법은 크게 두 가지로 나누어볼 수 있다. 하나는 분업의 원리를 주요 특징으로 하는 전통적인 직무설계 방법(classical approach)으로서 기술적인 요소에 초점을 두고 생산성의 극대화를 지향한다. 이는 산업공학과 과학적 관리법에서 강조하는 직무설계 방법으로 과업의 세분화(specialization), 단순화(simplification)와 표준화(standardization)를 통해 효율적인 생산을 추구한다. 전통적인 직무설계는 생산성의 급속한 향상과 이를 바탕으로 산업사회의 발달을 가져왔지만, 다른 한편으로는 근로자들의 노동소외, 직무에 대한 불만족 등의 문제를 가져왔다. 즉, 생산성을 향상시키고자 하는 직무설계가 구성원들의 노동소외와 직무불만족을 유발함으로써 결근율과 이직률의 증가, 그리고 직무동기의 저하를 가져오고, 그 결과로 조직성과가 떨어지는 문제가 발생하게 되었다.

다른 하나는 동기부여적 접근(motivational approach)으로서 전통적인 직무설계가 갖고 있는 노동소외와 직무불만족 등의 문제점을 해소하기 위해 등장한 직무재설계 접근법이다. 동기부여적 접근에는 직무순환, 직무확대, 직무충실화, 직무특성화 모형 등을 포함한다.

(1) 직무순환(job rotation)

직무순환은 단순한 과업을 반복적으로 수행하는 데 따르는 지루함을 줄여주기 위해서 주기적으로 한 직무에서 다른 직무로 전환배치를 하는 것을 말한다. 이러한 직무순환은 근로자들에게 다양한 과업을 수행할 수 있는 기회를 제공함으로써 직무에 대한 흥미와 동기를 유발할 수 있으며, 다양한 직무경험과 교육훈련을 통해 다기능화(multiskilling)를 할 수 있고, 또한 한 직무에서의 편협한 관점을 탈피하고 직무 간의 상호의존성을 이해하고 조직 전체적인 관점을 가질 수 있게 해주는 이점을 갖는다. 그렇지만 직무순환은 기존에 설계된 직무의 틀 내에서 배치전환이 이루어지는 것이기 때문에 엄밀한 의미에서 보자면 직무재설계라고 할 수는 없다.

(2) 직무확대(job enlargement)

직무확대는 지나치게 세분화되어 있는 직무들을 통합함으로써 직무의 범위를 넓히는 것을 말한다. 지나치게 세분화되어 있는 경우 직무의 내용이 단순해짐으로써 지루한 일을 반복적으로 수행해야 된다. 즉, 찰리 채플린이 주연한 영화 〈모던타임즈(Modern Times)〉에서 주인공이 나사 조이는 직무를 수행하는 데서 볼 수 있듯이 한 근로자가 자신의 직무를 시작해서 끝내는 데 소요되는 시간(cycle time)이 매우 짧기 때문에 이런 단순 작업을 끝없이 반복해야 한다. 직무확대는 이러한 문제점을 해소하기 위해 세분화된 과업들을 통합하여 과업다양성을 높여주는 것을 가리킨다. 〈그림 5-10〉에서 보는 바와 같이, 직무확대는 수평적인 측면에서 과업의 범위만을 넓혀주는 것(horizontal job loading)이고 직무수행 과정에서 자율성이나 재량권이 더 부여되는 것은 아니기 때문에 직무동기를 유발하는 데 한계가 있다고 할 수 있다.

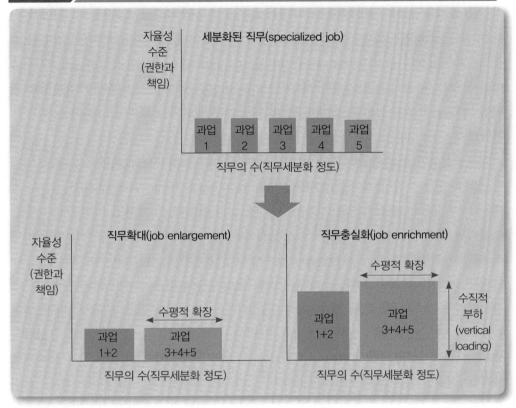

그림 5-10 | 직무확대(job enlargement)와 직무충실화(job enrichment)

(3) 직무충실화(job enrichment)

직무충실화는 허즈버그의 2요인이론을 직무재설계에 적용한 것으로서 직무를 설계함에 있어서 동기요인(motivator)에 전적으로 초점을 맞추고 있다. 즉, 근로자들에게 성취감, 인정, 책임감, 자아실현 등을 제공해줄 수 있도록 직무를 설계함으로써 직무동기를 향상시키고자 한다. 이처럼 직무를 좀 더 흥미로운 것으로 만들면 직무에 대한 몰입과 열의가 좀 더 높아질 것이라는 것이 직무충실화 모형의 기본 관점이라 할 수 있다. 〈그림 5-10〉에서 보는 바와 같이 직무충실화는 과업들을 통합하여 직무의 범위를 수평적으로 확장하는 것뿐만 아니라 직무 수행에 관련된 권한과 책임, 즉 직무수행 방법, 속도와 일정 등을 직접 계획하고, 실행하고, 그리고 그 결과를 평가할 수 있는 권한과 책임을 부여하는 것을 포함한다. 이처럼 직무충실화는 자신의 직무에 대해 더 많은 재량권과 자율성을 부여하는 것이므로 수직적 직무부하(負荷)(vertical job loading)를 특징으로 한다.

테일러의 과학적 관리법은 체계적인 과업분석을 통해서 관리자가 근로자의 노동에 대해 통제할 수 있어야 한다는 것을 강조하고 있는 반면, 직무충실화 모형은 근로자들의 직무동기를 높이기 위해서는 근로자가 스스로 자신의 노동을 통제할 수 있어야 한다는 점을 강조하고 있다. 다시 말해, 과학적 관리법이 관리자와 근로자들 간의 분업, 즉 '구상과 실행의 분리(separation of conception from execution)'를 지향한 반면, 직무충실화 모형은 '구상과 실행의 통합'을 지향하고 있는데, 이는 근로자들이 과업수행과 관련된 계획을 직접 수립하고, 실행하고, 더 나아가 실행결과를 평가하도록 하는 것을 의미한다.

직무충실화가 근로자들의 동기를 유발하여 성과를 높일 수 있는 이점을 갖고 있지만, 또한 여러 가지 한계점을 지니고 있다(Greenberg & Baron, 2008, pp.275~276). 첫째, 직무충실화는 현실적으로 실행하기가 어렵다. 예컨대, 조립라인 작업을 직무충실화하려면 기존 생산설비를 폐기하고 생산시설을 새로 설계하고 구축해야 할 뿐만 아니라 다양한 기술을 갖춘 근로자들을 선발하거나 교육훈련을 실시해야 하는데, 이는 매우 많은 시간과 비용이 든다. 그리고 기술의 특성상 직무의 재설계가 불가능하거나 현실적이지 못한 경우도 흔히 있다. 둘째, 관리자들은 자신의 권한을 근로자들에게 넘겨줘야 하기 때문에 직무충실화를 수용하지 않고 이에 반발할 수 있다. 셋째, 근로자들도 충실화된 직무를 선호하지 않을 수 있다. 다수의 근로자들이 도전적인 직무를 선호하지만, 어떤 근로자들은 추가적인 책임이 수반되는 직무를 원하지 않는다. 특히, 성취욕구가 낮은 근로자들은 도전적인 직무를 수행하는 경우 직무동기가 향상되는 것이 아니라 오히려 좌절감을 느낄 수 있다. 그리고 기존의 세분화된 과업을 충실화된 직무로 재설계하는 경우 근로자들이 이러한 변화를 싫어할 수도 있다. 근로자들은 "직무를 충실화해주는 것"보다는 "급여를 충실화해주는 것"을 더 원할 수 있다. 즉, 어떤 근로자는 충실화된 직무를 선호하는 반면, 어떤 근로자는 급여인상을 더 원한다. 이는 직무충실화가 모든 근로자들에게 이상적인 것은 아니며, 근로자들의 동기를 유발하는 요인은 개인마다 차이가 있다는 것을 의미한다.

3) 직무특성모형(JCM; Job Characteristics Model)

직무특성모형은 직무가 갖고 있는 핵심특성들이 근로자의 심리상태에 어떠한 영향을 미치고, 이런 심리상태가 개인 및 조직성과에 어떠한 영향을 미치는지 그 관계를 구체적으로 제시하고 있을 뿐만 아니라 이러한 영향관계에서 개인차가 어떠한 역할을 하는지 체계적으로 보여주고 있다. 이와 같이 핵심직무특성들이 구성원들의 태도와 행동에 미치는 효과를 구체화해줌으로써 직무특성모형은 직무재설계를 함에 있어서 직무의

자기통제의 의미

사람들은 우연한 사건에 관해 마치 그것이 자신의 통제 아래 있는 것처럼 행동한다. 예를 들면, 사람들은 주사위 게임을 할 때 적은 숫자가 나오기를 바라면 주사위를 살살 던지고, 큰 수가 나오기를 바랄 때는 세게 던진다.

한 연구에서 1달러를 걸고 50달러를 받을 수 있는 제비뽑기에 참가한 두 집단의 회사원에게 물었다. 한 집단은 제비뽑기의 카드를 자신이 직접 고를 수 있도록 허락한 반면, 다른 집단에는 선택권을 주지 않았다. 물론 운에 따라 우승 확률이 결정되는 것이었지만, 참가자들의 행동은 그렇지 않았다.

카드를 뽑기 전에 먼저 참가자들에게 그들의 카드를 얼마에 팔 의사가 있는지를 물었다. 카드를 직접 고를 수 있도록 했던 집단의 평균 가격은 9달러에 가까웠던 반면, 선택권이 없었던 집단은 2달러 이하를 제시했다. 자신이 약간의 통제권을 가졌다고 믿는 사람들은 자신들의 성공가능성을 실제보다 높게 여겼고 통제권을 갖지 못한 사람들은 이와 같은 생각을 갖지 않았다.

이와 같이 사람들은 자기통제권을 갖는 경우 실제보다 더 상황을 통제할 수 있다는 믿음을 갖게 되며, 자신이 처한 상황을 좀 더 긍정적으로 인식하고 더 행복해 한다. 따라서 직무를 설계함에 있어서도 자기통제권을 부여하는 것이 직무동기를 유발하는 데 도움이 된다고 할 수 있다.

자료: 마이클 보부신/김정주 (2010), 『왜 똑똑한 사람이 어리석은 결정을 내릴까?』, 청림출판, 39쪽.

어떤 요소를 어떻게 충실화해야 하는지 구체적인 방안을 제안하는 데 도움이 될 수 있다. 이 모형은 핵심직무차원을 다음의 다섯 가지로 제시하고 있다.

① 기술다양성(skill variety): 기술다양성은 직무가 얼마나 다양한 과업들을 내포하는지, 그리하여 직무를 수행하는 데 얼마나 다양한 기술과 능력을 활용하는지를 가리킨다. 즉, 기술다양성이 높은 직무는 다양한 과업들로 구성되어 있고, 이들 과업들을 수행하는 데 여러 가지 기술을 필요로 한다.

② 과업정체성(task identity): 과업정체성은 직무가 좁은 범위의 과업만을 담당하는지 아니면 처음부터 끝까지 전체 과정을 완수하는지를 가리키는 개념이다. 예컨대, 맞춤 양복을 만드는 사람은 고객의 신체치수를 재고, 원단을 고르고, 재단 및 재봉을 하는 등 양복을 제작하는 전체 과정을 수행하기 때문에 과업정체성이 높

은 반면, 대규모 의류회사의 직원은 재단이나 재봉 등 세분화된 과업만을 담당하기 때문에 과업정체성이 낮다고 할 수 있다.

③ 과업중요성(task significance): 과업중요성은 자신의 과업이 다른 과업 또는 조직성과에 얼마나 영향을 미치는지를 가리킨다. 예컨대, 제약사에서 의약개발을 담당하는 직원은 자신의 과업이 기업의 경쟁력뿐만 아니라 환자들의 삶에도 영향을 미칠 수 있기 때문에 과업중요성이 높다고 할 수 있다. 반면에, 다른 사람으로 쉽게 대체할 수 있는 단순한 과업을 수행하는 경우 과업중요성이 낮다고 할 수 있다.

④ 자율성(autonomy): 자율성이란 직무수행자가 직접 직무수행 방법과 일정을 계획하고, 작업속도를 조절하고, 직무수행의 결과를 평가할 수 있는 재량권과 자유를 갖고 있는 정도를 말한다. 예컨대, 조립라인에서 조립선의 속도에 따라서 기계적으로 과업을 수행해야 하는 경우 직무의 자율성이 매우 낮은 반면, 볼보자동차의 칼마르(Kalmar) 공장처럼 조립선을 없애고 작업집단 단위로 과업을 수행하는 경우 집단구성원들이 스스로 작업속도와 방법을 정할 수 있으므로 자율성이 높다고 할 수 있다.

⑤ 피드백(feedback): 피드백은 직무수행자에게 직무수행의 결과에 대한 정보가 제공되는 정도를 가리킨다. 예컨대, 직무수행의 성과를 즉각적으로 알 수 있는 경우 피드백 수준이 높은 반면, 성과를 알 수 없거나 오랜 시간이 지나야 알 수 있는 경우 피드백 수준이 낮은 직무라고 할 수 있다.

〈그림 5-11〉에서 보는 바와 같이, 기술다양성, 과업정체성과 과업중요성은 직무수행자로 하여금 일의 의미와 보람을 느끼게끔 해주고, 자율성은 책임감을 경험하게 해주며, 피드백은 자신의 직무수행의 결과에 대한 지식을 갖게끔 해준다. 그리고 이러한 심리상태는 직무수행자로 하여금 직무내재적인 동기를 유발하고, 질 높은 과업성과를 창출하게 해주며, 직무만족도를 향상시키고, 또 결근 및 이직을 줄여주는 효과를 가져다줄 수 있다.

그런데, 이러한 영향관계는 모든 종업원들에게서 일률적으로 나타나는 것이 아니라 종업원의 성장욕구강도(GNS; growth need strength)에 따라서 그 관계가 다르게 나타날 수 있다. 즉, 성장욕구강도가 강한 종업원의 경우 도전적이고 충실화된 직무를 선호함으로써 심리상태와 성과에 긍정적인 영향을 미치는 반면, 성장욕구강도가 약한 종업원의 경우 도전적인 직무에 대해 부담을 느낌으로써 오히려 종업원의 심리와 성과에 부정적인 영향을 미칠 수도 있다. 따라서 직무특성모형은 직무설계를 함에 있어서 개인

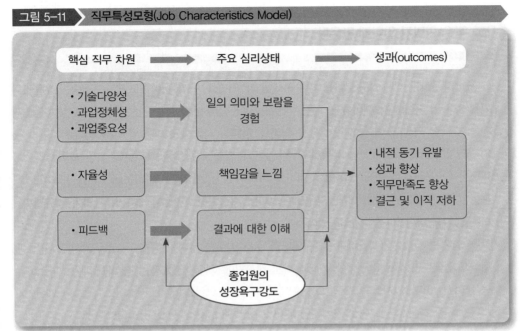

그림 5-11 **직무특성모형(Job Characteristics Model)**

핵심 직무 차원 ➡ 주요 심리상태 ➡ 성과(outcomes)

- 기술다양성
- 과업정체성
- 과업중요성

→ 일의 의미와 보람을 경험

- 자율성

→ 책임감을 느낌

- 피드백

→ 결과에 대한 이해

- 내적 동기 유발
- 성과 향상
- 직무만족도 향상
- 결근 및 이직 저하

종업원의 성장욕구강도

자료: Hackman & Oldham (1976).

차를 반영하고 있다고 할 수 있다.

핵심직무차원들과 주요 심리상태의 관계를 바탕으로 특정 직무가 직무수행자의 동기를 얼마나 유발할 수 있는지 가늠해볼 수 있다. 이를 동기유발가능점수(MPS; motivating potential score)라 하는데 다음과 같은 식에 의해서 구해진다. 여기서 각각의 직무차원은 직무진단설문지(JDS; Job Diagnostic Survey)에 의해 조사되며, 다섯 가지 직무특성이 모두 높은 수준일 때 직무수행자의 동기가 유발될 가능성도 높아진다.

$$\text{동기유발가능점수 (MPS)} = \frac{(\text{기술다양성}+\text{과업정체성}+\text{과업중요성})}{3} \times \text{자율성} \times \text{피드백}$$

🤝 작은 의미가 일하게 만든다

사람들 중에는 뭔가 큰 결과를 이루어냈을 때 의미를 느끼는 이들도 있고, 소중한 누군 가로부터 인정받을 때 의미를 느끼는 이들도 있다. 대부분의 사람들은 큰 의미가 강한 동기를 부여할 거라고 예상하지만, 작은 의미도 충분히 사람들의 행동을 이끌어낼 수 있다. 여기서 말하는 큰 의미란 암 정복을 위한 연구, 가난한 사람들을 구제하기 위한 사회사업, 거대한 다리의 건설 등에 부여되는 의미를 가리키는 반면, 작은 의미란 좀 더 일상적이고 평범한 쪽에 가까운 일에 대해 부여되는 의미를 지칭한다. 한 실험에서 작은 의미가 유발하는 동기에 대한 연구를 실시하였다.

이 실험은 실험참가자들에게 작은 의미를 주는 임무를 부여한 다음, 그 임무에서 조금씩 의미를 없애는 방식으로 진행됐다. 학생회관 게시판에 "레고 만들고 돈 버세요!"라는 안내문을 붙여서 실험참가자들을 모집했고, 40개의 부품조각으로 이루어진 '바이오니클(Bionicle)' 시리즈를 준 다음 설명서대로 조립하면 된다고 설명했다. 보상규정은 다음과 같았다.

"바이오니클 하나를 조립할 때마다 돈을 받는데, 지급되는 돈의 액수는 단계적으로 줄어든다. 첫 번째 바이오니클을 완성하면 2달러를 지급하고, 하나를 더 만들겠냐고 물어본다. 두 번째 바이오니클을 완성하면 보상으로 11센트가 줄어든 1달러 89센트를 지급하고, 다시 바이오니클을 하나 더 만들겠냐고 물어본다. 추가로 완성하는 바이오니클에 대해서 계속해서 11센트씩 줄어든 금액으로 보상이 지급된다. 이 과정은 시간제한 없이 실험참가자가 바이오니클의 조립을 그만두겠다고 말할 때까지 계속된다. 그리고 조립을 모두 마쳤을 때 보상금을 한꺼번에 지급한다." 따라서 실험참가자들은 자신이 생각하기에 투입되는 노력보다 보상이 적다고 여겨질 때까지 계속해서 바이오니클을 조립할 것이다.

그리고 실험자는 실험에 대한 마지막 설명을 한다.

"여기 있는 바이오니클들은 다른 실험참가자들도 사용해야 합니다. 그래서 다른 실험참가자가 나타나기 전에 어느 시점이 되면 당신이 만든 바이오니클들을 모두 분해하여 여기 상자에 넣을 것입니다. 모두 이해하셨죠?"

실험참가자가 바이오니클을 계속 조립하기를 원하여 새로운 바이오니클을 조립하기 시작하면 실험자는 조립을 마친 바이오니클을 책상 아래에 있는 상자에 집어넣었다. 다른 실험참가자들을 위해 곧바로 분해될 거라고 말하였지만 분해하지 않고 상자에 그냥 집어넣었다.

한편, 다른 실험집단은 '시지프스 상황'이라고 명명한 실험조건이었는데, 첫 번째 집단과 달리 실험참가자가 다음 바이오니클을 조립하기 시작했을 때 실험자는 실험참가자가 조립을 마쳐서 건네준 바이오니클을 바로 분해해서 부품들을 상자에 넣었다. 그리고 실험참가자가 바이오니클의 조립을 마치고 계속 조립하기를 원하자 실험자는 자신이 받아서 분해했던 레고부품들이 들어 있는 상자를 건네주었고, 새로이 건네받은 완성품을 다시 분해해서 상자에 넣었다. 이런 방식으로 계속 실험이 진행되었다.

'작은 의미'를 주는 실험조건에 있었던 실험참가자들은 평균 10.6개의 바이오니클을 조립했고, 14달러 40센트의 보상금을 받아갔다. 실험참가자들은 바이오니클 한 개를 조립하는 데 1달러도 안 되는 보상이 주어지는 조건에서도 65퍼센트의 사람들이 조립작업을 계속하겠다고 했다. 반면에, 시지프스 상황에 있었던 실험참가자들은 훨씬 더 빨리 작업을 그만두었다. 이들은 평균 7.2개의 바이오니클을 조립했고, 보상금은 11달러 52센트를 받았다. 시지프스 상황에 처한 실험참가자들 가운데 1달러 미만의 보상금이 지급되는 조건에서 조립작업을 계속한 사람들은 20퍼센트에 불과했다.

그리고 실험참가자들의 레고를 좋아하는 성향과 조립작업을 계속하려는 의지 사이의 상관관계를 분석했는데, 작은 의미를 주는 실험조건에서는 상관관계가 매우 높게 나타난 반면, 시지프스 상황에서는 상관관계가 거의 없는 것으로 나타났다.

이 실험으로부터 얻은 결론은 다음과 같다. 어떤 작업을 좋아하는 사람에게 의미를 주는 작업조건을 부여한다면, 그 사람은 그 작업을 통해 즐거움을 얻으며, 이는 작업에 더 큰 노력을 기울이도록 만드는 주요한 원동력이 된다. 반면에, 어떤 작업에 대한 열정과 욕구를 가지고 있다 해도 아무런 의미도 없는 작업조건 아래 놓인다면, 그 작업으로부터 즐거움을 얻기 어렵다.

이 실험에서 실험참가자들은 모두 자신이 하는 일이 그리 큰 의미가 있는 일이 아니라는 사실을 알고 있었다. 새로운 댐을 설계하거나, 한 생명을 살리거나, 신약을 개발하는 일이 아니라 단지 레고 장난감을 조립하는 일이라는 점을 그들은 인지하고 있었다. 하지만 자신의 작업물이 바로 눈앞에서 분해되는 광경을 지켜본 실험참가자들은 커다란 의욕상실을 겪었다. 요컨대, 어떤 작업에 대한 선호도가 노동의욕으로 전환되는 것은 그 작업에 얼마나 의미를 부여할 수 있느냐에 따라 달라진다.

자료: 댄 애리얼리(Dan Ariely)/김원호 (2011), 『경제심리학(The Upside of Irrationality)』, 청림출판, 93~108쪽.

➤➤➤ 문화적 특성과 동기이론

　인도네시아에서 300명 규모의 전자부품공장을 경영하는 김 공장장은 과거 3년 동안 현지 근로자들의 극도로 높은 결근율 때문에 고심해 왔다. 한국에서의 급격한 임금상승으로 인건비를 절감하기 위하여 임금수준이 낮은 인도네시아로 진출하였으나, 현지 근로자들의 높은 결근율 때문에 작업진행에 큰 어려움을 겪었고, 그로 인해 기대했던 생산성에도 큰 차질을 빚게 되었다.

　따라서 김 공장장은 현지 근로자들의 근로의식이 해이하다고 판단하고 근로자들을 채용할 때 선발과정에서 성실성이 결여되어 있는 지원자들은 제외시키고, 신입 근로자들에게는 특별 교육훈련 프로그램을 마련하여 그들의 근로의식을 고취시키는 데 많은 노력을 기울였다. 그리고 무결근자들에게는 특별 보너스를 주어 무결근에 대한 인센티브도 부여하였다. 10년 전 김 공장장이 한국에서 일할 때 이러한 조치가 한국 근로자들의 근로의식을 향상시킨 경험을 기억하고, 동남아에서도 똑같은 조치를 취해 본 것이다. 그러나 이러한 조치는 별 효과가 없었고, 현지 근로자들의 결근 문제는 전혀 개선되지 않았다.

　실망한 김 공장장은 결근율 문제에 보다 신중한 접근을 시도하였다. 근로자 대표들과의 면담을 통해 결근율 문제를 논의하고 근로자들의 생활스타일을 연구하는 등 현지 근로자들의 결근율이 왜 높은지를 분석하였다. 그 결과, 현지 근로자들이 게으르고 근로의식이 해이하다는 인식과는 달리 상당수의 근로자들이 부실한 식사로 영양실조에 시달리고 있고 몸이 약해서 잔병에 자주 걸린다는 사실을 알게 되었다.

　따라서 김 공장장은 현지 의사 한 명을 고용하여 근로자들을 무료로 검진해 주고 약도 무료로 주는 등 근로자들의 건강을 챙겨 주었다. 그러자 몸이 아픈 근로자들이 병을 진단받고 약을 타기 위하여 공장에 출근하여 열심히 일하기 시작하였다. 장기간의 노력을 통해 근로자들의 건강이 개선됨에 따라서 15%였던 결근율은 1년 내에 5% 수준으로 떨어졌고, 2년 후에는 1% 수준으로 떨어져 그 지역에서 제일 낮은 결근율을 기록하게 되었다.

01. 인도네시아 근로자들의 행동을 욕구 · 동기이론 관점에서 설명하고, 욕구 · 동기 이론들이 그들에게 얼마나 잘 적용되는지를 분석하시오.

02. 욕구 · 동기이론들이 각각 우리나라 조직구성원들에게 얼마나 잘 적용될 수 있는지를 분석하시오.

집단과 팀 행동

Organizational
Behavior

Chapter

6 집단과 팀 행동

제3장에서 제5장까지 우리는 개인의 성격, 지각과 학습, 욕구와 동기 등 개인행동의 주요 요인들을 연구하였다. 이제 개인행동과 더불어 조직행동 연구에서 중요한 위치를 차지하고 있는 집단(group)과 팀(team)의 행동을 연구한다. 집단에 관한 연구는 호손공장실험 이래 과거 80년간 조직이론과 경영학 연구에서 매우 중요한 분야를 차지해 왔다. 조직에서 부서나 팀의 목표가 효과적으로 달성되어야 조직목표도 달성될 수 있다는 점에서, 그리고 최근 급속한 환경변화에 대응하기 위해 팀조직의 도입이 활발해지면서 집단과 팀에 대한 연구의 필요성이 더욱 커지고 있다.

집단행동을 연구하는 데 있어서 이 장에서는 집단과 팀의 구조와 행동을 분석하고, 7장에서 집단 및 팀 구성원의 커뮤니케이션과 의사결정, 그리고 8장에서 집단간 및 팀간의 행동을 다룬다. 집단과 팀 행동을 연구하는 데 있어서 이 장은 제1절에서 집단과 팀의 기본개념을 정리하고, 제2절에서 집단의 비공식적 구조를 연구한다. 그리고 제3절에서 집단 및 팀 내의 역할관계를, 그리고 마지막으로 제4절에서 집단역학을 각각 분석한다.

조직은 집단들로 구성되어 있고 대부분 집단 단위로 과업이 수행되므로 집단에 관한 연구 없이는 조직에 대한 이해가 제대로 이루어질 수 없다. 실제로 커뮤니케이션과 의사결정 등 조직에서의 모든 업무가 조직을 구성하고 있는 각 부서와 팀에서 이루어지고 있고, 개인의 과업도 같이 일하는 집단구성원들의 협조를 통하여 이루어지고 있다는 점에서 집단은 조직에서 매우 중요한 위치를 차지하고 있다고 할 수 있다.

시스템 관점에서도 집단은 개인 및 조직에 매우 중요한 역할을 한다. 즉, 집단은 개인과 조직을 연결시켜 주는 위치에서 한편으로는 개인행동에 영향을 주고, 다른 한편으로는 조직에 영향을 미친다. 따라서 개인행동 연구와 조직행동 연구에 있어서 집단은 매우 중요한 연구대상이라 하지 않을 수 없다.

특히 조직연구에 있어서 집단은 전체 조직의 축소모형이라고 할 수 있으므로, 전체 조직을 대상으로 적용하기가 어려운 실증적 또는 실험적 연구방법을 집단에 적용하여 그 연구결과를 전체 조직에 추론함으로써 전체 조직에 관한 과학적인 연구도 가능해질 수 있다. 이와 같이 집단은 조직 연구에서 실질적으로 그리고 연구방법상으로도 매우 중요한 위치를 차지하고 있다. 먼저 집단의 개념에 대해 살펴보고 집단과 팀의 차이점을 알아본다.

1 집단의 정의

행동과학에서 집단연구는 주로 소집단(small group)을 대상으로 이루어져 왔지만, 단지 사람들의 수가 적다고 해서 모두 집단을 의미하는 것은 아니다. 길가의 구경꾼들이나 버스에 타고 있는 사람들, 식당에서 식사를 하고 있는 사람들은 그 규모가 작다고 하여 집단으로 간주되는 것은 아니다. 집단은 공동의 목표와 규범을 공유하고, 일정 기간 동안 서로 상호작용하는 두 명 이상의 사람들의 집합을 의미한다. 집단이 갖는 몇 가지 주요 특성을 설명하면 다음과 같다.

1) 상호작용하는 소규모 집단

첫째, 집단은 두 명 이상의 사람들이 공동의 목표를 가지고 정규적으로 상호작용을 하는 것을 가리킨다. 집단규모를 정확하게 규정하기는 어렵고 학자들마다 서로 다르게 설명하고 있지만, 대체로 2명부터 20명 정도까지를 의미하며(Berelson & Steiner, 1964, p.325), 과업의 성격에 따라서 13명 정도까지를 의미하기도 한다(Grofman, Feld, & Owen, 1984). 집단구성원의 수에 관해서는 절대적인 개념이 존재하지 않으며, 그보다 중요한 것은 구성원들 간의 정규적인 상호관계이다.

2) 집단소속과 공동규범

집단의 두 번째 특징은 구성원들이 그들 자신을 그 집단에 소속된 존재로 인식함으로써 정체성(identity) 개념을 갖는다는 것이다(Schein, 1980, pp.144~146). 집단구성원으로서의 정체성을 인식하고 있다는 것은 구성원들이 서로 동일한 규범을 공유하고 서로의 지위 그리고 역할관계를 인식 또는 인정하고 있다는 것을 의미한다. 따라서 동일한 장소에서 서로 같은 일을 하더라도 이러한 집단정체성과 집단규범을 갖고 있지 않다면 이들은 집단으로 볼 수 없다.

3) 공식 또는 자생적 집단

셋째, 조직행동에서 집단은 부서 등 공식조직을 구성하고 있는 조직단위뿐만 아니라 동아리나 친목모임 등 구성원들 간의 상호작용 과정에서 자연발생적으로 형성되는 비공식 집단(emergent group)을 또한 가리킨다. 조직에서의 집단행동을 이해하려면 공식 목적을 달성하기 위해 의도적으로 설계된 공식집단뿐만 아니라 구성원들 개개인의 목적을 달성하기 위해 자연적으로 형성된 비공식 집단을 주요 연구대상으로 포함해야 한다.

2 집단의 분류

집단은 그 성격에 따라서 여러 가지 형태로 분류될 수 있다. 집단의 주요 유형을 분류하면 다음과 같다.

1) 기능적 집단

기능적 집단(functional group)은 주로 조직도표에 나타나 있는 공식구조를 중심으로 형성된 집단으로서, 공식 목표를 달성하기 위하여 맺어지는 상호의존관계와 상호작용을 특징으로 한다. 관리자와 부하구성원들 간의 명령계통에 의해 수직적인 차원의 상호작용이 이루어지고, 또한 구성원들에게 할당된 공식직무를 토대로 하여 수평적 차원의 상호작용이 이루어진다. 기능적 집단은 공식조직의 목표에 기반을 둔 공식집단이며,

현대조직에서 많이 활용되고 있는 상당수의 팀도 기능적 집단에 속한다.

2) 과업집단

조직의 공식목표를 달성하는 과정에서 특별 과업을 수행해야 하는데, 이러한 과업을 수행하기 위해 형성되는 집단을 과업집단이라 한다. 조직구성원들은 과업성격에 따라서 자신이 소속되어 있는 공식 집단 이외의 구성원들과 함께 특별 과업을 수행하기 위해 프로젝트팀(project team), 태스크포스 팀(task force team), 또는 교차기능팀(cross-functional team)에 소속되어 활동한다.

3) 이익 또는 친목집단

조직의 공식목표나 과업과는 관계없이 구성원들 자신의 목적과 이익 그리고 친목 관계에 의해 비공식적 집단이 만들어지는데, 이를 이익 또는 친목집단(interest or friendship group)이라고 부른다. 이익집단은 노조와 같이 구성원들의 경제적인 이익이나 이념의 실현을 추구하는 집단이고, 친목집단은 조기축구회, 낚시동호회, 독서동아리나 동문회 등과 같이 구성원들 간의 친목관계 또는 공통의 관심사나 취미를 증진시키기 위한 집단을 가리킨다.

4) 기타 집단의 분류

집단은 또한 성원-준거집단, 세력-비세력집단, 1차적-2차적 집단 등으로도 분류된다. 성원집단(membership group)은 개인이 실제로 소속되어 있는 집단을 가리키고, 준거집단(reference group)은 개인이 실제로 소속되어 있지는 않지만 개인의 행동에 많은 영향을 주는 집단, 즉 개인 행동의 준거가 되는 집단을 가리킨다. 요즘 많은 청소년들이 유명 아이돌그룹이나 스포츠스타들을 역할모델(role model)로 삼고 이들의 행동을 따라 하는데, 이 경우 아이돌그룹이나 스포츠스타들은 청소년들의 준거집단이 된다. 또 다른 예를 들자면, 연구원은 소속 회사의 규정과 규범을 준수하고 연구개발 부서에서 자신의 역할을 수행하는 동시에, 전문 연구자로서 연구원 집단의 행동규범을 자신의 행동의 준거로 삼는다. 이 경우 회사의 연구개발 부서는 연구원이 소속되어 있는 성원집단이 되고, 전문 연구자들의 단체는 이 연구원의 준거집단이 된다.

세력집단(in-group)은 집단의 규범을 형성하고 이를 유지하는 데 중요한 역할을 하는 핵심 구성원들로서 주요 의사결정에 참여하여 영향력을 행사하는 집단을 가리키는 반면, 비세력집단(out-group)은 핵심성원이 아니라 주변적 위치에 있거나 핵심 구성원들에 대항하는 위치에 있는 구성원들을 말한다. 집단규범의 내재화 여부 그리고 의사결정시의 영향력 정도가 세력 또는 비세력 집단에 소속되는 것을 결정하는 주요 요인인데, 상황의 변화와 구성원들 간의 역학관계에 따라서 그 소속이 변할 수 있다.

1차적 집단(primary group)은 가족이나 마을 등과 같이 매우 밀접하게 대면접촉을 하면서 공동생활을 하는 집단을 가리키며, 구성원들 간의 연대감과 일체감이 강한 것이 특징이다. 2차적 집단(secondary group)은 기업, 학교, 정당 등 특수한 이해관계를 매개로 의도적으로 형성된 집단을 가리킨다. 전통사회에서는 1차적 집단이 중요한 역할을 담당하고 개인의 자아형성에 큰 영향을 미쳤지만, 산업화가 이루어진 현대사회에서는 2차적 집단의 역할이 더 커지고 있다.

3 집단의 형성과정

개인은 자신의 일상생활과 조직생활에서 여러 집단에 소속되어 있으면서 다른 집단 구성원들과 상호작용을 한다. 집단의 형성에 영향을 미치는 요인들은 여러 가지가 있을 수 있는데, 이러한 집단의 형성은 단계적 과정을 거치면서 이루어진다.

1) 집단의 형성요인

집단은 여러 가지 요인으로 형성될 수 있다. 첫째, 집단은 조직구성원들이 주어진 과업을 수행하는 과정에서, 즉 조직의 목표를 달성하는 과정에서 의도적으로 만들어진다. 조직목표를 달성하기 위해 수직적 분화뿐만 아니라 수평적 분화가 이루어지는데, 이 과정에서 부서 또는 집단이 만들어진다. 또한 특수 과업을 수행하기 위해 여러 단위조직들 간의 상호조정과 협력이 필요하며, 이를 위해 위원회나 태스크포스 팀(task force team) 등 과업집단이 형성된다. 둘째, 공식적인 과업수행과는 관계없이 구성원들이 조직 내에서 가깝고 편리한 거리에 있어서 서로 자주 접촉하다 보면 자연스럽게 상호관계가 맺어지고, 그 결과로 집단이 형성된다.

셋째, 조직구성원들의 개인적 욕구를 충족시키기 위해서도 집단이 만들어진다. 조직구성원들은 경제적 욕구뿐만 아니라 사회적·심리적 욕구 등 다양한 욕구를 가지고 있으므로 이러한 욕구를 추구할 목적으로 집단을 만들 수 있다. 예컨대, 경제적 욕구를 충족하기 위해 조직구성원들은 노조와 같은 압력집단을 형성하여 좀 더 효과적으로 경제적 권익을 추구한다. 또한 조직구성원들은 테니스회, 산악회, 낚시동아리, 동문회, 사진반 등 공통적인 배경, 특성과 취미를 중심으로 사회적 욕구를 충족하기 위해 집단을 형성하기도 한다.

　이와 같이 집단은 공식과업을 수행할 목적으로 형성되거나 또는 공식조직에서 충족되기 어려운 여러 가지 욕구들을 충족시키기 위하여 형성된다. 집단은 공식조직과 상호 보완적인 관계에 있을 수도 있고, 때로는 공식조직과 경쟁적 또는 대립적인 관계에 있을 수도 있다. 그러므로 공식조직과의 관계에 있어서 상호 보완적인 집단행동을 조성하려면 집단의 기본성격은 물론 비공식적인 요인들도 잘 이해해야 한다.

2) 집단의 단계적 형성과정

　집단이 형성되어 안정된 집단으로 정착되려면 〈그림 6-1〉과 같이 몇 단계를(Robbins, 1989, pp.230~231) 거쳐 나간다.

① 집단의 형성(forming) : 첫 번째는 구성원들이 모여서 집단을 만드는 단계이다. 이 단계에서는 외형상 집단이 형성되었지만, 집단의 구조와 목표, 그리고 구성원들의 역할과 행동방식이 분명하게 설정되어 있지 않아서 각자가 어떻게 행동해야 하는지가 분명하지 않은 단계이다.

② 갈등과 도전(conflict and challenge) : 두 번째 단계는 집단에 소속된 구성원들이 집단의 권력구조와 신분구조 그리고 각자의 역할에 대한 합의가 이루어지지 않아서 서로 갈등하고 다투면서 이를 조정해 나가는 단계이다.

③ 규범화(norming) : 세 번째 단계는 구성원들 간에 집단의 목적과 구조 그리고 각자의 역할이 점차 구체화되어 구성원들의 행동규범이 점차 자리 잡게 되고 집단의 응집성도 강해지는 단계이다.

④ 수용과 성과창출(acceptance and performing) : 네 번째 단계는 구성원들이 집단의

| 그림 6-1 | 집단의 단계적 발달과정 |

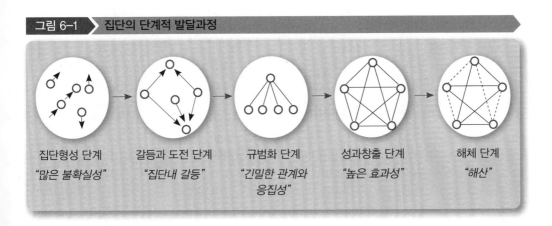

| 집단형성 단계 | 갈등과 도전 단계 | 규범화 단계 | 성과창출 단계 | 해체 단계 |
| "많은 불확실성" | "집단내 갈등" | "긴밀한 관계와 응집성" | "높은 효과성" | "해산" |

목적과 구조 그리고 각자의 역할을 받아들이고 주어진 역할들을 충실히 수행함으로써 집단목표를 달성하고 많은 성과를 창출하는 단계이다.

⑤ 해체(adjourning): 집단이 추구하는 목표가 완전히 달성되어 존재이유가 없어졌거나 또는 집단 구성원들이 더 이상 집단에 소속되고자 하는 개인적 욕구가 사라져서 집단을 떠나게 되면 집단은 해체되게 된다.

이와 같이 집단이 형성되어 성과창출을 하기까지는 여러 단계를 거쳐 나가게 되고, 그 과정에서 구성원 각자의 역할과 상호관계가 발전되며 집단의 성과도 좌우된다.

4 집단 연구의 주요 측면

개인행동을 이해하기 위해 성격, 지각, 욕구와 동기 등을 연구하는 것과 마찬가지로 집단행동을 이해하기 위해 집단을 구성하고 있는 구성원들의 행동과 상호간의 관계 그리고 이에 따른 성과가 중요 연구대상이 된다(Homans, 1950, pp.43~50). 이와 더불어 집단 효과성을 설명하기 위해 설명되는 다양한 변수들을 제시하면 〈그림 6-2〉와 같다.

1) 활 동

집단행동 연구의 첫 번째 측면은 집단구성원들의 활동(activities)이다. 즉, 구성원들

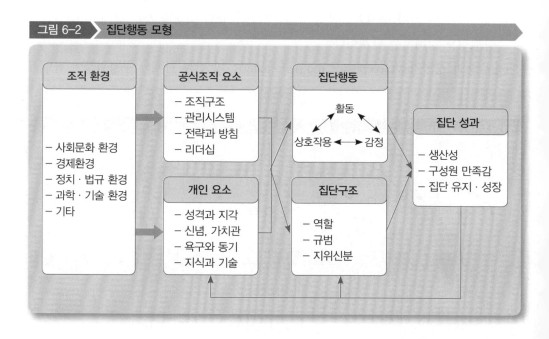

그림 6-2 집단행동 모형

이 어떠한 일과 역할을 하고 있고, 그 관계는 어떠하며, 그 결과로 나타나는 성과와 효과성 등은 어떠한지를 연구하는 것이다. 활동은 집단행동의 기초로서 집단구성원들의 활동을 통하여 구성원 간의 상호관계가 맺어지고, 구성원 간의 상호관계를 통해 집단의 과업이 수행된다.

2) 상호작용

상호작용(interaction)은 집단구성원들의 활동에서 나타나는 구성원들 간의 상호반응을 가리키는 것으로서 상호간의 직접대면 접촉이나 커뮤니케이션매체 등을 통한 간접적 접촉(Dennis & Valacich, 1994)의 형태로 이루어지며, 상호작용의 동기와 형태 그리고 빈도와 지속기간 등이 연구의 초점이 된다. 상호작용은 그 결과로 나타나는 감정 여하에 따라서 새로운 활동과 상호작용으로 이어진다.

3) 감 정

집단구성원들은 상호작용을 통해 일정한 감정(sentiment)을 경험하게 되고, 이러한 감정은 앞으로의 상호관계에 영향을 미치게 된다. 감정이란 다른 사람이나 물적 대상에 대한 개인의 정서적 반응으로서, 개인의 심리적 느낌과 태도 그리고 동기를 의미한다(Coffey, Athos, & Reynolds, 1975, pp.83~84). 집단에서 감정에 대한 연구는 구성원들이 어떠한 감정을 가지고 있으며 또 그 강도가 얼마나 강하고 이것이 어떻게 표현되고 있는지에 집중된다.

4) 집단구조

집단도 공식조직과 마찬가지로 내부적으로 사회구조(internal social structure)가 형성되어 구성원들 간에 역할, 지위신분, 그리고 상호간의 관계가 형성된다. 구성원들 사이에 기대되는 공통적인 규범행동과 각자로부터 기대되는 특수한 역할과 행동이 형성된다. 따라서 이와 같은 구성원들 간의 역할배정과 지위신분 관계, 규범 그리고 구성원들 간의 응집성이 집단 연구의 중요한 측면이 된다.

5) 효과성

집단 연구의 마지막 측면은 집단 효과성(effectiveness)이다. 집단의 효과성을 측정하는 데에는 여러 가지가 사용되지만, 그중 조직행동 관점에서 중요한 것 세 가지를 들면 다음과 같다.

① 생산성(productivity) : 집단이 조직목표의 달성에 얼마나 효과적으로 기여했는지를 의미한다.

② 만족감(satisfaction) : 집단구성원들이 조직, 작업집단 및 자신의 직무에 대해 얼마나 긍정적인 태도와 감정을 갖는지를 의미한다.

③ 성장(growth or development) : 구성원들이 집단에 대해 소속감과 정체성을 가짐으로써 집단이 지속적으로 유지되고 발전해 나가는 것을 의미한다.

시스템 관점에서 볼 때, 이들 중요 요소들은 서로 밀접하게 연결되어 있고 상호 의존적 관계에 있기 때문에 집단행동을 이해하기 위해서는 조직환경 요소로부터 시작하여 집단의 효과성에 이르기까지 모든 요소들을 총체적으로 이해하는 것이 필요하다.

5 집단과 팀의 차이

팀은 공동목표를 가진 소수의 인원으로 구성되어 있다는 점에서 집단과 동일하지만, 몇 가지 점에서 집단과 그 성격이 다르다고 할 수 있다. 첫째, 집단 구성원들은 자신의 직무를 수행하는 데 필요한 지식과 능력을 보유하고 있는 반면, 팀 구성원들은 공동목표를 달성하는 데 필요한 상호보완적인 지식과 능력을 가지고 있다. 둘째, 집단 구성원들은 각자의 역할에 따라 개별적으로 집단성과에 기여하는 반면, 팀 구성원들은 팀 목표에 몰입함으로써 공동 협력과 노력으로 성과를 달성하고, 팀 성과에 공동으로 책임지는 상호관계를 맺고 있다(Syer, 1997). 구성원의 수에 있어서도 팀의 경우에는 일반적으로 5~7명 수준이 가장 효율적인 것으로 인식되고 있다(Yeatts & Hyten, 1998). 집단과 팀의 차이를 직무구조, 권한체계와 보상체계를 기준으로 비교하자면 〈표 6-1〉과 같다 (Moorhead & Griffin, 2001, p.311).

표 6-1 집단과 팀의 차이

구 분	전통적인 작업집단	팀
직무구조	고도로 분업화된 직무 수행	매우 광범위한 직무 수행 팀 구성원들 간의 직무공유
권한체계	상사가 직접 부하직원들의 과업수행을 감독·통제	팀 구성원들이 자율적으로 과업수행을 상호 통제
보상체계	직무 유형, 개인 성과 및 연공을 기준으로 보상	팀 성과 및 개인의 능력을 기준으로 보상

(1) 팀 유형

팀에는 여러 가지의 유형이 있지만 가장 널리 사용되고 있는 팀 유형으로 다음의 네 가지를 들 수 있다(Hellriegel et al., 2001, pp.228~229).

① 기능적 팀(functional team): 구성원들이 일상 과업을 수행하는 과정에서 상호 연관된 업무나 과업을 중심으로 형성되며, 주로 생산, 마케팅, 재무, 회계, 인적자원 관리 등 기능 단위를 중심으로 구성된다. 인적자원관리 부서 내의 인력선발팀, 보상팀, 노사관계팀, 인력개발팀 등을 예로 들 수 있다.

② 문제해결 팀(problem-solving team): 어떤 문제나 중요 이슈가 발생했을 때 이를 분석하고 해결책을 제시할 목적으로, 그리고 경우에 따라서는 해결 방안의 실천까지를 목적으로 형성된다. 품질개선, 원가절감, 신기술도입, 신시장개척 등의 프로젝트를 수행하는 데 많이 활용된다(Rose & Buckley, 1999).

그림 6-3 　팀의 유형 분류

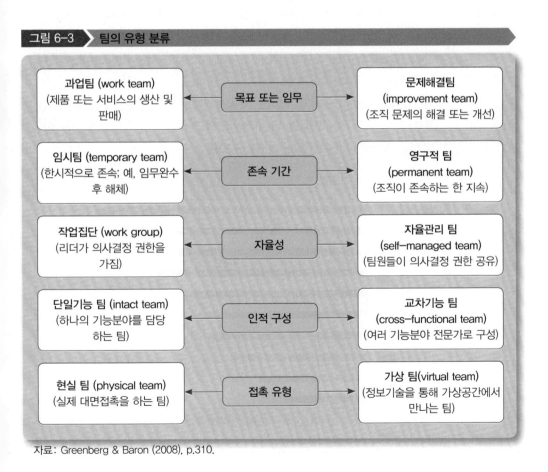

자료: Greenberg & Baron (2008), p.310.

🖐 자율관리팀은 어떤 결정을 자율적으로 내릴 수 있나?

　　자율관리팀(self-managed work team)은 팀 구성원들이 주요 의사결정을 내릴 수 있는 재량권과 자율성을 갖는 팀을 말하는데, 이런 팀들은 실제로 어떤 의사결정을 내릴 수 있을까? 아래 그림은 자율관리팀을 운영하는 조직들 중 얼마나 많은 조직이 각 사안에 대한 의사결정 권한을 팀에 부여하고 있는지를 조사한 결과이다. 그림에서 보는 바와 같이 의사결정 사안별로 팀이 의사결정 권한을 쥐고 있는 비중이 다르게 나타나고 있다.

　　자율관리팀의 72%가 작업스케줄을 스스로 결정할 수 있는 재량권을 갖고 있는 것으로 나타났다. 즉, '작업스케줄 결정'은 자율관리팀에 자율성을 부여하고 있는 가장 대표적인 예라고 할 수 있다. 그 다음으로 자율성을 많이 부여하는 분야는 자체적인 교육훈련(65%), 생산량과 성과목표의 결정(57%), 외부고객을 상대하고 직접 거래하는 것(58%) 등이다. 성과평가(47%), 공급업체 결정(45%)과 장비 및 서비스 구매결정(42%)의 경우 50% 미만의 조직에서만 재량권을 부여해주는 것으로 나타났고, 채용 및 배치(29%)와 해고 결정(22%) 등 인사문제에 관한 의사결정권을 부여하는 경우는 상당히 낮게 나타나고 있다(Kreitner & Kinicki, 2001, p.351).

　　자율관리팀의 효과에 대한 연구들에 의하면 자율관리팀은 생산성 및 직무만족에 긍정적인 효과를 가지며, 책임감과 효능감 등 구성원들의 태도에도 긍정적인 영향을 미치는 것으로 밝혀졌다(Kinicki & Kreitner, 2009, p.238).

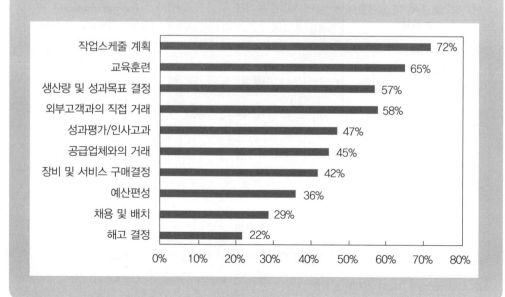

③ 교차기능 팀(cross-functional team): 여러 기능분야의 전문가들로 구성되며, 특정 문제를 진단하고 해결방안을 모색한다. 여러 기능분야들의 활동을 서로 조정하는 데 효과적이므로 신제품개발이나 고객서비스와 같이 중요한 문제에 조직이 신속히 대응하는 데 유효하게 활용될 수 있다(Michalski & King, 1998).

④ 자율관리 팀(self-managed team): 팀이 주요 의사결정을 하고 집행할 수 있는 자율성과 재량권을 갖는 것을 가리킨다. 일반적으로 작업목표 설정, 작업일정 결정, 원자재 구매, 구성원 작업배치, 예산편성 및 집행, 리더선출 등 다양한 팀활동들을 자율적으로 수행한다(Purser & Cabana, 1999).

이러한 네 가지 팀 외에도 최근 정보기술이 발달하면서 가상팀(virtual team)이 새로운 팀 형태로 나타나고 있다. 가상팀이란 현실 공간에서 대면접촉을 하는 것이 아니라 정보통신기술을 매개로 하여 가상공간에서 공동으로 작업하는 팀을 말한다. 가상팀의 구성원들은 전개되는 상황에 따라서 팀에 합류하기도 하고 자연스럽게 빠져나가기도 한다. 〈그림 6-3〉에서 보는 바와 같이 팀의 유형은 팀의 목표, 존속기간, 자율성의 정도, 인적 구성과 팀원들 간의 접촉방식에 따라 다양하게 분류될 수 있다.

(2) 팀 임파워먼트(team empowerment)

현대조직은 급변하는 환경에 효과적으로 대응하기 위해 전통적인 집단보다는 자율적인 작업팀(self-managed work teams)의 설계와 운영을 강조하고 있는데, 자율적인 작업팀의 가장 중요한 특성은 팀 임파워먼트라고 할 수 있다. 팀 임파워먼트의 주요 특성은 다음 네 가지 요소로 요약할 수 있다(Kirkman & Rosen, 1999; Spreitzer, 1995; Spreitzer et al., 1997; Thomas & Velthouse, 1990).

① 팀 역량(potency): 팀 구성원들이 과업을 효과적으로 수행하는 데 필요한 기술과 능력을 가지고 있고, 또 이에 대한 자신감을 갖고 있는 것을 가리킨다. 팀의 과업 수행능력은 팀성과를 창출하는 데 있어서 기본적인 요인이 된다. 또한 능력에 대한 자신감은 열심히 노력을 하면 성과를 창출할 수 있다는 기대감을 제공함으로써 직무동기를 유발하게 한다.

② 일의 중요성과 가치(meaningfulness): 팀 구성원들이 수행하는 과업이 얼마나 중요하고 의미 있는지를 가리킨다. 일의 중요성과 의미는 과업에 대한 동기를 유발하는 기능을 함으로써 팀의 성과에 중요한 영향을 미친다. 왜냐하면, 팀 구성원들이 과업을 가치 없는 것으로 보고 과업으로부터 마음이 떠나게 되면 임파워먼트를 느낄 수 없으며, 결국 내재적 직무동기도 유발될 수 없기 때문이다.

③ 자율성(autonomy) : 과업을 수행함에 있어서 팀 구성원들이 얼마나 과업수행 방법이나 일정 등을 스스로 결정할 수 있는지를 가리킨다. 팀 구성원들에게 자율성이 부여되는 경우 동기유발이 될 가능성이 높아질 뿐만 아니라 급변하는 상황에 신속하게 대응할 수 있게 된다.

④ 공헌(impact) : 팀 구성원들이 얼마나 조직성과에 중요한 영향을 미치고 또 얼마나 조직에 공헌하는지를 가리킨다. 팀 구성원들이 과업수행을 통해서 조직성과에 가치 있는 영향을 미치고 있다는 자부심을 갖고 있는 경우 내재적 직무동기가 유발될 가능성이 높아지고, 이는 팀 성과를 높이는 데 기여하게 된다.

현대조직에서 팀 임파워먼트는 조직성과를 결정하는 중요한 요소가 되고 있다. 팀 임파워먼트를 통해 팀 성과를 높이려면 유능한 구성원들을 선발하고 또 역량개발을 위한 교육훈련을 실시해야 하고, 팀 구성원들이 수행하는 과업이 의미 있고 고무적이어야 하며, 팀에게 자율적 권한이 주어져야 한다. 그런데 이러한 요건들은 사회문화에 따라 차이를 보인다고 할 수 있다. 개인주의적이고 권력중심성이 약한 서구 국가에서는 팀의 자율성이 크게 강조되는 반면에, 집단주의적이고 권력중심성이 강한 일본이나 우리나라와 같은 동양 문화권에서는 상대적으로 팀의 자율성이 덜 강조된다(Gibson, 1999).

02 집단의 사회구조

조직에 목표가 있고 방침이 있는 것과 마찬가지로 집단에도 목표가 있고 집단을 보호하고 유지하기 위한 규범이 존재한다. 그리고 공식 조직의 경우 구성원들 각자에게 직무가 배정되어 있고 권한과 명령계층에 의하여 이들 업무가 수행되는 것처럼 집단에서도 구성원 각자가 수행해야 하는 역할이 있고 또 지위신분관계도 형성되어 있어서 이를 중심으로 역할행동이 수행된다(〈표 6-2〉 참조).

이와 같이 집단은 공식조직과 마찬가지로 사회구조를 형성하게 된다. 그런데 집단의 사회구조는 조직이 의도적으로 설계한 공식구조와 다를 때가 많고, 경우에 따라서 갈등적인 관계를 보이기 때문에 공식조직에 역기능적 결과를 가져올 수도 있다. 따라서 집단의 사회구조를 잘 이해하고 집단과 공식조직 간에 조화와 통합을 이루는 것이 바

표 6-2	공식조직과 집단의 비교
공식조직	집단
조직 목표	집단 목표
방침	규범
직무	역할
직위	지위신분
권한	영향력
명령계층	사회적 서열

람직하다. 집단구조를 형성하고 있는 주요요소들을 살펴본다.

1 구성원의 역할

집단 구성원은 누구나 수행해야 할 역할이 있다. 역할(role)이란 조직 또는 집단의 목표를 달성하기 위해 구성원이 수행해야 하는 일을 말하며, 공식적으로 배정된 직무와 과업에 의해서 정해진다(Graen, 1976, p.1201). 그렇지만 구성원의 역할은 공식직무나 과업만으로 구성되는 것은 아니며, 다른 구성원들과 같이 일해 나가는 과정에서 공식직무 외에 다른 일이 추가되거나 또는 보완됨으로써 구성원들에게 기대하는 실제 역할이 구체화된다.

이처럼 구성원의 역할은 그 내용에 있어서 공식직무나 과업과는 다른데, 그 이유는 구성원들이 실무현장에서 수행하는 역할을 공식적인 직무설계에 모두 반영하는 것은 현실적으로 불가능하기 때문이다. 또한, 집단구성원들이 자신의 취향과 의사에 따라서 각자의 능력에 적합한 역할을 자체적으로 배분해나가기 때문이기도 하다.

그런데 집단구성원들의 역할관계가 항상 조화를 이루고 있지는 않다. 여러 구성원들이 동일한 역할을 선호함으로써 상호 갈등관계가 형성될 수도 있고, 자신에게 기대하는 역할과 자신이 생각하는 역할 간에 차이가 생김으로써 상호간에 오해가 있을 수 있다. 따라서 역할상의 조화는 구성원들의 상호관계에 중요한 영향을 주고 나아가서는 집단 성과에도 영향을 미치게 된다. 역할에 관해서는 제3절에서 더 자세히 탐구한다.

2 집단 규범

조직이 방침과 규율을 정하고 조직구성원의 행동을 통제·조정하여 조직 목표를 달성하려고 노력하는 것과 같이, 집단도 집단 목표를 달성하기 위하여 집단구성원들의 표준행동을 형성해 나간다.

1) 규범의 개념

집단구성원들에게 공통적으로 기대하는 행동, 즉 주어진 상황하에서 어떤 행동을 취해야 하는지 그리고 어떤 행동은 취해서는 안 되는지에 대한 기준을 규범(norm)이라고 부른다(Gibson, Ivancevich, & Donnelly, 1994, pp.317~318). 따라서 규범은 집단의 목표를 달성하고 집단구성원의 정체성을 유지하는 데 매우 중요한 역할을 한다.

규범은 집단 유지를 가능하게 해줌으로써 집단구성원들의 사회적 욕구를 충족시켜 줄 수도 있다. 반면에 구성원들로부터 동조적 행동을 요구함으로써 구성원 개인의 개성과 성장에 장애요인이 될 수도 있다. 일반적으로 규범에 대한 동조행동에는 다음과 같은 몇 가지 요인들이 주로 영향을 미친다(Reitan & Shaw, 1964).

① 지능과 성격: 개인의 동조적 행동은 지능수준에 따라서 달리 나타나는데, 지능수준이 낮을수록 동조적 행동이 많이 나타난다. 또한 독재적 성격일수록 동조적 행동이 강하게 나타난다.

② 자극의 성격: 어떠한 행동을 하는 것이 바람직한지에 대한 분명한 정보가 없는 경우, 즉 외부의 자극이 애매하고 불확실한 경우 규범에 대한 동조 행동을 취할 가능성이 높다. 당면한 상황에 적합한 행동대안이 분명하지 않을수록 규범에 동조하는 경향이 높게 나타난다.

③ 집단구성원과의 관계: 집단구성원으로서의 정체성, 집단의 효과성, 그리고 구성원으로부터의 압력에 따라서 동조 행동이 영향을 받는다.

④ 문화적 요인: 동조행동의 경향은 특히 일본과 같은 집단주의적 성격이 강한 문화권에서 높게 나타난다(Mann, 1988).

⑤ 기타 상황적 요소: 집단에서의 동조 행동은 집단의 크기와도 밀접한 관계가 있다. 일반적으로 동조행동은 집단구성원의 수가 4~6명일 때 강하게 나타나는 경향이 있고, 의견을 서로 교환할 수 있는 수가 증가할수록 동조적 행동이 줄어드는 경향이 있다. 그리고 집단의 의견이 만장일치인 경우에도 동조 경향이 크게 나타난다.

🤚 애쉬(S. Asch)의 동조실험

　당신은 아래 그림에서 왼쪽 선과 길이가 같은 선분은 A,B,C 중 어느 것이라 생각하는가?

　애쉬는 사람들이 집단압력에 얼마나 쉽게 동조하는지를 확인하기 위한 실험을 실시하였다(Asch, 1951). 이 실험에서 참가자들은 7명이 한 집단이 되어 실험실에 들어가는데, 사실 7명 중에 진짜 실험참가자는 한 명뿐이고 나머지 6명은 실험자의 각본대로 행동하는 실험 공모자(confederate)들이다. 실험은 아래 보기와 같이 두 개의 카드를 제시하고, 왼쪽 카드에 있는 선분과 길이가 같은 선분은 A,B,C 중에 어느 것인지 물은 다음 큰 소리로 답하게 하였다. 한 실험참가자를 대상으로 선분의 길이를 달리하면서 총 18회 시행(trial)하였고, 실험 전에 실험공모자들에게 18회의 시행에서 각각 어떻게 답해야 하는지 지시를 하였다. 그리고 실험참가자들의 자리를 배치할 때 진짜 참가자가 책상 맨 끝에 앉게 해서 맨 마지막에 답을 하게끔 하였다. 첫 번째와 두 번째 시행에서는 실험공모자들이 모두 정답을 말하였고, 세 번째 시행부터 틀린 답을 말하게 하였다. 아래 보기의 예를 들자면, 실험공모자들이 모두 A로 답을 하거나 또는 모두 B로 답을 한 것이다. 총 18회의 시행 중에서 실험공모자들은 6회는 정답을 말하고, 12회는 의도적으로 틀린 답을 말하였다. 실험참가자의 수는 총 87명인데, 실험조건 참가자가 50명이고 통제조건 참가자가 37명이었다. 여기서 통제조건이란 실험공모자들이 없는 상황에서 실험자의 지시에 따라 18회의 시행에 답을 하는 것이다.

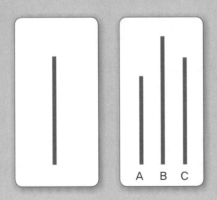

　실험공모자들이 모두 틀린 답을 말할 때 얼마나 많은 실험참가자들이 똑같이 틀린 답을 말했을까? 실험공모자들이 틀린 답을 말한 12회의 시행에서 오답을 한 번도 말하지 않고 모두 정답을 말한 참가자는 25%뿐이었고(50명 중에서 13명), 75%의 참가자들은 최소한 1회 이상 틀린 답을 말했다. 12회 중에서 10회 이상 틀린 답을 말한 사람이 4명이나 되었다. 이 오답은 실험공모자들이 답한 것과 일치하는 것이었다. 참가자들은 전체 시행 중에 약 1/3 정도 틀린 답에 동조한 것으로 나타났다. 한편, 실험공모자가 없는 상황에서 혼자서 실험에 참가한 경우 오답률은 1%도 되지 않았다. 이러한 결과는 실험참가자들이 답을 결정 할 때 실험공모자들의 영향을 받았다는 것을 의미하며, 다수의 의견이 집단압력으로 작용 하였고 이에 동조했다는 것을 의미한다. 그런데 놀랍게도 실험 후의 인터뷰에 의하면 다른 사람들의 일치된 반응이 자신의 대답에 영향을 미쳤다고 말하는 참가자는 거의 없었다. 틀 린 대답을 한 것은 자신의 판단 잘못이나 시력 문제 때문이라고 생각한 반면, 집단의 잘못 된 판단이 자신의 판단에 영향을 미쳤다고 생각하지는 않았다.

애쉬의 실험은 사람들이 보이지 않는 집단압력에 쉽게 동조한다는 것을 보여주고 있다. 즉, 집단이 모두 틀린 답을 말할 때, 사람들은 자기 확신을 갖고 자신의 신념과 의견을 말 하는 것이 아니라 종종 집단의 영향력에 휩쓸려서 집단결정에 편승해 버린다. 특히, 동조는 누구의 직접적인 명령이나 지시가 없었음에도 불구하고 자기 스스로 다수의 결정을 따랐 다는 점에서 문제가 심각하다고 할 수 있다. 집단 내에 이와 같은 동조행동이 보편화된다 면 집단의 효과성은 떨어질 수밖에 없다.

자료: Asch, S.E. (1951).

2) 규범의 기능적 · 역기능적 역할

규범에 대한 동조 행동은 기능적인 면과 역기능적인 면을 동시에 갖는다. 집단압력 에 순종하지 않는 경우에 개인은 집단으로부터 외면당하거나 주변인물로 받아들여짐으 로써 심리적 충격을 받을 수 있다. 반면에 집단압력에 동조하면 집단 성원으로 인정받 게 되고 집단의 보호를 받게 됨으로써 심리적 안정을 얻을 수 있지만, 개인 자신의 성 숙과 개성의 개발에는 부정적인 영향을 미칠 수 있다.

이와 같이 규범은 집단 구성원들에게 기능적 역할과 역기능적 역할을 동시에 하는 양면성을 지니고 있다. 집단규범은 공식조직이 충족시켜 주지 못하는 구성원들의 욕구 를 충족시켜 주고 그들의 행동을 예측해 주며 공식조직에 보완적 역할을 해준다. 따라 서 이러한 규범의 기능적 측면을 강화하는 한편, 구성원들의 동조행동을 강요하는 역 기능적 측면을 최대한 조정하거나 제거해야만 개인의 성장은 물론 집단의 성과도 높일 수 있다.

3 집단의 지위신분구조

공식조직에 직위와 그에 따른 명령계층(chain of command)이 있는 것과 마찬가지로, 집단에도 지위신분(status)에 따른 사회적 서열시스템이 존재한다.

1) 지위신분의 개념

신분이란 조직 또는 집단에서의 개인의 위치와 특성을 중심으로 형성되는 사회적 서열(social ranking)을 말한다. 다시 말해서, 신분은 개인의 직위, 권한, 근속연수와 조직에서 받는 대우 등 공식적인 요소와 개인의 인품과 성격, 능력, 연령과 가족배경 등 개인적인 특성을 중심으로 집단구성원들 간에 형성되는 자생적인 서열관계이다(Gibson et al., 1994, pp.315~317). 그러므로 신분은 공식직위와 밀접한 관계가 있지만, 공식적인 위계와 자생적인 사회적 서열이 반드시 일치하는 것은 아니다.

2) 조직 신분과 사회적 신분

조직 내에서 공식적인 요소에 의하여 개인에게 부여되는 신분을 조직 신분(organizational status)이라고 부르고, 개인적인 특성에 의하여 부여되는 신분을 사회적 신분(social status)이라고 부른다. 집단에서의 사회적 서열은 이 두 신분의 종합적인 지각결과에 의하여 결정된다.

집단구성원들 간의 사회적 서열은 조직 신분과 사회적 신분 이외에도 집단 내에서의 역할행동과 규범에 대한 동조행동에 의해서 영향을 받는다. 예컨대, 구성원들이 과업역할과 집단유지역할 등 집단에서 기대하는 역할을 성실히 수행하면 사회적 서열에서 유리한 위치를 점할 수 있다. 반면에 자신에게 기대하는 역할을 제대로 수행하지 못하거나 역할갈등을 유발하는 경우 주변신분 또는 고립신분의 위치에 처하게 된다.

4 리더십

집단 행동을 설명하기 위한 또 다른 요소로 리더십을 들 수 있다. 리더십의 경우에도 공식적인 직위를 기반으로 하여 발휘되는 공식 리더십(formal leadership)과 자생적인 지위신분서열에 의하여 발휘되는 비공식 또는 자생적 리더십(informal or emergent leadership)이 있다. 리더십은 조직 목표의 효과적인 달성뿐만 아니라 집단 목표와 규범, 역할과 상호 서열관계에 매우 중요한 요소로 작용하고, 나아가서는 집단의 성과와 효율성에도 많은 영향을 준다. 따라서 공식 리더십과 비공식 리더십 간에 일치 또는 상호 보완적 관계를 형성하는 것이 집단은 물론 전체 조직행동 관점에서 바람직하다고 할 수 있다. 리더십에 대해서는 제9장에서 자세히 탐구한다.

이상 집단의 내부구조를 살펴보았다. 집단의 내부구조는 구성원들 간의 상호관계에서 자연발생적으로 형성됨으로써 구성원들 간의 상호작용과 나아가서는 집단성과에 중요한 영향을 미친다.

03 | 역할분석

조직이나 집단에서의 상호작용은 대부분 구성원들이 각자 맡은 일을 수행하는 과정에서 이루어진다. 역할의 종류와 형성과정, 역할갈등과 역할조화를 중심으로 집단구성원들의 역할에 관해 살펴보고자 한다.

1 역할의 분류

일반적으로 집단구성원들의 역할은 과업역할과 집단유지역할 그리고 개인역할의 세 가지로 분류된다(Likert, 1961). 과업역할(task role)은 공식적인 과업의 수행과 관련된 역할을 말한다. 집단 목표를 달성하려면 집단구성원들은 각자 맡은 바 업무를 수행해야 하는데, 이러한 역할은 주로 조직에서 부여한 공식 직무와 업무로 구성된다. 집단유지역할(group maintenance role)은 집단 구성원들이 서로 신뢰하고 친밀한 관계를 형성함으로써 집단이 원활하게 기능하고 지속적으로 존속해 나가게 하는 역할을 말한다. 마지막으로 개인역할(personal role)은 공식적 과업수행이나 집단유지에 관계없이 구성원 자신의 욕구를 충족시키기 위한 행동을 말한다.

집단 구성원들은 서로 함께 일하는 과정에서 각자의 역할이 형성된다. 구성원들은 이 세 가지의 역할을 모두 수행하지만 구성원들마다 주로 수행하는 역할이 다름으로써 역할상의 분화가 이루어진다. 집단 구성원들 간에 역할의 효율적인 분화가 이루어지고 이러한 역할들 간의 상호조화(compatibility), 그리고 상황에 따라서 과업역할에서 유지역할로 또는 유지역할에서 과업역할로 전환할 수 있는 역할신축성(role flexibility)이 집단성과에 매우 중요한 요소로 작용하게 된다.

2 역할의 형성

집단구성원의 역할은 다른 구성원들과의 관계에서 여러 가지 요소에 의해 형성된다. 역할을 수행하는 역할수행자와 그에게 특정 역할을 요구하는 역할전달자를 중심으로 역할형성에 작용하는 중요요소들을 살펴본다(Katz & Kahn, 1966, pp.180~197).

1) 역할기대

역할형성의 첫째 요소는 역할기대(role expectation)이다. 역할수행자는 역할전달자들이 기대하는 역할을 지각·수용하고 이를 기반으로 자신이 수행해야 하는 역할을 정의하게 된다. 역할수행자에게 기대하는 역할은 여러 가지 형태를 띨 수 있다. 직무기술서에 명시된 공식 과업이나 상사의 업무지시뿐만 아니라 집단의 비공식 규범에 의한 행동, 그리고 역할수행자가 다른 구성원들과의 관계에서 실제로 수행해 온 집단유지행동 등이 모두 역할을 형성하는 데 영향을 미친다.

2) 역할전달

역할기대는 여러 가지의 형태로 역할수행자에게 전달된다. 역할전달자와 역할수행자 간의 직접적인 커뮤니케이션을 통해서 전달될 뿐만 아니라 역할이 수행된 후 역할전달자로부터의 직·간접적인 피드백을 통해 역할수행자에게 역할기대가 전달된다.

3) 역할인식

전달된 역할기대는 역할수행자에 의하여 지각된다. 역할수행자는 역할기대를 지각함으로써 자신의 역할을 인식하게 된다. 이 과정에서 역할기대에 포함되어 있는 의미와 상징도 지각함으로써 집단에서의 자신의 지위신분과 다른 집단구성원들과의 관계도 인식하게 된다.

4) 역할행동

역할수행자는 자신이 수행해야 하는 역할에 대한 인식을 바탕으로 하여 역할행동을 수행하게 된다. 역할수행자의 실제 역할행동은 기본적으로 역할전달자들의 역할기대에 대한 반응으로 나타나지만 여기에 자신의 독자적인 행동스타일도 영향을 미친다.

5) 상황적 요소

이상의 역할기대와 역할행동은 다음과 같은 여러 가지 상황요소에 의하여 직접 또는 간접적인 영향을 받는다.

① 조직적 요소: 공식 조직구조, 방침, 직무기술서, 관리제도 등은 구성원들의 역할기대에 많은 영향을 주고, 이를 중심으로 역할기대가 전달되어 역할수행자의 역할로 인식된다.
② 개인적 특성: 역할전달자와 역할수행자의 성격과 동기, 가치관과 자아개념 등은 역할기대와 전달된 역할에 대한 지각 그리고 실제 역할행동에 많은 영향을 준다.
③ 대인관계: 개인적 특성과 더불어 역할전달자와 역할수행자 간의 상호관계(신뢰적, 개방적, 적대적 관계 등)에 따라서 역할기대, 역할전달, 역할인식, 그리고 실제행동이 크게 영향을 받는다.

3 역할갈등

구성원들 간의 역할기대와 역할행동이 항상 일치하는 것은 아니다. 역할기대와 실제 역할행동 간에 차이가 생김으로써 역할갈등(role conflict)이 야기되는 경우가 많다. 역할갈등이 집단성과에 미치는 영향은 역할갈등의 성격과 정도에 따라 다르지만, 대체로 집단성과를 저하시키는 요인으로 인식되고 있다(Jackson & Schuler, 1985). 그러므로 집단의 효율성과 나아가서는 전체 조직의 성과를 높이기 위하여 조직구성원들의 역할갈등을 가능한 한 줄이고, 상호간의 역할기대와 역할행동이 조화를 이루도록 노력해야 할 것이다. 역할갈등은 다음과 같이 여러 가지 요인들에 의하여 발생될 수 있다.

1) 역할모호성(role ambiguity)

역할갈등을 가져오는 첫 번째 요인은 역할모호성이다. 역할모호성이란 조직구성원이 수행해야 하는 임무, 책임과 권한 등이 분명하지 못하여 어떠한 역할을 수행해야 하는지가 모호한 것을 말한다. 이러한 현상은 공식적인 직무기술서의 내용이 분명하지 않거나 직무내용이 명백히 전달되지 않음으로써 발생할 수 있다. 직무내용이 복잡할수록 그리고 상위계층의 직무일수록, 과업 자체의 복잡성과 다양성 때문에 역할모호성이 발생할 가능성이 높아지는 경향이 있다(Polzer, 1998, pp.574~575).

이와 같은 조직 특성뿐만 아니라 개인적인 특성도 역할모호성에 영향을 미칠 수 있다. 연구결과에 의하면 자기 직무에 대하여 자신감이 결여되어 있을수록 역할모호성을 더욱 많이 지각하게 된다. 자기 직무에 자신감을 가지고 있는 조직구성원들은 자신의 역할에 의문이 있거나 분명하지 않은 점이 있으면, 이에 대한 설명을 요구하고 애매한 점을 명백히 함으로써 역할모호성을 적극적으로 제거해 나간다.

2) 다각적 역할기대와 갈등

구성원들 간의 역할관계는 역할전달자와 역할수행자의 쌍방 간의 관계로만 형성되는 것이 아니라, 역할수행자는 여러 역할전달자들과 다각적인 역할관계를 형성함으로써 그들로부터 각각 서로 다른 역할기대를 받게 된다. 이러한 다각적인 역할관계는 역할전달자들의 상충될 수도 있는 역할기대로 인해 여러 가지 형태의 역할갈등을 야기하게 된다. 예컨대, 두 명의 상사가 서로 다른 업무지시를 하거나 동료들이 여러 가지 요구를 하는 경우, 이를 모두 충족시킬 수 없게 됨으로써 역할갈등을 경험하게 된다. 다각적 역할기대로 인한 역할갈등에는 다음의 몇 가지 종류가 있다.

① 전달자 내적 갈등(intrasender conflict): 전달자 내적 갈등은 역할전달자가 역할수행자에게 일관성이 없거나 상호 모순되는 역할들을 기대함으로써 역할수행자가 어떠한 역할을 수행해야 할 것인지 모르는 경우를 말한다. 예를 들어, 관리자가 한편으로는 안전규율을 강조하면서 다른 한편으로는 위험을 무릅쓰고라도 생산량을 올리도록 과업지시를 하는 경우, 부하는 상충되는 역할기대를 지각하게 되고 역할갈등에 빠지게 된다.

② 전달자 간의 갈등(intersender conflict): 전달자 간의 갈등은 여러 역할전달자가 역할수행자에게 서로 다른 역할을 기대함으로써 수행자가 어떤 역할을 수행해야 하는지 혼란스러워 하는 경우를 가리킨다. CEO는 윤리적 행동을 요구하는 반면, 직속상사는 윤리적 행동보다는 성과를 극대화하는 행동을 요구함으로써 역할수행을 하는 데 갈등을 경험하는 것을 예로 들 수 있다. 또 다른 예로, 팀리더가 있는데 직속상사는 그에게 팀활동을 확실하게 통제하기를 원하는 반면, 팀원들은 자신들에게 좀 더 많은 자율과 재량권을 주기를 원하는 것을 들 수 있다.

③ 수행자 내적 갈등(intraperson conflict): 수행자 내적 갈등은 역할수행자 자신의 신념이나 가치관이 서로 상충됨으로 인해 어떤 행동을 취할 것인지 확신이 서지 않고 혼란스러워 하는 경우를 말한다. 한 예로 조직구성원이 한편으로는 조직목표를 달성하기 위해 주말까지 근무를 해야 한다고 생각하는 반면, 다른 한편으로는 가

👆 갈등, 갈등, 갈등

  우리의 삶은 갈등의 연속이라 할 수 있다. 갈등 없는 삶을 상상할 수 있는가? 갈등은 상사나 동료와의 대인관계뿐만 아니라 부서 간의 관계, 계층 간의 관계, 노사 간의 관계, 거래업체와의 관계 등등 매우 다양한 맥락에서 발생할 수 있다. 또한, 갈등은 개인의 내면에서도 발생할 수 있다. 자신의 배우자로 잘 생긴 남자와 성격 좋은 남자 중에 누구를 선택할 것인지 갈등하는 것처럼 여러 가지 대안들 중에서 어느 한 대안을 선택해야 하는 의사결정을 할 때 사람들은 흔히 갈등을 경험하게 된다. 이를 개인 내적 갈등(intraperson conflict)이라 하는데, 다음의 몇 가지 유형이 있다.

  첫째, 접근–접근 갈등(approach-approach conflict)이다. 이는 짜장면도 먹고 싶고 짬뽕도 먹고 싶어서 뭘 주문해야 할지 고민하는 것처럼 매력적인 두 가지 대안 중에서 하나를 선택해야 할 때 느끼는 갈등을 말한다. 조직에서의 예로 마케팅 일과 기획 업무 둘 다 마음에 드는데 뭘 선택할지 갈등하는 것을 들 수 있다.

  둘째, 회피–회피 갈등(avoidance-avoidance conflict)이다. 이는 똥차도 싫고 쓰레기차도 싫은데 둘 중 하나는 어쩔 수 없이 선택해야 하는 것처럼 피하고 싶은 두 가지 대안 중에서 불가피하게 하나를 선택해야 할 때 느끼는 갈등이다. 며칠 동안 야근을 하거나 아니면 주말 내내 근무를 해야 하는 상황에서 둘 중에 뭘 선택할 것인지 갈등하는 것을 예로 들 수 있다.

  셋째, 접근–회피 갈등(approach-avoidance conflict)이다. 사귀는 사람이 얼굴은 잘 생겼는데 성격은 별로 마음에 안 들 때 이 사람과 결혼할까 말까 고민하는 것처럼 어

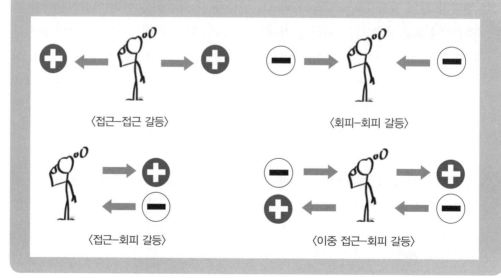

〈접근–접근 갈등〉   〈회피–회피 갈등〉

〈접근–회피 갈등〉   〈이중 접근–회피 갈등〉

떤 대안이 매력적인 요소와 부정적인 요소를 동시에 갖고 있을 때 느끼는 갈등을 가리킨다. 신규 프로젝트가 경력발전에 도움이 될 것 같은데 프로젝트 책임자가 마음에 안드는 사람이어서 프로젝트에 참여할까 말까 갈등하는 것을 예로 들 수 있다.

넷째, 이중 접근－회피 갈등(double approach-avoidance conflict)이다. 백화점 옷은 멋지지만 가격이 너무 비싸고, 시장에서 파는 옷은 가격은 싸지만 품질이 안 좋아서 어디서 옷을 살 것인지 고민하는 것처럼 매력적인 속성과 부정적인 속성을 동시에 갖고 있는 대안들 중에서 하나를 선택해야 할 때 느끼는 갈등을 말한다. 조직에서의 예로 연구개발 업무는 일은 재미있는데 상사가 마음에 안 들고, 인사 업무는 상사는 좋은 사람인데 일이 재미없을 때 어떤 일을 할 것인지 갈등하는 것을 예로 들 수 있다.

족과 함께 시간을 보내는 것이 더 중요하다고 생각하면서 어떻게 해야 할지 갈피를 잡지 못하는 것을 예로 들 수 있다.

④ 역할과중 갈등(role overload): 마지막으로 역할과중 갈등은 역할수행자에게 기대되는 역할이 너무 많아서 이를 모두 충족시키기 어려운 경우에 느끼는 갈등을 의미한다. 특히, 짧은 시간 안에 많은 과업을 완수해야 하는 경우 이러한 역할과중 갈등이 발생할 수 있다. 최근에 많은 기업들이 구조조정을 하면서 대규모 인력 감축을 단행했는데, 이 경우 남아있는 소수의 직원들이 기존의 과업을 감당해야 하기 때문에 역할과중 갈등을 경험하게 되고, 이는 대표적인 스트레스 요인으로 작용한다.

3) 역할무능력

역할갈등은 역할모호성이나 다각적 기대뿐만 아니라 역할수행자의 능력부족에서도 기인할 수 있다. 즉, 역할수행자의 능력과 자질, 또는 성격이 역할 수행에 적합하지 않은 경우 기대하는 행동과 결과가 나타나지 않게 된다. 이러한 상태를 역할무능력(role incapacity) 또는 역할부적합(role inadequacy)이라고 부른다(Coffey et al., 1975, pp.106~109).

4) 역할마찰

역할갈등은 역할마찰에 의해서도 야기될 수 있다. 역할마찰(role friction)이란 집단 구성원들이 선호하는 역할과 실제 역할 간의 불일치 또는 부조화에서 발생된다. 즉, 과업역할과 집단유지역할을 중심으로 구성원들은 각각 선호하는 역할이 있을 수 있는데, 여러 구성원들이 특정 역할을 동시에 선호하는 경우 구성원들 상호간에 마찰이 생기고 또 경쟁이 생기게 된다. 예를 들어, 여러 명의 집단구성원이 리더의 지위를 차지하고자 하는 대신 과업역할을 서로 기피하는 경우 역할마찰이 생기고 구성원들 간에 갈등이 유발될 수 있다.

5) 다양한 문화적 배경

집단구성원들의 배경이 인종, 국적, 종교 면에서 다양해질수록 역할갈등의 발생 가능성은 더욱 커진다(Jehn et al., 1999; Simons et al., 1999). 문화적 차이로 인한 역할갈등은 과정손실(process loss)을 통하여 집단의 성과를 저하시키는 요인으로 작용한다.

4 ▶ 역할조화

이상 집단의 상호작용에서 중요한 측면을 차지하고 있는 구성원들의 역할시스템을 분석하였다. 집단의 효율성을 높이고 전체 조직의 성과에 기여하려면, 역할관점에서 볼 때 구성원들의 역할갈등을 적절히 해소하여 구성원들 역할 간에 조화로운 관계(role congruence)가 이루어져야 할 것이다.

1) 역할조화와 집단성과

구성원들 간의 심각한 역할갈등은 구성원들에게 심리적인 측면에서 부정적인 결과를 가져오는 것은 물론, 집단성과에도 역기능적 결과를 초래하게 된다. 그렇지만 구성원들의 역할 간에 완전한 조화를 이루는 것이 구성원들 자신의 성장이나 집단의 성과 면에서 가장 바람직한지에 대해서는 이견이 있을 수 있다. 왜냐하면 역할조화와 구성원의 만족감은 그들의 안일한 태도와 집단의 침체를 조성할 우려가 있고, 따라서 그들의 능력개발은 물론 집단의 발전에도 장애가 될 수 있기 때문이다. 이러한 관점에서 어느 정도의 역할갈등과 직무 스트레스는 개인발전과 집단성과에 기여하는 것으로 인식되고 있다. 특히, 구성원의 성격에 따라서 역할모호성과 스트레스에 대한 반응이 각각 다를 수 있다. 의욕적이고 활동적이며 동기가 강한 성격인 경우 역할모호성과 스트레스가 부정적인 영향을 미치는 것이 아니라 오히려 이로부터 자극을 받고 자신의 역할영역을 넓힘으로써 더욱 좋은 성과를 나타낼 수 있다.

그렇지만 역할갈등과 역할마찰 등 역할 부조화는 구성원들의 심리적 웰빙(psychological well-being)이나 집단성과에 부정적인 영향을 미칠 가능성이 크기 때문에 이를 해소하는 방안을 강구하는 것이 바람직하다. 예컨대, 체계적인 직무분석이나 상사의 효과적인 리더십 발휘를 통해 구성원들의 직무내용과 책임한계를 명백히 함으로써, 즉 역할명료성을 높임으로써 직무수행 과정에서의 역기능적인 혼란과 구성원들 간의 역할갈등을 방지하는 것이 요구된다.

2) 역할수행 능력의 개발

환경의 변화가 빠르고 복잡할수록 집단구성원들 간의 역할갈등을 완전히 방지하는 것은 불가능하게 된다. 따라서 갈등요인이 근본적으로 많이 내재되어 있는 직무의 경우 갈등문제를 전담할 보직자를 두거나 소위원회를 두는 등 갈등문제를 다루거나 흡수해줄 수 있는 완충기구(buffering agent)를 설치하는 것이 필요하다. 이러한 구조적 해결 방법 외에도 집단구성원 각자가 어느 정도의 역할모호성이나 갈등에 효과적으로 대처할 수 있는 수용능력을 기르는 것이 요구되며, 또한 구성원들 상호간의 상호작용을 통하여 각자의 역할선호와 역할기대가 잘 전달됨으로써 갈등과 마찰이 해소될 수 있는 유기적인 관계를 개발하는 것이 바람직하다. 그리고 역할무능력 문제를 해결하기 위해 구성원들에 대한 교육훈련을 통해 역할을 성공적으로 수행할 수 있도록 능력을 배양하는 것이 무엇보다도 중요하다고 할 수 있다.

집단역학 | 04

집단역학(group dynamics)이란 집단의 역동적인 특성에 초점을 두고 연구하는 분야로서 집단의 구조, 역할시스템, 집단의 형성과 발달, 집단과 개인의 관계, 집단과 다른 집단 및 조직과의 상호관계 등을 체계적으로 연구함으로써 집단성과를 높이는 것을 목적으로 한다. 이처럼 집단역학은 집단의 구조와 기능을 중심으로 집단구성원들 간의 관계에 대해 동태적인 분석을 하는 것으로서 포괄적인 개념이지만, 집단구조와 역할관계는 앞 절에서 이미 살펴보았으므로, 여기에서는 주로 구성원 상호간의 관계와 집단의 응집력에 관해 다루고자 한다.

앞에서 살펴본 바와 같이 집단구성원들은 활동 또는 역할을 매개로 상호작용을 하고 그 결과로 상호간에 감정이 형성된다. 그리고 여기서 형성된 감정은 구성원들 상호간의 태도와 활동, 그리고 앞으로의 상호관계에 영향을 미친다. 여기서는 집단규모, 집단구성, 집단응집성 등 구성원들 간의 상호관계에 영향을 미치는 변수들에 대해 살펴보고, 이들이 집단성과에 어떠한 영향을 미치는지 연구하고자 한다.

1 집단규모

집단규모는 일반적으로 집단구성원의 수를 말하는데, 집단의 크기에 따라서 집단구성원들의 행동이 달라질 수 있을 뿐만 아니라 집단구성원들 간의 상호관계에도 영향을 미치게 된다. 통상적으로 효과적인 집단의 규모로 3명에서 최대 16명까지 제시되어 왔는데(Helliegel & Slocum/서재현 외, 2011, p.548), 적절한 집단규모는 과업의 성격, 구성원들의 능력과 성향, 리더의 관리능력 등에 따라서 다르다고 할 수 있다. 집단은 기본적으로 과업을 효과적으로 수행하는 데 필요한 역량을 확보할 정도로 충분히 커야 하지만, 다른 한편으로는 구성원들의 적극적인 몰입과 효율적인 조정이 가능할 수 있도록 하기 위해 그 규모가 가능한 작아야 한다. 집단규모가 큰 경우 서로 의사소통을 하고 의견을 조율하고 갈등을 조정하는 데 지나치게 시간과 노력을 투입해야 하고, 그 결과로 비효율이 증대될 수 있기 때문이다.

집단규모가 구성원들의 행동에 영향을 미치는 한 예로 사회적 태만(social loafing)을

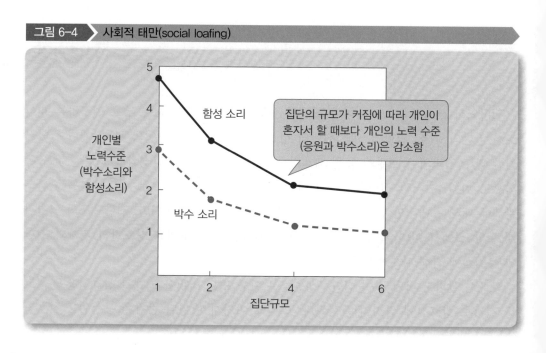

그림 6-4 ▶ 사회적 태만(social loafing)

들 수 있다. 사회적 태만이란 개인이 혼자서 일할 때보다 집단으로 일을 할 때 노력을 덜 기울이는 것을 말한다. 한 연구에 의하면 줄다리기를 할 때 집단규모에 따라서 개인이 줄을 당기는 힘이 다르다는 것이 밝혀졌다. 개인이 혼자서 줄을 당기는 경우 평균 63 킬로그램의 힘을 쏟는 데 반해, 3명으로 이루어진 집단에서는 평균 53 킬로그램의 힘을 쏟았고, 8명으로 이루어진 집단에서는 평균 31 킬로그램의 힘만을 쏟는 것으로 나타났다(Greenberg & Baron, 2008, p.304). 〈그림 6-4〉에서 보는 바와 같이, 대학생들을 대상으로 최대한 크게 함성소리를 내거나 박수소리를 내도록 했는데 집단의 규모가 커질수록 개인이 평균적으로 내는 소리는 점점 줄어드는 것으로 나타났다(Latane et al., 1979). 이는 사람들은 집단 속에서 노력을 덜 기울인다는 것을 의미한다.

이러한 사회적 태만 효과는 많은 연구에서 일관되게 발견되어 왔지만, 어느 사회에서나 똑같이 나타나는 보편적인 현상은 아니라고 할 수 있다. 개인적 성취와 성공을 중

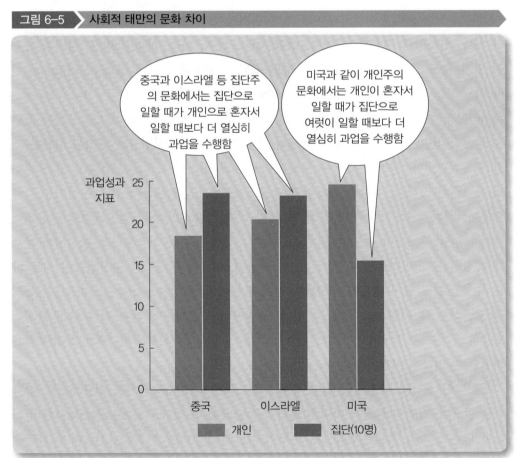

그림 6-5 ▷ 사회적 태만의 문화 차이

자료: Greenberg & Baron (2008), p.307.

요시하는 개인주의 문화에서는 이러한 사회적 태만 현상이 나타나는 것이 일반적이지만, 집단책임을 강조하고 집단목표와 집단의 이해관계를 중시하는 집단주의 문화에서는 혼자서 일할 때보다 집단으로 일할 때 오히려 더 많은 노력을 투입할 것으로 예측해 볼 수 있다. 미국, 중국과 이스라엘 관리자들을 대상으로 실험을 한 결과, 미국 관리자들의 경우 사회적 태만행동을 보인 반면, 중국과 이스라엘 관리자들은 그렇지 않은 것으로 밝혀졌다. 미국 관리자들은 혼자서 일할 때보다 집단으로 일할 때 개인의 평균성과가 낮은 것으로 나타난 반면, 중국과 이스라엘 관리자들은 그와 정반대되는 결과를 보였다. 즉, 그들은 개인이 혼자서 일할 때보다 여럿서 집단으로 일할 때 더 열심히 일하는 것으로 나타났다(Earley, 1993; 〈그림 6-5〉 참조).

2 집단 구성: 동질성 대 이질성

집단 구성원들이 동질적인지 아니면 이질적인지의 여부도 집단행동에 영향을 미칠 수 있다. 신분이나 전문분야, 연령, 성별, 종교, 국적, 인종, 사회적 배경, 성격과 능력 등 인적 속성이 비슷한 사람들로 구성된 집단을 동질적 집단(homogeneous group)이라 하고, 서로 다른 인적 속성의 구성원들로 구성된 집단을 이질적 집단(heterogeneous group)이라 한다. 예컨대, 동일한 대학 출신의 비슷한 연령대의 남성으로 구성된 집단은 동질적 집단이고, 출신대학, 연령대와 성별이 서로 다른 사람들로 구성된 집단은 이질적인 집단이다. 동질적 집단은 구성원들이 서로 비슷한 특성을 보유하고 있기 때문에 응집력이 강하며, 유사한 세계관과 가치관을 갖고 있기 때문에 집단 구성원들 간에 갈등이 발생할 가능성이 적다고 할 수 있다. 그렇지만 집단 의사결정과정에서 동조행동이 나타날 가능성이 높으며, 창의적인 아이디어를 도출하거나 새로운 관점에서 문제를 해결하는 데 어려움이 따를 수 있다. 반면에, 이질적인 집단은 구성원들이 서로 다른 특성을 갖고 있기 때문에 구성원들 간에 갈등이 발생할 가능성이 높으며, 집단 합의를 도출하는 데 어려움을 겪을 수 있다. 그렇지만 구성원들이 각자 서로 다른 관점을 보유하고 있다는 점에서 창의적인 아이디어를 도출하고 새로운 접근방법으로 문제를 해결할 수 있다는 이점을 갖는다.

동질적인 집단과 이질적인 집단 중에 어느 쪽이 더 바람직한지를 일률적으로 말할 수는 없으며, 과업의 특성에 따라서 효과성은 달라질 수 있다. 〈표 6-3〉에 제시한 바와 같이 단순한 과업이나 순차적으로 이루어지는 과업의 경우, 그리고 신속하게 과업을 추진해야 하는 경우 동질적 집단이 더 유리한 반면, 복잡한 과업이나 집합적으로 이루

표 6-3	과업특성과 집단구성의 관계	
동질적 집단이 효과적인 상황	이질적 집단이 효과적인 상황
– 단순한 과업의 수행 – 순차적으로 이루어지는 과업 – 집단구성원들 간의 협력을 필요로 하는 과업 – 신속하게 이루어져야 하는 과업	– 복잡한 과업의 수행 – 집합적으로 이루어지는 과업 – 집단구성원들의 창의성을 필요로 하는 과업 – 신속성이 요구되지 않는 과업

어지는 과업의 경우에는 이질적 집단이 더 바람직하다고 할 수 있다. 또한, 집단구성원들 간의 협동이 무엇보다도 중요한 과업의 경우 동질적 집단이 바람직하고, 창의성을 필요로 하는 과업의 경우 이질적 집단이 더 바람직하다고 할 수 있다(McShane & von Glinow, 2000, p.278).

3 집단의 응집성

집단 응집성(group cohesiveness)이란 구성원들이 집단 및 집단구성원들에 대해 얼마나 강한 애착을 느끼는지 그리고 집단에 계속 소속되어 있으려는 욕구가 얼마나 강한지를 나타내는 개념이다. 즉, 응집성이 강하다는 것은 구성원들이 집단에 대한 강한 소속감을 갖고 있으면서 집단구성원들에 대한 애정과 공동체 의식을 갖는 것을 말한다. 집단 응집성은 집단행동과 집단성과에 중요한 영향을 미친다는 점에서 연구자들의 많은 관심을 끌어왔다.

1) 응집성이 높은 집단의 특징

집단의 응집성에 따라서 구성원들의 감정, 태도 및 행동이 큰 차이를 보인다. 응집성이 높은 집단일수록 구성원들 상호간에 친밀감과 일체감을 느끼며, 구성원들이 함께 일하기를 원하며, 또한 집단의 목적 달성을 위해 적극적이고 협조적인 태도를 보인다. 그 결과 응집성이 높은 집단은 일반적으로 이직률과 결근율도 낮게 나타난다.

집단 규범도 집단의 응집성과 매우 밀접한 관계를 가지고 있다. 즉, 집단의 응집성이 높을수록 집단규범에 대한 구성원들의 동조적 행동과 압력이 더욱 강하게 나타나고, 규범을 준수하지 않는 구성원에 대한 벌칙이 더욱 엄격하게 적용되는 경향이 있다(Lott & Lott, 1965). 따라서 집단의 응집성과 규범은 상호 강화적인 관계를 보인다.

집단의 응집성은 이러한 집단 내부적인 요소뿐만 아니라 집단의 외부환경적 요소로부터도 영향을 받는다. 즉, 조직 내의 다른 집단과 경쟁을 하거나 외부세력으로부터 위협을 받는 경우에, 집단구성원들은 자신들을 보호하고 집단의 안정을 위하여 공동목적을 찾고 서로 단결함으로써 집단의 응집력을 강화시키는 경향이 있다. 외부의 위협으로 인해 경우에 따라서 구성원들 간의 단합이 깨질 수도 있지만, 구성원 자신들의 기본적인 생존이 위협 받게 되는 경우 집단의 응집성이 강화되는 것이 좀 더 일반적이다.

2) 응집성의 영향요인

집단의 응집성은 집단마다 각각 다르다고 할 수 있는데, 다양한 요인들이 응집성에 영향을 미칠 수 있다(McShane & von Glinow, 2000, pp.285~287).

① 집단구성: 집단 구성원들의 인적 배경 및 특성이 서로 유사한 동질적인 집단은 이질적인 집단에 비해 좀 더 쉽게 응집성이 형성될 수 있다.

② 집단의 발달단계: 팀의 형성 및 발전단계가 성숙단계에 접어들수록 구성원들 간의 상호작용의 역사가 길고 강한 집단규범이 형성될 수 있기 때문에 응집성이 강해진다. 반면에, 집단형성의 초기 단계나 갈등 및 도전 단계에서는 집단 구성원들 간의 친밀감이 떨어지고 각자의 역할과 규범이 정립되지 않았을 뿐만 아니라 권력구조와 관련된 경쟁이 전개될 수 있기 때문에 응집성이 약할 수밖에 없다.

③ 집단규모: 집단 구성원의 수가 적은 경우 집단 목표와 규범에 대한 합의를 도출하는 것이 쉽고 또 각자의 과업활동을 조정하는 것이 수월하기 때문에 집단규모가 작을수록 응집성이 강해질 가능성이 높다.

④ 상호작용의 빈도: 집단 구성원들 간의 상호작용이 빈번할수록 좀 더 쉽게 응집성이 형성될 수 있다. 즉, 구성원들의 과업이 상호의존적일수록, 그리고 구성원들이 동일한 물리적 공간에 배치되어 있을수록 상호작용이 빈번하게 이루어질 수 있고, 이 경우 그만큼 응집성도 강해진다. 예컨대, 정보기술을 활용하여 가상공간에서 상호작용하는 가상팀(virtual team)이나 재택근무자들로 이루어진 팀의 경우 구성원들 간의 직접적인 대면접촉의 기회가 제한되기 때문에 구성원들 간에 강한 친밀감과 일체감이 형성되기 어렵다고 할 수 있다.

⑤ 공동 목표 및 외부 위협: 집단이 도전적인 목표를 갖고 있고 이를 공유하는 경우, 그리고 외부의 위협이나 공동의 적이 존재하는 경우 응집성이 강화된다. 리더들은 집단의 결속과 단결심을 견고하게 만들기 위해서 외부의 위협을 강조하는 경우가 많은데, 여기서 외부의 위협이란 외부의 경쟁기업이 될 수도 있고, 또는 내부에서 선의의 경쟁을 하는 다른 집단이 될 수도 있다.

⑥ 성공 또는 실패 경험: 집단의 성공과 실패 여부도 응집성에 영향을 미치는 한 요인이 된다. 즉, 집단이 성공을 경험하면 할수록 집단의 응집성도 강화되는데, 이는 구성원들이 실패한 팀보다는 성공하는 팀에 더 많은 애착을 느끼고 일체감을 갖고자 하기 때문이다.

⑦ 성원 자격요건: 집단구성원이 되기 위한 조건이 까다롭다거나 집단구성원이 되려면 여러 가지 어려운 관문을 통과해야 하는 경우, 그러한 집단의 구성원들은 집단 구성원으로서 자긍심을 갖게 되고 또 구성원들 상호간에 동류의식 내지 엘리트의식을 갖게 되기 때문에 강한 응집성이 형성되게 된다.

3) 응집성과 집단의 성과

응집성이 전혀 없는 집단은 와해될 수 있기 때문에 집단이 존속하려면 최소한의 응집성이 형성되어야 한다. 응집성이 높은 집단의 구성원들은 구성원들 간의 상호작용이 좀 더 빈번하게 이루어지고, 공동의 목표를 달성하기 위해 좀 더 협동적으로 과업을 수행하며, 서로에 대해 더 만족하는 경향을 보인다. 이처럼 응집력이 강한 집단에서는 일반적으로 강한 집단규범이 형성되어 동조행동을 보이며, 구성원들의 만족 수준도 높다고 할 수 있다. 그렇지만 이러한 응집성이 반드시 집단성과의 향상을 가져오는 것만은 아니다(Goodman et al., 1987). 응집성과 집단성과의 관계는 집단규범이 조직목표와 일치하느냐에 따라 달라질 수 있다. 〈그림 6-6〉에서 보는 바와 같이, 조직목표와 일치되

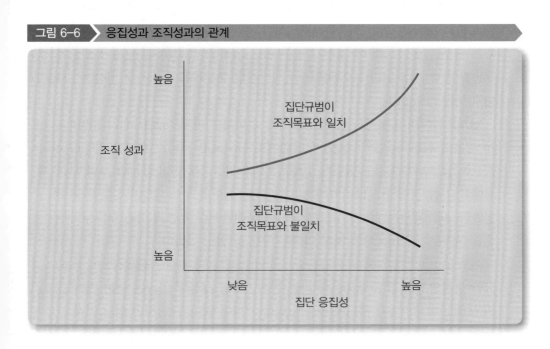

그림 6-6 응집성과 조직성과의 관계

는 집단규범이 형성되어 있는 경우 집단의 응집성은 성과를 높이는 요인으로 작용할 수 있지만, 조직목표와 집단규범이 일치하지 않는 경우에는 강한 응집성이 오히려 조직성과를 떨어뜨리는 요인으로 작용할 수 있다.

한편, 집단의 응집성은 집단규범을 강제하고 동조행동을 유발함으로써 구성원의 개성 및 창의성이 발현되는 것을 방해하고, 비합리적인 의사결정을 내리게 하여 조직에 역기능적 결과를 가져올 수도 있다(Janis, 1982). 특히, 주도권을 쥐고 있는 소수 구성원들이 집단 분위기를 장악하고 다른 구성원들에게 압력을 가하는 경우 집단사고(groupthink)로 인해 역기능적 결과를 초래할 수 있다. 결론적으로 말해, 집단의 유지 및 존속을 위해 응집성이 기본적으로 필요하지만, 이러한 응집성이 개인의 발전 및 조직의 목표달성과 조화로운 관계를 가질 수 있도록 관리하는 것이 바람직하다.

 사·례·연·구

육군 제76통신중대

중부전선에 위치한 육군 제76통신중대는 일선의 전투부대와 후방 사령부와의 중요한 통신을 맡고 있는 통신부대이다. 이 부대는 산세가 아주 험한 지대에 자리 잡고 있었기 때문에 도로사정도 극히 나빠서 겨울철에 눈보라가 치든가 여름철 장마 때가 되면 1~2주일 동안 식량이나 통신부품의 공급을 정상적으로 받지 못할 정도였다.

제76통신중대의 병사들은 텐트 속에서 근무하고 매우 어려운 입지조건하에서 겨울의 심한 추위와 여름의 무더위에도 불구하고 전방과 후방을 연결하는 중요한 임무를 수행하고 있었다. 산속 고지에 고립되어 있기 때문에 후방 사령부에서 가끔 검열관이 다녀가는 것 이외에는 외부와의 직접적인 접촉이 거의 없었다. 제76통신중대의 병사들은 자기들이 전방이나 후방의 어느 부대보다도 훨씬 어려운 상황하에서 일하고 있다는 것을 잘 알고 있었다.

거의 2년 동안 제76통신중대의 책임을 맡고 있는 박 소령은 중대장으로서 중요한 통신임무가 잘 수행되도록 각종 통신기계와 부품의 공급은 물론, 병사들의 생활도 고생스럽지 않도록 많은 노력을 기울여 왔다. 그렇지만 워낙 험한 산

속에 위치해 있기 때문에 여러 가지 어려운 상황을 모두 극복하는 것은 현실적으로 불가능했다.

그러나 이와 같이 열악한 환경임에도 불구하고 제76통신중대는 가장 우수한 부대로 이름이 나 있었다. 하루 24시간 동안 교대근무를 해 가면서 통신시설이나 통신망에 이상이 생기면 밤낮을 가리지 않고 즉각 수리하여, 어떠한 일이 있더라도 전방과 후방과의 통신에 문제가 없도록 하였다. 그리고 병사들의 사기와 적극적인 자세 그리고 상호간의 협동정신도 어느 부대보다도 높았다. 다른 부대에서는 험한 산 속의 생활환경에 견디지 못하여 후방으로 전출요구를 하는 병사들이 더러 있었으나, 근무조건이 훨씬 나쁜 제76통신중대에서는 박 소령의 임기 동안 한 건의 전출요구도 없었다.

토의질문

01. 육군 제76통신중대가 열악한 환경인데도 불구하고 어떻게 높은 수준의 사기와 성과를 달성하고 있는지, 여기에 작용하고 있는 요소들을 분석·설명하시오.

02. 육군 제76통신중대의 성공적인 사례가 기업의 직업집단에서도 가능한지 그리고 필요요건은 무엇인지를 비교·분석하시오.

커뮤니케이션과
의사결정

Organizational
Behavior

커뮤니케이션과 의사결정

집단행동을 연구하는 데 있어서 우리는 6장에서 집단의 형성과정과 사회 구조를 분석하고, 구성원들의 역할관계와 집단의 응집성에 대해 분석하였다. 집단구성원들 간의 상호작용에 있어서 또 하나의 중요한 측면은 구성원들 간의 커뮤니케이션이다. 커뮤니케이션은 조직구성원들 간에 연결작용을 해주면서 그들 간의 역할관계와 상호 관계를 유지해 주는 중요한 요소이고, 집단의 의사결정과 성과에도 많은 영향을 준다. 집단의 커뮤니케이션과 의사결정을 연구하는 데 있어서 이 장은 제1절과 제2절에서 커뮤니케이션의 개념과 장애요소 그리고 커뮤니케이션 네트워크의 주요 유형과 이들의 효율성을 알아본다. 그리고 제3절과 제4절에서 의사결정의 중요 접근방법과 효율적인 의사결정에 작용하는 집단행동 요소들을 살펴본다.

"통즉불통, 불통즉통(通卽不痛 不通卽痛)."

동의보감의 저자 허준은 우리 몸은 기가 통하면 혈이 통하여 아프지 않고, 기가 통하지 않으면 병이 들어 아프다고 했다. 조직도 마찬가지이다. 조직 내에 소통이 잘 이루어지면 조직활성화가 이루어져 건강한 조직이 될 수 있는 반면, 사내 소통이 이루어지지 않으면 기와 혈이 막힌 몸처럼 조직도 병들게 된다. 조직 내에서 정보가 자유롭게 흐르고 구성원들의 창의적인 아이디어가 경영층에게까지 전달되는 그런 개방적인 조직문화가 형성되면 그만큼 조직에 활력이 넘쳐나게 된다. 최근에 소통을 강조하는 이유가 바로 여기에 있다.

만일 인간이 커뮤니케이션을 할 수 없다면 친구를 사귀는 것에서부터 거래 또는 협상을 하는 것, 그리고 기업을 경영하거나 한 국가를 통치하는 것에 이르기까지 인간이 하는 모든 일들이 불가능하게 된다. 이는 조직에서 이루어지는 모든 활동들도 마찬가지이다. 조직구성원들은 그 직급이 높든 낮든, 그리고 어떤 기능을 담당하든지 상관없이 다른 사람들과의 커뮤니케이션 없이는 자신의 업무를 제대로 수행할 수 없다. 조직의 전체 목표를 달성하려면 분화된 과업들을 효과적으로 조정하는 것이 반드시 필요한데, 이 과정에서 무엇보다도 커뮤니케이션의 중요성이 크다.

특히, 조직 환경이 급변하고 조직 과업의 복잡성이 증대됨에 따라 커뮤니케이션의 중요성은 점점 더 커지고 있다. 조직구성원들이 커뮤니케이션을 효과적으로 하느냐는 그들의 업무성과는 물론 그들의 직무만족에도 많은 영향을 준다. 이러한 이유 때문에 세계적인 우수기업들은 구성원들 간의 커뮤니케이션을 최우선적으로 강조하고 있다. 배회관리(MBWA; management by wandering around)로 구성원들 간의 자유로운 커뮤니케이션을 강조하는 HP(Hewlett Packard)와 개방적인 커뮤니케이션으로 학습문화를 강조하는 마이크로소프트가 좋은 예이다(Packard, 1995; Cusmano & Selby, 1995).

커뮤니케이션의 기본개념

조직 구성원들은 상하를 막론하고 커뮤니케이션을 하는 데 많은 시간을 보낸다. 특히, 관리자들은 커뮤니케이션에 더 많은 시간을 투입하는데, 70~90%의 업무시간을 커뮤니케이션을 하는 데 보낸다는 연구결과도 있다(Mintzberg, 1980). 커뮤니케이션

(communication)이란 일반적으로 의미 있는 정보를 전달하는 과정으로 정의할 수 있다. 따라서 상호작용 관점에서 볼 때, 커뮤니케이션은 두 명 이상의 사람들 사이에 말이나 문서 또는 다른 방법을 활용하여 그들의 의견이나 감정을 전달하고 반응을 받으면서 상호간에 의미를 해석하는 과정이라고 할 수 있다(Axley, 1996). 따라서 커뮤니케이션은 집단구성원들 사이를 연결해 주고 그들의 상호작용에 지배적인 영향을 주면서 집단성과에 결정적인 요인으로 작용한다.

관리자들은 구성원들과의 직접적인 대화는 물론 회의와 전화 그리고 메모 등 다양한 커뮤니케이션 방법을 사용한다. 전통적으로는 직접대화와 전화, 공식 및 비공식 회의, 그리고 공문서가 널리 사용되는 커뮤니케이션 방법이었지만, 근래에는 정보통신기술의 발달로 인하여 전자우편(email), 인트라넷(intranet), 화상회의 등도 매우 중요한 커뮤니케이션 방법으로 활용되고 있다.

2 커뮤니케이션 과정

조직구성원은 누구나 다른 구성원들과 커뮤니케이션을 하면서 조직생활을 해나간다. 이처럼 커뮤니케이션은 조직구성원에게 너무나 일상적이고 자연적인 과정이지만, 의도한 정보가 제대로 전달되지 않거나 의도한 대로 이해되지 않는 경우가 많다. 커뮤니케이션의 단절, 오류, 왜곡, 오해 등 여러 가지 커뮤니케이션 문제가 발생하면 집단이나 조직의 효과성이 떨어질 수밖에 없다. 따라서 경영자는 구성원들 간의 커뮤니케이션에서 발생할 수 있는 여러 가지 문제들을 해결하고 구성원들 간에 원만한 관계를 유지할 수 있도록 해야 한다.

커뮤니케이션은 조직생활뿐만 아니라 일상생활에서도 다양한 형태로 일어나고 있지만, 커뮤니케이션 활동을 분석해 보면 전달자와 수신자 간에 일정한 과정을 공통적으로 거친다는 것을 알 수 있다. 〈그림 7-1〉에서 보는 바와 같이 커뮤니케이션은 정보 전달자가 뭔가 목적을 가지고 자신의 생각이나 아이디어, 또는 정보를 정보수신자에게 전달하고자 하는 데서 출발하며, 이를 위한 첫 단계로 자신의 생각, 아이디어나 정보를 부호화(encoding)하여 메시지를 구성하게 된다. 일반적으로 언어가 가장 보편적으로 활용되는 도구이지만, 그 이외에도 비언어적 단서(nonverbal cues)나 암호, 또는 컴퓨터의 바이너리 코드(binary code) 등의 형태를 띨 수도 있다. 이와 같이 만들어진 메시지는 커뮤니케이션 경로를 통하여 수신자에게 전달되는데, 대면대화, 전화나 서신이 가장 보편적인 경로이고, 정보기술이 발달함에 따라 이메일, 그룹웨어 게시판, 화상회

그림 7-1 ▶ 커뮤니케이션 과정

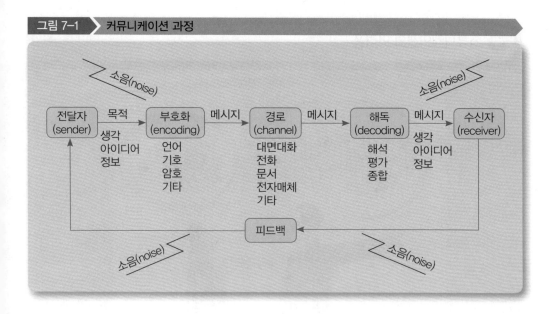

의 등 다양한 매체가 활용되고 있다. 수신자는 지각, 해석 및 평가 과정을 통해 전달된 메시지를 해독(decode)하며, 그 결과로 전달자의 생각, 아이디어와 정보를 받아들이게 된다. 이와 같이 커뮤니케이션이란 정보 전달자와 수신자 간에 메시지가 전달되는 과정을 통해 의미가 공유되는 것을 가리킨다(Rothenbuhler, 1998). 그런데, 이러한 커뮤니케이션 과정에서 여러 가지 형태의 소음(noise) 내지 장애요인이 작용함으로써 정보 전달자가 전달하고자 하는 정보와 의미가 제대로 전달되지 않고 왜곡되는 현상이 발생할 수 있다.

3 커뮤니케이션의 목적

조직내 커뮤니케이션은 조직목표를 달성하는 데 있어서 가장 중요한 기능이라고 할 수 있는데, 구체적으로 다음과 같은 네 가지 기능을 갖는다(Robbins & Coulter, 2010).

① 정보전달(information): 커뮤니케이션은 과업수행 및 의사결정에 필요한 정보를 주고받는 기능을 한다. 과업을 효과적으로 수행하고 올바른 의사결정을 하려면 반드시 적시에 충분한 정보가 있어야 하는데, 커뮤니케이션은 이러한 정보를 제공하는 역할을 한다.
② 설득(control): 커뮤니케이션은 지시 및 설득 기능을 하는데, 전달자는 커뮤니케

위 그림에서 보는 바와 같이 경찰관은 목적지로 가는 길을 매우 분명하게 부호화(en-coding)하여 전달하지만, 길을 묻는 행인은 메시지를 제대로 파악하지 못할 수 있다. 달리 말해, 경찰관의 말을 제대로 해독(decoding)하지 못하고 있는 것이다. 이와 같이 전달자가 의도한 메시지를 수신자가 제대로 이해하지 못하는 현상은 조직 커뮤니케이션에서 흔히 발생하며, 이는 여러 가지 조직문제를 유발할 수 있다.

자료: Greenberg & Baron (2008), p.335.

이션을 통해 수신자가 자신이 의도하는 방향으로 행동하게끔 유도한다. 즉, 전달자가 자신의 생각과 아이디어를 수신자에게 전달함으로써 수신자의 태도를 변화시키고, 바람직한 행동을 이끌어내는 역할을 한다.

③ 동기유발(motivation): 커뮤니케이션은 어떤 과업을 어떻게 수행해야 하는지, 그리고 어떤 성과를 내야 하는지 전달함으로써 동기유발 기능을 담당한다. 예컨대, 상대방의 성과를 인정하고 칭찬해줌으로써 조직구성원들의 직무동기를 유발할 수 있다.

④ 감정표현(emotional expression): 커뮤니케이션은 정보뿐만 아니라 자신의 감정과 태도를 표현하는 기능을 한다. 예컨대, 커뮤니케이션은 부하 직원의 과업성과에

대해 만족감 또는 불만족감을 표현한다든지, 경영자가 구성원들에게 다운사이징을 실시하는 것에 대해 유감을 표명한다든지, 상하간 또는 동료들 간에 친밀감을 표현한다든지 감정을 표현하는 수단이 된다.

4 커뮤니케이션 매체

커뮤니케이션에는 다양한 매체가 사용되고 있다. 특히 근래 정보기술의 발전으로 인해 커뮤니케이션의 매체가 더욱 다양해졌다. 〈그림 7-2〉에서 보는 바와 같이, 현대조직에서 흔히 활용되고 있는 커뮤니케이션 매체는 두 가지 기준을 중심으로 그 특성을 설명할 수 있다(McShane & von Glinow, 2000, p.242). 첫째, 매체의 윤택성(media richness)이란 특정 매체를 통해 전달할 수 있는 정보의 양과 다양성을 의미한다. 대면 커뮤니케이션(face-to-face communication)은 전달자가 언어적 메시지뿐만 아니라 어조(tone), 표정, 제스처 등 비언어적 메시지까지 다양하게 전달할 수 있으며, 수신자는 즉각적인 피드백을 할 수 있고 상황에 적합하게 커뮤니케이션이 조율될 수 있기 때문에 윤택성이 큰 매체라고 할 수 있다. 반면에, 재무제표나 공문서 등은 문서화된 메시지 한 가지만을 전달할 수 있으며, 수신자가 피드백을 하는 데 시간이 소요되기 때문에 윤택성이 떨

그림 7-2 커뮤니케이션 매체의 비교

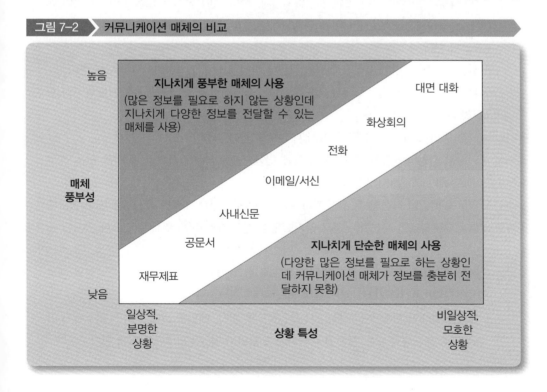

🤝 이메일 예절(email etiquette)

　　요즘 이메일은 비즈니스뿐만 아니라 일상생활에서도 매우 중요한 커뮤니케이션 수단이 되고 있다. 사람들 간에 대화를 할 때 예의를 갖춰야 하는 것처럼 이메일을 주고받을 때도 반드시 예의를 갖추어야 한다. 이메일로 커뮤니케이션을 할 때 지켜야 하는 몇 가지 에티켓을 소개한다.

- 메일 제목을 반드시 작성하도록 한다. 메일 제목이 없는 경우 스팸 처리되거나 읽지 않고 삭제해버릴 수 있기 때문에 반드시 메일 제목을 작성한다. 또한, 수신자가 제목만 보고도 메일의 주요 내용을 판단할 수 있도록 키워드를 중심으로 간결하게 작성한다.
- 가능하면 25줄 이내로 이메일을 짧게 작성한다. 상대방에게 전달하고자 하는 내용을 쉽게 파악할 수 있도록 일목요연하게 작성한다.
- 상대방의 메일에 대해 답장을 하는 경우 상대방 메일의 해당 부분을 인용하고 거기에 답을 하도록 한다.
- 수신한 메일은 최대한 빨리 회신하도록 한다. 비즈니스 메일의 경우 늦어도 하루 이내에 회신을 하는 것이 예의이다. 특히, 자료 요청이나 부탁을 한 것에 대해 메일을 보내준 경우에는 반드시 감사의 메일을 보내는 것이 예의이다.
- 이메일을 주고받으면서 논쟁이 가열되거나, 서로 간에 오해가 발생하거나 사안이 점점 더 복잡해지는 경우 더 이상 이메일에 의존하지 말고 전화를 걸거나 대면 접촉을 하도록 한다.
- 발신자의 허락 없이 사적인 메일을 다른 사람에게 전달(forward)하지 않도록 한다.
- 불필요한 집단메일을 보내지 않도록 한다. 집단메일을 보내려면 수신자들의 동의를 구하도록 한다.
- 사전 동의 없이 대용량메일을 보내지 않도록 한다.
- 민감한 사안(예, 징계문제)을 다루거나 긴급한 공지(예, 긴급회의 개최)를 하는 경우 이메일에만 의존하지 않는다.
- 영문 이메일을 작성할 때, 대문자나 굵은 글씨체로 전체 메일을 작성하는 일이 없도록 한다. 대문자로만 작성하는 경우 읽기도 힘들 뿐만 아니라 화를 내는 것으로 인식될 수 있다.
- 이모티콘이나 채팅 은어를 남발하지 않도록 한다. 특히, 공식 비즈니스 이메일의 경우 이모티콘과 은어를 사용하지 않도록 한다.
- 메일을 보내기 전에 수신자를 다시 확인하도록 한다. 메일을 보내고 나면 회수하기 어려우므로 불필요한 또는 잘못된 수신자가 포함되지 않았는지 확인하도록 한다.

– 파일을 첨부하는 경우 첨부파일이 첨부되었는지, 맞는 파일이 첨부되었는지 확인하도록 한다. 잘못된 파일을 첨부하거나 파일을 첨부하는 것을 잊어버린 경우 다시 보내야 하기 때문에 번거로울 뿐만 아니라 비즈니스 세계에서는 신중하지 못한 행동으로 인식될 가능성이 있다.

자료: McShane & von Glinow(2000), p.239 참조.

어지는 매체라고 할 수 있다.

둘째, 어떤 커뮤니케이션이 효과적인지는 상황의 특성에 따라 다르다고 할 수 있다. 비일상적인 상황에서는 전달자와 수신자가 상황에 대한 공통의 이해가 형성되어 있지 않기 때문에 상호 이해를 증진하기 위해 많은 정보가 요구되므로 윤택성이 높은 커뮤니케이션 매체를 활용하는 것이 바람직하다. 반면에, 일상적인 상황의 경우에는 전달자와 수신자가 모두 상황에 대해 서로 이해하고 있기 때문에 윤택성이 낮은 커뮤니케이션을 활용하더라도 충분하다고 할 수 있다. 이와 마찬가지로 모호하고 불확실한 상황에서는 윤택성이 높은 매체를 활용하는 것이 요구되고, 불확실성이 낮은 분명한 상황에서는 윤택성이 낮은 매체를 선택하는 것이 효율적이다. 즉, 커뮤니케이션 상황에 따라서 이에 적합한 매체를 선택하는 것이 요구된다.

5 커뮤니케이션 장애요소

커뮤니케이션 과정에서 각 단계별로 여러 가지 장애요소가 작용함으로써 전달자가 의도한 정보메시지가 수신자에게 그대로 이해되지 않아(Mortensen, 1997) 의도한 의미와 실제로 이해된 내용 간에 차이가 발생하게 된다. 이러한 문제는 정보 자체나 매체 자체에서 기인하는 경우도 있지만, 그보다 더 중요한 원인은 전달자와 수신자의 커뮤니케이션 행동에 있다(Axley, 1984).

1) 지각 및 동기요소

첫째로 제4장과 제5장에서 설명한 바와 같이, 사람들은 자신의 성격과 욕구동기에 따라서 똑같은 자극에 대해서도 서로 다른 인식과 해석 그리고 반응을 보인다. 커뮤니케이션에 있어서도 개인은 동일한 정보에 대하여 서로 다른 이해와 평가를 함으로써

비언어적 커뮤니케이션(nonverbal communication)

　　사람들은 커뮤니케이션을 할 때 언어 이외에 표정이나 시선, 몸짓, 말투 등과 같은 비언어적 요소를 활용하는데, 이러한 비언어적 커뮤니케이션이 전체 커뮤니케이션의 60% 이상을 차지한다고 한다. 사람들은 커뮤니케이션할 때 상대방의 표정이나 몸짓, 말투나 억양 등의 비언어적 요소들을 보고서 상대가 무슨 생각을 하는지 읽어낼 수 있으며, 상대방이 뭔가 거짓말을 한다고 할 때 말의 내용이 아니라 비언어적 단서들을 활용하여 거짓임을 간파하곤 한다. 미국의 심리학자 메라비언(A. Mehrabian)은 사람들이 대화 도중에 상대의 말에서 모순을 느낄 때 시각적 요소(눈맞춤, 표정, 자세, 몸짓 등) 55%, 청각적 요소(목소리 크기, 말투, 억양 등) 38%, 그리고 언어적 요소(말의 내용) 7%의 순으로 판단한다는 메라비언의 법칙(The Law of Mehrabian)을 만들었다. 이는 커뮤니케이션을 할 때 언어적 요소보다도 비언어적 요소가 더 중요한 비중을 차지한다는 것을 의미한다(Mehrabian, 1981). 비언어적 커뮤니케이션을 구성하는 요소들을 제시하자면 다음과 같다.

구분	요소	예
시각적 요소	이미지(image)	옷차림, 위생상태
	얼굴 표정(facial expressions)	미소, 찡그림, 비웃음
	시선(eye movement)	외면, 응시, 시선교환
	자세(posture)	팔짱, 몸을 기울임
	몸짓(gesture)	악수, 손 흔들기
촉각적 요소	신체 접촉(touch)	등을 가볍게 두드림, 팔을 가볍게 잡음
목소리	말투	크기, 음높이, 빠르기, 억양
공간	공간적 근접성	상대방과의 거리
	자리 배치	윗자리(상석)-아랫자리

전달자가 의도한 내용을 수신자가 그대로 이해하지 않는 경우가 많다. 그뿐 아니라 개인은 항상 자기 자신을 보호하고 유지하며 나아가서는 자아를 향상시키는 방향으로 행동을 취하므로, 커뮤니케이션에 있어서도 메시지 내용이나 매체 선정에 있어서 자기에게 유리한 형태와 방법을 사용하는 경향이 있다. 그리고 정보를 지각하는 데 있어서도 선택적 지각에 따라 자기에게 유리한 방향으로 정보 메시지를 선택·해석하게 된다(Hammond et al., 1998). 또한 전달자에 대한 선입견도 정보 메시지에 대한 수신자의 태

도에 영향을 미칠 수 있다. 이러한 행동경향들은 메시지 내용을 왜곡하거나 오류를 유발하게 만드는 결과를 가져오는 요인이 된다.

2) 어의상의 문제

커뮤니케이션의 또 다른 장애요소는 어의상의 문제(semantic problems)이다. '적당히', '알아서', '조속히' 등의 표현은 조직에서 흔히 쓰이는 표현이지만 개인에 따라서 받아들이는 의미가 각각 다를 수 있고, 따라서 상호 오해를 초래할 수 있다. 또한 커뮤니케이션 과정에서의 시간적인 압박, 물리적 환경, 구성원들 간의 신뢰감과 개방성 등 집단 또는 조직의 분위기도 구성원들의 커뮤니케이션 행동과 결과에 많은 영향을 준다.

3) 정보의 누락, 왜곡, 과중, 지연 등

의도적 또는 무의식적인 정보의 여과(filtering)나 왜곡도 조직에서 흔히 발생하는 커뮤니케이션상의 문제이다. 또한, 정보의 과중(information overload)과 지연도 정확한 상황판단과 의사결정을 어렵게 만드는 장애요소이다.

커뮤니케이션 과정에서 이와 같은 문제는 정보 자체를 구조화함으로써 어느 정도 조정할 수 있다. 즉, 커뮤니케이션 목적에 적합하게 정보를 구체화하고 이를 정확하게, 적시에, 그리고 자주 제공함으로써 문제를 줄일 수 있다. 그러나 정보의 유효성과 신빙성의 결여, 그리고 정보량의 과소나 과중 등의 문제를 해결하는 데에는 구조적인 접근보다는 구성원들의 커뮤니케이션 행동개선에 초점을 맞추어야 할 것이다.

6 커뮤니케이션 행동의 개선방향

커뮤니케이션의 장애요인을 극복하기 위한 주요 방안으로 다음의 몇 가지를 제시할 수 있다.

1) 수신자 위주의 다각적 커뮤니케이션

첫째로, 전달자는 커뮤니케이션의 목적을 명백히 인식하고 수신자의 입장에서 커뮤니케이션을 해야 한다. 즉, 수신자의 특성에 맞게 적합한 언어를 선택하고 메시지 내용을 구성하며, 이에 적합한 전달방법을 선택해야 한다. 그리고 커뮤니케이션의 정확성과 효과성을 높이기 위해 한 가지 커뮤니케이션 방법에만 의존할 것이 아니라 대면 커뮤니케이션과 전화, 서신, 전자우편(E-mail), 공식-비공식, 직접 또는 간접적 방법 등 여

한비자, 세난(說難)

　중국 고대의 사상가이자 법가학파를 대표하는 한비자는 세난(說難) 편에서 유세(설득)의 어려움을 얘기하고 있다. 그는 유세의 가장 큰 어려움은 상대방의 심중을 파악해서 거기에 적중시키는 데 있다고 봤는데, 이런 통찰은 오늘날의 커뮤니케이션의 관점에서도 시사하는 바가 크다고 할 수 있다.

　"무릇 유세가 어렵다는 것은 내가 갖고 있는 지혜가 모자라 임금을 설득하기가 어렵기 때문도 아니고, 나의 말솜씨가 부족해서 나의 뜻을 분명히 밝히기가 어렵기 때문도 아니며, 또 내 용기가 부족해 감히 할 말을 하지 못하기 때문도 아니다. 무릇 유세의 진정한 어려움은 임금의 심중을 파악해서 나의 주장이 그에게 합당하게끔 하는 데 있다.
　설득하려는 상대방이 요순과 같이 명예를 높이 여기는데도 부국강병과 같은 공리(功利)로써 그를 설득하면, 곧 너절하게 보여 천박한 자를 만났다고 여기어 반드시 버림당할 것이다.
　설득하려는 상대방이 부국강병과 같은 공리를 높이 여기는데도 높은 명예로써 그를 설득하면 곧 내가 현실을 보는 눈이 없는 것으로 보여져서, 세상물정 모르는 자로 치부되어 반드시 받아들여지지 않을 것이다.
　설득하려는 상대방이 속으로는 공리를 중요하게 여기면서 겉으로는 명예를 드높게 얘기하는 사람인데 명예로써 그를 설득하면, 곧 겉으로는 그 사람을 받아들이지만 실제로는 그를 멀리할 것이며, 공리로써 설득하면 속으로는 그 말을 받아들이면서 겉으로는 그 사람을 버릴 것이다. 이런 것들을 잘 살피지 아니하면 안 될 것이다."

　만일 임금의 심중을 잘못 파악하여 역린(逆鱗)을 건드리게 되면 스스로를 큰 위험에 빠뜨릴 수 있다.

　"용이란 동물은 성질이 유순하여 잘 길들이면 타고 다닐 수도 있는 것이다. 그러나 목 밑에는 직경이 한 자나 되는 거꾸로 박힌 비늘(逆鱗)이 있다. 만일 그것을 건드리는 사람이 있으면 반드시 죽음을 면치 못한다. 이와 같이 임금도 거꾸로 박힌 비늘이 있으니 유세자가 임금의 거꾸로 박힌 비늘만 건드리지 않아도 대체로 잘 하는 것이다."

자료: 한비자·묵자·순자 / 배종호·김학주·안병주 (1990), 「韓非子/墨子/筍子」, 삼성출판사.

러 가지 방법들을 다각적으로 활용하는 것이 바람직하다. 이와 더불어 메시지를 전달한 다음에 수신자가 메시지를 정확히 이해했는지를 확인하는 것이 바람직하다.

2) 수신자의 경청태도

수신자도 커뮤니케이션을 할 때 메시지를 경청하고, 전달자의 의도와 동기 등 전달자의 입장에서 메시지를 수신함으로써 좀 더 정확하게 메시지를 이해할 수 있다. 적극적 경청을 함으로써 선택적 지각 등 지각 과정에서의 오류와 정보의 왜곡을 줄일 수 있으므로 경청태도를 기르기 위한 교육훈련을 실시하는 것이 바람직하다(Nichols, 1995).

3) 커뮤니케이션 시간의 설정

업무과다 등으로 인한 시간적 압박은 경청태도에 장애요인으로 작용하므로 시간적 압박을 극복하기 위하여 구성원들 간의 커뮤니케이션 시간을 별도로 정하는 것이 효과적이다. 공식적인 회합시간을 특별히 정하여 구성원들 간의 커뮤니케이션을 보완하는 것은 물론, 점심시간이나 퇴근 이후에 간담회 등 상호교류의 시간을 마련하여 상호간의 커뮤니케이션을 촉진하는 것도 바람직하다. 이러한 방법은 구성원들 사이의 상호작용을 증진시키고 집단의 신뢰적인 분위기를 조성하는 데 좋은 효과를 가져올 수 있다.

4) 비공식 커뮤니케이션의 효율적 활용

마지막으로 구성원들 간의 비공식 커뮤니케이션을 효과적으로 활용하는 것도 좋은 방법이 될 수 있다. 구성원들 간의 비공식 커뮤니케이션은 정보의 왜곡을 조장하는 역기능적 측면이 없지 않지만, 구성원들은 비공식 네트워크를 통해 얻게 되는 정보를 좀 더 신뢰하는 경향이 있으며, 또한 신속하게 정보를 전달할 수 있다는 기능적 측면도 있다(Davis, 1985, pp.315~320). 따라서 구성원 간의 비공식 커뮤니케이션을 건설적으로 활용하는 것이 커뮤니케이션의 효율성을 높이는 데 유용하다.

커뮤니케이션 네트워크 02

집단이 집단 목표를 효과적으로 달성하려면 집단구성원들 간에 적절한 커뮤니케이션 네트워크를 형성해야 한다. 집단구성원들 간에 형성되는 대표적인 커뮤니케이션 네

📖 적극적 경청(active listening)

"입은 하나, 귀는 둘."

말하는 것보다 듣는 것을 두 배로 해야 한다는 것이다. 즉, 효과적인 대화를 하려면 말을 하는 것보다 듣는 것에 집중해야 한다는 것인데, 적극적인 경청은 단순히 상대방이 말하는 것을 열심히 듣는 것만을 가리키지는 않는다. 적극적 경청은 상대방이 전달하고자 하는 메시지의 내용을 정확히 이해하는 것은 물론이고 그 밑바닥에 깔려 있는 동기와 정서에 주의를 집중하여 이해하며, 이를 상대방에게 피드백해 주는 것 등을 포괄한다. 적극적인 경청은 효과적인 커뮤니케이션에 필수적이며, 대인관계를 성공으로 이끄는 데도 없어서는 안 되는 요소이다.

적극적 경청의 주요 차원들을 제시하자면 다음과 같다(McShane & von Glinow, 2000, pp.254~255).

1. 상대방이 말을 하는 도중에 끼어들지 않는다. 상대방의 말을 끝까지 듣도록 하며, 상대방이 말을 마치자마자 바로 말을 시작하는 것이 아니라 약간의 여유를 두고 생각을 정리하여 말을 한다.

2. 상대방과 정서적으로 공감한다. 상대방의 입장에서 그의 감정, 생각과 상황을 이해하고 공감한다.

3. 관심을 유지한다. 적극적 경청은 강한 흥미와 동기를 필요로 한다. 사람들은 주제가 지루할 때 대화가 시작되자마자 흥미를 잃곤 하는데, 어떤 대화에서든 뭔가 한 가지의 가치가 있다는 관점을 가지고 흥미를 유지하는 것이 필요하다.

4. 평가를 유보한다. 메시지의 옳고 그름 또는 좋고 나쁨을 성급하게 판단하게 되면 중요한 정보를 선택적으로 지각하게 되기 때문에 가능한 개방적인 자세를 취하도록 하고, 대화가 끝날 때까지 메시지를 평가하는 것을 유보한다.

5. 정보를 체계적으로 구성한다. 사람들은 1분당 평균 125개 단어를 말하는 반면 450개의 단어를 듣고 처리할 수 있다. 이처럼 말하는 속도보다 세 배나 빨리 정보를 처리하기 때문에 사람들은 쉽사리 참을성을 잃고 집중력을 잃을 수 있다. 적극적 경청을 위해서 상대방이 말하는 것에 집중해야 하며 주요 메시지의 요점을 주기적으로 정리하는 것이 바람직하다.

6. 관심을 표명한다. 대화중에 상대방에게 관심을 표현함으로써 상대방의 동기를 유발하는 것이 필요하다. 지속적으로 상대방에게 시선을 집중하고(eye contact), "예", "그럼요", "그래요?" 등 맞장구를 침으로써 상대방에게 관심을 기울이고 있음을 보여준다.

7. 피드백을 제공한다. 상대방의 메시지에 대해 적절한 피드백을 함으로써 대화에 관심을 기울이고 있음을 보여주고, 또한 메시지가 정확하게 전달되었는지를 확인할 수 있게 해준다.

트워크 유형과 집단의 효율적인 커뮤니케이션 방향을 살펴본다.

1 커뮤니케이션 네트워크 유형

집단구성원들은 자신들의 규범, 과업과 작업조건, 그리고 자신들의 개인적 특성에 적합하게 커뮤니케이션 네트워크를 형성하게 된다. 〈그림 7-3〉과 같이 이들 커뮤니케이션 네트워크는 일반적으로 다섯 가지 유형으로 분류된다(Bavelas, 1950; Burgess, 1968).

1) 바퀴형(wheel)

바퀴형은 집단구성원들 간에 중심인물이 존재하고 있는 경우에 나타나는 커뮤니케이션 유형으로서, 구성원들의 정보전달이 주로 중심인물(집단 리더)에 집중되는 패턴이다. 이 유형은 중심인물을 중심으로 정보수집이 신속히 이루어질 수 있고, 중심인물에게 정보가 집중되므로 중심인물에 의한 정확한 상황파악과 신속한 의사결정 및 문제해결이 이루어질 수 있다는 장점을 지니고 있다. 그런데 문제의 성격이 간단하고 정형적일 때에만 이러한 장점이 나타나고, 문제가 복잡하고 어려운 경우에는 오히려 효과성이 떨어질 수 있다는 단점을 갖고 있다.

2) Y형

Y형은 바퀴형과 같이 확고한 중심인물이 존재하지는 않지만 다수의 구성원들을 대표하는 리더가 존재하는 경우에 나타나는 커뮤니케이션 패턴으로서, 라인과 스태프가 혼재된 집단에서 자주 볼 수 있다. 주로 세력집단(in-group)의 리더가 커뮤니케이션의 중심역할을 맡고, 비세력(out-group) 또는 하위집단에도 연결되어 전체적인 커뮤니케이션 네트워크를 형성하게 된다. Y형의 경우 커뮤니케이션의 효과는 바퀴형과 원형 사이에 있지만, 원형보다는 바퀴형 쪽에 상대적으로 더 가깝다고 할 수 있다.

3) 원형(circle)

원형은 집단구성원 간에 사회적 서열이나 신분관계가 뚜렷하게 형성되어 있지 않은 경우에 나타나는 커뮤니케이션 패턴으로서, 중심인물이 없는 상태에서 일정한 방향이 없이 구성원들 사이에 정보가 전달된다. 지역적으로 분리되어 있는 집단이나 자유방임적으로 운영되는 집단에서 이러한 커뮤니케이션 패턴이 나타날 수 있다. 일반적으로 정보전달과 수집, 상황의 종합적인 파악 그리고 문제해결이 느린 것이 단점이지만, 커뮤니케이션 목적이 명백한 경우에는 구성원들의 만족감이 비교적 높은 장점을 가지고 있다.

4) 사슬형(chain)

사슬형은 원형과는 달리 구성원들 간의 커뮤니케이션이 수직적 또는 수평적인 일직선 형태로 이루어지는 패턴이다. 첫째, 수직적 사슬형은 수직적인 계층구조에서 나타나는 커뮤니케이션 형태로서 정보가 단계적으로 최상위 계층에 집결되는 경우이다. 이러한 상황에서는 구성원들 간에 뚜렷하고 엄격한 위계서열이 존재함으로써, 상위의 중심인물이 모든 정보를 종합하고 문제를 해결한다. 이 유형은 단순업무를 수행할 때 신속성과 효율성이 비교적 높다는 장점을 갖는 반면, 정보의 단계적 전달로 인하여 정보의 누락 또는 왜곡현상이 나타날 위험성이 있다.

둘째, 수평적 사슬형은 동료들 간의 수평적인 커뮤니케이션 패턴으로서 중간에 위치한 구성원(C)이 중심적인 역할을 한다. 커뮤니케이션 효과에 있어서 정보 전달 및 수집 그리고 문제해결이 비교적 느리며, 중간에 위치한 중심인물을 제외한 나머지 구성원들

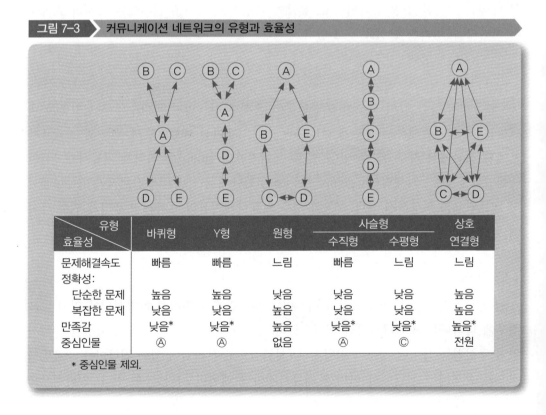

그림 7–3 ▶ 커뮤니케이션 네트워크의 유형과 효율성

유형 효율성	바퀴형	Y형	원형	사슬형		상호 연결형
				수직형	수평형	
문제해결속도	빠름	빠름	느림	빠름	느림	느림
정확성:						
단순한 문제	높음	높음	낮음	낮음	낮음	높음
복잡한 문제	낮음	낮음	높음	낮음	낮음	높음
만족감	낮음*	낮음*	높음	낮음*	낮음*	높음*
중심인물	Ⓐ	Ⓐ	없음	Ⓐ	Ⓒ	전원

* 중심인물 제외.

의 만족감은 비교적 낮은 경향이 있다. 사슬형은 수직적이든 수평적이든 상호간의 피드백이 복잡하고 어려우므로 커뮤니케이션 효과가 전반적으로 낮다고 할 수 있다.

5) 상호연결형(all channel)

상호연결형은 가장 바람직한 커뮤니케이션 유형으로서, 구성원들 간의 모든 관계에서 정보교환이 이루어지는 네트워크 형태이다. 구성원들 모두가 서로 정보를 교환하기 때문에 바퀴형에 비하여 종합적인 상황 파악과 문제해결에 소요되는 시간이 더 많이 걸린다. 그러나 상황판단의 정확성은 가장 높으며, 특히 복잡하고 어려운 문제 그리고 구성원들의 창의적인 아이디어를 요구하는 문제에서는 효과성이 높다는 장점을 가지고 있다. 그뿐 아니라 구성원들의 만족감도 가장 높게 나타난다. 컴퓨터, 통신기술과 SNS를 사용한 경영정보네트워크는 구성원들 간의 상호연결형 커뮤니케이션을 좀 더 용이하게 만들어 준다.

이와 같이 집단 커뮤니케이션에는 여러 가지 네트워크 유형이 있고, 각 유형마다 나름의 장·단점을 가지고 있다. 이들 네트워크는 집단의 과업성격과 구성원들의 개인적인 특성, 구성원 수 등의 상황적인 요소에 따라서 커뮤니케이션의 효율성이 각각 다르다. 그러나 일반적으로 볼 때 상호연결형이 과업성과나 구성원 성장에 가장 바람직하다고 할 수 있다.

이상 집단에서의 커뮤니케이션 네트워크와 그 효율성을 비교해 보았다(〈그림 7-3〉 참조). 이러한 비교분석은 전체 조직행동에도 적용되어 집권적, 기계적, 독재적 조직들은 바퀴형이나 Y형 또는 수직적 사슬형을 취하는 것이 일반적이고, 분권적, 행렬적, 유기적, 민주적, 자유방임적 조직들은 원형과 상호연결형의 형태를 띠는 것이 보편적이다.

2 조직내 커뮤니케이션

조직 내에서 매우 다양한 커뮤니케이션이 이루어지는데, 이를 공식 커뮤니케이션과 비공식 커뮤니케이션으로 구분할 수 있다. 공식 커뮤니케이션은 조직과업을 수행하기 위해 조직의 공식적인 채널을 이용하여 메시지가 전달되고 수신되는 것을 말하고, 비공식 커뮤니케이션은 비공식적인 채널을 이용하여 조직의 공식 과업과 관계가 없는 메시지가 공유되는 것을 가리킨다.

1) 공식 커뮤니케이션

조직은 조직목표를 효과적으로 달성하기 위해 과업 및 단위조직 간의 관계를 체계화한 구조를 설계하게 되는데, 이러한 공식구조는 조직 내의 커뮤니케이션에 직접적인 영향을 미친다. 공식적으로 설계된 조직구조는 〈그림 7-4〉와 같이 조직도표로 표현되는데, 조직도표는 네모 상자와 이들 상자를 연결하는 선으로 구성된다. 네모 상자는 구성원들의 직책을 나타내는데, 직무담당자가 어떠한 과업과 역할을 맡고 어떠한 권한과 책임을 갖는지를 내포하고 있다. 한편, 각 직책을 연결하는 선은 누가 누구에게 업무지시를 하고 또 업무보고를 받는지 계층 간의 명령계통과 커뮤니케이션 채널을 보여준다. 즉, 조직도표에 나타난 상자와 선은 개개 구성원들이 각각 어떤 과업을 수행해야 하는지, 그리고 누구와 커뮤니케이션을 해야 하는지를 보여주고 있다.

그림에서 보는 바와 같이 조직내 커뮤니케이션은 네 가지 방향의 커뮤니케이션으로 구분할 수 있다.

① 하향적 커뮤니케이션: 이는 상사가 부하에게 메시지를 전달하는 커뮤니케이션으로서 부하 직원들이 무슨 일을 어떻게 수행해야 하는지에 대한 명령과 지시가 대표적인 예이다. 또한, 부하 직원이 일을 잘 하고 있는지에 대해 피드백해주는 것도 하향적 커뮤니케이션에 포함될 수 있다. 하향적 커뮤니케이션은 상사의 의견을 부하 직원들에게 전달하는 것이라는 점에서 상의하달(上意下達)이라고 한다.

② 상향적 커뮤니케이션: 이는 부하 직원들이 상사에게 메시지를 전달하는 것으로서 과업수행의 결과를 보고하는 것, 그리고 상사가 의사결정을 내리는 데 필요한 정보 및 자료를 제공하는 것 등을 포함한다. 또한, 제도개선과 관련된 제안, 문제해결을 위한 창의적 아이디어의 제시, 조직운영과 관련된 불평의 제기 등도 상향적 커뮤니케이션에 포함된다. 상향적 커뮤니케이션은 부하의 의견을 상위 계층으로 전달하는 것이라는 점에서 하의상달(下意上達)이라고 한다.

③ 수평적(또는 횡적) 커뮤니케이션: 이는 동일한 조직계층에 있는 구성원들 간에 메시지를 주고받는 것을 가리킨다. 수평적 커뮤니케이션은 동료 또는 부서 간에 과업을 조정하기 위해서 이루어진다. 예컨대, 고객의 주문을 받은 영업팀이 생산팀에게 제품 생산을 요청하고, 생산팀은 제품 생산에 필요한 자재를 구매하기 위해 예산지원 및 부품조달을 요청하는 등의 커뮤니케이션을 말한다. 과업을 효과적으로 수행하고 조직목표를 달성하려면 이러한 수평적 커뮤니케이션이 원활하게 이루어져야만 한다.

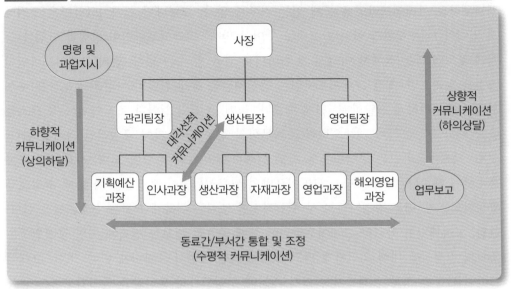

그림 7-4 조직도표와 공식 커뮤니케이션 네트워크

④ 대각선적 커뮤니케이션: 이는 서로 다른 부서의 서로 다른 계층의 구성원들 간에 이루어지는 커뮤니케이션을 말한다. 예컨대, 생산팀장이 생산인력을 더 충원해달라는 요청을 인사과장에게 하는 것을 가리킨다.

2) 비공식 커뮤니케이션

조직구성원들은 조직생활을 하면서 상사나 부하, 동료 등 공식적인 관계를 맺고 있는 사람들뿐만 아니라 입사 동기, 대학 선배나 동창, 동향 사람, 취미가 같은 사람, 지인의 친구, 또는 우연한 기회에 알게 된 사람 등 비공식적 관계를 맺고 있는 사람들과도 많은 커뮤니케이션을 한다. 이처럼 조직의 공식 채널이 아니라 비공식적 인간관계를 통해서 정보가 전달되는데, 이를 비공식 커뮤니케이션 네트워크라고 한다. 비공식 네트워크는 신경시스템처럼 조직 내에 워낙 광범위하게 펼쳐져 있기 때문에 정보를 전달하는 창구로서 매우 중요한 기능을 한다. 비공식 네트워크를 통하는 경우 잘못된 정보나 유언비어, 소문 등이 전달되는 부작용이 없지 않지만 공식 네트워크보다 정보가 신속하게 전달될 수 있다는 이점을 갖고 있기 때문에 급변하는 환경에 효과적으로 대응하는 데 유리할 수 있다.

비공식 커뮤니케이션 네트워크는 마치 포도덩굴이 얽히고설킨 것과 같다 하여 그레이프바인(grapevine)이라고도 한다. 그레이프바인은 비공식적인 관계를 통해 자연발생적으로 형성되는 커뮤니케이션 네트워크인데, 구성원들은 여러 가지 정보들을 공식 채널보다도 그레이프바인을 통해 얻는 경우가 많다. 그렇다면 그레이프바인은 조직에서 없애야 하는 것일까 아니면 그대로 두어야 할까? 그레이프바인이 장점과 단점을 동시에 갖고 있다는 점에서 이 질문에 한마디로 답을 할 수는 없다. 먼저 그레이프바인의 장점을 살펴보면, 첫째 그레이프바인은 공식채널을 통해 전달이 어려운 정보들을 구성원들에게 신속하게 전달할 수 있게 해준다. 둘째, 조직의 일화나 조직의 상징적 요소들을 전수하고 공유하게 해줌으로써 조직문화의 형성 및 유지에 긍정적인 기여를 한다. 셋째, 그레이프바인은 구성원들을 서로 결속하게 만드는 수단이 되며, 사회적 욕구를 충족하게 해준다. 마지막으로, 그레이프바인은 구성원들이 불안감을 가질 때 최고조로 활성화되는데, 이는 경영자들로 하여금 적절한 조치를 취하게끔 하는 신호기능을 한다. 한편, 공식채널이 아니라 그레이프바인을 통해 중요한 정보를 접하게 되면 구성원들은 조직의 진정성에 대해 의심하게 되고 조직에 대한 불만이 증가하게 된다. 또한, 그레이프바인을 통한 정보는 왜곡되기 쉽기 때문에 구성원들의 불안감을 줄이기보다는 증폭시키는 경향이 있다(McShane & von Glinow, pp.247~250).

최근에는 이메일뿐만 아니라 스마트폰이 광범위하게 보급되고 SNS(social network service)의 이용자가 늘어남에 따라 그레이프바인을 통한 정보의 전달이 과거보다도 훨씬 더 빨라지고 있다. 대면접촉과 달리 이메일, 카페나 블로그, 페이스북, 트위터나 카톡 등을 통한 정보의 전파는 그 속도가 빠를 뿐만 아니라 불특정 다수에게 전달되기 때문에 그 파급력이 매우 크다고 할 수 있다.

3 사회문화와 커뮤니케이션 행동

커뮤니케이션 과정은 문화적 특성에 따라 많은 차이를 보이는 만큼(Hofstede, 1999), 효과적인 커뮤니케이션을 위해 이들 문화적 특성을 이해하는 것이 요구된다. 특히, 세계화가 급속도로 진전되고 있는 환경 하에서 서로 다른 문화 간의 커뮤니케이션(cross-cultural communication)은 현대 조직에서 점점 일상화되어 가고 있고, 따라서 문화 차이에 따른 커뮤니케이션상의 장애요인들을 이해하고 이에 적절히 대응해야 할 것이다.

커뮤니케이션 과정에서 나타나는 대표적인 문화 차이로 맥락의존성을 들 수 있다. 〈그림 7-5〉에서 보는 바와 같이 우리나라와 중국 그리고 일본과 같이 맥락의존적(high-context) 문화권에서는 커뮤니케이션에 있어서 메시지의 내용(text) 그 자체보다는 구성원들 상호간의 신뢰와 상황적 단서를 중요시하는 반면에, 서구 국가와 같이 맥

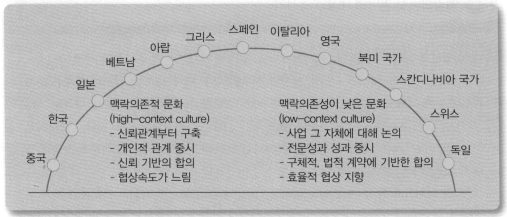

그림 7-5 맥락의존적 문화와 맥락의존성이 낮은 문화

스페인　이탈리아

그리스　　　　영국

아랍　　　　　　　　북미 국가

베트남　　　　　　　　　　스칸디나비아 국가

일본

한국　　맥락의존적 문화　　　　맥락의존성이 낮은 문화　　스위스

(high-context culture)　　(low-context culture)

중국　　- 신뢰관계부터 구축　　- 사업 그 자체에 대해 논의　독일

- 개인적 관계 중시　　　- 전문성과 성과 중시

- 신뢰 기반의 합의　　　- 구체적, 법적 계약에 기반한 합의

- 협상속도가 느림　　　- 효율적 협상 지향

자료: Munter(1993), p.72.

락의존성이 낮은(low-context) 문화권에서는 커뮤니케이션을 할 때 맥락보다는 메시지의 내용 그 자체에 초점을 두며, 상호간의 신뢰관계나 개인의 명성보다는 세부적인 메시지와 명문화된 계약을 더 중시한다. 예컨대, 한국, 중국, 일본 등의 아시아 국가들은 법적 구속력을 갖는 계약을 체결하기 전에 서로의 신뢰를 형성하는 데 더 많은 노력을 기울이는 반면, 서구 국가들은 개인적인 신뢰관계보다는 쌍방의 의무사항을 구체적으로 명시하는 명문화된 계약을 체결하는 데 더 많은 노력을 기울인다(Hellriegel et al., 2001, pp.385~386). 따라서 이와 같은 문화적 특성에 따른 커뮤니케이션의 차이를 이해함으로써 커뮤니케이션을 효율화할 수 있다.

또한, 사회문화에 따라서 동일한 비언어적 메시지를 다르게 해석할 수 있기 때문에 다른 문화권과 커뮤니케이션할 때 언어적으로 표현되는 메시지뿐만 아니라 비언어적으로 표현되는 메시지도 잘 이해해야 한다. 예를 들어, 미국 사람들은 대화를 나눌 때 지나치게 가까이 다가서면 뭔가 압박하는 것으로 인식될 수 있는 반면, 이탈리아 사람들은 일반적인 것으로 받아들인다. 미국에서는 시선접촉(eye contact)을 하지 않고 다른 곳을 보는 경우 수줍어하는 것으로 인식하는 반면, 일본에서는 상대방의 권위에 존경을 표하는 것으로 인식한다. 그리고 엄지와 검지를 붙여서 O자를 만드는 경우 미국에서는 '좋다(OK)'를 뜻하는 반면, 튀니지아에서는 '당신을 죽이겠다'는 것을 의미한다. 이처럼 문화마다 비언어적 메시지가 갖는 의미가 다르므로 이들을 잘 이해하고 있어야만 다른 문화권과의 커뮤니케이션 과정에서 오해를 예방할 수 있다.

"아쌀하게 거시기 해불자." "거시기가 거시기 혀서 거시기가 겁나 거시기 혀네."

영화 〈황산벌〉은 백제와 신라의 황산벌 전투를 다룬 역사코미디로, 처자식까지 죽이고 전투에 나온 계백 장군이 부하들에게 사투리로 "갑옷을 거시기해서 거시기할 때까지 거시기해불자"라고 하는데 백제군 사이에 숨어 있던 신라군의 첩자들이 이를 김유신 장군에게 전하지만 당최 '거시기'란 단어의 뜻을 헤아리지 못해서 고심하는 김유신 장군과 그 부하들의 우스꽝스러운 모습을 담고 있다.

"오매 거시기한 거. 신라의 김유신이라는 아그가 우리 백제를 거시기해 불라꼬 저거 아그들 거시기해 갖고 쳐들어 온당께 영 기분이 거시기허네 잉. 오늘은 기분이 영 거시기허니 거시기허도록 거시기 한번 허자 잉."

당신은 "거시기"가 끊임없이 나오는 위 문장을 충분히 이해할 수 있는가? "거시기"는 말하는 사람과 듣는 사람이 맥락에 대한 상호 이해를 기반으로 하는 표현이라 할 수 있다. 맥락을 모르면 그 정확한 의미도 알 수 없다는 것이다. 또한, "거시기"는 직접적으로 표현하는 데 적합한 단어를 찾을 수 없을 때, 그리고 상황을 직접적인 단어로 표현하기에는 너무 적나라하다고 느낄 때 상호 간의 공감을 전제로 사용되어지는 표현이라 할 수 있다. "거시기"는 이처럼 맥락에 따라 그 의미를 신축적으로 해석할 수 있는 특징을 갖는다. 그런데, 다양한 함의를 가질 수 있다는 특징뿐만 아니라 의사소통 과정에서 잘못 이해될 수 있다는 위험성을 또한 갖고 있다.

4 정보기술의 발달과 커뮤니케이션

정보기술(information technology)의 발달과 정보기술을 활용한 다양한 커뮤니케이션 매체의 발달은 언제(anytime) 어디서나(anywhere) 어느 누구와도(anyone) 커뮤니케이션을 가능하게 만듦으로써 집단구성원들 간의 상호작용과 커뮤니케이션에 많은 변화를 가져오고 있다.

1) 정보기술을 활용한 커뮤니케이션의 유형

정보기술을 활용한 커뮤니케이션 매체로는 이메일, 그룹웨어, 카페나 블로그, 휴대전화 문자, SNS와 화상회의 등을 들 수 있다. 이들 매체를 크게 동시적 매체와 비동시적 매체로 구분할 수 있다(Greenberg & Baron, pp.343~345). 동시적 커뮤니케이션 매체는 전화나 화상회의와 같이 전달자가 메시지를 전달하는 것과 동시에 수신자가 메시지를 수신하게 되어 있는 매체이다. 스카이프(skype)에서 웹캠(webcam)을 활용하여 화상통화를 하거나 화상회의(video-conference) 시스템을 통하여 원격회의를 하는 것은 동시적 커뮤니케이션의 좋은 예이다. 정보기술이 발달하고 그만큼 정보처리용량이 커짐에 따라서 화상통화나 화상회의가 화면이나 소리의 끊김이 전혀 없이 가능하게 되었으며, 이는 지리적으로 떨어져 있는 사람들 간에 실시간으로 정보를 공유할 수 있게 해주고 있고 좀 더 효율적으로 업무협조와 조정이 이루어질 수 있게 해주고 있다. 이러한 화상회의 기술은 출장에 들어가는 시간과 비용을 절감할 수 있게 해주고 있다. 물론, 화상통화나 화상회의가 인간적인 접촉이 불가능하다는 한계를 갖고 있지만, 전화, 팩스나 이메일 등의 매체보다는 정보윤택성(richness)이 높다는 점에서 훨씬 효과적이라고 할 수 있다.

한편, 비동시적 커뮤니케이션 매체는 팩스나 이메일, 문자메시지처럼 전달자가 메시지를 완성해서 전달하고 나서야 그 다음 단계로 수신자가 그 메시지를 확인할 수 있는 매체를 가리킨다. 즉, 전달자의 메시지 전달과 수신자의 메시지 수신이 동시에 이루어지는 것이 아니라 시차를 두고 이루어지는 것을 말한다. 최근 이메일은 가장 활발하게 사용하는 커뮤니케이션 매체라고 할 수 있는데, 업무조정에 필요한 정보를 전달할 때, 그리고 간단한 사실정보를 전달하거나 어떤 사실을 공지할 때 편리하게 그리고 효율적으로 사용될 수 있는 매체이다. 또한, 인터넷 메신저나 스마트폰을 이용한 문자메시지도 널리 쓰이고 있는데, 이는 이메일 프로그램에 로그인할 필요 없이 전달자가 메시지를 보내면 실시간으로 수신자가 확인할 수 있다는 이점을 갖고 있다. 또한, 페이스북이나 트위터의 이용이 늘고 있는데, 이는 다수의 친구나 팔로워들에게 동시에 메시지를 보낼 수 있다는 것이 특징이다.

2) 커뮤니케이션 패턴의 변화

정보기술의 발달은 직접적인 접촉과 상호작용에 의존해 왔던 전통적인 업무수행방법에 많은 변화를 가져왔다. 특히, 급속한 통신기술의 발달은 구성원들로 하여금 직접적인 대면이나 회합을 가질 필요 없이 다양한 형태의 커뮤니케이션과 회의를 가능하게 만들고 있다. 그리하여 전통적인 사무실 개념에서 벗어나 이동사무실(mobile office) 개념이 도입되게 되었고, 교외에 정보시스템센터를 설치하거나 자기 집에 정보기기를 설치하여 구성원들이 복잡한 시내에 있는 본사까지 오지 않고도 교외에서 통신근무를 하

📫 금요일엔 이메일 보내면 안 돼요! (No Email Fridays)

이메일은 요즘 가장 중요한 커뮤니케이션 매체의 하나가 되었다. 회의 일정에 대한 의견을 물을 때도 이메일을 쓰고, 회의 일정을 알릴 때도 이메일, 중요한 보고서를 작성해서 보낼 때도 이메일, 회사의 정책이 바뀌어서 이를 공지할 때도 이메일, 그리고 상사에게 회사에 못나간다는 것을 알릴 때도 이메일을 쓴다. 심지어 해고 통보를 할 때도 이메일. 요즘 회사에서는 이처럼 많은 일들이 이메일을 통해서 이루어진다. Radicati Group의 조사결과에 의하면, 전 세계적으로 하루에 발송되는 이메일은 1,448억 통이며, 이 중에 비즈니스 이메일은 890억 통이다.

만일 직원들에게 이메일 쓰는 것을 금지하고, 고객 및 동료들과 전화로 통화하거나 직접 만나서 커뮤니케이션을 하라고 한다면 어떻게 될까? 시카고에 있는 U.S. Cellular의 부사장인 Jay Ellison은 하루에 평균 200통의 이메일을 받는데, 열어보지도 않는 메일도 부지기수였다. 이메일 홍수에 지친 그는 5,500명의 부하직원들에게 다음과 같은 공문을 보냈다. "매주 금요일에는 이메일을 사용하는 것을 금지합니다. 이메일을 보내지 말고 수화기를 들어 통화를 하거나 담당자들을 찾아가서 직접 얘기를 나누십시오."

금요일에 이메일을 금지하는 정책은 큰 소란을 가져왔다. 얼마나 많은 일이 이메일로 처리되는지, 그리고 이메일이 일을 효율적으로 처리하는 데 얼마나 큰 도움이 되는지 모르고 내린 결정이라면서 완전히 미친 짓이라는 반응이었다. 게다가 금요일에 이메일을 작성해놓고 임시보관을 해두었다가 토요일 오전 12:01에 발송하거나 월요일 오전에 예약발송을 하는 식으로 대응하는 직원도 나왔다.

그렇지만 이메일 금지는 조직 내 인간관계에 변화를 가져오고 더 효과적인 커뮤니케이션이 이루어지게끔 하는 성과를 낳고 있다. 이메일을 사용하지 못하게 한 결과, 한 직원은 다른 도시에서 근무하는 것으로 생각했던 동료가 바로 복도 건너편에서 근무한다는 것을 알게 되었다. 그는 동료와 이메일로 업무를 처리할 때보다 훨씬 더 친밀한 인간관계를 맺게 되었다. Tyler Caroll이라는 여직원의 경우 이름 때문에 남자로 알고 대부분의 사람들이 Mr.라는 호칭을 썼었는데, 이메일 대신 전화 통화를 하면서 비로소 남자가 아니라 여자라는 것을 알고는 놀라는 사람들이 많았다고 한다.

U.S. Cellular 외에도 PBD Worldwide Fulfillment Services, Deloitte & Touche, Intel 등 많은 기업들이 금요일 또는 주말에 이메일을 금지하고 있다. 물론 고객에게 이메일을 보내는 것과 긴급한 사항에 대해 대응을 하는 것은 허용하고 있지만 사내에서 직원들 간의 이메일은 전적으로 금지하고 있다. PBD는 금요일에 이메일을 금지한 결과 이메일의 수가 75%나 줄어들었고, 직원들이 고객과 동료의 의견에 좀 더 귀 기울이게 되는 긍정적인 결과

거나 자기 집에서 재택근무(telecommuting)를 하는 게 가능하게 되었다(Berner, 1994; Handy, 1990, pp.146~150).

인터넷과 인트라넷(intranet)의 등장도 기업 커뮤니케이션의 질적인 변화를 가져왔다. 과거 일방향적이고 단선적이었던 커뮤니케이션 방식이 쌍방향적이고 즉각적인 피드백이 가능한 커뮤니케이션으로 바뀌게 되었다. 인터넷과 이메일은 이제 조직내 커뮤니케이션의 가장 중요한 수단이 되었고, 언제 어디서나 메시지를 주고받는 것이 가능해지면서 업무수행의 편의와 효율성도 증가하였다. 그렇지만 인터넷의 발달과 이메일의 사용은 앞에서 살펴본 바와 같이 긍정적인 효과뿐만 아니라 부정적인 측면도 또한 갖고 있다. 이메일이 문제해결을 위한 도구가 아니라 문제를 기피하기 위한 수단으로 전락하는 경우가 있으며, 이메일 홍수가 업무부담으로 작용하는 경우도 없지 않다.

최근 스마트폰의 급속한 보급도 구성원들의 업무활동과 커뮤니케이션에 변화를 가져오고 있다. "스마트폰으로 하루를 시작하여 스마트폰으로 마감한다"라는 말이 있을 정도로 스마트폰은 요즘 생활 속에 깊숙이 들어와 있다. 아침에 일어나자마자 날씨를 확인하고 뉴스를 보는 것에부터 시작하여, 버스운행 상황을 확인한 후 집에서 출발하고, 음악을 들으면서 출근하고, 하루의 일정과 이메일을 체크하고, 업무회의 시에는 팀장의 지시사항을 녹취하고, 외근 시에는 내비게이터로 거래처의 위치를 확인하는 등 개인 생활 및 업무 처리를 하는 데 스마트폰을 활용하고 있다. 스마트폰은 '언제 어디서나' 인터넷에 접속하여 정보를 이용할 수 있고, 메신저, SNS 상시접속 등을 통해 실시간 커뮤니케이션을 가능케 함으로써 '속도의 경제'를 가속화하고 있다. PC로 처리하던 업무를 스마트폰으로 수행할 수 있게 되면서 '움직이는 사무실(mobile office)'의 구현이 현실화되고 있고, 스마트폰을 통해 수많은 사람들과 쉽고 빠르게 소통이 가능해지면서 중요한 이슈가 매우 빠르게 전파되는 효과를 낳고 있다(삼성경제연구소, 2010). 이처럼 스마트폰은 업무처리 방식, 인간관계의 방식, 그리고 커뮤니케이션에 질적인 변화를 초래하고 있다.

정보기술은 이처럼 구성원들 간의 전통적인 대면접촉과 직접적인 커뮤니케이션을 컴퓨터와 통신기술을 이용한 간접적인 커뮤니케이션으로 대체시키면서 구성원들 간의 커뮤니케이션과 상호작용을 증가시키는 경향을 보인다. 이러한 정보기술의 발달과 커뮤니케이션의 증가는 업무를 수행하는 데 있어서 편의와 신축성을 제공해 주는 이점이 있지만, 항상 긍정적 효과만 있는 것은 아니다. 〈그림 7-6〉에서 보는 바와 같이, 구성원들이 대인관계 기술을 기본적으로 갖추고 있지 못한 경우 정보기술의 활용이 오히려 부정적인 효과를 가져올 수도 있다. 대인관계 능력이 뛰어난 구성원들은 인터넷을 적절한 수준으로 활용함으로써 업무수행 및 개인의 삶에 도움이 되는 반면, 대인관계 능력이 떨어지는 구성원들은 다른 사람들과의 원만한 관계를 유지하기 힘들기 때문에 인터넷을 과도하게 많이 사용하게 되고, 이는 업무수행 및 개인의 삶에 오히려 부정적인 영향을 미칠 수 있다. 요컨대, 정보기술에 기반을 둔 커뮤니케이션 매체가 커뮤니케이션을 활성화할 수 있는 이점이 있지만, 이러한 효과가 제대로 발현되기 위해서는 구성원들이 기본적으로 대인관계 능력을 보유하고 있어야 한다. 따라서 다양한 커뮤니케이션 채널과 매체를 구축하는 것도 중요하지만, 실제 커뮤니케이션을 하는 주체는 사람이므로 구성원들의 커뮤니케이션 능력과 대인관계 능력을 함양하는 것이 우선되어야 한다(Greenberg & Baron, 2008, pp.348~349).

그림 7-6 정보기술을 활용한 커뮤니케이션의 효과

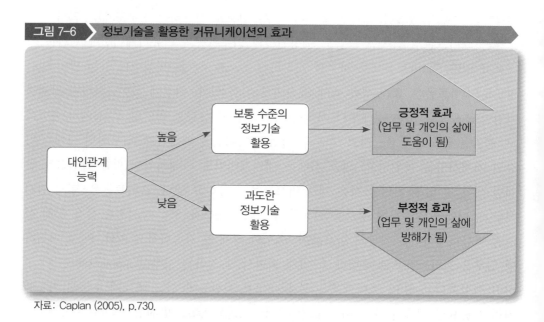

자료: Caplan (2005), p.730.

소셜미디어의 성공적인 활용방안

최근 사회적으로 소셜미디어(social media)를 활용한 소통에 관심이 높아지고 있다. 일부 대기업 CEO들이 블로그와 트위터 등을 활용하여 직원들과 소통하는 사례가 세간의 화제가 된 것처럼 소셜미디어를 활용하는 기업들이 점점 많아지고 있다. 기업 내부에서 활용하는 소셜미디어는 직원들의 아이디어와 노하우를 공유하여 창조경영의 수단으로 사용할 수 있으며, 회사의 수익창출에도 크게 기여할 수 있다.

소셜미디어를 성공적으로 활용하기 위한 방안을 제시하자면 다음과 같다.

1) 경영리더의 주도적 참여: 소셜미디어는 CEO처럼 회사에서 영향력이 있는 사람이 주도할 경우 더욱 활성화될 가능성이 높다. 도입 초기에는 화두를 던지고 여론을 주도할 수 있는 소셜미디어의 전문가도 필요하다.

2) 회사 특성에 적합한 유형 선택: 인트라넷형, 블로그형, 트위터형 중에서 회사와 직원들의 특성을 고려하여 가장 사용하기 쉽고 활용도가 높은 소셜미디어를 도입해야 한다.

3) 정보의 신뢰성 제고: 직원들에게 제공되는 정보는 항상 진정성을 가지고 있어야 하며, 직원들이 궁금해 하고 필요로 하는 정보를 적시에 정확하게 제공할 수 있어야 한다.

4) 사이버 보안의 안정성 확보: 성과창출을 위해서 도입한 소셜미디어가 보안상에 문제가 있다면 더 큰 손실을 불러올 수도 있다. 기업들은 온라인상의 기술적인 문제를 먼저 해결해야 하며, 보안의 안정성을 확보하기 위한 정책과 가이드라인을 사전에 수립해야 한다.

5) 직원들의 자발적 참여: 도입 초기에는 직원들의 무관심으로 활용도가 저조할 수 있으므로 직원들에게 소셜미디어 활용에 대한 다양한 인센티브를 제공하여 참여를 독려해야 한다.

소셜미디어는 직원들이 함께 참여하고 새로운 아이디어를 만들어나가는 창조경영에 있어 중요한 역할을 할 수 있기 때문에 소셜미디어 도입은 선택이 아닌 필수가 되어가고 있다. 이에 경영진은 소셜미디어 도입시 시스템 구축부터 정착에 이르기까지 많은 관심과 지원을 지속적으로 견지해야 한다.

자료: 삼성경제연구소, "직원의 마음을 움직이는 소통 '소셜미디어'," SERI 경영노트, 2010.4.29.

의사결정(decision-making)은 집단의 성과와 효율성을 결정하는 가장 근본적인 요소로서(Simon, 1957) 조직과 집단의 생명과정(life process)이라고까지 불리고 있다. 집단구성원들은 집단의 목적을 달성하고 자기의 역할을 수행하는 과정에서 여러 가지 문제에 부딪히게 된다. 즉, 집단의 과업목표를 비롯하여 구성원들의 규범과 업무분담, 역할갈등, 작업조건 등과 관련된 여러 가지 문제가 발생한다. 이러한 문제들을 해결하기 위해 어떠한 의사결정을 하느냐에 따라서 집단성과가 결정된다.

집단의 커뮤니케이션 네트워크에 따른 문제해결 행동은 앞 절에서 살펴보았다. 즉, 집단구성원 간의 정보전달 패턴에 따라서 문제해결의 속도와 정확성 그리고 구성원의 만족감이 다르게 나타나는 것을 보았다. 그리고 문제상황에 따라서 어떠한 커뮤니케이션 방법이 효과적인지도 살펴보았다. 이제 우리는 의사결정을 집단 상호작용의 한 과정으로 보고 이에 작용하는 주요 요소들을 살펴보고자 한다.

1 의사결정행동모형

의사결정이란 한마디로 여러 대안들(alternatives) 중에서 가장 좋은 대안을 선택하는 과정을 말한다. 의사결정 과정은 일반적으로 ① 상황 파악 및 문제 진단(diagnosis), ② 대안(alternative solutions)의 탐색, ③ 대안의 비교분석 및 평가, 그리고 ④ 대안 선택의 네 단계로 이루어진다. 개인과 집단의 의사결정 행동은 여러 가지 관점에서 연구되고 있는데, 그중 대표적인 접근방법으로 합리적 의사결정모형과 만족적 의사결정모형을 들 수 있다.

1) 합리적 의사결정모형

합리적 의사결정모형은 의사결정에 대한 고전적 관점으로서 인간을 합리적인 경제인(rational economic man)으로 전제하고 완전정보 환경하에서 가장 합리적인 의사결정을 하는 것으로 설명하고 있다. 이러한 합리적 의사결정 모형의 주요 내용을 요약하면 다음과 같다.

① 합리적 의사결정(rational decision-making): 개인은 항상 자기가 추구하는 목적을

최적화(optimization of goal)시키는 대안을 선택한다.

② 완전정보(perfect information): 의사결정에 요구되는 모든 정보가 존재하고 있고, 또 이들 정보를 모두 수집(accessibility)할 수 있다.

③ 완전대안(perfect alternatives): 개인은 의사결정에 고려될 수 있는 대안을 모두 인식하고 있다.

④ 완전선호체계(complete system of preference): 개인은 대안분석에 있어서 완전하고 일관성 있는 선호체계를 가지고 있음으로써 최적대안의 선택이 가능하다.

⑤ 효과계산의 무제한(no limit to computational complexity): 대안분석에 있어서 가중치나 확률 및 기타 복잡한 계산이 무제한 가능함으로써 아무리 어려운 의사결정도 계산해낼 수 있다.

2) 만족적 의사결정모형

위의 고전적 의사결정모형은 조직행동 연구에서 많은 논쟁의 대상이 되고 있다. 행동과학적 견해에 의하면 현실적으로 조직에서 의사결정자는 불완전한 정보 및 대안만을 가지고 의사결정에 임함으로써(March & Simon, 1958, p.11) 합리성에 제한이 있고, 따라서 가장 합리적인 대안을 선택하는 것이 아니라 이를 어느 정도 희생하면서 만족할 만한 수준의 대안을 선택한다. 이와 같이 최적 대안이 아니라 만족스러운 대안을 선택하는 의사결정을 만족적 의사결정(satisficing decision making)이라 한다. 조직행동적 관점은 의사결정을 개인과 집단 및 전체 조직의 사회적 과정으로 보고, 이 과정에서 작용하는 동기적, 인지적, 그리고 계산능력상의 한계를 고려하여 보다 현실적인 의사결정 행동모형을 제시하는 데 그 초점을 맞추고 있다. 이러한 관점에서 의사결정행동을 개념화한 것이 마치와 사이먼의 제한된 합리성이론이다(March & Simon, 1958; Simon, 1997).

2 제한된 합리성(bounded rationality)

제한된 합리성은 인간은 합리적이려고 하지만 인간의 합리성에는 한계가 있다는 것, 그리고 인간의 의사결정에 경제적 요인뿐만 아니라 의사결정자의 동기적 · 인지적 · 감정적 요인 등 심리적 요인이 작용한다는 것에 초점을 두고 있는 이론이다. 제한된 합리성 개념은 합리적 의사결정 모형에서 전제되고 있는 완전정보와 완전대안 그리고 완전선호체계를 부인하고 있다. 제한된 합리성 관점에서 강조하고 있는 주요 의사결정행동을 제시하면 다음과 같다(Simon, 1997; Simon, 1991).

1) 순서적 의사결정행동

의사결정과정에서 개인이나 집단은 당면한 상황에 대한 만족도에 따라서 순서적으로 의사결정을 해 나간다. 의사결정자(또는 집단)는 현 상태에 만족한다면 새로운 대안모색에 더 이상 나서지 않으며, 단지 현 상태에 불만이 있어야만 대안가능성과 이에 대한 정보를 탐색하게 된다.

2) 동기적 의사결정행동

의사결정은 기대하는 결과와 의욕수준 등 목표설정행동을 포함하고 있으며, 따라서 이러한 순서적 과정을 통하여 의사결정이 동태적으로 작동된다. 이러한 동기적 요소는 조직의 공식적인 의사결정뿐만 아니라 개인이나 비공식 집단의 의사결정행동에도 작용한다.

3) 경제적 정보탐색행동

의사결정자는 비용을 무시하고 의사결정에 필요한 모든 정보를 수집하려는 것이 아니라 가능한 한 경제적인 방법을 사용하여 적당한 기대 수준을 충족시켜줄 수 있는 정보탐색과 분석행동을 취한다. 따라서 완전정보와 완전대안 그리고 목적의 최대화는 현실적으로 이루어지지 않는다.

4) 인지적 요인

제한된 합리성이론의 또 한 가지 전제는 의사결정자의 대안모색과 결과분석은 그의 지각과 가치관 그리고 신념과 과거 경험 등 개인적 특성에 의하여 많은 영향을 받는다는 것이다. 따라서 의사결정자는 의사결정과정에서 모든 측면을 다 보지 못하고 단지 제한된 부분만을 인식하고 이를 중심으로 제한된 범위 내에서 의사결정행동을 취한다.

이와 같이 제한된 합리성 이론은 개인, 집단, 조직 등 의사결정자가 자신의 목적을 최적화시키기보다는 의사결정과정에서 어느 정도 만족할 만한 대안을 발견하려고 노력하고, 일단 만족할 만한 대안을 발견하게 되면 더 좋은 대안이나 더 많은 정보를 탐색하지 않는다고 주장한다. 이와 같이 최대의 만족을 희생하고 적당한 기대수준에서 만족을 찾는 의사결정행동을 만족적 의사결정(satisficing) 또는 관리인 의사결정(administrative man's decision)이라고 부른다.

호모 에코노미쿠스(Homo economicus)

원래 전통 경제학에서는 경제의 주체로 '합리적 인간(rational being)'을 꼽는다. 합리적 인간은 의사결정을 할 때 모든 정보를 꼼꼼하게 입수해서 완벽하게 처리하고 자신에게 가장 유리한 선택을 하는 사람이다. 이러한 인간상을 전통 경제학에서는 경제적 합리성 또는 경제적 타산만을 좇아 행동하는 이성적이고 이상적인 사람이란 의미로 '호모 에코노미쿠스(homo economicus)'라고 부른다.

하지만 '호모 에코노미쿠스'는 보통 인간들의 모습과는 무척이나 동떨어진 존재다. 이러한 인간상을 전제로 하는 전통 경제학에서는 일상생활에서 사람들이 하는 비합리적인 선택을 충분히 설명할 수 없었다. 그래서 종래의 경제학자들은 이런 수많은 일들을 '이상 현상(anomalies)'이라고 규정하고 방치해왔다.

인간이 어떤 일을 합리적으로 판단하고 결정을 내리려고 해도 호모 에코노미쿠스처럼 모든 선택사항을 검증해서 가장 적합한 행동을 취하기란 거의 불가능하다. 대개는 "이것만 완벽하게 된다면 오케이!"라고 여기는 일정한 기준을 설정하고, 그 기준을 달성하면 만족해 한다. 이와 같은 특성을 '만족화 원리(satisficing)'라고 표현한다.

모든 정보를 샅샅이 조사하지 않고 일부의 정보만으로 옳고 그름을 판단하는 만족화 원리에 따르면 '인간은 합리적인 동시에 비합리적인 존재'이다. 즉, 제한된 상황에서만 합리적으로 행동하는 존재인 것이다. 이런 지구인의 특징을 '제한된 합리성(bounded rationality)'이라고 정의한다.

'제한된 합리성'은 전통 경제학자들이 전제로 삼아온 합리적인 인간상, 즉 호모 에코노미쿠스와 일치하지 않는다. 따라서 사람들이 지닌 제한된 합리성을 기초로 경제활동을 파악하면 전통 경제학과는 다른 새로운 경제학의 지평이 열리게 된다. 이를 추구하는 것이 바로 '행동경제학(behavioral economics)'이다.

자료: 하워드 댄포드/김윤경 (2011), 『불합리한 지구인』, 비즈니스북스, 26~28쪽.

3 지식경영과 만족적 의사결정

현대조직에서 중요시되고 있는 지식경영(knowledge management)은 만족적 의사결정의 수준을 높이는 데 중요한 역할을 한다. 지식경영은 구성원들이 자신과 외부 사람들의 지식, 경험, 노하우, 그리고 판단을 체계적으로 결합시키어 보다 높은 수준의 창의력과 가치를 만들어 내는 과정으로서(Ruggles, 1998), 체계적이고 조직적인 정보의 수집·축적과 공유, 그리고 커뮤니케이션과 상호작용을 통한 가치 및 전문성의 부가로 만족적 의사결정 수준을 향상시킨다.

지식경영에서 지식은 언어와 문장으로 표현될 수 있는 형식지(explicit knowledge)와 언어와 문장으로 표현될 수 없고 구성원들의 경험을 통하여 얻어지고 체화되는 암묵지(tacit knowledge)로 분류된다(Nonaka & Takeuchi, 1995, pp.59~61). 새로운 지식의 창출과정은 암묵지들 간의 상호작용을 통하여 새로운 암묵지가 창출되는 사회화(socialization), 암묵지를 구체화하여 형식지로 전환시키는 외재화(externalization), 기존의 형식지들을 결합하여 새로운 형식지를 창출하는 결합화(combination), 그리고 형식지를 암묵지로 체화시키는 내면화(internalizaton)의 네 가지 유형을 포함한다. 이와 같이 새로운 지식의 창출은 암묵지와 형식지의 상호보완과 변환작용에 의하여 이루어지며, 이 두 형태의 지식이 역동적으로 변환될수록 보다 풍부한 지식의 창출이 가능하다(Nonaka & Takeuchi, 1995, pp.61~73).

04 집단의사결정의 효과성

조직은 위원회, 태스크포스 팀(task force team), 분임조(quality circle)와 기타 여러 가지의 집단형태를 사용하여 의사결정을 해나간다. 이와 같은 집단의사결정 과정에는 개인의사결정과 달리 여러 구성원들이 의사결정에 참여하게 되고, 따라서 집단구성원들 간의 상호작용이 의사결정에 중요한 영향을 미친다.

1 집단구성원들 간의 합의와 집단사고

집단의사결정은 흔히 개인의사결정과 비교하여 그 효과성을 평가한다. 집단의사결정에는 여러 구성원들이 의사결정과정에 참여하기 때문에 집단의사결정의 효과성은 주로 ① 구성원들 상호간의 조화와 합의, ② 의사결정과정에서 구성원들의 기능과 역할, 그리고 ③ 의사결정상황 등에 분석의 초점이 맞추어지고 있다(Stump et al., 1979).

1) 집단구성원의 합의

일반적으로 집단의사결정은 개인의사결정보다 더 많은 시간이 소요되지만, 여러 구성원들의 다양한 아이디어와 관점이 활용될 수 있다는 장점을 가지고 있다. 그런데 이러한 장점이 나타나기 위해서는 구성원들이 다양한 전문지식을 보유하고 있을 뿐만 아니라 구성원들 간에 합의(consensus)가 도출되어야 한다. 집단합의는 집단의 규모에 따라서 달라질 수 있는데, 집단규모가 작은 경우 합의를 도출하는 것이 쉽지만 활용 가능한 아이디어와 관점이 적은 반면, 집단규모가 큰 경우 훨씬 더 다양한 아이디어를 창출할 수 있지만 집단합의를 도출하는 데 어려움이 따를 수 있다. 따라서 집단 의사결정의 이점을 활용하는 동시에 집단합의를 도출하려면 집단을 적정 규모로 유지하는 것이 바람직하다. 집단의 적정 규모로는 3명에서 16명까지 다양하게 제시되어 왔는데, 집단이 수행하는 과업과 현안 문제가 단순한 경우에는 소수의 구성원들이 의사결정을 하더라도 효율적일 수 있지만 복잡한 문제에 대한 의사결정을 내려야 하는 경우에는 좀 더 다양한 아이디어를 결집해야 하기 때문에 집단의 규모가 좀 더 커야 한다고 할 수 있다. 즉, 과업 및 의사결정의 성격 등 상황특성에 적합하게 집단의 규모를 결정해야 한다.

집단토론을 거치면서 집단합의가 도출되는 경우 집단의사결정이 극단적인 방향으로 흐르는 집단극단화(group polarization) 현상이 나타날 위험성이 있다. 집단극단화란 특정 이슈에 대한 집단토론을 하면 토론 이전보다 구성원들의 입장이 더 극단적으로 되는 경향을 말한다(Baron & Kerr, 2002). 집단토론이 의사결정에 미치는 영향을 연구한 결과에 의하면, 위험이 수반되는 문제에 대해 집단토론을 거쳐 합의를 도출한 경우 집단이 내린 의사결정은 개별 구성원들이 내린 의사결정의 평균보다 더 위험을 감수하는 경향을 보였다. 또한 집단합의가 도출된 다음에 구성원들에게 합의결과와 무관하게 최종적으로 개인 의사결정을 내리라고 했을 때, 합의 후의 개인 의사결정은 집단토론 전의 개인 의사결정보다 더 위험을 감수하는 경향을 보였다. 마지막으로, 집단토론을 하되 합의도출을 요구하지 않은 경우에도 토론 후의 개인 의사결정의 평균은 토론 전보다 더 위험을 감수하는 경향을 보였다. 이는 집단토론이 집단을 위험을 감수하는 쪽으로 이동하게 한다는 것을 의미한다(Fraser, Gouge, & Billig, 1971).

〈그림 7-7〉에서 보는 바와 같이, 집단토론이 집단극단화를 가져오는 과정은 크게 세 가지로 설명할 수 있다. 첫째, 집단토론 과정을 거치면서 다른 구성원들도 비교적 극단적인 의견을 갖고 있다는 것을 인식함으로써 극단적인 입장을 갖는 것에 대한 불편함이나 불안감이 줄어들 수 있다. 둘째, 극단적인 입장을 지지하는 구성원이 다른 구성원들에게 설득하고 태도의 변화를 가져오게 한다. 셋째, 개인의사결정과 달리 집단이 내린 의사결정에 대해서 구성원들은 개인적으로 덜 책임감을 느끼게 되므로 좀 더 위험을 감수하는 경향을 보이게 된다. 이러한 집단극단화 경향은 경영팀들이 성공에 대

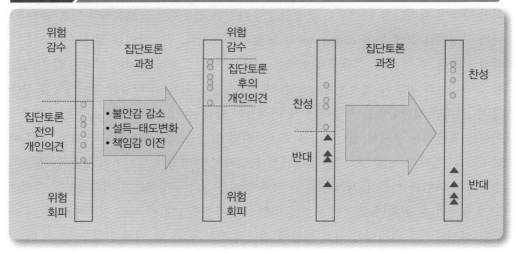

| 그림 7-7 | 집단극단화와 집단양극화 |

해 지나치게 낙관적인 예측을 하고 무모한 투자 의사결정를 하는 행동을 잘 설명해준다. 그런데 집단극단화는 위험을 감수하는 방향으로만 나타나는 것이 아니라 위험을 회피하고 어떠한 혁신이나 도전도 하지 않으려는 경향으로도 나타날 수 있다.

〈그림 7-7〉의 오른쪽 그림에서 보는 바와 같이, 애초에는 찬반 의견이 큰 차이를 보이지 않았는데, 집단토론을 거치는 경우 애초에 갖고 있던 의견보다도 더 극단적으로 치우쳐서 찬반 의견이 극명하게 나뉘는 집단양극화(group bipolarization) 현상이 나타날 수도 있다. 이러한 현상은 집단토론 과정에서 자신들의 의견을 좀 더 과장되게 주장하면서, 그리고 자신이 속한 집단과 상대 집단을 대립적인 관점에서 보면서 소속 집단의 결속력과 합의를 지향하면서 나타난다.

2) 집단사고

집단의사결정이 효과적이기 위해서는 구성원들의 합의를 도출하는 것이 매우 중요하다. 그런데 집단구성원들 간에 합의가 도출되었다고 하더라도, 이것이 자유로운 분위기 속에서 개방적인 토의를 통해 이루어지지 않는 경우가 많다. 즉, 의사결정 과정에서 구성원들에게 동조 압력이 가해지거나 지배적 인물이 의사결정을 주도하거나 또는 전문가들의 우월감이 작용함으로써 구성원 각자가 갖고 있는 비판적인 의견이 제대로 표출되지 못하는 경우가 많이 있다. 이처럼 집단구성원 간의 동조압력과 전문가들의 과다한 자신감 등으로 인해 비합리적인 의사결정을 내리게 되는 현상을 집단사고(groupthink)라고 한다(Janis, 1982).

집단사고의 과정은 〈그림 7-8〉에서 보는 바와 같이 강한 응집성, 외부와의 단절, 지시적이고 권위주의적인 리더십과 복잡하고 급변하는 환경 등의 상황 특성이 집단구성원들로 하여금 집단압력에 동조하게 만들게 되고, 이로 인해 여러 가지 집단사고의 문제증상들이 야기되며 그 결과 비합리적이고 비효율적인 의사결정을 내리게 되는 것으로 설명될 수 있다. 집단사고의 문제증상들은 구체적으로 다음과 같다(Helliegel & Slocum/서재현 외, 2011, pp.559~560; Janis, 1982; McShane & von Glinow, 2000, p.348).

① 불패의 환상(illusion of invulnerability): 집단구성원들이 전문가로서 자신감이 넘치는 경우 불패의 환상을 갖게 되며, 이는 과도한 낙관주의나 극단적인 위험을 추구하는 결과를 가져온다.
② 합리화(rationalization): 집단이 내린 의사결정을 합리화하기 위해 집단 의사결정과 불일치하는 관점이나 새로운 정보가 무시된다.
③ 도덕성에 대한 과신(assumption of morality): 집단이 본질적으로 도덕적이라고 의문 없이 믿는 경우 구성원들은 집단 의사결정의 도덕성 여부에 대해 토론할 필요성을 느끼지 못한다.
④ 외부 집단에 대한 고정관념(stereotyping outgroups): 집단구성원들은 외부의 위협을 부정적으로 그리고 지나치게 단순화하여 지각한다. 상대 집단을 적으로 간주하고 악의 축으로 인식하는 것을 한 예로 들 수 있다.

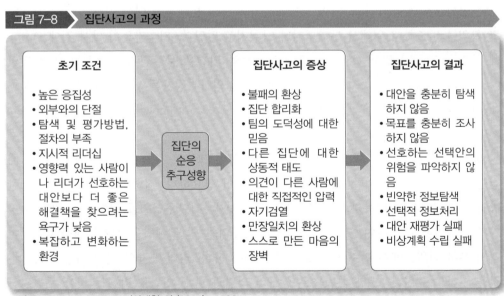

그림 7-8 집단사고의 과정

초기 조건
- 높은 응집성
- 외부와의 단절
- 탐색 및 평가방법, 절차의 부족
- 지시적 리더십
- 영향력 있는 사람이나 리더가 선호하는 대안보다 더 좋은 해결책을 찾으려는 욕구가 낮음
- 복잡하고 변화하는 환경

→ 집단의 순응 추구성향 →

집단사고의 증상
- 불패의 환상
- 집단 합리화
- 팀의 도덕성에 대한 믿음
- 다른 집단에 대한 상동적 태도
- 의견이 다른 사람에 대한 직접적인 압력
- 자기검열
- 만장일치의 환상
- 스스로 만든 마음의 장벽

→

집단사고의 결과
- 대안을 충분히 탐색하지 않음
- 목표를 충분히 조사하지 않음
- 선호하는 선택안의 위험을 파악하지 않음
- 빈약한 정보탐색
- 선택적 정보처리
- 대안 재평가 실패
- 비상계획 수립 실패

자료: Helliegel & Slocum/서재현 외 (2011), p.560.

⑤ 반대자에 대한 직접적인 압력(pressuring dissenters): 집단의사결정에 대해 문제를 제기하는 구성원들에게 직접적인 압력을 행사하여 집단에 충성하게끔 하고 집단 결정에 동의하게끔 한다. 리더가 반대자에게 "뭐가 문제야? 당신은 우리 팀이 아니야?"라고 압박을 가하는 것을 한 예로 들 수 있다.

⑥ 자기검열(self-censorship): 집단구성원들은 다른 구성원들과의 조화를 깨지 않기 위해서 자기 스스로 문제점을 검열하고 억제한다. 예컨대, "다른 구성원들이 모두 그렇게 생각한다면, 아마 내가 틀린 것일 거야"라고 생각하는 것이다.

⑦ 만장일치의 환상(illusion of unanimity): 집단구성원들이 나름대로 반대의견이 있음에도 불구하고 침묵하는 것인데, 아무 말도 하지 않은 것이 곧 합의를 의미하는 것으로 인식함으로써 만장일치가 이루어졌다고 착각하는 것을 말한다.

⑧ 스스로 만든 마음의 장벽(mindguarding): 집단구성원들은 집단 의사결정에 이르는 데 방해가 되는 부정적 정보를 스스로 차단하는 역할을 한다.

집단사고의 대표적인 예로는 1961년 케네디 정부의 쿠바 피그스만 침공 실패(Janis, 1982)와 1986년 우주왕복선 챌린저호 폭발사고를 들 수 있다. 챌린저호는 발사 직후 폭발하여 7명의 승무원이 전원 사망하였는데, 폭발의 기술적 원인은 영하의 온도에 버티지 못한 이음새 고리(O-ring) 때문이었다. 그런데 근본적인 원인은 미국항공우주국(NASA)과 O-ring 제조사의 집단사고 때문이었다는 조사결과가 나왔다. 몇 차례의 발사 연기 그리고 우주왕복선 사업의 성공에 대한 기대가 더 이상 발사를 연기할 수 없게 만드는 압박으로 작용하였고, 이런 상황에서 O-ring의 문제점에 대한 정보는 갈등을 피하고 합의를 도출하기 위해서 무시되거나 감춰지고 말았다. 기술자들이 발사 전에 O-ring에 대한 우려를 표명했음에도 불구하고 그들의 의견은 묵살되거나 오히려 비판 받았다. NASA가 그동안 성공적이었기 때문에, 관련 의사결정자들은 과도한 자신감과 불패(invulnerability)의 환상을 가지고 있었다(McShane & von Glinow, pp.347~348; Greenberg & Baron, p.391).

앞에서 살펴본 바와 같이 집단사고의 위험성이 크므로 중요한 의사결정을 내릴 때 집단사고를 예방하기 위한 노력을 기울이는 것이 필요하다. 집단사고를 예방하기 위한 방안을 제시하자면 다음과 같다(Janis, 1982). 첫째, 집단구성원들 각자에게 비판적 평가자의 역할을 부여하여 의사결정에 대해 반대의견 및 문제점을 제기하게끔 한다. 여기서 부하 직원들에게 먼저 의견을 말하게 해야 하며, 리더가 제일 먼저 입장을 밝히는 것을 피하도록 한다. 부하 직원들은 상사의 의견과 다른 의견을 밝히는 것을 두려워하

집단사고(groupthink)

집단은 개인보다 더 정확한 판단을 내리는 경우가 많지만, 오히려 문제를 악화시켜 끔찍한 결과를 야기하기도 한다. 응집력이 강한 집단은 외부의 관점으로부터 차단되어 있어서 어빙 재니스(Irving Janis)가 말한 집단사고에 희생되기 쉽다. 집단사고의 폐해는 집단의 단결력이 아주 강하고, 구성원들이 서로를 잘 알고 좋아할 때, 보안유지 같은 여러 가지 이유들로 타인들과 고립되어 있을 때, 강력한 지도자가 전면에 나서서 자신의 견해를 거침없이 피력할 때 특히 잘 일어난다.

이런 집단은 동조에 대한 압력이 아주 강하다. 그래서 집단의 지도자가 자신의 견해를 전면에서 솔직하게 밝히면, 이견은 거의 또는 전혀 밝히지 않고 맞장구만 쳐대는 예스맨들이 들끓게 된다. 그래서 이런 유형의 집단은 대개 스스로를 무적의 집단으로 착각하며, 이로 인해 지나친 낙관과 무모함에 빠져든다. 또 그들만의 고유한 도덕률만 믿고, 경쟁 집단을 악하고 나약하며 어리석은 존재로 고정시켜 버린다.

재앙을 불러온 여러 가지 끔찍한 결정들을 살펴보면, 이런 집단사고의 특성들을 확인할 수 있다. 한 예로, 히틀러의 1급 고문관이었던 앨버트 스피어(Albert Speer)는 히틀러의 최측근들이 언제나 완벽하게 일치되는 견해를 보여주었다고 말했다. 이런 상황에서는 이견을 제시하는 사람이 전혀 없기 때문에 잔혹한 행위들도 쉽게 자행된다.

또 다른 예로 닉슨의 보좌관들은 워터게이트 사건을 은폐시키기 위해 위증을 하고 뇌물을 제공했으며 또 다른 죄를 저지르기도 했다. 그들은 대부분 똑똑한 변호사들이었는데 왜 그렇게 멍청한 행동은 한 걸까? 반대 의견에는 버럭 화부터 내는 대통령을 중심으로 똘똘 뭉쳐 있었기 때문이다.

집단사고의 가장 유명한 예는 피그스만(Bay of Pigs) 사건이다. 1961년 케네디 대통령은 쿠바 망명객들의 피그스만 침략을 지원했다. 그러나 이들은 곧 쿠바 군에 전멸당하고 말았다. 미국 정부는 굴욕감을 느꼈고, 케네디 대통령은 "그들에게 먼저 공격하라고 하다니, 내가 어떻게 그런 멍청한 짓을 저지를 수 있었을까?" 하고 자책했다.

한편, 1986년 미국 항공우주국이 챌린저호를 발사하기로 결정한 것도 집단사고 때문이었다. 스물네 번의 성공적인 발사로 미국 항공우주국의 자신감은 하늘을 찔렀다. 게다가 정치가와 대중들의 발사 압력도 심했다. 결국 저온에서 오링(O-ring)이 망가질 수도 있다는 실험 결과와 영하에 가까운 발사일의 기온에도 아랑곳 않고, 미국 항공우주국의 관료들은 반대 견해들을 들으려 하지 않았다.

이와 같이 다른 견해로부터 차단되어 있을 경우, 비슷한 생각을 지닌 사람들은 다른 궁극적인 사태에 적절한 대비책을 세워놓지도 않고 위험한 행동을 무릅쓰기 쉽다.

자료: 토마스 키다/박윤정 (2007), 『생각의 오류』, 열음사, 364~367쪽.

기 때문이다. 둘째, 위원회를 의사결정 결과를 단순히 통과시키기 위한 거수기로 활용하지 않는다. 셋째, 두 개 이상의 집단을 구성하여 동일한 사안을 다루게 하고, 두 집단의 결론을 비교한다. 넷째, 새로운 관점을 유입하기 위해 집단을 두 개 이상의 하위집단으로 나누어 토론을 하게 하고 외부전문가를 활용한다. 다섯째, 주요 대안에 대해 토론할 때 지명반론자(devil's advocate)를 두어서 의사결정의 부정적 요소들을 제기하게끔 한다. 여섯째, 일단 합의가 도출되면 집단구성원들로 하여금 의사결정에 오류가 없는지 재검토 및 재평가하게끔 한다.

2 의사결정의 성격과 상황

앞에서 언급한 바와 같이 의사결정과정은 상황의 진단, 대안탐색, 대안의 비교분석과 대안 선택의 단계로 이루어진다. 이들 단계에서 집단의사결정은 일반적으로 개인의사결정에 비하여 그 효율성이 더 큰 것으로 인식되고 있다. 그렇지만 모든 상황에서 집단의사결정이 개인의사결정보다 효과적인 것은 아니고 의사결정 문제의 성격과 상황특성에 따라서 집단과 개인 의사결정의 효과성은 달라질 수 있다.

1) 정형적 · 비정형적 의사결정

의사결정은 〈그림 7-9〉에서 보는 바와 같이 정형적 의사결정(programmed decision)과 비정형적 의사결정(non-programmed decision)으로 구분할 수 있다(Greenberg & Baron,

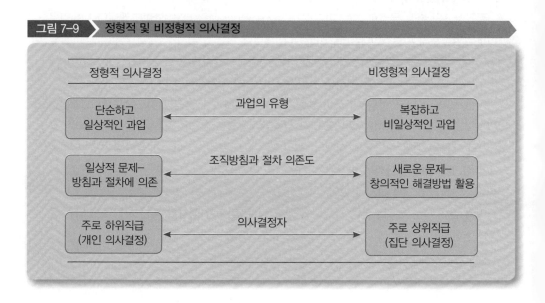

그림 7-9 ▶ 정형적 및 비정형적 의사결정

지명반론자(devil's advocate)의 효과

6장에서 소개한 애쉬의 동조실험에서 실험공모자(confederate)들 중에 한 명이라도 틀린 답이 아니라 맞는 답을 말하는 경우 동조행동은 현격하게 줄어드는 것으로 나타났다(오답률이 33%에서 5.5%에서 줄어듦). 이는 그가 말한 답이 틀린 답일지라도 그게 다수의 공모자들과 다른 답인 경우(예, 맞는 답은 A인데, 그를 제외한 모든 실험공모자들이 B라고 틀린 답을 말하고 그가 혼자 C라고 말한 경우)에도 똑같이 동조행동을 줄여주었다. '8명 집단 중에서 7명이 동일한 의견을 말하고 한 명이 다른 의견을 말하는 경우'와 '3명 집단에서 3명의 의견이 일치하는 경우'를 비교·분석한 결과에 의하면, 전자가 후자보다 동조행동이 적게 나타났다. 이는 만장일치의 압력이 줄어들면 사람들은 다수의 의견에 대항하여 자신의 의견을 말할 수 있는 자신감이 생긴다는 것을 의미한다. 따라서 지명반론자 방법은 동조행동을 줄이고 집단사고를 방지하는 데 도움이 된다고 할 수 있다.

로마 가톨릭 교회는 성인의 반열에 올릴 사람을 결정하기 위해 아드보카투스 디아볼리(advocatus diaboli), 즉 지명반론자(devil's advocate; '악마의 변호인')에게 의존해왔다. 그는 성인 후보자의 모든 부정적인 측면을 조사하고 그 결과를 교회 측에 보고했다. 이 관행은 거룩하고 합당한 방법으로 받아들여졌다. 이는 지명반론자의 손을 빌려 보다 정확한 지식을 알게 되고 다양한 관점을 통해 좀 더 빈틈없는 의사결정이 가능하다고 믿었기 때문이다.

회사의 관리자들도 지명반론자 관행에서 가치 있는 교훈을 배울 수 있다. 팀의 모든 구성원들이 단번에 어떤 이슈에 동의하는 것처럼 보일 때, 다른 생각을 말해보라고 한다면 의외로 괜찮은 효과를 거둘 수 있다. 특히 관리자가 집단사고와 집단극단화가 얼마나 치명적인지 알고 있다면, 이 방법은 다른 어떤 방법보다 유용하다. 그동안 사회심리학자들은 집단의 만장일치를 깨뜨리는 반대자가 한 명만 있어도 집단 내에 창의적이고 복잡한 사고를 활성화시키는 데 충분할 것이라고 생각했다.

집단의 문제해결 능력을 향상시키는 데 있어서 지명반론자(즉, 가짜 반대자)는 진짜 반대자보다 더 좋은 효과를 가져올까? 아니면 그 반대일까? 사회심리학자 찰란 네메스(Charlan Nemeth) 연구팀에 의하면, 진짜 반대자는 지명반론자 역할을 맡은 사람보다 창의적인 문제 해결을 더 자극하는 걸로 나타났다. 즉, 대다수 구성원들은 지명반론자가 취하는 태도는 단지 반대를 위한 반대처럼 보는 반면, 진정한 반대자의 주장을 더 원칙적이고 타당한 것으로 받아들인다. 대다수 사람들은 진짜 반대하는 사람과 마주치게 되면, 그 사람이 왜 그렇게 열심히 반대 주장을 펼치는지 이해하려고 노력한다. 그 과정에서 그들은 문제를 더 잘 이해하게 되고 보다 넓은 관점에서 생각하게 된다.

자료: 치알디니·골드스타인·마틴/윤미나 (2008), 『설득의 심리학: Yes를 끌어내는 설득의 50가지 비밀』, 21세기북스, pp.157~159쪽.

2008, p.384; Simon, 1960, pp.8~13). 정형적 의사결정은 반복적이고 일상적인 의사결정으로서 그 내용이 구조적이고 비교적 확실한 상황하에서 이루어지므로 의사결정 과정이 자동화될 수 있다. 이와 반대로, 비정형적 의사결정은 불확실한 상황하에서 이루어지는 비구조적이고 비일상적인 의사결정으로서 의사결정에 작용하는 변수들이 일정하지 않아서 계량화하기가 어렵다.

집단의사결정은 정형적 의사결정보다는 비정형적 의사결정의 경우에 더 큰 효과가 나타날 수 있다. 왜냐하면, 의사결정이 비정형적인 성격을 지니고 있을수록 다각적인 정보와 견해 그리고 창의적인 대안이 요구되며, 많은 구성원들이 참여하는 집단의사결정이 개인의사결정보다 더 많은 정보와 관점을 동원할 수 있기 때문이다. 그러나 의사결정 과정에 많은 구성원들이 참여할수록, 즉 문제의 진단과 대안 탐색 및 대안 선택에까지 집단구성원들이 모두 참여할수록, 구성원들 간의 의견 차이와 갈등이 더 많아지고 의사결정 과정도 그만큼 더 복잡해진다. 그러므로 비정형적 결정에서 집단의사결정의 효과성을 높이려면 구성원들의 참여과정에서 발생하는 갈등문제를 잘 해결하여 구성원들 간의 합의성을 높여야 한다.

2) 의사결정 단계와 상황

일반적으로 집단의사결정의 효과성은 집단구성원의 참여도와 구성원들 간의 합의정도에 따라 많은 영향을 받는다. 즉, 집단구성원들이 의사결정 과정에 참여하고 대안선정이 구성원의 합의에 의하여 이루어질수록 의사결정의 효과성은 높아지는 경향을 보인다. 그런데 이러한 경향성에도 몇 가지의 상황적 요소가 고려되어야 한다. 첫째, 구성원들의 참여는 문제의 성격에 따라서 그 범위와 정도가 적절히 조정되어야 한다. 즉, 불확실한 환경하에서 비정형적인 의사결정을 해야 하는 문제의 경우 구성원들이 참여가 필수적으로 요구되는 반면, 단순한 환경하에서 정형적 의사결정이 가능한 문제의 경우 참여의 필요성이 상대적으로 낮다고 할 수 있다.

둘째로, 의사결정 단계에 따라서 효과적인 의사결정에 요구되는 지식, 기술과 행동이 서로 다르고 구성원들도 각각 상이한 성격, 기술과 태도를 갖고 있다. 따라서 효과적인 집단의사결정을 위해서는 의사결정 단계에 따라 이에 요구되는 능력을 가진 구성원들의 참여를 최대한 조장해야 한다. 일반적으로 문제의 진단과 목표설정에는 문제에 대한 전반적인 관점, 판단력과 전략적 사고방식이 요구되고, 대안탐색에는 상상력과 창의력이 요구되며, 대안의 비교분석에는 합리적인 분석능력이 요구된다. 그리고 대안선택에는 목적의식과 결단력이 비교적 많이 요구된다(Bazerman, 1997; Eisenhardt, 1999;

Schweiger et al., 1985). 전반적으로 봤을 때, 대안의 비교분석과 선택 단계보다는 문제의 진단 및 대안의 탐색 단계에서 구성원들의 다양한 관점과 아이디어가 필요하기 때문에 참여의 필요성이 더 크다고 할 수 있다.

3) 시간 압박(time pressure)

경영환경의 변화속도가 빨라지면서 신속하게 의사결정을 해야 할 필요성이 점점 더 커지고 있다. 상황이 급변하기 때문에 의사결정을 지연하게 되면 이미 시기(timing)를 놓치게 되기 때문이다. 정보를 완벽하게 수집하고, 체계적으로 이를 분석하고, 다양한 대안들을 탐색하고 비교분석할 수 있는 시간적 여유가 없어지고 있으며, 따라서 최적해를 도출하는 합리적 의사결정보다는 일정 수준의 만족을 가져오는 만족적(satisficing) 의사결정에 의존하지 않을 수 없게 되었다. 또한, 경영자들의 업무량이 늘어나는 것도 의사결정을 내리는 데 있어서 시간적 압박을 가져오는 요인이 되고 있다. 한 조사결과에 의하면, 77%의 경영자들이 매일 내려야 하는 의사결정의 수가 증가하였다고 답하고 있고, 43%의 경영자들은 의사결정을 하는 데 할애할 수 있는 시간이 줄어들었다고 답하였다. 이는 비효과적인 의사결정을 내리는 결과를 초래할 수 있다(Greenberg & Baron, 2008, p.393). 시간 압박 속에서도 의사결정을 효과적으로 내릴 수 있도록 하기 위해서는 의사결정자의 전문성을 키우기 위한 교육훈련과 정보공유가 요구되며, 집단 구성원들이 보유하고 있는 지식과 기술을 효과적으로 활용하기 위한 조직역량을 구축하는 것이 필요하다.

3 집단의사결정 기법

의사결정의 효과성을 높이기 위해서는 또한 다양한 집단의사결정 기법을 잘 활용하는 것이 요구된다. 문제해결을 위한 집단의사결정 기법으로 브레인스토밍, 명목집단법과 델파이법 등이 있다.

1) 브레인스토밍(Brainstorming)

브레인스토밍은 창의적인 문제해결을 위한 기법으로서 오스본(A.F. Osborn)에 의해 개발되었다. 브레인스토밍은 문제해결을 위하여 최대한 많은 아이디어와 대안을 도출하는 데 초점을 둔다. 브레인스토밍을 실시할 때 다음의 네 가지 원칙을 지켜야 한다 (Slocum, Jackson, & Hellriegel, 2008, pp.304~305).

① 비판금지의 원칙: 다른 사람들이 제안한 아이디어에 대해서 비판적 평가를 해서는 안 된다. 이는 창의적 아이디어를 최대한 많이 도출하기 위한 것이다.
② 자유분방의 원칙: 아무리 엉뚱한 아이디어라도 자유롭게 제시하도록 한다.
③ 질보다 양의 원칙: 아이디어가 많으면 많을수록 그중에 유용한 아이디어가 있을 수 있으므로 가능한 많은 아이디어를 도출하는 것을 권장한다.
④ 결합 및 개선의 원칙: 자신의 독창적인 아이디어를 제출하는 것뿐만 아니라 다른 사람들이 제안한 아이디어들을 결합하거나 개선하는 것을 장려한다.

처음부터 아이디어에 대해 비판적 평가를 하게 되면 창의적인 아이디어를 제안하고자 하는 동기를 떨어뜨릴 수 있다. 따라서 브레인스토밍을 실시할 때 무엇보다도 아이디어에 대한 비판을 금지하고 있다. 이처럼 브레인스토밍은 아이디어의 창출과 아이디어의 평가 단계를 구분함으로써 가능하면 많은 아이디어가 도출될 수 있도록 한다. 온라인 브레인스토밍(electronic brainstorming)에 관한 한 연구에 의하면, 익명으로 아이디어를 제출하게 한 경우 실명으로 제출하는 경우보다 좀 더 참신한 아이디어 그리고 좀 더 논쟁거리가 될 수 있는 아이디어들을 많이 제출하는 것으로 나타났다(Cooper et al., 1998). 이는 아이디어에 대한 평가로부터 자유로운 경우 사람들은 그만큼 더 자유롭고 창의적이 된다는 것을 의미한다.

2) 명목집단법(Nominal Group Technique)

명목집단법은 구조화된 집단의사결정 기법으로서 집단구성원들이 문제해결대안을 제시하고, 이들 해결대안에 대해 평가를 하고 최종 선택을 한다. 이 기법에 '명목(nominal)'이라는 용어를 붙인 것은 〈그림 7-10〉에서 보는 바와 같이 의사결정 단계 중 두 단계, 즉 대안을 모색하는 단계와 최종 선택을 하는 단계가 명목상으로만 집단이지 사실상으로는 개인 차원에서 진행되기 때문이다.

세부 진행절차는 다음과 같다. 집단회의가 소집되고, 리더가 구성원들에게 문제에 대한 설명을 한다. 구성원들은 문제를 해결하기 위한 대안들을 조용히 작성한다. 집단활동 단계에서 각 구성원들은 돌아가면서 자신의 해결대안을 다른 구성원들에게 설명하고, 이들 대안을 칠판이나 차트에 기록한다. 이 단계에서는 브레인스토밍과 마찬가지로 해결대안에 대한 비판과 토론을 금지한다. 모든 구성원들의 해결대안이 모두 제시된 다음에 제안된 대안들에 대해 평가하고 토론을 한다. 마지막 단계로 집단구성원들은 개별적으로 그리고 익명으로 해결대안들에 우선순위를 매기거나 투표를 한다. 집

그림 7-10 | 명목집단법 진행과정

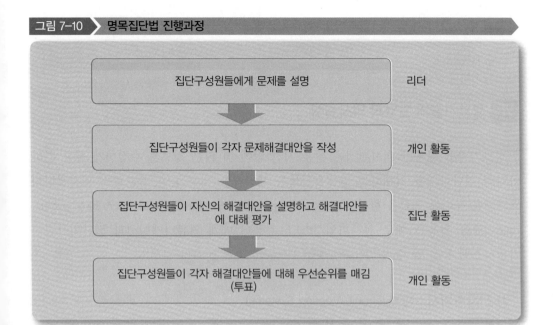

단의 리더는 구성원들이 평가한 결과를 취합하여 최종 결정을 한다. 명목집단법은 익명으로 투표를 하거나 우선순위를 매기게 함으로써 집단토론 과정에서 발생할 수 있는 갈등을 피하는 데 도움을 줄 수 있다(Kinicki & Kreitner, 2009, p.269; McShane & von Glinow, pp.354~359).

3) 델파이법(Delphi Technique)

델파이법은 원래 기술예측을 목적으로 랜드사(Rand Corporation)에서 개발한 기법인데, 근래에는 다양한 목적으로 활용되고 있다. 델파이법은 지리적으로 떨어져 있는 전문가들을 대상으로 설문이나 인터넷을 통해 의견을 조사하고, 이를 정리하여 피드백하고, 다시 의견을 수집하는 절차를 반복적으로 수행하면서 전문가들의 의견을 수렴해나가는 기법이다.

델파이법은 해결하고자 하는 문제 또는 조사하고자 하는 이슈를 확인하는 것에서부터 시작한다. 조사설문을 개발하고, 조사대상 전문가들을 선정하여 설문을 우편 또는 이메일로 보낸다. 전문가들로부터 설문을 회수하면 이를 정리하여 피드백을 해주고, 다시 의견을 구한다. 이러한 조사절차를 3~4회 반복함으로써 의견 수렴이 이루어지도록 한다. 대면회의를 하는 경우 의견의 차이와 갈등으로 인해 원활한 커뮤니케이션이 이루어지기 어려울 때, 일부 구성원이 집단토론을 지배할 가능성이 높을 때, 그리고 집단사고의 위험성이 높을 때, 델파이법이 유용하게 활용될 수 있다(Kinicki & Kreitner, 2009, p.270).

4 정보기술의 발달과 의사결정

정보기술을 활용한 의사결정은 짧은 시간 안에 더 많은 정보를 수집하게 해줄 뿐만 아니라 집단합의를 저해하는 장애요인들을 제거하는 데 도움을 줌으로써 의사결정의 효과성을 높이는 역할을 한다(이학종, 1998, pp.147~191; Kinicki & Kreitner, 2009, p.270). 정보기술을 활용한 예로 전자회의시스템, 컴퓨터 매개 커뮤니케이션과 집단의사결정 지원시스템 등을 들 수 있다(Greenberg & Baron, 2008, pp.414~416).

1) 전자회의시스템(Electronic Meeting Systems)

전자회의시스템이란 정보기술을 활용하여 구성원들이 정보자료를 열람하고, 자신의 의견을 제시하여 토론하고, 전자투표를 함으로써 의사결정이 효율적으로 이루어지게 하는 시스템이다. 예컨대, 전자회의시스템을 활용하여 명목집단법으로 집단의사결정을 할 수 있는데, 각 구성원들은 컴퓨터 단말기를 활용하여 해결해야 하는 문제와 이슈, 그리고 관련 정보들을 확인하고, 각자가 자신의 의견을 입력하면 구성원들이 입력한 해결대안의 전체 목록이 화면에 뜨게 되고, 이에 대해 평가 및 토론을 한 다음, 터치스크린을 활용하여 전자투표를 하는 식으로 진행되는 것이다. 이처럼 전자회의시스템이 구축된 경우 가상공간(virtual space)에서 회의가 진행되며, 집단구성원들이 굳이 한곳에 모이지 않아도 된다.

화상회의시스템의 경우 서로 다른 지역에 있는 구성원들이 전화, 인터넷, 위성통신 등 정보통신기술을 활용하여 TV나 컴퓨터 화면을 통해 음성과 화상을 동시에 전송받아 한 사무실에서 회의를 하는 것과 같은 효과를 내는 시스템이다. 이러한 시스템은 카메라, 대형 스크린, 마이크, 스피커, 신호변환 시스템 등으로 구성되며, 자료전송을 위한 팩시밀리와 컴퓨터네트워크 등을 포함한다. 전자회의 및 화상회의 시스템은 시간과 거리의 장벽을 극복할 수 있게 해주며, 시간과 경비를 절감하면서 신속한 의사결정이 이루어질 수 있게 해준다는 장점을 갖는다. 이러한 장점 때문에 최근 많은 기업들과 공공기관들이 전자회의시스템을 구축하여 활용하고 있다.

2) 컴퓨터 매개 커뮤니케이션(computer-aided communication)

앞에서 살펴본 바와 같이, 최근 이메일, 메신저, SNS 등 다양한 커뮤니케이션 매체가 매우 활발하게 활용되고 있다. 컴퓨터 네트워크를 통한 커뮤니케이션은 의사결정에 필요한 메시지와 자료들을 실시간으로 공유하게 해줌으로써 의사결정을 좀 더 효율화할 수 있다. 그런데 한 연구결과에 의하면, 컴퓨터 네트워크를 활용한 커뮤니케이션이 항상 의사결정의 효과성을 높이는 것은 아니고 상황에 따라서 그 효과가 다른 것으로 나타났다. 한 집단은 구성원들 간에 직접적인 대화만 허용하였고, 다른 실험집단은 컴퓨터 네트워크를 이용하여 직접 대화뿐만 아니라 문자메시지를 주고받을 수 있도록 하였는데, 구성원들이 얼마나 개방적인 성격이냐에 따라서 이들 커뮤니케이션 매체가 의사결정의 정확성에 미치는 영향이 다르게 나타났다. 〈그림 7-11〉이 보여주는 바와 같이, 개방적인 성격(openness to experience)의 구성원들은 직접대화에만 의존하는 것보다 직접대화와 컴퓨터를 통한 커뮤니케이션이 동시에 이루어질 때 훨씬 더 정확한 의사결정을 하고 있다. 반면에, 개방성이 낮은 구성원들의 경우 직접대화와 컴퓨터 매개 커뮤니케이션을 활용하는 경우 오히려 의사결정의 정확성이 떨어지고 있다. 이 연구는 컴퓨터를 통한 커뮤니케이션이 직접대화를 보완해주는 효과를 갖는다는 것, 그리고 구성원들의 성격에 따라서 커뮤니케이션 매체의 효과성이 차이를 보인다는 것을 보여주고

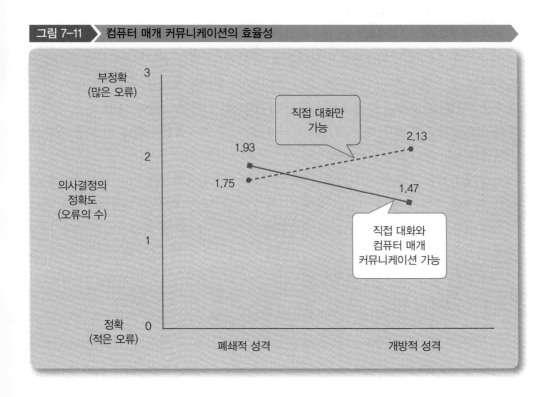

그림 7-11 컴퓨터 매개 커뮤니케이션의 효율성

있다(Colquitt et al., 2002). 그러므로 의사결정의 정확도를 높이려면 다양한 커뮤니케이션 매체를 동시에 활용하는 것뿐만 아니라 구성원들의 특성을 잘 파악하고 이에 적합한 커뮤니케이션의 매체를 활용하는 것이 바람직하다.

3) 집단의사결정 지원시스템(Group Decision Support System)

집단의사결정 지원시스템(GDSS)은 집단 문제해결을 효율화하기 위해 커뮤니케이션, 컴퓨터와 의사결정 기술을 결합한 시스템으로서 컴퓨터 기반의 의사결정지원시스템을 말한다. 이 시스템은 집단구성원들이 대화방(chat room)에서 자신의 아이디어를 컴퓨터에 입력하면, 구성원들이 입력한 모든 아이디어들이 컴퓨터 화면에 동시에 뜨게 되고, 이에 대해 익명으로 토론을 하며, 토론 내용은 필요할 때 열람하고 재검토할 수 있도록 보관해둔다. 이러한 컴퓨터 기반의 의사결정 과정은 아이디어의 제출과 토론이 익명으로 이루어지고, 구성원들 모두가 참여할 수 있는 균등한 기회를 가지며, 그리고 토론과정에서 소수의 구성원이 지배하는 것을 막을 수 있기 때문에 대면회의에서 발생할 수 있는 여러 가지 문제점들을 줄일 수 있다는 장점을 갖는다. 또한, 대면회의를 할 때에는 집단구성원들로부터 부정적인 평가를 받을지도 모른다는 두려움 때문에 비판적 또는 창의적인 의견을 자기검열(self-censorship)하는 문제가 발생할 수 있는데, 컴퓨터 기반의 의사결정시스템을 활용하는 경우 이러한 집단사고를 예방할 수 있다는 이점을 갖는다(Greenberg & Baron, 2008, p.416; Kinicki & Kreitner, 2009, pp.270~271).

최근 연구결과, 집단의사결정 지원시스템(GDSS)이 실제로 집단의사결정의 효과성을 높인다는 것이 밝혀졌다. 대면회의 집단과 GDSS를 활용한 집단을 대상으로 모의 경영문제를 해결하는 과제를 수행하게 하였는데, GDSS를 활용한 집단이 더 많은 정보를 공유하고 비판적인 토론을 하는 것으로 나타났고, 결국 의사결정의 질도 더 나은 것으로 밝혀졌다(Lam & Schaubroeck, 2000).

이상 컴퓨터를 포함한 정보기술이 구성원들의 상호작용과 효율적인 의사결정에 어떠한 영향을 주는지 설명하였다. 현대조직에서 정보기술은 이미 의사결정과정에 매우 중요한 역할을 하고 있고, 앞으로도 의사결정과정에서 정보기술의 중요성은 더욱 커질 것이 확실하다. 따라서 집단구성원들 간의 커뮤니케이션과 의사결정행동에서 정보기술의 중요성을 이해하고 이를 적절히 활용함으로써 구성원들 간의 커뮤니케이션과 상호작용을 향상시키고 의사결정과정도 더욱 효율화시키는 것이 바람직하다.

전남도의회, 최첨단 전자회의시스템 구축

  전남도의회는 2012년에 첨단 IT기술을 기반으로 한 전자회의시스템 구축을 완료했다. 도의회는 "예산 6억원을 들여 재적의원 62명과 집행부 간부, 시스템 관리자 등 모두 104명이 동시에 이용할 수 있는 전자회의 시스템을 마련, 제268회 임시회부터 본격 운영키로 했다"고 밝혔다. 이에 따라 도의회는 의사 진행의 효율성과 투명성을 동시에 높이는 한편 종이 없는(paperless) 전자의회를 구현하게 됐다.

  이 시스템은 최첨단 전자회의솔루션과 네트워크로 구성된 의정단말기를 비롯해 본회의장 전면에 165인치 고화질 영상시스템 2대를 설치, 의원 출석 현황과 의사일정 등을 양측 화면에 동시에 표출하도록 프로그램되어 있다. 화질의 선명성을 확보하고, LED 형식으로 운영함으로써 기존 전광판 사용시보다 전력량을 14% 절감할 수 있는 친환경 시스템으로 평가받고 있다.

  아울러 의원들은 의정단말기의 터치모니터를 통해 의안이나 회의자료를 열람할 수 있고, 투표방식도 거수나 기립 방식에서 벗어나 투표결과를 즉시 확인할 수 있는 전자투표가 가능하게 됐다. 의정활동에 필요한 법령과 조례 등 간단한 자료검색은 물론, 의원 간의 메시지 교환, 진행요원 호출도 가능하다.

  이기병 운영위원장은 "전자회의시스템 구축으로 자료 인쇄비와 전기료 등 연간 7천여만원의 예산 절감 효과는 물론 의원들의 소신 있는 표결도 가능할 것으로 기대된다"고 말했다.

  한편, 전자회의시스템은 2009년 10월 서울시의회에 처음으로 설치된 이후 부산, 인천, 경남, 제주 등 전국 5개 광역의회에서 운영되고 있다.

  자료: 「광주매일신문」, 2012.6.12.

>>> HP사의 배회관리(WBWA; managing by wandering around)

HP(Hewlett Packard) 사는 1939년 휴렛(W. Hewlett)과 팩커드(D. Packard)에 의하여 계측기와 시험기기 제조업체로 창립되었다. 1968년에 컴퓨터산업에 진출하여 급성장하면서 측정 및 시험기기 부문에서 세계 제1의 위치는 물론 컴퓨터 분야에서도 선두적 위치를 차지하고 있고, 기술과 품질 그리고 서비스 면에서 최고의 경쟁력을 갖춘 기업으로 명성을 떨치고 있다.

HP사가 세계적인 초우수기업으로 인정받게 된 데에는 HP만의 고유한 경영방식인 HP Way가 크게 기여하였다. 특히, 배회관리(Managing by Wandering Around: MBWA)를 통해 HP의 전통이념과 핵심가치를 전파하고 공유해 왔다. HP의 배회관리는 한마디로 말해 개방적 커뮤니케이션을 특징으로 한다. 관리자와 구성원들은 직급의 차이를 떠나서 항상 자유롭고 친근하게 이야기를 나누며, 구성원들은 언제든 관리자를 방문하여 자신의 의견을 제시할 수 있다. 관리자들의 사무실에는 작업테이블과 의자 그리고 칠판이 구비되어 있는데, 이는 개방적이고 비공식적인 커뮤니케이션을 강조하는 배회관리의 문화적 상징물로 널리 알려져 있다. 이러한 개방적 분위기는 구성원들의 창의성 발휘에 도움이 되는 것은 물론이고, 관리자와 구성원들이 직접 문제를 토의하고 해결하는 현장중심의 경영에도 많은 도움이 된다.

배회관리는 원래 창업자 팩커드 씨가 GE에서 몇 년간 일하는 동안 작업현장에서의 커뮤니케이션이 무엇보다 중요하다는 것을 실감하고 구성원들 간의 개방적인 커뮤니케이션을 활성화하려는 동기에서 비롯된 것이다. 그 당시 팩커드 씨는 작업현장에서 빈번하게 발생하는 불량품, 비효율과 생산오류 등 모든 작업실패의 원인이 작업지시나 각종 공식 커뮤니케이션이 구성원들에게 제대로 전달·이해되지 않는 데 있다는 것을 인식하게 되었다. 그리고 계층 및 구성원들 간에 커뮤니케이션이 활성화되어 있을수록 높은 수준의 작업성과가 달성된다는 것을 경험하였다. 그는 이와 같은 경험을 살려서 배회관리를 HP Way의 핵심요소로 자리 잡게 만든 것이다.

HP는 관리자와 구성원들 사이의 장벽을 없애기 위하여 관리자의 사무실 문을 항시 개방하도록 하고 있다. 따라서 사장을 비롯하여 모든 임원들의 사무실 문도 항상 열려 있다. 그리고 구성원들의 기술혁신에 대한 몰입과 기술자들 간의 상호교류를 제고하기 위하여 실험실의 문도 항상 개방하는 실험실개방 정책도 펼치고 있다. 이것은 구성원들로 하여금 실험실에서 각종 장비와 기기를 자유롭게 사용할 수 있도록 하는 것뿐 아니라, 개인적인 용도로 기기를 반출해 나가는 것을 용인하는 것이기도 하다. 이는 구성원들이 그 기기를 회사의 연구개발 목적으로 사용하든 아니면 개인적인 목적으로 사용하든, 그리고 연구실이나 사무실에서 사용하든 아니면 집에서 사용하든, 실험장비와 기기를 사용하는 과정에서 무엇인가 학습할 것이라는 믿음을 기반으로 하고 있다. 이와 같이 개방적인 경영방식, 구성원들에 대한 전적인 신뢰, 그리고 인간존중의 경영이념이 HP Way의 핵심을 이루고 있다.

HP사는 구성원들 간의 신뢰적이고 개방적인 관계를 조성하기 위하여 상위 직급의 관리자에게도 직함이나 존칭을 쓰지 않고 친구를 대하듯이 이름(first name)을 부를 수 있고, 가족적인 분위기를 조성하기 위하여 관리자와 구성원들 모두가 자리를 같이하는 맥주파티도 자주 갖는다. 그리고 조직이 비대해지면 배회관리가 실질적으로 실천되기 어렵다는 전제하에 각 사업장의 규모를 1,000명 이하로 제한하는 것을 경영원칙으로 하고 있다.

토의질문

01. HP사의 배회관리가 어떻게 성공요인으로 작용하고 있는지, 그리고 어떤 상황 하에서 조직성과에 장애요인이 될 수 있는지 분석하시오.

02. 우리나라 조직에서 배회관리의 필요성과 문제점 그리고 성공요건을 분석하시오.

Chapter **08**

집단간 행동

Organizational
Behavior

집단간 행동

조직은 수많은 부서와 집단들로 구성되어 있고, 각각의 부서와 집단은 맡은 업무를 수행하는 과정에서 서로 상호작용을 하면서 조직목표의 달성에 기여하고 있다. 그런데 이들 집단은 종종 상호간에 협조적이고 조화 있는 관계를 이루지 못하고 불신적이고 갈등적인 관계를 형성하게 된다. 예컨대, 생산부서와 영업부서 간의 마찰, 라인부서와 스태프부서 간의 갈등, 그리고 경영층과 근로자들 사이의 대립 등이 여러 집단 사이에서 흔히 볼 수 있는 문제들이다.

집단의 성과를 높이고 조직목표를 효율적으로 달성하려면 조직을 구성하고 있는 여러 집단들 사이에 바람직한 행동과 관계가 조성되어야 한다. 일본기업의 경우 집단 간의 강한 신뢰와 협조의식이 그들의 높은 성과에 크게 기여하고 있는 것으로 널리 알려져 있는 것처럼 집단 간의 협조는 조직성과의 중요요소로 인식되고 있다(Ouchi, 1989, pp.9~12).

집단 간의 행동(intergroup behavior)은 근본적으로 두 개 이상의 집단들 사이의 상호관계에서 나타나는 활동과 그 과정을 말한다(Szilagyi & Wallace, 1990, pp.305~306). 조직 내의 모든 집단들은 다른 집단들과 여러 형태의 관계를 맺고 있는데, 이러한 집단들 사이의 상호관계는 상호간의 행동에 영향을 미치며, 더 나아가서는 집단성과와 전체 조직성과에도 영향을 미친다. 그러므로 집단 간의 상호관계를 이해하는 것은 집단 간의 갈등을 분석하고 집단 간의 바람직한 행동을 유도하는 데 필수적인 요건이다. 집단 간의 관계를 형성하는 주요요인으로서 집단 간의 상호의존성과 과업환경 그리고 집단 구성원들의 행동경향을 들 수 있다.

1 집단 간의 상호의존성

집단들은 공식적으로 설계된 조직구조를 통해 또는 비공식적이고 자연발생적인 과정을 통해 일정한 상호작용을 하며, 그 결과로 상호간의 의존관계를 형성한다. 집단들 사이의 상호 의존관계는 다음의 세 가지 형태로(Thompson, 1967, pp.54~55) 분류할 수 있다(〈그림 8-1〉 참조).

1) 집합적 의존관계

집합적 의존관계(pooled interdependence)는 비교적 간단한 의존관계로서 집단 간의 상호의존성이 매우 적은 형태를 가리킨다. 즉, 집단들이 서로 독립적으로 과업을 수행하지만, 이들은 조직의 하위시스템으로서 조직의 자원을 공동으로 사용하고 공동목표를 달성하는 데 공헌한다는 점에서 일정 부분 상호의존관계를 갖는다. 그렇지만 집단 간에 직접적 상호작용을 하지 않고 비교적 독립성을 유지하고 있는 관계이다. 예컨대, 독립적·자율적으로 운영되고 있는 사업부들, 여러 지역에 진출해 있는 지점들 또는 체인점들은 집합적 상호의존관계를 갖는다고 할 수 있다.

집합적 상호의존관계에서는 중개형 기술(mediating technology)을 사용하는데, 집단들은 각각 독립적으로 고객들에게 제품 또는 서비스를 제공하는 활동을 수행한다. 예컨대, 각 은행지점 또는 프랜차이즈 체인점은 고객들이 원하는 제품 또는 서비스를 생산하여 제공하는 기술을 자체적으로 보유하고 있으며 다른 지점이나 체인점과의 상호

| 그림 8-1 | 상호의존관계와 조직관리 |

상호의존관계의 유형	커뮤니케이션 필요성	주요 조정방법	기술유형
집합적 상호의존성 X Y Z (예) 사업부, 지점, 체인점	적음	• 표준화 • 규칙 • 절차 • 사업부제 구조	중개형 기술 (mediating)
순차적 상호의존성 X → Y → Z (예) 조립선 또는 연속공정	중간	• 계획 • 일정표 • 피드백 • 태스크포스	연속형 기술 (long-linked)
교호적 상호의존성 X Y Z (예) 종합병원 수술실, 연구소	많음	• 상호조정(mutual adjustment) • 집단간 회의 • 팀워크 • 수평적 구조	집약형 기술 (intensive)

자료: Daft (2001).

작용은 거의 필요로 하지 않는다. 집합적 상호의존관계에 있는 집단들도 조직의 한 부분이라는 점에서 이들의 활동을 조정하는 것이 필요한데, 조정방법으로는 업무 수행절차와 결과의 표준화 그리고 규칙과 절차의 명문화 등을 주로 활용한다.

2) 순차적 상호의존관계

순차적 상호의존관계(sequential interdependence)는 여러 집단의 활동이 직접적으로 그리고 순차적으로 관련성을 갖는 것으로서 한 집단의 산출물이 곧 다른 집단의 투입물이 되는 식으로 상호의존적 관계를 갖는 것을 가리킨다. 따라서 한 집단이 과업수행에 문제가 생기게 되면 이는 다음 집단의 활동에 직접적이고 즉각적인 영향을 미치게 된다. 순차적 상호의존관계의 대표적인 예로 자동차나 전자제품 조립라인을 들 수 있다. 그 외에 구매부서, 생산부서와 영업부서 간의 관계도 순차적 상호의존관계를 갖는다고 할 수 있다. 구매부서에서 원재료와 부품을 조달하면, 이는 생산부서의 투입물이 되어 제품을 생산하게 되고, 생산부서에서 생산된 제품은 영업부서의 투입물이 되어 고객에게 제공된다.

순차적 상호의존관계에서 사용하는 기술은 연속형 기술(long-linked technology)이라
한다. 순차적 상호의존관계에 있는 집단들의 활동을 조정하는 데는 사전에 체계적으로
수립된 계획, 일정표(schedules), 그리고 상호 피드백 등이 주로 활용된다.

3) 교호적 상호의존관계

교호적 상호의존관계(reciprocal interdependence)는 집단 간의 상호의존성이 가장 높
은 유형으로서 하나의 과업을 수행하기 위해 여러 집단의 활동이 동시에 상호 관련되
어 있는 것을 가리킨다. 그리고 일방향적인 상호의존성을 보이는 순차적 상호의존관계
와 달리 교호적 관계는 집단 간의 관계가 서로 영향을 주고받는다는 점에서 쌍방향적
인 상호의존관계를 갖는다. 따라서 집단 간의 상호작용이 매우 빈번하게 일어나며 그
만큼 커뮤니케이션도 활발하게 이루어진다. 종합병원의 경우 환자를 수술하기 위해 외
과의사뿐만 임상병리의사, 마취의사, 간호사 등이 서로 정보를 주고받고 또 서로 협력
해야만 하는데, 이 경우 교호적 상호의존관계를 갖는다고 할 수 있다. 또 다른 예로 신
제품 개발과정을 들 수 있는데, 마케팅부서에서 고객의 욕구를 파악하면 연구개발부서는
이를 바탕으로 아이디어를 개발하여 신제품을 개발하고, 시제품이 고객욕구를 충족시킬
수 있는지 마케팅부서에서 시장조사 및 테스트를 하고 재무부서에서는 경제적 타당성을
검사해서 피드백을 해주는 등 여러 관련 부서들이 밀접한 상호의존관계를 갖는다.

교호적 상호의존관계에서 사용되는 기술은 집약형 기술(intensive technology)인데,
집단활동을 조정하기 위해 공식적 · 비공식적 커뮤니케이션을 통한 상호조정(mutual
adjustment), 집단간 회의 등이 활용된다.

4) 스포츠경기와 상호의존관계

팀스포츠는 제각각 독특한 분화와 조정방식이 있고, 스포츠경기에 따라 선수 간의
상호의존관계가 서로 다르다. 따라서 팀스포츠의 구조는 상호의존관계를 이해하는 데
유익한 비유가 될 수 있다. 이러한 관점에서 야구팀, 미식축구팀과 농구팀의 구조와 상
호작용의 특성을 살펴보고자 한다(Bolman & Deal/신택현, 2004, pp.127~130; Keidel,
1984).

① 야구팀: 야구팀은 느슨하게 통합된 연합체(loosely integrated confederation)로서 선
수 개개인의 노력이 대부분 독립적으로 이루어지며 두 명 혹은 세 명 이상의 선수
가 동시에 관련되는 경우가 많지 않다. 또한 수비는 선수 간에 상당한 거리를 두
고 떨어져서 하게 된다. 이처럼 야구팀은 선수들의 역할이 분화되어 있고 느슨하

🤝 의약개발 과정과 상호의존관계

　　동일한 조직 내에서도 팀구조가 다를 수 있다. 어느 제약회사의 연구담당 임원은 새로운 약품의 발견과 개발이 진행될 때 구조가 어떻게 변화되어 나가는지 관찰하였는데, 세 단계의 변화과정이 마치 야구에서 미식축구를 거쳐 농구로 바뀌는 것과 같은 것으로 나타났다. 기초연구 단계에서 각 과학자들은 지식의 공동기반을 최대한 넓히기 위해 서로 독자적으로 연구를 수행한다. 즉, 야구처럼 개인별 독자적 연구가 하나의 약속처럼 되어 있다. 그러나 일단 유망한 약품이 발견되면 개발담당 화학자와 의약 연구진을 거쳐 독극물학자에게 보내진다. 이 약품이 정부의 예비인가를 얻게 되면, 시험조사를 위해 다시 임상연구진으로 보내진다. 이 같은 일련의 연속적인 관계는 미식축구의 경기흐름과 흡사하다. 마지막 단계인 '신약품의 상품화' 단계로 들어가면 FDA의 최종 승인을 얻기 위해 의사, 통계학자, 약제사, 약학자, 독극물학자와 화학자 등 전 연구진이 서로 긴밀히 협력하게 된다.

　　따라서 기초연구 단계의 경우 연구자들은 집합적 상호의존관계하에서 서로 독립적으로 연구를 하고, 약품개발 단계에서는 관련 업무들이 서로 연계되면서 순차적 상호의존관계를 가지며, 그리고 상품화 단계에서는 연구진들이 다각적이면서도 밀접한 상호작용을 하므로 교호적 상호의존관계를 갖는다고 할 수 있다.

　　자료: Bolman & Deal/신택현 (2004), p.131.

게 연계되어 있기 때문에 다양한 포지션간 조정의 필요성이 상대적으로 적다. 야구는 9명의 선수가 각기 자신의 목표를 달성할 때 훌륭한 결과를 낼 수 있다.

② 미식축구팀: 미식축구 선수들은 야구와 달리 서로 근접한 상황에서 경기를 치른다. 선수들은 작전수립 또는 경기 중에 서로 밀접히 연결되어 있어서 라인맨은 백이 전진할 수 있도록 길을 열어주는 역할을 하고, 공격진은 수비진이 방어해준 위치에서 공격을 시작한다. 이처럼 미식축구팀은 선수들 간에 밀접한 상호관계를 특징으로 하기 때문에 작전과 위계적 통제를 토대로 효과적으로 통합되어야 한다. 미식축구는 세밀한 전략의 수립과 수립된 전략의 일사불란한 적용이 승리의 관건이 된다.

③ 농구팀: 농구는 미식축구보다 더욱 근접한 상황에서 경기가 벌어지며, 다섯 명의 선수 전원이 수비진이 되기도 하고 순식간에 공격진이 되기도 한다. 각 선수의 활동 간에 매우 밀접한 관련성이 있어서 선수 각자는 동료선수의 노력에 크게 의존

하게 된다. 선수 각자가 끊임없이 움직이는데 미리 정해진 방향으로 움직이기도 하지만 그때그때의 상황에 따라 임기응변적으로 움직이기도 한다. 농구 경기의 승리비결은 선수들 간의 효과적인 상호조율에 있다. 즉, 동료의 움직임을 미리 읽고 예측할 수 있는 감각과 선수 간의 호흡이 무엇보다 중요하다.

스포츠경기의 특성을 상호 비교해봤을 때, 전반적으로 야구팀에서 선수들 간의 관계는 집합적 상호의존관계에 가깝고, 미식축구팀은 순차적 상호의존관계, 그리고 농구팀은 교호적 상호의존관계에 가깝다.

2 과업환경과 집단행동경향

집단 간의 상호관계는 집단이 수행하는 과업과 과업환경에 따라서 많은 영향을 받는다.

1) 과업의 복잡성과 불확실성

조직에는 여러 가지의 직무가 있는데, 이들 직무는 과업내용과 성격에 있어서 모두 다르다. 생산직이나 경리·회계직은 과업내용이 비교적 분명하고 절차와 방법도 구체적으로 명시되어 있는 반면에, 연구개발직은 과업내용이 비교적 불명확하고 연구수행 절차도 표준화되어 있지 않다. 이러한 과업의 명료성은 과업환경과도 밀접한 관계가 있다. 즉, 변화가 많은 환경일수록 불확실성이 높아지고 따라서 과업구조도 신축성 있게 설계된다. 이와 반대로 안정된 환경하에서는 예측성이 높기 때문에 방침과 절차 그리고 방법 등이 명백하게 설정될 수 있다(Lawrence & Lorsch, 1969, pp.24~26; Lorsch & Morse, 1974).

이와 같이 과업의 모호성과 과업환경의 변화는 집단 간의 관계에 불확실성을 초래하게 되고, 따라서 집단 간에 발생하는 많은 문제의 원인이 될 수 있다. 그러므로 집단의 과업과 과업환경을 이해함으로써 집단 간의 불확실성을 줄이는 것은 물론, 집단 간의 상호조정을 위해 적절한 통합방안을 구상하는 것이 필요하다.

2) 집단의 행동경향

집단들은 과업을 수행하는 과정에서 과업의 성격과 환경에 맞추어 이에 적절한 행동 경향을 형성하게 된다. 그리고 집단들은 이와 같이 형성된 행동을 중심으로 상호작용을 한다. 따라서 집단 간의 행동경향의 차이가 클수록 집단 간의 조정문제가 많이 발생하고, 이에 대한 통합작용이 더욱 많이 요구된다. 집단의 행동경향을 측정하는 데에는 주로 다음의 행동차원들이 적용된다(Lawrence & Lorsch, 1969, pp.24~26).

① 지향하는 목표(goal orientation): 원가절감, 품질향상, 고객만족, 신제품개발 등 집단이 지향하는 목표와 이를 실제로 달성하려는 행동
② 시간관념(time orientation): 의사결정상의 시안 또는 결과피드백을 얻는 데 소요되는 시간
③ 공식적 행동경향(reliance on formality and structure): 의사결정에 있어서 조직의 공식 방침과 규칙, 그리고 공식 계획이나 권한에 의존하는 행동경향

부서의 특징을 비교분석해보면, 부서의 과업성격과 환경에 따라서 부서마다 행동경향이 다르게 나타나는 것을 알 수 있다. 일반적으로 생산부서는 지향하는 목표가 분명하고, 의사결정의 시안이 단기적이고 결과에 대해서도 단기간의 신속한 피드백이 이루어지는 경향이 있다. 그리고 문제해결에 있어서는 일반적으로 공식적인 기준을 적용하는 경향이 크다.

그 반면에 연구개발부서의 경우 지향하는 목표는 분명하지만, 목표를 달성하기 위한 구체적인 방법과 실제적인 목표달성가능성은 상대적으로 불확실하며, 문제해결에 있어서도 공식적 또는 구조적 기준에 의존하기가 어렵고, 장기적 관점에서 의사결정을 하며 업무수행 결과에 대한 피드백도 장기간을 요구한다. 한편, 영업부서는 영업활동에 있어서 일반적으로 공식 절차를 따르는 것을 싫어하고, 비교적 단기적인 성과를 강조하는 행동경향을 보인다.

이와 같이 집단들은 각각 독특한 행동경향을 가지고 있고, 이것이 상호작용에서 차이를 가져옴으로써 집단 간의 행동조정에 문제를 유발하며, 결국 갈등을 유발하게 된다. 과업환경이 동태적일수록 이러한 집단 간의 분화(differentiation)가 증대되고 그만큼 차이가 커지므로 집단 간의 통합작용이 더욱 중요해진다. 집단행동의 분화와 통합문제는 제10장 제3절에서 더 자세히 설명한다.

이상 집단 간의 상호관계에 영향을 미치는 주요요소들을 살펴보았다. 집단 간의 상호의존도가 높고 과업 자체나 과업환경의 불확실성이 높으며 집단 간 행동의 차이가 클수록 집단 간에 마찰이나 갈등이 발생할 가능성이 크고, 따라서 이를 조정하고 문제를 해결하기 위한 통합작용의 필요성도 더욱 커진다. 다음 절은 집단 간의 갈등요인들을 좀 더 자세히 분석하고 집단 간의 통합작용에 대해 살펴보고자 한다.

조직 규모가 커지고 기능이 다양해질수록 집단 간의 관계는 더욱 복잡해지고 집단 간에 갈등이 발생할 가능성도 더욱 커진다.

1 집단간 갈등의 종류

일반적으로 조직에서 나타나는 집단 간의 갈등은 다음과 같이 여러 유형으로 분류될 수 있다(Hellriegel et al., 2001, pp.301~302; Jehn et al., 1999; Simons et al., 1999).

① 계층간 갈등: 조직 계층 간에 발생하는 갈등으로서 경영층과 구성원들간, 이사회 와 경영진간, 그리고 상위관리층과 하위관리층 간의 갈등 등을 포함한다.
② 기능간 갈등: 여러 기능부서간 또는 과업팀 간의 갈등으로서 생산부서와 영업부 서 간의 갈등 또는 품질팀과 원가팀 간의 갈등을 예로 들 수 있다.
③ 라인-스태프 갈등: 실무 라인부서와 전문 스태프부서 간의 갈등으로서 비용통제 와 관련하여 실무 라인부서와 경리회계부서 간의 갈등, 예산문제와 관련하여 기 획실과 실무부서 간의 갈등, 그리고 인사문제와 관련하여 인사부서와 실무부서 간의 갈등을 예로 들 수 있다.
④ 공식-비공식 조직 간의 갈등: 공식조직과 비공식조직 간의 갈등으로서 조직의 공 식목표와 비공식 집단의 규범의 차이로 인한 갈등을 가리킨다.
⑤ 문화적 갈등: 집단구성원들의 문화적 배경의 차이에서 발생하는 갈등으로서 성, 국적, 인종, 종교 등이 중요한 원인이며, 우리나라와 같이 관계중심적 문화권에서 는 연줄과 파벌도 집단간 갈등의 요소로 작용할 수 있다.

2 집단 간의 갈등요인

집단 간의 갈등을 가져오는 요인으로는 여러 가지가 있다. 이들 갈등 유발요인을 제 시하면 다음과 같다.

1) 목표의 차이

집단 간 갈등의 첫 번째 요인은 집단 간의 목표차이이다. 집단들은 같은 조직의 한 부분으로서 전체 조직의 목표달성에 기여하고 있지만, 그 과정에서 집단마다 추구하는 하위목적이 서로 다르며, 따라서 이것이 집단 간의 갈등요인이 된다. 생산부서는 생산 원가를 줄이고 안정적인 인력운용을 위하여 일정한 수준의 생산량을 유지하려고 노력하는 반면에, 영업부서는 변화하는 시장수요에 맞추어서 제품이 생산되기를 원한다. 그뿐 아니라 영업부서는 제품라인을 확대하여 다양한 제품을 생산해주기를 바라지만, 생산부서는 생산성을 높이기 위해 가능한 한 고정된 제품을 안정적으로 생산하는 것을 선호한다. 그리고 영업부서는 시장점유율을 높이기 위하여 할인이나 할부 등 고객에게 유리한 판매조건을 제공하는 것을 원하지만, 재무회계부서는 보다 신속한 자금회전을 선호한다(Champoux, 2003, pp.220~221).

이와 같은 집단 간의 목표차이는 조직 규모가 커지고 기능이 다양해질수록 더욱 심화되며, 그만큼 집단간 갈등의 발생가능성도 커진다.

2) 지각의 차이

집단간 목표의 차이는 목표달성과정에서 나타나는 행동의 차이뿐만 아니라 관점의 차이 또한 가져옴으로써 집단 간의 마찰을 야기할 수 있다. 예를 들면, 생산시설의 효율적인 유지관리를 위하여 생산을 중단하고 주기적으로 기계설비를 점검하는 것은 생산원가를 절감하려는 생산부서에게는 당연한 과업으로 인식되지만, 판매를 최대화하려는 판매부서에게는 납득할 수 없는 불필요한 작업으로 지각됨으로써 생산부서와 영업부서 사이에 오해와 갈등을 유발하게 된다.

그뿐 아니라, 집단들은 상호지각에 있어서 상대 집단의 특성을 과대 또는 과소평가하는 경향을 보인다. 한 연구결과에 의하면, 경영자와 과학자 그리고 연구개발 관리자들은 서로의 가치관을 평가하는 데 있어서 자신의 평가와 타집단의 평가 간에 차이를 보임으로써 집단 간에 지각상의 문제점이 나타날 가능성이 존재한다는 것을 보여주고 있다(Guth & Tagiuri, 1965). 〈표 8-1〉에서 보는 바와 같이 연구개발 관리자에 대한 자기 자신의 평가와 과학자의 평가를 비교해보면, 과학자들은 연구개발 관리자들을 경제적 가치관(51 대 44) 및 정치적 가치관(50 대 42)이 더 강한 것으로 평가하는 한편, 종교적(28 대 36) 및 미학적(32 대 37) 가치관은 상대적으로 약한 것으로 평가한다. 반면에 연구개발 관리자들은 과학자들을 평가할 때 이론적 가치(60 대 51)를 지나치게 중시한다고 평가하고, 사회적 · 정치적 · 종교적 가치를 덜 갖고 있는 것으로 평가한다.

또한, 경영자와 연구개발 관리자 간의 상호지각에 있어서 경영자는 연구개발 관리자들이 이론적 · 경제적 · 미학적 가치관은 강한 것으로 과대평가하는 반면, 사회적 · 정치

표 8-1 　가치관에 대한 집단 간의 상호지각

집단 ＼ 가치관	이론적	경제적	미학적	사회적	정치적	종교적
과학자	(51) 60	(41) 41	(38) 42	(34) 28	(41) 38	(35) 31
연구개발자	48 (49) 60	51 (44) 46	32 (37) 39	31 (32) 27	50 (42) 37	28 (36) 31
경영자	41 (44)	55 (45)	34 (35)	31 (33)	51 (44)	28 (39)

* Eduard Sprangler의 가치관 분류를 중심으로 설문조사를 통하여 집단 간의 상호지각을 계량화한 수치로서 수치
　가 높을수록 해당 가치관이 강하다는 것을 의미함.
(　　) 자신의 가치관에 대한 자기 평가
──▶ 타집단이 평가한 수치
자료: Guth & Tagiur (1965), p.129.

적 · 종교적 가치관은 덜 갖고 있는 것으로 과소평가한다. 이에 반하여 연구개발 관리
자는 경영자의 경제적 · 정치적 가치관을 과대평가하고 이론적 · 종교적 가치관을 과소
평가한다.

이러한 집단 간의 상호지각은 집단 간에 상동적 태도(stereotyping)가 작용하고 있다
는 것을 입증해 준다. 이러한 지각상의 차이는 집단의 의사결정과 상호관계 형성에 중
요한 영향을 미치며, 상대 집단에 대한 부정적인 상동적 태도를 갖는 경우 집단 상호간
의 갈등을 심화시키는 요인이 될 수 있다.

3) 행동경향의 차이

집단 간의 행동경향의 차이도 집단 간의 갈등을 야기하는 주요 요인이다. 집단들은
주어진 과업목표와 기능에 따라서 서로 다른 성격과 배경을 갖게 되고 그 결과로 집단
간에 서로 다른 관점과 행동경향을 형성하게 된다. 이러한 행동경향의 차이는 특히 라
인실무자와 전문스태프 간에서 현저히 나타난다. 라인과 스태프들은 일반적으로 사고
방식이나 전문교육수준 그리고 생활스타일에 있어서 서로 다른 특성을 가지고 있다.
이러한 차이가 행동경향의 차이를 가져옴으로써 상호간의 마찰과 갈등을 초래하게 된
다. 라인-스태프 관계에 작용하는 문제의 요인으로서 기대역할의 차이와 지위신분상의
불일치 그리고 준거행동의 차이를 들 수 있다(Sorensen & Sorenson, 1974).

① 기대역할의 차이: 첫째로 라인과 스태프는 상호간에 기대하는 역할이 다름으로써 역할 갈등이 발생하게 된다. 라인은 스태프의 기능을 라인을 지원하는 서비스역 할로 보는 반면에, 스태프는 자신의 전문능력과 기술을 최대한 발휘함으로써 의사결정을 효율화하는 것을 자신의 역할로 보는 경향이 있다. 스태프는 자신의 전문지식과 기술이 활용되지 않으면 조직에서의 전문스태프로서의 역할이 의문시 될 수 있으므로 가능한 한 자신의 기능을 확대시키려 하는 데 반하여, 라인은 이것을 라인의 고유 권한과 재량권을 침해하는 것으로 생각한다.

② 지위신분상의 불일치: 라인과 스태프는 상호간에 지위신분에 대한 인식이 다르 며, 이는 상호간에 진지한 관계를 형성하는 데 장애요인으로 작용함으로써 극단적인 경우 상호 불신 등의 역기능적 감정까지 초래할 수 있다. 라인은 스태프가 의사결정에 대한 책임을 지지도 않으면서 불필요한 간섭을 한다고 인식하는 반면, 스태프는 라인이 전문적인 지식과 능력이 없는 상태에서 스태프의 의견을 듣지 않고 독단적으로 의사결정하려고 한다고 인식할 수 있다. 이처럼 라인은 의사결정 권한과 책임만을 강조하고, 스태프는 전문지식과 능력만을 강조하면서 입장의 차이가 해소되지 않고 갈등이 심화될 수 있다.

③ 준거행동의 차이: 라인과 스태프는 그들의 행동에 영향을 주는 준거집단(reference group)이 서로 다를 수 있다. 일반적으로 라인은 상위경영층이나 다른 부서 등 자신의 준거집단이 주로 같은 조직 내에 존재하지만, 스태프는 조직 내부 또는 외부의 전문가집단을 자신의 준거집단으로 삼는 경향이 있다. 라인은 소속 조직을 몰입의 대상으로 인식하면서 현재의 조직과 동일시하는 반면, 스태프는 소속 조직보다는 자신의 전문직업 분야와 동일시하면서 이에 몰입하는 경향이 있다. 이러한 준거 행동의 차이는 라인-스태프 상호작용에 있어서 상호간의 관점의 차이는 물론, 기본적인 업무처리 방식에 차이를 가져옴으로써 집단 간의 갈등을 유발하는 요인으로 작용하게 된다.

4) 제한된 자원

집단들은 맡은 바 업무를 수행하고 집단목표를 달성하려면, 인력과 자금, 비품 등 여러 가지 자원이 필요하다. 그런데 조직은 보유 자원이 제한되어 있어서 집단이 요구하는 대로 모든 자원을 제공해 줄 수는 없다. 따라서 집단들은 상호간에 영합게임(zero-sum game)에 봉착하게 되고, 더 많은 자원을 확보하기 위해 서로 경쟁을 하게 되며, 극단적인 경우에는 집단 상호간에 적대감이 조성될 수 있다. 예산 확보뿐만 아니라 집단

시간관념의 차이

나이 지긋한 서양 사람이 아프리카 어느 호젓한 바닷가를 여행하는 중이었다. 얼핏 봐도 물 반 고기 반인 바닷가였는데, 짙푸른 바닷가에 초라한 어부가 조그만 배를 놓두고 늘어지게 낮잠을 자고 있었다. 관광객이 어부에게 넌지시 타일렀다.

"젊은이, 좀 더 시간을 아껴서 고기를 잡지 않고 왜 게으름을 피우나요?"

그러자 어부가 눈을 동그랗게 뜨며 말했다. "고기를 많이 잡아서 뭐하게요?"

"그 고기를 시장에 내다 팔아 돈을 많이 벌어 큰 배를 사고, 더 고기를 많이 잡아 나처럼 이렇게 노년의 시간을 여유롭게 보내면 좋지 않겠소?"

어부가 피식 웃으며 이렇게 말했다. "나는 지금 당신이 말하는 여유로운 시간을 보내고 있어요."

서양 사람의 시간관념이 맞는 것일까 아니면 아프리카 어부의 시간관념이 맞는 것일까? 당신은 어떤 시간관념으로 오늘을 살아가고 있나요?

자료: 최규진 (2007), 『근대를 보는 창 20』, 서해문집, 12쪽.

인센티브의 결정, 신규 사업의 배정 등을 둘러싼 경쟁도 집단 간의 갈등을 가져올 수 있다.

5) 시간관념의 차이

각 집단이 갖고 있는 시간관념의 차이, 즉 단기적인 관점에서 (의사)결정을 하는가 아니면 장기적인 관점을 갖는가도 집단 간의 갈등을 가져오는 한 요인이 된다. 일반적으로 영업부서는 비교적 단기적인 성과와 효과를 강조하는 반면에, 연구개발부서는 장기계획과 장기적인 성과를 더 강조하는 경향이 있다. 그리고 라인은 비교적 단기효과를 중요시하는 반면, 스태프는 장기효과에 더 치중하는 경향이 있다. 이러한 시간관념의 차이는 집단 상호간의 견해의 차이는 물론, 문제해결의 우선순위와 접근방법에도 차이를 나타냄으로써 집단 간의 갈등을 야기하는 요인이 된다.

이상 집단 간의 갈등에 작용하는 주요 요인들을 살펴보았다. 이들 요인은 대부분 모든 조직에서 발견되는 공통적인 요인들인데, 조직규모가 커지고 복잡해질수록 이러한 요인들이 발생할 가능성은 더 커진다. 집단 간의 갈등은 개인 간의 갈등이나 스트레스와 마찬가지로, 원천적으로 완전히 제거될 수 있는 것이 아니다. 게다가 일정 수준의 갈등은 집단과 전체 조직의 발전에 긍정적인 영향을 미칠 수도 있다. 따라서 갈등을 완전히 없애려는 노력을 기울이기보다는 갈등이 조직에 긍정적인 기능을 할 수 있도록 효과적으로 관리하는 것이 요구된다.

1 갈등의 기능적 측면

집단 간의 갈등은 집단 상호간에 적대행동을 조성할 수 있고 조직분위기에도 좋지 않은 영향을 미침으로써 조직성과에 부정적인 결과를 가져올 수 있지만, 그 반면에 갈등의 성격에 따라서, 그리고 갈등을 어떻게 관리하느냐에 따라서 집단의 행동개발과 조직발전에 기여할 수도 있다. 집단갈등의 기능적인 측면을 살펴본다.

1) 학습효과

집단 간의 갈등은 집단 상호간에 부정적인 감정을 야기할 수 있지만, 다른 한편으로는 자기 집단의 문제점을 인식시키고 그들의 사고방식이나 행동을 개선하게 만드는 요인으로 작용할 수 있으며, 이는 집단구성원들이 문제해결능력을 습득하는 좋은 기회가 된다. 다시 말해서, 집단 간의 불만과 마찰은 문제의 원인을 분석하고 이를 해결하도록 촉발시키는 요인이 될 수 있고, 이는 조직 개선은 물론 집단구성원들의 행동 개선을 경험할 수 있게 해준다.

2) 집단의 상호적응력 강화

경영환경이 불확실하며 기술발전과 시장변화 등 다변화환경에 처해 있는 조직일수록 변화하는 환경에 대처하는 능력이 필요하다. 그런데 집단 간의 갈등이 전혀 없는 조직은 기존의 안정적인 틀 속에서 안주하는 경향성을 보이기 때문에 변화와 혁신을 추구하는 데 한계가 있다. 반면에, 집단 간에 갈등이 존재하는 조직에서는 서로 다른 관

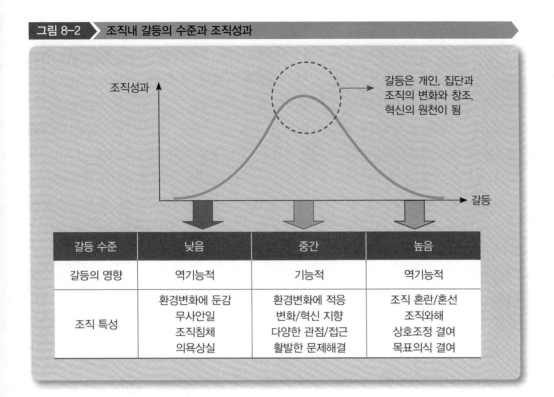

그림 8-2 　조직내 갈등의 수준과 조직성과

갈등 수준	낮음	중간	높음
갈등의 영향	역기능적	기능적	역기능적
조직 특성	환경변화에 둔감 무사안일 조직침체 의욕상실	환경변화에 적응 변화/혁신 지향 다양한 관점/접근 활발한 문제해결	조직 혼란/혼선 조직와해 상호조정 결여 목표의식 결여

갈등은 개인, 집단과 조직의 변화와 창조, 혁신의 원천이 됨

점과 인식을 지향하며, 이는 변화의 원동력으로 작용할 수 있다. 즉, 조직 내에 갈등이 전혀 없는 경우 안정성과 무사안일로 인해 조직침체에 빠질 수 있는 반면, 조직 내에 어느 정도 갈등이 있는 경우 이는 상호간에 일정 수준 경쟁을 유발하게 되며 조직을 좀 더 활력 있게 만들어준다. 이처럼 집단 간의 갈등은 집단의 적응능력을 키워주는 동시에 조직 자체의 적응능력도 키워줌으로써 다변화 환경에 신속히 적응해나갈 수 있도록 해준다.

3) 개방적 상호관계의 조성

집단간 갈등은 조직의 적응능력의 개발에 도움이 될 뿐만 아니라 상호간의 개방적인 관계를 형성하는 데도 긍정적인 영향을 미칠 수 있다. 조직이 다양하게 분화되어 복잡한 관계가 형성될수록 그만큼 집단 상호간에 다양한 문제들이 발생하게 되고 집단 간의 갈등도 더욱 심해진다. 이러한 갈등문제를 해결해나가는 과정에서 집단들의 적극적인 참여를 장려하고 개방적으로 커뮤니케이션을 함으로써 집단 간에 개방적인 관계가 형성될 수 있다. 그뿐 아니라 조직의 관료화 경향을 탈피하고 집단과 전체 조직의 유기적인 행동을 길러나갈 수도 있다.

이와 같이 집단 간의 갈등은 집단행동 개발과 조직성과를 높이는 데 실질적인 소재가 될 수 있다. 그런데 집단 간의 갈등을 통해 이러한 조직개발 효과를 얻으려면, 집단들이 집단이기주의에 빠져서는 안 되며 조직목표에 대한 일체감을 형성하고 이를 달성하고자 하는 공감대가 기본적으로 형성되어 있어야 한다.

집단간 갈등과 조직성과의 관계는 여러 연구결과를 통하여 실제로 입증되었다. 일반적으로 집단 간에 갈등이 없는 경우와 갈등이 있는 경우를 비교할 때, 갈등이 어느 정도 존재하고 있을 때의 집단성과가 더 높게 나타나고 있다. 그리고 집단구성원들이 성격, 배경, 태도 등에 있어서 다양성을 갖고 있을수록 집단성과가 높으며, 또한 상호작용하는 집단 간에도 어느 정도의 차이와 다양성이 있을수록 조직성과가 높은 것으로 나타나고 있다(Adler, 2002, pp.145~156; Shaw & Berrett-Power, 1998).

이러한 연구결과는 조직성과의 관점에서 볼 때 갈등이 없는 것이 반드시 바람직한 것은 아니라는 것을 말해준다. 따라서 조직변화를 이끌어내고 조직성과를 향상시키기 위해 조직 내에 어느 정도의 갈등을 조장하는 것도 필요하다고 할 수 있다. 집단내 또는 집단간 갈등을 자극하기 위해 다음과 같은 관리전략들을 활용할 수 있다.

① 집단구성의 변화: 배치전환이나 외부 인사의 영입 등 집단구성을 달리함으로써 갈등을 자극할 수 있다. 인적 구성이 오랫동안 바뀌지 않고 안정되어 있는 경우 현실에 안주하는 경향이 있으므로 기존 구성원들의 태도, 가치관 및 배경과 다른 외부 인사를 영입하거나 배치전환을 통해서 인적 구성의 변화를 가져올 수 있다.

② 조직구조 개편: 조직구조의 개편을 통해 집단간 관계의 틀을 바꿈으로써 갈등을 좀 더 조장할 수 있다.

③ 경쟁 조장: 조직 내에 부서 간의 경쟁을 유발함으로써 갈등을 자극할 수 있다. 예컨대, 판매량, 비용절감, 불량률, 고객유치, 결근율 등 성과목표를 설정하고, 성과 수준에 따라 보상을 차등화함으로써 선의의 경쟁과 건설적인 갈등을 조장할 수 있다.

④ 지명반론자(devil's advocate) 임명: 지명반론자를 두고 의사결정 사항에 대해 공개적으로 그리고 의무적으로 문제제기를 하게 함으로써 의사결정 과정에서 의견의 차이를 드러내게 하고 이를 통해 의사결정 사항이 갖고 있는 맹점을 발견할 수 있다. 즉, 집단사고(groupthink)의 문제점을 예방함으로써 의사결정의 효과성을 높이는 데 기여할 수 있다.

이들 방안들은 조직 내에서 갈등을 제거하는 것이 아니라 일정 부분 갈등을 유발함

🖐 갈등의 유형과 집단성과

　갈등의 유형을 관계갈등, 과업갈등과 과정갈등으로 구분해볼 수 있다(Jehn & Mannix, 2001). 첫째, 관계갈등(relationship conflict)은 사람들 간의 긴장과 불화 등 감정적 요소를 내포하는 갈등이다. 이는 집단성원을 서로 싫어하는 것, 그리고 상대방에 대한 불만, 짜증, 반감 등의 감정을 포함한다. 둘째, 과업갈등(task conflict)은 집단과업과 관련된 관점과 의견의 차이를 가리킨다. 과업갈등은 과업에 관한 개인적인 관점과 활발한 토론을 수반하지만, 기본적으로 대인관계적인 측면의 부정적인 감정을 수반하지는 않는다. 관계갈등은 감정적 갈등(affective conflict)과 유사한 반면, 과업갈등은 인지적 갈등(cognitive conflict)과 유사하다고 할 수 있다. 셋째, 과정갈등(process conflict)은 과업수행 방법 및 과정에 대한 관점의 차이를 가리킨다. 과정갈등은 누가 무엇을 해야 하는지, 그리고 각각의 구성원들이 어떤 책임을 얼마나 져야 하는지 등의 이슈에 관한 것이다. 특정 임무를 수행하는 것이 누구의 책임인가에 대해 집단구성원들의 의견이 서로 다르다면 이는 과정갈등의 예라 할 수 있다.

　기존 연구결과에 의하면, 관계갈등은 개인 및 집단성과, 만족도, 그리고 팀워크에 부정적인 영향을 미치는 것으로 밝혀졌다. 상호간의 반감은 인지적 기능을 떨어뜨리고 과업 외적인 일에 신경 쓰게 만듦으로써 집단의 효과성을 떨어뜨리게 되기 때문이다. 반면에, 적당한 수준의 과업갈등은 집단성과에 오히려 바람직한 것으로 나타났다. 특히, 복잡한 인지적 과업을 수행하는 경우 과업에 대한 다양한 의견은 의사결정의 질을 높이는 것으로 나타났다. 한편, 과정갈등은 과업수행 방식에 대한 불확실성을 경험하게 만듦으로써 집단사기와 생산성을 떨어뜨리는 경향을 보였다.

　갈등과 집단성과의 관계에 대한 종단적 연구에 의하면(Jehn & Mannix, 2001), 높은 성과의 팀은 낮은 수준의 관계갈등과 과정갈등, 중간 수준의 과업갈등을 보였다. 그리고 이들 고성과 팀은 분명한 가치체계, 높은 수준의 상호 신뢰와 존중, 그리고 개방적인 토론분위기를 특징으로 하였다.

　자료: Jehn, K.A. & Mannix, E.A. (2001), "The Dynamic Nature of Conflict: A Longitudinal Study of Intragroup Conflict and Group Performance," *Academy of Management Journal*, 44(2), pp.238~251.

으로써 조직을 좀 더 활력 있게 만들고, 좀 더 창의적이고 혁신적인 의사결정을 하게 만드는 데 기여할 수 있다.

2 갈등의 역기능적 결과

집단 간의 갈등은 집단 간에 불신적이고 배타적인 관계를 가져옴으로써 집단구성원들의 개인적 성장을 저해하는 것은 물론, 조직성과에도 나쁜 영향을 미칠 수 있다. 일상생활에서도 갈등은 사회의 불안과 혼란 그리고 분쟁의 원인 등 대체로 부정적인 개념으로 인식되고 있다. 조직에서도 이와 마찬가지로 갈등을 부정적으로 인식하는 것이 일반적이다. 업적평가에서도 집단 간의 조화와 구성원들 간의 화합을 강조함으로써 갈등 없는 조직문화를 장려하는 것이 보편적이다.

이와 같이 갈등을 경계하는 것은 갈등의 역기능적 효과 때문이다. 즉, 갈등은 조직 내에서 적대적인 또는 일탈적인 행동을 유발함으로써 집단 응집성 및 집단간 관계에 부정적인 영향을 미치고 전체 조직성과에도 좋지 않은 영향을 주기 때문이다. 갈등으로 인하여 발생할 수 있는 집단행동의 변화를 제시하면 다음과 같다(Gibson et al., 1994, pp.345~348).

1) 내적 변화

집단 간의 갈등은 집단 내에 다음과 같은 여러 가지 변화를 가져온다.

① 응집성의 강화: 집단 간의 갈등은 경쟁심을 유발시키고 상대 집단으로부터 위협을 느끼게 함으로써 집단 내부적으로 응집력을 강화시킨다.

② 독재적 리더의 등장: 집단 간의 갈등이 심화되어 외부로부터 위협을 느끼게 되는 경우, 구성원들은 민주적인 경영관리 체제를 포기하고 오히려 강력한 독재적인 리더십을 원하게 된다.

③ 방어적 태도 조성: 집단 간의 갈등이 심해지면 방어기제(defensive mechanism)가 작동함으로써 개인의 성장과 만족감에 대한 관심은 감소되고 외부 갈등으로부터 집단을 보호하고 이에 필요한 구성원의 역할을 강조하게 된다. 따라서 집단의 강점을 중심으로 상대집단과 경쟁하여 승리를 거두는 것을 맹목적인 목표로 추구하게 된다.

④ 규범행동의 강화: 집단이 폐쇄적인 집단규범을 형성하고 이를 더욱 강조하게 되

집단갈등과 커뮤니케이션 방식의 효과

집단갈등이 성과에 영향을 미치는 것이 일반적이지만, 어떤 방식의 커뮤니케이션이 이루어지느냐에 따라서 집단갈등의 효과는 다르게 나타날 수 있다. 신제품개발을 목적으로 구성된 교차기능팀을 대상으로 집단갈등이 성과에 미치는 영향을 분석한 결과(Lovelace et al., 2001), 집단갈등은 팀의 성과를 떨어뜨리는 것으로 나타났지만, 구성원들 간에 협력적 커뮤니케이션(collaborative communication)이 이루어지는 경우 집단갈등이 팀성과에 미치는 부정적 효과는 완화되는 반면, 대립적인 커뮤니케이션(contentious communication)이 이루어지는 경우 부정적 효과가 더욱 심화되는 것으로 나타났다. 협력적 커뮤니케이션이 이루어지는 경우 의문점이나 문제점을 제기하는 것이 자유로우며, 이는 집단갈등이 건설적인 방향으로 작동되게끔 하는 효과를 갖는다고 할 수 있다.

따라서 한편으로는 집단갈등을 줄이기 위한 노력을 기울이는 것이 필요하지만, 다른 한편으로는 협력적이고 개방적인 커뮤니케이션이 이루어지는 문화를 조성함으로써 집단갈등의 효과를 건설적인 방향으로 전환될 수 있도록 하는 것이 바람직하다.

자료: Lovelace, K., Shapiro, D.L., & Weingart, L.R. (2001), "Maximizing Cross-Functional New Product Teams' Innovativeness and Constraint Adherence: A Conflict Communications Perspective," *Academy of Management Journal*, 44(4), pp.779~793.

고, 규범을 준수하는 것이 집단성과나 구성원의 개인적인 만족보다 더 중요한 목표가 된다.

이들 변화는 주로 집단의 발전보다는 현상유지와 외부의 위협으로부터 자기 집단을 보호하려는 데 목적을 두기 때문에 구성원들의 개인적인 성장이나 집단의 장기적인 발전에 부정적인 영향을 줄 수 있다.

2) 외적 행동

집단 간의 갈등은 집단 상호간의 행동에도 여러 가지 변화를 가져온다.

① 왜곡된 지각: 상대 집단과 자기 집단에 대하여 왜곡된 지각을 하게 된다. 일반적으로 상대집단의 역할과 기능을 과소평가하거나 부정적으로 평가하는 반면에, 자기 집단의 기능과 중요성은 과대평가하는 행동경향을 나타낸다.

② 상동적 태도(stereotyping): 왜곡된 지각이 더욱 심화되면 상대 집단에 대한 상동적 태도가 나타나 상대 집단을 더욱 부정적으로 평가하고 집단 간의 차이를 더욱 과대평가함으로써 지각상의 오류와 상동적 태도의 악순환이 계속된다.

③ 커뮤니케이션의 감소: 집단 간의 갈등은 상호간의 커뮤니케이션을 감소시키면서 집단성과에 직접적인 영향을 준다. 대면적 상호작용은 감소되고, 커뮤니케이션은 필수적인 공식 업무에만 국한되며, 커뮤니케이션 내용도 문제해결이나 성과향상에는 관계없이 절차나 방법 등 기술적인 측면에만 치중하는 경향을 보인다.

이상 갈등의 역기능적 결과를 요약하였다. 이러한 결과는 조직에서 흔히 볼 수 있는 보편적인 현상이다. 그 이외에도 집단 간의 갈등이 극도로 악화되는 경우에는 상호간에 중상과 모략, 나아가서는 폭력적인 행동까지 초래할 수 있다. 이러한 과격한 행동은 특히 노사분쟁에서 나타날 수 있다. 이러한 과격한 갈등을 제외하더라도 집단 간의 갈등은 대체적으로 집단구성원의 개인적 성장과 집단성과 및 조직성과에 좋지 않은 결과를 가져오므로 갈등의 정도가 지나치지 않도록 이를 예방하고 조정할 필요가 있다.

04 집단 간의 갈등관리

이제 집단 간의 갈등을 조정하고 집단 간의 통합을 이루는 방법에 대해 살펴보고자 한다. 갈등해결 방법은 (1) 일반적인 갈등해결방법, (2) 규율, 방침, 권한, 계획에 의한 갈등해결방법, 그리고 (3) 집단 간의 분화된 행동을 조정하는 통합방법 등 세 가지의 범주로 정리해볼 수 있다.

1 일반적인 집단간 문제해결방법

집단 간의 갈등을 조직에서 발생하는 일반적인 문제로 보고 이에 대한 해결책을 모색하는 것이 일반적인 문제해결방법이다. 보편적으로 사용되고 있는 방법을 몇 가지 제시하자면 다음과 같다.

1) 대 면

대면(confrontation)은 집단간 갈등을 해결하는 가장 보편적인 방법으로서 집단들 간의 대면회합을 통하여 갈등요인이 되고 있는 문제들을 확인 및 분석하고, 상호간의 입장을 밝히며 오해도 해소함으로써 상호 이해와 신뢰를 증진시키고 갈등을 감소시키는 방법이다. 집단 간의 커뮤니케이션상의 문제나 상호간의 오해 등은 이러한 대면회합으로 해소될 수 있으나, 집단 간의 이념적 문제나 극도로 악화된 상호간의 감정적 문제는 이 방법으로 해결하기가 어렵다고 할 수 있다.

2) 상위목표의 설정

집단간 갈등을 해결하기 위한 두 번째 방법은 집단 간의 갈등을 초월해서 서로가 협조할 수 있는 공동목표를 설정하여 집단 간의 단합을 조성하는 것이다. 1960년대에 우리나라는 빈곤에서 벗어나 '잘 살아보자'는 국민적 공감대를 바탕으로 국민 모두가 조직에서 열심히 일하여 고도의 경제성장을 달성했고, 1980년대 초에도 우리나라 기업이 불황에 당면했을 때 도산직전의 기업들은 내부의 여러 가지 갈등을 제쳐 놓고 오로지 조직의 생존을 위하여 협조, 단합하여 위기를 극복한 사례들이 있다.

3) 공동의 적(common enemy) 설정

집단 간의 갈등을 감소시킬 수 있는 또 한 가지의 방법은 집단들이 공동의 안녕에 위협이 될 수 있는 집단을 선정하여 이에 공동으로 대항하게 함으로써 상호간의 갈등을 잠재우는 것이다. 이 방법은 상위목표 설정방법과 비슷하지만, 상위목표의 설정에 비하여 다분히 부정적인 성격을 띠고 있다. 외부 경쟁업체와 경쟁이 치열한 경우 이러한 경쟁상황에 대응하기 위해 내부적인 경쟁과 갈등을 자제하고 서로 단합하는 것을 예로 들 수 있다. 이 방법도 상위목표의 설정과 마찬가지로 비교적 단기적인 효과가 있는 반면, 대상 집단이 더 이상 위협적이지 않게 되면 집단 간의 갈등이 재현될 가능성이 크다.

4) 자원의 확충

제한된 자원으로 인해 집단 간의 갈등이 발생할 수 있으므로 조직은 충분한 자원을 확충함으로써 집단 간의 지나친 경쟁이나 적대적인 행동들을 감소시킬 수 있다(Northcraft & Neal, 1989, pp.251~252). 그리고 계열회사나 자회사를 이용하여 승진 또는 전직 기회를 확대시키는 것도 조직구성원들 간의 갈등을 줄이는 방안이 될 수 있다.

2 구조적 방법

이들 일반적인 갈등해결 방법과 더불어 구조적인 방법도 집단 간의 갈등문제를 해결하는 데 많이 사용된다.

1) 조직구조 개편

첫 번째 방법은 조직구조 개편을 통해 집단 간의 갈등을 줄이고 효과적인 통합·조정이 이루어질 수 있게 하는 것이다. 순차적 상호의존관계에 있는 부서들이 기능조직 형태로 설계되어 있는 경우, 기능간의 조정이 효율적으로 이루어지기 어렵기 때문에 업무흐름을 중심으로 조직구조를 개편하여 프로세스 조직을 만들 수 있다. 또한, 교호적 상호의존관계에 있는 집단들은 통합·조정의 필요성이 크기 때문에 하나의 팀으로 조직을 개편할 수 있다.

2) 규정과 절차

두 번째 방법은 집단 간의 갈등을 해결하는 데 필요한 규정과 절차를 사전에 마련하는 것이다. 즉, 조직구조는 그대로 둔 채 집단 간의 갈등을 해결하는 데 적용될 수 있는 규정과 절차를 미리 설정해두고, 갈등이 발생하면 이를 적용하여 갈등을 해결하는 것이다. 이 방법은 공식화된 규정과 절차에 의하여 문제를 기계적으로 해결할 수 있다는 점에서 다른 방법들보다 효율적이라고 할 수 있지만, 복잡한 문제나 새로운 문제가 발생한 경우에는 기존의 규정이나 절차를 적용하기 어렵다는 한계점을 갖고 있다.

3) 권한계층

규율과 절차로 집단 간의 갈등을 해결할 수 없는 경우에는 두 집단을 관리하고 있는 상급자가 주어진 권한을 발휘하여 갈등문제를 조정하고 해결할 수 있다. 권한에 의한 접근방법은 상급자에 의해 신속한 갈등해결이 가능하다는 장점이 있지만, 상급자가 리더십을 결여하고 있거나 갈등해결에 대한 적극적인 의지가 없는 경우 갈등해결이 지연되거나 갈등이 더 심화될 위험성도 없지 않다.

4) 계 획

집단들이 사전에 체계적인 계획을 수립하는 것도 갈등문제를 예방 또는 해결하는 한 방법이 된다. 각 집단의 목표와 주요 과업을 중심으로 각 집단이 담당하는 기능과 역할

민츠버그(Mintzberg, 1980)는 대표적인 조직구조의 형태를 다섯 가지로 제시하면서 각 구조에서 주로 활용하는 조정메커니즘을 다음과 같이 다섯 가지로 제시하고 있다.

(1) 상호조율(mutual adjustment): 직접적인 대면접촉과 비공식적 의사소통을 통해 과업을 조정하는 것으로서 신축적 구조(adhocracy)에서 주로 활용되는 조정메커니즘

(2) 직접 감독(direct supervision): 상급자가 부하 직원들의 과업에 대한 관리 감독과 지시를 통해 조정하는 것으로서 단순 구조(simple structure)에서 주로 활용되는 조정메커니즘

(3) 투입기술의 표준화(standardization of skills): 과업을 수행하는 데 요구되는 기술과 능력을 구체화함으로써 조직활동을 조정하는 것으로서 전문적 관료제구조(profes-sional bureaucracy)에서 주로 활용되는 조정메커니즘

(4) 작업절차의 표준화(standardization of work processes): 과업의 내용과 과업을 수행하는 절차를 구체화함으로써 조직활동을 조정하는 것으로서 기계적 관료제구조(machine bureaucracy)에서 주로 활용되는 조정메커니즘

(5) 산출물의 표준화(standardization of outputs): 과업수행의 결과물을 구체적으로 명시함으로써 조직활동을 조정하는 것으로서 사업부제 구조(divisional structure)에서 주로 활용되는 조정메커니즘

다섯 가지 조정메커니즘을 이해하기 쉽게 그림으로 나타내면 다음과 같다. 상호조율은 과업을 수행하는 담당자들(O) 간의 대면접촉 등 직접적인 상호작용을 통해 조정이 이루어지고, 직접감독은 상급자(M)의 감독과 지시에 의해 조정이 이루어지며, 표준화는 분석전문가(A)에 의해 투입기술, 업무절차 및 산출물이 구체적으로 명시되고 이를 따르게끔 함으로써 조정이 이루어진다.

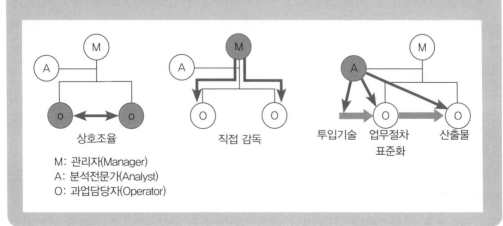

상호조율   직접 감독   투입기술 업무절차 산출물
                                          표준화

M: 관리자(Manager)
A: 분석전문가(Analyst)
O: 과업담당자(Operator)

을 분명히 함으로써 갈등문제에 대하여 집단들이 적절히 대처해 나갈 수 있다. 예를 들어, 특정 프로젝트를 수행하는 경우, 이에 참여하는 집단들은 사전에 프로젝트 목표와 주요 업무 그리고 업무일정들을 정확히 설정하여 그대로 추진해 나감으로써 집단 간의 갈등을 예방하고 상호작용에 소요되는 시간을 절약할 수 있다.

　　이상 집단 간의 문제해결에 사용될 수 있는 구조적 방법 네 가지를 요약하였다. 이들 방법은 집단상황에 따라서 적절히 사용될 수 있지만, 대체로 과업환경의 불확실성이 낮고 조직환경이 비교적 안정된 상황하에서 그 효과가 잘 발휘될 수 있다. 그 이유는 안정적 환경하에서는 집단 간의 관계를 비교적 잘 예측할 수 있으며, 규율과 절차, 권한계층과 계획 등 집단 간의 문제에 효과적으로 대응할 수 있는 방안을 사전에 마련할 수 있기 때문이다. 반면에, 집단환경이 불확실하고 조직이 다변화환경에 처하게 되면 집단 간의 관계를 사전에 예측하는 것이 불가능하게 되며, 이러한 상황에서는 구조적 해결방법으로 집단 간의 갈등문제를 해결하는 것이 어려워진다. 따라서 집단 간의 복잡한 관계를 조정 및 통합시켜 줄 수 있는 전문적인 기능이 필요하게 된다.

3 통합 및 조정기능

　　집단 간의 상호관계를 통합하고 조정하는 것이 조직목표를 달성하는 데 매우 중요한 경우 통합·조정 기능을 전담하는 기구를 만들 수 있다. 조직에서 흔히 사용되는 통합·조정기구를 제시하면 다음과 같다.

1) 태스크포스 팀과 팀조직

　　두 집단 간의 활동을 서로 조정하기 위해서 연락조정역(liaison role)을 둘 수 있는데, 집단 간의 관계가 복잡해지고 상호관계를 맺고 있는 집단의 수가 많아지면 연락조정역과 같은 통합기구도 한계에 도달하게 된다. 이러한 상황에서 여러 분야의 전문가들로 구성된 태스크포스 팀(task force team)을 구성함으로써 각 집단의 관점을 통합하고 집단 간의 활동을 조정할 수 있다. 태스크포스 팀이란 특정 과업 또는 프로젝트를 수행하기 위해 여러 분야의 전문가들로 구성된 특별팀을 말하는데, 일정기간 동안 주어진 과업을 집중적으로 분석·검토하고 집단 간의 견해를 종합하여 해결대안을 모색한다. 신제품 개발이나 신규사업 선정을 위한 사내벤처팀, 기업의 새로운 전략방향을 모색하는 전략기획팀, 정보화추진팀, 구조조정팀, 조직혁신팀 등이 현대 조직에서 흔히 활용되고 있는 태스크포스 팀들이다. 전통적인 태스크포스 팀은 주로 주어진 문제를 검토하고 해결방안을 고안하는 역할을 맡았으나, 근래에 와서는 해결방안을 직접 집행하는 기능까지도 맡는 것으로 그 책임과 권한이 확대되고 있는 추세이다.

한편, 최근에는 많은 조직들이 팀조직(team organization) 형태를 본격적으로 활용하고 있다. 태스크포스 팀은 비교적 단기간 동안 여러 부서의 전문가들이 특정 문제를 집중적으로 분석·해결하는 임시조직인 반면에, 팀조직은 장기간 동안에 걸쳐서 팀구성원들이 특정한 업무나 프로젝트를 전담·수행하는 것으로서 항시적인 조직형태를 띤다.

2) 통합전담부서

집단 간의 상호관계가 더욱 복잡해져서 정보피드백과 상호작용이 대폭 증가하면, 연락조정역이나 임시적인 태스크포스 팀으로는 통합·조정 기능이 충분히 발휘될 수 없다. 따라서 조직 내의 여러 집단들의 활동을 통합·조정하고 이를 상위경영층에 보고하는 통합전담자가 필요하게 되고, 더 나아가 통합기능이 확대됨에 따라서 통합기능을 전담하는 통합전담부서도 필요하게 된다. 통합부서는 상위경영층의 관할하에 있으면서 집단간의 통합·조정은 물론, 예산을 포함한 조직의 자원배분에 큰 영향력을 행사함으로써 집단들의 행동방향을 조정한다. 이러한 통합전담부서의 대표적인 예로 기획조정실이나 종합조정실을 들 수 있다.

이상 집단 간의 갈등을 해결하기 위한 방안들을 여러 가지 살펴보았다. 집단간 갈등의 구조적 해결방법과 통합작용은 집단이 처해 있는 상황과 집단간 관계의 특성에 따라서 그 적용성이 다르다. 집단 간의 상호의존도가 낮고, 과업환경이 안정적이며, 조직목표의 달성에 있어서 집단 간의 통합이 그리 중요하지 않은 경우 규율과 절차 그리고 권한계층과 계획 등의 구조적 방법이 비교적 효과적으로 사용될 수 있다. 대체로 공공기관이나 금융기관이 이러한 조직에 해당된다고 볼 수 있다. 반면에, 전자산업이나 정보통신 분야와 같이 환경변화가 심하고 기술개발, 생산, 영업 등 부서 간의 상호 의존도가 높으며 부서간 행동의 차이(분화)가 커서 이들 부서 간의 통합이 조직의 목적달성에 결정적인 역할을 하는 경우에는 태스크포스 팀이나 통합전담부서와 같은 통합방법을 사용하는 것이 요구된다.

여러 집단의 기능과 행동을 효과적으로 통합하려면 적절한 조직구조를 설계하는 것도 중요하지만, 이러한 조직의 운영에 적합하도록 조직구성원들의 태도와 행동을 개발하는 것도 무엇보다도 중요하다. 아무리 이상적으로 조직구조가 설계되고 규칙과 절차가 마련되어 있다고 하더라도 구성원들이 이러한 제도를 존중하지 않거나 상대방을 신뢰하지 않는다면 조직문제의 해결에 전혀 도움이 되지 않는다. 집단 간의 활동을 통합·조정할 필요성이 크면 클수록 구성원들이 좀 더 개방적이고 협조적인 태도를 갖는 것이 바람직하다. 즉, 상호 이해와 신뢰를 중시하는 조직분위기와 문화의 형성이 조직내 갈등을 줄이고, 또 갈등문제를 건설적으로 해결하는 데 무엇보다도 중요한 요인이 된다.

4 협조적 경쟁(coopetition)과 갈등관리

집단 간의 갈등관리에 획기적인 변화를 가져오기 위해서는 집단 간의 갈등을 적대적인 것으로 바라보는 전통적인 관점에서 탈피하고 근본적으로 새로운 사고방식과 패러다임을 적용하는 것이 필요하다. 즉, 경쟁관계에 있는 집단이 한 쪽은 이득을 보고 다른 한 쪽은 손해를 입는 영합(zero-sum)게임보다는 상호 이득을 볼 수 있는 승승(win-win)의 결과를 가져오는 것이 장기적으로 더 바람직하다는 관점하에 적대적 관계를 협조적 관계로 전환하는 것이다.

현대 기업은 치열한 경쟁환경에 처해 있기 때문에 경쟁에서 이기는 것이 무엇보다도 중요하지만, 이러한 경쟁관계에서는 승자와 패자가 모두 값비싼 대가를 치러야 하는 게 일반적이다. 따라서 이러한 적대적인 경쟁보다는 경쟁의 참여자들이 모두 이익을 얻을 수 있도록 하는 협력전략이 장기적으로 바람직하다고 할 수 있다. 특히, 한 기업 내에서 경쟁관계에 있는 사업부 또는 부서들은 서로 소모적인 경쟁을 하기보다는 서로 선의의 경쟁을 하는 동시에 협력을 하는 건설적인 관계를 형성해야 한다. 이처럼 경쟁과 협력의 균형과 조화를 이루는 것은 집단 간의 갈등관리의 새로운 지평을 여는 데 필수적이다.

이와 같이 경쟁집단과의 관계에 있어서 협력과 경쟁을 동시에 추구하는 행동을 협조적 경쟁(coopetition)이라고 부르는데, 이는 cooperation(협력)과 competition(경쟁)의 두 단어가 합성되어 만들어진 용어이다(Brandenburger & Nalebuff, 1996, pp.11~39). 이 새로운 개념은 기업 내부적으로는 노사관계에 적용될 수 있으며, 대외적으로는 경쟁기업과의 전략적 제휴(strategic alliance)에도 적용될 수 있다.

5 문화 간의 시너지관리

현대 기업이 세계화됨에 따라서 조직 내외적으로 다양한 사회문화와 상호작용을 하게 되고, 이 과정에서 많은 갈등이 생기고 있다. 서로 다른 문화집단들 간의 갈등은 조직의 효율적 운영을 저해하는 요인으로 작용하므로 서로 다른 문화 간의 갈등을 줄이고 시너지효과를 달성하는 것이 요구된다. 최근 우리나라 기업들은 세계화를 적극적으로 추진하고 있는데, 세계화를 통해 기업의 경쟁력을 높이고 기업성과를 높이기 위해서는 무엇보다도 다양한 문화집단 간의 갈등관리와 시너지관리가 중요하다. 글로벌기업에서의 문화적 시너지관리에 관하여 살펴보고자 한다.

1) 다양한 문화의 이점

글로벌기업은 본국의 문화와 다양한 현지문화의 차이 때문에 많은 문제와 갈등을 경험하게 된다. 그렇지만 다양한 문화배경으로 구성된 집단은 동질적인 문화집단에 비하여 여러 면에서 이점을 지닐 수 있다. 문화적 다양성이 높은 집단은 다양한 관점과 아이디어를 기반으로 하여 높은 수준의 창의성이 발현될 수 있다. 즉, 다각적인 관점에서 문제를 분석 · 진단하고 좀 더 다양한 문제해결 대안을 창출해낼 수 있다. 따라서 다양한 문화배경으로 구성된 집단은 특히 창의성을 요구하고, 예외성이 많으며, 그리고 어렵고 복잡한 문제를 해결해야 하는 상황에서 이점을 갖는다(Adler, 2002, pp.141~151).

2) 문화적 갈등과 '과정손실'

다양한 문화로 구성된 집단은 문화적 차이로 인해서 불신감과 상동적 태도(stereotyping), 커뮤니케이션상의 오류와 오해 등이 발생할 가능성이 높다. 그 결과로 집단구성원들 간에 갈등과 긴장이 야기되고 사기가 저하되며 팀워크도 약화되어서 소위 '과정손실'(process loss)이 많이 발생할 수 있다는 약점을 가지고 있다. 여기서 과정손실이란 집단구성원들 간의 상호작용이 효과적이지 못함으로 인해서 발생하는 손실을 의미한다. 개인이 혼자서 일을 할 때 성과가 높은 반면, 집단으로 일할 때 오히려 성과가 떨어진다면 이는 과정손실이 발생한 것으로 볼 수 있다. 예를 들어, 만일 능력이 뛰어난 구성원이 집단압력에 동조하여 올바른 결정을 못하는 경우 과정손실이 발생하게 된다. 이와 같은 과정손실을 최소화하기 위한 노력이 필요한데, 이는 세계화를 추진하고 있는 대부분의 기업들이 당면하는 과제이다.

그러므로 글로벌 기업의 경영성과는 문화적 다양성으로 인한 이점과 과정손실에 의해 좌우된다. 즉, 글로벌 기업의 경영성과는 문화적 다양성으로 인한 잠재적 이익에서 과정손실을 차감한 것으로 개념화할 수 있다(Adler, 2002, pp.141~142). 다시 말해서, 성공적인 세계화를 하려면 문화 차이를 잘 이해하고 다양한 문화배경의 구성원들의 창의력을 최대로 활용하는 동시에 과정손실을 최소화할 수 있어야 한다.

3) 문화적 시너지의 요건

서로 다른 문화가 상호작용하는 상황하에서 상호간의 갈등을 줄이고 상호간에 조화와 통합이 이루어진 상태를 문화적 시너지라고 부른다. 문화적 시너지는 기업의 세계화전략에서 경영성과를 향상시키는 데 있어서 매우 중요한 개념이다. 문화적 시너지는 기업의 세계화 단계가 진척됨에 따라서 그 중요성도 더욱 커진다. 수출을 위주로 하는 국제화 단계에서 문화적 시너지는 주로 해외수출과 관련된 구성원들이나 해외지점에 파견된 직원들에게만 국한된 문제로서 주로 현지 문화에 대한 적응을 필요로 한다. 다양한 문화가 현지와 자국에서 긴밀히 상호작용하는 세계화 단계에서는 문화적 시너지가 국내외 모든 사업장의 상·하 모든 구성원들의 과업수행의 중요한 과제로 대두되며, 내외적으로 다양한 문화에 대한 민감성과 문화관리 능력이 경영성과의 중요요인으로 강조된다.

기업이 문화적 시너지를 달성하려면 기업의 경영자와 구성원들은 문화적 차이를 이해하고 이를 잘 관리해야 하며, 세계기업으로서 글로벌 스탠다드에 걸맞은 조직문화를 개발해야 한다. 우리나라는 선진국과 비교했을 때 문화적으로 세계화의 정도가 미흡하고, 이것이 우리나라의 국가경쟁력을 저하시키는 한 원인이 되고 있다. 2011년 국제경영개발원(IMD)의 조사결과에 의하면 우리나라의 국제경쟁력은 22위로 아시아의 여러 나라 중 홍콩(1), 싱가포르(3), 대만(6)은 물론이고, 말레이시아(16)와 중국(19) 등의 국가에 뒤떨어지고 있다(IMD, World Competitiveness Scoreboard). 따라서 우리나라의 많은 기업들이 세계화과정에서 다양한 문화와 동화할 수 있는 사고방식과 태도 그리고 행동을 기르기 위하여 외국어교육, 국제경영능력개발, 현지교육 등 각종 교육훈련에 많은 노력을 지속적으로 기울여야 할 것이다.

문화적 시너지는 근본적으로 자민족중심주의(ethnocentrism)에서 탈피하여 다른 문화를 이해하려고 노력하는 열린 마음과 태도를 요구한다. 사람들은 흔히 자민족 문화에만 집착하여 다른 문화를 이해하려 하지 않거나 의식적 또는 무의식적으로 다른 문화에 대하여 배타적인 태도를 취한다. 이와 같은 자민족중심적 관점이나 편협적인(parochial) 태도는 문화간 시너지에 큰 장애요소가 된다. 따라서 문화적 시너지를 창출하려면 편협적이고 자민족중심적 관점에서 탈피하여 문화의 차이를 이해하고 다른 문화의 이점과 강점을 적극 수용·활용하려는 개방적인 자세가 무엇보다도 요구된다.

GM 로스타운(Lordstown) 공장의 노사분규

기업에서 집단간 갈등이 가장 뚜렷하게 그리고 가장 빈번하게 나타나는 분야는 노사관계이다. 노사 간에 갈등을 야기하는 원인은 경제적 보상, 직장생활의 질, 노동권의 보장, 경영권에 대한 도전 등 다양한 문제를 포함한다. 미국의 자동차산업은 전통적으로 노사 간의 대립이 가장 심한 산업의 하나인데, 역사적으로 수많은 노사분규 중에서도 분규의 성격이나 현대 기업경영관점에서 가장 충격적이었던 것은 아마 1970년대 초에 GM(General Motors)의 로스타운(Lordstown) 공장에서 일어난 노사분규일 것이다. 비록 오래전에 일어난 사건이지만 이 사례는 현대경영에 주는 시사점이 큰 만큼 아직도 미국의 경영대학에서 자주 논의의 대상이 되고 있다.

1. 혁신적 소형차 개발

1970년대 미국의 자동차 제조업체들은 큰 위협을 느끼고 있었다. 일본과 서구 각국의 소형승용차들이 미국시장에 대거 진출하여 시장을 많이 잠식하였기 때문에 미국의 3대 자동차회사(GM, Ford, Chrysler)는 이에 대응할 소형승용차를 생산해야만 하는 입장에 처하게 되었다. 그리하여 GM은 가격과 품질 그리고 연비 등에서 Toyota와 Volkswagen에 맞먹는 소형승용차를 처음으로 개발하여 출시하였다.

베가(Vega)라고 불린 GM 최초의 소형승용차는 기술면에서 매우 혁신적인 제품이었다. 최초의 알루미늄엔진 개발과 정규 승용차에서 요구되는 5,500개의 부품수를 43%나 줄인 것은 베가의 선진기술을 과시하기에 충분했다. 그리고 조립선 설계에 있어서도 최첨단기술을 적용하여 어렵고 힘든 대다수 작업을 기계화하여 근로자들의 인력투입을 최소화하고, 그들의 작업을 편하게 수행할 수 있도록 만들었다. 이와 같은 최첨단기술에 힘입어 36초마다 베가 한 대가 조립·완성되어 시간당 100대, 하루 16시간 기준으로 1,600대를 생산할 수 있도록 조립선이 설계되었다. 그 당시 매 52초에 한 대의 자동차를 조립생산하고 있었던 GM사의 다른 조립공장과 비교했을 때 베가 생산라인은 GM은 물론 전세계에서도 가장 빠른 것이었다.

그러나 베가의 생산이 시작되자 계획된 결과가 실제로 실현되지 못하였다. 조립선의 작업들 간의 불균형 등으로 조립시간이 대당 40초로 늘어나서 기술적으로 가능한 생산효율성이 달성되지 않았다. 대당 생산시간의 10% 초과는 베가 사업부의 손익분기에 큰 영향을 미치는 중요한 요인이었고, 따라서 GM의 조립본부는 즉시 조립작업설계 전문가들을 파견하여 철저한 연구·조사 끝에 원래 계획이 실현되도록 조립작업과 생산시스템을 재조정하였다. 조립작업과 시스템의 개편으로 근로자 인력의 6%에 해당하는 375명이 정리해고되었다.

2. 태업과 파업

근로자들의 해고조치에 대하여 근로자들은 크게 반발하고 나섰다. 공장의 이곳저곳에서 태업이 발생했고 불량률도 급속히 증가하기 시작하였다. 경영층은 이에 강력히 대응하여 고의적인 태업과 불량작업에 대하여 엄한 징계조치를 취하였다. 그러자 근로자들은 이를 1920년대식 '착취경영'이라고 비난하고 불량품은 조립선 재조정에 따른 필연적인 결과라고 주장하였다. 노사 간의 갈등이 심화되는 가운데 불량률은 계속 증가하면서 조립중인 승용차의 유리가 깨졌거나 좌석이 칼로 찢겨졌거나 카뷰레터가 폐물로 막혀 있다든가, 극단의 경우에는 승용차의 중요부분이 조립되지 않은 채 조립선을 통과하는 등 고의적인 사보타주 행동까지 시작되었다.

이와 같은 상태가 수개월 동안 지속되다가 마침내 근로자들은 조합원 97%의 절대적인 지지로 파업에 들어갔다. 조립라인 근로자들은 세계에서 가장 높은 수준의 임금과 복리혜택을 받고 있었고, 작업환경도 최첨단 시설로 최고의 수준이었다. 그리고 그 당시 경제도 그리 좋지 않아서 로스타운 공장에서의 파업은 매우 충격적이었다. 5개월 동안의 파업은 결국 GM사가 파업을 주도한 몇 명의 노조원들을 제외한 해고근로자들 전원을 복귀시킴으로써 해결되었다. 그러나 약 8개월 간의 노사분규와 파업은 GM사에 엄청난 피해를 가져왔다. 조업중단에 따른 판매손실과 회사 이미지의 훼손은 물론, 수리를 요하는 불량차가 급증했고 월당 6,000건 이상의 클레임이 계속 들어오고 있었다.

토의질문

01. 로스타운 공장의 노사분규를 집단간 갈등관점에서 분석하시오.

02. 노사 간의 갈등을 어떻게 최소화 또는 피할 수 있었는지 집단간 행동관점에서 분석하시오.

Chapter **09**

리 더 십

Organizational
Behavior

Chapter
9 리더십

조직목표를 효과적으로 달성하려면 조직을 구성하고 있는 개인과 집단의 협조가 매우 중요하며, 개인과 집단의 협조를 이끌어내려면 그들과 직접적으로 상호작용을 하는 리더(leader)의 역할이 무엇보다 중요하다. 따라서 리더십(leadership)은 개인행동과 집단행동의 형성은 물론 이들 행동을 조직성과에 연결시키는 핵심 요소이다. 이러한 이유로 리더십은 사회과학 분야에서 많은 연구가 지속적으로 이루어져 왔으며, 그 결과 다른 어느 분야보다도 많은 지식과 이론이 개발되어 왔다.

이처럼 많은 연구가 이루어져 왔음에도 불구하고 어떠한 리더십이 효과적인가에 대해서는 학자들 간에 통일된 의견과 이론이 도출되지 못하고 있으며, 따라서 조직현장의 실무자들이 기존의 연구성과를 적용하는 데 있어서 많은 어려움을 겪고 있다. 이러한 문제점에도 불구하고 오랜 기간에 걸친 연구를 통하여 리더십에 관한 연구의 범위가 넓어졌고 지식기반도 확대되어 리더십에 관한 일반적인 개념은 물론, 다양한 이론을 중심으로 리더십에 관한 전반적인 이해가 증대되어 왔다. 특히 행동과학 분야에서의 연구성과들은 리더십 분야의 학문적 발전에 크게 기여해 왔다.

리더십을 연구하는 데 있어서 이 장은 제1절에서 리더십의 기본개념을 정리하고, 제2절과 제3절에서 리더십의 대표적인 이론들을 설명하며, 제4절에서 리더십연구의 최근 동향과 주요 이슈들을 살펴본다.

리더십이란 단어는 일상생활에서 많이 사용되고 있고, 특히 조직에서 자주 쓰이고 있는 매우 보편적인 용어이다. 그렇지만 리더십이 정확하게 무엇을 의미하는지는 사용자에 따라서 큰 차이를 보인다.

1 리더십의 일반개념

일반 사회 및 조직에서 보편적으로 사용되는 리더십 개념은 사회·정치적 개념과 경영관리적 개념으로 구분할 수 있다. 이들 일반 개념과 행동과학적 개념에는 약간의 차이가 있다. 먼저 리더십의 일반 개념으로서 사회·정치적 개념과 경영관리적 개념을 설명한다.

1) 사회·정치적 개념

사회·정치적 개념에서 리더십은 사회나 조직의 고위직책의 지도자가 수행하는 역할에 초점을 맞추는 것이 일반적이다. 이는 리더십을 조직의 외부환경에 대한 적응, 내부조직의 통합과 안정, 그리고 조직의 기본성격 형성 등 조직운영에 있어서 가장 근간이 되는 핵심역할로 보고 있으며, 구체적으로 리더십의 중요기능으로 다음을 강조한다(Selznick, 1957, pp.61~64, 135~138).

① 조직의 사명(institutional mission)과 사회적 역할의 설정: 외부환경과 내부상황을 고려하여 조직의 비전과 사명을 설정하는 기능
② 조직목표의 제도적 구현(institutional embodiment of purpose): 설정된 조직의 사명과 목적을 내부제도와 구조에 반영시켜 조직의 기본성격과 정체성(identity)을 형성하는 기능
③ 조직의 핵심가치(institutional integrity) 고수: 조직이 지향하는 고유 가치와 특성을 추구하고 이를 계속 유지하는 기능
④ 조직 내부의 갈등조정(ordering of internal conflicts): 조직 내의 구성원들간 및 집단 간의 갈등을 조정하여 조직의 안정을 기하고 자발적인 협조를 이끌어내는 기능

이와 같은 기능은 주로 정치지도자나 사회지도자 그리고 조직의 최고경영자가 수행하는 기능으로서, 이러한 리더십 개념은 일반 사회에서 흔히 인식되고 있는 개념에 매우 가깝다고 할 수 있다. 그리고 이러한 사회·정치적 리더십 개념은 조직의 외부환경과 내부환경을 중요 변수로 보고 이에 적합한 조직구조와 행동, 외부 사회집단과 내부 조직구성원으로부터의 협조와 상호작용을 강조함으로써, 일반시스템이론과 바나드의 경영이론이 반영되어 있음을 알 수 있다(Barnard, 1938).

2) 경영관리적 개념

리더십을 사회나 조직의 중요한 기능으로 보는 일반 사회적 개념에 반하여, 경영관리 분야에서는 리더십을 대체로 조직의 모든 경영관리 계층에서 수행하는 보편적 기능으로 인식하고 있다. 즉, 경영관리적 개념의 리더십이란 생산부서, 영업부서, 기획부서 등 기능분야에 상관없이 어떠한 부서에서든, 그리고 사장, 부사장 등 최고경영층뿐만 아니라 부장, 차장, 그리고 팀장 등 계층에 상관없이 관리자라면 누구나 담당하는 주요 기능으로 인식한다. 조직의 경영관리과정은 일반적으로 기획, 조직, 지휘, 통제의 기본기능으로 구분되는데, 지휘기능의 핵심이 바로 리더십이라 할 수 있다. 그리하여 경영관리적 개념은 리더십을 조직구성원으로 하여금 주어진 과업을 성의껏 그리고 자신있게 달성하도록 유도하는 과정으로 보고, 리더십의 주요기능으로 다음을 포함한다(Koontz & O'Donnell, 1972, p.557; Scanlon & Keys, 1979, pp.8~9).

① 조직이나 집단 목표를 달성하기 위하여 구성원들에게 그들이 수행할 업무를 배정하는 기능
② 주어진 과업을 잘 수행하도록 구성원들에게 동기를 부여하는 기능
③ 구성원들이 과업을 수행하는 데 필요한 지도(coaching)와 구성원들의 능력을 개발해 주는 기능
④ 구성원들 간의 커뮤니케이션과 기타 효율적인 과업달성에 필요한 일상적인 관리기능

이와 같이 경영관리 관점에서의 리더십은 경영과정의 한 부분으로서 조직 내의 상하계층을 막론하고 모든 관리자의 직무에 포함되는 보편적인 관리기능으로 인식되고 있다.

2 행동과학적 개념

이상의 일반 사회·정치적 리더십 개념과 경영관리적 리더십 개념에 비하여 근래의 행동과학 분야에서는 리더십을 집단구성원들 간의 상호작용 관점에서 본다.

1) 구성원 간의 영향과정

리더십을 정의하는 데 있어서 행동과학자들마다 표현은 서로 다르지만, 리더십은 일반적으로 주어진 조직상황하에서 조직목표를 달성하기 위하여 집단구성원에게 영향을 주는 과정으로 이해되고 있다(Stogdill, 1974, pp.7~16). 이러한 행동과학적 리더십개념에는 상호작용 변수로서 다음 몇 가지의 기본요소가 포함되어 있다.

① 리더(leader): 다른 구성원에게 영향을 주거나 영향을 주려고 노력하는 구성원
② 추종자 또는 부하(follower): 영향을 받는 또는 영향의 대상이 되고 있는 구성원
③ 상황적 요소: 리더와 부하 간의 영향과정에 작용하는 환경요소로서 집단의 목표, 과업, 기타 공식적·구조적 및 비공식적 조직요소들

2) 일반 개념과의 차이점

리더십을 집단구성원들 사이의 상호 영향과정으로 보는 행동과학적 개념은 일반 사회·정치적 개념 및 경영관리적 개념과 몇 가지의 차이점이 있다. 첫째로, 일반 사회적 개념은 리더십을 거시적인 관점에서 사회나 조직의 기본성격과 전략방향을 결정하는 상위계층 지도자의 중요기능에 초점을 맞추는 데 반해, 행동과학적 개념은 미시적인 관점에서 집단구성원들 사이의 상호작용을 중요시한다. 따라서 일반 사회적 개념은 리더십을 사회나 조직의 상위계층에 국한하는 반면에, 행동과학적 개념은 집단구성원 누구나 발휘할 수 있는 보편적인 기능과 역할로 본다.

둘째로, 경영관리적 개념은 리더십을 주로 공식적인 직위관점에서 봄으로써 대체로 고전적 경영관리개념을 반영하는 반면에, 행동과학적 개념은 자생적인 관점에서 구성원들 간의 상호관계를 중요시한다. 따라서 행동과학적 리더십개념은 공식적인 직위나 조직의 구조적 요소를 구성원들 간의 상호 영향과정의 상황변수로 봄으로써 집단구성원들 간의 상호작용에 연구초점을 맞춘다.

이와 같이 리더십에는 여러 가지의 의미와 개념이 존재하므로 통일된 정의를 내리기가 어렵다. 그러나 조직행동에서는 리더십을 집단구성원들 사이의 자연발생적인 상호

영향과정으로 이해하고, 이 영향과정에 리더의 행동, 조직의 상황적 요소가 어떠한 영향을 미치는지, 그리고 상호간의 영향관계가 조직 및 집단 성과에 어떠한 효과를 갖는지가 리더십의 중요 연구대상이다.

3 ▶ 리더십의 영향과정

리더십은 조직 또는 집단 목표를 달성하려는 목적지향적 행동인데, 그 효과는 리더와 부하 상호간의 영향과정(influence process)에 따라 다르다. 이 영향과정의 효과성에 따라서 의도한 성과의 달성 여부가 좌우되고, 또한 부하의 만족감도 결정된다. 따라서 영향과정의 형태와 이에 작용하는 요소들에 대해 살펴보고자 한다.

1) 권력과 권한

집단상황하에서 영향(influence)이란 한 구성원이 다른 구성원으로 하여금 자신이 의도한 바대로 사고나 행동의 변화를 가져오게 하는 것을 말한다(Gould & Kolb, 1964, p.332). 역할관점에서 볼 때 역할전달자는 역할수신자에게 자기가 원하는 행동이 나타나도록 영향을 준다. 관리자는 부하의 행동에 영향을 주고, 집단은 구성원들이 집단의 규범을 준수하도록 영향을 준다.

집단구성원들 간의 영향과정에서 작용하는 주요 요소로서 권력(power)과 권한(authority)을 들 수 있다. 권력이란 다른 구성원의 행동에 영향을 미칠 수 있는 잠재능력을 뜻하고, 권한은 합법적인 권력을 의미한다(Katz & Kahn, 1966, p.220). 즉, 권력은 다른 사람에게 직접 또는 간접적으로 영향력을 행사할 수 있는 잠재력(potential to influence)을 말하고, 권한은 여러 가지 권력의 형태 중에서 정당한 것으로 인정된 합법적 권력(legitimate power)을 의미한다.

2) 영향방법

리더가 다른 사람의 행동에 영향을 주는 방법에는 기본적으로 다음의 네 가지가 있다(Kast & Rosenzweig, 1974, pp.329~331).

① 모범(emulation) : 첫 번째 방법은 모범을 보이는 것이다. 리더가 솔선수범하는 경우 부하가 이를 역할모델(role model)로 삼아서 바람직한 행동을 취하기 때문에, 자연스럽게 부하의 행동에 영향을 미칠 수 있다.

② 제언(suggestion): 리더가 그의 아이디어나 의견을 제시함으로써 부하의 행동에
  영향을 미치는 것을 말한다.
③ 설득(persuasion): 설득은 제언보다 좀 더 직접적이고 적극적으로 부하의 행동에
  영향을 주려는 방법이다. 조언, 논리적 또는 합리적인 설명, 보상조건의 간접적인
  제시 등이 설득의 수단에 포함된다.
④ 강요(coercion): 설득은 강제성이나 위협을 수반하지 않는 반면, 강요는 상벌을
  통해 부하의 행동을 강제로 유도해내는 영향력 행사방법이다. 즉, 승진, 승급 또
  는 해임 등의 상벌을 이용하여 부하에게 심리적 또는 육체적 압박을 느끼게 만듦
  으로써 그의 행동에 영향을 주는 방법을 말한다.

 영향력 행사 방법은 영향과정과 집단성과 그리고 부하의 행동에 상이한 결과를 가져
오게 한다. 즉, 리더가 영향과정에서 모범과 제언방법을 많이 사용할수록 부하들은 자
의에 의해 자발적인 행동을 취하는 반면, 강요와 설득의 방법을 사용할수록 타의에 의
하여 행동이 형성된다. 따라서 자의에 의한 행동을 취할수록 부하들은 자발적으로 순
종하고 만족감의 수준도 높아지는 반면에, 타의에 의하여 행동이 형성될수록 부하들은
마지못해 순종하게 되고 그만큼 불만족을 느낄 가능성도 커진다(〈그림 9-1〉 참조).

그림 9-1 ▶ 영향 과정

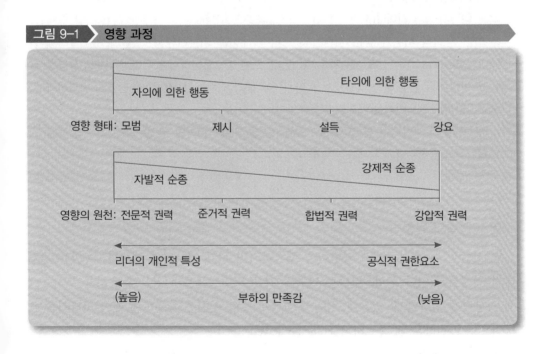

전쟁에서 승리하고 돌아온 아이젠하워 사령관에게 한 기자가 리더십이 뭐냐고 물었다. 아이젠하워는 책상 위에 실을 놓고 "당겨보라"고 했다. 그러자 실이 술술 잘 따라왔다. 이번엔 "이걸 밀어보라"고 했다. 아무리 해도 실은 밀리지 않고 구부러지기만 할 뿐이었다. 이를 보고 있던 그는 이렇게 말했다. "리더는 뒤에서 부하들을 전장(戰場)으로 내모는 게 아니라, 앞장서서 솔선수범함으로써 동참을 이끌어내는 사람이다."

다산 정약용은 『목민심서』 이전(吏典) 편에서 목민관들이 아전을 다스리는 근본에 대해 다음과 같이 쓰고 있다. "아전을 다스리는 근본은 자기 자신을 규율함에 있다. 자신의 몸가짐이 바르면 명령하지 않아도 행할 것이요. 자신의 몸가짐이 바르지 못하면 비록 명령하더라도 행하지 않을 것이다(束吏之本 在於律己, 其身正 不令而行, 其身不正 雖令不行)."

최근 사회적 지위가 높은 사람들의 도덕적 해이를 거론하면서 '노블리스 오블리제(noblesse oblige)'의 필요성을 자주 얘기한다. 노블리스 오블리제란 사회적 지위에 상응하는 도덕적 의무를 말하는 것으로서 로마시대에 왕과 귀족들이 보여준 투철한 도덕의식과 솔선수범하는 행동방식을 가리키는 용어이다.

구성원들의 자발적인 팔로어십(followership)을 이끌어내려면 무엇보다도 리더의 높은 도덕의식과 솔선수범의 자세가 필요하다.

3) 영향력의 원천

한 사람이 다른 사람에게 영향력을 행사하려면 뭔가 영향력을 행사할 수 있는 자원 내지 원천이 있어야 한다. 리더는 다음과 같은 다양한 권력원천을 활용하여 부하들에게 영향력을 행사할 수 있는데, 상황에 따라 적절한 원천을 활용하는 것이 리더십을 효과적으로 발휘하는 데 중요하다(French & Raven, 1960).

① 강압적 권력(coercive power): 강압적 권력은 다른 사람에게 벌을 줄 수 있는 능력

에 기반을 두고 영향력을 행사하는 것을 말한다. 벌의 형태로는 징계, 감독 강화, 물리력에 의한 위협 등이 있다. 벌은 부하직원들의 즉각적인 복종을 이끌어낼 수 있는 이점이 있는 반면, 구성원들의 반발을 불러일으킬 수 있으며 내면화 등의 장기적인 태도나 행동의 변화를 가져오기는 어렵다는 한계점을 갖고 있다.

② 보상적 권력(reward power) : 보상적 권력은 다른 사람에게 보상을 제공할 수 있는 자원 또는 능력에 기반을 두고 영향력을 행사하는 것이다. 임금인상, 승진, 인센티브, 교육훈련 기회, 칭찬 등 부하 직원이 가치 있게 생각하는 것을 제공할 수 있는 능력을 바탕으로 하여 다른 사람들에게 영향을 미치는 것을 말한다.

③ 합법적 권력(legitimate power) : 합법적 권력은 조직 내에서 정당성을 인정받은 권력으로서 공식 직위나 규정·규칙에 기반을 두고 영향력을 행사하는 것을 말한다. 즉, 리더가 부하에게 지시하고 명령할 수 있는 것은 부하들이 관리자가 지시하는 것을 정당한 것으로 인정하고 받아들이기 때문이라고 할 수 있다.

④ 준거적 권력(referent power) : 리더가 개인적으로 매력이 있어서 부하들이 좋아하고 존경하는 경우에 이러한 매력은 리더가 부하에게 영향력을 행사할 수 있는 하나의 자원이 된다. 준거적 권력이란 이처럼 리더가 존경받을 만한 성품이나 매력, 카리스마를 갖고 있는 경우 부하들이 리더를 준거인물 내지 역할모델(role model)로 삼고 리더를 본받고자 하게 되고, 리더는 이를 기반으로 부하들의 행동과 태도에 자연스럽게 영향을 미치게 되는 것을 말한다. 심지어 리더가 영향력을 행사하고자 하는 적극적인 의도가 없는 상황에서도 부하들이 스스로 따르고자 하기 때문에 부하들의 태도와 행동에 큰 영향을 미칠 수 있게 된다.

⑤ 전문적 권력(expert power) : 전문적 권력은 리더가 전문적인 지식과 기술, 업무능력과 역량에 기반을 두고 부하에게 영향력을 행사하는 것을 말한다.

강압적 권력, 보상적 권력과 합법적 권력은 주로 공식적인 권한에 의존하는 것인 반면에, 준거적 권력과 전문적 권력은 개인적인 특성에 의존한다. 실증연구 결과들에 의하면 공식적인 권한보다는 리더의 전문성과 개인적 인품에 의존하여 영향력을 행사하는 것이 부하들의 만족감 차원에서 봤을 때 긍정적인 결과를 가져오는 것으로 밝혀졌다.

이와 같이 리더는 다양한 권력원천을 활용할 수 있는데, 성공적인 리더는 다양한 권력원천들을 시기적절하게 효과적으로 활용해야 한다. 오로지 합법적 권력, 즉 직위권력(position power) 하나에만 의존하는 사람은 자유자재로 다양한 권력을 행사하는 개인이나 집단에 비해 권력행사의 효과성이 떨어질 수밖에 없다. 어떤 직위에 공식적으

✍ 권력의 원천과 영향력 행사방법

　　사람들은 다양한 원천으로부터 권력을 획득한다. 216명의 미국 CEO들을 대상으로 어떠한 권력 원천에 주로 의존하고 있다고 생각하는지 조사하였는데, CEO들은 다양한 원천으로부터 권력을 도출하고 있고, 특히 개인적인 성격과 자질을 가장 중요한 원천으로 인식하고 있다. 그리고 아래 그림에서 보는 바와 같이 다양한 직책의 사람들의 지원도 중요한 권력 원천으로 나타나고 있다(Stewart, 1999).

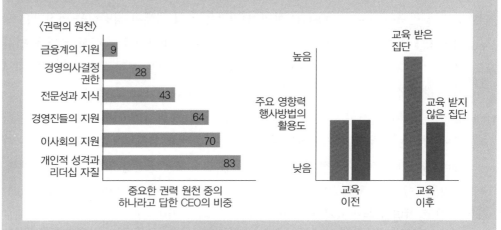

　　한편, 교육훈련에 참가한 관리자들에게 현재 얼마나 다양한 영향력 행사방법(influence tactics)을 활용하고 있는지 피드백해 주는 동시에 어떻게 하면 다양한 방법들을 좀 더 성공적으로 활용할 수 있는지에 대해 교육하였다. 그 결과, 교육훈련을 받은 참가자들은 교육을 받기 이전보다 그리고 영향력 행사방법에 대한 교육을 받지 않은 관리자들보다 훨씬 다양한 영향력 행사방법을 활용하는 것으로 나타났다(Seifert, et al., 2003).

　　이러한 연구결과는 교육훈련을 통해 효과적인 영향력 행사방법을 학습하고 리더십역량을 향상시킬 수 있다는 것을 보여준다.

　　자료: Stewart, T. (1999), "CEOs See Clout Shifting," *Fortune*, November 6, p.66; Seifert, C.F., Yukl, G., & McDonald, R.A. (2003), "Effects of Multisource Feedback and a Feedback Facilitator on the Influence Behavior of Managers toward Subordinates," *Journal of Applied Psychology*, 88, pp.561~569.

로 부여된 권력만으로는 과업의 수행이 수월치 않기 때문에 관리직에서는 '권력의 간극(power gap)' 현상이 나타나게 되는데, 이 경우 전문성, 보상, 강제력, 개인적 매력 등 다양한 권력원천을 활용하여 이 같은 간극을 메우는 것이 필요하다(Bolman & Deal/신택현, 2004, 247).

4 리더십이론의 분류

리더와 부하와의 관계에 있어서 리더의 영향방법은 부하의 만족감과 밀접한 관계를 맺고 있다. 그렇지만 리더십의 효과성은 부하의 만족감으로만 평가되는 것은 아니다. 그 이외에도 집단이나 조직의 성과달성과 구성원의 성장 등 다른 결과도 고려되어야 한다. 리더의 영향행동과 리더십상황 그리고 구성원의 특성 등 리더십과정에 작용하는 다양한 요소들을 고려하여 리더십현상을 체계적으로 설명하려는 이론들이 발달되어 왔다. 행동과학 분야에서 이루어진 리더십 연구들은 크게 다음의 세 가지 이론으로 분류할 수 있다(〈표 9-1〉 참조).

① 특성이론(trait theory): 리더를 중심으로 성공적인 리더들이 갖고 있는 특성을 규명하는 데 초점을 맞춘다.
② 행동이론(behavioral theory): 리더와 부하의 관계를 중심으로 리더의 행동스타일에 초점을 맞추어 연구한다.
③ 상황이론(situational theory): 리더십과정에 영향을 미치는 중요상황을 중심으로 상황과 리더십 스타일 간의 적합관계를 규명하는 데 초점을 둔다.

표 9-1	리더십이론의 분류
리더십이론	주요 연구측면
특성이론 (1940~1950년대)	• "성공적인 리더는 어떤 특성을 갖추고 있는가?" • 성공적인 리더의 특성(지적 · 성격적 · 육체적 특성)과 자질
행동이론 (1950~1960년대)	• "성공적인 리더는 부하들에게 실제로 어떤 행동을 취하는가?" • 효과적인 리더십 스타일: 독재적-민주적-자유방임적 리더, 구조주도적-배려적 리더십, 과업중심적-부하중심적 리더십
상황이론 (1970년대)	• "상황에 따라 이에 적합한 리더십 스타일은 어떤 것인가?" • 상황특성에 적합한 리더십 스타일: 리더십 상황이론, 경로-목표이론, 의사결정 상황이론, 리더십 수명주기이론 등

리더십 특성이론과 행동이론

리더십 특성이론은 리더십 연구에 있어서 가장 오랜 역사를 가지고 있는 이론으로서, 성공적인 리더들은 공통된 특성(traits)과 자질을 가지고 있다는 전제하에 이들 특성을 밝혀내는 데 초점을 두고 연구를 진행한다. 한편, 리더십 행동이론은 효과적인 리더십은 리더가 부하들과의 관계에서 구체적으로 어떤 행동을 취하느냐에 따라 결정된다는 전제하에 리더의 실제 행동을 연구한다. 따라서 리더십 행동이론은 리더가 갖추고 있는 특성보다는 리더가 부하들과의 관계에서 실제로 표출하는 행동스타일에 초점을 맞추고, 이러한 행동방식이 리더십효과성에 어떠한 영향을 미치는지 주로 연구한다. 여기서는 리더십 특성이론과 행동이론에 대해 차례로 설명한다.

1 리더십 특성이론

리더십 특성이론은 처음에는 주로 사회적으로 명성이 있는 지도자들을 중심으로 그들의 공통적인 특성을 연구하는 위인이론(Great Man Theory)에 치중하다가 차차 조직의 경영관리자를 대상으로 성공적인 리더의 특성을 연구하게 되었다. 특성이론에서 주로 연구대상이 되고 있는 리더의 중요 특성측면과 특성이론의 한계점을 요약한다.

1) 주요 연구측면

리더십 특성이론에서는 성공적인 리더십과 관련하여 다음의 주요 특성들을 중심으로 연구되어 왔다(Stogdill, 1974, pp.74~75; Bass, 1990; Goleman, 1995; Szilagyi & Wallace, 1990, pp.386~390).

① 신체적 특성: 리더의 신장, 용모, 인상, 건강상태 등 성공적인 리더십과 관련성이 높다고 인식되는 특성
② 지능: 판단력과 결단성, 언어능력과 수리능력, 그리고 기억력과 인지능력 등
③ 성격과 감성: 리더의 자신감, 독립성, 적극성, 민첩성, 창의성 등
④ 관리능력: 리더의 성취의욕, 책임감, 추진력 등 과업지향적 특성과 협조성, 대인관계기술 등 상호작용능력

원주민 추장의 특권

프랑스 철학자 몽테뉴가 남미 원주민의 추장 일행을 만났을 때 일화다. 그가 "추장님, 당신의 특권은 무엇입니까?"라고 묻자 추장은 다음과 같이 답했다.

"전쟁이 일어났을 때 맨 앞에 서는 것이지요."

이 일화는 리더가 뒤에서 지시하고 명령하는 존재가 아니라 앞장서서 솔선수범해야 하는 존재임을, 그리고 특권만을 누리는 것이 아니라 책임감을 갖고 실천해야 한다는 것을 잘 보여주고 있다.

2) 주요 리더특성

성공적인 리더십과 관련하여 많은 연구에서 강조되어온 주요 리더특성을 정리하자면 다음의 일곱 가지를 들 수 있다(Kirkpatrick & Locke, 1991; Judge et al., 2002).

① 추진력(drive): 성공적 리더들은 높은 수준의 열의를 보이며, 성취욕구가 강하고, 담대한 포부를 갖고 있음. 또한 활력이 넘치고, 어떤 활동을 함에 있어서 추진력이 강하고 지칠 줄 모르는 끈기를 갖고 있음

② 지휘욕구(desire to lead): 성공적인 리더들은 다른 사람들에게 영향을 미치고 다른 사람들을 이끌고자 하는 욕구가 강하며, 책임감도 강함

③ 정직성과 성실성(honesty and integrity): 성공적인 리더들은 정직과 신용을 바탕으로 다른 사람들과 신뢰 관계를 형성하며 언행일치를 몸소 실천함

④ 자신감(self-confidence): 부하들은 자신감이 없는 리더를 따르지 않음. 따라서 성공적인 리더들은 자신의 의사결정에 대해 자신감을 보임

⑤ 지적 능력(intelligence): 성공적인 리더들은 다양한 정보를 수집·종합·해석할 수 있는 능력을 갖추고 있으며, 비전 설정, 문제해결 및 의사결정 능력을 갖고 있음

⑥ 직무관련 지식(job-relevant knowledge): 성공적인 리더들은 업무관련 기술, 회사 및 산업에 대한 지식을 갖추고 있음으로써 적절한 의사결정을 내림

⑦ 외향성(extraversion): 성공적인 리더들은 기운과 활력이 넘치며, 사교적이고 적극적임

3) 특성이론의 문제점

리더십 특성이론은 성공적인 리더의 공통된 특성을 이해하는 데 많은 도움을 주었고, 기업의 인력 선발과 개발에도 실질적인 기여를 하였다. 특히 종합평가제도(assessment center)와 관련하여 조직의 주요 직무별로 성공적인 리더가 갖추어야 하는 특성을 분석하고, 이를 중심으로 리더를 선발 또는 개발하는 노력을 기울이는 데 활용되어 왔다(Keil, 1981; Bray et al., 1974). 그리고 리더특성과 관련하여 개인의 성격과 능력을 측정하는 데에도 많은 공헌을 하였다.

그러나 리더십 특성이론은 연구방법상으로나 연구결과의 적용에 있어서 여러 가지 한계점을 갖고 있다(Bass, 1990; Northouse, 1997). 첫째, 성공적인 리더의 특성을 연구할수록 연구들마다 제각각 서로 다른 특성들을 제시함에 따라서 리더 특성이 지속적으로 증가하게 되어 100개도 넘는 많은 특성들이 도출되었다. 이처럼 다양한 특성들이 제시되고 이론의 복잡성이 증대됨에 따라 현실에의 적용가능성은 오히려 떨어지게 되었다. 또한, 리더십 특성이론은 리더십이 발휘되는 상황 요소를 전혀 고려하지 않고 있는데, 상황요인을 고려하지 않는 경우 리더 특성에 대한 연구결과를 제대로 이해하지 못하거나 실제 상황에 잘못 적용할 위험성을 갖고 있다(Kenny & Zaccaro, 1983; Lord et al., 1988).

둘째, 리더특성과 리더십 효과성의 관계에 있어서 일관된 연구결과가 나타나지 않고 있고 상충된 결과들이 나타남으로써 리더십 효과성에 대한 설명력이 의문시되고 있다. 이것은 리더특성의 측정문제뿐만 아니라 특성들이 각기 독립적으로 작용하지 않고 다른 요인들과 복합적으로 작용하는 데에도 그 원인이 있다. 그리고 연구결과로 제시된 바람직한 리더특성들이 대부분 상식적인 수준을 넘어서지 못하고 있어서 실질적 예측력이 또한 의문시되고 있다.

셋째, 리더십 효과성은 리더의 특성뿐만 아니라 부하의 특성, 과업의 성격을 비롯하여 많은 상황적 요소에 의하여 결정된다. 따라서 리더 개인의 특성에 대한 연구만으로는 리더십과정을 제대로 이해하기가 어렵다. 또한 리더의 특성연구는 주로 리더의 신체적 및 지능적 특성, 그리고 성격과 관리능력 등을 연구할 뿐이고, 리더가 리더십과정에서 실제로 어떤 역할을 하고 행동을 취하는지를 설명해 주지 않으므로 리더십 현상을 충분히 이해하는 데 한계가 있다.

이와 같은 이론적 및 실질적인 문제로 말미암아 리더십연구는 리더가 실제로 취하는 행동과 여러 환경적 상황에 초점을 두는 것으로 전환되기 시작하였고, 그 결과로 리더십 행동이론과 상황이론이 등장하고 발전하게 되었다. 그렇다고 해서 리더특성에 관한 철강 왕 카네기의 사무실 한 벽에는 낡은 그림 하나가 걸려 있었다고 한다. 유명한 화가의 그림도, 골동품적인 가치가 있는 그림도 아니었다. 썰물이 빠져나간 모래사장에 아무렇게나 던져져 있는 나룻배 한 척과 노가 그려진, 무척 절망스럽고 처절한 느낌이 드는 그림이었다. 그런데 그 그림 밑에는 "반드시 밀물 때가 온다"라는 글이 씌어 있었다. 누군가가 카네기에게 왜 이 그림을 그렇게 사랑하느냐고 물었다. "청년시절 세일즈맨으로 이 집저 집을 방문하면서 물건을 팔았는데, 한 노인의 집에서 이 그림을 봤을 때 퍽 인상적이었고, 특히 '반드시 밀물 때가 온다'라는 글귀가 오랫동안 뇌리에 남아 있었다. 그처럼 시간이지나도 그 그림과 글귀가 잊히지 않아 노인을 다시 찾아가 정중하게 부탁해서 그림을 얻었다." 카네기는 그 그림을 일생 동안 소중히 보관했고, "반드시 밀물 때가 온다"라는 말을 그의 생활신조로 삼았다.

강한 신념은 절망을 희망으로, 불가능을 가능으로 바꾸는 힘이 된다. 성공적인 리더가되려면 먼저 강한 신념을 가져야 한다.

연구가 결코 중단된 것은 아니다. 앞에서 설명한 바와 같이 리더의 특성은 현대조직의 인적자원관리, 특히 선발과 인력개발에 있어서 여전히 중요한 역할을 하고 있다. 따라서 성공적인 리더특성에 관한 실증적 연구는 앞으로도 계속 진행될 것으로 예상된다.

2 독재적–민주적–자유방임적 리더십

리더행동에 초점을 두고 연구를 진행하는 리더십 행동이론에는 여러 가지가 있지만, 여기서는 독재적–민주적 리더십, 구조주도적–고려적 리더십, 그리고 관리그리드 리더십에 대해 간단히 살펴보고자 한다.

독재적–민주적 리더십이론은 의사결정과정에서 나타나는 리더의 행동을 독재적(autocratic or authoritarian), 민주적(democratic or equalitarian), 자유방임적(laissez-faire) 리더십유형으로 나누고, 이들 리더십 행동유형이 집단성과나 집단구성원의 만족감에 미치는 영향을 개념화한다.

1) 리더 스타일의 분류

리더는 크고 작은 의사결정들을 지속적으로 내려야 하는데, 리더가 어떤 방식으로 의사결정을 하느냐에 따라서 리더의 행동유형을 구분할 수 있다. 즉, 〈그림 9-2〉에서 보는 바와 같이 의사결정 과정에서 리더가 부하의 참여를 많이 허용하고 부하의 의견을 많이 청취하고 반영할수록 민주적 스타일로 분류되고, 그 반면에 리더가 자기 단독으로 의사결정을 하고 의사결정에 부하보다는 자신의 개인적인 사항들을 많이 고려할수록 독재적 스타일로 분류된다(Jennings, 1962, pp.164~165; White & Lippitt, 1960, p.528). 한편, 자유방임적 스타일은 리더가 의사결정에 무관심하여 전혀 관여를 하지 않고 부하에게 일임하는 것으로서 엄밀하게 말하자면 리더십기능이 발휘되지 않는 상태라고 할 수 있다(French, 1982, p.102).

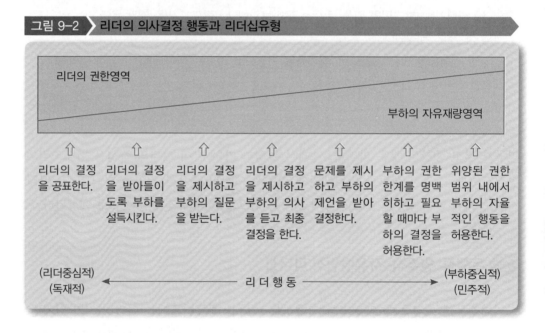

그림 9-2 ▶ 리더의 의사결정 행동과 리더십유형

2) 리더스타일과 집단효율성

리더십 스타일은 집단의 생산성에 많은 영향을 준다. 생산성을 높이기 위하여 압력을 가하거나 벌과 위협을 사용하는 경우에 단기적으로 생산성을 높이는 데 효과가 있지만, 장기적으로는 오히려 집단의 생산성과 부하의 만족도에 역효과를 가져오는 경우가 많다. 반면에 민주적 스타일은 장기적인 측면에서 생산성에 좋은 효과를 가져온다는 것이 여러 연구결과에서 나타나고 있다(Likert, 1961, pp.8~12; Lewin & Lippitt, 1955, pp.521~523). 민주적 스타일의 이러한 긍정적인 효과는 집단구성원들의 참여에 따른 적극적인 태도 때문이라는 것이 일반적인 분석이다. 한편, 자유방임적 스타일은 기업에서 집단구성원 간에 혼란과 갈등을 야기함으로써 일반적으로 생산성에 역기능적 효과를 가져오는 것으로 인식되고 있다(White & Lippitt, 1960, pp.539~540).

집단구성원의 만족감에 있어서도 민주적 스타일이 비교적 좋은 성과를 나타내는데, 민주적 리더 스타일은 집단구성원들 간의 협조와 친밀감 그리고 개방적 의사소통 등 긍정적인 효과를 가지며, 또한 고충처리와 결근율, 이직률 등을 낮추어주는 효과를 보이는 것으로 나타났다.

3 구조주도형-배려형 리더십

리더십 행동이론에 포함되는 연구가 여럿 있지만, 이들 연구들은 대부분 리더가 과업목표의 달성에 일차적인 관심을 기울이느냐 아니면 구성원들의 개인적인 목표에 관심을 기울이고 이를 달성할 수 있도록 지원하느냐의 두 갈래로 리더행동을 구분해왔다. 전자는 과업목표를 성공적으로 달성하기 위해 구성원들과 과업 중심의 관계를 구축하는 데 중점을 두는 리더행동인 반면에, 후자는 관계중심의 리더행동으로서 구성원 개개인에 대해 관심을 기울이고 배려하는 리더십을 가리킨다.

이러한 연구전통은 1940년대 후반 오하이오 주립대학(Ohio State University)의 경영연구소에서 시작되었다고 할 수 있는데, 이 연구는 리더행동을 구조주도와 배려의 두 유형으로 구분하고 있다. 이 연구의 주요 목적은 리더십 스타일과 이에 따른 집단성과 및 구성원의 만족감 간의 상호관계를 분석하는 것이었다.

1) 리더십 스타일의 분류

오하이오 주립대학의 연구는 리더십 스타일을 측정하기 위해 리더행동기술설문서(Leader Behavior Description Questionnaire)와 리더의견설문서(Leader Opinion Questionnaire)를 사용하였는데, 리더들을 구조주도형(initiating structure) 리더와 배려형(consideration) 리더로 분류한다. 구조주도형 리더십은 부하의 과업수행 환경을 구조화하는 것으로서, 과업목표를 설정하고 부하들이 수행해야 할 과업을 배정하고 과업역할 및 과업수행 방법을 명확히 설정하는 한편, 체계적으로 성과 평가를 하고 필요한 경우 적절한 통제를 하는 리더십 행동을 말한다. 이러한 유형의 리더는 목표설정, 업무할당, 스케줄링, 업무지시 및 감독, 평가·통제 등을 통해서 개인 및 집단의 활동방향을 구체적으로 제시하는 데 역점을 둔다.

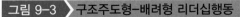

그림 9-3 구조주도형-배려형 리더십행동

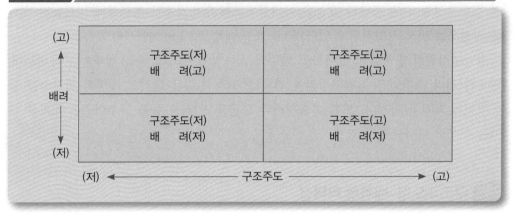

반면에, 배려형 리더십은 부하와의 관계를 중요시하고, 리더-부하 및 부하들 사이의 상호 신뢰, 공감, 상호존중 그리고 상호협조를 조성하는 데 주력하는 리더행동을 뜻한다. 이러한 유형의 리더는 구성원의 만족감에 관심을 기울이는데, 구성원들의 애로사항을 듣고 해결해주려 하며, 의사결정을 함에 있어서도 쌍방향적 커뮤니케이션을 통해 구성원들의 의견을 경청하고 반영하는 노력을 기울인다. 그런데, 이 연구는 구조주도형과 배려형 리더십 스타일을 단일연속성 개념(어느 한쪽이 강하면 당연히 다른 한쪽은 약한 것으로 인식함)이 아니라 복수연속선(multidimensional continua) 개념(어느 한쪽이 강하면 다른 쪽은 자동적으로 약한 것이 아니라 둘 다 약하거나 둘 다 강할 수도 있는 것으로 인식함)으로 접근함으로써 〈그림 9-3〉과 같이 네 가지의 리더십스타일로 분류하고 있다.

2) 연구결과

일반적으로 구조주도형의 리더는 단기적으로 생산성을 높이는 데 효과적이다. 반면에, 구조주도는 높지만 배려 수준이 낮은 리더의 부하들은 대체로 불평을 많이 하고, 결근율과 이직률도 높은 것으로 나타났다. 구조주도와 배려가 모두 높은 리더들이 집단성과 부하의 만족감 측면에서 효과적이라 할 수 있다. 그렇지만 일부 연구에서는 이런 보편적 견해에 상반되는 연구결과도 나오고 있다(Fleishman, 1973, pp.1~37; Hellriegel et al., 2001, p.330; Hutchinson et al., 1998; Kerr et al., 1974, pp.62~82). 또한, 연구를 계속할수록 리더의 행동스타일과 더불어 조직의 상황요소들이 리더십효과에 영향을 미치는 중요한 요인으로 나타났고, 따라서 조직의 상황 요소들이 연구변수로 포함되지 않은 것이 구조주도-배려형 리더십연구의 가장 큰 한계점으로 드러나게 되었다(Hellriegel, 2001, p.331; House et al., 1971, pp.19~30).

4 관리그리드

관리그리드(Managerial Grid)는 블레이크와 무톤이 오하이오 주립대학의 구조주도형과 배려형 리더십 연구개념을 연장시켜 리더의 행동유형을 더욱 구체화하고 효과적인 리더십행동을 양성하기 위한 기법으로 개발된 이론이다(Blake & Mouton, 1985).

1) 리더십유형의 분류

관리그리드이론은 리더의 행동을 생산에 대한 관심(production concern)과 인간에 대한 관심(people concern) 두 개의 차원으로 구분하고, 〈그림 9-4〉와 같이 그리드로 계량화하여 다음과 같이 주요 리더십유형을 분류하였다.

① (1·1)무관심형(impoverished): 생산과 인간에 대한 관심이 모두 낮은 유형으로서 리더 자신의 신분을 유지하는 데 필요한 최소의 노력만을 투입하는 리더
② (1·9)인기형(country club): 인간에 대한 관심은 높지만 생산에 대한 관심은 매우 낮은 유형으로 구성원과의 만족스런 관계와 친밀한 분위기를 조성하는 데 역점을 두는 리더

그림 9-4 ▶ 관리그리드와 리더십유형

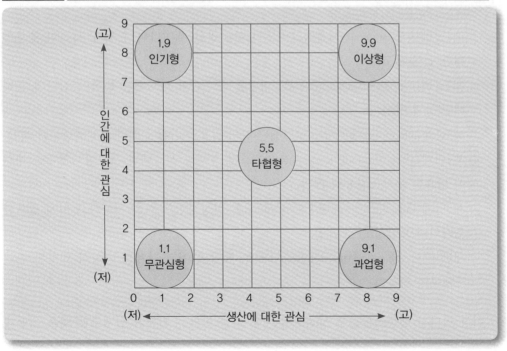

③ (9·1)과업형(task): 생산에 대한 관심은 높지만 인간에 대한 관심은 매우 낮은 유형으로 인간적인 요소보다는 과업목표의 달성을 더 중요시하는 리더

④ (5·5)타협형(middle of the road): 과업목표와 인간적 요소를 절충하여 두 가지를 모두 적당한 선에서 추구하는 리더

⑤ (9·9)이상형(team): 구성원들과 조직의 공동목표 및 상호 의존관계를 강조하고, 상호신뢰적이고 상호존중적인 관계에서 구성원들의 몰입을 통하여 과업목표를 달성하고자 하는 리더

이들 유형은 리더의 행동경향을 측정하는 설문서를 사용하여 계량화되는데, 이와 같이 계량적 수치로 나타낸다는 점을 제외하고는 구조주도형–배려형 리더십과 유사하다고 할 수 있다.

2) 관리그리드이론의 적용

관리그리드이론은 조직에서 관리자의 리더십 개발에 많이 적용되어 왔다. 그리드개념에 의하여 관리자의 리더십유형을 측정하고, 이상형(9·9)의 리더십을 개발하는 것을 목표로 삼아 체계적이고 단계적인 리더행동개발 프로그램이 적용된다. 또한 관리자의 리더십행동개발은 시스템적 관점에서 전사적인 조직개발에도 확대되어 간다. 그리드훈련은 구체적으로 다음과 같은 단계적 개발과정을 포함한다(Blake et al., 1964).

① 제1단계(grid seminar): 관리그리드이론에 관한 세미나와 관리자 자신의 행동에 대한 인식 제고

② 제2단계(teamwork development): 리더들 상호간의 피드백을 통하여 집단의 문제해결 능력 향상

③ 제3단계(intergroup development): 집단 간의 갈등과 마찰에 대한 문제해결능력 개발

④ 제4단계(system model development): 조직 전체의 시스템적 사고방식과 조직개선에 필요한 문제해결능력 개발

⑤ 제5단계(implementation of system model): 이상적인 조직을 지향하고 이에 필요한 조직의 목표달성 능력 개발

⑥ 제6단계(stabilization and reinforcement): 이상의 여러 단계를 거쳐서 개발된 관리자행동의 정착화

이상 리더십 행동이론들을 살펴보았는데, 이들 이론은 리더가 실제로 무엇을 어떻게

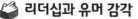 **리더십과 유머 감각**

유머감각은 성공적인 리더가 갖추어야 하는 필수요건 중의 하나이다. 처칠 수상은 '가장 위대한 영국인'으로 선정될 정도로 국민의 큰 사랑을 받았는데, 그 비결은 바로 유머감각이었다. 처칠이 연단 위에 오르려다 넘어졌다. 갑작스런 사태에 청중들이 그만 웃음을 터뜨렸다. 처칠이 천천히 일어나더니 마이크를 잡고 말했다. "제가 넘어져 국민이 즐겁게 웃을 수 있다면, 다시 한 번 넘어지겠습니다!" 장내에 다시 한 번 웃음꽃이 피었다.

미국을 방문한 처칠에게 한 여인이 질문을 던졌다. "연설할 때마다 이렇게 사람들이 자리가 미어터질 정도로 모여드니 기분이 정말 짜릿하시겠어요?" 처칠은 웃음을 지어 보이며 대답했다. "물론 기분이 좋습니다. 하지만 내가 정치연설을 하는 것이 아니라 교수형을 당하는 것이라면 지금보다 최소한 2배 이상의 사람들이 몰려들 것이란 사실을 늘 기억하고 있습니다."

평소 너무나 엄격하고 진지해서 유머와는 거리가 멀 것 같은 링컨도 사실 유머가 넘치는 사람이었다. 링컨이 상원의원 선거에 입후보하여 더글러스 후보와 합동 선거 유세를 하던 날, 더글러스 후보가 링컨을 공격했다. "링컨은 말만 그럴 듯하게 하는, 두 얼굴을 가진 이중인격자입니다." 링컨은 당황하지 않고 재치 있게 받아쳤다. "더글러스 후보가 저를 두고 두 얼굴을 가진 사나이로 몰아세우고 있습니다. 좋습니다! 그의 말이 사실이라면 여러분께서 잘 생각해 보시기 바랍니다. 만일 제가 두 얼굴을 가진 사나이라면, 오늘같이 중요한 날, 왜 제가 이렇게 못생긴 얼굴을 가지고 나왔겠습니까?"

하느냐가 리더십 과정에 중요하다고 전제하고, 리더의 행동스타일이 집단 성과와 부하의 만족감에 미치는 영향을 분석함으로써 효과적인 리더십 스타일을 밝혀내고자 하였다. 선행연구 결과에 의하면, 일반적으로 민주적 리더십, 구조주도와 배려가 모두 높은 리더십, 그리고 생산과 인간에 대한 관심이 모두 높은 리더십이 집단성과와 구성원의 만족감을 높여 주는 것으로 나타나고 있다.

그렇지만 리더십 행동이론들은 공통적으로 몇 가지의 한계점을 지니고 있다. 첫째, 리더의 행동유형을 측정·분류하는 데 있어서 타당성과 신뢰성이 결여되는 경우가 많다. 둘째, 리더십과정에는 리더의 행동스타일 이외에도 많은 상황변수들이 작용하므로 이들 상황변수를 고려하지 않는 경우 리더십의 효과성에 대한 충분한 이해가 이루어질 수 없다고 할 수 있다.

리더십 행동이론의 한계점이 인식됨에 따라서 리더십과정에 작용하는 여러 상황요인을 연구하는 상황이론이 발표되기 시작하였다. 리더십 특성이론이나 행동이론은 상황에 무관하게 가장 바람직한 리더 특성이나 리더십 스타일(one best way)이 있다고 전제하는 반면, 리더십 상황이론은 효과적인 리더십이란 상황에 따라 각각 다르다는 전제하에 상황요인과 리더십 스타일 간의 적합성에 초점을 두고 연구한다. 즉, 상황이 다르면 효과적인 리더십 스타일도 다르다는 것이다. 이처럼 리더십 상황이론은 리더십 과정에 영향을 미치는 상황요인들을 규명하고, 이러한 상황특성에 따라 어떠한 리더십 스타일이 효과적인지를 중점적으로 연구한다.

1 피들러(Fiedler)의 상황적합성이론

가장 대표적이고 선구적인 리더십 상황이론으로 피들러(F. Fiedler)의 상황적합성이론(Contingency Theory)을 들 수 있다. 피들러의 상황적합성이론은 리더십에 영향을 미칠 수 있는 주요 상황요소를 도출하고, 이들 상황이 달라짐에 따라 효과적인 리더십행동도 서로 다르다는 것을 밝혀냈다(Fiedler, 1967).

1) 리더십 스타일의 유형분류

상황적합성이론은 LPC(the least preferred co-worker)점수를 활용하여 리더십 스타일을 분류하였다. LPC점수는 리더가 자신이 가장 싫어하는 동료를 어떻게 평가하는지 측정하여 점수화한 것으로서 20개 항목으로 구성된 LPC설문(〈그림 9-5〉 참조)에서의 응답점수에 따라 리더를 과업지향적 리더와 관계지향적 리더로 구분한다. LPC 점수가 높다는 것은 자기가 싫어하는 동료임에도 불구하고 긍정적으로 평가한다는 것을 의미하며 이러한 리더는 관계지향적 리더일 가능성이 높다는 것이다. 반면에, 자기가 싫어하는 동료를 부정적으로 평가하는 리더는 과업지향적인 것으로 보고 있다.

2) 상황요인

상황적합성 이론은 리더십 과정에 영향을 미치는 상황요인으로 과업구조, 리더-부하의 관계와 지위권력 세 가지를 포함하고 있다.

그림 9-5 ▶ 리더십 스타일 측정: LPC 측정설문 예시

가장 싫어하는 동료(LPC)에 대한 평가

유쾌한 사람	8 7 6 5 4 3 2 1	불쾌한 사람
수용적인 사람	8 7 6 5 4 3 2 1	거부적인 사람
지원적인 사람	8 7 6 5 4 3 2 1	적대적인 사람
느긋한 사람	8 7 6 5 4 3 2 1	긴장된 사람
(관계지향적)	← →	(과업지향적)

① 과업구조(task structure): 과업이 얼마나 일상적인지 아니면 복잡한지를 가리키는 것으로서 구조화된 과업이란 과업내용이 명백하고 목표가 뚜렷하며 업무수행방법과 절차도 간단하여 기존의 의사결정이 반복되는 과업을 말한다. 반면에, 비구조화된 과업은 과업내용 및 목표가 불명확하고 업무수행방법과 절차가 복잡하여 반복적인 의사결정이 이루어질 수 없는 과업을 가리킨다.

② 리더와 부하의 관계(leader-member relations): 리더와 부하의 관계가 얼마나 원만한지를 가리키는 것으로서 구성원들이 리더를 얼마나 신뢰하고 존경하는지, 그리고 그의 지시를 따르려는 의사가 어느 정도인지를 나타낸다.

③ 리더의 지위권력(leader position power): 리더가 구성원들의 행동에 영향을 줄 수 있는 정도를 가리키는 것으로서 합법적, 보상적 및 강압적 권력을 포함한다. 즉, 구성원들에게 보상하거나 벌을 줄 수 있는 공식 권한을 얼마나 가지고 있는지를 가리킨다.

피들러는 이들 세 가지 상황요소들을 결합하여 상황이 리더에게 유리한지 아니면 불리한지를 여덟 단계로 구분하였다. 〈그림 9-6〉에서 보는 바와 같이 리더와 부하 간의 관계가 좋고 과업성격이 구조화되어 있고 리더의 지위권력이 강할수록 리더에게 유리한 상황이고, 리더와 부하 간의 관계가 좋지 않고 과업성격이 비구조적이며 리더의 지위권력이 약할수록 리더에게 불리한 상황이다.

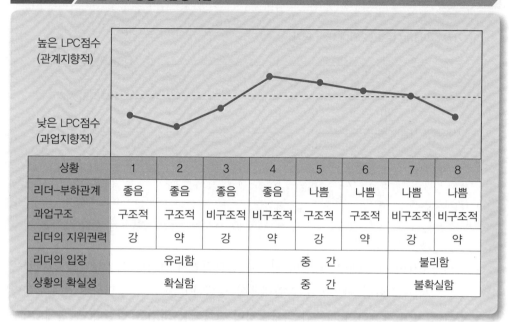

그림 9-6 피들러의 상황적합성이론

상황	1	2	3	4	5	6	7	8
리더-부하관계	좋음	좋음	좋음	좋음	나쁨	나쁨	나쁨	나쁨
과업구조	구조적	구조적	비구조적	비구조적	구조적	구조적	비구조적	비구조적
리더의 지위권력	강	약	강	약	강	약	강	약
리더의 입장	유리함				중 간		불리함	
상황의 확실성	확실함				중 간		불확실함	

3) 효과적 리더십

피들러의 연구팀이 장기간 동안 63개의 기업, 교육기관 및 군대에서 454개의 집단을 대상으로 연구한 결과, 리더의 행동은 리더십상황에 따라서 그 효과가 각각 다르다는 결론을 얻었다. 즉, 리더십상황이 리더에게 유리하거나 불리한 경우에는 과업지향적 리더가 효과적이고, 리더십상황이 리더에게 유리하지도 않고 불리하지도 않은 상황에서는 관계지향적 리더가 효과적이라는 결과를 얻었다(〈그림 9-6〉 참조). 이러한 결과는 다른 연구결과에서도 대체로 입증되었다(House & Aditya, 1997).

이러한 결과를 토대로 하여 상황적합성이론은 상황과 리더십 스타일의 적합관계를 강조한다. 피들러는 다른 상황이론과 달리 상황에 적합하게 리더십 스타일을 조정할 것을 제안하는 것이 아니라 리더의 스타일에 적합하게 상황을 조정할 것을 권고한다. 리더십 스타일은 기본적으로 개인의 성격과 관련이 있는데, 성격이란 비교적 오래 지속되는 속성을 갖기 때문에 리더가 리더십 스타일을 일시적으로는 바꿀 수 있지만, 실제로는 본래 선호하는 스타일을 사용하는 게 일반적이다. 따라서 과업지향 리더는 엄격한 지시를 필요로 하는 팀에 배치하는 반면, 관계지향 리더는 부하직원에 대한 지원과 배려를 필요로 하는 팀에 배치하는 등 적절한 인사배치가 중요하다(McShane & von Glinow, 2000, p.448).

상황적합성이론에 대하여도 LPC 측정방법의 타당성, 리더-부하간 관계의 변화가능성, 리더 행동경향의 단일연속선개념 등에 관한 문제점이 제기되어 왔다(Fiedler, 1994; Vecchio, 1977). 그렇지만 피들러의 상황적합성이론은 리더십의 상황적 요소들을 정립하고 이들을 리더십연구에 포함시킴으로써 리더십연구의 발전을 가져오는 데 크게 기여하였다.

2 의사결정상황이론

리더십 행동이론에서 설명한 바와 같이, 의사결정에 있어서 부하를 참여시키는 민주적 리더십이 독재적 리더십에 비하여 더 효과적이라는 것이 일반적인 인식이다. 그러나 리더십 행동이론은 리더가 의사결정과정에 부하를 얼마나 참여시켜야 하느냐에 관해서 구체적인 방안을 제시하지는 않았다. 브룸(V. Vroom)과 예튼(P. Yetton)이 중심이되어 개발한 의사결정상황이론은 의사결정상황에 따라서 바람직한 리더행동이 서로 다르고, 따라서 리더는 주어진 상황에 적합하게 리더십행동을 취해야 한다는 것을 강조한다.

1) 리더행동의 유형분류

브룸과 예튼은 리더가 부하를 의사결정과정에 참여시키는 정도를 다음의 다섯 가지유형으로 분류하였다(Vroom & Yetton, 1973, p.13).

① 독재 1형(Autocratic 1): 리더가 자신이 갖고 있는 정보를 활용하여 단독으로 의사결정을 한다.
② 독재 2형(Autocratic 2): 의사결정에 필요한 정보를 부하에게 요청하고 리더가 단독으로 의사결정을 한다.
③ 상담 1형(Consultative 1): 문제를 부하들과 개별적으로 논의한 후 리더가 단독으로 의사결정을 한다.
④ 상담 2형(Consultative 2): 문제를 부하들과 공동으로 논의한 후 리더가 단독으로 의사결정을 한다.
⑤ 집단 2형(Group 2): 문제를 부하들과 공동으로 논의하여 집단 전체의 합의를 도출하려고 노력하고, 리더는 가능한 한 합의된 의사결정을 그대로 집행한다.

2) 상황진단과 리더행동의 선택

의사결정상황이론에 의하면, 리더는 의사결정의 중요성, 정보자료의 소유여부와 의사결정에 대한 부하의 수용성 등을 감안하여 상황에 적합한 의사결정행동을 선택해야 리더십 효과성이 높아진다. 의사결정상황을 진단하고 이에 적합한 리더행동을 선택하는 데에는 다음과 같은 선택절차와 규칙이 적용된다.

① 리더-정보규칙(leader-information rule): 의사결정의 중요성이 큰 반면, 리더가 의사결정에 필요한 정보와 전문능력을 갖고 있지 않은 경우 독재 1형과 2형(A1, A2)은 채택하지 않는 것이 바람직하다. 즉, 리더가 의사결정에 필요한 정보를 갖고 있지 않은 경우 상담 1형과 2형 또는 집단 2형이 적합하다고 할 수 있다.

② 목표일치규칙(goal congruence rule): 의사결정이 매우 중요한데, 부하들의 목표가 조직목표와 일치하지 않는 경우 집단 2형(G2)은 적합한 리더행동이라 할 수 없다.

③ 비구조적 문제규칙(unstructured problem rule): 당면한 의사결정이 매우 중요함에도 불구하고 리더가 의사결정를 내리는 데 필요한 정보자료나 능력이 없으며 문제가 비구조적 성격을 지니고 있는 경우, 효과적인 문제해결을 하려면 정보자료를 가지고 있는 부하들과 공동으로 문제를 분석해야 하므로 독재 1형과 2형 그리고 상담 1형(A1, A2, C1)은 적합하지 않다.

④ 수용규칙(acceptance rule): 리더의 의사결정을 부하들이 잘 수용하는 것이 의사결정을 성공적으로 집행하는 데 중요한 상황임에도 불구하고 부하들이 리더의 단독적인 의사결정을 잘 수용하려 하지 않는 경우 독재 1형과 2형(A1, A2)은 적합한 리더행동이라 할 수 없다.

⑤ 갈등규칙(conflict rule): 리더의 의사결정에 대한 부하들의 수용이 중요한데, 부하들이 목표달성 방법에 대해 상충되는 의견을 갖고 있는 경우 효과적으로 문제를 해결하려면 부하들 간에 개방적인 토론을 통해 상호간의 견해 차이를 줄일 필요가 있다. 이러한 상황에서는 독재 1형 및 2형, 그리고 상담 1형(A1, A2, C1)은 효과적이지 않다고 할 수 있다.

⑥ 공정성규칙(fairness rule): 의사결정의 질은 별로 중요하지 않다고 할지라도 의사결정의 정당성이 부하들의 수용을 위해 중요한 경우 집단 2형(G2)이 적합한 리더행동이라 할 수 있다.

⑦ 수용최우선규칙(acceptance priority rule): 리더의 의사결정에 대한 부하들의 수용이 무엇보다 중요하고 부하들이 조직목표의 달성에 몰입하지 않는 경우 부하들을

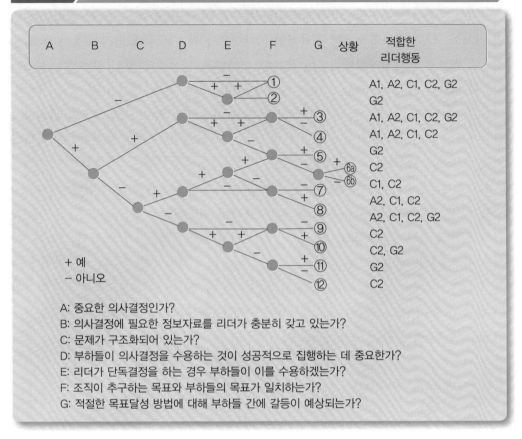

그림 9-7 의사결정상황과 리더행동

A	B	C	D	E	F	G	상황	적합한 리더행동
							①	A1, A2, C1, C2, G2
							②	G2
							③	A1, A2, C1, C2, G2
							④	A1, A2, C1, C2
							⑤	G2
							⑥a	C2
							⑥b	C1, C2
							⑦	A2, C1, C2
							⑧	A2, C1, C2, G2
							⑨	C2
							⑩	C2, G2
							⑪	G2
							⑫	C2

+ 예
− 아니오

A: 중요한 의사결정인가?
B: 의사결정에 필요한 정보자료를 리더가 충분히 갖고 있는가?
C: 문제가 구조화되어 있는가?
D: 부하들이 의사결정을 수용하는 것이 성공적으로 집행하는 데 중요한가?
E: 리더가 단독결정을 하는 경우 부하들이 이를 수용하겠는가?
F: 조직이 추구하는 목표와 부하들의 목표가 일치하는가?
G: 적절한 목표달성 방법에 대해 부하들 간에 갈등이 예상되는가?

의사결정과정에 적극적으로 참여시키는 것이 바람직하다. 따라서 독재 1형과 2형 그리고 상담 1형과 2형(A1, A2, C1, C2) 모두 적합한 리더행동이라 할 수 없다.

전체적으로 볼 때, 이들 규칙 중 리더-정보규칙, 목표일치규칙과 비구조적 문제규칙은 주로 의사결정의 중요성을 중심으로 이에 적합한 리더행동을 선택하는 반면에, 나머지의 규칙들은 주로 의사결정에 대한 부하들의 수용을 중심으로 이에 적합한 리더행동을 선택하고 있다는 것을 알 수 있다. 이와 같이 의사결정상황이론은 효과적인 리더행동의 선택에 있어서 의사결정의 중요성과 부하들의 수용을 강조한다. 〈그림 9-7〉은 의사결정상황에 따라 어떠한 리더행동을 선택해야 하는지를 종합적으로 정리한 의사결정지(decision tree)로서, 일곱 가지의 선택규칙을 중심으로 의사결정 상황에 적합한 리더행동을 제시해 준다.

3) 타당성과 문제점

브룸과 예튼의 의사결정상황이론에 대한 연구결과에 의하면, 의사결정상황이론은 여러 가지의 의사결정상황하에서 효과적인 리더행동을 예측하는 데 많은 도움을 주고 있고, 또 대체로 의사결정상황이론이 예측한 리더행동이 실제로 좋은 성과를 가져오는 것으로 나타나고 있다(Vroom & Jago, 1978; Field & House, 1990; Crouch & Yetton, 1987). 그리고 여성관리자들이 참여적 방법을 더 많이 사용하고 있고, 상위계층의 관리자가 하위계층의 관리자보다 참여적 방법을 더 많이 사용하고 있는 것도 연구결과에 나타나고 있다(Steers, 1977).

의사결정상황이론은 연구방법에 있어서 몇 가지의 문제점을 지니고 있다. 의사결정상황이론은 자기보고 자료(self-report)를 활용하여 검증해왔는데, 이처럼 관리자들 자신의 주관적 의견에 의존하고 있다는 점에서 자료의 신뢰성문제가 제기되고 있다. 그리고 관리자들은 일반적으로 주어진 리더십상황하에서 부하들의 참여와 의사결정에 대한 그들의 수용을 과대평가하는 경향이 있기 때문에 연구자료의 신뢰성문제가 발생할 수 있다(Hellriegel et al., 2001, pp.344~345). 이러한 한계점에도 불구하고 의사결정상황이론은 의사결정 상황을 구체적으로 개념화하고 부하의 참여를 중심으로 상황에 적합한 리더행동을 제시함으로써 리더십이론의 발전은 물론 관리자의 융통성 있는 리더십 행동개발에 크게 기여하였다.

3 경로-목표이론(Path Goal Theory)

경로-목표이론은 하우스(R. House)가 개발한 이론으로서 기대이론(Expectancy Theory)에 이론적 기반을 두고 있다. 이 이론은 리더 행동이 어떻게 노력-성과-보상의 관계에 대한 부하의 지각에 영향을 미치는지를 중심으로 리더십 과정을 설명한다(House, 1971; House, 1996). 효과적인 리더는 부하들에게 성과가 뛰어나면 더 많은 보상이 주어진다는 것을 보여줌으로써 성과-보상에 대한 기대감을 높이는 동시에, 부하직원들이 과업을 수행하는 데 필요한 정보, 후원과 기타 자원을 제공함으로써 노력-성과에 대한 기대감을 강화해야 한다. 다시 말해, 효과적인 리더는 부하가 중요하게 여기는 목표를 효과적으로 달성할 수 있도록 동기부여하기 위해 부하들로 하여금 노력-성과-보상의 관계에 대한 기대감을 높여야 한다. 경로-목표이론은 이처럼 노력-성과-보상에 대한 기대감에 영향을 미치는 리더행동, 그리고 이러한 리더십 과정에 영향을 미치는 상황요인들에 초점을 두고 있다(〈그림 9-8〉 참조).

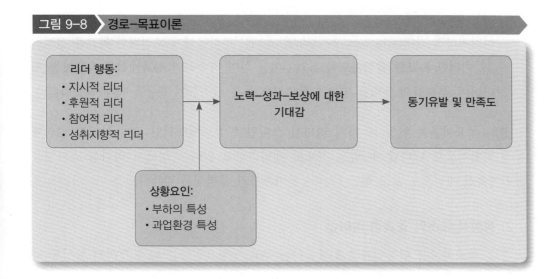

그림 9-8 ▶ 경로-목표이론

경로-목표이론은 구조주도형-배려형 리더십개념에도 연구방법의 토대를 두고 있다. 경로-목표이론에 의하면 리더의 행동은 부하들의 경로-목표관계를 명백히 해주는 기능과 경로-목표를 촉진시켜 주는 기능으로 구분된다. 경로-목표관계를 명백히 해주는 역할은 부하의 과업목표를 설정하고 과업내용과 방법 및 절차를 구체화하며 노력-성과의 관계를 알려주는 리더행동을 포함하는데, 이는 구조주도형 리더행동과 유사하다. 반면에, 경로-목표달성과정을 촉진시키는 기능은 성과-보상의 기대감 및 부하들과의 후원적인 관계를 조성하는 것을 포함하는데, 이는 배려형 리더행동과 유사하다고 할 수 있다.

1) 리더의 행동유형

경로-목표이론은 리더행동을 다음의 네 가지 유형으로 분류한다.

① 지시적 리더(instrumental or directive leader): 구조주도 측면을 강조하는 리더로서 과업목표를 구체적으로 설정하며, 목표 달성을 위한 세부 계획 및 지침을 수립하고, 이를 적극적으로 지시·조정해 나가는 리더

② 후원적 리더(supportive leader): 배려 측면을 강조하는 리더로서 부하들과 친밀한 관계를 형성하고, 부하들의 애로사항을 청취하고 그들의 욕구를 충족시키는 데 많은 노력을 기울이는 리더

③ 참여적 리더(participative leader): 부하들을 의사결정에 참여하도록 허용하고 장려하는 리더로서 의사결정을 할 때 부하와 의논하고, 부하의 의견을 수렴하고 반영

하는 리더

④ 성취지향적 리더(achievement-oriented leader): 부하들에게 도전적인 목표를 설정하고, 이러한 목표를 달성하도록 동기부여를 하며 지속적인 성과개선을 유도하는 리더이며, 부하들의 능력을 믿고 그들로부터 높은 성취동기 행동을 기대하는 리더

경로-목표이론은 이들 네 가지 리더십 스타일이 상호배타적인 것이 아니라 리더행동에 복합적으로 나타날 수 있는 것으로 개념화하고 있다는 점에서 리더십 스타일을 단일연속선 개념으로 보고 있는 다른 상황이론들과 차별성을 갖는다.

2) 상황적 요소와 효과적 리더십

경로-목표이론은 리더십과정에 작용하는 주요 상황요인들을 크게 부하의 특성과 과업환경의 특성으로 구분한다. 부하의 특성이 리더행동을 형성하는 데 많은 영향을 준다는 전제하에 목표-경로이론은 다음과 같은 부하 특성들을 중요시하고 있다.

① 부하의 능력: 부하의 능력이 뛰어나다면 지시적 리더십은 불필요하며, 그 대신 후원적인 리더십이 효과적이다. 반면에, 부하의 능력이 부족하다면 목표 달성을 위해 업무에 대해 구체적인 지시를 하는 리더십이 요구된다.

② 내재론적-외재론적 성향(internalizer-externalizer orientation): 부하가 내재론자인 경우, 즉 자신이 과업환경에 대한 통제를 한다고 믿는 경우, 지시적 리더십은 이들의 거부감을 유발할 수 있기 때문에 효과적이지 않고 참여적 또는 성취지향적 리더십이 적합하다. 반면에, 자신의 과업성과가 외적 요인에 의해 좌우된다고 믿는 부하들의 경우 지시적 또는 후원적 리더에 대해 만족감을 보이는 경향이 있다.

③ 욕구와 동기: 경제적 욕구와 안전욕구가 강한 부하들의 경우 지시적 리더가 적합하지만, 소속욕구와 존경욕구가 강한 부하들은 후원적 리더가 효과적이다. 반면에, 성취욕과와 자율성 · 독립성이 강한 부하들의 경우 참여적 리더십과 성취지향적 리더십이 효과적이다.

부하의 특성과 더불어 다음과 같은 과업환경의 여러 특성들도 리더십과정에서 중요한 역할을 한다.

① 과업구조: 부하의 과업이 비일상적이고 비구조화되어 있을수록 지시적 리더십이 적합하다. 왜냐하면 과업수행에 필요한 지침을 정하고 과업구조를 명료화함으로

써 역할모호성을 줄일 수 있기 때문이다. 반면에, 과업이 구조화되고 일상적인 경우 구체적인 업무지시 및 통제는 불필요하며, 대신에 반복적인 업무수행에 따르는 스트레스를 해소할 수 있도록 후원적 리더십을 발휘하는 것이 바람직하다.

② 집단의 성격: 집단형성의 초기에는 비교적 지시적 리더가 효과적이지만, 집단구조가 안정되고 상호간의 위계서열이 정착된 상태에서는 후원적이고 참여적인 리더가 더 적합하다. 또한, 집단응집성이 높은 경우 이는 후원적 리더십을 대체하는 효과를 갖는 반면, 성과지향적 집단규범이 형성되어 있는 경우 지시적 리더십과 성취지향 리더십의 필요성이 줄어들게 된다. 거꾸로 말해, 집단응집성이 낮은 경우 후원적 리더십이 필요하고, 집단목표에 반하는 규범(예컨대, 대충대충 하자는 규범)이 자리 잡고 있는 경우 분명한 방향을 제시하는 지시적 리더십이 필요하다.

③ 조직 특성: 방침, 규율, 절차가 구체적으로 설정되어 있는 경우 과업수행을 하기 위해 이를 따르기만 하면 되므로 지시적 리더는 필요치 않게 된다. 반면에, 비상상황이나 시간적 압박이 클 때에는 참여적 리더보다도 지시적 리더행동이 요구되며, 불확실한 상황에서는 의사결정과정에 있어서 참여적 리더행동이 더욱 많이

그림 9-9 경로-목표이론의 리더십 과정

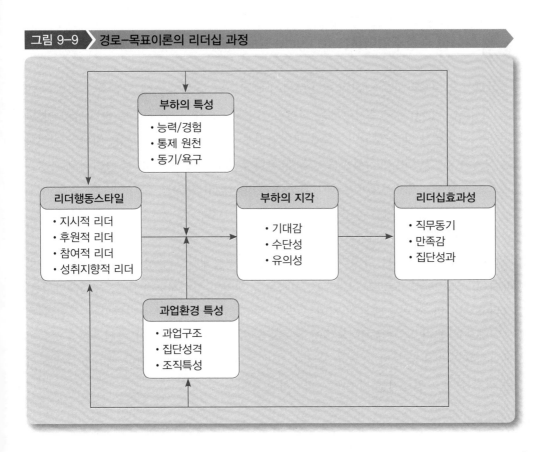

요구된다.

이와 같이 경로-목표이론은 상황 특성에 따라서 이에 적합한 리더행동이 다르다는 것을 강조한다. 따라서 리더는 부하들의 특성 및 과업 특성들을 잘 파악하여 적절한 리더행동을 선택해야 한다.

3) 경로-목표이론에 대한 평가

경로-목표이론은 많은 연구를 통하여 상황요인과 효과적인 리더행동의 관계가 입증되었다. 특히 일상적이고 구조적인 과업상황에서는 후원적 리더가 효과적이고, 비구조적인 과업상황에서는 지시적 리더가 각각 효과적이라는 것이 입증되었다. 그러나 경로-목표이론에 대해 몇 가지 한계점이 제기되고 있다. 우선 리더행동의 측정에 있어서 타당성과 신뢰성의 문제가 있고, 이론모형의 복잡성으로 말미암아 이론 전체를 완전히 입증하기가 어려울 뿐만 아니라 현실에 적용하기 어렵다는 것도 한계점으로 지적되고 있다(Evans, 1996; Yukl, 1993).

4 리더십 수명주기이론(Life Cycle Theory)

리더십 수명주기이론은 리더십 스타일이 부하들의 성숙 수준에 적합해야 한다는 것을 제시하고 있다. 수명주기이론은 허어시와 블랜챠드(P. Hersey & K. Blanchard)가 발표한 이론으로서 다른 상황이론들과 마찬가지로 리더십 스타일의 분류, 리더가 직면하는 상황특성, 그리고 각 상황별로 적합한 리더십 스타일의 제안 등 세 가지의 기본적인 요소를 포함하고 있다(Hersey, 1984; Hersey & Blanchard, 1993).

1) 성숙단계

허어시와 블랜챠드는 아지리스의 성숙이론과 맥클레란드의 성취동기이론을 토대로 하여(Argyris, 1964; McClleland, 1962), 성숙도를 개인의 성취지향적 행동, 능력개발행동, 그리고 자신의 행동에 책임을 지려는 의지 등 과업수행 과정에서 나타나는 개인의 행동경향으로 본다. 수명주기이론에서 성숙도는 구체적으로 두 가지 차원, 즉 부하들이 과업수행 능력을 충분히 갖추고 있는지 그리고 과업목표 달성에 대한 책임을 수용하려는 의지를 갖고 있는지를 기준으로 파악하고 있다.

2) 성숙도와 리더십행동

수명주기이론은 리더효과성 및 적응성 측정설문서(Leader Effectiveness and Adaptability Description; LEAD)를 활용하여 리더십 스타일을 분석하고 있는데, 과업지향성과 관계지향성의 두 차원을 조합하여 다음과 같이 네 가지의 리더십 스타일로 분류하고 있다.

① 지시적 리더(telling): 과업지향성은 높지만 관계지향성은 낮은 리더로서 리더 단독으로 의사결정을 하고 일방적으로 업무지시를 하고, 엄격한 감독과 통제를 하는 주도적 리더를 가리킴

② 설득적 리더(selling): 높은 과업지향성과 높은 관계지향성을 지닌 리더로서 부하와의 쌍방향 커뮤니케이션을 강조하며, 한편으로는 과업목표를 달성하기 위해 지시적인 리더십을 발휘하고, 다른 한편으로는 부하직원들과의 원만한 관계를 위하여 후원적인 리더십을 동시에 발휘하는 리더를 가리킴

③ 참여적 리더(participating): 관계지향성은 높지만 과업지향성은 낮은 리더로서 부하들과의 원만한 관계를 강조하고 부하들의 의견을 의사결정에 많이 반영하는 리더를 가리킴

④ 위양적 리더(delegating): 과업지향성과 관계지향성이 모두 낮은 리더로서 부하들 스스로 자율적으로 행동하고 자기통제를 하도록 부하들에게 일임하는 리더를 가리킴

이들 리더행동은 부하들의 성숙도에 따라서 그 효과가 다르게 나타난다. 〈그림 9-10〉에서 보는 바와 같이 부하들의 성숙수준이 가장 낮은 단계인 경우(성숙도 1) 그들을 적극적으로 지도하고 개발해 주는 지시적 또는 주도적 리더행동이 효과적이고, 부하들의 성숙수준이 그 다음 단계인 경우(성숙도 2) 설득적인 리더가, 성숙도가 평균수준을 초과한 경우(성숙도 3) 참여적 리더가, 그리고 성숙수준이 가장 높은 단계인 경우(성숙도 4) 이들의 능력과 자율적 통제에 의존하는 위양적 리더행동이 각각 효과적이다.

이와 같이 수명주기이론은 부하들의 성숙수준에 맞추어서 이에 적합한 리더십행동을 적용함으로써 개인과 조직의 통합(congruence)이 이루어져서 조직구성원의 만족감은 물론 조직성과를 극대화시키는 데 유용하다. 그러나 LEAD 측정방법에 대한 타당성과 신뢰성, 그리고 연구가 부하의 특성에만 치우쳐 있고 다른 상황 요소들을 충분히 고려하지 않고 있다는 점들이 한계점으로 제기되고 있다(Yukl & Van Fleet, 1992; Blanchard et al., 1993).

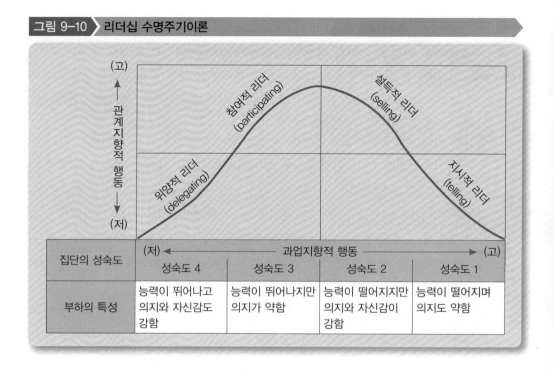

그림 9-10 리더십 수명주기이론

집단의 성숙도	(저) ← 과업지향적 행동 → (고)			
	성숙도 4	성숙도 3	성숙도 2	성숙도 1
부하의 특성	능력이 뛰어나고 의지와 자신감도 강함	능력이 뛰어나지만 의지가 약함	능력이 떨어지지만 의지와 자신감이 강함	능력이 떨어지며 의지도 약함

이상 리더십의 상황이론으로서 피들러의 상황적합성이론, 브룸과 예튼의 의사결정상황이론(Vroom-Yetton Model), 하우스의 경로–목표이론, 그리고 허어시와 블랜챠드의 수명주기이론을 설명하였다. 이들 이론은 특성이론이나 행동이론과는 달리 리더십 과정에서 작용하는 여러 상황요소들을 중요시하고 상황특성과 리더십 스타일의 적합관계를 연구함으로써 리더십에 관한 보다 총괄적인 분석을 제공해준다.

04 │ 기타 리더십이론과 주요 이슈

앞에서 리더십의 주요 이론들을 특성이론, 행동이론과 상황이론으로 구분하여 설명하였다. 다음으로 이들 이론 이외에 조직행동 분야에서 논의되고 있는 리더십이론과 이슈들을 간략히 설명하고자 한다.

리더십 귀인이론

부하에 대한 판단과 행동은 리더가 부하의 행동과 직무성과를 어떻게 해석하느냐에 달렸다는 전제하에(Ashkanasy & Gallois, 1994), 귀인이론(attribution theory)을 리더행동에 적용한 것이 리더십 귀인이론이다. 리더는 부하의 성과를 관찰하고 왜 그러한 성과가 나왔는지 원인을 분석하는데, 원인분석 결과에 따라서 부하에 대한 리더의 행동은 다르게 나타난다. 예컨대, 저성과의 원인을 부하의 노력 부족 때문으로 귀인하는 경우 부하를 질책하고 벌을 주는 행동을 취하는 반면, 상황이 안 좋은 것(예, 시스템 오류, 비현실적인 목표, 질병 등 통제할 수 없는 상황요인) 때문으로 귀인하는 경우 질책을 하기보다는 위로를 하고 상황을 개선하는 노력을 하게 된다. 이처럼 리더십 귀인이론은 부하의 행동 또는 성과 → 리더의 귀인과정 → 리더십 행동의 관계로 리더십 과정을 설명한다(Martinko & Gardner, 1987; Charin & Colvin, 1999).

한 실험에서 간호사가 저지른 실수에 대해 한 실험집단에게는 내적 요인(예, 노력이나 능력 부족) 때문이라고 설명하고, 다른 집단에게는 외적 요인(예, 과도한 업무량) 때문이라고 설명했다. 연구결과, 실수가 내적 요인 때문이라고 설명을 들은 실험참가자들은 간호사들을 질책하고 교정 행동을 취하겠다고 한 반면, 외적 요인 때문으로 귀인하는 실험참가자들은 업무량 조정이나 시설 개선 등 상황을 개선하기 위한 행동을 취하겠다고 함으로써 귀인이론의 주장을 지지하는 것으로 나타났다(Greenberg & Baron, 2008, p.515; Mitchell & Wood, 1980).

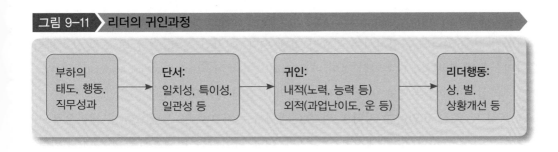

그림 9-11 | 리더의 귀인과정

2 **리더십 대체이론**

리더십이론들은 전통적으로 리더가 부하의 행동과 조직성과에 주요한 영향을 미친다고 강조한다. 그렇지만 리더가 집단을 대표하는 상징적 역할만 하고 실제로는 별 영

리더십의 대체요소	대체효과(O)	
	과업지향성	관계지향성
부하의 개인적 특성:		
1. 경험/기술/능력	○	
2. 직업교육	○	○
3. 자신감	○	
과업–집단요소:		
1. 직무내재적 만족 요인		○
2. 일상적 과업	○	
3. 성과피드백	○	
4. 집단규범	○	
5. 집단응집성, 팀워크	○	○
조직체요소:		
1. 공식방침 및 규정	○	
2. 전문스태프 지원	○	
3. 부정적 권력/강압적 권력	○	○
4. 리더–부하 간의 물리적 거리	○	○

표 9-2 리더십 대체효과

향을 미치지 않는 경우가 흔히 있다. 이는 리더가 단순히 능력이 없고 영향력이 없어서 가 아니라 상황 특성이 리더십의 필요성을 줄어들게 하거나 또는 리더의 영향력을 상 쇄하기 때문에 나타나는 현상이라 할 수 있다. 예컨대, 부하직원들이 고도의 전문적인 능 력을 갖고 있고 내재적인 동기로 충만되어 있는 경우 이런 요인들은 리더십의 필요성을 대체하게 된다. 또한 과업이 구조화되어 있고 규정과 절차에 따라 과업을 수행하도록 제 도화된 경우 리더의 과업지시는 필요가 없게 된다. 이처럼 개인, 집단 및 조직 요인들이 리더십을 대체한다고 이론화한 것이 바로 리더십 대체이론(substitute for leadership)이다.

리더십 대체이론은 〈표 9-2〉에서 보는 바와 같이 부하의 개인적 특성, 과업구조, 집 단 특성 및 조직 요인들이 리더십 기능을 대체하는 것으로 보고 있으며, 구체적으로 이 들 요인이 과업지향 및 관계지향 리더십에 대해 나타나는 대체효과를 제시하고 있다. 일반적으로 공식방침과 규정, 집단규범과 응집성, 구조화된 과업과 부하의 성숙도(능 력과 동기) 등이 대표적인 리더십 대체요인들이다(Helliegel et al., 2001; Kerr & Jermier, 1978).

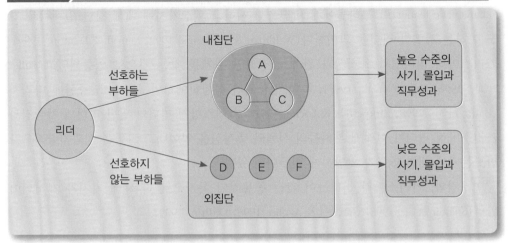

| 그림 9-12 | 리더십 수직연결모형(VDL) |

자료: Greenberg & Baron (2008), p.512.

3 리더의 수직적 연결모형(VDL; vertical dyad linkage)

대부분의 리더십이론은 리더가 부하 직원들에게 똑같은 리더십 행동을 일관되게 취하는 것으로 가정하지만, 실제로 리더들은 부하들에게 서로 다른 행동을 취함으로써 각기 다른 관계를 형성한다. 예컨대, 리더가 한 부하에게는 과업지향의 리더십을 발휘하는 반면, 다른 부하에게는 상당히 관계지향적인 리더십을 발휘할 수 있다. 리더십 수직적 연결모형(VDL)은 전통적인 리더십 이론과 달리 리더는 부하들 각자와 서로 다른 관계를 형성한다는 것을 강조한다. 즉, 리더-부하 간의 교환관계(leader-member exchange; LMX) 측면에서 상호 신뢰와 친밀감이 형성되는 내집단(in-group)과 그렇지 않은 외집단(out-group)으로 구분된다(Dansereau et al., 1975; Dienesch & Liden, 1986).

연구결과에 의하면 리더-부하 간의 수직적 연결관계는 과업수행과정에서 자연적으로 형성되며(Duchon et al., 1986), 내집단 구성원들이 외집단 구성원들에 비하여 높은 성과와 직무만족감을 보이는 것으로 나타났다(Vecchio & Gobdel, 1984; Scandura & Graen, 1984).

4 카리스마적 리더십과 변혁적 리더십

기업간 경쟁이 치열해지고 경영환경이 급격히 변화하면서 1970년대부터 카리스마적 리더와 변혁적 리더십에 대한 관심이 점점 증대되기 시작하였다. 카리스마적 리더 (charismatic leader)란 부하들에게 비전을 제시하고 핵심가치에 대해 강한 일체감을 갖도록 하는 강렬한 리더를 의미한다(Waldman & Yamarins, 1999; Mitroff & Denton, 1999). 카리스마적 리더십과 조직성과 간에 긍정적인 관계를 갖는 것으로 입증되었고(Fuller et al., 1996; Shamir et al., 1998), 특히 경영위기 상황하에서의 효력이 입증됨에 따라서 (Baum et al., 1998; Kirkpatrick & Locke, 1991), 카리스마적 리더와 일반 리더의 차이점과 카리스마적 리더가 어떻게 부하들의 신뢰와 충성심을 얻어내고 그들을 성과지향적으로 만드는지에 대한 연구가 활발하게 이루어져 왔다.

연구결과, 카리스마적 리더들이 갖는 공통적인 특징으로 다음 네 가지가 제시되어 왔다(Shamir et al., 1998; Gardner & Avolio, 1998; DuBrin, 1999).

① 비전 제시와 핵심가치의 공유: 구성원들에게 미래의 바람직한 비전을 제시하고, 핵심가치를 공유하도록 함으로써 구성원들로 하여금 조직 사명과 목적을 달성하고자 하는 동기를 불러일으킨다.
② 일체감 조성: 구성원들 간에 조직 정체성(identity)과 목적의식을 고취시킨다.
③ 모범행동: 리더 자신이 핵심 가치를 실천하는 데 솔선수범함으로써 역할모델이 된다.
④ 역량발휘: 리더 자신이 자신감, 용기, 의지, 적극성, 그리고 개혁정신 등 역량을 실제로 보여준다.

한편, 변혁적 리더(transformational leader)란 거래적 리더(transactional leader)와 대비되는 개념으로서 변화하는 환경에 효과적으로 대응하기 위해서 새로운 비전을 제시하고 조직의 변화와 혁신을 이끌어내는 리더를 가리킨다. 거래적 리더가 기존의 틀 속에서 효율성을 최대한 높이려는 리더라고 한다면, 변혁적 리더는 기존의 틀을 깨뜨리고 새로운 틀을 창조해내는 리더라고 할 수 있다. 즉, 미래를 예측하고 이를 기반으로 새로운 비전을 제시하고, 이를 실현할 수 있도록 구성원들의 역량을 개발하고 학습조직을 구축하는 리더를 의미한다(Anderson, 1998; Kotter, 1999).

거래적 리더십의 구성요소는 조건적 보상(contingent reward)과 예외에 의한 관리 (management by exception)로 설명될 수 있는 반면, 변혁적 리더십은 주로 다음의 네 가지 요소를 포함하고 있다(Avolio, 1999, p.15; Bass, 1998).

① 지적 자극(intellectual stimulation): 구성원들로 하여금 기존 방식에서 탈피하고 새

경기침체의 여파로 기업들의 위기의식이 더욱 고조됨에 따라 CEO의 역할과 영향력이 커지고 있는 가운데, 이들 CEO의 리더십에 대한 관심이 커지고 있다. 취업·인사포털 인크루트는 시장조사 전문기업 트렌드모니터와 공동으로 직장인 1천 273명을 대상으로 '불황기 바람직한 CEO 유형'에 대해 설문조사를 실시했다.

직장인들이 불황을 타개하기 위해 적합하다고 생각하는 CEO로는 큰 그림을 그리며 미래를 제시하는 '비전형'(21.4%)을 가장 많이 꼽았다. 이어 미래를 읽고 탁월하게 승부를 낼 줄 아는 '변화형'(15.9%)과 창조적 사고와 아이디어를 가진 '브랜드형'(14.3%), 사람의 마음을 움직이는 '감성형'(14.2%)이 그 뒤를 이었다. 이 밖에 '파워형'(13.4%), '챌린지형'(7.0%), '원칙중심형'(5.6%), '서번트형'(5.4%), '슈퍼형'(2.7%) 등으로 답했다.

반대로 가장 피해야 할 CEO 리더십 유형으로는 '탁상공론형'이 33.3%로 가장 많았다. 책상에서 회의만 하고 실행력이 부족한 리더십은 불황기에 적합하지 않다고 생각하는 것. 이어 실적 부진에 대한 책임을 직원들에게 모두 돌리는 '책임전가형'(25.0%)과 자신이 추진한 일에 전 직원이 참여하길 원하면서도 직원의 소리에 귀를 기울이지 않는 '유아독존형'(19.6%) 역시 피해야 할 리더십으로 꼽혔다. 이 밖에 문제발생시 해결방안에 대한 고민보다는 핑계와 변명을 늘어놓는 '핑계·변명형'(16.0%), 이전 사례나 타회사 사례를 중심으로 모든 일을 진행하는 '전례중시형'(6.0%) 등이 있었다.

직장인들은 책상에 앉아서 지시만 하는 리더보다는 장기적인 비전을 제시하는 미래지향적인 CEO를 원한다고 할 수 있다.

자료: k모바일뉴스(www.kmobile.co.kr), 2009.5.26.

로운 방식으로 문제에 접근하고, 새로운 해결대안을 모색하고 시도하도록 자극하는 리더행동

② 영감자극을 통한 동기유발(inspirational motivation): 구성원들에게 비전을 제시하고 사명감을 고취시킴으로써 구성원들의 열정을 불러일으키는 리더행동

③ 솔선수범(idealized influence): 구성원들에게 모범을 보임으로써 구성원들의 태도와 행동을 변화시키는 것

④ 개별적인 배려(individualized consideration): 구성원들 개개인에게 특별한 관심을 가지고 배려를 함으로써 그들의 성취동기를 강화하고 능력을 개발해 주는 것

카리스마적 리더십과 변혁적 리더십에 대한 관심과 필요성은 주로 상위 경영계층에 집중되어 있지만, 조직의 변화와 혁신을 위해서는 전체 조직구성원의 관심과 몰입이 필요하기 때문에 상위 경영계층뿐만 아니라 사업부나 팀 등 단위조직의 관리자에게도 똑같이 적용될 수 있다. 특히, 근래의 급속한 환경변화로 인해 경영혁신이 요구되고 있다는 점에서 변혁적 리더십의 필요성은 지속적으로 증가되고 있다.

변혁적 리더십과 카리스마적 리더십은 조직에 획기적인 성과를 가져온다는 것으로 인식되어 왔다. 그렇지만 미국 우수기업들에 대한 최근의 연구에 의하면, 역사적으로 우수기업을 만드는 데 공헌한 CEO들의 상당수가 카리스마적인 리더가 아니라 '개인적인 겸양'과 '직업적 의지'를 겸비한 리더라는 주장도 제기되었다(Collins & Porras, 1994, pp.32~34; Collins, 2001, pp.72~73). GE의 웰치(J. Welch) 회장과 IBM의 거스너 (L. Gerstner) 회장 그리고 사우스웨스트항공사의 켈러허(H. Kelleher) 회장 등은 카리스마적이면서도 변혁적 리더로 인정받고 있지만, 3M의 맥나이트(W. McKnight) 회장, 머크 (Merck)사의 창업자 머크(G. Merck) 회장, 보잉사의 알렌(W. Allen) 회장 등은 기업을 우수기업으로 만드는 데 결정적인 역할을 했지만 카리스마적 리더로 알려져 있지는 않다.

5 서번트 리더십(Servant Leadership)

최근 기업가뿐만 아니라 정치가와 관료들 사이에서도 서번트 리더십에 대한 관심이 증가하고 있다. 이들은 섬기는 리더가 진정한 리더라고 인식하고, 서번트 리더십의 실천을 강조한다. 서번트 리더십은 전통적인 리더십과 달리 군림하는 리더가 아니라 다른 사람을 위해 봉사하고 헌신하는 리더를 의미한다.

서번트 리더십이라는 용어는 그린리프(R. Greenleaf)에 의해 1970년대 초 처음으로 소개되었다. 그린리프는 헤르만 헤세가 저술한 동방순례(Journey to the East)에 나오는 하인인 레오의 이야기를 통해 서번트 리더십의 개념을 설명하였는데, 여기에 나오는 레오는 순례자들의 허드렛일이나 식사 준비를 돕고, 밤에는 때때로 지친 순례자들을 위해 악기를 연주하는 사람이었다. 레오는 사람들의 손톱을 다듬어주고, 마사지를 해주며, 연고와 치료용 약초 즙을 만들고, 별로 일이 없을 때는 개를 조련하거나 털을 깎아주는 일을 한다. 레오는 이처럼 순례자들 사이를 돌아다니면서 필요한 것들이 무엇인지 살피고, 순례자들이 정신적으로나 육체적으로 지치지 않도록 배려했다. 그러던 어느 날 갑자기 레오가 사라져버렸다. 하인으로서 사소한 일을 맡았던 레오가 사라진다고 해서 순례 자체가 영향을 받고 흔들리는 일은 없어야 하는데, 순례단은 혼란에 휩싸이게 되고, 마치 좌표를 상실한 배처럼 방황한다. 그제야 사람들은 레오의 소중함을 깨닫고, 그가 순례자들의 진정한 리더였음을 알게 된다. 레오는 곁에 있을 때는 그 존재가 두드러지지 않지만 사라지고 나서야 존재감이 크게 느껴지는 리더였던 것이다. 이러한 상황을 보고 그린리프는 서번트 리더십이란 '타인을 위한 봉사에 초점을 두며 구성원, 고객, 공동체를 우선으로 여기고 그들의 욕구를 만족시키기 위해 헌신하는 리더십'이라고 정의했다(Daft/정진철·최승준, 2011, 159쪽; 헬레나, 2005, 13~25쪽).

서번트 리더는 자기 이익보다는 다른 사람들의 욕구를 충족시키고 다른 사람에 대해 봉사하는 것을 일차적인 목적으로 삼으며, 다른 사람들을 개발하고 다른 사람들이 성공할 수 있도록 도와주려고 애쓴다. 스피어스(L. Spears)는 그린리프의 저술로부터 서번트 리더의 특성을 다음과 같이 10가지 도출해냈다(Spears, 2010).

① 적극적 경청(listening): 서번트 리더는 다른 사람들의 의지를 파악하고 이를 명확히 하는 것을 도와준다. 서번트 리더는 다른 사람들이 말하는 것뿐만 아니라 내면의 목소리에도 귀 기울이고, 이를 바탕으로 다른 사람들의 욕구를 충족시키려 애쓴다.

② 공감(empathy): 서번트 리더는 다른 사람들을 공감하고 이해하려고 애쓴다. 서번트 리더는 다른 사람들을 특별하고 독특한 정신을 가진 존재로 인식하고 존중한다.

③ 치유(healing): 사람들은 정신적 및 정서적인 상처로 인해 고통 받을 수 있는데, 서번트 리더는 자기 자신뿐만 아니라 다른 사람의 상처를 치유한다.

④ 자각(awareness): 서번트 리더는 좀 더 통합적이고 전체적인 관점에서 권력, 윤리 및 가치관과 관련된 이슈를 인식하고 이해한다.

⑤ 설득(persuasion): 서번트 리더는 의사결정을 함에 있어서 지위 권력보다는 설득에 의존하며, 복종을 강요하기보다는 합의를 도출한다.

⑥ 개념적 사고(conceptualization): 서번트 리더는 문제를 분석하고 해결대안을 모색함에 있어서 판에 박힌 사고를 하는 것이 아니라 새로운 비전을 창출하는 개념적 사고를 한다.

⑦ 선견지명(foresight): 서번트 리더는 미래를 내다보며, 통찰력으로 미래를 대비한다. 서번트 리더는 과거로부터 교훈을 배우고, 현재의 문제를 이해하고, 미래의 결과를 예견한다.

⑧ 스튜어드십(stewardship): 서번트 리더는 청지기(steward)처럼 자기 자신보다는 다른 사람을 위해 봉사하며, 최우선적으로 다른 사람의 욕구를 충족시키기 위해 애쓴다.

병사의 고름을 직접 입으로 빨아준 오기(吳起) 장군

사마천의 사기(史記)를 보면, 춘추전국시대 위나라의 오기 장군은 군사를 이끌고 전쟁에 나가면 가장 낮은 계급의 병졸들과 같이 먹고 잤으며 잠잘 때에도 자리를 깔지 않았다고 한다. 행군할 때에는 말을 타지 않았고 군량미를 직접 둘러메고 병사들과 고통을 나누었다. 하루는 한 병사가 종기로 고생하자 손수 종기를 짜주고 입으로 고름을 빨아냈다.

이 소식을 들은 병사의 어머니가 통곡하자 사람들이 이상히 여겨 그 까닭을 물었다. "당신의 아들은 일개 병사인데도 장군이 직접 고름을 빨아주었는데, 이것이 어째서 통곡할 일입니까?" 그러자 어머니가 대답했다. "오기 장군은 예전에도 애 아비의 고름을 빨아준 일이 있었는데, 애 아비는 장군의 은혜에 보답하기 위해 싸움터에서 한 발짝도 물러서지 않고 싸우다 장렬하게 전사했습니다. 이제 장군이 제 아들의 종기를 짜주고 고름을 빨아냈으니 그 아이 또한 장군을 위해 목숨을 걸고 싸울 것이 분명합니다. 그러니 저는 아들 또한 아비처럼 전사하지 않을까 두렵습니다."

⑨ 다른 사람들의 성장을 위한 헌신(commitment to the growth of people): 서번트 리더는 구성원들의 개인적 성장 및 전문적 능력개발을 도와주기 위해 헌신적인 노력을 기울인다.

⑩ 공동체 구축(building community): 서번트 리더는 조직구성원들 사이에 긴밀한 관계를 갖는 공동체를 형성하기 위해 애쓴다.

6 리더십연구의 새로운 이슈

지금까지 조직행동 관점에서 리더십의 주요 이론들을 살펴보았다. 그런데 경영환경이 변화함에 따라 리더십과 관련된 새로운 이슈들이 제기되고 있다. 리더십연구와 관련된 몇 가지 이슈와 연구과제를 제시하면 다음과 같다.

(1) 문화적 차이와 리더십이론

세계화의 추세가 가속화됨에 따라서 현대조직에서 다양한 문화의 관리가 점점 중요해지고 있고, 리더십연구에서도 문화적 차이가 중요한 이슈로 인식되고 있다. 그리하여 주로 서구 문화중심으로 진행된 과거 리더십연구의 편협성 문제가 제기되면서(Adler,

2002, pp.11~16) 근래에 다양한 문화환경하에서 독재적-민주적, 구조주도형-배려형, 변혁적 리더십 등 여러 가지 리더십 스타일의 적용성과 이론적 타당성에 관한 연구가 활발하게 이루어지고 있다(Bass, 1997; Den Hartog et al., 1999; House & Hanges, 1999).

〈그림 9-13〉은 관리자들의 능력에 대한 인식이 문화 간에 큰 차이가 있음을 보여주고 있다. "부하직원들이 업무관련 질문을 했을 때 관리자가 이에 대해 분명하고 정확한 답을 해줄 수 있어야 한다"는 의견에 대해 얼마나 동의하는지 조사한 결과, 문화 간에 매우 큰 차이를 보이고 있다. 일본의 근로자들은 이러한 의견에 78%나 동의를 함으로써 관리자라면 모름지기 부하들의 질문에 분명한 답을 제시할 수 있는 능력을 갖추고 있어야 한다는 인식이 지배적인 반면에, 스웨덴의 근로자들은 10%만이 동의하고 있다. 스웨덴뿐만 아니라 네덜란드(17%), 미국(18%), 덴마크(23%)와 영국(27%)은 그 비율이 낮게 나타나고 있고, 이탈리아(66%)와 인도네시아(73%)는 높게 나타나고 있다. 이러한 문화 간의 차이는 사회문화마다 관리자에게 요구하는 능력과 이상적인 리더십이 다르다는 것을 의미한다. 〈표 9-3〉은 효과적인 리더십에 대한 인식이 사회문화에 따라서 서로 차이를 보인다는 연구결과를 정리한 것이다.

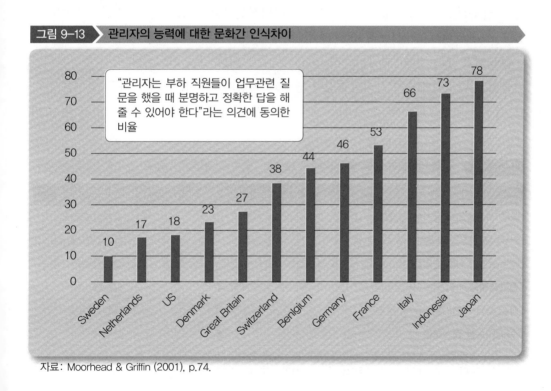

그림 9-13 ▶ 관리자의 능력에 대한 문화간 인식차이

"관리자는 부하 직원들이 업무관련 질문을 했을 때 분명하고 정확한 답을 해줄 수 있어야 한다"라는 의견에 동의한 비율

자료: Moorhead & Griffin (2001), p.74.

표 9-3 　문화차이와 리더십

- 한국 기업에서는 리더들에게 의사결정을 주도적으로 하는 권위주의적 리더십을 발휘하기를 기대한다.
- 아랍에서는 리더가 부하에게 친철함과 관대함을 보이는 경우 나약한 것으로 비춰진다.
- 일본에서는 리더가 겸손해야 한다고 생각한다.
- 스칸디나비아 국가들과 네덜란드에서는 리더가 부하 직원을 여러 사람 앞에서 공개적으로 칭찬하면 그들은 좋아하기보다는 오히려 당혹스러워 한다.
- 말레이시아에서 리더는 참여적 스타일보다는 독재적 스타일을 사용하는 것, 그리고 그와 동시에 동정심을 표하는 것이 효과적이다.
- 독일에서 효과적인 리더는 높은 성과지향성, 높은 자율성, 높은 참여, 그리고 낮은 자기보호와 낮은 팀지향성을 특징으로 한다.

자료: Kennedy (2002), pp.15~16; Brodbeck et al. (2002), pp.16~29; Peterson & Hunt (1997), pp.203~231; House & Aditya (1997), p.463; House (1995), p.442.

(2) 남성 리더십과 여성 리더십

　최근 여성경영자가 증가하고 그들의 역할이 확대됨에 따라서 여성리더십에 관한 관심도 급속히 증가하고 있다. 이제까지의 리더십연구는 주로 남성을 중심으로 이루어졌고, 대체로 남성중심의 리더십이론을 여성에게 그대로 적용하는 것이 일반적이었다 (Dobbins & Pratz, 1986; Eagly & Johnson, 1990). 그러나 남녀 간의 근본적인 행동차이와 더불어 현대조직에서의 사회화과정이 남성과 여성의 리더십에 서로 다른 영향을 준다는 연구결과(Loden, 1985; Rosener, 1990; Hutchinson et al., 1998)가 제기되면서 여성 리

표 9-4 　여성 리더십과 남성 리더십

구 분	남성 리더가 우수함	여성 리더가 우수함
다른 사람들에게 동기를 유발하는 것		◎◎◎◎◎
커뮤니케이션을 촉진하는 것	◐	◎◎◎◎◐
업무수행의 질을 높이는 것		◎◎◎◎◎
전략계획을 수립하는 것	◎◎◐	◎◎◎◐
다른 사람의 얘기를 경청하는 것		◎◎◎◎◎
주요 이슈를 분석하는 것	◎◎◐	◎◎◐

※ 다섯 개의 연구에서 여성과 남성 리더 중에 누가 더 높은 점수를 차지했는지 분석한 결과임.
◐ 남성과 여성 리더의 점수가 통계적으로 유의한 차이를 보이지 않은 경우임.

자료: Sharpe (2000), p.75.

더십에 관한 연구 관심이 증대되고 있다. 우리나라도 최근 여성경영자와 여성인력이
급속히 증가하고 있다는 점에서 향후 여성 리더십에 대한 연구가 활발히 이루어져야
할 것이다.

(3) 리더십과 윤리적 이슈

리더십은 다른 구성원의 태도와 행동에 영향을 미치고 변화를 가져오는 과정이다.
따라서 리더십 과정에서 영향을 받는 구성원은 자신의 신념과 가치관 그리고 행동의
변화를 의식하지 못하고, 나아가서는 은연중에 세뇌(brainwashing)당할 수도 있다(Sims
& Lorenzi, 1992, pp.272~273). 리더십 과정에서의 이와 같은 결과는 선진국에서 오랫동
안 비윤리적 조작행동(manipulation)이라는 비난 속에 리더십의 윤리적 이슈로 제기되
어 왔다(Johnson, 2001; Murphy & Enderle, 1995). 우리나라에서는 아직까지 리더십과 관
련된 윤리적 이슈가 크게 부각되지 않아 왔지만, 사회문화가 발전하고 기업윤리 개념
이 급속히 확산되고 있는 만큼 리더십을 둘러싸고 윤리적 이슈가 곧 제기될 것으로 예
측된다.

 사·례·연·구

≫ 다국적기업 경영자의 리더십

해외시장에서 영업활동을 하는 다국적기업은 자체의 강한 기업문화를 사
회문화 환경이 다른 외국에 도입할 때에 많은 문제가 예상되게 마련이다. 따
라서 서로 다른 문화 간의 갈등을 해소하려면 오랜 기간에 걸쳐 많은 변화
가 요구될 수 있다. 이 사례는 프랑스에서 스웨덴의 볼보자동차를 판매하는
Volvo(France) 회사가 스웨덴 본사의 강한 기업문화를 프랑스에 어떻게 성공
적으로 도입하여 좋은 성과를 거두었는지를 보여주고 있다.

1. 볼보(프랑스) 회사와 카르스텟트 사장

볼보(프랑스) 회사는 프랑스 자동차시장에서 연매출량을 1992년의 12,000대
에서 1996년의 23,100대로 크게 증가시켰다. 그 기간에 프랑스의 전체 자동차
시장이 성장하지 않았고 볼보 자동차회사가 특별히 혁신적인 신제품을 시장에

제9장 리더십 ┃ 361

내놓지 않았는데도 불구하고, 볼보(프랑스)가 이러한 성과를 달성했다는 것은 매우 획기적인 것이었다. 볼보(프랑스)의 이익은 1990~1992년의 연평균 1,430만 프랑크의 적자로부터 1993~1995년의 연평균 2,100만 프랑크의 흑자로 돌아섰다. 이러한 결과는 스웨덴의 기업문화를 프랑스의 고객과 판매조직에 성공적으로 주입시킨 카르스텟트(Goran Carstedt) 현지사장에 의하여 달성되었다.

볼보(프랑스)는 1988년부터 매출목표를 연 22,000대로 설정하고 있었다. 그러나 실제 매출은 연 8,800대에 불과하였고, 1992년에는 12,000대 수준밖에 되지 않았다. 1992년까지 볼보자동차의 시장점유율은 0.5%에 불과하였다. 그 당시 프랑스의 자동차시장은 침체되었어도 외제자동차 시장점유율은 증가하고 있었다. 특히 세계시장에서 볼보자동차의 인기가 높아서 큰 호황을 누리고 있고 프랑스에서도 볼보 트럭은 잘 팔리고 있어서, 프랑스 내에서 판매가 저조한 승용차영업에 대하여 획기적인 개선책이 요구되었다.

볼보자동차는 프랑스시장에서 많은 문제점이 지적되고 있었다. 스타일은 낡았고, 무게는 너무 무거우며, 값도 너무 비싸다는 것이 일반적인 평가였다. 운전자의 안전만을 위하여 다른 것을 너무 많이 희생했다는 불평도 있었고, 출고·배달서비스도 늦고 새 모델도 항상 늦게 나온다는 불평도 많았다. 프랑스는 본래 정열적이고 성미가 급한 라틴 계통의 민족이기 때문에 스웨덴의 추운 기후환경과 우울한 성격에 맞추어서 개발된 볼보 승용차는 근본적으로 프랑스에 맞지 않는다고 생각하는 사람도 많았다. 그러나 카르스텟트 사장은 이러한 부정적인 평가와 견해를 받아들이지 않았다. 그는 같은 라틴계 민족인 이탈리아에서는 볼보승용차가 잘 팔리고 있다는 사실을 염두에 두고, 프랑스에서 볼보 승용차에 대한 부정적인 이미지를 하나하나 분석하기 시작하였다.

2. 기업문화혁신

카르스텟트 사장은 프랑스를 매우 좋아했지만 볼보자동차의 경영이념과 기업문화를 희생시킬 생각은 전혀 없었다. 프랑스사람들이 볼보 승용차를 많이 사지 않는다면, 그것은 프랑스사람들이 볼보 문화와 볼보 승용차를 잘 이해하지 못하기 때문이라고 그는 믿었다. 그리고 그는 볼보 승용차는 프랑스사람들에게는 외래문화를 가진 외제승용차이지만, 볼보승용차 자체가 불특정한 대중시장보다는 특정 고객을 대상으로 개발되었기 때문에 프랑스에도 충분한 시장이 존재한다고 굳게 믿었다. 그리하여 그는 이들 고객을 찾아내어 그들을 설득해야 할 필요성을 느꼈다.

카르스텟트 사장은 본사에서 기획업무를 담당했기 때문에 볼보 문화와 전략을 개발하는 데에 직접 관여했었다. 따라서 그는 프랑스사람들에게 볼보 문화를 설명하는 데에는 적격이었다. 그는 프랑스사람들에게 다음과 같이 말하였다.

"볼보 승용차의 스타일은 좀 특이한 점도 있지만, 근래에는 많은 사람들이 원하는 스타일을 가지고 있습니다. 율른함메르(Gyllenhammer) 사장의 리더십하에서 볼보자동차는 최고의 스칸디나비아 문화를 실현시켰습니다. 칼마르(Kalmar) 공장에서는 조립선을 원형의 작업구조로 개선하여 근로자들이 한 팀이 되어 승용차를 완전히 조립하는 작업을 수행하고 있고, 유디발라(Udder-valla) 공장에서는 15명의 근로자들이 함께 처음부터 끝까지 승용차를 조립하여 승용차에 자기들의 이름까지 서명하고 있습니다."

"스웨덴은 매우 개인주의적이면서도 사회민주주의적인 나라입니다. 우리는 개인의 개성과 도덕적 의무감을 결합하여 사회윤리를 중심으로 모든 국민의 복지를 위하여 힘써 왔습니다. 이와 같이 개인과 사회 복지관점을 수렴하여 안전한 승용차를 생산할 것을 최우선의 목표로 설정한 것입니다. 그리하여 우리는 충격에 강한 차체와 조각조각 부서지지 않는 유리창, 그리고 우리들만이 특허를 가지고 있는 3중 안전벨트 등을 개발하였습니다. 이러한 개발노력은 시장분석에 의해서가 아니라 스웨덴과 볼보 문화 자체에서 비롯된 것입니다. 언젠가 우리는 파리에서 우리 아이들을 데리고 스케이팅을 간 적이 있었습니다. 그 때 스케이팅장에는 약 100명의 아이들이 스케이팅을 하고 있었는데, 헬멧을 쓴 아이들은 우리집 아이들뿐이더군요. 이와 같이 스웨덴사람들은 안전에 각별한 신경을 씁니다."

볼보의 이념은 기업문화에도 직접 반영되고 있다. 구성원들의 능력을 믿고 그들에게 권한을 위양하면 그들로부터 기대 이상의 적극성, 도전성과 독창적인 아이디어를 얻어낼 수 있다는 신념하에, 볼보자동차는 획기적인 분권경영을 실시하여 고객과 접하는 일선 현장직원들에게 권한을 대폭 위양하여 최대의 자율성을 부여해 왔다.

카르스텟트 사장은 볼보(프랑스) 직원들의 기본가치를 이해하기 위하여 아홉 차례의 회의를 개최하여 150명의 판매상들과 개방적인 토론을 하기 시작하였다. 원탁형 회의형식으로 진행된 회의에서 카르스텟트 사장은 판매상들에게 "우리 볼보자동차가 여러분들의 영업활동을 활성화시키기 위하여 해야 할 일이 무엇인지, 우리가 지금까지 잘못하고 있는 것이 있다면 무엇인지, 그리고 여러분들이 볼보자동차로부터 원하는 것이 무엇인지를 솔직히 말해 주십시오"라고 말하고 그들과 진지한 대화를 나누었다. 카르스텟트 사장의 이러한 진지한 접근방법과 그의 경청태도는 프랑스의 판매상들을 놀라게 만들었다.

판매상들의 요청사항들은 대부분 카르스텟트 사장이 예측한 것들이었고, 따라서 그는 곧 볼보(프랑스)에 새로운 문화를 개발·정착시키는 작업에 들어갔다.

3. 도전적 목표설정

첫째로 카르스텟트 사장은 판매상들에게 볼보자동차의 문화를 이해시키고, 그들이 가지고 있는 볼보 승용차의 부정적인 이미지와 영업부진의 구실을 하나씩 씻어내면서 볼보 문화를 긍정적으로 주입시키는 데 힘썼다. 판매상들의 기존 가치관을 전환시키려는 카르스텟트 사장의 노력은 매우 적극적이어서 그는 판매상들로부터 '북에서 온 돌풍'이라는 별명을 받기도 하였다. 그리고 카르스텟트 사장은 그 당시 프랑스에서 연 4,000~5,000대의 볼보자동차가 기존 고객들의 반복구매에 의하여 판매되고 있다는 것을 분석하고, 대체로 반복구매는 총판매의 약 20% 정도를 차지하는 것이 정상적이라는 것을 감안하여, 연 20,000대 이상의 매출이 가능하다는 점을 강조하였다. 그리하여 판매목표를 실제 판매량의 두 배로 증가시켜 총판매의 70~80%를 새로운 고객들로부터 달성해야 한다는 도전적이고 의욕적인 목표를 설정하였다.

또한, 카르스텟트 사장은 스웨덴의 볼보자동차 본사를 방문하여 볼보(프랑스)의 운영상황을 보고하고, 볼보 문화를 중심으로 앞으로의 전략방향과 구체적인 운영방안을 자세히 설명하였다. 그중에는 볼보자동차의 출고·배달을 효율화시키고, 판매주문절차를 전산화하며, 외상월부판매의 금융비용을 줄이고, 보다 효과적인 시장조사를 실시하며, 광고 및 판촉활동을 활성화시키고 판매상 선발을 효율화시키는 등 여러 방안과 계획이 포함되었다.

4. 고객중심적 기업문화

둘째로, 카르스텟트 사장은 볼보(프랑스)의 관료화된 조직구조를 대폭 개선하여 회사의 판매상과 고객들 사이에 큰 변화를 가져왔다. 전통적으로 볼보(프랑스)는 스웨덴 본사와의 관계에서 영업계획만을 그럴듯하게 작성해 보내는 등 스웨덴 본사에 잘 보이려고 하는 데에만 급급하였다. 반면에, 프랑스 내의 판매상들에게는 권위적이고 위압적으로 대하면서 판매목표를 일방적으로 설정해놓고 목표에 미달하면 그들을 대체하기 일쑤였다.

카르스텟트 사장은 전략경영에 실패하는 가장 확실한 방법은 하위구성원들에게 일방적으로 목표를 설정하고 그들에게 이를 강요하는 것이라는 것을 잘 알고 있었다. 따라서 그는 볼보(프랑스)의 조직도를 거꾸로 뒤집어서, 제일 위에는 고객을 크게 그려 놓고 그 밑에 판매상을 그리고, 제일 아래에 볼보(프랑스)의 본부와 스웨덴 본사를 그려서, 고객이 왕이고 판매상은 그의 충신(courtier)이며, 볼보(프랑스) 본부와 스웨덴 본사는 충신을 도와주는 심부름꾼이라는 것을 보여 줌으로써 판매상의 위치를 강화해 주고 고객을 위하여 공동노력해야 한다는 것을 강조하였다.

또한 카르스텟트 사장은 파리근교의 큰 회의장소를 빌려서 판매상을 부부동반으로 초청하여 볼보자동차 문화에 대한 영화를 상영하고 앞으로 선보일 새로운 볼보자동차 모델들을 소개하였다. 그리고 현대적인 모델 판매전시장도 보여 주었다. 그뿐 아니라 카르스텟트 사장은 판매상들을 역시 부부동반으로 스웨덴으로 데리고 가서 스웨덴 본사의 시설을 보여 주고, 판매상들이 볼보자동차의 이미지형성에 얼마나 결정적인 역할을 하고 있고 그들이 이러한 역할에 얼마나 자부심을 가질 수 있는지를 보여 주었다. 토르스란다(Torslanda) 공장에서는 볼보자동차의 사장과 임원들이 참석한 가운데 모범판매상들을 표창하고, 최신 모델들과 앞으로 개발될 모델들도 보여 주었다.

후에브르드(Skovde) 공장에서는 볼보자동차의 엔진제조과정을 보여 주고, 특히 많은 젊은 여성근로자들이 선진기술과 전자과학 분야에서 일하고 있는 모습을 보여 줌으로써 볼보의 첨단기술에 자부심을 갖게 하였다. 그리고 스웨덴의 아름다운 경치와 민속음악, 바이킹 파티 등 관광프로그램을 통하여 스웨덴의 문화를 직접 경험하도록 하였다. 그리하여 판매상들과 그들의 가족으로 하여금 스웨덴의 문화로부터 시작하여 볼보자동차의 경영이념과 기업문화 그리고 운영상황에 이르기까지 그들의 이해를 증진시켰다.

볼보 문화에 대한 판매상들의 이해는 그들에게 고객중심적 가치를 주입시키는 데에도 많은 도움을 주었다. 볼보자동차의 첨단기술과 제품의 우수성에 비하여 고객서비스가 얼마나 미흡했는지를 깨닫게 하였다. 특히 판매상들은 그들의 판매전시장이 얼마나 낙후되었는지를 알게 되었고, 따라서 그들 자신이 자발적으로 판매전시장을 현대화시키기 위한 투자를 서슴지 않았다. 그리하여 150명의 판매상 중 130명이 모두 합하여 5억 프랑크 가량을 투자하여 그들의 판매전시장을 현대화시켰다. 볼보(프랑스) 본부는 자금융자와 기술적인 조언을 제공함으로써 그들의 투자효과를 최대화시키는 데 많은 도움을 주었다. 그리하여 Mercedes, BMW, Alfa-Romeo 등 경쟁업체의 판매전시장에 뒤지지 않는 판매조직을 구축해 나갔다.

5. 조직개편과 경영개선

고객중심적 기업문화는 볼보(프랑스)의 판매조직과 경영과정에서도 직접 적용되었다. 카르스텟트 사장은 프랑스의 전체 시장을 본부에서 관할하기에는 너무나 방대하다는 것을 인식하고, 프랑스시장을 네 개의 지역으로 나누어서 지역본부가 각 지역시장에 책임을 맡음으로써 고객과의 관계를 보다 밀접하게 만들었다. 그리고 판매상들 사이와 그들과 지역본부를 연결시키는 정보망을 도입하여 상호간의 커뮤니케이션과 상담, 협조, 조언과정을 크게 활성화시켰다. 제품도 물론 중요하지만, 제품을 빛나게 하는 것은 역시 구성원들의 활동과 서비스라는 관점에서 판매상들의 적극적인 활동과 서비스 그리고 상호작용을 증진시키는 데 역점을 두었다.

카르스텟트 사장은 프랑스 문화를 좋아했지만 기업경영에 나타나는 프랑스사람들의 일반적인 특성에 대하여는 다소 회의감을 가지고 있었다. 특히 프랑스사람들의 권위적이고 독선적인 행동스타일은 보다 효율적인 기업경영에 장애요인으로 작용한다는 것을 느꼈다. 그리하여 그는 파리 근교의 INSEAD 경영대학원 교수들의 자문을 얻어 프랑스사람들의 문화특성을 이해하고 이에 대한 적절한 방안을 강구하였다. 연구결과에 의하면 프랑스사람들은 스웨덴사람들에 비하여 문제해결에 있어서 정확한 답을 원하고 상위관리자로부터 지시받기를 기대하며, 하위구성원에게 일을 맡길 때에는 맡긴 만큼의 통제가 필요하다고 믿고 있고, 상하간의 친밀한 관계를 꺼리며 직장생활과 사생활을 분리시키기를 원하는 것이 일반적인 경향인 것으로 나타났다.

카르스텟트 사장은 프랑스와 스웨덴 기업구성원들의 문화특성을 중심으로 그들의 장점을 살리고 단점을 보완한다면 기업성과를 높일 수 있다고 믿었다. 즉, 고객서비스에 있어서는 스웨덴 기업구성원들의 태도가 훨씬 효과적인 반면에, 프랑스 구성원들에게는 인간적인 존경으로 대하고 개방적인 정보를 제공한다면 보다 적극적인 태도를 보일 것이라고 확신하였다. 젊은 프랑스사람들은 매우 총명하고 호기심이 많으며, 지적 수준이 높고 융통성이 많으며 활력이 넘쳐서 카르스텟트 사장의 기대가 그대로 이루어졌다. 따라서 프랑스사람들의 문화적 특성을 고치기보다는 이를 그대로 살리고 이를 보완함으로써 큰 성과를 거둔 것이다. 볼보(프랑스) 회사에서의 이러한 변화는 너무 빨리 이루어져서, 카르스텟트 사장은 스웨덴 본사에서 이러한 변화에 신속히 적응하지 못하는 관리자들을 볼보(프랑스) 회사에 전직시켜 그들을 직접 견학시키기도 하였다.

또한, 카르스텟트 사장은 공식 서류에 의존해 오던 경영스타일을 탈피하고 구성원들 간의 직접적인 상호작용을 강력하게 추진하였다. 공문서는 구성원들을 권위와 형식에 치중하게 하고, 문제해결보다는 책임회피만을 조장하여 관료화된 조직분위기를 조성해왔다는 인식하에 카르스텟트 사장은 구성원들이 직접 만나서 정보를 교환하고 문제를 서로 파악하며 공동으로 문제를 해결함으로써 구성원들 간에 정보에 대한 공유감과 문제해결에 대한 공동책임감을 심어주었다. 그리고 고객중심적 가치를 항상 강조하고 고객들과 밀접한 관계를 유지하면서 그들의 욕구충족을 위한 창의적 아이디어를 발굴해내기 시작하였다. 그리하여 볼보자동차의 성능과 안전성을 기반으로 안전운전을 통한 보험료의 절감혜택, 중고차가격 혜택, 수거비절감 혜택, 그리고 새로운 정보시스템을 통한 출고·배달의 효율화, 보다 경제적인 할부판매제도, 외상매출관리의 효율화, 보증제도의 개선, 전문가시스템(expert system)을 통한 고객서비스의 향상 등 창의적 아이디어가 끊임없이 활용되기 시작하였다.

6. 볼보자동차 문화의 광고전략

볼보(프랑스)는 오랫동안 궁전을 배경으로 하여 볼보 승용차를 광고함으로써 왕실의 마차와 같은 이미지를 강조해 왔다. 카르스텟트 사장은 이러한 광고효과에 의문을 가지고 새로운 광고전략에 나섰다. 그는 프랑스사람들은 볼보 승용차의 안전성과 차분함에 무관심하다는 부정적 견해를 일축하고, 한 연구기관에 프랑스사람들의 취향에 관한 연구조사를 의뢰하였다. 그 결과 프랑스사람들은 사실상 승용차의 안전성과 신뢰성을 매우 중요시하는 것으로 나타났고, 그러한 경향은 더욱 증가되고 있는 추세를 보였다. 그리고 사치, 편안, 서비스, 첨단기술, 차분한 신뢰감, 안전, 날씬함, 다양한 용도 등 여러 가지의 승용차 특성에 대하여 연구조사한 결과, 41.2%의 프랑스사람들이 차분한 신뢰감(sober reliability)을 가장 중요시하고, 30.6%가 안전성을 중요시하는 것으로 나타났다. 매년 10,000명 이상의 프랑스사람들이 자동차사고로 사망하는 것으로 보아 이러한 연구조사결과는 결코 놀라운 것이 아니었다.

이와 같은 조사결과는 볼보자동차의 전통적인 문화와 일치하는 것이었다. 따라서 카르스텟트 사장은 이러한 조사결과에 힘입어 볼보 승용차의 내구성과 안전성을 강조하는 광고전략을 대대적으로 전개하였다. 승용차의 진짜 성능은 내구성에서 알 수 있다는 것을 강조하면서, 볼보 승용차가 다른 승용차에 비하여 수명이 얼마나 더 긴지를 크게 강조하였다. 특히, 어린 아이들을 대상으로 자동차의 안전이 얼마나 중요한지, 그리고 볼보 승용차가 다른 승용차에 비하여 얼마나 더 안전한지를 광고에서 보여 주었다. 볼보(프랑스)의 이와 같은 광고전략은 프랑스의 기업계로부터 큰 호응을 받아 자동차산업부문에서 광고대상을 받기도 하였다.

1992년부터 1996년까지 카르스텟트 사장의 임기 동안 볼보(프랑스)의 판매상들은 그들의 판매조직을 현대화하고 활성화시킴으로써 연 12,000대의 판매실적을 그 두 배에 가까운 연 23,100대로 올렸다. 그리고 판매전시장에 전시된 자동차의 수도 80%나 증가시켰다. 이익 면에 있어서도 1990~1992년의 연평균 1,430만 프랑크의 적자로부터 1993~1995년에는 연평균 2,100만 프랑크의 순이익으로 전환되었다.

이러한 성과는 문화적 배경이 다른 경영자가 성취해낸 것이라는 점에서 카르스텟트 사장의 리더십이 높이 평가된다. 프랑스와 스웨덴의 문화적 차이를 긍정적으로 받아들이고, 양쪽의 문화적 장점을 최대한 활용하고 약점을 보완하여 비교적 짧은 기간 동안에 볼보(프랑스)의 새로운 성과지향적 기업문화를 개발한 그의 리더십은 다국적기업 경영자에게 귀감이 될 수 있다. 특히 그 과정에서 경영이론과 국제경영의 전문지식을 최대한 활용하여 당면한 현실 문제를 성공적으로 해결해 나갔다는 것은 경영학을 연구하는 학자들과 이를 전공하는 학생들에게 소중한 교훈이 된다.

토의질문

01. 카르스텟트 사장의 성공적인 리더십을 행동이론과 상황이론을 적용하여 설명하시오.

02. 카르스텟트 사장의 리더십 스타일이 우리나라 기업에서 얼마나 성공적일지를 비교 · 분석하시오.

Chapter **10**

조직구조 설계와 조직행동

Organizational Behavior

Chapter

10

조직구조 설계와 조직행동

　지금까지 우리는 조직을 구성하고 있는 개인과 집단의 행동을 살펴보았다. 개인과 집단의 행동을 연구하면서, 우리는 조직을 개인과 집단의 행동에 영향을 주는 상위시스템으로 다루어 왔다. 이제 전체 조직의 행동에 초점을 두고 조직구조 특성에 대해 직접 살펴보고자 한다.

　우리 사회에는 여러 종류의 조직이 존재하고 있고 이들 조직은 각기 독특한 특징을 가지고 있다. 사람들마다 독특한 개성을 지니고 있는 것과 마찬가지로, 조직도 각기 고유의 특성을 지니고 있다. 삼성, 현대, LG, SK 등 우리나라의 대기업들은 각각 다른 이미지를 가지고 있으며, 따라서 그들은 기업조직으로서 다른 기업과는 구별되는 독특한 성격을 가지고 있다고 할 수 있다.

　전체 조직의 구조와 특성 그리고 행동이 어떻게 형성되고 변해나가며, 이에 작용하는 요인들이 무엇인지에 관하여 살펴보는 것이 제10장에서 제12장까지의 목적이다. 제10장에서는 조직구조 설계와 전체 조직의 행동에 관하여 살펴보고, 제11장에서는 조직문화에 대해 다룬다. 그리고 제12장에서는 조직개발과 조직변화에 관해 살펴본다.

　조직구조 설계와 조직행동을 연구하는 데 있어서 이 장은 제1절에서 조직구조 설계의 주요 요소들을 설명하고, 제2절에서 조직구조의 여러 형태와 조직행동을 살펴본다. 그리고 제3절에서 조직환경과 조직설계의 관계를 다루고, 제4절에서 현대조직의 조직설계 방향을 살펴본다.

　조직에는 많은 구성원들이 일하고 있는데, 조직이 자체의 목적을 달성하려면 이들 구성원들 간의 관계를 체계적으로 맺어 주어야 한다(Nadler & Tushman, 1997). 구성원들 간의 관계는 조직이 작은 경우에는 별로 문제가 되지 않지만, 조직이 커짐에 따라서 구성원들 간의 관계를 체계화하는 것이 점점 중요해진다. 이와 같이 구성원들 간에 체계적인 관계를 맺어 나가는 과정에서 조직의 구조가 형성되고, 이러한 조직구조에 따라서 전체 조직의 행동은 물론 조직성과도 많은 영향을 받게 된다.

　조직은 업종과 목적 그리고 규모에 따라서 다양한 형태의 조직구조를 형성한다. 영리기업, 금융기관, 교육기관, 병원, 공공기관 등 조직의 업종에 따라서 조직구조가 다를 뿐만 아니라, 동일 업종이라도 조직 규모에 따라서 조직구조가 각각 다르다. 이와 같이 조직은 조직목표를 달성하는 과정에서 주어진 상황에 적합한 조직구조를 형성함으로써 서로 다른 조직구조 형태를 갖추게 된다. 그리하여 집권적 또는 분권적 조직구조, 기능적 조직구조, 사업부제 구조, 수평적 또는 수직적 조직구조, 팀 또는 행렬조직 등 조직마다 서로 다른 구조형태를 형성하게 된다.

　이와 같이 조직의 구조형태는 조직마다 각각 다르지만, 조직형태를 실제로 결정하는 것은 몇 가지의 요소에 달려 있다. 이들 요소를 어떻게 적용하여 조직구조를 설계하느냐에 따라서 다양한 조직구조 형태가 만들어지는 것이다. 제2장에서 설명한 바와 같이, 조직의 구조문제는 경영학 연구 초기의 고전이론에서 주로 공식조직 측면에서의 연구로부터 시작하여 1930년대의 인간관계 관점에서의 비공식조직 연구, 그리고 1950년대부터 시스템이론과 행동과학 및 상황적 관점에서 연구가 계속되어 현재에 이르렀다. 조직구조와 형태를 결정하는 중요요소인 과업·직무설계, 부문화, 관리범위, 그리고 권한관계를 차례로 설명한다.

1 과업 및 직무설계

　조직구조의 가장 기본적인 부분은 구성원이 수행하는 과업과 직무인 만큼, 조직구조를 설계하는 데 있어서 가장 기본적인 것은 바로 구성원이 수행하는 과업과 직무를 구체적으로 설계(task and job design)하는 것이다.

(1) 직무 전문화와 충실화

구성원들 또는 집단이 수행하는 직무를 얼마나 전문화(specialization)하느냐, 아니면 확대(enlargement) 또는 충실화(enrichment)하느냐에 따라서 과업구조와 직무구조가 결정되고, 나아가서는 조직의 효율성과 구성원들의 만족감 등 조직성과가 달라진다. 전통적으로 고전경영이론에서는 분업의 원리에 따라 가능한 한 직무를 표준화·단순화·전문화하는 것이 조직의 생산성을 높이는 방법이라고 주장하였고, 전문화된 직무설계와 과업구조를 효율적인 조직구조 설계의 기본 원칙으로 삼고 있다(Fayol, 1949; Taylor, 1911). 반면에, 행동과학에서는 전문화된 과업구조에 따른 구성원의 동기저하 및 직무소외 문제를 해결하기 위해 과업내용을 좀 더 다양하고 의미 있게 설계하는 직무충실화(job enrichment)를 지향하고 있다. 즉, 직무의 폭을 넓히는 동시에 직무수행에 필요한 자율성과 재량권을 부여함으로써 조직성과를 더 높일 수 있다고 주장한다.

(2) 과업·직무설계의 고려요소

직무를 설계할 때 중요하게 고려해야 하는 요소는 다음과 같다.

① 조직규모: 조직규모가 커질수록 과업의 종류와 기능이 다양해짐으로써 과업과 직무내용의 전문화 및 구조화 경향이 커진다.
② 변화 정도: 업무, 제품, 기술 등의 변화가 많을수록 전문화·구조화보다는 적응이 용이한 신축적인 직무설계를 할 필요성이 커진다.
③ 동기부여: 구성원들의 성취감과 자율성 그리고 만족감이 강조될수록 전문화보다는 충실화 방향으로 직무설계를 할 필요성이 커진다.

2 조직의 부문화

부문화(departmentation)란 조직 내의 직무와 과업들을 일정한 기준을 가지고 분류하고, 유사한 직무들을 묶어서 각각의 부서에서 담당하도록 관리단위화하는 것을 말하는데, 부문화는 조직구조 형태를 결정하는 가장 기본적인 요소가 된다.

(1) 부문화의 기준과 조직구조 형태

부문화의 기준과 이에 따라 형성되는 조직구조 형태들을 요약하면 다음과 같다(〈그림 10-1〉 참조).

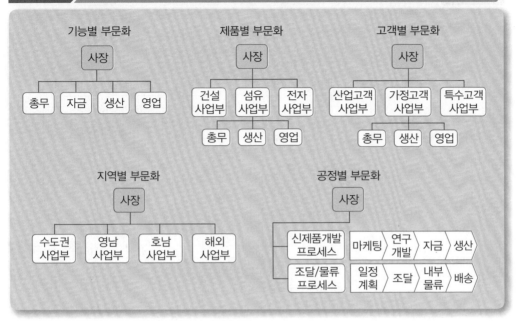

그림 10-1　부문화의 유형과 조직구조 설계

① 기능별 부문화(functional departmentation)：가장 기본적이고 널리 사용되고 있는 부문화 방식으로서 생산, 영업, 재무·회계, 인사 등 기업의 주요 기능을 기준으로 조직구조를 형성하는 것

② 제품별 부문화(product departmentation)：기능별 부문화와 달리 목적별 부문화에 해당되며, 주요 제품 또는 사업을 기준으로 기본 조직단위인 부서를 만드는 것으로서 흔히 사업부제 구조라고 칭함

③ 고객별 부문화(customer departmentation)：목적별 부문화의 한 유형으로서 주요 고객들을 기준으로 조직구조를 형성하는 방법

④ 지역별 부문화(geographical departmentation)：목적별 부문화의 하나로서 지역을 기본 단위로 조직구조를 설계하는 방법

⑤ 공정별 부문화(process departmentation)：조직의 주요 과업수행 프로세스를 중심으로 부문화하는 방법

(2) 행렬조직

이상 조직구조를 설계하는 데 보편적으로 사용되고 있는 부문화 방법들을 살펴보았다. 이들 부문화 방법은 조직마다 그 활용도가 다르지만, 조직이 어느 정도의 규모에

그림 10-2 행렬조직

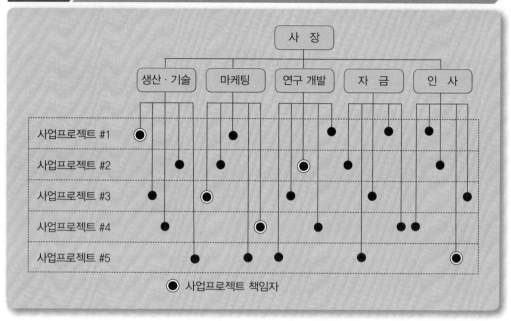

도달하게 되면 이들 부문화 방법을 혼합하여 사용하게 된다. 조직의 상위 부분에서 어떤 부분화 방법을 사용하느냐에 따라서 전체 조직의 기본적인 구조형태가 다르게 형성된다.

이들 기본적인 부문화 방법과 더불어 행렬조직(matrix organization)이 대안적인 부문화 방법으로 사용되어 왔다(〈그림 10-2〉 참조). 행렬조직은 건설공사, 신제품개발, 우주항공사업 등 조직이 여러 개의 프로젝트들을 동시에 수행하는 경우 이들 프로젝트를 성공적으로 추진하기 위한 목적으로 조직구조를 설계할 때 주로 활용된다. 행렬조직은 기능별 부문화와 제품별 부문화의 혼합형태로서, 한편으로는 기능별 전문성을 극대화하고, 다른 한편으로는 사업의 특성 및 요구를 효과적으로 충족시킴으로써 두 가지의 목표를 동시에 충족시키기 위한 조직형태이다. 행렬조직은 조직이 보유하고 있는 전문인력과 장비시설을 최적 배치하고 최대한 활용함으로써 환경의 복잡성과 불확실성에 효과적으로 대처할 수 있게 하는 것을 목적으로 하고 있다(Middleton, 1967).

(3) 부문화의 상황적 요소

이상의 부문화 방법은 조직마다 그 적용성이 다르다. 일반적으로 부문화 방법은 다음의 몇 가지 상황적 요소에 따라서 그 적용성이 결정된다.

① 조직규모: 조직규모가 작은 경우에는 주로 기능별 부문화가 적합하지만, 조직규모가 커지고 사업분야가 다각화됨에 따라서 제품, 고객, 지역 등의 목적별 부문화를 사용하는 것이 일반적이다.

② 경제성: 조직이 운영비용의 절감을 강조할수록 규모의 경제(economies of scale)를 실현하기 위해 기능과 업무활동을 통합시키는 기능별 부문화 방법을 사용하는 반면, 규모가 대형화되고 복잡해짐에 따라서 효율적인 통합과 조정이 어려워지게 되면 오히려 규모의 비경제(diseconomies of scale)가 나타나기 때문에 제품, 고객, 지역 등의 사업단위 중심의 조직구조를 설계하는 것이 효율적이 된다.

③ 환경변화의 정도: 신제품개발, 고객욕구의 변화, 과학기술의 발달 등 환경변화가 심할수록 조직 목표와 전략의 변화가 심해지고, 따라서 조직구조의 설계에 있어서도 기능 중심의 설계보다 환경변화에 신축적으로 적응할 수 있는 임시적이고 적응적인 조직의 필요성이 더 커진다. 즉, 환경의 변화가 심화될수록 조직은 기능별 부문화 등의 기계적인 조직보다는 행렬조직과 같은 유기적 조직으로 구조 설계를 하는 것이 더 바람직하다.

④ 기술수준: 조직이 사용하고 있는 기술이 다양하고 기술수준이 높을수록 전문인력을 최대한 활용하는 것이 중요하기 때문에 행렬조직으로 구조설계를 하는 것이

표 10-1 　부문화방법의 특징 및 장·단점 비교

부분화 방법	장 점	단 점
기능별 공정별	기능적 전문성 극대화, 효율성, 경제성 집권적 통제 안정적 환경에 적합 중소 규모에 적합	통합조정이 어려움 관료화, 기계화 경향 구성원들의 동기 저하
목적별 (제품, 고객, 지역 등)	자율적 사업단위, 동기부여 통합조정의 효율화 분권적 경영, 책임경영 동태적 환경에 적합 사업다각화 기업에 적합 대규모 조직에 적합	조직기구의 중복 및 자원 낭비 사업단위간 과다 경쟁
행렬조직	전문기술의 최대 활용 통합조정의 효율화 고급기술, 사업다각화에 적합 동태적 환경에 적합	성과평가의 문제 역할갈등의 발생 가능성 심리적 안정감 결여

바람직하게 된다. 특히 제품, 고객, 지역 등 사업단위 위주의 조직구조를 갖춘 대규모 조직은 기술의 고도화·다양화 상황하에서 전문 기술인력을 최대한 활용하는 것을 우선적으로 강조하게 되고, 행렬조직 개념은 이를 가능케 하는 구조설계 대안이 되어준다.

이와 같이 조직의 부문화는 조직구조 설계에 있어서 매우 중요한 위치를 차지하고 있고 조직성과에도 많은 영향을 미친다. 조직규모가 작을수록 기능적 조직구조가 적합하고, 조직규모가 크고 사업이 다각화될수록 제품별, 고객별, 또는 지역별 조직구조가 적합하며, 환경변화가 심하고 기술수준이 높을수록 행렬조직이 적합하게 된다.

3 관리범위

조직구조 설계에 영향을 미치는 또 하나의 요소는 관리범위(span of control)이다. 관리범위란 한 관리자가 관리하는 부하의 수를 뜻하며, 관리범위를 넓히고 줄임에 따라서 조직구조의 전반적인 형태가 달라진다. 〈그림 10-3〉에서 보는 바와 같이 관리범위를 넓게 잡아서 한 관리자가 많은 부하를 감독하면 계층의 수가 적은 수평적 구조(flat organization)를 형성하는 반면에, 관리범위를 작게 해서 한 관리자가 소수의 부하를 감독하면 계층의 수가 많은 수직적 구조(tall organization)를 형성하게 된다.

| 그림 10-3 | 관리범위와 조직구조 형태 |

계층	수직적 구조 (관리범위=4인 경우)	수평적 구조 (관리범위=8인 경우)
1	1	1
2	4	8
3	16	64
4	64	512
5	256	4,096
6	1,024	
7	4,096	
	관리자(1~6)=1,365 최하위계층 구성원(7)=4,096	관리자(1~4)=585 최하위계층 구성원(5)=4,096

자료: Koontz (1966), p.229.

(1) 효과적인 관리범위

고전조직이론가들은 관리자가 부하를 감독하는 능력에 한계가 있기 때문에 이상적인 관리범위, 즉 한 관리자가 효과적으로 관리할 수 있는 부하의 수를 규명하고자 노력하였다. 고전이론가들 중에서 관리범위에 특별한 관심을 가졌던 어윅에 의하면 관리자는 5명 내지 6명 이상의 부하를 관리할 수 없다고 주장하였고(Urwick, 1956; Healey, 1956), 그 외의 고전학자들은 관리자의 관리범위는 계층에 따라 상위계층에서는 3명 내지 8명까지, 그리고 하위계층에서는 20명 내지 30명까지도 관리할 수 있다고 주장하였다.

(2) 관리범위 결정의 상황적 요소

위에서 설명한 바와 같이 바람직한 관리범위에 대한 관심과 연구가 많이 이루어져 왔지만 뚜렷한 결론이 도출되지는 못했다. 그것은 어떤 상황에나 적용할 수 있는 일률적인 기준이 있는 것이 아니라 상황에 따라서 적절한 관리범위가 달라지기 때문이다. 관리범위에 영향을 미치는 상황요인은 다음과 같다(Koontz, 1966, pp.236~238).

① 과업의 성격: 부하들의 과업이 간단하고 구조적이며 과업 간의 유사성이 클수록 넓은 관리범위가 적용될 수 있는 반면에, 부하들의 과업이 복잡하고 비구조적이며 과업이 각기 다른 경우에는 관리범위를 좁게 설정할 수밖에 없다. 예컨대, 조립작업의 경우 과업의 내용이 구조화되어 있고, 가시적으로 관찰이 가능하고, 또 작업자들의 과업이 조립선의 움직임에 따라 통제되기 때문에 감독자는 많은 수의 부하 직원들을 쉽게 관리·감독할 수 있다.

② 공간적 위치: 부하들이 공간적으로 근접해 있는 상태에서 업무를 수행하는 경우 관리범위가 넓어질 수 있는 반면에, 공간적으로 분산되어 있는 경우에는 과업수행에 대한 감독의 어려움, 통합·조정의 문제와 커뮤니케이션 문제 등으로 인하여 관리범위를 좁게 설정하는 것이 바람직하다.

③ 부하의 능력: 부하들이 유능하고 훈련이 잘 되어 있으면 권한위양이 용이하고 관리자로부터의 지도도 많이 요구되지 않으므로 관리범위를 넓게 설정하는 것이 가능하다.

④ 기획조정기능: 목표설정, 예산편성, 성과평가, 관련 부서와의 업무조정 등 관리자의 경영관리기능이 많이 요구되고 복잡할수록 관리범위는 제한될 수밖에 없다.

⑤ 지원기능: 관리자와 그의 부하들이 기획, 통제, 행정 또는 사무적 지원 등을 많이 받게 되면 업무부담이 줄어들 수 있기 때문에 관리자의 관리범위는 넓어질 수 있다.

모세의 장인, 이드로의 충고와 관리범위

구약성서 18장에 모세의 장인 이드로가 모세에게 백성을 다스리는 방법에 대해 다음과 같이 충고하는 내용이 나오는데, 이는 관리범위에 관한 것이다.

이튿날 모세가 백성을 재판하느라고 앉아 있고 백성은 아침부터 저녁까지 모세 곁에 서 있는지라. 모세의 장인이 모세가 백성에게 행하는 모든 일을 보고 이르되, 네가 이 백성에게 행하는 이 일이 어찌 됨이냐? 어찌하여 네가 홀로 앉아 있고 백성은 아침부터 저녁까지 네 곁에 서 있느냐? 모세가 그의 장인에게 대답하되 백성이 하나님께 물으려고 내게로 옴이라. 그들이 일이 있으면 내게로 오나니 내가 그 양쪽을 재판하여 하나님의 율례와 법도를 알게 하나이다. 모세의 장인이 그에게 이르되, 네가 하는 것이 옳지 못하도다. 너와 또 너와 함께 한 이 백성이 필경 기력이 쇠하리니. 이 일이 네게 너무 중함이라 네가 혼자 할 수 없으리라. 이제 내 말을 들으라. 내가 네게 방침을 가르치리니 하나님이 너와 함께 계실지로다. 너는 하나님 앞에서 그 백성을 위하여 그 사건들을 하나님께 가져오며 그들에게 율례와 법도를 가르쳐서 마땅히 갈 길과 할 일을 그들에게 보이고, 너는 또 백성 가운데서 능력 있는 사람들, 곧 하나님을 두려워하며 진실하며 불의한 이익을 미워하는 자를 살펴서 백성 위에 세워 천부장과 백부장과 오십부장과 십부장을 삼아 그들이 때를 따라 백성을 재판하게 하라. 큰 일은 모두 네게 가져갈 것이요, 작은 일은 모두 그들이 스스로 재판할 것이니 그리하면 그들이 너와 함께 담당할 것인즉 일이 네게 쉬우리라. 이에 모세가 자기 장인의 말을 듣고 그 모든 말대로 하여 모세가 이스라엘 무리 중에서 능력 있는 사람들을 택하여 그들을 백성의 우두머리, 곧 천부장과 백부장과 오십부장과 십부장을 삼으매 그들이 때를 따라 백성을 재판하되 어려운 일은 모세에게 가져오고 모든 작은 일은 스스로 재판하더라.

이드로는 모세가 모든 일을 혼자서 해서는 안 되며 중간관리자를 두어서 일을 위양해야 한다고 충고하고 있다. 천명을 다스릴 천부장, 백명을 다스릴 백부장, 그리고 오십부장과 십부장을 두라는 것은 일의 경중을 따져서 그 일을 수행하기에 적합한 능력과 책임감을 갖추고 있는 관리자들을 임명하고 이를 계층화하라는 것을 의미하며, 또한 관리범위를 정해서 각 계층의 관리자가 적절한 수의 부하를 관리하게끔 해야 한다는 것을 가리킨다.

표 10-2	관리범위와 상황 특성	
관리범위	구조적 특징	상황 특성
좁음	수직적, 집권적, 통제적	비구조적 과업, 다양한 과업, 낮은 수준의 부하 능력, 부하들의 지역적 분산
넓음	수평적, 분권적, 자율적	구조적, 표준화된 과업, 높은 수준의 부하 능력, 다양한 스태프 지원기능

4 권한관계

권한관계도 조직구조 설계에 영향을 주는 주요 요소이다. 설계된 직무와 부문화된 부서 등 조직의 여러 단위들은 그들 사이에 구체적인 관계가 맺어짐으로써 조직구조가 완성될 수 있다. 이 관계를 맺어 주는 것이 권한이며, 이 권한관계에 의하여 조직내 상하위 직급 간에 모든 직무가 연결되어 조직구조가 형성된다. 권한관계에는 수직적 관계와 수평적 관계의 두 가지 측면이 포함되어 있다. 수직적 측면의 권한관계는 조직의 계층구조를 가리키고, 수평적 측면은 라인(line)과 스태프(staff) 간의 관계 및 기능부서들 간의 관계를 나타낸다.

1) 권한과 책임

권한(authority)은 특정 직위에 주어지는 합법적 권력(legitimate power)으로서, 부여된 책임과 임무를 완수하는 데 필요한 의사결정권을 의미한다. 따라서 권한에는 반드시 책임이 수반됨으로써 양자 간의 균형이 이루어져야 한다. 권한 개념은 기본적으로 하향적(top-down) 성격을 띠는데, 이는 부하에게 명령을 내리고 복종 및 결과보고를 요구할 수 있는 권리를 의미한다. 한편, 바나드는 권한을 가지고 있다고 해서 부하의 복종을 자동적으로 기대할 수는 없고, 오히려 부하가 상사의 권한을 받아들여야만 비로소 그 권한이 효력을 발휘될 수 있다는 권한수용설(acceptance theory of authority)을 주장하였다(Barnard, 1938). 이는 상향적(bottom-up) 성격의 권한 개념으로서 상사가 권한을 발휘하기 위해서는 직위권력에만 의존해서는 안 되고 다양한 권력원천을 활용하여 부하들의 자발적인 동의를 이끌어내는 것이 중요하다는 것을 강조한다.

2) 권한분배와 조직구조

권한의 수직적 분배는 집권적 또는 분권적 조직구조의 형성에 결정적 역할을 하며,

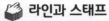 **라인과 스태프**

　　라인–스태프구조는 직계조직에 스태프를 가미한 조직으로서 한편으로는 직계조직에서의 지휘 및 명령의 일원화를 유지하고, 다른 한편으로는 경영관리에 대한 전문적인 지원이 가능하도록 설계된 조직형태이다. 여기서 라인(line)은 명령계통에 위치해 있는 부서 또는 구성원들을 가리키고, 스태프(staff)는 이들 라인관리자에게 지원서비스를 제공하는 부서 또는 구성원들을 가리킨다. 정부조직을 예로 들자면, 대통령, 국무총리와 각 부의 장관은 라인에 해당되고, 대통령 비서실, 국가정보원과 감사원 등은 스태프에 속한다. 또 다른 예로 군대를 살펴보면, 참모(staff)는 지휘관(line)이 필요로 하는 정보를 적시에 제공하고, 상황을 판단하여 필요한 계획을 수립하는 역할을 수행하지만, 예하부대를 직접 지휘하거나 명령을 내릴 수 있는 권한은 없다. 따라서 모든 업무의 수행과정이나 결과에 대한 책임은 지휘관이 지도록 되어 있다. 한국 육군에서 참모의 예로 전력기획참모, 정보작전지원참모, 인사참모와 군수참모 등을 들 수 있다. 삼국지에 나오는 등장인물들 중에서 관우와 장비는 라인이고, 전략을 수립하는 제갈량은 스태프라 할 수 있다.

　　조직도표에서 최고경영층에서부터 하위계층까지 수직적인 명령계통에 위치해 있는 부서는 라인을 나타내는 반면, 라인관리자를 지원·보좌하기 위한 부서로서 수평으로 연결되어 있는 부서는 스태프를 나타낸다.

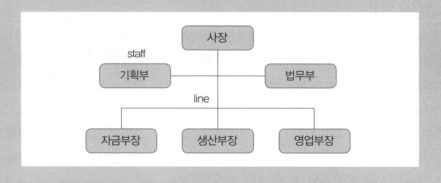

권한의 수평적 분배는 부서 간의 관계에 지배적 역할을 한다. 즉, 조직의 의사결정 권한이 주로 상위계층에 집중되어 있을수록 집권적 조직(centralized organization)이 형성되는 반면에, 하위 실무계층에 권한이 많이 위양될수록 분권적 조직(decentralized organization)이 형성된다.

권한의 수평적 분배는 주로 라인과 스태프 부서의 관계에서 특별히 중요성을 띤다. 조직환경이 복잡해짐에 따라서 라인부서와 스태프부서의 구별이 모호해지고 있지만, 전통적으로 라인부서는 명령계통에 위치해 있으면서 주요 의사결정 권한과 명령권한을 쥐고 있는 부서를 의미하는 반면, 스태프부서는 명령계통에 있는 라인부서에 대해 지원 및 조언기능을 수행하는 부서를 의미한다(Scanlon & Keys, 1979, pp.76~77). 제조업체의 경우 생산부서와 영업부서는 라인으로, 그리고 인사부서와 기획부서는 스태프로 분류하는 것이 일반적이다. 이와 같이 전통적인 라인과 스태프 개념에 기초하여 조직구조를 설계하는 경우 라인-스태프구조(line-staff structure)가 형성되는 반면, 인사, 경리, 총무, 기획 등 스태프부서에 실질적인 의사결정 권한이 부여되는 경우 기능식 구조(functional structure)가 형성된다.

이와 같이 권한관계는 조직 내의 모든 직무와 부서를 연결시켜 전체적인 조직구조를 형성하며, 그 과정에서 수직적 권한위양과 라인-스태프 부서 간의 수평적 권한배분이 이루어짐으로써 조직의 기본적인 구조 형태가 결정된다.

이상 조직구조의 형성에 주요 역할을 하는 요소들을 살펴보았다. 이들 구조요소를 편의상 개별적으로 분석했지만, 사실상 이들 요소는 상호간에 밀접한 관계를 맺고 있으므로 실제 조직구조 설계에 있어서는 모든 요소를 동시에 고려하여 주어진 상황에 가장 적합한 구조형태를 모색해야 한다.

조직구조 형태와 조직행동 02

앞에서 설명한 바와 같이, 조직구조 요소를 어떻게 적용하느냐에 따라서 조직 형태가 달라지고 이에 따른 조직행동과 성과도 다르게 나타난다. 조직에서 흔히 볼 수 있는 조직구조 형태, 그리고 조직구조 형태와 조직행동 간의 관계에 대해 살펴본다.

1 수직적-수평적 조직

수직적 또는 수평적 조직구조는 관리범위에 의하여 결정되며 각각의 장·단점과 조직설계상의 상황적 고려요소는 다음과 같다.

(1) 장·단점 비교

일반적으로 수직적 조직(tall organization)은 관리자가 관리하는 부하의 수가 비교적 적어서 의사결정이 질서 있게 체계적으로 이루어지고, 그 결과도 비교적 자주 평가할 수 있으므로 엄격한 통제와 조정이 이루어질 수 있다(Carzo & Yanouzas, 1969). 그렇지만 계층의 수가 많은 수직적 조직은 커뮤니케이션, 동기유발 및 비용 면에서 문제점이 나타날 수 있다.

첫째, 계층의 수가 많은 경우 커뮤니케이션의 단계가 늘어남으로써 정보가 단절되거나 왜곡될 가능성이 높을 뿐만 아니라 결재라인이 길어지기 때문에 의사결정이 지연되는 문제가 발생할 수 있다. 즉, 수직적 조직은 신속하고 정확한 의사결정을 가로막는 장애요인으로 작용할 수 있다. 둘째, 수직적 조직에서는 의사결정 권한이 관리자에게 집중되고 엄격한 통제가 이루어짐으로써 구성원들에게 자율성과 책임감이 부여되지 않기 때문에 구성원들의 동기가 떨어지기 쉽다. 셋째, 〈그림 10-3〉에서 보는 바와 같이 관리범위가 좁은 수직적 조직에서는 관리계층의 수가 늘어나고 관리자의 수가 증가하기 때문에 관리자의 인건비 등 일반관리비가 증가하게 되고 이는 조직효율성을 떨어뜨리는 결과를 가져올 수 있다. 이러한 이유로 일찍이 많은 기업들은 계층의 수를 줄이고 결재라인을 단축하기 위해 팀제를 도입하는 등의 조직개편 노력을 기울여 왔다.

반면에, 수평적 조직(flat organization)은 관리계층 수가 비교적 적으므로 상하계층간의 커뮤니케이션 경로가 단축되어 의사소통이 원활해질 수 있고, 부하의 수가 많으므로 권한위양이 불가피하여 부하의 자율성과 책임이 커지며, 그 결과로 구성원들의 동기유발 및 능력개발에 유리하다(Galbraith, 1996). 이는 결과적으로 조직성과에 긍정적으로 작용할 수 있다.

(2) 상황적 고려요소

이와 같이 수직적 그리고 수평적 조직은 각각 장·단점을 가지고 있다. 즉, 어느 한 구조형태가 항상 더 나은 성과를 가져오는 것은 아니다. 그것은 환경 불확실성, 과업간 상호의존도, 관리자들의 경영능력 등 상황 특성에 따라서 적합한 조직구조 형태가 다르기 때문이다.

이와 같이 조직의 행동과 성과는 단순히 수직적 또는 수평적 구조형태에 의해서만 결정되지 않고 조직 환경, 과업, 관리자의 성격과 리더십, 부하의 행동경향 등 여러 가지의 상황적 요소와의 상호작용에 의하여 결정된다. 따라서 이들 요소를 고려하여 적절한 조직구조를 설계해야 한다. 일반적으로 행동과학자들은 수평적 조직을 선호하는 견해를 보이고 있지만, 기대하는 효과가 나타나느냐는 수평적 조직이 부여하는 기회를 얼마나 잘 활용하고 수평적 조직의 성공여건을 얼마나 잘 조성하느냐에 달렸다.

2 집권적-분권적 조직

조직에서 흔히 볼 수 있는 또 한 가지의 조직형태는 집권적 조직과 분권적 조직이다. 즉, 실무계층에 의사결정 권한이 많이 위양될수록 분권적 조직이 형성되고, 권한위양이 제한되어 상위계층에 많은 의사결정 권한이 집중되어 있을수록 집권적 조직이 형성된다. 이와 같은 권한의 수직적 배분은 부문화 방법 및 수직적-수평적 구조와 밀접한 관계를 갖고 있다. 집권적 조직일수록 기능적 부문화 기준을 사용하여 수직적 구조를 설계하는 것이 일반적인 반면에, 분권적 조직에서는 제품, 고객, 지역 등 사업단위를 기준으로 목적별 부문화를 활용하여 수평적 구조를 설계하는 경향이 크다. 또한, 관리범위가 좁을수록 집권적 조직의 가능성이 크고, 관리범위가 넓을수록 분권적 조직의 가능성이 높다.

1) 집권적-분권적 조직의 성과

집권적 조직은 기능중심의 전문성 확대와 일관성 있는 통제 및 총괄적 관리를 통하여 조직의 효율성과 합리성을 증대시킴으로써 조직성과를 올릴 수 있다. 그러나 지나친 집권화는 목적의식이 결여된 역기능적 관료행동을 초래하게 되며, 실무계층의 직원들에게 의사결정 권한이 주어지지 않고 상위계층에서 의사결정을 내리기 때문에 의사결정이 지연될 수 있을 뿐만 아니라 현장과 동떨어진 부적절한 의사결정을 내릴 위험성을 갖고 있다. 또한, 자율성의 부재로 인하여 조직구성원의 사기가 저하되고 조직활력이 떨어져서 조직성과가 떨어지는 결과를 가져올 수 있다(March & Simon, 1958, pp.36~47; Merton, 1940).

반면, 분권적 조직에서는 권한위양을 통하여 구성원들에게 자율성과 결과에 대한 책임감을 부여함으로써 자발적이고 적극적인 성취동기를 유발하고, 이를 통해 조직성과의 향상을 꾀할 수 있다. 그뿐 아니라 조직구성원의 능력을 개발하고 신축성 있는 판단력을 기르며 그들의 자기주도적 태도도 육성할 수 있는 장점이 있다. 그러나 분권화가 지나치게 되면 구성원들에 대한 통제가 제대로 되지 않아서 기회주의적 행동이 발생할 가능성이 있으며, 이 경우 제대로 비용통제가 되지 않아 조직효율성이 저하될 수도 있다. 또한 지나친 자율성은 조직구성원간 또는 부서간 통합·조정을 어렵게 만들고, 이로 인해 갈등과 분열이 증가될 수도 있다.

조직의 집권화 수준과 조직성과

조직의 집권화 수준과 구성원들의 조직공정성 인식의 관계에 대한 실증연구를 한 결과, 이들의 관계가 관리계층에 따라 다른 것으로 나타났다(Schminke et al., 2002). 왼쪽 그림에서 보는 바와 같이 상위계층의 구성원들에게서는 집권화 정도(의사결정에의 참여 정도)와 조직공정성 인식 간의 관계가 미미하게 나타나고 있고, 상위계층 구성원들은 집권화 정도와 무관하게 전반적으로 조직공정성을 높게 인식하고 있다.

반면, 하위계층의 구성원들은 상위계층 구성원들에 비해 조직공정성에 대한 인식이 전반적으로 낮게 나타나고 있고, 집권화의 정도와 조직공정성 인식 간의 관계가 유의적인 것으로 나타났다. 하위계층의 구성원들은 조직이 분권화될수록, 즉 구성원들이 의사결정에 참여할 수 있는 기회가 많으면 많을수록 조직을 좀 더 공정한 것으로 인식하고 있다. 구성원들의 조직에 대한 공정성 지각은 그들의 태도와 행동에 중요한 영향을 미친다고 할 수 있는데, 하위계층 구성원들로부터 조직에 대한 긍정적인 태도와 헌신적인 행동을 이끌어내기 위해서는 조직을 분권화하여 구성원들에게 의사결정에 참여할 수 있는 기회를 제공하는 것이 요구된다.

팀 구성원들을 대상으로 팀의 집권화 수준과 구성원들의 창의성 간의 관계에 대한 연구에 의하면, 오른쪽 그림에서 보는 바와 같이 집권화된 팀보다 분권화된 팀에서 구성원들의 창의성이 높게 나타나고 있다(Hirst et al., 2011). 그리고 팀이 집권화된 경우 개인의 학습지향성이 창의성에 유의적인 영향을 미치지 않는 반면, 분권화된 팀에서는 개인의 학습지향성이 높아질수록 창의성도 높아지고 있다. 이는 구성원들의 학습지향성이 창의적 성과로

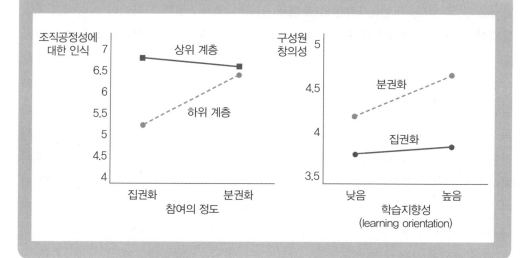

이어지려면 조직이 분권화되어야 한다는 것을 의미한다.

위의 연구에서 살펴본 바와 같이 조직의 집권화–분권화는 구성원들의 태도와 행동에 중요한 영향을 미치는 요소라고 할 수 있다. 따라서 구성원들로부터 긍정적인 태도와 행동을 이끌어내기 위해서는 분권화된 구조를 갖는 것이 바람직하다고 할 수 있다.

2) 집권적–분권적 조직 설계의 상황적 요소

집권적 조직과 분권적 조직도 각각 장점과 단점이 있는데, 어떤 형태의 조직이 적합한지는 역시 조직이 처한 상황에 따라 다르다. 중요한 상황적 요소들을 요약하면 다음과 같다(Koontz & O'Donnell, 1972, pp.353~360).

① 조직규모: 조직규모가 작은 경우 상위 경영계층에서 주요 의사결정들을 직접 내릴 수 있지만, 조직규모가 커질수록 의사결정도 많아지고 복잡해지며 의사결정에서 고려해야 할 요소도 다양해지므로 상위 계층에서 모든 의사결정을 내리는 것이 어렵게 된다. 조직규모가 큰 조직에서 집권화되어 있을 경우 의사결정이 지연되고 의사결정의 질(quality)도 떨어질 수 있으므로 분권화를 통하여 의사결정 권한을 실무계층에 위양하는 것이 바람직하다.

② 사업단위의 독립성: 사업단위의 경계가 분명하고 기능적인 면에서 자급자족적(self-contained)일수록 분권적 조직형태를 취하는 것이 바람직하다. 즉, 제품, 고객, 지역 등을 기준으로 사업부제 구조를 취하는 경우 각 사업단위에 의사결정 권한을 부여하여 자율경영체제를 갖추는 것이 요구된다.

③ 조직환경: 조직환경이 동태적이고 조직이 성장지향적일수록 조직의 민첩성·신축성을 높이기 위하여 분권화의 필요성이 커지고, 조직환경이 정태적이고 안정적일수록 집권화의 가능성이 높아진다.

④ 경영이념과 전략: 조직이 전통적으로 지켜온 경영이념과 전통도 집권적 또는 분권적 조직설계에 중요한 요인으로 작용할 수 있다. 분권적인 조직설계를 지향해 온 기업의 예로 GE, GM 등을 들 수 있다. 또한, 경영자의 경영철학도 조직구조 설계에 영향을 미칠 수 있는데, X이론의 인간관을 갖고 있는 경영자는 집권적 구조를 선호하는 반면, Y이론의 인간관을 갖고 있는 경영자는 분권적 구조를 선호할 수 있다.

⑤ 정보기술: 정보기술도 조직구조 설계에 중요한 영향을 미치는데, 정보기술을 통

해 의사결정에 필요한 중요 정보자료가 실무계층에 제공되고 전사적으로 공유되는 경우 분권적 조직형태를 취하게 된다.

⑥ 인적 자원의 특성: 일반적으로 인적 자원의 특성도 조직구조의 설계에 영향을 미칠 수 있다. 조직 내에 교육수준이 높고 전문기술과 능력을 갖추고 있으며 성취의 욕도 높은 인적 자원들이 많은 경우, 집권적 조직은 이들 구성원의 동기를 유발하고 그들의 역량을 최대한 발휘하도록 만들기 어렵기 때문에 집권적 조직보다는 분권적 조직형태를 취하는 것이 바람직하다.

집권적 조직과 분권적 조직은 이분법적으로 구분되는 개념이라기보다는 연속선상에서 어느 쪽에 가까운지 그 정도를 나타내는 개념이라 할 수 있다. 즉, 조직이 처한 상황에 따라서 어느 정도의 집권화 또는 분권화가 적절한지 결정하는 것이 중요하다. 분권적인 조직으로 유명한 GM의 경우에도 완전한 자율성이 허용되지는 않으며, 분권화된 경영을 뒷받침하기 위해 재무성과 차원에서 집권적인 통제를 강조한다. 재무기능에 대한 집권적 통제를 통하여 전사적이고 장기적인 차원의 자원배분 결정을 하며, 이를 통해 전략적 목적과 방향을 조정해나간다.

요약하자면, 집권적 조직은 기능의 전문화, 효율적 통제 등 조직의 능률과 합리성을 통해 조직성과를 올릴 수 있는 반면에, 분권적 조직은 구성원의 자율적 의사결정, 자발적 참여와 이에 따른 동기유발을 통하여 조직성과를 올릴 수 있다. 행동과학 관점에서는 분권적 조직이 일반적으로 더 바람직한 형태라고 할 수 있으나, 실제적인 적합성 여부는 조직의 여러 상황적 여건에 따라 다르다.

3 라인–스태프조직 및 기능식 조직

수평적 권한관계는 조직내 부서에 어떠한 방식으로 권한이 배분되어 있는지를 가리키는 것으로서 라인과 스태프 간의 권한관계가 대표적이라 할 수 있다. 라인과 스태프 간의 관계는 원래 테일러(F. Taylor)가 공장경영에서 감독자의 업무를 전문기능별로 나누어 각 기능에 전문 감독자를 임명하고 그들에게 기능별 권한과 책임을 부여하는 기능적 감독자제도(functional foremanship)를 제시함에 따라 본격적으로 연구되기 시작하였다. 테일러는 작업계획, 작업지시, 원가관리, 작업관리, 작업추진, 장비수선, 검사, 그리고 징계 등 여덟 가지 기능으로 나누었는데, 그 당시의 공장조직으로서는 너무나 복잡하고 또한 명령일원화의 원칙에 위배되기 때문에 별로 활용되지 않았으나, 라인과 스태프의 관계는 계속 연구되어 조직설계에 중요한 위치를 차지하게 되었다.

1) 기능적 권한과 라인-스태프 관계

라인-스태프 조직과 기능적 조직은 기본적으로 스태프에 얼마나 많은 권한을 부여하느냐에 따라 좌우된다. 즉, 스태프부서가 자신의 전문기능과 관련된 의사결정을 내릴 수 있는 실질적인 권한을 갖고 있는 경우 기능적 조직이 형성되고, 그들에게 의사결정 권한이 부여되지 않고 단지 라인부서에 대한 지원 및 조언 역할만을 수행하는 경우 라인-스태프 조직이 형성된다. 파욜 등의 일반경영이론가들은 스태프는 라인에게 전문적인 조언만을 제공하고 최종적인 의사결정 권한은 라인 부서가 갖도록 하는 라인-스태프 구조를 제안하고 있다(Fayol, 1949). 이러한 구조는 명령일원화의 원칙(unity of command)과 조직의 질서를 유지할 수 있게 해줄 수 있는 조직형태로 인식되었다. 한편, 테일러는 분업의 원칙에 따라 관리기능도 전문화가 필요하기 때문에 기능화된 관리자에게 전문기능 분야에 대한 의사결정 권한을 부여해야 효율적인 의사결정이 이루어질 수 있다고 생각함으로써 기능적 조직을 주장하였다(Taylor, 1911b).

수평적 권한관계는 단지 라인과 스태프 부서 간의 관계에만 적용되는 것은 아니다. 조직위계에서 유사한 위치에 있는 부서들이라고 할지라도 중요한 자원과 정보에 대한 접근가능성이 다르고, 부서의 활동결과가 조직의 성패에 미치는 영향 정도가 다르기 때문에 부서들이 갖고 있는 실질적인 영향력의 정도는 각각 다르다고 할 수 있다. 조직 내 부서권력에 대한 전략적 상황이론(strategic contingencies' theory)은 불확실성을 중심으로 부서 차원의 권력을 설명하고 있는데, 이 이론에 의하면 단위부서의 권력은 조직의 전략적 상황을 통제할 수 있는 부서의 능력에 따르는 것으로 보고 있다. 즉, 부서가 불확실한 상황에 대처하거나 불확실성을 줄일 수 있는 능력을 갖고 있을수록, 이러한 불확실성에의 대처능력을 다른 부서가 쉽게 대체할 수 없을수록, 그리고 부서의 업무가 전체 조직의 업무흐름에서 중심적인 위치를 차지하고 있을수록 더 많은 권력을 쥐게 된다(Hickson et al., 1971).

2) 라인-스태프 간의 권한관계유형

라인 부서와 스태프 부서를 중심으로 그들 사이의 권한관계를 다음의 몇 가지 유형으로 구분할 수 있다.

① 기능적 권한관계(functional authority relation): 기능적 조직에서의 라인-스태프 관

계로서 스태프에게 그들이 맡고 있는 전문기능과 관련하여 의사결정을 내릴 수 있는 실질적 권한이 주어지는 것

② 동의관계(concurring authority relation) : 라인에게 의사결정권이 주어지지만, 라인의 결정에 대해 스태프의 동의가 있어야만 그 효력이 발휘되는 것. 따라서 스태프에게 최종적인 승인권이 주어지는 라인-스태프 관계

③ 상담관계(compulsory consultation relation) : 라인에게 최종적인 의사결정권이 주어지지만, 의사결정과정에서 반드시 스태프와 상의하여 스태프의 의견이 반영되도록 하는 것

④ 조언관계(advisory relation) : 라인에게 최종적인 의사결정권이 주어지며, 라인은 의사결정과정에서 필요하다고 판단하는 경우 스태프의 조언을 받는 관계

이와 같이 라인과 스태프의 사이에는 여러 가지 형태의 권한관계가 형성될 수 있고, 이를 둘러싸고 많은 갈등이 발생할 수 있다. 따라서 라인과 스태프 사이의 상호관계를 명확히 함으로써 상호간의 역할모호성에서 야기되는 문제를 줄여야 한다. 라인-스태프 사이의 문제는 특히 스태프에게 실질적인 권한이 부여되는 기능적 권한관계에서 흔히 발생한다.

3) 라인-스태프 관계의 상황적 요소

라인-스태프 관계는 조직규모가 작을 때에는 큰 문제가 없으나, 조직규모가 커지고 여러 가지의 전문기능과 관리기능이 증가됨에 따라서 라인-스태프 관계도 복잡해지고 이에 따른 문제가 점점 많이 발생하게 된다. 이러한 문제에 대하여 고전이론은 스태프의 기능을 조언 역할에 한정시키고 근본적으로 라인-스태프 조직에 의한 라인-스태프 관계를 형성함으로써 조직 내의 명령계통을 통일시키고 라인과 스태프 사이의 문제를 해결할 수 있다고 주장한다.

그렇지만 조직이 대형화되고 복잡해짐에 따라서 스태프의 기능을 단순히 조언에만 한정시킬 수 없고 스태프의 전문기능과 관리기능이 충분히 활용되어야 조직의 성과도 향상될 수 있으므로 라인과 스태프 사이에 기능적 관계가 불가피해진다. 그뿐 아니라, 실제 업무수행과정에서 여러 가지 기능이 통합되어야 하는 현대조직의 경우, 라인과 스태프 사이의 상호 영향관계가 매우 복잡하므로 상호간의 권한관계가 모호해지는 것은 물론이거니와 그 관계를 일정하게 규정해 놓는 것도 현실적으로 매우 어려워진다 (Simon, 1946, pp.53~67). 따라서 라인-스태프 관계는 고전이론에서 강조되고 있는 명

령계통의 통일과 조직의 질서를 중심으로 설계되는 것보다는 의사결정의 질적 향상과 조직성과의 향상을 목적으로 조직의 상황적 요소를 고려하여 그 관계가 설계되는 것이 더 바람직하다. 예컨대, 의사결정이 중요성을 띠고 법규, 과학기술, 재무 등 고도의 지식과 판단을 요구할수록 이들 전문분야에서 종사하는 스태프가 실질적인 권한을 갖는 것이 요구된다.

4 행렬조직

조직의 복잡성이 증대될수록 기능적 조직이나 라인-스태프 조직의 형태로는 조직목표의 달성에 필요한 여러 전문기술과 기능 간의 효과적인 통합·조정이 어렵게 된다. 그뿐 아니라, 환경변화가 심한 상황하에서는 영구적인 성격을 띠는 조직구조를 형성할 수도 없고, 급변하는 상황에 적합하게 그때그때 임시적인 구조를 설계하는 것도 어렵다. 이와 같은 문제를 극복하기 위하여 사용되고 있는 조직형태가 행렬조직이다. 행렬조직은 태스크포스 팀과 프로젝트조직에서 진화되어 형성된 것(Ford & Randolf, 1992)으로서 조직 내외의 환경변화가 심하여 부문조직의 목표가 자주 변하고 다양한 기능 간의 통합관리가 요구되는 현대조직에서 사용되고 있다.

1) 행렬조직의 특징

행렬조직은 기능식 구조와 사업부제 구조를 혼합한 조직형태이다. 〈그림 10-2〉에서 보는 바와 같이, 행렬조직에서 조직구성원들은 한편으로는 기능관리자로부터 명령을 받고, 다른 한편으로는 사업관리자(프로젝트 리더)로부터 명령을 받는다. 즉, 구성원들은 두 명의 관리자로부터 명령을 받으며, 두 명의 관리자에게 보고를 해야 한다. 거꾸로 말하자면 기능관리자도 사업관리자도 자신의 부하 직원들에 대해 전적인 권한을 갖지 못한다는 것을 의미하며, 부하들에 대한 권한과 책임을 서로 공유한다. 따라서 부하들이 업무를 수행하는 데 있어서 역할갈등을 겪지 않게 하고 효과적으로 조정이 이루어지게 하기 위해서 양쪽의 관리자가 협력하는 것이 무엇보다 중요하다.

이와 같은 행렬조직은 이중권한구조를 갖고 있는데, 이는 전통적인 조직에서 강조하고 있는 조직화 원리인 명령일원화의 원칙(한 사람의 부하는 한 사람의 상사로부터만 명령을 받아야 한다는 원칙)과 정면으로 위배되는 것이다. 자칫 잘못하면 명령계통에 혼란을 가져올 수 있음에도 불구하고 많은 기업들이 행렬조직을 고안하여 운영하는 것은 기능식 조직과 사업부제 조직이 갖는 이점을 동시에 달성하려는 의도, 즉 조직이 프로젝트나 과업수행에 필요한 자원들을 총괄적으로 계획·동원·관리함과 동시에 기능적 전문성도 극대화하기 위한 것이다. 행렬조직은 우주항공산업, 방위산업, 건설업 등과 같이 여러 프로젝트를 동시에 수행하는 조직, 특히 동태적이고 복잡한 환경에 처해 있는 조직에서 흔히 채택되고 있다.

2) 행렬조직의 장·단점

행렬조직은 조직이 보유하고 있는 고도의 기술장비와 전문인력을 최대한 활용하고, 이러한 자원들을 기능별 및 프로젝트별로 중점적으로 관리함으로써 우수한 성과를 거둘 수 있다는 장점을 갖고 있다. 이러한 행렬조직의 장점은 조직 내외의 환경변화가 심할수록 더욱 커진다. 반면에, 이중권한구조로 인해 권한관계의 중복과 명령체계의 혼선을 가져올 수 있고(Joyce et al., 1997), 조직이 안정적인 성격을 띠지 않고 프로젝트를 수행할 때마다 유동적이기 때문에 구성원들이 심리적으로 불안감을 경험할 가능성이 높다. 그리고 구성원들의 업적에 대한 객관적인 평가도 어렵고, 구성원들 간의 갈등과 권력분쟁으로 인하여 조직분위기가 악화될 수 있다는 단점을 갖고 있다(Reeser, 1969; Larson & Gobeli, 1987; Joyce, 1986).

5 기계적–유기적 조직

조직구조 및 관리특성에 대한 또 하나의 대표적인 유형분류로 기계적 조직(mechanistic organization)과 유기적 조직(organic organization)을 들 수 있다. 이들 유형은 절대적 개념에 의해 양분되는 것이 아니라 조직이 상대적으로 기계적 성향을 많이 갖는지 아니면 유기적 성향을 좀 더 많이 갖는지 구분된다. 즉, 극단적으로 기계적인 성격을 띠는 조직에서부터 극단적으로 유기적인 성격을 띠는 조직까지의 연속선상에서 어디에 위치하는가를 나타내는 개념이라 할 수 있다. 기계적 조직과 유기적 조직의 특징을 비교·설명하면 다음과 같다(Burns & Stalker, 1961, pp.119~125).

(1) 과업설계와 구조

기계적 조직은 과업내용이 명확하게 세분화되어 있고 다른 과업과의 분화가 뚜렷하며, 책임과 기능도 명문화되어 있고, 업무수행과 관련된 공식화된 규정과 절차를 준수하는 것을 중요시한다. 반면에, 유기적 조직은 과업구조와 내용이 상황에 따라 신축적으로 설계되고, 구성원들 사이의 상호조율에 의하여 구체화됨으로써 과업수행의 유연성과 적응성을 보이며, 공식화된 규정과 절차보다는 과업목표의 달성을 더 우선시한다.

(2) 커뮤니케이션과 상호작용

기계적 조직에서는 상호작용이 주로 상하간의 수직적인 커뮤니케이션을 통해 이루어지며, 커뮤니케이션의 내용도 상사의 지시와 부하의 보고가 주를 이룬다. 반면에 유기적 조직에서는 집단 커뮤니케이션을 많이 활용하고, 상하 수직적 커뮤니케이션뿐만 아니라 수평적 및 대각선적 커뮤니케이션을 통하여 구성원 간의 정보교환이 이루어진다. 요컨대, 유기적인 조직에서는 기계적인 조직에서보다 좀 더 다각적이고 개방적인 커뮤니케이션이 이루어진다.

(3) 조직분위기

기계적 조직에서는 계층에 의한 권한과 집권화된 통제를 강조하고, 권한에 대한 복종과 조직에 대한 충성을 중요시한다. 구성원의 행동경향에 있어서도 소속 부서와 상급자에 대한 몰입을 중요시하는 '지방적'(local) 경향을 보인다. 반면에 유기적 조직에서는 계층보다는 전문성과 능력을 존중하고 조직에 대한 자발적 몰입을 중요시한다. 유기적 조직에서는 구성원들이 소속 부서의 목표를 우선시하거나 직속상사를 행동의 준거로 삼기보다는 전체 조직의 목표를 중시하고 부서들 간의 유기적인 협력을 강조하며 조직 내외의 전문가 집단을 행동의 준거로 삼는다. 즉, '탈(脫)지방적(cosmopolitan)' 경향을 보인다.

이와 같은 특징을 종합해 볼 때, 기계적 조직은 전반적으로 집권화와 공식화 수준이 높고 관료적·수직적 조직의 성격을 갖는 반면, 유기적 조직은 공식화 수준이 낮고 수평적·분권적 조직의 성격을 갖는다. 그런데, 기계적 조직과 유기적 조직 중에 어떤 유형이 더 효과적인지는 조직이 처한 상황특성에 따라 다르다. 번즈와 스털커(Burns & Stalker, 1961)의 연구에 의하면, 경영환경이 비교적 안정적이고 예측성이 높은 경우에는 기계적 조직이 더 효율적이지만, 경영환경이 동태적으로 변화하고 불확실성이 높은 경우에는 유기적 조직이 더 효과적인 것으로 밝혀졌다.

변화하는 환경에 적절히 대응해 나가야 하는 것은 현대조직이 직면하고 있는 가장 중요한 과제이다. 〈그림 10-4〉에서 보는 바와 같이, 조직은 환경특성에 적합하게 경영전략을 수립해야 하며, 또한 경영전략을 성공적으로 실행하려면 이에 적합한 조직구조와 관리시스템을 구축해야 한다(Chandler, 1962, pp.1~17). 즉, 경영환경과 전략의 적합성, 그리고 경영전략과 조직구조·행동의 적합성을 확보해야만 우수한 조직성과를 창출할 수 있다. 이 절은 상황적합성 관점(contingency perspective)에서 조직설계 및 관리에 대해 다루고 있으며, 구체적으로 생산기술, 정보기술, 그리고 환경의 불확실성 등이 조직구조와 행동에 미치는 영향에 관하여 살펴본다.

그림 10-4 ▶ 환경-전략-구조의 적합성 관계

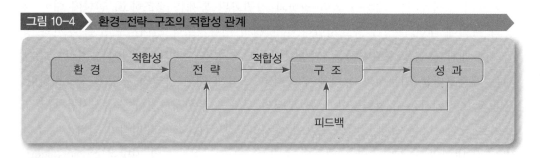

1 생산기술과 조직

기술(technology)이 현대 사회에서 매우 중요한 역할을 하고 있다는 것은 너무나 명백한 사실이다. 새로운 기술을 잘 활용하지 못한다면 조직의 발전을 기대하기가 어렵고, 조직이 발전할수록 기술의 중요성은 더욱 커진다. 이러한 맥락에서 새로운 기술의 개발과 효율적인 기술관리를 하려면, 이에 적합한 조직구조를 설계하고 관리하는 것이 요구된다.

기술과 조직설계의 관계에 관한 대표적인 연구로서 우드워드의 연구를 들 수 있다 (Woodward, 1958). 그녀는 영국의 100여 개의 제조업체를 대상으로 조직구조와 조직성과의 관계를 연구하는 과정에서 조직의 생산기술이 조직구조와 성과의 관계에 작용하는 역할이 매우 크다는 것을 발견하였다. 즉, 조직구조와 성과 간의 직접적인 관계가 나타나지 않은 반면에, 생산기술과 조직구조의 적합관계(fit)에 따라서 조직성과가 차이를 보인다는 점을 밝혀냈다. 이처럼 생산기술에 적합하게 조직구조가 설계되고 관리

되어야 조직성과가 높게 나타난다는 것을 밝혀냄으로써 기술-조직구조-성과의 상호관계에 관한 상황적합성 이론을 제시하였다.

우드워드는 제조업체의 생산기술을 단위주문생산시스템(unit, job order production), 대량생산시스템(large batch, mass production) 그리고 연속공정생산시스템(continuous process production)으로 구분하여 제조기술과 조직구조 간의 관계를 연구했는데, 이들 기술유형과 조직구조 사이에 매우 밀접한 관계가 있다는 것을 밝혀냈다. 전반적으로 봤을 때 단위주문생산기술에서 대량생산기술과 연속공정생산기술로 갈수록 기술수준의 복잡성이 증대하는데, 이러한 기술적 특성의 차이가 조직구조의 설계에 영향을 미치는 것으로 나타나고 있다.

1) 생산기술과 조직구조

생산기술이 단위주문생산시스템에서 연속공정생산시스템으로 갈수록, 다시 말해서 생산기술이 고도화되고 복잡해질수록 경영계층의 수가 증가하고 동시에 경영층에서의 관리범위(span of control)도 넓어지는 경향이 있다. 경영관리자의 비율과 라인-스태프 비율, 그리고 직접인건비-간접인건비의 비율이 모두 증가하는 경향을 보인다. 그러나 일선관리자(first-line supervision)층에서의 관리범위는 단위생산시스템이나 연속공정시스템보다도 대량생산시스템에서 가장 높게 나타나는데(〈표 10-3〉 참조), 이는 대량생산시스템에서 업무의 기계화, 표준화와 전문화로 인해 업무가 단순화되기 때문이다.

표 10-3 생산기술 유형과 조직구조

생산기술시스템 조직구조 변수	단위주문생산 시스템	대량생산 시스템	연속공정생산 시스템
관리계층의 중간값	3	4	6
최고경영층의 관리범위 중간값	4명	7명	10명
일선관리층의 관리범위 중간값	23명	48명	15명
직접 대 간접인력 비율	9:1	4:1	1:1
생산 대 스태프인력 비율	8:1	5.5:1	2:1

자료: Woodward (1965), pp.52~62.

2) 생산기술과 상호작용

조직구성원들 및 부서 간의 커뮤니케이션과 기타 상호작용에 있어서도 생산시스템에 따라 서로 다른 모습을 보인다. 과업구조를 비교하면, 대량생산시스템이 다른 두 시스템보다 더 명료하고 전문화된 과업내용으로 직무가 설계되었으며, 권한 및 책임관계도 더욱 뚜렷하여 라인-스태프 관계를 포함한 모든 구성원들 간의 업무와 역할관계가 명확하게 설계되는 경향이 크다. 상호관계에 있어서도 단위주문생산과 연속공정생산시스템에서는 비공식적인 커뮤니케이션을 많이 사용하는 반면, 대량생산시스템에서는 표준화된 절차와 공식회의 등의 공식적인 방법에 의존하는 경향이 크다. 또한, 의사결정에 있어서도 단위주문생산과 연속공정생산시스템에서는 상호 커뮤니케이션을 통해 상호조율을 많이 활용하는 반면에, 대량생산시스템에서는 공식적인 역할과 권한관계에 의존하는 경향이 많다.

3) 조직구조 · 행동과 조직성과

우드워드가 연구한 표본기업 전부가 생산시스템 유형에 따라서 이상과 같은 조직구조 형태와 상호작용 경향을 일률적으로 보이지는 않았다. 즉, 생산시스템마다 예외적인 조직구조와 상호작용 경향을 보이는 회사들도 있었다. 그런데 이들 예외적인 회사들은 수익성이나 시장에서의 경쟁적 위치 등 조직의 전반적인 성과에 있어서 다른 전형적인 회사보다 낮은 성과를 보였다. 다시 말해서, 단위주문생산과 연속공정생산시스템에서는 신축성 있는 직무구조와 역할관계 그리고 비공식적 상호작용을 활용하는 회사들이 상대적으로 높은 성과를 보인 반면에, 대량생산시스템에서는 명백하고 전문화된 직무구조 속에서 공식적인 상호작용을 활용하는 회사들이 더 나은 성과를 나타냈다.

이상 우드워드의 연구결과를 종합해 보면, 생산시스템의 성격이 단위주문생산과 같이 기술수준이 낮은 경우 그리고 복잡한 연속공정과 같이 기술수준이 높은 경우에는 신축적인 조직구조와 유기적인 조직행동을 조성하는 것이 조직성과 면에서 더 바람직한 반면에, 대량생산시스템과 같이 기술수준이 중간 정도에 속해 있는 경우에는 비교적 기계적이고 관료적인 조직체계가 효율적이라는 결론을 내릴 수 있다. 다시 말해, 단위주문생산과 연속공정생산시스템의 경우에는 유기적 조직이 적합하고, 대량생산시스템의 경우에는 기계적 조직이 적합하다. 이와 같이 우드워드는 생산기술이 조직구조 및 행동에 영향을 미치는 것은 물론이고, 더 나아가서 생산기술과 조직특성 간의 적합관계에 따라서 조직성과가 좌우된다는 것을 밝혀냄으로써 생산기술과 조직설계의 관계에 대한 상황적합성 이론을 제시하였다.

생산기술과 조직구조에 관한 연구는 다른 학자들에 의하여도 실시되었는데, 학자마다 다양한 연구결과를 보인다. 쥬워만은 경영층의 계층구조와 관리범위에 있어서 우드워드의 연구와 비슷한 결과를 발견하였고(Zwerman, 1970), 하비와 후라이도 기술수준과 복잡성에 따라서 조직구조와 상호작용 패턴이 달라진다는 것을 발견한 반면 (Harvey, 1968; Fry, 1982), 힉슨의 연구와 블라우의 연구에서는 기술환경과 조직구조의 관계가 조직규모와 의사결정 요소 등의 상황요인에 따라서 달라지는 것으로 밝혀졌다 (Hickson et al, 1969; Blau et al, 1976). 즉, 생산기술보다는 조직규모가 조직구조의 설계에 더 큰 영향을 미칠 수 있으며, 또한 조직 설계 및 관리에 있어서 경영층이 어떠한 의사결정 방식을 채택하느냐가 더 중요한 영향요인이 될 수 있다는 것이다.

2 생산기술의 자동화와 인간화

생산기술의 발전은 기계화와 자동화를 증가시키는 것으로 이해되어 왔다. 과학기술이 발전하고, 생산성과 능률을 향상시키기 위해 이들 과학기술을 산업현장에 적용함에 따라 생산기술의 기계화와 자동화가 급속도로 진전되게 되었다. 또한, 인간이 직접 하기에 힘들고 위험한 일을 기계가 대신하게끔 하고, 인건비 절감을 통해 원가를 줄일 목적으로 자동화 기술을 생산시스템에 지속적으로 적용해 왔다. 그렇지만 이와 같은 기계화와 자동화의 추세는 생산현장에서 구성원들의 직무소외(job alienation)를 증가시키고 그들의 사기와 직무만족을 저하시키며 노사관계를 악화시키는 중요요인이 되어 왔다. 조직구조에 있어서도 기계화와 자동화는 작업집단의 자율성을 제한하고 전반적인 경영시스템을 집권화·관료화시켜 구성원들의 동기를 한층 더 저하시키는 경향이 있다.

이와 같은 현상은 결국 능률과 생산성을 높이기 위해 도입된 기계화와 자동화가 오히려 조직성과를 떨어뜨리는 결과를 가져올 수 있다는 것을 보여준다. 기계화와 자동화가 진전됨에 따라 직무소외로 인한 이직률과 결근율의 증가, 노사분쟁으로 인한 태업 또는 조업중단, 불량률의 증가 등의 문제들이 심화되었는데, 이들은 모두 성과를 저하시키는 요인들로 작용한다. 이러한 문제를 해결하기 위해 최근 기업들은 한편으로는 단순 작업을 기계화·자동화함으로써 생산효율을 높이려는 노력을 기울이는 동시에, 다른 한편으로는 작업환경을 인간화시키고 직장생활의 질(quality of work life)을 향상시키는 데 많은 노력을 기울이고 있다. 특히, 노동의 인간화는 근로자들의 자율성을 증가시키는 방향으로 추진되어 왔다.

1) 자율적 통제

근로자들의 자율성을 증가시키는 첫 번째 방법은 기계화·자동화된 생산라인에서도 근로자가 필요에 따라 생산라인을 정지시킬 수 있도록 함으로써 작업자 자신이 작업속도를 통제할 수 있도록 하는 것이다. 이를 흔히 라인스톱제(line stop)라 하는데, 이와 같은 생산라인의 개선은 작업자들의 직무불만족은 물론 불량률을 줄이는 데에도 크게 기여한다. 또한, 근로자들의 과업을 다양화하는 등 직무내용을 재설계하는 직무충실화, 그리고 팀 단위로 작업을 수행하도록 하는 사회·기술적 접근(socio-technical approach)의 직무설계도 근로자들의 자율성을 높이는 방안이라 할 수 있다.

2) 분임조 활동

근로자들의 자율성을 증가시키는 또 하나의 방법은 작업현장에서 당면하는 여러 가지 문제에 대하여 그들 자신이 직접 관여하고 문제를 해결하도록 하는 것이다. 이와 같은 경영참여는 주로 분임조(Quality Circle; QC) 활동을 통하여 이루어진다. 분임조 활동이란 지속적인 품질개선과 비용절감을 위하여 소집단 단위로 작업자들이 비용상승, 품질저하, 사고율 증가 등 작업현장에서 일어나는 문제를 분석하고, 해결대안을 모색하고, 이를 직접 실행에 옮기는 개선활동을 말한다. 이러한 분임조 활동은 작업자들에게 문제 분석 및 개선 활동에 직접 참여할 기회를 제공하기 때문에 작업자들의 자율성을 증가시키게 된다.

이와 같이 기술은 생산성 위주의 합리적 경영에만 적용되는 것이 아니라, 구성원들의 직무만족과 인간성을 제고하는 방향으로도 적용될 수 있다.

3 정보기술 발전과 조직행동

정보기술(information technology)은 컴퓨터를 중심으로 이와 관련된 각종 입출력 단말기와 통신기술 그리고 이를 작동시키는 소프트웨어를 포괄하는 총괄적인 개념으로서 조직의 정보자원과 경영기술의 핵심부분을 차지하며, 조직의 경영의사결정과 조직성과에 결정적인 역할을 한다.

정보기술의 발전은 조직 내부의 경영환경에 많은 변화를 가져온다. 첫째, 조직 내에서 정보기술의 활용이 증가함에 따라서 업무수행과정에서 정보자료를 많이 사용하는 지식근로자(knowledge worker)가 증가하고, 조직의 전체 인력구성에서 지식근로자가 차지하는 비중이 커진다. 지식근로자란 단지 관리자와 전문 관리스태프 그리고 컴퓨터

지식근로자(knowledge worker)?

어떤 공장에서 근무하던 한 엔지니어가 정리 해고된 이후에 컨설턴트가 되었다. 그런데 1년 뒤에 그가 근무하던 공장에서 기계가 고장이 나는 바람에 공장장이 그를 불러 기계를 수리해달라고 요청했다. 공장장이 걱정스레 바라보고 있는 동안 컨설턴트는 머리를 긁적이면서 기계의 이곳저곳을 살펴보았다. 그는 잠깐 동안 생각을 하더니 조그만 망치를 들고 기계의 한 쪽을 두 번 톡톡 두드렸다. 기계에 불이 들어왔고 다시 작동되기 시작했다. 컨설턴트가 1,000달러짜리 청구서를 내밀자 공장장은 화가 나서 항목별 명세서를 요구했다. 컨설턴트는 청구서에다가 다음과 같이 적었다.

– 망치로 기계를 두드린 것 = 1달러
– 어디를 두드려야 하는지 안 것 = 999달러

자료: McShane, S.L. & von Glinow, M.A. (2000), *Organizational Behavior*, Boston, Mass: McGraw-Hill, p.19.

전문요원뿐만 아니라, 정보자료를 다루는 하부 사무직 인력과 기술개발 및 설계 등 기술정보자료를 다루는 생산직·기술직 인력을 모두 포함한다. 이들 지식근로자의 증가는 조직 내에서 경영정보의 활용을 증가시키는 것은 물론, 정보기술의 중요성과 경영정보의 필요성을 더욱 크게 만들면서 정보기술 환경을 가속화시키는 동시에 정보문화를 더욱 확산·강화시킨다.

조직 내에서 정보기술의 발전은 중앙집중적 정보처리시스템에서 분산 정보처리시스템으로 전환시키면서 개별 구성원들이 데이터베이스를 활용하여 직접 의사결정을 내릴 수 있게 만든다. 그리고 통신기술이 급속히 발달됨에 따라 조직 내부의 관련부서 간에 네트워킹이 활발하게 이루어지고 있을 뿐만 아니라, 조직외부의 관련 집단들(고객, 협력업체, 금융기관, 연구기관 등)과의 네트워킹 역시 확대되어 나가고 있다.

이와 같은 데이터베이스의 구축과 조직 내외부의 네트워킹 확대는 조직구성원들은 물론 외부집단(이해관계자들)과의 정보공유를 대폭 확대시킴으로써(Tapscott & Caston, 1993, pp.14~18) 조직의 정보기술 환경과 정보문화에 큰 변화를 가져온다. 정보기술의 활용으로 인한 조직구조와 조직행동의 변화를 요약해 본다.

(1) 조직 내외의 장벽파괴

정보기술이 조직 내외의 정보의 양과 범위를 확장시키는 것은 정보흐름의 장벽을 제거시키기 때문이다. 다시 말해서, 정보기술은 정보 소유자들 간의 상호연결을 통하여 그들 간에 존재하는 장벽들을 제거하고 자연스러운 정보유통이 이루어지도록 만든다. 특히 통신기술의 발전은 조직 내부 및 외부 집단들과의 연결을 획기적으로 확대시킴으로써 정보네트워킹의 범위를 확장시켜 준다. 즉, 정보기술을 활용함으로써 조직 내부의 부서간, 기능간, 계층간, 그리고 사업부 간에 자연스러운 정보유통이 가능하고, 외부의 고객, 협력업체, 연구기관 등 관련 집단들과의 정보흐름도 크게 증진된다. 이와 같은 대내외 장벽의 파괴는 조직의 활동영역과 협력범위를 확대시키며, 조직이 지속적으로 성과를 향상시킬 수 있는 기회를 제공한다.

(2) 경영조직의 변화

정보시스템이 중앙집중적 정보처리시스템에서 분산정보처리시스템으로 전환됨에 따라 경영조직도 분권화가 이루어지게 한다. 그 결과 집권적이고 관료제적인 조직에서 탈피하여 수평적이고 유기적인 조직을 형성하게 된다. 또한, 인터넷과 그룹웨어 등을 활용한 조직 내외부의 네트워킹은 다각적이고 활발한 커뮤니케이션을 가능하게 함으로써 팀워크를 향상시키며, 조직 간의 협력을 활성화시킬 수 있게 된다. 그리고 대내외적인 상호관계도 개방적인 정보교환을 통해 경쟁적이고 방어적인 관계에서 협력적 관계 또는 협력과 경쟁을 동시에 추구하는 관계(coopetition)로 변해 나간다(Brandenburger & Nalebuff, 1996, pp.12~27). 이처럼 정보기술의 활용은 조직의 변화를 가져올 수 있는데, 이를 요약하자면 〈그림 10-5〉와 같다.

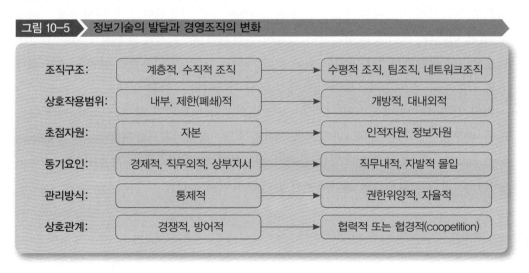

그림 10-5 정보기술의 발달과 경영조직의 변화

조직구조:	계층적, 수직적 조직	→	수평적 조직, 팀조직, 네트워크조직
상호작용범위:	내부, 제한(폐쇄)적	→	개방적, 대내외적
초점자원:	자본	→	인적자원, 정보자원
동기요인:	경제적, 직무외적, 상부지시	→	직무내적, 자발적 몰입
관리방식:	통제적	→	권한위양적, 자율적
상호관계:	경쟁적, 방어적	→	협력적 또는 협경적(coopetition)

4 유연생산기술과 조직

정보기술이 제품생산에 활용됨으로써 생산의 유연성 및 신축성이 획기적으로 높아지게 되었는데, 정보기술을 기반으로 유연성이 증대된 생산기술을 유연생산기술(FMT, flexible manufacturing technology)이라 부른다. 유연생산기술이란 컴퓨터를 기초로 제품설계, 제조, 마케팅, 재고관리 및 품질관리 등을 전체적으로 관리하는 기술을 의미한다(김인수, 1999, 175). 기업들이 유연생산기술을 도입하게 된 배경은 두 가지로 설명될 수 있다(이영희, 1991). 첫 번째는 기존의 대량생산시스템이 시장에 적응하는 데 한계가 있다는 점이다. 고객의 욕구가 다양화·고급화됨에 따라서 소품종 대량생산시스템이 위기에 처하게 되었고, 고객 욕구를 효과적으로 충족시키기 위해 다양한 제품을 생산할 수 있는 기술이 필요하게 된 것이다. 유연생산기술은 한 제품에서 다른 제품으로 유연하게 전환할 수 있게 해줌으로써 크기, 형태, 고객욕구가 각기 다른 제품을 한 조립라인에서 동시에 생산할 수 있게 해준다. 이러한 유연생산기술은 다품종 소량생산을 가능하게 해주며, 더 나아가서는 고객의 요구사항에 맞추어 제품을 생산하는 대량주문생산(mass customization)을 가능하게 해줌으로써 시장의 요구에 효과적으로 적응할 수 있도록 해준다.

두 번째 배경은 기존의 대량생산시스템이 조직구성원들의 욕구를 충족시키는 데 한계점을 갖고 있다는 점이다. 대량생산시스템은 분업의 원리에 기반을 두고 과업을 전문화·단순화·표준화해 왔는데, 이러한 직무구조는 구성원들의 소외를 유발하게 되었고 조직구성원들의 직무내재적 동기를 불러일으킬 수 없게 되었다. 사회경제적 환경이 변화됨에 따라 조직구성원들이 자아실현욕구와 성장욕구 등 높은 욕구를 추구하게 되었고, 이에 대응하기 위해 기존의 대량생산시스템이 아닌 새로운 생산기술과 조직관리 방식을 필요로 하게 된 것이다. 유연생산기술은 대량생산시스템이 갖고 있는 노동조직의 한계를 극복하기 위한 한 대안으로 대두되었다고 할 수 있다.

대량생산시스템과 유연생산시스템을 비교하면 〈표 10-4〉와 같다. 대량생산시스템의 경우 구성원들이 세분화된 과업을 수행하여 직무범위가 좁고, 자율성과 재량권이 부여되지 않으며, 능력개발의 기회가 제한적인 반면, 유연생산시스템의 경우 구성원들이 다양한 과업을 수행하여 직무의 범위가 넓고, 자율성과 재량권이 부여되어 구상과 실행의 통합이 이루어지며, 다양한 기능을 습득할 수 있도록 다양한 교육훈련의 기회를 제공한다. 한마디로 말해, 대량생산시스템은 분업의 원리를 엄격히 적용하는 반면, 유연생산시스템은 직무충실화에 의한 직무관리가 이루어진다. 그리고 대량생산시

표 10-4	대량생산시스템과 유연생산시스템	
구 분	대량생산시스템	유연생산시스템
공장 규모	크다	작다
기술	특화된 기계장비	다목적 범용장비
직무구조	– 훈련 범위가 좁다 – 구상과 실행의 분리(구상은 관리자의 몫이고, 작업자는 실행만을 담당) – 파편화되고 지루한 업무 – 직무범위가 좁다	– 훈련 범위가 넓다 – 구상과 실행의 통합(작업자가 직접 구상하고 실행할 수 있도록 자율성과 재량권 부여) – 다기능과 다양화된 업무 – 직무범위가 넓다
경영방식	위계적, 공식적	수평적, 비공식적
제품	표준화된 제품의 대량생산 (소품종 대량생산)	다양한 제품 생산 (다품종 소량생산, 대량주문생산)
시장적응력	변화에의 적응력 미약	변화와 혁신에의 신속한 적응
조직구조	집권화	분권화
조직특성	기계적 조직	유기적 조직

자료: 이영희 (1991), 37쪽.

스템을 채택하고 있는 조직은 주로 위계적이고 공식적인 조직관리가 이루어지는 반면, 유연생산시스템을 채택하는 조직은 수평적이고 비공식적이 조직관리를 특징으로 한다. 또한, 대량생산시스템은 전반적으로 집권화된 조직구조를 갖는 반면, 유연생산시스템은 분권화된 조직구조를 갖는다. 요컨대, 대량생산시스템을 채택하는 조직은 기계적 조직의 특성을 강하게 갖고, 유연생산시스템을 사용하는 조직은 유기적 조직의 특성을 주로 갖는다.

5 환경의 동태성과 조직

조직환경은 정치·경제·사회·문화·과학기술 등 여러 차원에서 항상 변화가 일어나지만, 이들 환경변화는 조직에 따라서 변화의 정도가 서로 다르다. 전력회사와 같은 공공조직이나 은행과 같은 금융기관은 주로 일정한 고객과 접촉하며 주어진 법제도 하에서 경영이 이루어지므로 비교적 안정된 환경에 처해 있다. 반면, 해외수출업체나 반도체 제조업체의 경우 고객이 일정하지 않고 시장에서의 경쟁도 치열하며 기술변화와 새로운 상품개발도 빈번하므로 동태적인 환경하에서 경영이 이루어진다.

이러한 환경의 차이는 조직구조의 설계와 조직의 경영과정에 많은 영향을 준다. 번즈와 스털커의 연구에 의하면 조직 환경이 안정되어 있을수록 기계적 조직(mechanistic organization)이 적합하고, 동태적 환경일수록 유기적 조직(organic organization)이 적합한 것으로 밝혀졌다. 즉, 환경의 차이에 따라서 이에 적합한 조직유형이 다르며, 적합관계를 유지해야만 높은 조직성과를 올릴 수 있다(Burns & Stalker, 1961, pp.96~125). 기계적 조직과 유기적 조직에 관해서는 앞 절에서 조직유형과 관련하여 이미 설명한 바 있다.

일반적으로 기계적 조직은 직무의 전문화, 표준화와 세분화의 정도가 높고, 커뮤니케이션이 주로 수직적으로 이루어지며 지시적 성격을 지님으로써 조직문제의 해결도 주로 계층과 권한에 의하여 이루어지는 경향이 크다. 이처럼 기계적 조직은 권한, 통제 및 조직구성원의 복종을 중요시함으로써 집권적 성격을 띤다. 이와 반대로, 유기적 조직은 직무구조가 직무목적에 따라 신축적으로 설계되고 커뮤니케이션도 다각적이고 개방적으로 이루어지며, 조직 문제의 해결도 활발한 정보피드백과 구성원 간의 상호작용에 의하여 이루어진다. 따라서 공식적인 권한이나 계층보다는 전문능력과 기술 그리고 조직에 대한 몰입을 중요시하는 조직문화와 조직풍토가 조성되는 것이 유기적 조직의 특징이다(〈표 10-5〉 참조).

구 분	기계적 조직	유기적 조직
직무설계	표준화된 직무내용 분명한 권한관계 분명한 직무수행방법 및 절차 고도의 분화	신축적 직무내용과 권한관계 신축적 직무수행 방법과 절차
커뮤니케이션과 상호작용	수직적 커뮤니케이션 공식적 회합 지시·명령과 보고	수평적·대각선적 커뮤니케이션 다각적, 개방적 커뮤니케이션 상담적, 참여적, 비공식적 상호작용
문제해결방법	계층, 권한, 방침, 계획	정보피드백, 상호조율(mutual adjustment)
구성원의 가치관과 행동경향	방법과 수단 강조 직위 및 복종 강조 '지방적(local)' 행동경향	목적과 과업성취 강조 자발적 몰입(commitment) 강조 전문능력 및 경험 강조 '탈(脫)지방적(cosmopolitan)' 행동경향

표 10-5 기계적 조직과 유기적 조직의 특징

🖐 기계적 조직과 유기적 조직: 조정 대 래프팅

　　기계적 조직과 유기적 조직을 설명할 때 흔히 '조정'과 '래프팅(rafting)'에 비유하곤 한다. 조정 경기는 주로 호수나 강에서 이루어지는데, 호수는 파도가 심하지 않고 물결이 잔잔하다. 조정 경기가 이루어지는 환경은 안정적이며 쉽게 예측할 수 있다. 따라서 조정 경기에 이기기 위해서는 사전에 훈련한 대로 일사불란하게 대응해야 하며, 리더의 지시에 의해 통일된 움직임을 보이는 것이 중요하다.

　　반면에, 래프팅이 이루어지는 환경은 판이하게 다르다. 잔잔한 호수와 달리 래프팅이 이루어지는 계곡 또는 협곡은 물살이 빠르고 소용돌이치며, 물결이 거칠다. 래프팅이 이루어지는 환경은 변화가 많아서 역동적이며, 그만큼 예측이 어렵다. 이처럼 변화가 많은 환경에서는 사전 훈련을 통한 일사불란한 대응도 중요하지만, 이와 더불어 팀원들 각자의 신속한 판단과 유연한 대응이 무엇보다도 중요하다. 팀원들은 공통 목적과 신념을 바탕으로 팀워크를 구축해야 하며, 팀원 모두가 역량을 갖추어야 한다. 조정 팀의 경우 팀원들의 역할이 각각 전문화되고 명확한 반면, 래프팅 팀의 경우 팀원들은 그때그때 상황에 따라서 서로 다른 역할을 맡아야 하며, 따라서 다양한 역할을 효과적으로 수행하기 위해 여러 가지 기술과 능력을 습득하는 것이 필요하다. 다시 말해, 래프팅의 팀원들은 상황에 따라 여러 가지 기능을 수행할 수 있도록 다기능화(multi-skilling)가 이루어져야 한다.

조 정

래프팅(Rafting)

 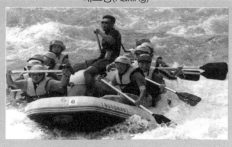

　　환경의 안정성과 예측성이 높은 경우 집권화 및 공식화 수준이 높은 기계적 조직이 효율적이고, 환경 변화가 많고 예측성이 낮은 경우 유동적인 상황에 기민하게 대응할 수 있는 신축적인 조직구조와 적응적인 조직, 즉 유기적 조직이 효과적이다. 또한, 상황 변화에 따라 신축적으로 운영되어야 하는 유기적 조직의 경우 관리자의 능력에 있어서도 더욱 높은 수준의 관리능력을 필요로 한다(Gillen & Carroll, 1985).

6 환경 불확실성과 조직

환경의 불확실성(uncertainty) 또한 조직구조의 설계와 조직구성원들의 행동에 영향을 미치는 주요 요인이다. 환경 불확실성과 조직행동 및 조직성과의 관계에 관한 대표적인 연구로서 로렌스와 로쉬의 연구를 들 수 있다(Lawrence & Lorsch, 1967, 1969). 로렌스와 로쉬의 연구에 의하면 환경 불확실성이 높을수록 조직을 구성하고 있는 여러 부서들 사이의 차이가 커지고, 이와 같이 분화된 행동을 얼마나 효과적으로 통합·조정하느냐에 따라서 조직성과가 좌우된다.

1) 환경 불확실성의 측정

환경 불확실성의 정도를 측정하는 데 있어서 로렌스와 로쉬는 세 가지의 척도를 사용하였다. 첫째, 환경의 변화정도, 둘째 환경에 관한 정보의 확실성, 그리고 셋째 의사결정 이후에 그 결과를 알 수 있을 때까지 소요되는 시간이다. 환경의 변화가 심하고, 환경에 관한 정보의 확실성이 낮으며, 의사결정 결과가 피드백되는 데 소요되는 기간이 길수록 환경의 불확실성은 높아진다. 환경을 구성하는 요소가 복잡하고, 이들 환경 구성요소들의 변화가 심할수록 불확실한 환경이라고 할 수 있다. 로렌스와 로쉬의 연구가 갖는 특징은 조직 수준뿐만 아니라 부서 수준에도 초점을 두고 있다는 점이다. 즉, 조직에 따라서 외부환경의 불확실성이 다를 뿐만 아니라 동일한 조직 내에서도 부서에 따라서 그 부서가 처해 있는 환경이 다르며 환경의 불확실성도 달라진다는 점에 주목하고 있다. 로렌스와 로쉬는 조직 내의 하위시스템 환경을 다음과 같이 구분하였다.

① 기술-경제 하위시스템(techno-economic subenvironment): 주로 생산, 재무, 회계 등의 기능부서
② 시장 하위시스템(market subenvironment): 마케팅 부서
③ 과학기술 하위시스템(science subenvironment): 기술개발 및 신제품 개발 등을 담당하는 연구개발(R&D) 부서

2) 하위시스템 행동의 분화

조직 내의 하위시스템들은 각각 서로 다른 환경에 처해 있으며, 그 환경에 대해 인식하는 불확실성의 정도가 다르고, 각 하위시스템의 행동도 다르게 나타난다(Lawrence, 1981). 하위시스템의 행동은 주로 다음의 네 가지 측면에서 측정된다.

① 공식적 · 구조적 행동(reliance on formality and structure)：의사결정에 있어서 공식적인 규정, 방침과 절차, 그리고 구조화된 상호작용에 의존하는 정도
② 장 · 단기 시각(time horizon)：의사결정과 기타 행동에서 나타나는 장기적 또는 단기적 시각
③ 목표경향(goal orientation)：구성원들이 전체 조직목표에 초점을 두는지 아니면 일부 부서나 기능의 목표에 주로 초점을 두는지의 경향성
④ 과업 또는 관계지향성(task- or relation-orientation)：구성원들이 과업에 초점을 맞추는지 아니면 인간관계를 우선시하는지에 대한 상대적 경향

위의 기준을 중심으로 여러 하위시스템에서의 행동을 비교했을 때, 행동경향성이 서로 다르게 나타났다. 생산부서에서는 비교적 구조적 행동경향이 많이 나타나고, 단기적 관점과 전체 조직의 목표보다는 자기 부서의 목표를 우선시하는 경향, 그리고 과업지향적 행동이 주로 나타났다. 반면에 마케팅 부서에서는 구조적 행동경향이 낮고 관계지향적 행동이 많이 나타났고, 연구개발 부서에서는 장기적 시각과 전체 조직의 목표를 중시하는 행동경향이 주로 나타났다(〈표 10-6〉 참조).

표 10-6　하위시스템 행동의 분화

행동측면 / 하위시스템	공식적 · 구조적 행동	장 · 단기 시각	목표의 초점	과업-관계 지향성
생산, 재무, 회계	강	단기	부서 목표	과업지향
마케팅	약	단기	부서 목표	관계지향
기술, 연구개발	약	장기	조직 전체 목표	과업지향

환경의 불확실성이 증가하면 증가할수록 조직의 분화가 증가하게 되고, 각각의 하위시스템은 외부환경에 대처하는 과정에서 서로 다른 행동경향을 보이는 게 일반적이다. 즉, 시장에 변화가 많고 고도의 기술개발과 제품개발 등 환경의 변화가 심하며, 정보수집과 의사결정이 어렵고 결과의 피드백도 불명확하거나 장기간이 소요될수록, 부서 간에 행동의 차이가 크게 나타난다.

3) 통합작용

하위시스템 간에 얼마나 행동의 분화가 이루어지고 차이를 보이느냐에 따라서 통합방법의 활용정도 및 통합에 투입되는 노력정도가 달라진다. 로렌스와 로쉬는 컨테이너회사, 식품회사와 플라스틱회사 등 세 업종의 회사를 대상으로 환경 불확실성, 분화의 정도와 통합작용의 관계를 분석하였는데, 연구결과 분화의 정도가 클수록 통합작용이 많아지고 다양한 통합방법을 활용한다는 것을 발견하였다. 〈표 10-7〉에서 보는 바와 같이 환경의 확실성이 높은 컨테이너회사에서는 통합작용이 규정, 계층과 권한, 방침 등 주로 공식적이고 구조적인 방법 또는 사전에 설정된 계획에 의하여 이루어지는 반면, 불확실성이 높은 플라스틱회사에서는 이들 공식적인 방법과 더불어 태스크포스 팀, 전문적인 통합스태프와 통합전담기구 등 훨씬 다양한 통합방법들이 활용되고 있는 것으로 나타났다. 또한, 표에서 보는 바와 같이 환경불확실성이 높아질수록 통합요원의 비율이 증가하고 있는데, 이는 분화된 조직활동을 통합하는 데 그만큼 더 많은 인력과 시간을 활용한다는 것을 의미한다.

표 10-7　환경 불확실성과 통합 활동

구 분	플라스틱회사	식품회사	컨테이너회사
환경의 불확실성	높음	중간	낮음
신제품개발의 빈도	높음	중간	낮음
통합요원/관리자 비율	22%	17%	0%
통합방법	규정 계층, 권한 목표, 방침, 계획 개인적 접촉 태스크포스 팀 계층별 통합팀 통합스태프 통합부서	규정 계층, 권한 목표, 방침, 계획 개인적 접촉 태스크포스 팀 통합스태프	규정 계층, 권한 목표, 방침, 계획 개인적 접촉

4) 조직성과

환경의 불확실성이 높아서 하위시스템 간에 행동의 차이가 클수록, 이에 대응하기 위해 구조적인 통합방법은 물론 유기적인 통합작용이 많이 활용하는 것이 조직성과에 긍정적인 영향을 미치는 것으로 나타났다. 또한, 연구개발 부서와 같이 환경 불확실성이 높은 하위시스템들은 유기적인 조직특성을 갖는 것이 바람직한 반면, 생산 부서와 같이 환경 불확실성이 상대적으로 낮은 하위시스템들은 기계적 조직특성을 갖는 것이 바람직한 것으로 나타났다. 즉, 하위시스템들도 그들이 처해 있는 환경에 적합하게 조직구조 및 행동특성을 갖추는 것이 조직성과를 높이는 데 기여한다는 것이다. 이와 같이 로렌스와 로쉬의 연구는 전체 조직 수준에서 환경의 불확실성과 조직의 분화 및 통합작용의 관계를 다루고 있을 뿐만 아니라 부서 수준에서도 환경과 조직특성 간의 적합 관계를 다루고 있다는 점에서 번즈와 스털커의 연구와 다른 차별성을 보여주고 있다.

7 문제해결환경과 조직

조직환경의 또 한 가지 측면은 문제해결 방법을 중심으로 조직구성원의 과업환경 유형을 구분하고, 이에 따른 조직행동을 분석하는 것이다. 문제해결과 의사결정은 조직구성원 특히 경영관리자의 과업에 있어서 매우 중요한 부분을 차지하므로 그들의 과업환경은 조직행동과 밀접한 관계가 있다. 여기서는 페로우의 문제해결 환경에 대한 분류를 중심으로 문제해결 환경과 조직행동의 관계를 살펴본다(Perrow, 1967).

1) 기술의 개념

페로우는 조직의 기본목적은 원재료, 부품 등의 자원을 투입하여 제품 또는 서비스 등의 산출물로 전환시키는 것이므로 이러한 전환과정을 효율적으로 진행하는 것을 조직구성원의 가장 중요한 과업으로 본다. 이 전환과정에서 여러 가지의 문제가 발생하고, 이들 문제를 해결하기 위하여 조직구성원들은 여러 가지 기술을 활용한다. 따라서 페로우는 기술을 단순히 기계와 장비 등의 생산시스템으로만 보지 않고, 조직구성원들이 자신의 과업을 수행해 나가는 과정에서 '투입물을 변환시키는 데 사용하는 도구와 기계는 물론 그 이외의 모든 행동'을 포괄하는 것으로 정의하고 있다.

페로우는 이처럼 기술을 하드웨어적인 측면보다는 소프트웨어적인 측면에서 정의하고 있으며, 조직의 투입자원과 산출물의 성격과 전환과정에 따라서 조직구성원의 과업환경이 달라지고, 나아가서는 전체 조직의 행동도 달라진다는 점에 초점을 두고 있다. 페로우는 조직이 일반적으로 당면하는 문제의 성격을 두 가지 기준, 즉 문제의 분석가능성과 문제의 예외성을 기준으로 과업환경을 네 개의 유형으로 분류하고 있다.

2) 문제해결환경의 유형

문제의 분석가능성(analyzability)은 문제의 성격이 얼마나 어렵고 복잡하냐를 가리키는 것으로서 문제가 정형적인 것인지 아니면 정형화하기 어려운지를 의미하고, 문제의 예외성(exception)은 과업의 다양성(task variability)을 가리키는 것으로서 제품 또는 서비스가 얼마나 많이 또 자주 변하는지, 즉 고객욕구나 제품의 변화가 어느 정도 빈번한지를 가리킨다. 따라서 문제의 분석가능성이 높을수록 간단하고 구조적인 문제를 뜻하므로 비교적 낮은 수준의 기술과 지식을 요구하는 문제해결환경을 의미하고, 문제의 분석가능성이 낮을수록 복잡하고 어려운 비구조적인 문제를 뜻하므로 상대적으로 높은 수준의 기술과 창의성을 요구하는 문제해결환경을 말한다. 그리고 문제의 예외성이 적을수록 일상적이고 반복적인, 그리고 표준화된 문제환경을 말하고, 문제의 예외성이 높을수록 비교적 변화가 많은 유동적인 문제환경을 의미한다. 문제의 예외성이 적은 경우에는 기존의 기술과 지식을 적용하여 문제를 해결하면 되지만, 문제의 예외성이 많은 경우에는 기존의 기술 또는 지식으로는 문제를 해결하는 데 한계가 있으므로 좀 더 다양한 기술과 지식을 필요로 한다.

〈그림 10-6〉에서 보는 바와 같이, 문제의 분석가능성과 예외성의 두 기준을 가지고 네 가지 기술유형으로 분류할 수 있다. 첫째, 일상적 기술(routine technology)은 문제의 분석가능성이 높고 예외성이 적은 유형으로서 고정된 기술을 활용하고 고정된 제품을 생산하는 것을 가리킨다. 여기에는 일상적이고 안정된 산업, 그리고 대량생산 체제의 기업들을 포함한다. 둘째, 공학적 기술(engineering technology)은 문제의 분석가능성이

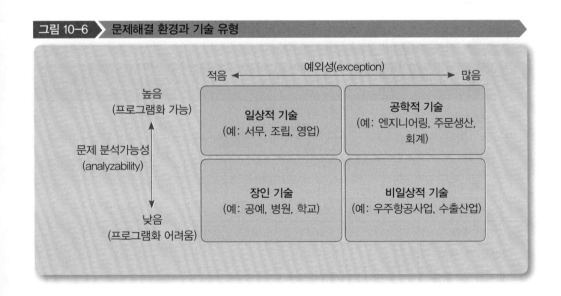

그림 10-6 | 문제해결 환경과 기술 유형

높고 예외성도 많은 경우로서 제품변화가 많지만(또는 주문생산을 하지만) 비교적 기존의 기술과 지식을 반복적으로 활용한다. 셋째, 장인기술(craftswork technology)은 공예산업, 병원 등과 같이 문제 분석가능성이 낮고 예외성은 적은 경우로서 기존의 제품과 서비스를 생산해서 제공하지만 문제 자체는 복잡성을 가져서 정형화된 문제해결 기법을 갖지 못하는 경우이다. 마지막으로, 비일상적 기술(nonroutine technology)은 문제의 분석가능성이 낮고 예외성도 많은 유형으로서 우주항공산업과 같이 기술변화와 제품변화가 심한 환경을 말한다.

3) 문제해결환경과 조직행동

이러한 문제해결환경, 즉 기술유형과 조직행동의 관계를 살펴보자면, 기술유형에 따라 추구하는 목표, 부서간 상호의존도와 조직구성원 간의 상호작용 등에 있어서 차이가 있음을 알 수 있다. 즉, 조직이 비일상적 기술을 채택하는 경우 조직 목표가 성장, 기술개발과 높은 수준의 품질을 강조하고, 의사결정에 있어서도 조직구성원의 창의성과 모험적 행동을 장려하는 경향이 크다. 조직구성원 사이의 상호관계에 있어서도 정보피드백과 상호조율 등 다각적이고 개방적인 의사소통이 이루어지며, 전반적인 조직분위기도 개방적인 성격을 띠게 된다.

이와 반대로, 조직이 사용하는 기술이 일상적 기술인 경우 조직은 안정성, 효율성, 그리고 이익 증대를 목표로 하며, 의사결정을 하는 데 있어서도 집권적인 경향을 보인다. 조직구성원들과 집단 간의 상호작용에 있어서 공식적인 규칙과 절차, 사전 계획에 의한 조정이 강조되고, 명령과 지시 등의 하향적 커뮤니케이션이 주를 이룬다.

표 10-8 일상적 기술과 비일상적 기술의 특징 비교		
구 분	일상적 기술 (routine technology)	비일상적 기술 (nonroutine technology)
조정 방법	표준화 (규칙, 절차, 계획 등)	상호조율 (다각적인 커뮤니케이션)
분업	고도의 분업 (개인 단위의 과업)	낮은 수준의 분업 (공동 작업)
공식화 수준	높음	낮음
관리범위	넓음	좁음
권한 계층	다수(tall)	소수(flat)
의사결정 권한	집권화	분권화
전반적인 구조특성	기계적 구조	유기적 구조

조직이 장인기술을 채택하고 있는 경우, 시장의 변화는 적지만 고도의 기술을 요구하기 때문에 조직은 안정적인 의사결정을 강조하지만, 기술을 보유하고 있는 전문가들의 능력이 존중되며 따라서 분권적인 조직체계를 형성하게 된다. 그리고 공학기술을 채택하고 있는 조직의 경우 예외성은 많지만 정형화된 문제해결방법을 적용하게 되는데, 조직목표도 성장이나 이익 어느 한 쪽만을 추구하기보다는 적절한 수준의 균형을 지향하며 따라서 기술개발에 대해서도 중간 수준의 노력을 기울인다. 상호작용에 있어서 전문스태프의 영향력이 상대적으로 강하며, 의사결정에 있어서도 비교적 주도적인 역할을 맡는다.

현대조직의 조직구조와 조직행동　04

이제까지 조직구조 설계의 중요요소와 조직구조 형태, 주요 조직구조 유형의 장·단점, 그리고 환경변화에 따른 조직구조 설계와 조직행동을 살펴보았다. 조직의 바람직한 구조형태는 대체로 조직의 성격과 규모 그리고 구성원들의 특성과 환경에 달렸다. 즉, 기업의 규모가 대형화되고, 구성원들의 기대수준이 높아지고, 기업의 기술수준이 고도화되고, 환경변화가 심화됨에 따라서 이에 적합한 조직구조도 달라진다. 이러한 상황변화에 따라서 조직들은 전반적으로 기능적·수직적·집권적·기계적 조직구조에서 사업부적·수평적·분권적·유기적 조직구조로, 그리고 더 나아가서는 팀 또는 행렬 구조로 그 형태가 변해 나간다. 현대 기업의 일반적인 조직개편 방향에 대해 살펴보고자 한다.

1 소규모의 자율적 사업조직

현대조직의 공통된 과제는 점점 심화되는 환경변화에 대응하여 이에 적합한 조직구조를 설계하는 것이다. 환경변화가 심화됨에 따라서 영구적으로 지속될 수 있는 조직구조의 설계는 한계에 도달하게 되고, 그때그때 상황에 적응할 수 있는 임시적인 조직구조의 설계가 불가피해진다. 이러한 이유로 팀 또는 행렬조직, 그리고 소규모의 자율적인 팀 또는 사업단위중심의 조직구조가 현대조직에서 많이 활용되고 있다.

현대 기업들은 급격하게 변화하는 경영환경과 치열한 시장경쟁에서 살아남기 위해서 대규모의 관료화된 조직체계에서 탈피하고 기동력 있는 소규모의 자율적 조직체계를 형성하려고 애쓰고 있다. 근래 우리나라의 많은 기업들이 감량경영을 위해 구조조정을 실시하는 한편, 사업부 단위의 책임경영체제를 구축하려는 노력들을 기울였는데, 이를 가능케 하는 조직형태로서 많은 기업들이 소규모 팀 위주의 자율경영체계를 지향해왔다. 특히, 자아실현욕구 등 상위 욕구를 중시하는 조직구성원들을 확보하고 유지하기 위해서도 자율경영체계의 도입은 매우 중요한 요건이 되고 있다.

이와 같이 조직구조를 소규모의 자율적인 사업단위로 만든다는 것이 반드시 기업의 전체 규모를 축소시키는 것을 의미하지는 않는다. 조직규모의 성장은 환경변화 여하를 막론하고 대부분의 조직이 추구하는 전략적 목표이다. 소규모 팀 단위의 조직은 기본적으로 사업이나 프로젝트를 중심으로 단위조직을 설계하여 자율적인 경영이 이루어지도록 하는 한편, 이들 단위조직들이 경영층 및 다른 사업부문들과 정보기술을 이용하여 유기적인 연결성을 유지하면서 전체 조직의 목표를 효과적으로 달성해나가는 분권화된 경영시스템을 의미한다.

이와 같이 소규모의 자율적 사업단위(autonomous business unit)들은 조직의 한 부분으로서 정보네트워크를 통하여 다른 관련부서나 사업단위들과 밀접하게 연결되며, 또 전체 조직문화 속에서 통합된 문화를 유지하게 된다. 조직 내에서 다른 부문조직과의 이러한 관계는 물리학적 관점에서 마치 원자(atom)와 분자(molecule)의 연결관계와 비유할 수도 있기 때문에, 이들 소규모조직을 핵화조직(atomized organization)이라고도 부른다(Deal & Kennedy, 1982, pp.182~184). 소규모의 핵화조직은 환경의 변화가 심화되고 복잡성이 증대될수록 그 필요성은 더욱 커진다. 요컨대, 현대조직은 환경 변화에 좀 더 신축적이고 기민하게 적응하기 위해 과거의 조직보다 운영규모는 훨씬 작게 만들면서 여러 조직단위들 간에 업무적 및 문화적 통합이 더욱 긴밀하게 이루어질 수 있도록 조직을 설계하고 관리하고 있다.

2 수평적 팀조직

현대조직들은 과거의 전문기능별로 분화된 피라미드식의 수직적 구조를 탈피하고, 조직목표의 효과적인 달성을 위해 과정중심 또는 팀 중심의 수평적 구조형태를 지향하고 있다.

(1) 수평적 프로세스조직의 특성

수평적 조직은 다음과 같은 특성을 가지고 있다.

① 조직구조를 생산, 마케팅, 재무·회계, 인사 등 전문기능별로 부문화하지 않고, 신제품개발, 고객불평처리, 공급사슬관리 등 일련의 프로세스를 중심으로 조직을 형성한다.

② 수직적 계층구조를 탈피하고, 구체적인 목표달성을 위해 팀단위의 행렬조직을 형성한다.

③ 팀을 소규모의 인원으로 제한하고, 팀이 달성할 구체적인 목표에 대하여 구성원들의 합의를 도출한다.

④ 팀 구성원들의 직무내용을 세분화하기보다는 이를 수평적·수직적으로 확대하며, 구성원들이 효과적으로 직무를 수행할 수 있도록 직무수행에 필요한 지식, 기술과 능력을 개발한다. 그리고 팀 구성원들의 능력과 기술이 시너지 효과를 발휘할 수 있도록 한다.

⑤ 직무나 조직설계에 있어서 개인보다는 팀의 성과를 우선적으로 강조한다.

⑥ 업적이나 성과평가에 있어서 고객만족을 가장 중요한 기준으로 적용한다.

⑦ 관리자나 스태프의 중간개입을 지양하고, 실무현장 중심으로 실무직원들의 직접적인 상호작용을 장려한다.

⑧ 보상에 있어서 개인적인 성과보다는 팀 성과를 더 중요시한다.

(2) 수평적 조직의 성공요건

수평적 프로세스조직을 성공적으로 운영하려면 수평적인 구조의 설계와 더불어 조직 운영과 관리에 있어서 몇 가지의 요건이 갖추어져야 한다. 맥킨지 컨설팅 회사(McKinsey & Co.)의 오스트로프(F. Ostroff)와 스미스(D. Smith)는 수평적 조직의 성공요건으로 다음 일곱 가지의 원칙을 강조하였다.

① 프로세스중심의 조직구조 설계: 조직구조를 기능중심이 아니라 3~5개의 핵심적인 업무과정을 중심으로 설계하고, 업무과정마다 구체적인 성과목표와 책임자를 배정한다.

② 계층의 수평화: 세분화된 과업을 통합하고 부가가치가 낮은 과업은 없애거나 자동화시키며, 계층의 수를 단축함으로써 관리업무를 줄일 뿐만 아니라 관리자의

🖐 리엔지니어링과 수평적 프로세스 조직

1990년대 경영혁신을 얘기할 때 가장 많이 등장한 키워드는 리엔지니어링이다. 리엔지니어링은 인력감축을 수반하는 것이 일반적이어서 대체로 구조조정의 수단으로 인식되어 왔지만, 리엔지니어링의 핵심은 사업프로세스를 재설계함으로써 조직성과를 획기적으로 개선하는 것이다. 리엔지니어링(business process reengineering)은 "비용, 품질, 서비스와 속도 등의 핵심 성과들을 비약적으로 향상시키기 위해 사업프로세스를 근본적으로 다시 생각하고 완전히 새롭게 설계하는 것"으로 정의된다. 즉, 리엔지니어링은 사업프로세스를 새로운 관점에서 재설계하는 것을 의미한다.

그런데, 프로세스 개념에 대한 명확한 이해가 필요하다. 프로세스는 가치를 창출하는 일련의 업무로 정의할 수 있는데, IBM제품의 소비자금융사업을 영위하고 있는 IBM크레디트사가 추진했던 프로세스 재설계의 사례를 살펴보자.

IBM크레디트사는 IBM사의 컴퓨터, 소프트웨어, 서비스 등을 구입하고자 하는 고객들에게 융자를 해주는 회사이다. 고객이 IBM의 제품을 구입하고자 할 때, IBM크레디트사는 융자신청 접수 → 신용조사 → 이자결정 → 법적 절차 → 융자발급 등 5단계의 업무절차를 밟았는데, 이와 같은 절차를 밟는 데 6일이나 걸렸으며, 때때로 2주일씩 걸리기도 했다. 문제는 고객이 6일 동안을 기다리지 않을 뿐 아니라 타경쟁업체가 이 고객을 가만히 놔두지 않는다는 점이다.

IBM크레디트사는 이를 개선하기 위해 각 단계의 담당직원들에게 3시간 이내에 업무를 처리하도록 의무화했다. 이를 지키지 못하면 업무성적을 낮게 평가하기 때문에 직원들은 이를 따랐다. 하지만 결과는 예상과는 달리 오히려 악화됐다. 전체 단계를 밟는 데 소요되는 기간이 12일로 늘어난 것이다. 각 단계에서 과업을 자신 있게 처리하지 못하니까 이전 단계의 업무에 대해 꼬투리를 잡으면서 업무를 앞으로 되돌려 보내는 일이 반복됐기 때문이다.

경영층에서는 문제의 핵심이 신용조회 프로세스 전체에 있다는 것을 인식하기 시작했다. 즉, 변화되어야 하는 것은 개별처리 단계가 아니라 전체 프로세스였다. 이러한 인식하에 IBM크레디트사는 새로운 아이디어를 냈다. 5단계의 모든 절차를 한 사람이 처리하도록 한 것이다. 신청서를 이 사무실에서 저 사무실로 보내는 대신 거래전담자 한 명이 처음부터 끝까지 전담하여 모두 처리하는 것이다. 물론 저항도 많았지만 이 혁신적인 아이디어를 실제로 적용한 결과 6~7일씩 걸리던 총소요시간을 4시간으로 줄일 수 있었으며, 처리되는 거래 건수가 1백 배 이상 신장되는 획기적인 성과를 거두었다. IBM크레디트사는 업무프로세스 전체를 근본적으로 재설계함으로써 처리시간의 90% 감소와 생산성의 100배 증가라는 극적인 성과 향상을 이루어냈는데, 이는 리엔지니어링의 정의에 부합된다.

수를 감축한다.

③ 자율적 팀관리: 조직을 팀으로 구성하고 팀에게 공동목표의 설정과 성과달성에 대한 전적인 책임을 부여함으로써 관리업무의 필요성을 최소화시킨다.

④ 고객제일주의: 고객만족을 가장 중요한 목표로 설정하고, 성과측정과 평가의 가장 중요한 기준으로 적용한다.

⑤ 팀성과 중심의 보상: 업적평가와 보상결정의 기준을 개인성과 중심에서 팀성과 중심으로 바꾼다.

⑥ 고객과의 상호작용 증대: 구성원들로 하여금 고객 및 공급업체와의 관계를 활성화시키고, 가능한 한 팀작업에 고객과 공급업체를 참여시키도록 한다.

⑦ 정보활용능력의 개발: 구성원들과 관리스태프가 정보자료를 잘 활용하여 자신의 의사결정을 잘할 수 있도록 교육훈련을 통하여 그들의 정보분석 및 정보활용능력을 향상시킨다.

3 다국적기업조직과 네트워크조직

기업의 세계화가 진전됨에 따라서 조직구조는 점점 다국적기업조직과 네트워크조직의 형태로 변해나간다.

(1) 다국적기업조직

다국적기업조직은 GM, 토요타, IBM 등 대규모 다국적기업(MNC, multinational corporation)이 다양한 국가에서 다양한 제품의 생산 및 판매활동을 효율적으로 전개하기 위하여 설계하는 조직형태이다. 다국적 조직구조는 제품과 기능 간의 통합과 아울러 문화가 다른 지역(국가)까지도 통합하기 위한 복합적 조직구조형태이다(Zahra, 1999).

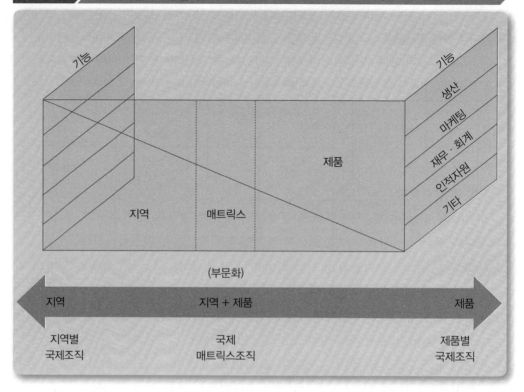

| 그림 10-7 | 다국적기업조직의 설계 |

〈그림 10-7〉에서 보는 바와 같이, 다국적 조직구조는 지역(국가)과 제품 중에 어느 쪽에 더 비중을 두고 부문화하느냐에 따라서 통합의 방향이 달라진다. Campbell Soup와 같은 식품회사는 진출한 국가의 시장특성이 서로 다르기 때문에 시장의 요구를 충족시키기 위해 지역별 국제조직을 설계하는 것이 바람직하다. 한편, 제품이 다양하고 그 특성이 다른 반면 지역시장의 특성은 서로 차별화되지 않는 경우에는 범세계적 통합(global integration)을 지향하는 제품별 국제조직을 설계하는 것이 효과적이다(〈그림 10-7〉 참조).

(2) 네트워크조직

급변하는 경영환경하에서 핵심역량을 확보하고 경쟁력을 강화해 나가려면 조직 내외의 다양한 지식과 기술을 활용할 수 있어야 한다. 이를 가능하게 하려면 조직 내부적으로는 계층간, 기능간 및 사업부문간, 그리고 대외적으로는 조직간, 국가간의 장벽과 거리상의 장애를 극복해야 한다. GE 등의 많은 선진기업들은 이러한 여러 가지 장벽을 허물 수 있는 네트워크 조직(network organization)을 설계·운영함으로써 기업 경쟁력을 높이고 있다. 네트워크 조직은 공동목표를 효율적으로 달성할 목적으로 개별 조직들이 이에 필요한 권한과 책임 그리고 자원을 공유하고, 상호간에 긴밀한 협조가 이루어지는 조직을 가리킨다(Miles & Snow, 1995).

네트워트조직은 추구하는 목적이나 목표에 따라 그 형태가 다양하지만, 일반적으로 전통적인 부문화 기준(기능, 제품 등)이나 수직적 계층·권한관계를 탈피하고, 특정 목표를 공동으로 달성하기 위해 팀들 간의 상호의존적 관계를 중심으로 거미집(spiderweb) 모양으로 설계된다. 핵심역량을 강화하기 위한 네트워크조직은 조직 내의 구성원들만이 아니라 고객과 협력업체 그리고 투자자 등 여러 이해관계자들로 구성되며, 다국적 기업의 경우에는 전략적 제휴 등을 통해 다양한 협력파트너들이 참여한다.

네트워크조직에서는 외부 이해관계자들과의 관계를 얼마나 성공적으로 유지·관리하느냐가 조직성과를 결정하는 중요요인이 된다. 구체적으로, 네트워크조직의 성공요인으로는 (1) 외부 이해관계자들과의 협력관계의 중요성(importance), (2) 상호간의 투자 및 몰입(investment), (3) 상호의존적인 관계(interdependence), (4) 효과적인 통합 및 조정(integration), (5) 정보교환 및 공유(information), 그리고 (6) 상호관계의 안정적인 제도화(institutionalization)의 여섯 가지(6I)를 들 수 있다(Hellriegel et al., 2001, pp.498~501).

세계화와 정보화 시대에 기업이 핵심역량을 배양하고 경쟁력을 강화하려면 기업 간의 전략적 제휴(strategic alliance)와 협력이 필수적이며, 따라서 다국적 조직구조와 네트워크조직을 설계하고 이를 성공적으로 관리하는 것이 무엇보다도 중요하다.

>>> ABB의 글로벌 매트릭스조직

스웨덴의 아세아와 스위스의 브라운 보베리의 합병으로 설립된 아세아 브라운 보베리(Asea Brown Boveri: ABB)는 15만 명의 구성원이 세계 140여 개국에서 400억 달러 규모의 매출을 달성하고 있는 거대한 중전기 제조업체로서, 유럽의 비싼 인건비에도 불구하고 세계에서 가장 값싸고 품질 좋은 제품을 만들어내고 있는 우수기업이다. ABB의 강한 경쟁력은 무엇보다도 ABB의 작고 기동성 있는 자율적 사업조직에서 발휘되고 있다. 대규모 기업이지만 소규모의 자율적인 사업단위 또는 이익센터(profit center)를 중심으로 마치 작은 기업처럼 민첩하게 움직이는 것이 ABB의 경쟁우위에 핵심요인으로 작용하고 있는 것이다.

ABB의 이와 같은 경쟁력은 1987년의 합병 이후 바르네비크(P. Barnevik) 회장의 강력한 구조조정과 경영혁신으로 이루어졌다. 그는 무한경쟁시대에서 살아남으려면 '작은 조직과 야무진 인력구성 그리고 지식경영'에 기초한 새로운 조직을 설계해야 한다는 굳은 신념을 가지고 강력한 조직개편과 경영혁신을 추진하였다(Peters, 1992, pp.44~52). 조직구조개편에 있어서는 전세계시장을 대상으로 제품과 지역의 두 축을 중심으로 한 글로벌 매트릭스(global matrix) 사업조직을 구축하고, 이익센터로서의 사업단위, 사업현장중심의 인력배치, 그리고 정보네트워킹 등을 추진하였다. 따라서 그의 조직구조조정은 소위 '군살빼기'로부터 시작하여 조직을 그야말로 작지만 효율적이게(lean and mean) 만드는 것이었다.

바르네비크 회장의 구조조정은 그가 핀란드의 한 회사를 인수했을 때 적용한 방식에서 잘 나타난다. 바르네비크 회장은 인수 첫 해에 본사 인력의 30%를 사업현장으로 재배치했고, 또 다른 30%를 정보·고객관리 등 사업지원부서로 배치했으며, 나머지 40% 중 30%는 자연감원(attrition) 또는 다운사이징함으로써 본사 인력을 90%나 감축하고 10%만 남겨두었다. 그 후 3~4년 동안 사업현장으로 배치한 30%의 인력 중 3분의 1을 감축하고, 지원부서로 배치한 30%의 인력 중 반을 축소했으며, 본사에 남겨둔 10%의 인력도 역시 반으로 줄였다.

요약하자면, 첫 해에 본사 인력의 30%를, 그리고 3~4년 동안 30%를 추가로 감축했고, 35%를 사업현장이나 지원부서로 재배치함으로써 본사 인력을 95%나 감축한 것이다.

ABB의 조직구조조정은 단순히 조직개편과 인력감축으로 끝나지 않고 업무구조와 업무프로세스의 개혁으로 이어졌다. 바르네비크 회장은 수주, 설계, 엔지니어링, 생산, 운송 등 ABB 운영 전반에 걸쳐서 업무소요시간(operation cycle time)을 단축시키기 위해 업무프로세스 리엔지니어링을 강력히 추진하였다. 한 예로서 T-50(Time-Based Competition-50) 프로젝트를 들 수 있다. 바르네비크 회장은 업무프로세스 혁신을 위한 태스크포스 팀을 구성하고, 4년 동안 업무소요시간을 50% 단축시키는 것을 목적으로 한 T-50 프로젝트에 착수하였다. 이 프로젝트는 자회사별로 책임자를 두고 본사의 총책임자의 지휘하에 추진되어 5억 달러의 비용절감 효과를 달성하였다.

안전스위치를 생산하는 한 이익센터에서는 T-50 프로젝트를 착수한 지 8개월 만에 이미 수주에서 배달까지의 주기시간을 15~33일에서 8일로 단축시켰고, 정시 배달건수도 50%에서 96%로 크게 증가시켰으며, 구성원 1인당 스위치 생산량도 20%나 증가시키는 놀라운 성과를 거두었다. 특히 이익센터를 중심으로 모든 관련부서 및 팀 간의 정보네트워킹과 정보시스템은 T-50과 같은 업무프로세스 혁신을 성공적으로 추진하는 데 결정적인 역할을 하였다.

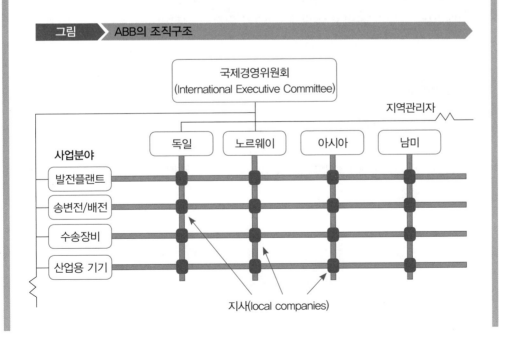

그림 **ABB의 조직구조**

바르네비크 회장의 혁신적인 글로벌 매트릭스 사업조직은 세계 140여 개국에 걸쳐서 지역 및 사업별로 부문화된 5,000여 개의 소규모 자율적 이익센터(profit center)로 구성되어 있다. 이들 이익센터는 1,000여 개의 자회사에 소속되어 있고, 이들 자회사는 8개의 주요 사업부문과 45개의 지역에 속해 있다. 5,000여 개의 이익센터는 각각 50명 내외의 구성원으로 형성되어 지역과 사업의 두 부문에 동시에 속하면서 사업본부장과 지역본부장의 관리하에 놓여 있다. 이들 이익센터는 사업을 하는 데 있어서 자율성과 재량권을 가지는 동시에 경영성과에 대해 전적인 책임을 진다. 그리고 사업본부장은 담당 사업분야의 경영 및 그 성과에 대해 책임을 지고, 지역본부장은 현지의 고객과 직원, 그리고 일상 업무관리에 대한 책임을 진다. ABB사는 이와 같은 글로벌 매트릭스조직을 통해 세계화를 추진하는 동시에 철저하게 현지화를 실현하고 있다. 이익센터 위주의 자율적 경영과 현지밀착형의 고객서비스, 그리고 모든 의사결정에 있어서 스피드와 유연성을 발휘하도록 함으로써 국제경쟁력을 확보하고 유지하고 있다.

바르네비크 회장은 ABB의 조직에 대하여 이렇게 말한다. "우리 조직은 내부적으로 세 가지의 모순점을 가지고 있는 것이 특징입니다. 첫째는 세계적(global)이면서도 현지화되어(local) 있다는 점이고, 둘째는 조직이 크면서도 작다는 점이며, 셋째는 철저히 분권화되어 있지만 집권적으로 통제되고 있다는 점입니다. 우리는 이 모순점을 해결함으로써 세계경영을 효율화시키고 성과를 최대화할 수 있다고 믿고 있으며, 그러기 위하여 글로벌 매트릭스 조직을 적용하고 있습니다."

토의질문

01. ABB사가 바르네비크 회장이 말하는 '모순점'을 어떻게 해결하고 있는지 글로벌 매트릭스조직의 성공요인을 중심으로 설명하시오.

02. 우리나라 조직에서 매트릭스 조직의 필요성과 문제점, 그리고 성공요건을 분석하시오.

Chapter **11**

조직문화와 성과

Organizational
Behavior

Chapter 11

조직문화와 성과

　제10장에서 우리는 조직구조 설계의 중요요소와 조직설계에 영향을 미치는 상황요소들을 살펴보았는데, 조직환경과 기술 등 상황적 요소가 조직구조와 구성원들 간의 상호작용에 많은 영향을 준다는 것을 알았다. 또한, 상황적 요소들과 조직구조 사이의 적합성(fit)이 조직성과를 결정하는 주요 요인이라는 것도 살펴보았다.

　이와 같이 조직은 주어진 환경에 적응하는 과정에서 이에 적절한 목표와 전략을 설정하고 이를 달성하는 데 적합한 조직구조와 행동을 형성해 나간다. 조직은 이처럼 주어진 환경조건과 경영전략에 부합되는 조직구조와 행동을 형성하게 되는데, 이는 마치 사람들이 주변 환경과 상호작용하면서 고유한 성격을 형성하는 것과 같은 이치이다.

　각각의 사회마다 고유의 문화가 있고 사람마다 개성이 있는 것과 마찬가지로 조직에도 제각각 독특한 성격, 즉 조직문화(organizational culture)가 있다. 개인의 성격(personality)과 사회의 문화에 대한 이해를 통하여 개인 및 사회에 대한 이해가 증진될 수 있는 것과 마찬가지로, 조직에 대한 이해는 조직문화에 대한 분석을 통하여 증진될 수 있다. 그뿐 아니라 조직행동을 지배하는 조직문화적 특성에 따라서 조직의 우수성(excellence)도 달라질 수 있다는 점에서 조직문화 연구는 매우 중요하다.

　조직행동을 보다 잘 이해하고 바람직한 조직행동을 개발하기 위한 차원에서 조직문화에 대해 많은 관심을 기울여 왔다. 조직문화를 연구하는 데 있어서 이 장은 제1절에서 조직문화 개념을 정리하고, 제2절에서 조직문화와 조직성과 간의 관계를 우수기업과 학습문화를 중심으로 살펴본다. 그리고 제3절에서 우리나라 기업의 문화적 특성을 알아보고, 제4절에서 조직문화의 변화와 관리에 관하여 살펴본다.

우리 사회에는 영리기업뿐만 아니라 은행, 학교, 정부기관, 의료기관, 종교 및 사회
단체 등 각양각색의 조직이 있으며, 이들 조직은 모두 제각각 독특한 문화적 특성을 지
니고 있다.

1 조직의 문화적 특성

조직문화는 조직이 주어진 환경 속에서 자체의 목적을 달성해 나가는 과정에서 오랜
기간에 걸쳐서 형성된다. 사람들의 성격과 개성이 오랜 기간에 걸쳐서 형성되는 것과
같이, 조직문화도 오랜 기간에 걸쳐서 형성된다. 그리고 사람들의 성격이 일단 형성되
면 쉽사리 변하지 않고 오랫동안 계속 유지되어 나가는 것과 마찬가지로, 조직문화도
쉽게 변하지 않고 장기간 계속 유지되면서 조직구성원의 행동에 영향을 미치며 나아가
서는 조직성과에도 많은 영향을 준다.

사람들은 일상생활에서 여러 종류의 조직과 접촉하고 있고, 그 과정에서 이들 조직
으로부터 각각 독특한 인상을 받는다. 어떤 조직은 구성원들이 모두 똑같은 옷차림과
머리모양을 하고, 작업장도 질서정연하며, 하루의 일과도 아침 조회로부터 시작하여 사
전에 정해놓은 일정대로 진행된다. 반면에, 어떤 조직은 구성원들이 자유로운 옷차림과
각기 다른 머리모양을 하고 있고, 작업장에는 각종 재료와 기구들이 흐트러져 있으며,
작업도 불규칙적으로 자유분방하게 진행된다.

이와 같이 외양적으로 드러나는 독특한 특성과 더불어 조직은 내적으로도 고유의 특
징을 갖고 있다. 어떤 조직은 구성원들이 보수적이고 무사안일에 빠져 있으며, 상호관
계가 공식적이고 권위적이며 또한 관료적인 조직특성을 보인다. 반면에, 어떤 조직들은
구성원들이 적극적이고 창의적이며, 구성원들 간의 상호관계도 유기적이고 신뢰적이
며, 조직이 전반적으로 개방적인 특성을 보인다. 이와 같이 모든 조직은 외양적으로나
내적으로 독특한 특징을 지니고 있는데, 이것이 바로 각각의 조직이 갖고 있는 문화적
특성이다. 조직의 문화적 특성은 조직에 대한 이해를 하는 데 필수적일 뿐만 아니라 구
성원들의 행동과 조직성과에도 영향을 미친다는 점에서 매우 중요하다.

2 한국 기업 및 글로벌기업의 문화적 특성

조직의 문화적 특성은 조직마다 다르게 나타날 수 있는데, 우리나라의 대표적인 기업인 삼성그룹과 현대그룹도 서로 다른 문화적 특성을 갖고 있다. 삼성은 제일주의와 합리적인 관리시스템, 그리고 깨끗하고 분명한 상인정신으로 널리 알려져 있다. 이에 비하여 현대는 진취적 기상과 창조적 의지, 그리고 검소한 기풍 등의 문화적 특성을 갖고 있는 것으로 알려져 있다. 이와 같은 삼성의 완벽주의와 현대의 행동주의는 매우 대조적이어서 학계와 재계에서 자주 흥미로운 이야깃거리가 되기도 한다.

또한, 삼성과 현대 그룹은 구성원들의 옷차림과 용모에서도 서로 차이를 보인다. 삼성맨은 정장과 단정한 머리모양, 그리고 세련되어 보이는 인상이 그들의 전형적인 스타일인 반면에, 현대맨은 작업복과 짧은 머리, 그리고 검소하고 뚝심 있는 인상이 그들의 전형적인 스타일이다. 특히 현대의 '하면 된다'라는 의식은 외국인으로 하여금 우리나라를 'Can Do Culture'라고까지 부르게 만든 요인이 되었다(Time, 1984, pp.6～11).

외국기업의 경우에도 기업의 독특한 문화가 조직구성원들의 행동과 전체적인 조직행동을 통하여 명백히 나타나고 있는 것을 흔히 볼 수 있다. 일본의 토요타(豊田)자동차는 세계적인 자동차 제조업체로서 충성심, 집단주의와 온정주의에 입각한 철저한 비용통제와 전제적 관리를 적용한다. 그리하여 '검소하고 은둔적인 산업군단'이라고까지 불릴 만큼 능률과 집단행동이 토요타의 조직문화적 특성인 것으로 널리 알려져 있다. 이에 반하여, 혼다(本田)는 구성원들의 창의성과 진취성, 독창적이고 개방적인 행동, 그리고 현장위주의 자율적 관리 등을 특징으로 하는 문화를 갖고 있다. 따라서 토요타와는 달리 작업장에서 긴 머리, 청바지와 샌들 등 자유로운 옷차림과 행동스타일이 허용되고 있다. 이와 같이 토요타와 혼다는 둘 다 일본 기업이고 업종도 동일하지만, 그리고 두 기업 모두 우수한 성과를 거두고 있지만, 조직문화는 매우 대조적이라는 점에서 특별한 흥미를 끈다.

미국 기업의 경우에도 독특한 조직문화 특성을 형성하고 있는 좋은 예를 많이 찾아볼 수 있다. IBM, HP, 3M, P&G, J&J(Johnson and Johnson), GE, Microsoft, Wal-Mart 등은 모두 조직문화 연구에 좋은 사례를 제공해 주는 회사들이다. IBM, HP, Microsoft 등은 정보기술 분야의 우수 기업인데, IBM은 고객서비스, HP는 배회관리(Management By Wandering Around: MBWA), 그리고 Microsoft는 학습문화가 조직의 문화적 특성으로 자리 잡고 있다(Rodgers, 1986; Packard, 1995; Cusmano & Selby, 1995).

특히 IBM에서의 고객서비스와 HP에서의 배회관리는 이들 회사가 오랫동안 확립해

온 전통가치이다. 3M과 GE도 기술집약적 기업으로서, 3M은 창의성을, 그리고 GE는 연구개발과 계층간·부서간 경계철폐(boundaryless)를 각각 이들 회사의 전통가치로 확립해 왔다. 이러한 전통가치는 이들 회사의 조직문화의 핵심으로서 이들 회사의 조직행동을 형성하는 데 지배적인 역할을 해왔다.

이와 같이 조직은 주어진 환경 속에서 조직목표를 추구하는 과정에서 이에 적합한 조직행동을 형성하게 되고, 이것이 오랫동안 누적되면서 그 조직의 독특하면서도 고유한 문화적 특성으로 뿌리내리게 된다. 이와 같이 형성된 조직문화는 조직구조, 제도 및 절차, 그리고 조직구성원의 행동에 영향을 주면서 더욱 강화되고 지속되어 나간다. 이것은 마치 한 사회가 오랜 기간에 걸쳐 외부환경에 적합한 문화를 형성해 나가고, 또 사람들이 일상생활을 해나가는 과정에서 환경에 적합한 성격과 체질 그리고 행동을 형성해 나가는 것과 같다. 이러한 관점에서 조직문화 개념과 구성요소, 그리고 조직문화와 조직성과의 관련성 등에 대해 다루고자 한다.

3 조직문화의 개념

조직문화 개념은 조직을 사회적 관점과 비공식조직의 관점에서 보기 시작한 호손공장실험에서부터 적용되어 왔지만, 조직문화에 대한 본격적인 학문적인 연구는 1960년대에 와서 시작되었고, 특히 1980년대 이후에 학계와 재계의 관심 속에서 수많은 연구가 실시되어 왔다.

조직문화에 대한 연구가 활발해지면서 조직문화에 관한 다양한 개념이 제시되어 왔는데, '조직문화' 개념을 이해하려면 우선 '문화'가 무엇인지를 이해하는 것이 필요하다. 문화라는 용어는 일상생활에서 흔히 사용하고 있지만, 이를 정의하는 것은 쉽지 않다. 일반적으로 문화(culture)란 한 사회를 구성하고 있는 사람들이 공동으로 갖고 있는 가치관과 신념, 이념과 관습, 그리고 지식과 기술을 포괄하는 거시적이고 총체적인 개념으로서 사회구성원의 행동에 영향을 주는 중요 요소로 인식되고 있다(Light & Keller, 1975, p.82). 따라서 문화는 사회구성원의 행동과 사회체계를 형성하고, 이들을 연결·조정하는 총체적인 요소라고 할 수 있다. 이러한 문화개념은 전통적으로 거시적인 사회체계를 분석단위로 하고 있는 인류학과 사회학에서 중점적으로 연구되어 왔다.

이러한 거시적인 문화 개념을 미시적인 조직 수준에 적용한 것이 바로 '조직문화' 개념이다. 그러므로 조직문화는 조직 구성원들이 공유하고 있는 가치관과 신념, 이념과 관습, 규범과 전통, 그리고 지식과 기술 등을 가리키는 종합적인 개념으로서 조직구성

그림 11-1   조직문화의 구성요소: 7S 모형

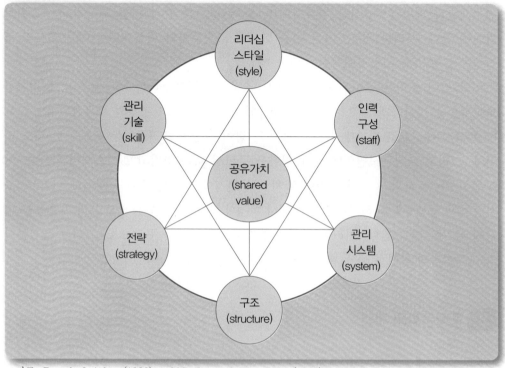

자료: Pascale & Athos (1982), p.202; Peters & Waterman (1982), p.10.

원과 조직 전체의 행동에 영향을 주는 기본요소라고 할 수 있다. 조직문화에 대한 개념 정의는 학자들의 관점과 연구초점에 따라서 서로 차이를 보이며, 따라서 매우 다양한 정의가 존재한다(이학종, 1989, pp.22~25). 그렇지만 여러 학자들의 개념과 정의를 종합해 볼 때, 조직문화는 조직구성원들이 공유하고 있고 그들의 행동과 전체 조직행동에 기본전제로 작용하고 있는 조직 고유의 가치관과 신념, 규범과 관습, 그리고 행동패턴 등을 총칭하는 개념이라고 정의할 수 있다. 조직문화를 이해하는 데 도움이 되는 7S 모형과 문화수준 개념을 간단히 설명한다.

1) 조직문화의 7S 모형

조직문화를 이해하기 위해 조직문화가 무엇으로 구성되어 있는지를 알아보는 것이 필요하다. 조직문화의 구성요소에 관해 여러 가지 견해가 있지만, 그중 조직문화를 이해하는 데 실질적인 도움을 주는 것으로 파스칼과 피터스 등의 7S 모형이 있다(Pascale & Athos, 1982, pp.200~206; Peters & Waterman, 1982, pp.13~16). 이 모형은 일본과 미국의 우수기업의 조직문화에 대한 연구에서 제시되었는데, 기업문화를 구성하고 있는 일곱 가지의 주요 요소들이 모두 S자로 시작되기 때문에 조직문화의 7S 모형으로 불린다. 이들 일곱 가지 구성요소를 간단히 설명하면 다음과 같다(〈그림 11-1〉참조).

① 공유가치(shared value): 조직구성원들이 공동으로 가지고 있는 가치관으로서 다른 조직문화 구성요소에 지배적인 영향을 주는 핵심요소이다. 따라서 조직문화 형성에 있어서 가장 중요한 역할을 한다.

② 전략(strategy): 조직의 장기목표와 계획, 그리고 이를 달성하기 위한 자원배분의 패턴을 포함하며, 조직의 기본성격과 장기방향을 결정하고 다른 조직문화 구성요소들에 많은 영향을 준다.

③ 구조(structure): 조직의 전략수행에 필요한 틀로서, 조직구조와 직무설계 그리고 권한관계와 방침 등 구성원들의 역할과 그들 간의 상호관계를 지배하는 공식요소들을 포함한다.

④ 관리시스템(system): 조직의 경영의사결정과 일상적인 조직운영의 틀이 되는 관리제도들로서 보상제도와 인센티브시스템, 경영정보시스템과 의사결정시스템, 경영계획과 목표설정시스템, 성과평가와 조정·통제 등 경영 각 분야의 관리제도와 절차를 포함한다.

⑤ 구성원(staff): 조직의 인력구성과 구성원들의 능력, 전문성, 신념, 욕구와 동기, 지각과 태도, 그리고 그들의 행동패턴 등을 포함한다.

⑥ 관리기술(skill): 조직의 각종 하드웨어 기술과 이를 작동시키는 소프트웨어 기술, 그리고 구성원들에 대한 동기부여와 행동강화, 갈등관리와 변화관리, 목표관리와 예산관리 등 조직경영에 적용되는 각종 관리기술과 기법들을 포함한다.

⑦ 리더십 스타일(style): 구성원들을 이끌어 나가는 경영자들의 관리스타일로서 구성원들의 행동조성은 물론 그들 간의 상호관계와 조직분위기에 직접적인 영향을 주는 중요요소이다.

이들 일곱 개 구성요소는 서로 밀접한 연결관계하에서 전체적으로 조직문화를 형성한다. 이들 요소가 서로 밀접하게 그리고 일관성 있게 연계되어 있을수록 전체적으로 강한 문화를 형성하는 반면에, 이들 요소 간의 관계가 모호하고 일관성이 없을수록 전체적으로 약한 문화를 형성하게 된다. 장기적으로 높은 성과를 달성하고 있는 우수기업들은 대부분 강한 조직문화를 가지고 있다는 점에서 많은 조직들이 강한 조직문화를 선호하는 경향이 있다. 조직문화의 강도와 조직성과의 관계에 관해서는 다음 절에서 알아본다.

2) 조직문화의 수준

조직문화의 구성요소는 조직구성원들이 인식 가능한 수준인지 인식할 수 없는 차원의 것인지를 중심으로 설명할 수 있다. 조직문화를 조직구성원들과 전체 조직의 행동에서 나타나는 것으로 봤을 때, 여기에는 가시적 수준, 인식적 수준과 잠재적 수준 등세 가지 수준으로 구분할 수 있다(Schien, 1984, pp.3~7; Cummings & Worley, 1997). 가시적 수준의 조직문화는 회사의 로고와 상징, 근무복, 건물의 디자인, 조직구성원들의 행동패턴 등 외적으로 드러나는, 즉 객관적으로 관찰 가능한 것들을 가리키고, 인식적 수준은 조직구성원들의 가치관과 신념 등 눈으로 확인할 수는 없지만 구성원들의 의식 수준에서 인식이 가능한 요소들을 가리킨다. 반면에 잠재적 수준은 기본가정이나 기본 전제 등 구성원들이 무의식적으로 받아들이는, 즉 당연한 것으로 받아들이는 것들을 의미한다.

① 가공물과 창조물(artifacts and creation): 외적으로 나타나는 물질적 · 상징적 그리고 행동적 창조물로서, 조직의 제품과 서비스, 기술, 방침 · 규율, 서류 · 문서, 일화, 의례 · 예식, 옷차림(dress code), 건물 디자인과 인테리어, 그리고 구성원들의 행동패턴 등을 포함한다. 이들 가시적 요소들은 조직 내외부 구성원들이 눈으로

그림 11-2   조직문화의 수준

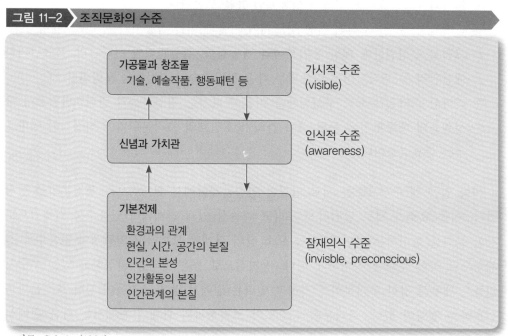

자료: Schein (1984), p.4.

확인할 수 있는 것들로서 조직의 전반적인 특성, 인상과 이미지 등을 형성한다.

② 신념(beliefs)과 가치관(value): 인간 존중, 창의성에 대한 중요성, 개방적 의사소통, 합의 중시 등 조직구성원들이 의식적으로 강조하고 소중히 여기는 차원을 가리킨다. 조직구성원들이 공유하는 가치는 조직문화의 핵심적 구성요소로서 구성원들의 태도와 행동에 큰 영향을 미친다.

③ 기본전제(basic assumptions): 가치관과 밀접히 관련되지만 조직구성원들의 인식 밑바탕에 깔려 있는 잠재적 내지 선의식적 차원으로서, 구성원들이 당연한 것으로 여기는 기본가정을 가리킨다. 예컨대, 기업은 이익을 내야 한다든가, 고객이 왕이라든가, 제품과 서비스의 품질이 경쟁력의 주요 원천이라는 등 당연한 것으로 받아들이는 것을 가리키며, 이는 조직구성원들이 자연스럽게 자신의 행동지침으로 수용하는 요소들이다.

7S 모형에서와 마찬가지로 가시적, 인식적 그리고 잠재의식 수준에서의 문화요소들이 서로 일관성 있고 밀접하게 연결되어 있을수록 조직문화는 전반적으로 강하고 분명하게 나타나는 반면에, 이들 간의 관계가 일관성이 없고 산만할수록 약하고 불분명한 조직문화가 나타난다.

3) 조직문화의 영향요소

조직문화 형성과정에 영향을 미치는 주요 요소들이 무엇인지를 설명하는 것도 조직문화를 이해하는 데 도움이 된다. 조직문화가 형성되는 과정에는 많은 요소들이 작용하지만, 딜과 케네디는 가장 중요한 요소로서 환경, 기본가치, 중심인물, 의례와 의식, 그리고 문화망 등 다섯 가지를 들고 있다(Deal & Kennedy, 1982, pp.13~15; 1999, pp.1~16).

① 조직환경(environment): 조직문화의 형성에 가장 많은 영향을 주는 외적 요소는 조직 환경이다. 조직은 고객, 기술과 시장경쟁, 정부와 금융기관, 그리고 법규 등 경영에 영향을 주는 외부 환경요소에 따라서 이에 적합한 조직문화를 형성해 나간다. 기업이 처해 있는 외부환경에 따라서 이러한 환경에 적응하기 위해 어떤 기업은 마케팅을 중시하고, 어떤 기업은 기술개발을 중시하며, 또 어떤 기업은 능률과 원가통제를 중시한다. IBM의 고객서비스, HP의 배회관리(MBWA), 그리고 P&G의 품질 등은 이들 기업들이 외부환경에 적응하는 과정에서 형성된 가치라고 할 수 있다.

📖 홈디포(Home Depot)의 영웅(heroes)

Home Depot는 문화 차원의 영웅이 최고경영층에만 존재하는 것이 아니라는 사실을 깨달았다. 영웅은 도처에서 소금의 역할을 한다. 그들은 평범하지만 특출한 일을 해내는 사람들이다. Home Depot는 조직구성원들 가운데서 다음과 같은 사람들을 영웅으로 선발하고 그들을 축하해주는 것을 공식적으로 제도화하였다.

- 화장실과 복도청소를 도맡아 한 캘리포니아 지점의 정신지체 근로자("그는 그 어떤 일도 부끄러워하지 않았다.")
- 어린이용 물감 책자를 창안한 종업원
- 자신이 책임자로 있는 목재가공공장에 대한 너무 지나친 원가절감 조치에 항의하기 위해 임원회의석상에서 나체쇼를 벌인 관리자
- Home Depot의 고객에게 다음 날 전해줄 물건을 직접 구입하기 위해 퇴근 후 경쟁사의 상점을 방문하여 자신의 신용카드로 결제한 여직원

이처럼 Home Depot는 문화적 차원의 영웅을 조직 전 계층에서 선발하여 그 공로를 인정해주고 있다.

자료: Bolman, L.G. & Deal, T.D./신택현 옮김 (2004), 『조직의 리프레이밍(*Reframing Organizations*)』, 지샘, 336쪽.

삼성과 현대가 서로 다른 조직문화를 갖게 된 것도 이들 그룹이 초기에 진출한 사업영역의 차이, 즉 사업환경의 차이에서 기인한다고 할 수 있다. 삼성은 제일제당, 제일모직, 안국화재, 제일합섬과 신세계백화점 등 경공업과 서비스분야가 주축이 된 반면, 현대는 현대건설, 현대자동차, 현대중공업 등 중공업이 주축 사업이 되었다. 즉, 삼성은 경박단소(輕薄短小) 형의 사업으로서 합리적 · 체계적 경영의 필요성이 큰 반면, 현대는 중후장대(重厚長大) 형의 사업으로서 과감한 투자가 요구되었기 때문에 두 그룹의 문화가 서로 다르게 형성되었다고 볼 수 있다.

② 기본가치(value): 파스칼과 피터스 등이 말하는 7S 모형의 공유가치에 해당하는 것으로서, 조직구성원들이 공동으로 보유하고 있는 신념과 가치관을 의미한다.

③ 중심인물(heroes): 조직의 기본가치를 확립하는 데에는 오랜 기간 동안 중심적 역할을 하는 인물이 필요한데, 주로 창업자나 초창기의 전문경영자들이 이 역할을 수행하게 된다. 중심인물의 역할은 기업문화 형성에 있어서 가장 중요한 요소로

서, 그들은 기업경영을 하는 과정에서 기업의 이념과 목표설정 그리고 주요 경영관리자의 선발과 권한배분을 통하여 기업의 기본가치를 형성해 나가고, 또한 구성원들에게 모범적인 행동을 보여 이러한 행동을 따르게 함으로써 바람직한 행동을 전파·강화해 나간다. IBM의 토마스 왓슨(T. Watson) 부자, GE의 잭 웰치(J. Welch), Microsoft의 빌 게이츠(Bill Gates), Wal-Mart의 샘 월튼(Sam Walton), 마쓰시다 전기의 마쓰시다 고노스케 등은 이들 기업의 기본가치와 기업문화를 개발하는 데 중심적인 역할을 한 인물로 잘 알려져 있다(Peters & Waterman, 1982, pp.111~153; Cusmano & Selby, 1995, pp.23~28; Tichy & Sherman, 1994, pp.34~35; Slater, 2003, pp.23~68; Kotter, 1997). 현대의 정주영 회장과 삼성의 이병철 회장은 두 그룹의 기업문화를 형성하는 데 중요한 역할을 하였고, 그들의 성격과 경영스타일의 차이가 곧 기업문화가 차이를 가져온 주요 요인의 하나라 할 수 있다.

④ 의례와 의식(rites and rituals): 의례와 의식은 조직의 일상적인 활동에 있어서 조직구성원들이 규칙적으로 지켜나가는 관습, 관례, 또는 행동패턴들을 말한다. 의례와 의식의 예로 표창식과 포상식, 취임식과 퇴임식, 신규사업 출범식, 경영이념 선포식, 조회와 회의진행절차, 각종 행사 등을 들 수 있다. 의례와 의식은 〈표 11-1〉과 같이 크게 네 가지 유형으로 구분해볼 수 있다. 이들은 구체적으로 눈으로 볼 수 있는 것으로서 조직의 가치를 전파하여 행동에 옮기게 하는 요소이다. 이러한 의례와 의식이 조직구성원들에게 분명하고 뚜렷하게 이해되어서 조직의 가치를 전수하는 효과적인 수단으로 자리 잡게 될수록 조직문화도 그만큼 강하게 형성된다.

표 11-1 의례의 유형 (Trice & Beyer, 1993)

의례의 유형	의례의 목적	예시
통과의례 (rites of passage)	- 규범과 가치를 학습하고 내면화 - 새로운 역할로의 이전을 촉진	입회의례, 기본 교육
통합의례 (rites of integration)	- 공통의 규범과 가치 구축 - 구성원들 간의 공감대 형성	회식, 단합대회, 기념식
사기증진의례 (rites of enhancement)	- 조직에 대한 일체감 향상 - 바람직한 행동에 대한 동기유발	표창식, 포상식
강등의례 (rites of degradation)	- 규범과 가치의 변화 또는 재확인 - 바람직한 행동에 대한 재확인	경영자의 해고 또는 교체, 퇴임식

매리 케이 코스메틱스의 의식(ceremony)

의식은 우리 삶 가운데 어떤 특별한 순간들을 기념하기 위한 것이다. 영세, 성인식, 졸업, 결혼, 그리고 기념일은 모두 중요한 전환점에서 의미와 정신적 연결고리를 제시해준다. 의식은 다음과 같은 중요한 역할을 담당한다. 의식은 구성원들을 사회화시키고, 안정시키며, 확신을 심어주고, 외부 관계자들에게 메시지를 전달하는 역할을 수행한다. Mary Kay Cosmetics의 예를 들자면, 매년 연례 세미나에 수천 명의 직원들이 참석하여 지금은 작고한 Mary Kay가 전하는 메시지를 듣고, 우수 판매사원에게 박수를 보낸다. 그리고 대부분 사람들이 TV 드라마를 보면서 즐기는 그 시간에 바로 뛰면서 탁월한 실적을 올린 사원의 성공담을 들으며 그들을 축하해준다. 이러한 의식을 통해 신입사원들은 이 세미나가 끝난 후에도 오랫동안 Mary Kay의 일원으로서 일체감을 유지한다. Mary Kay는 또한 외부인, 특히 소비자들이 접근하도록 해주어 특이한 구경거리를 제공한다. 비행역학 전문가들에 의하면 땡벌은 나는 것이 불가능한데도 자신의 한계를 모르고 어떻게 해서든지 날아다니는 곤충인데, 이와 같은 땡벌을 상징으로 삼은 이 회사의 "당신은 할 수 있다"라는 기업정신은 모든 실패와 장애를 극복할 수 있게 해준다.

자료: Bolman, L.G. & Deal, T.D./신택현 옮김 (2004), 『조직의 리프레이밍(*Reframing Organizations*)』, 지샘, 322~323쪽.

⑤ 문화망(cultural network): 문화망은 조직의 기본가치와 중심인물이 추구하는 목표를 전달해 주는 비공식적인 매체로서, 문화망의 구성원들은 주로 중심인물들의 주변 인물이나 그들을 추종하는 조직구성원들로 형성된다. 이들은 조직의 일화나 전설을 전파하고 모범적인 행동을 앞장서서 실천함으로써 기본가치를 확산 및 강화해나가고, 기업문화가 뿌리내리게 한다.

4) 조직문화의 계층구조

지금까지 우리는 조직문화를 전체 기업 차원의 현상으로 이해하였다. 그런데 한 조직에 단지 하나의 조직문화만이 존재하는 것이 아니라 다양한 문화가 형성될 수도 있다. 즉, 사업부마다 서로 다른 하위문화(subculture)가 형성될 수 있고, 기능부서별로 또는 계층별로 각각 독특한 하위문화가 형성될 수 있다. 이처럼 서로 다른 하위문화가 형성되는 것은 이들 단위조직들이 접하고 있는 외부환경이 다르고, 또 단위조직들이 수행하는 과업과 기능이 달라서 추구하는 목표와 가치가 서로 다르기 때문이라고 할 수 있다.

삼성그룹이나 현대그룹의 경우 그룹 내부적으로 동질적인 문화를 형성하고 있고, 두 그룹 간에 전반적인 기업문화가 상당한 차이를 보인다. 그렇지만 그룹 내의 계열사들을 봤을 때, 동일한 그룹 내에서도 계열사에 따라서 서로 다른 문화가 형성될 수 있다. 예컨대, 삼성그룹 내에서 삼성전자, 삼성중공업과 삼성생명은 사업의 성격과 외부 환경의 차이로 인해 각각 서로 다른 문화를 형성하게 된다. 또한, 한 기업 내에서도 사업부에 따라서, 그리고 기능분야에 따라서 서로 다른 하위문화가 형성될 수 있다. 예컨대, 가전사업부와 반도체사업부는 핵심 기술과 고객의 성격이 다르고 핵심성공요인(key success factor)이 다르기 때문에 상이한 문화가 자리 잡게 된다. 그리고 기능분야 측면에서 보자면, 경리부서나 생산부서는 대체로 공식적인 방침·절차에 의하여 업무를 수행하고 엄격한 통제와 안정적이고 보수적인 가치를 중시하는 반면에, 연구개발 분야는 창의적인 행동과 실험정신을 중시하고 좀 더 신축적인 업무수행절차를 강조하는 경향이 있다.

한편, 동일 업종의 계열사인 경우 소속 그룹이 다름에도 불구하고 서로 공통된 문화 특성을 일정 부분 가질 수도 있다. 예컨대, 동일 업종의 삼성건설과 현대건설은 상위 문화, 즉 그룹문화의 영향으로 인해 기업문화가 서로 구별되지만, 두 기업 모두 건설업체로서 주요 기술과 사업 환경이 똑같기 때문에 문화의 속성이 유사한 측면을 갖는다고 할 수 있다.

이와 같이 한 기업의 문화적 특성은 한편으로는 거시적인 사회문화, 그룹의 문화, 업종의 문화 등 다양한 상위 문화의 영향을 받으면서, 다른 한편으로는 기업 내부의 사업부나 기능부서, 계층 등 다양한 하위 문화와 상호작용하고 결집되면서 그 기업 나름의 독특한 문화를 형성해나간다고 할 수 있다. 따라서 조직문화를 온전하게 이해하려면 그 조직의 문화형성에 영향을 미치는 상위 문화뿐만 아니라 그 조직의 문화를 구성하고 있는 하위 문화에 대한 이해가 동시에 이루어져야 한다.

4 조직문화의 유형

조직문화 연구자들은 조직들의 문화적 특성을 설명하기 위해 또는 여러 조직의 문화적 특성을 비교하기 위해 조직문화의 유형을 다양하게 분류해왔다(Deal & Kennedy, 1982; Handy, 1978; Harrison, 1972; Jones, 1983; Quinn & McGrath, 1985; Wallach, 1983).

여기서는 최근 조직문화 연구에서 가장 많이 활용되고 있는 경쟁가치모형(competing values model)에 의한 조직문화의 유형 분류를 소개하고자 한다.

경쟁가치모형은 경영자들이 조직문화를 이해하고, 측정하고, 또 변화시키기 위한 구체적인 방법을 제시해준다. 이 모형은 원래 다양한 조직효과성 개념들을 정리·분석하기 위한 틀로 제시된 것이었는데(Quinn & Rohrbaugh, 1981), 이후에 조직유형, 조직의 수명주기, 그리고 리더십 유형 등을 설명하는 데 적용되어 왔을 뿐만 아니라, 조직문화를 연구하기 위한 분석틀로서도 적극 이용되고 있다(김영조, 1994, 2000).

경쟁가치모형은 두 가지 차원을 가지고 문화유형을 분류하고 있는데, 한 차원은 '조직내부 지향-외부환경 지향'으로서 조직이 조직구성원들과 내부역학 및 조직통합에 초점을 두느냐 아니면 고객이나 이해관계자 등 외부환경에 초점을 두느냐를 가리킨다. 다른 한 차원은 '통제-신축성'으로서 조직이 통제, 현상유지와 안정성을 중시하느냐 아니면 신축성과 변화를 중시하느냐를 가리킨다. 이 두 가지 기준에 의해 〈그림 11-3〉과 같이 관계지향 문화(group culture), 혁신지향 문화(developmental culture), 위계지향 문화(hierarchical culture), 그리고 과업지향 문화(rational culture)의 네 가지 유형으로 조직문화를 분류하고 있다(Quinn & Kimberly. 1984; Denison & Spreitzer, 1991).

① 관계지향 문화(group culture): 내부조직의 통합과 신축성을 중시하는 문화로서,

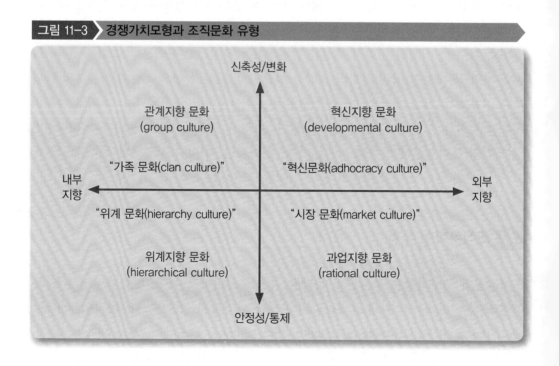

그림 11-3 경쟁가치모형과 조직문화 유형

무엇보다도 인간관계에 많은 관심을 기울인다. 신뢰, 인화·단결 및 팀워크, 참여, 인적자원개발 등의 가치를 중시하고, 구성원에 대한 배려와 관심의 정도가 높으며, 인간적이고 가족적인 분위기를 창출하고 유지하는 데 많은 노력을 기울인다. 이 유형의 문화는 종업원 지향적(employee-focused)이라는 점에서 인간관계 모형(human relations model)에 기반을 두고 있다.

② 혁신지향 문화(developmental culture): 외부환경에의 적응과 변화·신축성을 특징으로 하는 문화로서, 외부환경에 대한 적응과 조직성장을 강조하며, 이를 뒷받침할 수 있도록 적절한 자원획득을 중시한다. 그리고 구성원들의 창의성, 모험성 및 기업가정신(entrepreneurship)을 핵심가치로 강조한다. 이 유형의 문화는 무엇보다도 외부환경에 대한 적응을 강조한다는 점에서 개방시스템 모형(open system model)을 지향하고 있다.

③ 위계지향 문화(hierarchical culture): 내부조직의 통합과 안정성·현상유지를 지향하는 문화로서, 안정적이고 지속적인 내부 통합 및 조정을 바탕으로 조직효율성을 추구한다. 이를 위해 분명한 위계질서와 명령계통, 그리고 공식적인 절차와 규칙을 중시한다. 이 유형의 문화는 내부시스템의 일관된 운영을 강조한다는 점에서 내부절차 모형(internal process model)에 가깝다고 할 수 있다.

④ 과업지향 문화(rational culture): 외부환경에의 적응과 통제·안정성을 특징으로 하는 문화로서, 효율적인 과업수행과 합리적인 목표달성을 무엇보다도 중시한다. 생산성, 합리성, 경쟁력 등의 가치를 강조하며, 합리적 목표 달성을 위한 수단으로서 구성원들의 전문능력을 중시하고, 구성원들 간의 경쟁을 주요 자극제로 활용한다. 이 유형의 문화는 효율적인 목표달성을 강조한다는 점에서 합리적 목표 모형(rational goal model)과 유사하다.

경쟁가치모형이 갖는 중요한 특징은 모순적이고 상충적인 가치들이 양립가능하다는 것이며, 이들을 동시에 균형 있게 추구하는 것이 바람직하다고 주장한다. 즉, 조직효과성을 높이기 위해서 어느 한 문화유형만을 강조하기보다는 모순적이고 상충적인 문화유형들을 동시에 추구해야 한다는 점을 강조하고 있다. 실증연구 결과에서도 네 가지 유형의 문화를 동시에 균형 있게 추구하고 있는 기업들이 일부 유형의 문화만을 강하게 추구하고 있거나 네 유형의 문화가 모두 약하게 나타나고 있는 기업들보다 더 높은 조직성과를 보이는 것으로 나타났다(박상언·김영조, 1995; Quinn & Spreitzer, 1991).

🖐 고대 그리스의 신과 조직문화

　　찰스 핸디(Charles Handy)는 그의 저서 〈경영의 신(*The Gods of Management*)〉에서 고대 그리스의 신들을 동원하여 기업의 문화와 스타일을 서술하고 있다. 이 책에는 네 명의 신이 등장하는데, 그 네 명은 카리스마적 리더를 상징하는 제우스(Zeus), 논리와 질서를 상징하는 아폴로(Apollo), 팀워크를 상징하는 전쟁의 여신 아테나(Athena), 그리고 창조적 개인을 상징하는 디오니소스(Dionysus)이다. 각각의 신은 저마다 특징을 가지고 있으며, 네 유형의 신이 혼합되어서 각 회사의 문화적 특성이 형성된다.

　　과거에는 아폴로형 회사가 지배적이었다. 아폴로형 조직은 가지런한 수직과 수평의 라인에 놓인 네모 상자(직위와 지휘계통)로 이루어져 있고, 조직구성원들이 자신의 역할을 매뉴얼대로 해낸다면 최대의 효율을 산출하게 된다. 아폴로형의 신봉자들은 모든 조각이 제자리를 찾아들어가는 열차 시간표와 같이 회사가 운영되어야 이상적이라고 생각한다. 즉, 열차가 규정된 노선을 규정된 시간에 굴러가야 하고, 일체의 변화나 기관사의 재량권은 인정하지 않는 것이다. 물론 노선에 비상사태가 발생할 수 있는데, 이 경우에는 아테나형의 기동타격대(task force team)가 나서서 문제를 해결한다. 물론 조직도표의 상층부에 제우스형의 리더도 있고, 사이사이 틈새에는 디오니소스형의 창조적 개인들도 몇 명 있지만, 회사의 전반적인 힘은 아폴로형의 규율, 규칙과 체제에서 나온다. 그런데, 아폴로형의 회사들은 환경이 안정되어 있고, 예측 가능할 때에나 효과적으로 작동될 수 있다. 새로운 시대에는 새로운 성격의 조직을 필요로 한다.

인간문화: 디오니소스	권력문화: 제우스
• 다양한 개성을 갖춘 개인들이 문화의 주인공임 • 컨설팅 기업 등 창의성이 존중되는 기업에서 나타남 • 개개인의 역량 강조	• 집권적 권력에 의존하는 문화 • 주로 소규모 창업기업에서 나타남 • 규칙이나 절차에 대한 의존도 낮음 • 관료제적 특성 적음
• 관료제적 조직에서 나타나는 문화 • 규칙과 절차 중시 • 구성원에게 안정성과 예측가능성 제공 • 동기부여와 변화 잠재력 낮음 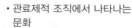역할문화: 아폴로	• 직무 또는 프로젝트의 성공적 수행에 초점을 두는 문화 • 매트릭스 조직이 대표적인 예임 • 전문성을 중시하는 문화임 • 적응적인 조직임 과업문화: 아테나

자료: Handy, C./이종인 옮김 (2001), 『코끼리와 벼룩』, 생각의 나무; Handy, C. (1981), *Understanding Organizations*, Harmondsworth, Middlesex: Penguin, pp.177~185.

현대조직에서 조직문화에 많은 관심을 가지고 있는 것은 조직문화가 조직성과를 좌우할 수 있는 주요 요소이기 때문이다. 조직문화는 조직구성원들의 공유가치로서 구성원들의 행동에 영향을 미친다는 점에서, 그리고 이러한 구성원들의 행동이 조직성과를 결정하는 한 요소라는 점에서 조직문화는 조직성과를 결정하는 한 요인이 된다. 조직문화가 조직성과에 얼마나 기여하는지에 대한 인과관계를 정확하게 그리고 과학적으로 분석하기는 매우 어렵다. 그것은 조직문화와 조직성과 간의 관계에 작용하는 변수들이 너무 많고 복잡하기 때문에 조직문화의 순수한 효과를 파악해내기가 쉽지 않다. 그렇지만 조직문화와 조직성과 간의 밀접한 관계는 조직문화가 기능적인 측면에서 유용하다는 것을 의미하며, 우수기업들이 대부분 강한 문화를 가지고 있다는 사실도 성과지향적 문화특성이 존재한다는 근거가 된다.

1 조직성과의 영향요인

조직문화는 조직과 구성원 간의 통합을 촉진함으로써 조직성과의 향상에 기여할 뿐만 아니라 경쟁기업이 모방하기 힘든 무형자원으로서 경쟁우위를 창출하고 장기간 지속하게 하는 요인이 될 수 있다.

1) 구성원과 조직의 통합

조직문화는 조직성과의 향상과 관련하여 몇 가지의 실질적인 도움을 준다. 첫째로 조직문화는 조직구성원들이 공유하는 가치로서 구성원들에게 조직의 기본가치와 전통 그리고 조직 고유의 독특성을 전달해 줌으로써 그들로 하여금 조직과의 일체감(identity)을 형성해준다. 그리하여 조직문화는 구성원들에게 가치판단의 기준과 행동지침이 됨으로써 구성원들로 하여금 자연스럽게 조직이 지향하는 가치를 내면화하고 바람직한 행동을 수행하게끔 해준다. 둘째로 조직문화는 구성원들로 하여금 자기 자신, 소속 집단 및 전체 조직과의 관계를 더욱 잘 이해하도록 하여 그들의 소속감을 강화시키고, 나아가서는 집단이나 조직에 대한 그들 자신의 몰입이 이루어지도록 구성원들과 조직 간의 조화관계를 형성해 준다.

조직문화를 통하여 조직일체감과 조직몰입 수준을 높이는 것은 조직성과에 긍정적인 결과를 가져오는 것으로 인식되고 있다. 대체로 조직의 기본가치가 구성원들에게 잘 전달되어 구성원들 간에 공감대가 형성되고 또 잘 수용될수록 구성원들의 만족감이 높아지고 조직에 대한 긍정적인 태도가 형성되며, 나아가서는 조직성과에도 긍정적인 영향을 주게 된다. 이러한 사실은 성과가 높은 많은 우수기업의 사례에서 잘 나타나고 있다.

2) 조직문화와 경쟁우위

조직의 강한 문화는 경쟁업체들이 모방하기 힘든 조직 고유의 핵심역량으로서(Waterman, 1987, pp.4~12, 55~64) 조직의 장기간 지속가능한 경쟁우위요소(sustainable competitive advantage)로 작용할 수 있다. 그리하여 조직이 당면하는 위기를 극복하고 치열한 시장경쟁에서 경쟁우위를 창출하면서 꾸준히 성장할 수 있는 원동력이 된다. IBM의 고객서비스, 3M의 창의성, 그리고 삼성의 제일주의와 현대의 '하면 된다' 정신 등은 모두가 기업의 경쟁우위와 높은 성과에 기여한 좋은 예이다.

2 ▶ 우수기업의 조직문화 특성

조직문화와 조직성과 간의 관계는 장기적으로 높은 성과를 달성하고 있는 세계적인 우수기업(excellent company), 초일류기업, 또는 비전기업(visionary company)에서도 두드러지게 나타나고 있다. 세계적인 우수기업들의 공통된 조직문화 특징은 높은 조직성과를 가져오는 조직문화를 이해하는 데 도움을 준다.

어떤 기업이 우수기업인지 구분하는 데 적용되는 절대적인 기준은 없다. 그렇지만 '가장 존경받는 기업(most admired companies)', '비전기업' 등에 관한 조사와 연구가 오랫동안 실시되어 왔고, 이들 조사에서 적용되는 평가기준과 평가결과를 중심으로 어떤 기업이 세계적인 우수기업으로 인정받고 있는지를 확인할 수 있다.[1] 평가기준은 경제적인 성과 이외에 사회적인 기준도 많이 적용되고 있다. 따라서 이들 조사에서의 평가기준들을 감안할 때, 세계적인 우수기업들은 높은 경제적 성과를 달성하는 동시에 고객, 구성원과 사회로부터 많은 존경과 사랑을 받는 기업이라 할 수 있다(Collins & Por-

---

1) 경영전문지 〈포춘(*Fortune*)〉이 매년 '가장 존경받는 세계기업(World's Most Admired Companies)'을 선정할 때 적용되는 평가기준은 우수한 인적자원의 채용 및 유지, 경영의 질, 공동체 및 환경에 대한 사회적 책임, 혁신성, 제품·서비스의 질, 자산의 효율적 활용, 재무 건전성, 장기투자 가치와 글로벌경영의 효과성 등이다. 최근 가장 존경받는 기업으로 선정된 기업들은 Apple, Google, Amazon.com, Coca-Cola, Starbucks, IBM, Southwest Airlines, Berkshire Hathaway, Walt Disney, FedEx 등이다.

ras, 1994, pp.1~7; Pascale, 1990, pp.36~40; Peters & Waterman, 1982, pp.20~25). 여러 조사결과에 의하면 〈그림 11-4〉에 포함된 기업들이 세계적인 우수기업으로 인정받고 있다.

이들 우수기업은 업종이나 규모에 있어서 제각각 다르다. 그러나 이들 기업은 조직문화적 특성에 있어서 몇 가지의 공통된 특성을 가지고 있다. 이들 기업의 공통된 특성은 조직성과와 밀접한 관계를 맺고 있는 조직문화 요소들이 무엇인지를 제시해 준다. 여러 연구결과에서 나타난 세계적인 우수기업들의 문화적 특성을 간단히 살펴본다 (Collins & Porras, 1994; Pascale, 1990; Peters & Waterman, 1982; Collins, 2001).

그림 11-4 | **우수기업의 핵심 경영이념**

Boeing:
  항공기술의 선두주자
  큰 도전과 모형
  안전과 품질
Ford:
  3P-People(고객, 구성원)
      Product(제품)
      Profit(이익)
GE:
  삶의 질 향상
  개인존중(책임, 기회)
  고객 · 구성원 · 사회 · 주주 간의 균형
  통합된 다양성, 장벽없는 개방성
HP:
  사업분야의 과학기술적 공헌
  구성원과의 공존공영
  배회관리(MBWA); 신뢰, 개방, 창의성
IBM:
  개인존중
  고객서비스
  우수성
Johnson & Johnson:
  질병과 고통의 퇴치
  우선순위: 고객, 구성원, 사회, 주주
  개인존중(성과중심의 기회와 보상)

Merck:
  질병과의 전쟁에서 승리
  사회책임
  우수성
3M:
  창의성
  인간존중(솔선력, 자아실현)
  문제해결
P&G:
  우수품질
  끊임없는 자기개발
  인간존중(인간중심)
Southwest Airlines:
  창의성
  인간존중(균등한 기회)
  최고의 고객서비스
Wal-Mart:
  고객의 가치창조
  구성원과의 파트너십
  끊임없는 상위목표 추구

1) 핵심경영이념

세계적인 우수기업들은 전통적으로 고수해 오는 핵심 경영이념(core ideology)을 가지고 있다. 핵심이념은 기업의 기본가치와 사명으로 구성된 기업경영의 지침으로서, 우수기업들은 자신만의 핵심경영이념을 명확히 정립하여 이를 꾸준히 그리고 일관성 있게 실천해 나간다. 환경변화에 따라서 기업의 전략과 경영방침이 바뀌고 구체적인 실천방법은 바뀌더라도 핵심이념은 변하지 않고 기업의 기본 철학으로 꾸준히 지속된다.

IBM은 1914년 창립 당시 인간존중(respect for the individual), 고객서비스(customer service)와 우수성(excellence)을 3대 경영신조로 설정한 이래 이를 회사의 핵심경영이념으로 꾸준히 실천해 왔다. 미국과 유럽뿐만 아니라, 한국IBM을 포함한 세계 모든 IBM 자회사에서 똑같이 실천되어 왔다.

2) 강한 기업문화

세계적인 우수기업은 신앙에 가까운 기업문화를 가지고 있다. 강한 공유가치와 기업문화는 성과가 높은 기업에서는 일반적으로 나타나는 공통된 특징이지만, 우수기업에서는 어떤 기업들보다도 구성원들의 공유가치에 대한 의식화 정도가 훨씬 더 강하고, 핵심이념도 구성원들에게 더 강하게 체질화되어 있으며 구성원들의 자부심도 훨씬 더 강하다.

HP는 1939년 창립 이후 HP Way(HP방식) 또는 배회관리(MBWA)를 실행해 왔는데, 이를 통해 개방, 자율과 팀워크를 HP의 공유가치로 정착시켜 왔다. Microsoft의 학습문화, Walt Disney의 즐거움문화, 그리고 GE의 경계타파 문화 등도 이들 우수기업의 구성원들에게 강하게 의식화되어 있는 공유가치이다.

3) 크고 대담한 목표의 추구

장기적으로 우수한 성과를 내고 있는 비전기업들은 크고, 도전적이고, 대담한 목표(Big, Hairy, and Audacious Goals: BHAG)를 설정하고 이를 강력히 추진하며, 나아가서는 이를 실제로 달성한다. 우수기업들의 BHAG는 대체로 핵심경영이념과 일치하는 목표로서 BHAG를 추구하는 과정에서 기업의 발전을 자극시키고, 이를 달성함으로써 기업의 성장을 가속화시키면서 핵심경영이념과 기업문화를 한층 더 강화시킨다.

Boeing은 제2차 세계대전 당시 B-17과 B-29 폭격기, 그리고 그 이후에 707 여객기와 B-52 폭격기 등 새 항공기 개발로 자체의 기술력을 과시하면서 큰 재무적 성과를 거두었다. 그렇지만 Boeing의 이념은 이러한 경제적 성과를 초월하여 항공기 제작기술의 선두위치를 유지하는 데 있었고, 따라서 1960년대에 Boeing은 기술개발에 획기적인 투자를 하여 747 여객기를 개발하는 데 성공하였다. 점보기 개발은 큰 모험과 엄청난 자원투입을 요구하는 대담한 프로젝트였지만, 그 과정에서의 엄청난 기술축적은 757, 767, 777 기종 개발의 밑거름이 되었고, 나아가서는 Boeing을 세계적인 초일류기업으로 발전시키게 되었다. Sony의 트랜지스터 기술의 상품화, 1960년대 IBM의 360 기종의 개발, 그리고 GE의 구조조정을 통한 경쟁력 강화 등도 큰 모험과 많은 자원투입을 요구하는 도전적이고 대담한 목표였고, 이들 기업을 세계적인 우수기업으로 도약시키는 데 결정적인 요인이 되어주었다.

4) 인간중심적, 가치중심적 경영

인적자원을 중요시하고 인간존중을 강조하는 것은 우수기업의 공통된 특징이다. 특히, 좋은 기업(good company)을 넘어선 위대한 기업(great company)들은 중요문제를 해결하는 데 있어서 이미 설정된 전략을 수행하는 데 알맞은 경영자를 찾기보다는 먼저 기업의 핵심이념에 적합한 유능한 경영자들을 선발하고 이들에게 새로운 전략 자체를 구상하도록 한다. 즉, '사람 먼저, 다음에 할 일' 방식으로 중요문제 해결에 접근한다. 그리하여 유능한 경영자들이 사후적으로 문제해결을 하는 것이 아니라 새로운 전략적 기회를 개척하는 데 더 치중할 수 있도록 한다.

또한, 우수기업들은 보상관리에 있어서 단순히 업적이나 성과만을 중요시하지 않고 기업이 필요로 하는 인재인지 아닌지에 대한 평가를 더 중요시한다. GE는 경계타파의 개방적인(boundaryless) 행동을, 그리고 Microsoft는 지식공유와 학습행동을 핵심적인 평가요소로 강조한다(Slater, 1998; Cusmano & Selby, 1995). 우수기업들은 어느 특정 리더에 의존하지 않고 전체 인적자원과 조직력에 의존한다. 그리고 내부승진제도를 적극 활용함으로써 계층별로 기업이 필요로 하는 인재를 개발해 나간다(Collins, 2001, pp.19~21).

5) 소규모의 창의적, 실험적, 자율적 조직운영

세계적인 우수기업들의 또 다른 특징은 창의적이고 실험적인 조직운영 방식이다. 우수기업들은 구성원들의 창의적인 아이디어를 항상 소중히 여기고 이를 실제로 실험해 보거나 실제 행동에 옮겨 새로운 사업기회를 포착해 나간다. 이들 기업은 모두 조직규모가 크지만, 실제 조직운영은 소규모의 자율적 사업단위 또는 팀중심으로 이루어진다. 대표적인 예를 들자면, 3M에서는 고객의 말에 귀를 기울이고 구성원의 좋은 아이디어는 반드시 실천시키는 것을 11계명이라고 할 만큼 가장 중요시하고 있다. 3M은 사업장의 규모도 1,000명 이하로 제한하는 것을 원칙으로 하여 자율성과 창의성을 장려함으로써 매주 평균 3~4개의 신제품을 개발하여 신제품개발이 세계 어떤 기업보다도 생활화되어 있다.

6) 끊임없는 경영혁신과 학습문화

세계적인 우수기업들은 우수한 경영성과에도 불구하고 더욱 높은 성과를 위하여 경영혁신을 끊임없이 추구해 나간다. GE는 1879년 창립 이래 꾸준히 성장해 온 세계적인 우수기업이다. 그렇지만 GE는 과거의 성공에 만족하지 않고, 1980년대부터 세계 최고의 경쟁력 있는 기업을 목표로 대대적인 구조조정, 워크아웃(workout)과 조직개발, 그리고 6시그마 품질운동을 통하여 끊임없는 경영혁신을 추구하여 세계에서 가장 시장가치가 높은 회사로 발전시켜 왔다.

현실에 만족하지 않고 더 높은 수준의 성과를 지속적으로 추구하는 데 있어서 우수기업들은 여러 가지 방법을 사용한다. GE는 사업(제품)별로 세계 제1 또는 제2의 경쟁력을 확보·유지하는 것을 목표로 하고 있고, Merck는 시장점유율이나 수익성 등 전통적인 경제적 지표들에 집착하지 않고 기술개발과 신제품개발을 더 중요한 성과지표로 강조한다. Google은 혁신적인 기업문화에 맞는 최고의 인재를 선발하고, 대학 캠퍼스와 같은 분위기를 조성하여 자유분방하고 창의적이면서도 효율적으로 일할 수 있는 업무환경을 만들고, 또한 근무시간의 20%를 자기계발에 사용할 수 있도록 지원함으로써 지속적인 혁신과 성장을 추구하고 있다. 3M은 창의성을 장려하고 끊임없는 혁신을 추구함으로써 최근 4년 동안에 개발된 신제품이 전체 매출의 30% 이상을 차지하도록 하고 있다. 이와 같은 끊임없는 경영혁신은 이들 우수기업으로 하여금 보다 높은 성과달성을 위한 새로운 지식과 기술의 습득, 그리고 구성원들 간의 정보공유 등 학습문화를 강화시켜 나가는 요인이 되고 있다.

이상 세계적인 우수기업들의 공통된 특성들을 살펴보았다. 그 밖에도 세계적으로 인정받는 우수기업들은 기술개발과 인적자원개발을 중요시하고, 특정 리더에 의존하기보다는 조직력에 의존하며, 경영자 선임에 있어서 외부영입보다는 내부승진을 통하여 자체의 핵심가치와 경영이념을 보존해 나간다. 그리고 사회·지역 발전에 기여하고 환경문제 해결에 적극 참여하는 등 기업시민(corporate citizen)으로서의 사회적 책임도 성실히 수행한다.

　최근 기업들이 큰 관심을 기울이고 있는 것이 지식경영과 학습조직이다. 경영환경이 급속도로 변화함에 따라서 새로운 지식과 기술의 창출 및 활용이 조직성과를 좌우하는 핵심요인이 되고 있기 때문이다(Nonaka & Takeuchi, 1995; Wick & Leon, 1995, pp.123~124). 구성원의 성과가 그의 창의력과 능력에 따라 좌우된다는 것은 이미 오랫동안 인정되어 왔다. 이제 현대조직에서 조직의 성과를 높이려면 개인수준에서의 지식의 습득과 활용을 전체 조직으로 확산시켜 학습을 생활화하고 조직문화로 뿌리내리게 하는 학습조직의 개발이 중요시되고 있다. 학습조직의 개념과 학습문화의 중요성을 살펴본다.

1) 학습조직의 개념

　학습조직(learning organization)이란 학습을 통하여 끊임없이 변화하고 더 나아가 미래를 창조해 나가는 조직을 의미한다(Fulmer et al., 1998). 그러기 위하여 조직은 단순히 생존을 위한 학습뿐만 아니라 적응적 학습(adaptive learning)이 필요하고 더 나아가서 조직의 다양한 능력을 창출해내는 생성적 학습(generative learning)이 요구된다(Senge, 1990, p.14). 센게(Senge, 1990)는 학습조직이 갖추어야 하는 요소로 다음의 다섯 가지를 제시하고 있다.

① 시스템사고(system thinking) : 조직과 조직행동은 많은 구성요소들과 부분들이 상호연결되어 있고 상호의존적이다. 따라서 조직의 어느 한 부분이나 조직행동은 상호연결된 복잡한 전체의 한 스냅샷(snapshot)에 불과하다. 조직에서 일어나는 현상을 보다 잘 이해하고 보다 효과적인 변화를 가능케 하기 위해서는 부분에 초점을 두는 단편적인 사고가 아니라 상호연결된 전체 시스템에 초점을 두는 전체적 접근이 요구된다.

② 개인적 숙련(personal mastery) : 개인적 숙련은 조직구성원 개개인이 자신의 역량을 끊임없이 향상시켜 나감으로써 구성원들이 자신의 분야에 통달하는 것을 말한다. 평생학습에 대한 의지, 뚜렷한 비전, 초점이 분명한 노력, 끈기, 객관적 관찰능력 등이 개인적 숙련의 요건이다.

③ 정신모형(mental model) : 정신모형은 개인의 지각에 작용하는 기본전제나 준거틀(frame of reference) 또는 의식체계(mindset)로서, 주어진 상황을 이해하고 평가하

며 이에 대응하는 태도와 행동형성에 지배적인 영향을 주는 요소이다. 학습조직에서는 개인의 사고와 관점들을 끊임없이 성찰하고, 객관화하고, 정교화하는 정신모형이 요구된다.

④ 공유비전(shared vision): 공유비전은 조직구성원들이 조직의 기본가치와 목적 그리고 사명에 대하여 공통된 비전과 공감대를 가지고 있는 것을 의미한다. 학습조직은 구성원들이 공통된 비전을 갖고 있어야 하며, 또한 이를 달성하기 위해 공동의 노력을 기울여야 한다.

⑤ 팀학습(team learning): 학습조직은 구성원 개개인의 전문적인 역량도 중요하지만, 시너지를 창출하고 조직성과를 향상시키기 위해서 팀학습이 또한 이루어져야 한다. 팀학습은 구성원들 간의 대화와 토론, 그리고 집합적 사고로부터 시작되며, 이를 통해 개인수준의 학습을 증진시키는 동시에 개인학습의 합보다 더 큰 학습효과를 달성할 수 있어야 한다.

이들 학습조직의 다섯 가지 특성은 상호 밀접한 연결관계하에서 전체적으로 조직의 학습능력을 형성한다(Senge, 1990, pp.6~14). 그중에서도 시스템사고는 다른 네 가지 특성들을 통합하는 역할을 하면서 전체적인 학습효과에 결정적인 영향을 준다(〈그림 11-5〉 참조). 그리고 다른 네 가지의 특성들도 상호간에 시너지 작용을 한다. 공유비전

| 그림 11-5 | 학습조직의 다섯 가지 요소(Senge, 1990) |

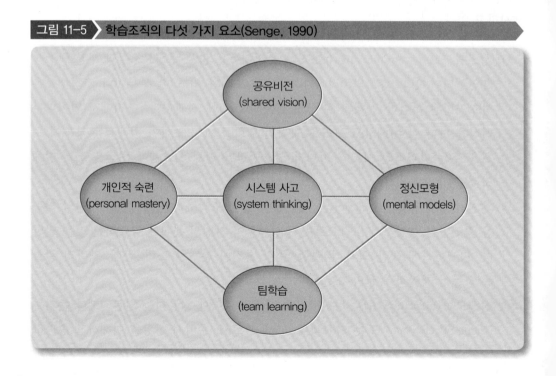

📖 마이크로소프트의 학습문화

　　마이크로소프트(Microsoft)는 1975년에 빌 게이츠(Bill Gates)와 대주주 폴 알렌(Paul Allen)의 컴퓨터 프로그램언어 판매업으로 사업을 시작한 이래 급성장하여 세계제일의 OS 및 응용소프트웨어개발회사로 발전하였다. 마이크로소프트의 성공비결의 하나는 우수한 젊은 인재를 중심으로 예리한 미래시장감각으로 새로운 대중시장을 개척하고 소프트웨어 프로그램의 표준화를 통하여 경쟁력과 시장 지배력을 확대해 나가는 데 있는 것으로 널리 알려져 있다.

　　이와 같이 마이크로소프트는 우수한 젊은 인재와 지식인력에 의존하고 있는데, 우수한 인력은 흔히 개인주의적이고 자신의 능력을 과신하여 지식과 기술을 다른 구성원들과 공유하기 싫어하는 경향이 있다. 우수인력의 이러한 행동경향은 구성원들간 그리고 팀간의 상호교류가 매우 중요한 소프트웨어개발에 있어서는 치명적인 장애요인이 될 수 있다. 마이크로소프트는 이러한 문제점을 극복하기 위해 전문기능이 중첩되도록 팀조직을 설계하고 팀간의 긴밀한 상호연계관계를 강조하면서 구성원들 간의 신뢰와 개방성 그리고 공유의식을 기르는 데 많은 노력을 기울이고 있다. 그리하여 마이크로소프트의 구성원들은 각기의 프로젝트에서 얻은 경험을 서로 공유하고, 특히 고객들의 의견에 귀를 기울이며, 자기비판과 피드백을 통하여 끊임없이 배우는 분위기를 정착시키고 있다. 이와 같은 학습문화는 첨단소프트웨어의 효율적인 개발은 물론, 마이크로소프트의 기술력과 경쟁력을 끊임없이 강화해 나가는 데 크게 기여하고 있다.

은 학습에 대한 구성원들의 몰입도를 높이고, 정신모형은 구성원들의 고정관념을 깨뜨리고 그들의 마음을 열어 준다. 그리고 팀학습은 개인수준을 초월하여 집단과 전체 조직 수준에서의 관점을 길러 주며, 개인적 숙련은 끊임없는 학습을 위한 동기부여를 강화한다.

2) 학습문화와 조직성과

　　현대조직이 추구하는 새로운 가치관과 조직문화 그리고 조직행동 등의 변화는 모두 학습을 통하여 이루어진다. 특히 경영혁신과 조직변신에 있어서 학습조직은 특별한 중요성을 지닌다. 이와 같이 학습문화는 변화를 생활화해야 하는 성과지향적 현대조직의 필수적인 요건이다. 앞에서 설명한 세계적인 우수기업들은 모두 학습문화를 강조하고 있고, 강한 학습문화를 정착·유지해 나가고 있다.

학습문화를 특별히 강조하는 우수기업으로 Microsoft, GE, Wal-Mart 등을 들 수 있다. GE는 관료제를 타파하고 조직 간의 장벽을 무너뜨리는 것을 강조해 왔는데, 구성원들은 다른 계층과 부서, 외부 고객이나 협력업체, 심지어는 경쟁업체를 막론하고 그들로부터 배울 수 있다는 학습태도와 행동을 체화하고 있다. Microsoft도 구성원들 간이나 팀간의 상호 연결관계와 정보 및 경험의 공유를 통해 학습문화를 강화해 나가고 있다.

4 조직문화와 조직성과

조직문화에 대한 관심이 증가하고 많은 연구가 이루어져 온 것은 기본적으로 조직문화가 기업경쟁력의 한 원천이 된다는 인식, 즉 조직문화가 조직성과에 영향을 미치는 한 요인이라는 인식에 바탕을 두고 있다. 앞에서 살펴본 우수기업에 대한 연구들도 우수한 기업이 되기 위한 핵심요건이 조직문화라는 것을 잘 보여주고 있다. 조직문화와 조직성과의 관계에 대한 이제까지의 실증연구들은 크게 세 가지로 분류해볼 수 있다. 첫째, 특정 문화특성(cultural traits or attributes)이나 문화유형이 높은 성과를 가져온다는 것이고, 둘째, 강한 문화(strong culture)가 조직성과를 좌우한다는 연구이고, 셋째, 조직문화 특성과 여타 조직요인 또는 상황요인들 간의 적합성이 조직성과에 영향을 미친다는 상황적합적 관점의 연구이다.

1) 문화특성과 조직성과

기업이 어떠한 조직문화 특성을 갖고 있느냐에 따라서 구성원들의 태도와 행동이 다르고, 이는 기업의 성과를 좌우하는 결과를 가져올 수 있다. 앞에서 살펴본 우수기업의 특성들에 대한 연구들도 우수성과를 가져오는 조직특성 내지 문화적 특성이 무엇인지를 잘 보여주고 있다. 앞에서 소개된 문화특성들 외에도 연구자들마다 서로 다른 특성들을 다양하게 제시해 왔는데, 환경변화에 적응적인 문화(Kotter & Heskett, 1991), 신뢰적이고 모험적·도전적 행동방식을 특징으로 하는 적응적 문화(Kilman, 1985), 투명성 있고, 응집적이고 개방적인 문화(Akin & Hopelain, 1986) 등이 강조되었다.

양적 연구방법을 활용하여 조직문화와 경제적 성과 간의 관계를 연구한 결과, 인적자원을 중시하고 적응적인 과업방식을 개발하고 있는 문화와 참여적 의사결정이 이루어지는 문화가 높은 조직성과를 가져왔으며, 특히 참여적 문화는 단기성과보다는 장기적인 성과향상에 영향을 미치는 것으로 나타났다(Denison, 1990). 또한, 경제적 요인들과 조직요인이 기업의 수익률에 미치는 상대적 영향력을 분석한 결과, 경제적 요인보다 인적자원 중시문화와 목표달성 중시문화 등 조직문화 요인이 더 큰 영향을 미치는 것으로 나타났다(Hansen & Wernerfelt, 1989). 프랑스 기업을 대상으로 기업문화와 경제적 성과 간의 관계에 대해 연구한 결과에 의하면, '개인적 성취', '다른 사람의 의견 경청', '팀워크', '신뢰', '개방성', '적응성'과 '기업가정신' 등의 문화가치가 기업의 성장성과 관계가 있는 것으로 나타났다(Calori & Sarnin, 1991).

2) 강한 문화와 조직성과

기업이 문화적 특성을 강하게 가질수록 이는 구성원들에게 분명한 행동지침이 되어 줌으로써 조직의 성과향상에 기여할 수 있다. 여기서 강한 문화란 첫째 많은 구성원들이 핵심가치를 수용하고, 둘째 그러한 가치를 강하게, 그리고 깊이 내면화하고, 셋째 그러한 가치의 수용 및 내면화가 오랫동안 지속되는 것을 가리킨다.

산업체 설문을 통해 동일 산업내의 여러 기업들을 대상으로 경쟁사들의 문화강도(cultural strength)를 조사하고, 이렇게 조사한 문화강도와 경제적 성과 간의 관계를 연구한 결과에 의하면 기업의 문화강도는 시장가치증가율과 순이익증가율 등의 경제적 성과에 긍정적인 영향을 미치는 것으로 밝혀졌다(Kotter & Heskett, 1992). 한편, 조직구성원들이 얼마나 조직의 문화적 가치를 공통적으로 갖고 있는지로 문화강도를 측정하여 문화강도와 조직성과 간의 관계를 연구한 결과, 문화강도가 강할수록 투자이익률과 성장률도 높게 나타났다(Denison, 1990; Gordon & DiTomaso, 1992).

일반적으로 강한 문화가 높은 조직성과의 원천이 된다고 인식되고 있지만, 일부 학자들은 강한 문화가 오히려 변화하는 환경에 대한 적응력을 떨어뜨림으로써 조직성과의 하락 또는 조직쇠퇴를 가져올 수 있다고 주장한다(Saffold, 1988; Schein, 1985). 조직구성원들이 특정 가치를 강하게 공유하게 되면 구성원들이 바람직한 행동에 대한 통일된 지각이 형성됨으로써 조직활동에 긍정적인 영향을 미치지만, 이러한 공유가치가 오히려 새로운 것을 학습하고 환경변화에 적응하는 조직의 능력을 제한하는 부정적인 영향을 미칠 수도 있다. 즉, 강하게 공유하는 가치가 집단사고(groupthink)를 불러일으켜 의사결정의 효과성을 떨어뜨림으로써 조직성과에 나쁜 영향을 미칠 수도 있다.

3) 조직문화의 상황적합성과 조직성과

조직문화를 통해 조직성과를 높이기 위해서는 조직이 처한 상황에 적합한 조직문화를 개발하는 것이 필요하다. 기업이 성공하기 위해서는 조직문화가 조직구조, 전략, 산업 특성, 경쟁환경, 기술환경 등 조직이 처한 상황에 적합해야 하며, 그렇지 않은 경우에는 조직성과가 떨어지거나 심지어는 조직생존이 어려워질 수 있다. 예를 들면, 경영전략, 조직구조와 조직문화가 서로 적합관계를 유지하는 것이 필요한데, 비용우위 전략을 채택하는 경우에는 기능적 구조를 채택하고, 치밀한 비용통제와 매사에 숫자를 강조하는 문화가 적합한 반면, 제품혁신 전략을 추진하는 경우 자율적인 조직구조, 그리고 협동적 상호작용 및 신기술·신제품 개발을 중시하는 문화가 바람직하다(O'Reilly, 1989). 또한, 기술, 제품과 참여 업체들이 바뀌지 않는 안정적인 산업에서는 안정성을 중시하는 조직문화가 높은 성과를 가져오는 반면, 변화가 많은 동태적인 산업에서는 적응성을 중시하는 기업문화가 높은 성과를 가져오는 것으로 나타났다(Gordon, 1985).

03 한국 기업의 조직문화 특성

우리나라 기업의 조직문화 특성은 무엇이고, 그 특성은 어떠한 사회문화적 배경에 기인한 것일까? 우리나라는 선진국에 비하여 기업의 역사가 짧은 만큼, 조직문화를 체계적으로 연구할 기회가 충분히 주어지지 못하였다. 그렇지만 1990년 이후 우리나라 기업에 관한 연구가 많이 실시되어 우리나라 기업의 문화적 특성에 대한 인식이 높아지고 있다(Ungson et al., 1997; Kim, 1997; Steers, 1999; Rowley et al., 2002; Rhee & Chang, 2002; 장세진, 2003; Chung & Lee, 1990; 이학종 외, 1989; 이학종 1997). 이들 연구에서 나타난 우리나라 기업의 전통적 문화특성과 사회문화적 배경을 살펴본다.

1 한국 기업의 전통적 문화특성

우리나라는 짧은 기간 동안 급속한 경제성장을 해왔는데, 독특한 사회문화 및 기업문화 특성이 경제발전의 원동력이 되었다고 할 수 있다. 우리나라 기업의 전통적인 문화특성을 요약하면 다음과 같다.

1) '하면 된다' 문화

우리나라 기업의 가장 두드러진 특성은 '하면 된다(Can Do)'라는 표현에 함축적으로 잘 나타나고 있는데, 이는 우리 기업의 문화가 매우 의욕적이고 적극적이며 도전적이라는 것을 보여준다. 우리나라 기업이 과거 50여 년 간에 고도성장을 이룰 수 있었던 것은 새로운 산업분야에 대한 과감한 투자와 모험적인 해외시장진출, 그리고 단기간 내에 높은 성과를 달성하려는 강한 성취동기 때문이다. 특히 목표설정에 있어서 우리나라 기업만큼 높은 수준의 의욕적인 목표를 설정하는 기업은 전 세계 어디에서도 찾기 어려울 뿐 아니라, 목표달성을 위하여 우리나라 기업만큼 강력하게 추진하는 경우도 매우 드물다고 할 수 있다.

2) 근면한 근로가치(work value)와 높은 교육열

조직구성원들이 조직의 발전을 위해서 매우 열심히 일하는 근무자세도 우리나라 기업의 문화적 특징 중의 하나이다. 우리나라는 OECD 국가들 중에서 노동시간이 가장 긴데, 일반 근로자들뿐만 아니라 최고경영층과 관리자들도 장시간 근로를 하는 것이 일반적인 현상이다. 이러한 현상은 근면한 근로가치관이 반영된 결과라고 할 수 있다. 소득수준의 향상뿐만 아니라 세계화 · 개방화 · 민주화의 물결로 인해 젊은 층을 중심으로 정시퇴근과 3-D 기피현상 등 직업의식이 변하고 근면성이 저하되는 경향을 보이고 있지만, 근본적으로 부지런하고 열심히 일하는 것은 우리나라 국민의 일반적인 문화특성이라 할 수 있다. 또한 교육에 대한 열정이 세계 어느 나라보다 강한 것도 우리나라 국민의 문화특성이다.

3) 집권적 조직구조와 권위적 관리행동

우리나라 기업의 또 한 가지 특징은 집권적인 조직구조와 위계적이고 권위적인 관리행동이다. 〈제3의 물결〉(Toffler, 1980)의 저자인 토플러가 우리나라 기업에 대하여 "집권적이고, 획일적이며 권위적"이라고 표현하면서 우리나라 기업이 제2의 물결, 즉 대량생산중심의 산업사회에는 적합하지만 개인의 창의성과 개방성에 의존하는 제3의 물결(정보사회)에는 적합하지 않다는 견해를 표명한 적이 있다. 그렇지만 경제발전뿐만 아니라 정치와 사회의 민주화가 이루어지고, 기업들 간의 경쟁이 치열해지면서 조직의 집권적인 구조와 권위주의적 리더십 스타일도 분권적이고 개방적인 구조와 참여적인 리더십 스타일로 바뀌고 있는 추세이다.

4) 연고주의(nepotism)

우리나라 기업의 또 하나의 전통적 특징은 혈연, 지연, 학연 등의 연고주의, 그리고 남성 위주의 인사관리방식이다. 혈연, 지연, 학연에 의한 인사관리는 전통적으로 선발,

🖐 '하면 된다' 문화

　　현대그룹 정주영 회장과 관련하여 가장 유명한 일화는 조선소도 짓지 않고 배를 수주한 것이다. 그는 아무런 경험도 자본도 없는 상황에서 조선사업에 뛰어들기로 결정하고 차관을 도입하기 위해 동분서주하였다. 그는 일본 미쓰비시로부터 차관과 기술 협력을 거절당하고 바클레이즈 은행의 차관마저 어려움을 겪게 되었을 때 A&P 애들도어의 롱바톰 회장을 만났다. 롱바톰 회장은 한국의 상환능력이 의심스러워서 차관제공을 거절했다. 이 때 정주영 회장은 주머니에서 500원짜리 지폐를 꺼내 거북선을 보여주며 "우리는 벌써 1500년 대에 이런 철갑선을 만들어 일본을 혼내준 민족이오"라고 설득하였다.

　　롱바톰 회장은 차관을 주겠다고 수락하면서도 조건을 달았다. 조선 수주를 해 와야 돈을 빌려주겠다고 한 것이었다. 정주영 회장은 울산 미포만의 백사장 사진과 50만분의 1짜리 지도, 그리고 외국 조선사에서 빌린 26만t급 유조선 도면만 들고 전 세계를 돌며 수주에 나섰다. 1971년 마침내 그리스 해운회사 리바노스로부터 26만t급 유조선 두 척을 수주하는 데 성공하였고, 2년 뒤 두 척의 배를 성공적으로 진수했다. 이로써 현대중공업은 조선소 건립과 동시에 배를 건조하는 유례없는 역사를 만들게 되었다.

　　충남 서산의 간척지 사업을 할 때 폐유조선을 사용한 것도 '하면 된다'라는 도전정신에 기반을 둔 과감한 의사결정이었다. 간척지 사업은 먼저 방조제를 쌓아 바닷물을 가둔 다음 그 물을 빼서 육지를 만든다. 방조제를 쌓아 물을 막는 것을 '물막이 공사'라고 하는데, 1984년 최종 물막이 공사에 많은 어려움을 겪었다. 방조제의 총 길이 6,400미터 중에서 마지막 남은 270미터를 쌓는 것이 가장 힘든 공사였다. 초속 8미터의 급류가 흐르는 바람에 커다란 바위를 넣어도 덤프트럭들이 끊임없이 돌을 쏟아 부어도 거센 물살이 이들을 모두 휩쓸어가 버렸기 때문이다. 이 때 당시 정주영 회장은 그만의 매우 독창적인 아이디어를 내놓았다. 현대가 해체해서 고철로 팔기 위해 30억원을 주고 사들여온 폐유조선으로 거센 조수를 막자는 것이었다. 토목학 어디에도 없는 '유조선공법'이라 현장의 기술자들은 아직 검증된 바가 없다는 의견을 내놨는데, 정주영 회장은 "학교에서 배운 이론만 따르면 세상 공사를 어떻게 다 할 수 있겠나?"라면서 밀어붙였고, 결과는 대성공이었다. 이 공법 덕분에 공사기간이 45개월에서 36개월을 단축해 9개월 만에 끝났고, 공사비도 290억원이나 절감됐다. 폐유조선을 이용한 물막이 공법은 '정주영 공법'이라 불리며 뉴스위크와 타임지에도 소개되었다. 이러한 성공신화는 정주영 회장 특유의 도전정신, 고정관념에 얽매이지 않는 창의성, 그리고 불굴의 기업가정신을 잘 보여주고 있고, 이러한 '하면 된다'라는 의식은 현대그룹뿐만 아니라 한국 기업과 한국 경제의 성장을 이끈 원동력이 되었다.

승진과 보상 결정에 많은 영향을 주었다. 특히 명문대 중심의 학벌주의는 교육에 대한 열정을 과열시키는 주요요인이 되어 왔고, 남성 위주의 직장문화도 우리나라 기업에서 전통적으로 내려온 관행이다. 그렇지만 1980년대 이후 인사제도의 합리화 노력과 남녀 고용평등법의 제정 등 제도개선에 힘입어서 연고주의와 남성 위주의 전통적인 문화가 많이 개선되고 있다.

5) 연공서열과 인화주의

우리나라 기업의 주요 특성으로 연공서열과 인화주의를 들 수 있다. 우리나라 기업의 업적평가와 보상제도는 연공서열을 중시하는 경향이 있고, 따라서 구성원들의 직급은 일반적으로 그들의 연령 또는 근속년수와 밀접한 관계를 보이고 있다. 그리고 상하및 동료 간에 원만한 인간관계를 유지하려는 것도 역시 우리나라 조직구성원들의 공통적인 행동경향이다.

연공기반의 보상과 인화를 중요시하는 전통적인 관리방식은 여전히 우리나라 기업의 보편적인 문화특성으로 인식되고 있지만, 1990년대 이후 많은 기업들이 세계무대에서 경쟁력을 갖추기 위해 글로벌스탠다드를 채택하고, 그 일환으로 신인사제도를 도입하면서 연공서열보다 능력과 업적을 중시하고, 인화보다 진취성과 창의성을 강조하는 경향이 급속히 늘어나고 있다. 예컨대, 1990년대 후반부터 도입되기 시작한 연봉제는 연공서열과 인화를 강조하는 문화에서 탈피하고 전문능력과 성과를 중시하는 문화로 조직문화의 변화를 가져오게 만든 요인이 되었다.

2 한국 사회의 전통 문화적 배경

이러한 조직문화 특성들은 전통문화의 영향을 받은 것이기 때문에 우리나라 기업의 조직문화를 이해하려면 우선 우리 사회의 문화특성을 이해하는 것이 필요하다. 역사적으로 볼 때, 우리나라의 전통문화에 가장 큰 영향을 준 것은 유교사상이고, 따라서 유교사상은 우리나라 기업의 경영이념과 관리방식 그리고 관리시스템과 인간관계에 큰 영향을 미쳐왔다. 유교에서 강조하고 있는 삼강오륜은 조선시대에 우리나라 백성들의 행동기준이었고, 그 역사적 전통은 여전히 우리들의 가정생활뿐만 아니라 사회생활과 직장생활에 많이 반영되고 있다.

임금과 신하 간에 의리가 있어야 하고, 부모와 자식 간에 친밀한 관계가 있어야 하며, 연장자와 연소자 간에 서열이 있어야 하고, 친구 간에는 믿음이 있어야 한다는 유교사상은 우리나라 기업에서 기업주에 대한 충성심, 구성원에 대한 기업주의 온정, 상하간의 위계질서, 그리고 동료들 간의 신뢰 관계 등으로 나타나고 있다. 이러한 가치들은 공식적인 측면에서 상하간의 위계적인 관계를 중시하게 되었고, 비공식적인 인간관계의 측면에서는 상하 및 동료 간의 인화를 강조하게 되었다. 이러한 유교적 가치관은 또한 남성 위주의 문화를 형성하게 만든 요인이 되어 왔다.

04 조직문화의 변화와 관리

조직문화가 기업의 경쟁력과 경영성과를 좌우하는 주요 요소가 되는 만큼 경영자는 조직문화를 의도적으로 변화시키고 관리할 수 있어야 한다. 조직문화를 변화시키는 데는 제12장에서 다루는 조직개발 기법을 활용할 수 있다. 경영자는 문화변화의 필요성을 인식하고, 기존의 문화적 가치를 해빙(unfreeze)시키고, 새로운 가치를 정립하여 전파하고, 이를 정착시키고 재동결(refreeze)하는 일련의 변화노력을 단계적으로 밟아야 한다. 조직문화를 성공적으로 변화시키는 데 활용될 수 있는 전략들을 제시하자면 다음과 같다.

1 경영이념의 재정립

기업의 경영이념과 비전은 조직문화의 핵심적인 요소이다. 따라서 조직문화를 변화시키려는 경우 경영이념과 비전을 재정립함으로써 조직구성원들에게 조직문화 변화의 방향을 분명하게 제시하는 것이 필요하다. 이건희 회장은 삼성그룹 회장으로 취임하면서 "삼성을 세계 초일류 기업으로 발전시키겠다"며 제2창업을 선언하였는데, 이는 삼성을 글로벌기업으로 성장시키겠다는 비전을 제시하는 것인 동시에 강력한 의지를 표명한 것이었다. 그리고 1993년 "자식과 마누라를 빼고는 다 바꾸라"면서 신경영의 기치를 내걸었고, 이어 디자인경영, 창조경영 등을 표방하며 삼성이 추구하는 핵심이념을 제시하였다. 이건희 회장이 취임하던 당시 국내 1, 2위를 다투던 기업이었던 삼성은 오늘날 메모리반도체, TV, 휴대폰 등 20여 가지 품목에서 세계 1위를 달리는 명실상부한 글로벌기업으로 도약하게 됐다.

2 최고경영자의 리더십

조직문화의 형성에 있어서 창업주 또는 최고경영자의 역할이 매우 중요하다. 창업주 또는 최고경영자는 조직구성원들에게 불어넣어주길 원하는 문화적 가치의 좋은 표상이 된다. 창업주는 조직이 지향하는 가치에 부합되는 관리제도와 구조를 설계함으로써 가치가 정착되게 할 수 있으며, 또한 역할모델이 되어 조직이 표방하는 가치를 직접 실천함으로써 조직구성원들로 하여금 이를 내면화하게 만들 수 있다.

창업주가 조직문화의 형성에 미치는 영향은 오랜 기간 계속된다. 유한양행을 설립한 유일한 박사는 기업경영의 목표를 이윤추구에 두지 않고 건전한 경영을 통해 사회공헌을 하는 데 있다고 믿고 실천하였는데, 이러한 강한 신념은 오늘날까지도 이 기업의 기업문화 속에 살아 숨쉬고 있다. Wal-Mart의 창업주 Sam Walton은 항상 낮은 가격으로 고객만족을 지향한다는 가치를 추구하였는데, 이는 여전히 이 회사의 핵심가치로 남아있다(McShane & Von Glinow, 2000, p.513)

그렇지만 때로는 창업주가 지향하던 전통가치를 계속 고수하는 것이 아니라 새로운 가치를 추구해야 하는 경우가 있다. 이러한 상황에서는 제9장 리더십에서 살펴보았던 변혁적 리더십을 발휘하는 것이 필요하다. 즉, 미래에 대해 비전을 설정하여 전파하고, 이러한 비전과 일치하는 행동을 직접 실천함으로써 새로운 문화적 가치를 강화시켜야 한다. 1978년에 설립된 Home Depot는 창업자 마커스(B. Marcus)의 영향을 받아서 조직문화가 혁신적이고 자유분방한 회사였는데, 2000년 나르델리(R.t Nardelli)가 CEO로 취임하면서 그러한 문화는 소규모 기업에는 적합하지만 2,000개의 체인점을 갖고 있는 매출액 50조의 대규모 기업에는 적합하지 않다고 보고 조직문화의 전략적인 변화를 추진하였다. 그는 창의적이고 직관적인 접근방식 대신에 객관적인 자료에 기반을 둔 효율적인 경영을 지향하였다. 이를 위해 매주 월요일 경영진 회의를 소집하여 새로운 문화를 전파하였고, 이전에는 주관적인 평가에 의존하던 경영성과를 항상 객관적인 자료로 평가하도록 하였으며, 지역관리자 및 점포관리자들을 대상으로 5일 동안의 교육훈련을 실시하여 변화의 필요성을 역설하였다. 이러한 체계적인 변화노력의 결과, 5년 동안 Home Depot는 객관적 자료, 효율적인 절차와 시스템에 초점을 두는 문화로 바뀌었고, 매출액과 수익률 등 재무성과의 증가를 가져왔고, 직원들뿐만 아니라 고객과 주주들 모두 만족을 느끼게 되었다(Greenberg & Baron, 2008, pp.559~560).

Foxboro사는 초창기에 기업의 사활을 좌우할 만큼 중요한 기술적 문제에 직면해서 고심하고 있었는데, 하루는 밤늦게 한 직원이 예고도 없이 사장실로 도안을 들고 들어왔다. 사장은 그 직원이 들고 온 해결안에 너무 매료되어서 뭔가 당장 보상을 해줘야겠다는 생각에 책상 서랍을 여기저기 뒤적였다. 사장은 마침내 서랍에서 뭔가를 찾아내서는 그 직원에게 주었는데, 직원의 손에 건네준 것은 바로 바나나 하나였다. 바나나는 그 당시 사장이 현장에서 즉각적으로 보상해줄 수 있는 유일한 것이었던 것이다. 그때부터 "황금 바나나 배지(The Gold Banana Award)"는 Foxboro에서 기술적 업적에 대해 주는 최고 영예의 상이 되었다. Foxboro사는 이처럼 기술적 업적에 대해 비금전적 보상을 해줌으로써 기술혁신을 장려하는 문화를 강화하고 있다. 또한, 회사에서 있었던 일화를 잘 활용하여 회사에서 중요시하는 가치가 무엇인지를 구성원들에게 잘 전달하고 있다고 할 수 있다.

자료: Peters, T. & Waterman, R. (1982), *In Search of Excellence: Lessons from America's Best Run Corporations*, New York: Warner Books, pp.70~71.

3 보상체계의 변화

조직문화를 변화시키고 새로운 문화를 정착시키려면 보상체계를 새로운 문화가치에 일치하도록 재설계하는 것이 필요하다. 새로운 문화가치를 지지하는 행동과 성과에 대해서 보상을 함으로써 새로운 조직문화를 강화시킬 수 있다. 예컨대, Home Depot가 객관적인 자료에 기반을 둔 효율성을 새로운 핵심가치로 정착시켜 나가기 위해서 객관적인 자료를 수집·활용·분석하는 행동에 대해, 그리고 이를 통해 효율성을 향상시킨 것에 대해 금전적 또는 비금전적 보상을 해주었다. 우리나라 기업들도 1990년대 후반부터 기업문화를 글로벌 경쟁력을 갖춘 기업으로 발전시키기 위해 보상시스템을 연공급 체계에서 능력 및 성과에 연계한 보상체계로 바꾸어왔다.

4 임직원의 선발과 사회화

조직문화를 변화시키기 위한 또 다른 방법은 기존의 경영진을 새로운 경영진으로 교체하는 것이다. 기존 경영진이 그동안 자신들이 강조하던 문화가치를 하루 아침에 폐기하고 새로운 가치를 내세우는 것은 쉽지 않기 때문에, 새로운 문화가치에 부합되는 경영진으로 교체하는 것이 새로운 가치를 강력하게 전달하는 수단이 될 수 있다. 예컨대, Steve Jobs의 퇴임 이후 하락세를 거듭하던 애플을 구하기 위해 11년 만에 잡스가 회사로 다시 돌아왔는데, 혁신의 상징인 그가 복귀한 것 자체가 애플을 혁신적인 기업으로 바꾸겠다는 강력한 신호가 되었다고 할 수 있다. 실제로 잡스의 복귀 이후 애플은 혁신적인 기업으로 거듭났고, 아이맥, 아이팟, 아이폰과 아이패드 등 혁신적인 제품을 출시하여 성공을 일구게 되었다.

직원을 모집·선발하는 것도 조직문화를 강화하는 데 중요하다. 조직문화를 통해 경쟁력을 높이고 있는 기업들은 인력을 선발함에 있어서 업무능력이나 기술보다는 지원자의 가치가 기업의 핵심 가치와 일치하는지를 무엇보다도 중요시한다. GE사는 업무능력이나 기술은 교육훈련을 통해 습득이 가능하지만 개인의 가치관과 인성은 쉽게 바꾸기 어렵기 때문에 지원자가 GE의 문화에 적합한지를 중요한 선발기준으로 삼고 있다.

또한, 강한 조직문화를 만들려면 안정적인 인력관리가 요구된다. 조직문화는 방침이나 절차로 문서화할 수 있는 것이 아니라 조직구성원들의 의식 속에 깊숙이 잠재되는 것이므로 문화가치를 내면화하고 있는 조직구성원들을 잘 유지해야 한다. 이직률이 높은 시기나 대대적인 인력감축이 진행되는 시기에는 조직문화가 와해될 가능성이 높으며, 구성원들이 핵심가치를 학습하는 데 시간이 소요되기 때문에 급속한 성장이나 인수합병의 시기에는 조직문화가 약화될 수 있다(McShane & Von Glinow, 2000, pp.513~514).

다양한 조직사회화 과정을 활용하는 것도 조직문화의 성공적인 변화와 관리를 위해서 중요하다. 조직사회화(organizational socialization)란 조직구성원들이 자신에게 기대하는 역할을 성공적으로 수행하는 데 필요한 가치관, 신념, 행동방식 등을 습득하는 과정을 가리킨다. 조직사회화는 모집·선발 과정, 오리엔테이션, 교육훈련, 멘토링, 코칭, 역할모델, 비공식적 관계네트워크 등 다양한 방법을 통해서 이루어질 수 있다. 조직은 이러한 다양한 조직사회화 방법을 통해 조직구성원들에게 문화적 가치를 습득하게 하고 강화시킬 수 있다.

5 ▶ 조직상징의 활용

물리적 환경 및 작업환경의 설계, 슬로건 제정, 일화 및 신화 개발 등 다양한 조직상징을 통해 조직문화를 변화시키고 강화시킬 수 있다. Hitachi사의 경영진은 관료제적

HP의 엔지니어인 윌러(K. Wheeler)는 Apple사로 옮기기로 결정하였다. Apple의 본사는 HP사로부터 3킬로미터밖에 안 떨어져 있지만, 두 기업의 조직문화는 판이하게 달랐다. HP의 문화는 협력, 합의, 그리고 선진 엔지니어링기술을 강조하는 반면, Apple의 문화는 엔지니어보다는 마케터를 우대하고, 선진기술보다는 번드르르한 디자인을 더 중시하였다. 윌러는 결국 14개월 만에 Apple을 그만두고 HP로 되돌아왔다. 그녀는 "나는 Apple사를 매우 훌륭한 회사라고 생각한다. 그렇지만 Apple의 조직문화는 나와 맞지 않기 때문에 나는 거기서 절대로 다시 일을 하지 않을 것이다"라고 말했다. 이러한 일화는 회사가 인력을 선발할 때 또는 지원자가 회사를 선택할 때 조직문화와의 적합 여부가 매우 중요하다는 것을 말해주고 있다.

자료: McShane & Von Glinow (2000), p.514.

인 조직문화를 바꾸기 위해 여러 가지 상징물들을 활용하였다. 먼저 매일 진행되어 왔던 아침 체조를 없앴는데, 아침 체조가 개인의 창의성보다는 집단의식을 강조하는 행사라고 생각했기 때문이다. 의사소통이 활발하게 이루어지는 좀 더 개방적인 문화를 만들기 위해 정장을 입는 대신에 청바지와 티셔츠 등 평상복을 입도록 복장규정(dress code)을 바꾸었다. 그리고 권위주의적인 문화를 탈피하고 수평적인 관계를 활성화하기 위해 직원들을 부를 때 직급 명칭을 쓰던 오래된 전통을 버리고, 서로의 이름을 부르게 하였다(McShane & Von Glinow, 2000, pp.511~512). CJ그룹도 2000년 국내 최초로 과장, 차장, 부장, 사장 등 직급에 따른 존칭 대신에 모든 임직원을 상하 구분 없이 'OOO님'으로 부르는 제도를 도입하였다. 일명 호칭파괴라 하는데, 이는 수평적인 조직, 상호 존중의 문화, 탈 권위주의적 문화를 조성하여 조직효율성을 높이기 위한 것이다.

Intel은 '평등'을 강조하기 위해 모든 직원들이 똑같은 큐비클(cubicle, 위가 터진 소형 칸막이 사무실)에 근무하도록 했었는데, 이러한 사무실 배치가 Intel의 또 다른 가치인 '혁신'과 위배되었다. 그래서 Intel은 개방형 사무실 배치로 작업환경을 바꿈으로써 직원들 간의 협력을 장려하고 창의적 사고를 촉진하고자 하였다(Kinicki & Kreitner, 2009, p.47).

슬로건도 조직문화를 개발하는 데 중요한 역할을 한다. 삼성은 대대적인 개혁을 강조하기 위해 1993년 "마누라와 자식 빼고 모두 바꿔라"라는 선언을 하였고, 유한킴벌리

🖐 공간배치와 조직문화

"데스크 세트(Desk Set)"와 "아파트먼트(The Apartment)" 같은 영화를 보면 20세기 초의 타이피스트들이나 사무원들이 직장에 앉아 있는 모습이 나온다. 그들은 끝없이 줄지어 앉아서 일을 한다. 그것은 이제 오래된 기록으로만 남아 있지만, 통제와 감독이 주된 메시지이며 공장의 기계적 관리가 직장의 규범이었다. 그 당시 참신한 아이디어와 팀워크는 규범의 일부가 아니었다.

1990년대 초, 알루미늄 제조회사 알코아(Alcoa)는 공간이 바로 연공서열을 뜻한다는 낡아빠진 공식이 기업의 활력을 막는다는 것을 깨달았다. 개혁은 최고위층에서 시작되었고, 회장 폴 오닐은 중역들에게 오픈 플랜(open plan, 다양한 용도를 위해 칸막이를 최소한으로 줄인 레이아웃 방식) 사무실로 바꾸도록 하였다. 실험은 매우 효과가 컸다. 그 실험으로 인해 간부들은 주방과 공동 이용시설에서 아주 친하게 사귀게 되었다. 알코아는 지위를 구분해주는 개인 사무실과 중역 주차공간 등을 모두 없앴다. 복도도 사람들을 갈라놓는 것이라고 하여 없애버렸으며, 이동과 커뮤니케이션을 원활히 하기 위해 엘리베이터 대신 에스컬레이터를 설치했다. 새로운 사무실은 직원들에게 "경쟁의 열정이 고동치도록" 도와주었다고 평가되었으며, 그 결과 알코아는 미국 건축학회가 후원하고 〈비즈니스 위크〉가 선정한 '올해의 건축상'을 수상하였다.

자료: Kelly, T. & Littman, J./이종인 옮김 (2002), 『유쾌한 이노베이션』, 세종서적, 184, 190~191쪽.

는 펄프를 만들기 위해 나무를 벌목해야 하는 회사로서 환경친화적이지 못한 기업이미지를 가질 수 있기 때문에 "우리 강산 푸르게 푸르게"라는 슬로건을 내걸고 실천하면서 대내외적으로 환경친화적 기업으로서의 정체성을 확립하고자 하고 있다.

최고경영자의 영웅적인 행동과 그에 대한 일화도 조직문화를 강화하는 역할을 한다. 포스코의 박태준 전 회장은 1977년 8월 발전송풍설비 공사현장을 돌아보다가 10㎝ 가량 콘크리트가 덜 쳐진 곳을 발견하고 공사가 80% 끝난 기초 콘크리트 구조물을 폭파하도록 지시했다. 이 폭파식에는 모든 건설현장의 책임자와 간부, 외국인 기술감독자, 그리고 임직원이 모두 모였고, 모든 참가자들에게 경각심을 불러일으켰다. 그동안 투입

🗂️ 구성원들의 마음을 움직이는 이야기를 개발하라

경영자들은 조직문화를 강화하기 위해 문화가치와 일치되는 행동에 대한 이야기를 개발하고 이를 전파해야 한다. 성공적인 직원들, 모험적이고 도전적인 직원들, 숨어 있는 리더들, 그리고 조직의 영웅들을 관찰하는 것이 필요하다. 자신의 의무 이상으로 열심히 일한 사람들, 조직의 가치를 묵묵히 실천하는 사람들, 그리고 다른 사람이 성공할 수 있도록 도와준 사람들의 이야기를 발굴하는 것이 필요하다. 또는 회사의 제품 및 서비스에 대해 만족해 하는 고객이나 협력업체의 이야기를 듣는 것도 필요하다. 경영자는 그들을 만족스럽게 만든 요인이 무엇인지 물어볼 수 있다.

이야기를 개발하고 전달할 때, 경영자는 그 이야기가 회사의 미션과 가치를 반영하고 있다는 것을 보여주어야 한다. 누가 영웅인가? 누가 혜택을 보았는가? 이 이야기를 통해 이 회사가 어떤 종류의 조직으로 자리매김 되길 원하는가? 이 이야기를 통해 구성원들에게 기대하는 것은 무엇인가?

강력한 이야기는 정서적인 요소를 내포하고 있어야 한다. 화자(storyteller)가 이야기 속의 가치를 개인적으로 믿을수록 감동적인 이야기가 될 가능성이 높아지고, 이는 듣는 사람의 마음을 움직이게 된다.

자료: Kinicki & Kreitner (2009), p.47.

한 인력, 자재, 공기 등에서 손실을 보았지만 '포스코의 사전에 부실공사는 없다'는 핵심가치를 형성하는 강력한 계기가 되었다. 삼성의 이건희 회장도 1995년 경북 구미공장에서 품질 불량인 무선전화기 수만 대를 불태우는 '화형식'을 가진 바 있다. 이건희 회장은 직원들에게 선물한 무선전화기의 통화 품질이 좋지 않다는 반응을 듣고 직원들에게 위기감을 극적으로 전달하기 위해 그리고 품질혁신의 가치를 강조하기 위해 무선전화기를 불태우는 극약처방을 내렸던 것이다.

마쓰시다전기의 '마쓰시다정신'과 조직문화

일본의 마쓰시다전기회사(Matsushita Electric Industrial Co.)는 강한 조직 문화를 바탕으로 세계 최대의 가전제품 제조업체로 성장한 기업이다. 마쓰시다 전기의 공유가치는 '마쓰시다정신'으로서, 사업보국, 공명정대, 화친일치, 예절 겸양, 역투향상, 순응동화, 감사보은 등 일곱 가지로 구성되어 있다. 그중 사업 보국이 가장 핵심적인 가치로서, 이것은 모든 사람들이 긴요하게 쓸 수 있는 좋은 품질의 제품을 많이 생산하여 국민에게 보답하고 풍요로운 사회를 만드는 데 기여하겠다는 창업자 마쓰시다 고노스케(松下幸之助) 회장의 이념이다. 또한, 기업은 반드시 이익을 내야만 하고 구성원들로 하여금 기업에서 각기의 능력을 최대로 발휘하여 '자아실현'을 하도록 하는 것도 그의 확고한 경영철학이다.

이러한 마쓰시다전기의 기본가치는 경영전략에 있어서 저가격·고품질의 제품을 중심으로 한 시장점유율 확대, 그리고 신제품개발에 있어서 선두주자보다는 제2의 위치를 추구하는 추종자 전략에 직접적으로 반영되고 있다. 그리고 저원가 생산을 위한 규모의 경제, 시장확대를 위한 사업부제 구조, 높은 목표달성을 위한 장·중·단기 계획과 컨트롤러(controller)를 활용한 철저한 통제·관리 시스템, 그리고 효율적인 계획·통제를 위한 경영정보시스템 등이 치밀한 관리를 강조하는 마쓰시다전기의 기본가치를 반영하고 있다.

또한 우수한 인력보다는 평범한 인력을 선발하여 마쓰시다정신을 주입시키는 철저한 교육훈련, 중간관리층과 최고경영층에서의 업적 위주의 보상제도, 실무현장에서 마쓰시다정신에 입각한 관리자의 철저한 리더십행동, 그리고 개인보다 작업집단과 회사를 앞세우는 구성원들의 공동체의식과 협동정신도 마쓰시다전기에서 중요시하는 가치이다.

이와 같이 마쓰시다전기는 창업자의 사업보국 정신과 기업의 사회책임이념을 공유가치화하고, 능률과 생산성 그리고 구성원들 간의 공동체의식을 바탕으로 강한 조직문화를 형성하고 있다. 특히, 마쓰시다전기는 대외적으로는 사업보국 정신을 통해 사회와 기업 간의 통합을 추구하고, 대내적으로는 여타의 마쓰시다정신(공명정대, 화친일치, 역투향상, 예절겸양, 순응동화 등)을 통해 구성원들 간의 통합을 추구하는 것을 특징으로 하고 있다.

마쓰시다전기는 한편으로는 치밀한 조직과 철저한 통제시스템을 강조하고, 다른 한편으로는 구성원들 간의 강한 애사심과 소속감을 형성하고 있다는 점에서 긍정적인 평가를 받고 있다. 치밀한 조직과 철저한 통제시스템 속에서도 합의에 의한 경영과 실무현장을 중요시하는 경영이 이루어지고 있고, 높은 성과달성의 압박 속에서도 매일 거행되는 조회에서 구성원들이 사가를 부르고 일곱 가지의 마쓰시다정신을 암송하도록 하고 있다. 이처럼 주기적인 의례·의식을 통하여 마쓰시다전기의 조직문화가 강화되어 나가고 있다.

이와 같이 마쓰시다전기는 마쓰시다정신을 구성원들에게 내면화·체질화하고 이를 공유가치화함으로써 전체적으로 강한 조직문화를 개발·정착시키는 데 성공하였다. 그리하여 사업보국 정신에 입각한 저가격·고품질의 대량생산 전략은 마쓰시다전기의 경쟁우위가 되어 왔고, 이는 세계 가전제품시장을 장악하는 데 결정적인 역할을 하였다.

토의질문

01. 마쓰시다전기의 조직문화가 마쓰시다정신을 중심으로 어떻게 강하게 형성 · 정착되었는지를 7S 모형을 적용하여 설명하시오.

02. 세계화와 과학기술의 첨단화 등 점점 심화되는 환경변화 속에서 마쓰시다문화가 지속가능한 경쟁우위 요소로 계속 작용할 수 있는지, 향후 변화가 필요하다면 어떠한 변화가 필요한지를 분석하시오.

Chapter **12**

조직개발과 변화관리

**Organizational
Behavior**

Chapter

12 조직개발과 변화관리

변화(change)는 조직에게 피할 수 없는 위협인 동시에 조직이 계속 성장·발전할 수 있는 기회가 된다. 다시 말해서, 조직은 당면한 내외 환경변화에 적응하지 못하면 도태되지만, 이에 적절히 적응하면 지속적인 성장과 발전이 가능하다. 따라서 조직은 내외 환경변화에 적절히 적응하기 위하여 혁신, 구조조정, 경쟁력강화, 조직문화개선 등 여러 가지의 표현을 쓰면서 구성원 및 집단 행동 그리고 전체 조직행동의 변화를 추진한다.

근래에 우리나라는 과학기술의 급속한 발전과 경제성장 그리고 본격적인 세계화와 민주화의 물결 속에서 사회 전반적으로 대규모 변화가 일어나고 있다. 이러한 변화는 조직구성원의 가치관과 행동에 영향을 주면서 조직문화와 조직행동에 많은 개혁을 요구하고 있다. 변화요구가 커지고 있는 만큼 조직개발 및 변화관리의 필요성도 점점 커지고 있다. 이 장은 조직개발과 변화관리에 대해 다루고 있는데, 제1절은 조직개발 개념과 변화과정에 대해 정리하고, 제2절은 변화압력과 변화저항요소, 그리고 제3절은 조직개발 개입과 변화전략에 대해 살펴본다. 제4절에서는 조직개발의 발달과정을 살펴보고, 제5절에서는 조직개발 기법들에 대해 개괄적으로 다루고자 한다.

최근 급속하게 전개되고 있는 세계화, 정보화 그리고 민주화의 물결은 현대 조직에 전례 없는 대대적인 변화를 요구하고 있고, 현대 조직은 이러한 변화압력에 대응하여 구성원 개개인의 행동변화로부터 시작하여 집단과 조직 변화 등 다양한 수준의 변화를 단행하고 있다. 많은 조직들이 경쟁력강화와 경영성과 향상을 위한 체계적인 조직변화 노력의 하나로서 조직개발을 추진해왔다.

1 조직개발의 개념

조직개발(Organization Development: OD)이란 내외 환경변화에 대한 조직의 적응능력을 기르기 위해 전개되는 조직의 변화와 구성원의 행동개선을 의미한다(Woodman, 1993). 다시 말해서 현대조직에서 조직개발은 조직의 경쟁력강화와 장기적인 조직효율성 및 경영성과의 향상을 목적으로 조직구조와 경영과정 그리고 구성원행동과 조직문화에 개선을 가져오는 체계적인 변화과정으로 정의할 수 있다(Weick & Quinn, 1999; Cummings & Worley, 2001; Woodman, 1995). 조직개발의 개념을 조직개발의 목적과 몇 가지의 중요특징을 중심으로 알아본다(이학종, 2003 참조).

1) 성과증대를 위한 변화촉진과정

첫째로, 조직개발은 조직 전체의 효율성을 높이고 경영성과를 증대시키기 위해서 여러 가지 변화와 개혁을 효율적으로 촉진시키는 것이다. 조직개발은 일반적으로 다음과 같은 요소들의 변화와 개혁을 통해서 조직의 경쟁력 강화와 경영성과 개선을 이루고자 한다.

① 조직구조의 조정과 재설계: 성공적인 조직이 되려면 외부환경, 기술, 전략 등 조직이 처한 상황에 적합하게 조직구조를 설계하고 운영해야 한다. 최근 기업들은 변화하는 환경에 적응하기 위해 조직구조를 재설계해 왔는데, 일반적으로 관료화된 수직적 계층조직에서 유연성 있는 수평적 조직으로, 집권적 조직에서 자율적 사업부 조직으로, 기능식 조직에서 매트릭스조직으로, 그리고 대규모 조직에서 소규모 팀조직으로 조직을 재설계해 왔다. 여기서 조직개발은 구성원들의 행동경향

을 고려하여 새 조직구조와 구성원들 간의 통합이 이루어지도록 조직구조를 설계하고 구성원들의 행동을 개선하는 데 중점을 둔다.

② 하부구조의 구축과 직무개선: 기업이 경쟁력을 강화하고 경영성과를 향상시키려면 품질경영, 고객가치 창조, 스피드경영 등 여러 가지 경영혁신을 필요로 한다. 경영방침과 기능, 운영시스템과 정보시스템 등 경영인프라를 개혁하고, 업무주기 단축을 위한 직무개선과 업무프로세스 리엔지니어링 등 직무내용과 직무환경의 변화를 추진한다.

③ 새 공유가치와 조직문화의 개발: 조직효율성과 경영성과의 주체는 구성원 개개인인 만큼, 조직구조 재설계와 경영 하부구조의 혁신이 기대하는 효과를 창출하기 위해서는 구성원들의 의식 및 행동의 변화가 뒷받침되어야 한다. 조직개발은 구성원들 상호간의 신뢰감과 팀워크를 향상시키고 개방적이고 학습지향적 행동을 촉진하는 등 바람직한 행동을 개발하는 데 중점을 둔다. 또한 조직이 지향하는 이상적인 가치를 전파·공유하도록 함으로써 바람직한 조직문화를 창조하고 정착시키는 역할을 한다.

④ 문제해결 능력과 행동의 개발: 조직성과는 구성원과 집단이 과업을 수행하는 과정에서 의사결정과 문제해결을 얼마나 잘 하느냐에 달렸다. 조직개발은 경영자나 전문가들이 조직문제를 분석하여 해결해주는 것이 아니라 구성원들 또는 집단이 스스로 문제를 진단하고 해결할 수 있도록 문제해결능력을 개발하는 데 초점을 둔다. 즉, 구성원들 또는 집단의 문제해결 및 의사결정 능력을 근본적으로 개발함으로써 어떠한 문제 상황에도 주도적으로 대처할 수 있도록 한다.

표 12-1 조직개발 개념

조직개발의 기본 성격	• 계획적 변화 • 전략적 변화 • 지속적인 변화	• 변화촉진 • 변화담당자 활용 • 행동과학 지식 및 기법 활용
조직개발의 목적	• 조직효율성 증대 • 개인과 조직의 목적 통합 • 신뢰감, 팀워크 개발 • 창의적 적응능력 개발	• 장·단기 성과향상 • 주인의식 및 자아통제능력 개발 • 갈등의 고차원적 활용 • 문제해결능력 개발
개입(intervention) 활동	• 문제진단, 정보자료 수집, 전략적 변화계획 수립, 변화촉진 • 개인 수준에서의 능력 및 행동 개발 • 집단 및 조직 수준에서의 능력 및 행동 개발 • 변화 및 성과 측정, 평가 및 피드백	

2) 전략적, 계획적 조직변화와 개입

조직 변화와 개혁을 효율적으로 촉진하기 위하여 종합적이고 전략적인 변화계획을 세우고 변화담당자의 적극적인 개입을 활용하는 것이 조직개발의 두 번째 특징이다.

① 전략적, 체계적 변화 추진: 조직개발은 자연적인 변화나 우연한 변화가 아니라 경쟁력 강화와 성과향상을 목적으로 이루어지는 의도적이고 계획적인 변화를 가리킨다. 이러한 변화는 이해관계자들에게 큰 영향을 미치는 만큼 변화에 대한 저항과 장애요소가 많은 것이 현실이다. 따라서 개혁에 요구되는 구조적, 제도적, 행동적, 그리고 문화적 변화들을 체계적으로, 종합적으로 그리고 성공적으로 전개하기 위한 장·단기 전략과 계획 및 실행이 필요하다. 이러한 전략적이고 체계적인 변화관리를 최고경영층의 적극적인 지원하에 시도하는 것이 바로 조직개발 활동의 중요측면이다.

② 변화담당자의 개입: 조직개발이 성공적으로 추진되려면 최고경영층의 전략적 역할과 더불어 변화관리 전문가의 역할 또한 중요하다. 조직변화와 구성원의 행동변화는 단계적으로 이루어져야 하므로 변화에 대한 전문지식과 경험을 갖춘 변화담당자(change agent)의 역할이 필요하다.

3) 행동과학의 지식과 기법활용

조직개발의 세 번째 특징은 변화를 계획하고 촉진시키는 데 있어서 행동과학의 지식과 기법을 활용한다는 것이다.

① 행동과학의 이론지식과 접근방법: 조직은 인간으로 구성된 사회시스템인 만큼 심리학, 사회학, 인류학 분야의 지식은 변화를 전략적으로 구상·계획하고 이를 성공적으로 추진하는 데 큰 도움을 준다. 설문조사피드백, 실험, 면접과 관찰 등 행동과학 분야에서 사용되는 연구방법은 조직개발의 변화과정에서 문제를 진단하고 행동개선을 시도하는 데 직접 적용된다.

② 인간중심적 가치 강조: 변화를 계획하고 이를 집행해 나가는 과정에서 구성원, 노조와 경영진 등은 서로 다른 가치판단과 견해가 제기될 수 있고, 따라서 문제에 대한 지각과 해결대안에 대하여 많은 견해 차이를 보일 수 있다. 이와 같은 갈등관계 속에서 조직개발은 어디까지나 행동과학 관점에서 개인의 가치를 존중하고 조직생활을 통하여 개인의 가치를 고양하는 데 최선의 노력을 기울인다. 그리고 변화과정에서 구성원들 간의 개방성과 상호이해 및 자발적인 협조행동을 강조함으로

써 구성원들과 조직의 통합을 이루고 양측의 공동이익을 지향한다.

4) 장기적, 일상적 과정

조직개발은 조직문제를 일정 기간 동안에 집중적으로 해결함으로써 완료되는 일회성의 변화과정이 아니라, 집단과 조직 전체의 효율성과 성과를 지속적으로 높이는 것을 목적으로 전개되는 장기적이고 일상적인 변화과정이다.

① 조직 전체에 확산: 조직개발은 문제의 성격에 따라서 변화의 대상 범위와 소요기간이 각각 다르지만, 시스템 관점에 의하면 하위 시스템들은 상호 의존적이고 연결되어 있기 때문에 한 집단의 변화는 전체 조직의 변화를 유발하게 된다. 따라서 조직개발은 전사적인 차원에서 장기적인 변화를 지향한다.

② 개선의 강화: 새로운 조직행동과 시스템은 계속 강화되고 정착되어야 하므로 이를 위한 다양한 조직개발 노력이 전개되어야 한다. 그리고 조직 환경은 항상 변하고 환경변화에 대응하기 위한 경영전략과 목적도 항상 변하므로 시스템을 개선하고 구성원들의 행동을 개발·강화하려면 지속적으로 변화노력을 기울여야 한다.

③ 더욱 높은 수준의 성과지향: 더욱 높은 성과를 지향하는 것은 조직의 영구적인 과제이다. 따라서 조직구성원과 집단은 지속적인 성과향상을 위하여 조직개발 활동을 일회성으로 그치는 것이 아니라 자연스럽고 일상적인 과정으로 정착시켜 나가야 한다.

이상 조직개발의 목적과 특징을 살펴보았다. 이론적 및 실무적인 개념들을 종합해 볼 때, 조직개발은 상위계층의 주도하에 전개되는 계획적인 변화과정으로서 행동과학 지식과 방법의 기반 위에서 변화담당자의 계획적 개입활동을 통하여 전체 조직의 효율성증대를 시도하는 현대적 변화기법으로 정의할 수 있다(Beer & Walton, 1987, pp.339~340; Burke, 1987; Dyer & Dyer, 1986, pp.14~22).

2 조직개발과 변화과정

조직개발은 변화의 성격과 문제집단 등 상황적 조건에 따라서 그 구체적인 활동내용이 다르지만, 조직개발을 진행하는 단계는 대부분 공통점을 갖고 있다. 조직개발에서 적용되는 단계적 변화과정과 계획적 변화모형을 살펴본다.

1) 행동변화의 단계적 과정

조직개발이 추구하는 변화는 조직구성원들에게 여러 가지의 불편을 유발하고 불안감을 가져올 수 있다. 따라서 조직구성원들은 조직개발에 대하여 저항감과 비협조적인 태도를 보이게 되며, 조직은 이러한 구성원들의 반응을 우려하여 필요한 변화를 제대로 집행하지 못할 수 있다. 이러한 경우 조직은 환경변화에 대한 적응능력을 잃게 되는 동시에 조직효율성이 점점 저하되어 침체경향을 면치 못하게 된다. 또한 변화가 구성원들에게 미치는 충격과 이에 대한 그들의 반응을 전혀 고려하지 않고 상위경영계층이 일방적으로 변화를 추진하는 경우 구성원들의 저항에 못 이겨 변화프로그램을 성공적으로 추진하지 못할 수도 있다.

이러한 결과가 일어나지 않도록 조직개발은 변화과정에 구성원들을 적극 참여시켜 그들로 하여금 변화의 필요성을 인식시키고, 변화방법도 공동으로 모색하여 변화에 따른 구성원의 불안감을 해소시키려고 노력한다. 그뿐 아니라 조직개발은 보다 근본적인 측면에서 변화에 저항하는 잠재의식 자체를 개혁하는 데 역점을 둔다. 변화에 대한 긍정적인 행동을 조성하는 데 있어서 조직개발은 다음과 같은 순서의 과정을 강조하고, 그 개념을 단계적 행동개발에 적용한다(Lewin, 1947).

① 변화의 필요성인식: 행동변화의 첫 단계는 구성원으로 하여금 현재의 시스템이나 자신의 행동에 문제가 있고, 이로 인하여 집단 및 조직 성과에 영향을 준다는 것을 인식시킴으로써 변화에 대한 필요성을 느끼게 하고 이에 대한 관심을 갖게 하는 것이다. 이 단계에서 변화담당자들은 문제집단이나 조직의 성과 및 효율성에 관한 자료, 그리고 구성원간의 상호작용에 관한 조사자료 등을 중심으로 문제의 증상을 구성원들에게 피드백해 줌으로써 시스템 개선 및 행동변화의 필요성을 인식하게 끔 한다.

② 해빙(unfreezing): 행동변화의 두 번째 단계는 해빙으로서 구성원들이 기존에 갖고 있는 관점, 가치관과 행동방식을 깨뜨리고 이로부터 탈피하는 것이다. 구성원들이 고정관념과 기존 사고방식에 사로잡혀 있는 경우 새로운 관점, 가치관과 행동방식이 들어설 여지가 없기 때문에 행동변화가 성공적으로 이루어지기 위해서는 우선 기존의 관점과 가치관을 깨뜨리는 것이 요구된다. 이 단계에서 구성원은 폐쇄적인 관점, 불신적 태도, 안일한 과업행동 등 기존 가치관과 행동경향에 대하여 자신의 인식도를 높이는 동시에 이러한 고정관념에서 탈피하여 새로운 관점과 가치관을 수용할 수 있는 의식구조상의 변화를 거쳐 나간다.

🤲 찻잔 비우기와 해빙(unfreezing)

지혜가 출중한 것으로 유명한 한 노승이 있었다. 그 지혜를 이겨볼 욕심으로 오랫동안 갈고 닦은 젊은 스님이 하루는 그 노승을 찾아가 지혜를 한 수 가르쳐줄 것을 청했다. 노승은 아무 말도 하지 않고 차를 끓이고, 젊은 스님에게 차를 따라주기 시작했다. 찻잔에 차가 넘치는데도 노승은 차를 따르는 것을 멈추지 않고 계속 따랐다. 젊은 스님은 의아해 하며 잔이 넘치고 있다고 말을 하였다. 그때 노승이 한 마디 하였다. "너의 마음이 그와 같다. 너의 지혜로 충분히 채워졌는데 내 지혜가 어찌 들어갈 수 있겠느냐."

이 선문답에서 보자면 해빙은 찻잔을 비우는 것이라 할 수 있다. 찻잔이 가득 차 있는 상태에서는 새로운 차를 채울 수가 없다. 찻잔을 비워야만 새로이 차를 채울 수 있는 것처럼, 태도 및 행동변화를 위해서는 먼저 기존의 가치관과 행동방식을 버려야 한다.

③ 변화주입(change conversion): 행동변화의 세 번째 단계는 새로운 관점과 가치관을 습득하게 함으로써 조직이 기대하는 바람직한 상태를 만들어나가는 것이다. 새로운 관점과 태도가 형성되려면 구성원들이 새로운 변화가 좋은 결과를 가져올 것이라는 확신을 가질 수 있어야 한다. 새로운 직무내용과 작업방법으로부터 얻는 직무내재적 만족감, 새로운 집단구성원과의 관계에서 얻을 수 있는 사회적 욕구충족 등 새로운 변화의 효과를 이 단계에서 실제로 체험함으로써 구성원의 기본관점과 가치의식이 변화되고, 이에 따라서 바람직한 새로운 행동이 형성될 수 있다.

④ 재동결(refreezing): 이와 같이 형성된 새로운 가치관과 태도 및 행동방식은 계속 반복되고 강화됨으로써 영구적인 행동패턴으로 정착될 수 있다. 즉, 행동변화의 마지막 단계는 재동결로서 집단구성원과의 상호관계나 조직의 보상제도 등 환경조건을 조성하여 새로운 행동을 강화시켜 주는 것을 가리킨다. 이러한 강화작용이 없으면 새로운 행동이 점차적으로 소멸되어 버리며 결국 종전의 태도와 행동으로 되돌아가 버릴 가능성이 커진다.

2) 계획적 변화모형

이러한 행동변화의 단계적 과정은 조직개발의 계획적 변화과정에 매우 중요한 개념적 틀을 제공해 준다. 조직개발은 상황에 따라서 구체적인 과정이 다르지만, 위에서 설명한 단계적 행동변화개념을 적용하여 일반적으로 다음과 같은 기본적이고 순서적인 변화과정을 거쳐나간다(French & Bell, 1999, pp.130~144; Burke, 1982, pp.8~10; Dyer, 1987).

① 문제의 진단(problem diagnosis): 계획적 변화의 첫 번째 과정은 문제의 증상을 인식하고 핵심문제를 진단하는 것이다. 문제의 증상은 문제집단의 성과와 효율성 등 여러 자료를 통하여 상위경영계층이나 문제집단의 관리자 또는 집단구성원들 자신에 의하여 지각되며, 변화담당자에게 체계적이고 전문적인 문제분석을 의뢰함으로써 개입활동이 시작된다. 변화담당자는 상위경영층과 협의한 후 문제집단에 대한 정보자료를 수집하며, 문제집단 구성원들과의 토론과 협의를 거치면서 공동으로 문제를 진단한다.

② 변화계획(change strategy)의 수립: 계획적 변화의 다음 과정은 문제의 요인을 조직구조, 기술 및 구성원 행동 측면에서 분석하고, 조직에 존재하고 있는 여러 가지의 제약조건을 고려하여 실행가능한 변화전략과 방법을 설정하는 것이다. 이 과정에서도 변화담당자는 문제집단의 구성원들과의 토의를 통하여 변화에서 기대되는 성과수준을 목표로 설정하고 이를 달성하기 위한 세부적인 계획을 공동으로 수립한다.

③ 변화집행(change implementation): 변화를 집행하는 단계로서 변화담당자의 개입하에 조직의 구조개편은 물론 교육훈련, 감수성훈련, 팀구축, 목표관리, 관리그리

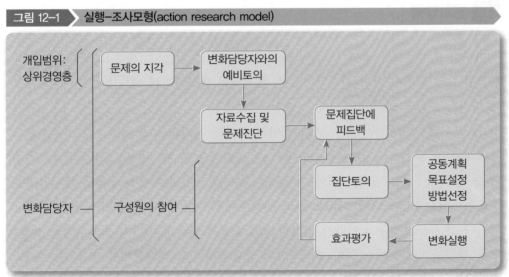

그림 12-1   실행-조사모형(action research model)

자료: French (1982), p.609; French & Bell (1999), p.135.

드 등 여러 가지의 조직개발 기법이 적용된다. 조직변화에 실제로 적용되는 조직개발 기법과 단계적 과정은 문제의 성격과 추구하는 성과에 따라서 다르다.

④ 결과평가(evaluation): 변화집행의 결과와 효과는 주기적으로 측정·평가되고 변화전략과 방법에 피드백되어 변화과정을 조정하고 수정해 나간다. 그리고 평가결과는 문제집단의 구성원들에게도 피드백되어 변화과정을 효율화하고 촉진해나간다.

이상의 계획적 변화과정은 〈그림 12-1〉의 실행-조사모형(action research model)에 잘 나타나 있다(French & Bell, 1999, pp.130~144).

---

02 변화압력과 저항요소

조직변화의 필요성에도 불구하고 조직구성원들과 집단구성원들은 변화에 대해 저항하는 것이 일반적인 현상이다. 따라서 조직은 조직개발을 추진할 때 변화과정에 작용하는 변화압력과 저항요소를 잘 이해하고 이를 극복하기 위해 적절한 개입전략을 구상해야 한다. 먼저 변화 압력과 이에 저항하는 힘을 분석하고, 다음 절에서 조직개발의 개입(intervention) 개념을 설명한다.

1 변화압력

어떠한 조직을 막론하고 조직관리에서 절대적으로 피할 수 없는 과제가 변화이다. 변화는 모든 조직이 당면하는 문제로서, 효과적인 변화관리를 하느냐 그렇지 못하느냐에 따라서 조직의 생존이 좌우된다. 한편, 변화과정에서 구성원들은 조직변화를 수용하지 않고 이에 저항할 수 있다. 변화는 이처럼 여러 가지의 복잡한 요소들로 구성된 과정이라고 할 수 있다. 장이론(Field Theory) 관점에서 볼 때, 변화는 시간의 흐름에 따라 변화를 요구하는 압력과 이에 저항하는 요소들 사이의 복잡한 균형을 형성하고 있고(Lewin, 1947; Zand, 1995; Lichenstein, 2000), 이러한 균형관계를 원하는 변화방향으로 얼마나 잘 유도하느냐에 따라서 변화의 효과성이 결정된다. 따라서 변화과정을 효율적으로 계획하고 집행하는 것이 조직개발의 중요과제이다. 변화과정에 작용하는 압력과 저항요소를 살펴본다.

1) 조직 내외적 영향요인

조직 변화에 영향을 미치는 요인에는 여러 가지가 있다. 첫째, 환경적인 변화요인이다. 조직은 경제, 사회, 문화, 정치·법규, 기술 등 외부환경으로부터 많은 영향을 받는만큼, 이들 환경의 변화는 조직에 변화압력으로 작용한다(Lucker, 2000). 예컨대, 급속한 세계화와 정보화 환경, 그리고 치열한 글로벌경쟁은 우리나라 조직에 많은 변화를 요구해 왔다. 새로운 기술과 제품의 개발뿐만 아니라 경영관리시스템의 변화, 구성원들의 태도와 행동 변화, 직무재설계, 조직구조 개편 등 여러 경영분야의 혁신을 필요로 해왔다(〈그림 12-2〉 참조).

드러커의 단절의 시대(Age of Discontinuity), 토플러의 제3의 물결(Third Wave), 베니스의 임시조직(Temporary Organization), 켄터의 변화주역(Change Master), 핸디의 비합리성의 시대(Age of Unreason), 웰치(J. Welch)의 무한계(Boundaryless)환경 등은 모두 점점 심화되어 가는 환경적 변화와 조직변화를 강조하는 상징적 표현들이다(Drucker, 1969; Toffler, 1980; Bennis, 1967; Kanter, 1983; Handy, 1990; Tichy & Sherman, 1993).

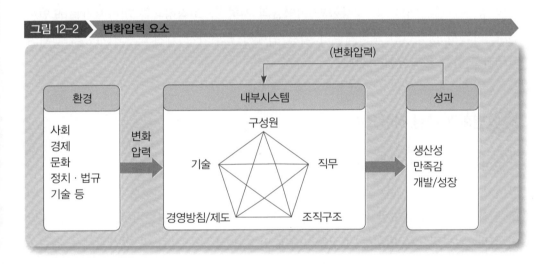

그림 12-2 ▶ 변화압력 요소

2) 변화의 역기능

조직변화는 그 과정에서 많은 문제를 초래할 수 있다. 예를 들어, 직무의 기계화는 생산직이나 사무직에 있어서 업무를 전문화·세분화·단순화·표준화시키고 직무를 일상적이고 반복적인 내용으로 변화시킴으로써, 조직구성원의 직무에 대한 보람을 감소시키고 직무소외를 증대시키는 결과를 가져올 수 있다. 전체적인 조직구조도 전문화된 직무구조 속에서 전문기능의 증가와 이에 따른 각종 기능의 표준화 및 권한의 집권화 등 통제적이고 관료적인 경향이 커지게 된다.

이러한 구조화경향은 조직구성원의 직무소외 증가와 사기저하를 한층 더 심화시키는 주요 요인이 된다. 특히 사회·경제발전에 따라서 개인의 욕구수준과 기대수준이 점점 높아가고 있는 점에 비추어볼 때, 이러한 현대조직의 기계화 및 관료화 경향은 조직과 구성원 사이에 심각한 갈등관계를 초래할 수 있다. 또한, 급속한 과학기술의 발전은 조직의 시설·설비와 제품을 급속도로 진부화시킬 뿐 아니라, 조직구성원들의 기술도 급속히 도태시킴으로써 조직구성원들의 인력개발 문제가 심각한 과제로 등장하게 된다. 근래 우리나라 조직에서 경쟁력강화를 위한 구조조정도 정리해고와 조기퇴직 등을 초래함으로써 구성원들을 불안하게 만들고 노사관계도 악화시켜 왔으며, 성과와 능력위주의 신인사제도도 구성원들 간의 화합을 저해하는 요인이 되어 왔다.

이와 같이 조직변화는 조직에 예기치 않은 문제를 초래하면서 조직성과에 부정적인 영향을 미칠 수 있다. 조직구성원의 사기저하, 불안감유발, 구성원들간 또는 집단간 갈등, 조직방침에 대한 비협조적 태도, 나아가서는 경영층에 대한 반항행위, 고의적인 태업, 사보타주 등 여러 가지 문제가 발생할 수 있고 이들 문제는 결근율과 이직률, 사고율의 증가는 물론 생산성, 성장률과 이익률의 저하 등 조직성과를 저하시키는 요인이 된다. 따라서 성공적인 조직개발이 되기 위해서는 변화가 가져오는 역기능적 결과를 이해하고 이를 최소화해야 한다.

2 변화에 대한 저항요소

조직변화는 외부 요인으로 인한 변화이거나 또는 내부 경영상황의 악화로 인한 변화이거나, 이를 집행하는 과정에서 조직구성원으로부터 많은 저항을 받을 수 있다. 이로 인해 조직에서 의도한 변화가 계획한 대로 효율적으로 추진되지 못하는 경우가 많이 있다. 일반적으로 변화는 조직구성원의 안정된 직무와 지위 및 인간관계를 위협하는 요소로 지각됨으로써 변화에 대한 저항이 생기게 된다. 변화에 대한 저항행동에 작용하는 중요한 요인들을 다음과 같이 요약할 수 있다(Kotter & Heskett, 1991, pp.37~40; Luker, 2000; Loana & Barry, 2000; Piderit, 2000).

1) 고용 불안에 대한 두려움

변화에 대한 구성원의 저항은, 첫째 변화가 고용안정을 저해할 것이라는 위기의식에서 비롯된다. 구성원들은 변화가 그들의 고용안정을 위협한다고 느낄 때 변화의 정당성이나 타당성에 관계없이 변화에 대해 강하게 그리고 맹목적으로 저항한다. 이와 같

🤝 새로운 제도도입의 어려움

마키아벨리는 〈군주론〉에서 새로운 제도를 도입하는 것이 어려운 이유를 다음과 같이 잘 설명하고 있다.

"새로운 형태의 정부수립을 주도하는 행위가 매우 어렵고 위험하며, 성공하기 힘들다는 점을 깨달을 필요가 있다. 그 이유는 구질서로부터 이익을 얻던 모든 사람들이 혁신적 인물에게 반대하는 한편, 새로운 질서로부터 이익을 얻게 될 사람들은 기껏해야 미온적인 지지자로 남아 있기 때문이다. 이렇게 미지근한 지지만 받는 이유는 잠재적 수혜자들이 한편으로 과거의 법제도를 전횡하던 적들을 두려워하고, 다른 한편으로 인간의 회의적인 속성상 자신들의 눈으로 확고한 결과를 직접 보기 전에는 새로운 제도를 신뢰하지 않기 때문이다. 그 결과 변화에 반대하는 세력들은 혁신자를 공격할 기회가 있으면 언제나 온 힘을 다하여 공격하는 데 반해, 그 지지자들은 반신반의하며 행동하는 데 그친다."

이처럼 기존 제도로부터 이익을 얻고 있던 기득권자들은 지위손실 및 이득상실의 두려움 때문에 변화에 대해 강하게 저항하는 반면, 잠재적 수혜자들은 미래의 불확실성으로 인해 새로운 제도에 대해 미온적인 태도를 보이는 것이 일반적이기 때문에 변화를 성공으로 이끄는 것이 어렵다고 할 수 있다.

자료: 니콜로 마키아벨리/강정인 (1998), 『군주론』, 까치.

은 현상은 특히 기업의 구조조정과 정리해고에 대한 노조의 단체행동에서 두드러지게 나타난다.

2) 지위 손실에 대한 불안감

구성원들은 조직구조나 직무내용 그리고 업무환경의 변화로 인하여 안정된 지위나 대우가 위협받는다고 예측되는 경우 이를 두려워하고 새로운 변화에 저항을 하게 된다. 또한 구성원들은 변화로 인한 새로운 직무나 지위 그리고 역할이 그들 자신의 경력진로에 도움이 되지 않는다고 생각할 때 이에 불안감을 느끼면서 변화에 저항한다.

3) 새로운 직무와 인간관계에 대한 불편함

특히 새로운 기술이 도입되거나 업무수행방법이 달라지는 경우에는 안정된 기존 업조직변화를 성공으로 이끌기 위해서는 변화에 대한 저항을 효과적으로 관리하는 것이 요구된다. 베카드와 해리스(Beckhard & Harris, 1987)가 제시한 성공변화의 공식은 조직변화의 성공적인 조건을 간결하면서도 분명하게 보여주고 있다.

불만족(D) x 비전(V) x 초기단계 성과(F) > 변화에 대한 저항(R)

성공변화의 공식은 변화에 대한 저항을 극복하기 위해서는 세 가지 요건이 모두 충족되어야 한다는 것을 강조하고 있다. 세 가지 요건이란 첫째, 현재의 상태에 대한 불만족(dissatisfaction), 둘째, 미래의 이상적인 상태에 대한 비전과 믿음(vision), 그리고 비전의 달성가능성을 나타내주는 초기단계에서의 가시적 성과(first step)를 말한다. 만일 세 가지 요건 중에 하나라도 0에 가깝다면 세 요소를 곱한 값은 0에 가깝기 때문에 변화에 대한 저항을 넘어서지 못하게 되고 변화가 실패로 끝나게 된다.

자료: Beckhard, R. & Harris, R.T. (1987), *Organizational Transitions: Managing Complex Change*, Reading, MA.: Addison-Wesley.

무패턴에 변화를 가져오게 되고 따라서 구성원들은 새로운 업무수행방법과 업무환경에 익숙해지기 위해 교육훈련을 받아야 하는 등 부가적인 노력을 기울여야 하고 또한 여러 가지 불편도 감수해야 한다. 특히 이러한 노력과 불편이 오랫동안 계속될 것으로 예상될수록 구성원들의 저항은 더욱 거세진다. 또한 조직개편으로 집단구성이 바뀌거나 직무관계에 변화가 있는 경우 기존의 인간관계가 해체되게 되어 새로운 인간관계를 맺어야 하고 새로운 구성원들과 상호작용을 해야 되며, 따라서 구성원들은 기존 시스템에서 느끼던 안정감을 잃게 되고 새로운 관계를 맺는 데 대한 불확실성과 불안감을 느끼면서 변화에 저항하게 된다.

4) 무관심 태도와 무사안일 의식

현대조직에서 권한의 집권화와 업무체계의 관료화는 구성원들을 소외시키고 조직의 효율성증대를 위한 개혁이나 변화에 대하여 무관심하게 만든다. 특히 관료조직의 경직된 문화는 구성원들로 하여금 목적의식을 잃게 하고 자신의 신분유지에만 관심을 기울이게 함으로써 어떠한 개혁에도 저항하는 역기능적 행동을 조성한다. 그리고 한때 성공적이었던 조직문화도 구성원들로 하여금 과거 성공에만 집착하고 기존 관행을 버리지 못하게 만듦으로써 결국 새로운 변화에 저항하게 만드는 결과를 가져올 수 있다. 이와 같은 경향은 우리나라 기업에서도 흔히 볼 수 있었다. 우리나라 기업은 과거 40년간에 걸쳐서 정부 주도의 계획경제에 적합한 기업문화를 정착시켜왔는데, 이처럼 강하게 정착된 기존 문화는 세계화와 개방화 시대에 맞는 새로운 기업문화를 창출하는 데 걸림돌로 작용하기도 했다.

3 변화에 대한 저항의 관리

조직변화가 성공적으로 추진되기 위해서는 변화에 대한 구성원들의 저항을 적절하게 관리해야 한다. 구성원들의 저항에 대처하고 이를 극복하기 위한 방법으로 다음과 같이 여섯 가지 접근방법을 제시할 수 있다(Kotter & Schlesinger, 1979).

1) 조직변화 관련 교육훈련과 의사소통(Education & Communication)

조직변화와 관련된 부정확한 정보를 갖고 있거나 정보가 부족한 경우 구성원들은 조직변화에 대해 무조건적으로 저항할 수 있는데, 교육훈련과 의사소통은 이러한 유형의 저항을 극복하기 위한 효과적인 방안이다. 조직변화의 필요성, 추진내용과 그 효과에 대한 정보를 제공하고 교육을 실시함으로써 변화 노력에 대한 이해를 증진하고 변화와 관련된 근거 없는 소문을 차단하는 것이다.

2) 조직변화 과정에의 참여(Participation & Involvement)

변화주도자가 조직변화와 관련된 충분한 정보를 갖고 있지 않은 경우 또는 변화 대상자들이 상당한 영향력을 갖고 있는 경우, 조직변화를 성공으로 이끌기 위해서 조직구성원들의 협조가 무엇보다 중요하다. 이러한 상황에서는 변화 대상자들을 변화 과정에 참여하고 몰입하게 하면 변화에 대한 저항을 효과적으로 줄일 수 있다.

3) 후원과 지지(Facilitation & Support)

조직구성원들이 변화된 환경에 적응하는 문제 때문에 저항을 하는 경우, 구성원들에 대한 지지와 후원(예, 특별 교육, 심리상담 등)이 저항을 줄일 수 있는 효과적인 방안이 된다. 특히 상담프로그램, 후원적 리더십 등 조직의 체계적 후원은 변화의 과도기에 나타날 수 있는 구성원들의 두려움과 불안을 줄여줄 수 있다.

4) 협상과 협의(Negotiation & Agreement)

조직변화로 인한 지위손실 가능성 때문에 조직구성원들이 저항을 하는 경우, 협상과 협의 과정을 통해 변화에 대한 인센티브를 제공함으로써 저항을 줄일 수 있다. 변화에 저항하는 사람들에게 변화프로그램들 중에서 자신들에게 불리한 일부 변화에 대해 거부할 수 있는 권리(veto)를 제공하거나 또는 조직변화의 결과로 긍정적인 성과가 창출되었을 때 인센티브를 제공하는 것으로 협약을 체결함으로써 변화에 대한 저항을 줄이고 변화에 동참하도록 만들 수 있다.

5) 상황조작과 포섭(Manipulation & Co-optation)

저항을 극복하기 위한 다른 방법들이 효과적이지 않거나 너무 비용이 많이 드는 경우, 변화에 저항하는 사람들을 포섭하는 등 조종 방법을 쓸 수도 있다. 변화에 저항하는 사람들의 리더를 변화 계획을 수립하고 실행하는 의사결정 기구에 포함시킴으로써 변화에 대한 저항을 제도적인 차원으로 제한할 수 있다. 즉, 저항세력의 리더를 제도권으로 흡수하여 그들의 참여를 형식적으로 보장하고 변화실행에 위협이 되지 않는 범위 내에서 의사결정 과정에서의 상징적 역할을 부여함으로써 변화에 대한 저항을 관리하는 것이다.

6) 강압적인 수단(Explicit & Implicit Coercion)

강압적인 수단은 변화를 신속하게 추진해야 하는 경우 최후의 수단으로 활용할 수 있다. 강압적인 수단이란 변화에 저항하는 경우 배치전환, 승진기회 박탈, 대기발령, 해고 등의 조치를 취하겠다고 압력을 행사하는 등 조직변화를 받아들이도록 구성원들에게 직접 또는 간접적으로 압력을 행사하는 것을 말한다.

03 조직개발 개입과 변화전략

조직개발을 통해 성공적으로 조직 변화를 이끌어내려면 적절한 개입전략을 선택하여 조직 변화를 계획적으로 그리고 효율적으로 추진해야 한다. 개입의 개념과 전략 그리고 실시방법을 살펴본다.

개입과 변화담당자

먼저 개입 개념과 개입역할을 주도적으로 담당하는 전문가인 변화담당자에 관하여 알아본다.

1) 개입의 개념

개입(intervention)이란 일반적으로 개인, 집단과 조직 등 특정 대상에 대하여 그들을 도와주기 위하여 의도적으로 끼어드는 것을 의미한다(Argyris, 1970, p.15). 따라서 개입은 조직개발 과정에서 변화전문가(또는 컨설턴트)와 변화대상 구성원들이 변화를 계획하고 실천하는 과정에 참여하는 것을 의미한다(French, Bell, & Zawacki, 2000). 이러한 변화활동은 대체로 문제진단과 문제해결을 중심으로 전개되며, 따라서 개입은 자연적인 또는 우연한 변화보다는 의도적이고 계획적인 변화를 발생 또는 촉진시키려는 것을 목적으로 한다.

2) 변화담당자

변화담당자(change agent)는 변화를 주도하는 핵심인물로서 조직 내부의 변화전문가나 관리자일 수도 있고 외부 컨설턴트일 수도 있다. 변화담당자가 내부의 변화전문가나 관리자인 경우에는 문제집단에 소속된 구성원이 아닌 경우가 대부분이다. 변화담당자는 조직의 변화상황에 따라서 다양한 기능과 역할을 수행하며, 성공적인 조직변화에 결정적인 역할을 한다. 따라서 변화담당자는 다음과 같은 몇 가지의 기본자격과 요건을 구비하는 것이 바람직하다(Tichy, 1974, p.165).

첫째로, 변화담당자는 변화상황에 따라서 연구조사, 변화의 구상과 계획수립, 교육훈련, 상담, 자문, 변화 관리 등 다양한 기능을 발휘해야 하기 때문에 이러한 다양한 역할을 수행할 수 있는 지식과 역량, 그리고 경험과 행동특성을 갖추고 있어야 한다. 둘째로, 변화담당자는 적시에 전체 조직을 대상으로 개입활동을 전개해야 하므로 문제집단은 물론 전체 조직에 관한 정보자료를 항상 가지고 있어야 하며, 조직 내부의 권력구조와 영향관계 등 비공식적인 조직행동에 대해서도 충분히 이해하고 있어야 한다. 셋째, 변화담당자는 조직에서 요구되는 새로운 가치관과 행동을 개발하는 데 필요한 구체적인 변화기법을 적용할 수 있는 능력을 갖추고 있어야 한다.

변화담당자는 조직개발 초기부터 상위 경영계층과의 긴밀한 협의하에, 조직개발의 목표 설정과 세부적인 실행계획 수립을 비롯하여 조직구성원과 집단을 대상으로 실제

변화를 유도하고 효과평가에 이르기까지 조직개발 전반에 걸쳐서 중심적인 역할을 한다. 변화담당자의 역할은 조직개발수준이 고도화될수록 더욱 확대된다.

2 변화전략의 유형

조직개발 과정에서 변화를 성공적으로 추진하려면 변화전략이 필요한데, 이들 변화전략을 몇 가지 유형으로 분류해볼 수 있다(Jick, 1995; Nadler, 1988). 주로 개입의 시기, 변화의 범위와 속도, 구성원의 참여, 그리고 저항의 강도 등이 분류의 기준이 된다.

1) 반응적 변화와 예측적 변화

첫째, 변화시기는 어느 시점에 변화를 추진할 것인가에 관한 것으로서, 특별한 사건에 대응하기 위해 사후적으로 추진하는 반응적 변화(reactive change)와 미래에 발생할지도 모르는 사건에 대비하여 사전적으로 추진하는 예측적 변화(anticipatory change)로 구분할 수 있다. 반응적 변화는 급격한 성과하락, 시장점유율의 잠식, 경쟁기업의 급부상 등 조직에 충격적인 사건 또는 특별한 계기가 생긴 다음에 변화의 필요성을 인식하고, 이에 사후적으로 대응하는 변화이다. 반면에, 예측적 변화는 특정 사건이 발생하기 이전에 미래의 환경변화를 미리 예측하고, 이를 바탕으로 위기의식을 갖고서 사전적으로 추진하는 변화를 가리킨다.

2) 전략적 변화와 점진적 변화

둘째, 개입의 범위는 조직 전체를 대상으로 대대적인 변화를 추진하는 것인지 아니면 조직의 일부분에 초점을 두고 점진적으로 변화를 추진하는 것인지를 가리킨다. 급진적 또는 전략적 변화(strategic change)는 경영전략의 변화와 조직구조 개편 등 전체 조직을 근본적으로 변화시키는 것을 말한다. 즉, 외부환경과 조직구성요소 간의 관계를 재조정하기 위해 사업영역의 변경, 전면적인 조직개편, 조직문화의 재정립 등 조직 전반적으로 대대적인 변화를 가져오는 것이다. 이러한 전략적 변화는 한마디로 경영패러다임의 전환(paradigm shift)을 특징으로 한다. 반면에, 점진적 변화(incremental change)는 조직구성요소들 간의 적합관계를 유지하기 위하여 조직의 일부분을 변화시키는 것을 말한다. 조직의 내부구성요소들 간의 관계가 부적합하여 조직성과가 저하되는 경우 이들 문제를 개선하고 적합관계를 다시 회복하게끔 하는 것이다. 따라서 점진적 변화는 기존의 전략과 구조적 틀 속에서 조직시스템의 일부분을 변화시키는 것을 말한다.

3) 변화전략의 유형

위에서 제시한 변화실시의 시기와 변화의 범위를 기준으로 조직변화를 네 가지 유형으로 분류해볼 수 있다(Nadler, 1988, pp.70~73).

① 조율적 변화(tuning): 미래의 주요 사건이나 환경변화를 미리 예측하고 사전에 조직시스템을 적절히 개선, 보완 또는 조정하는 점진적 변화이다. 예를 들자면, 엔진에 문제가 있어서 이를 고치는 것이 아니라 연비를 향상시키기 위해 엔진의 성능을 점진적으로 개선하는 것과 같이 심화되는 경쟁환경에 대비하여 조직구조와 관리시스템을 점진적으로 개선하는 것을 말한다.

② 적응적 변화(adaptation): 적응적 변화는 경쟁기업의 전략변화, 고객욕구의 변화, 새로운 기술의 도입 등과 같은 주요 사건이 발생한 경우 이에 대응하기 위해 점진적이고 부분적으로 조직시스템을 변화시키는 것이다. 적응적 변화는 기존 경영전략을 근본적으로 바꾸거나 조직시스템을 전면적으로 개편하는 것이 아니라 문제의 대상이 되는 전략이나 관리제도 등을 부분적으로 바꾸는 것을 가리킨다.

③ 전향적 변화(reorientation): 전향적 변화는 미래의 환경변화를 예측하고 이에 사전적으로 대비하기 위해 기업의 기본성격과 경영전략을 바꾸는 것이다. 이는 기업이념과 경영전략을 재정립(redirection)하는 등 근본적인 변화를 수반하지만, 기존의 조직시스템을 완전히 폐기하고 새로운 시스템을 도입하기보다는 조직변화로 인한 혼란과 고통을 줄이기 위해서 과거와의 연속성을 유지하면서 조직변화를 추

그림 12-3 변화전략의 유형

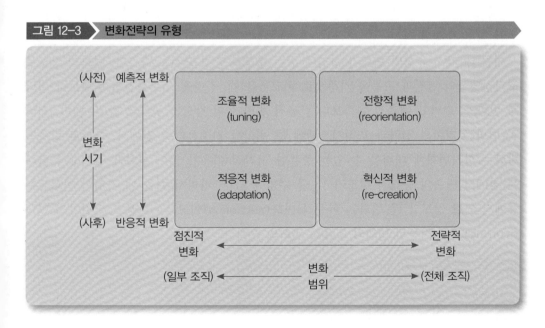

진하는 것을 가리킨다.

④ 혁신적 변화(re-creation): 혁신적 변화는 외부 환경의 변화로 인하여 기존 전략과 시스템에 대대적인 변화를 가져오는 것이다. 이러한 변화는 기존의 관행으로부터 완전히 탈피하는 것이며, 최고경영진의 교체뿐만 아니라 기본 가치, 경영전략, 조직문화 및 권력구조의 재편을 포함한다. 예컨대, 우리나라 기업들이 외환위기 이후 짧은 기간에 대대적인 구조개편을 단행해야만 했는데, 이는 혁신적 변화에 해당된다고 할 수 있다.

이상 네 가지의 변화유형 중에서 전향적 변화와 혁신적 변화는 경영전략과 조직시스템을 근본적으로 재편하는 것을 가리키는데, 외부 환경의 변화가 생긴 다음에 이에 대응하는 혁신적 변화보다는 외부 환경의 변화를 미리 예측하고 사전에 대비하는 전향적 변화가 조직에 충격과 혼란을 덜 준다는 점에서 바람직하다고 할 수 있다. 1980년대 초 GE의 잭 웰치 회장은 다가오는 환경변화를 사전에 예측하고 강력한 구조조정과 새로운 기업문화를 개발함으로써 세계적인 경쟁력을 확보하는 데 성공하였는데, 이는 전향적 변화의 대표적인 예라 할 수 있다. 반면, GM, IBM과 Xerox 등은 경영환경 변화에 신속히 대응하지 못하고 경영성과가 악화된 뒤에야 비로소 대대적인 경영혁신에 나섬으로써 상당히 고통스러운 변화과정을 거친 후에야 비로소 경쟁력을 회복할 수 있었는데, 이는 혁신적 변화의 대표적인 예라 할 수 있다(이학종, 2003; Carroll, 1993; Gerstner, 2002; Kearns & Nadler, 1992; Keller, 1989; Slater, 1999).

4) 변화 유형과 강도

이들 네 가지 유형의 변화가 기업에 주는 영향과 충격은 서로 다르다. 변화의 강도를 조직경영상의 단절과 고통을 기준으로 비교했을 때, 전반적으로 점진적 변화보다 전략적 변화가, 그리고 예측적 변화보다 반응적 변화가 더 강도가 높다고 할 수 있다. 전략적 변화는 기존의 전략과 조직시스템에 큰 변화를 가져온다는 점에서, 그리고 반응적 변화는 환경변화에 대비할 수 있는 충분한 시간적 여유가 없이 변화를 실행해야 한다는 점에서 변화의 충격과 강도가 더 클 수밖에 없다. 따라서 이들 네 가지의 변화유형 중에서 가장 강도가 큰 변화는 혁신적 변화(re-creation)이고, 그 다음으로 전향적 변화(reorientation), 적응적 변화와 조율적 변화의 순이다.

끓는 물 속 개구리 우화(parable of the boiled frog)

기업의 실패를 연구하다 보면 서서히 발생하는 생존에의 위협에 대처하지 못한 것이 실패의 원인이 되는 경우가 많다. 끓는 물을 담은 냄비에 개구리를 집어넣으면 개구리는 즉시 뛰쳐나오려고 애쓸 것이다. 하지만 만약 상온의 물에 개구리를 넣고 겁을 주지 않는다면 개구리는 그 속에 계속 머물러 있다. 이제 그 냄비를 난로에 놓고 서서히 온도를 높여가면 매우 흥미로운 일이 일어난다. 온도가 섭씨 21.1도에서 26.7도로 높아지는데 개구리는 아무것도 하지 않는다. 실제로 개구리는 매우 만족스러운 표정을 짓는다. 온도가 점점 올라감에 따라 개구리는 점점 더 무기력해지고 결국에는 냄비에서 기어나올 힘마저 잃어버린다. 그 냄비에서 뛰쳐나오는 것을 방해하는 것은 아무것도 없는데 개구리는 냄비 속에서 그냥 삶아진다. 왜 그런가? 그 이유는 생존을 위협하는 온도의 변화를 감지하는 개구리의 내부기관은 환경의 갑작스런 변화만을 인지할 뿐 서서히 일어나는 변화는 전혀 깨닫지 못하기 때문이다.

이와 유사한 일이 미국 자동차 산업에서 있었다. 미국 자동차 산업은 1960년대에 북아메리카의 생산을 지배하고 있었다. 이러한 상황은 서서히 변하기 시작했다. 1962년 일본 자동차 회사가 미국 시장에서 4%에도 미치지 못하는 점유율을 기록했을 때, 디트로이트에 있는 3대 기업은 일본을 그들의 생존에 대한 위협으로 인식하지 않았다. 1967년에 시장점유율이 10%에 근접했을 때에도 상황은 마찬가지였다. 1974년 15%에 육박했을 때에도 역시 그러했다. 3대 자동차 회사가 심각한 사태로 인식하기 시작한 것은 1980년대 초반이었는데 이때에는 일본의 미국 내 시장점유율은 이미 21.3%로 높아져 있었다. 1989년에 이르자 일본차의 점유율은 30%에 육박했으며 미국의 자동차 산업은 미국 내에서 판매되는 차의 60%만을 점유했을 따름이다(Senge, 1990).

경영혁신에서 예측적 변화 및 급진적 변화를 주장하는 경영자들은 흔히 '끓는 물 속의 개구리' 논리를 적용하여 그들의 주장을 펼치는데, 대표적인 경영자가 바로 GE의 잭 웰치(Jack Welch) 회장이다. GE는 1879년에 창립된 이래 전기관련 제품, 플라스틱, 의료기기와 항공기 엔진 등의 사업분야에서 초대형 기업으로 꾸준히 성장하면서 기술개발과 경영기법에 있어서 선두적 위치를 유지해 왔다. 그러나 1980년대에 들어서 점차 치열해지는 시장경쟁 속에서 GE의 경쟁력이 약화되는 증상을 보이자 웰치 회장은 경쟁력강화를 위하여 근본적인 기업변신(corporate transformation)이 필요함을 느꼈다.

그러나 기술과 경영에서 최고의 전통을 지키면서 계속 성장하고 있는 상황이어서 GE의 임원과 관리자들은 웰치 회장의 위기감과 비전을 쉽게 받아들이지 않았다. 따라서 웰치 회장은 임원과 관리자들이 과거의 성공과 우월감에 안주하는 자세에서 탈피하려면 무엇보다도 충격적인 자극이 필요하다는 전제하에 '끓는 물 속의 개구리' 논리를 바탕으로 대대적인 구조조정과 워크아웃 조직개발 등 경영혁신전략을 강력하게 전개하였고, 그 결과 기업가치를 획기적으로 높이는 성과를 올릴 수 있었다.

3 변화의 접근방법

조직변화를 실시하는 데 있어서 조직구성원들에게 변화와 관련된 의사결정에 참여할 수 있는 기회가 얼마나 주어지느냐에 따라서 〈그림 12-4〉와 같이 세 가지 접근방법으로 구분해볼 수 있다.

1) 일방적 접근방법(unilateral approach)

일방적 접근방법은 상위경영층에서 변화의 방향이나 방법들을 모두 결정하고 이를 강력하게 실행해나가는 것을 말한다. 즉, 변화에 관련된 모든 권한과 영향력이 상위경영층과 변화담당자에 집중되고 하위계층의 구성원들에게는 변화과정에 참여할 기회가 주어지지 않는 것이다. 조직개편, 인사이동, 경영방침과 관리제도의 개선, 규정 개정, 새로운 기술과 작업방법의 도입 등 기술·구조적 개입의 경우 주로 상위경영층의 주도하에 일방적으로 전개되는 것이 일반적이다. 특히 구성원들의 이해관계와 상충될 수

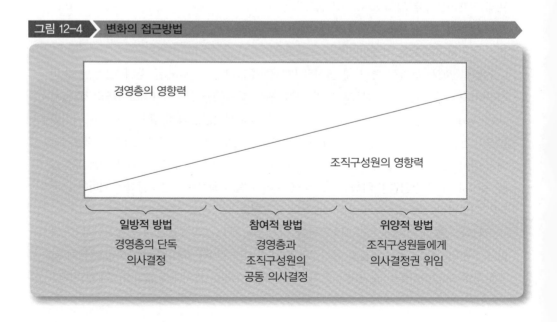

그림 12-4 ▶ 변화의 접근방법

경영층의 영향력

조직구성원의 영향력

일방적 방법	참여적 방법	위양적 방법
경영층의 단독 의사결정	경영층과 조직구성원의 공동 의사결정	조직구성원들에게 의사결정권 위임

있는 조직변화를 추진하는 경우 상위경영층에서 조직변화를 강력하게 주도하는 것이 더 효과적이라 할 수 있다. 일방적 접근방법은 변화과정을 신속히 추진할 수 있다는 장점을 지니고 있는 반면에, 조직구성원의 저항을 유발함으로써 변화가 실패할 위험성도 지니고 있다.

2) 참여적 접근방법(participative approach)

참여적 접근방법은 경영층이 조직변화를 일방적으로 주도하는 것이 아니라 조직구성원들의 참여를 유도하고 협조를 얻어내는 것으로서 경영층과 조직구성원들이 문제의 진단 및 해결방안 모색, 그리고 변화집행에 공동으로 참여하는 것을 말한다. 참여적 접근방법은 특히 조직구성원들의 태도와 행동변화를 필요로 하는 조직개발의 경우 효과적이라고 할 수 있다. 참여적 접근은 전통적인 조직개발에서 강조되어온 접근방법으로서 구성원들로 하여금 변화와 관련된 의사결정에 참여하도록 함으로써 구성원들의 변화에 대한 저항을 줄이고 몰입과 협력을 이끌어낼 수 있으며, 또한 문제 분석 및 해결대안을 모색하는 데 있어서 다양한 그리고 창의적인 아이디어를 많이 도출할 수 있다는 이점을 갖는다.

3) 위양적 접근방법(delegated approach)

위양적 접근방법은 일방적 접근방법과 상반되는 것으로서 조직구성원들이 변화과정에서 구조적 제약조건 없이 변화와 관련된 의사결정을 주도하는 것을 말한다. 즉, 위양적 접근방법에서는 참여적 접근방법에서보다도 조직구성원들에게 더 많은 권한과 역할을 부여한다. 위양적 접근방법은 조직구성원들이 변화관리와 관련된 지식, 경험과 능력을 보유하고 있고, 변화실행에 대한 자발적 의지가 강한 경우에 효과적이다.

이상 조직변화 개입과정에서 고려될 수 있는 여러 가지 접근방법을 살펴보았는데, 이러한 접근방법들은 각각 장·단점을 지니고 있으므로 상황에 따라서 적절한 접근방법을 선택하는 것이 요구된다.

4 문화적 특성과 변화관리

이 장에서 우리는 조직개발의 개념과 변화과정에 작용하는 저항요소 그리고 변화담당자의 개입역할을 알아보았다. 조직개발은 환경변화에 대한 조직체의 적응능력향상을 위한 계획적 변화로서, 조직의 구조적 개념과 더불어 무엇보다도 조직구성원들의 효율적인 행동변화를 목적으로 한다. 구성원들의 행동변화는 그들의 가치관과 기본전제의 변화를 요구하는 만큼, 조직개발은 구성원의 행동을 지배하는 사회 및 조직문화로부터 많은 영향을 받는다. 그리고 조직개발의 주도적 역할을 하는 변화담당자의 가치관과 기본전제도 그의 개입활동에 직접적인 영향을 준다(Champoux, 2003, pp.412~413).

사회문화 수준에서 권력중심성(power distance)이 강한 아시아와 남미 문화권에서는 권력중심성이 비교적 약한 서구 문화권에 비하여 변화를 일방적으로 그리고 하향식으로 추진하는 경향이 있고, 극단의 경우에는 구성원들 자신이 상위계층의 강력한 하향적 변화추진을 선호하기도 한다(Michailova, 2000). 그리고 집단주의가 강한 문화권에서는 개인주의가 강한 문화권에 비하여 조직 내부의 인화와 안정을 강조한다. 따라서 우리나라와 일본은 서구 국가들에 비하여 변화의 필요성과 인화의 전통가치 간의 적절한 균형을 찾는 데 더 많은 노력을 기울이며, 이로 인해 변화가 지연되거나 변화의 효과가 제한되는 경우가 발생하곤 한다.

불확실성회피성(uncertainty avoidance)이 강한 문화권에서는 변화에 따른 불확실성이 구성원들에게 큰 불안감과 불만족을 야기시키는 반면에, 불확실성회피성이 약한 스웨덴이나 일부 서구 문화권에서는 변화에 따른 불확실성을 비교적 잘 수용한다(Hofstede, 1991). 우리나라는 불확실성회피성이 비교적 강한 편이어서 변화상황하에서 구성원들이 불확실성을 적절히 수용하지 못하고 변화에 저항하거나 심한 스트레스를 겪는 경우가 많다. 따라서 하향식의 변화를 추진하더라도 변화의 목적과 과정을 사전에 명백히 하여 구성원들의 불확실성 및 불안감을 해소하는 것이 매우 중요하다.

04 조직개발의 발달과정

조직개발이 어떤 과정을 거쳐서 발달되었는지를 살펴보면, 조직개발의 개념과 특성을 이해하는 데 도움이 될 것이다. 조직개발의 역사는 〈그림 12-5〉와 같이 다섯 가지 주요 흐름으로 정리해볼 수 있다(Cummings & Worley, 1997, p.7). 첫 번째는 National Training Laboratory(NTL)에서 시작된 실험실훈련이다. 이는 감수성훈련 또는 T-그룹으로 널리 통용되고 있다. 둘째는 실행조사모형(action research)으로 사회과학자들이 연구결과를 변화관리에 적용하려는 시도로 시작되었다. 대표적인 예로 설문조사피드백(survey feedback)을 들 수 있는데, 집단역학과 사회변화 분야의 이론가이면서 실천가

그림 12-5 ▷ 조직개발의 발달배경

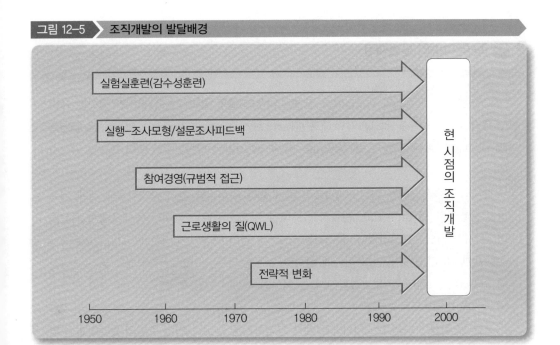

였던 레빈(Kurt Lewin)이 T-그룹, 설문조사피드백과 실행조사 접근법의 발달을 가져오는 데 주도적인 역할을 하였다. 셋째는 리커트(Rensis Likert)의 참여적 경영과 블레이크와 무톤(Blake & Mouton)의 그리드조직개발 등 규범적인 접근이다. 네 번째 배경은 생산성과 근로생활의 질(quality of work life)에 초점을 둔 접근이고, 마지막으로 다섯 번째는 가장 최근의 흐름으로서 전략적 변화와 대대적인 조직변혁에 초점을 두고 있다. 이들 다섯 가지 발달배경에 대해 간략히 살펴보고자 한다(Cummings & Worley, 1997, pp.6~16).

1 실험실훈련(Laboratory Training)

실험실훈련이란 구조화되지 않은 소집단 내에서 참가자들이 서로 개방적이고 자유로운 상호작용을 하면서 대인관계, 개인적 성장, 리더십, 집단역학, 행동개선과 같은 이슈들을 학습하는 것을 말한다. 실험실훈련은 1946년 MIT대학의 집단역학연구소(Research Center for Group Dynamics)에서 레빈(K. Lewin)을 중심으로 지역사회 지도자들에 대한 훈련을 실시하면서 시작되었다. 소집단 단위로 워크숍이 진행되었는데, 지역사회 지도자들이 모여서 리더십에 대해 배우고 서로 문제점들에 대한 토론이 이루어졌다. 매일 워크숍이 끝나면 연구원들은 참가자들의 행동과 집단역학에 대해 그들이 관

T-Group의 출현배경

1946년 New Britain의 워크숍에서 진행된 일련의 활동 결과 T-Group이라 불리는 개념이 등장하게 되었는데, 워크숍의 스태프는 Kurt Lewin, Kenneth Benne, Leland Bradford와 Ronald Lippitt로 구성되었으며, Lewin을 제외한 세 사람은 학습집단의 리더 역할을 담당하였다.

각각의 학습집단에는 집단구성원들과 리더 외에 구성원들 간의 상호작용에 대해 기록하는 관찰자를 한 명 두었고, 관찰자들은 매일 워크숍이 끝날 때마다 스태프에게 자신들이 관찰한 내용을 보고하였다. 참가자들 중에 세 명의 여성이 이러한 보고회합(reporting session)이 있다는 것을 알고 여기에 참석할 수 있는지 문의하였고, 참석해도 좋다는 결정이 내려졌다. 그런데 첫 보고회합에서 한 여성이 자신이 행한 행동의 의미를 놓고 관찰자의 의견에 반대함으로써 열띤 토론이 벌어졌다.

그들 세 여성은 다음 보고회합에도 계속 참석하기를 원했고, 이날 토론의 활발함과 풍부함에 자극받은 레빈과 스태프들은 이에 적극 동의하였다. 다음 보고회합에는 워크숍 참가자의 반 정도가 참석하였고, 이러한 형식의 보고회합은 T-Group 기법의 핵심적인 부분을 차지하게 되었다. 이러한 형식의 피드백을 통해 참가자들은 집단 상호작용과 대인관계 문제에 대한 풍부한 학습경험을 할 수 있게 되었으며, 특히 참가자들로 하여금 자아인식(self-awareness)을 높임으로써 행동을 개선할 수 있는 기회를 제공해주게 된 것이다.

자료: French & Bell (1995), *Organization Development*, Upper Saddle River, NJ: Prentice-Hall, p.37.

찰한 것을 비공개로 토론하였는데, 훈련 참가자들의 요청에 의해 참가자들도 이 피드백 회합에 참관하게 되었다. 그런데 연구원들이 관찰한 결과를 피드백하는 과정에서 연구자와 훈련 참가자들 간에 의견의 차이가 드러났고 이에 관해 열띤 토론이 전개되었다. 레빈은 이러한 피드백과 토론 과정이 자아인식과 행동개선에 큰 도움이 된다는 것을 깨닫고, 이를 하나의 교육훈련 접근방법으로 발전시킴으로써 오늘날의 실험실훈련으로 발달하게 되었다. 연구자들은 이러한 T-그룹 실험을 통해 두 가지의 결론을 얻었는데, (1) 집단 상호작용에 대한 피드백이 풍부한 학습경험을 제공한다는 것과 (2) 팀구축(team building)의 과정이 현장상황에 적용 가능한 학습이 될 수 있다는 것이다.

이러한 경험을 발판으로 재정적 지원을 받아서 National Training Laboratory(NTL)를 설립하였고, 1947년에 기본훈련 프로그램을 운영하기 시작하였다. 이 프로그램은

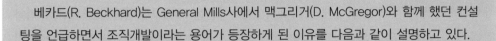
매우 성공적이어서 1948년과 1949년에 카네기재단이 지원을 하였고, 이로써 T-그룹 훈련은 NTL의 지속적인 프로그램으로 자리 잡게 되었다.

1950년대에 들어서면서 세 가지 동향이 나타나게 되었다. 첫째, 지역단위의 훈련기관이 등장하였고, 둘째, 여름 프로그램이 연중 프로그램으로 확장되었고, 셋째, NTL의 구성원들이 산업 프로그램에 관여하는 것이 늘어나면서 T-그룹이 기업 및 산업계로 확산되기 시작하였다. 대표적인 예를 들자면, 맥그리거(D. McGregor)가 Union Carbide에, 쉐파드와 블레이크(H. Shepard & R. Blake)가 Esso Standard Oil(현 Exxon)에, 그리고 맥그리거와 베카드(D. McGregor & R. Beckhard)가 General Mills에 T-그룹 훈련을 적용하였고, 이때부터 '조직개발'이라는 용어가 사용되기 시작하였다.

T-그룹 기법은 조직에서 점차 팀구축(team building)으로 알려지게 되었는데, 한편으로는 작업집단이 과업을 효과적으로 수행하게끔 해주고, 다른 한편으로는 구성원들의 욕구를 충족시키는 조직개발 기법으로 자리매김하게 되었다.

2 실행−조사(Action Research)와 설문조사피드백(Survey Feedback)

실행−조사는 1940년대 콜리어(J. Collier), 레빈(K. Lewin)과 화이트(W. Whyte) 등의 사회과학자들이 수행한 연구에서 비롯되었다. 이들은 조직구성원들이 변화를 관리하기 위해 연구자료를 활용하고자 한다면 실행과 밀접하게 연계된 연구가 필요하다는 것을 발견하였다. 이에 따라 조직운영과 관련된 자료를 수집하고, 문제의 원인을 분석하고, 해결대안을 고안하여 실행하는 데 있어서 무엇보다도 조직구성원들과 연구자들 간의 협력이 중요하다는 것을 인식하였다. 그리고 실행이 이루어진 다음에 실행결과에 대한 자료를 수집하여 문제점을 분석하고 다시 해결대안을 실행함으로써 조사(research)와 실행(action)의 과정을 반복적으로 수행한다. 이와 같이 실행−조사는 조직구성원들이 변화의 대상인 동시에 주체가 되게끔 한다. 즉, 구성원들은 참여적인 접근방식을 통해 직접 조사결과를 분석하고 이를 자신들의 행동 개선 및 변화에 활용한다.

실행−조사 접근법을 활용한 대표적인 사례로는 Harwood사에서의 레빈의 실험, 변화에 대한 저항을 극복하는 방안에 대한 코크와 프렌치(L. Coch & J. French)의 연구, 시카고의 Tremont 호텔에서의 화이트와 해밀튼(W. Whyte & E. Hamilton)의 연구, 그리고 인종문제를 해결하는 데 활용한 콜리어(J. Collier)의 노력 등을 들 수 있다. 이들 연구들은 실행−조사 기법이 조직변화를 위한 도구로서 자리 잡게 하는 데 큰 공헌을 하였고, 그 결과로 오늘날 실행−조사는 조직개발 기법들의 근간이 되고 있다.

실행−조사 접근법의 핵심요소는 조직구성원들로부터 설문자료를 체계적으로 수집하고 이를 그들에게 피드백해주는 것이다. 1947년 레빈의 사후에 MIT 대학의 집단역학연구소는 그 기능이 미시간대학의 사회과학연구소로 옮겨졌다. 이 연구소는 리커트(R. Likert)가 소장을 맡고 있었는데, 그는 태도조사에 대한 과학적 접근법을 개발한 선구자로서 설문조사에서 통용되고 있는 5점 리커트 척도(five-point Likert scale)를 개발하였다.

리커트와 만(F. Mann)은 Detroit Edison 회사에서 경영자와 종업원들을 대상으로 전사적인 설문조사를 실시하였다. 2년 동안의 조사를 통해 상사 및 동료와의 관계, 승진기회, 직무만족도 등에 대한 8천 명 종업원의 태도뿐만 아니라 일선 관리자와 상위 경영층의 태도에 관한 자료가 축적되었다. 이후 상호 연쇄적인 회합을 통해 일련의 피드백이 진행되었는데, 설문조사 결과를 먼저 최고경영층에 보고하고 그 다음 단계로 전조직에 전달하였다. 피드백 회합은 과업집단을 중심으로 이루어졌는데, 상사와 부하 직원들이 공동으로 자료에 대해 분석하고 토론하였다.

1950년에 8개의 부서가 설문조사를 다시 요청함에 따라 새로운 주기의 피드백 회합이 이루어지게 되었다. 4개의 부서에서는 피드백 방법이 활용되었으나, 그 방식은 다소 차이가 있었다. 2개 부서는 부서 수준에서만 피드백을 받았는데, 부서 책임자가 바뀌는 바람에 후속조치가 아무것도 이루어지지 않았다. 이후 3차 후속조사를 실시한 결과 피드백을 받았던 부서가 피드백이 없었던 부서보다 좀 더 긍정적인 변화가 이루어졌다는 것을 발견하였다. 이러한 결과에 힘입어 리커트와 만은 설문조사피드백이 조직변화를 추진하는 데 효과적이라는 확신을 갖게 되었고, 이를 계기로 설문조사피드백을 다양한 상황에 적용하게 되었다.

3 규범적 접근: 참여경영과 그리드조직개발

최선의 조직관리 방식(one best way)을 제안하는 인간관계 전통도 조직개발의 발전에 큰 역할을 하였다. 최선의 방식을 제시하는 규범적 접근의 대표적인 예로 리커트(R. Likert)의 참여경영(시스템 4 유형)과 블레이크와 무톤(Blake & Mouton)의 그리드조직개발(Grid OD)을 들 수 있다.

리커트는 조직이 다음과 같이 네 가지 유형의 경영시스템 중에 하나의 특성을 갖는 것으로 보았으며, 그중에 참여경영 시스템을 바람직한 경영시스템이라고 주장하였다.

① 시스템 1 유형: 착취적-권위적 시스템(exploitative authoritative system)으로서 전제적이고 하향적인 리더십을 특징으로 한다. 구성원에 대한 동기부여는 처벌과 경제적 보상에 의해 이루어지며, 하향적인 의사소통이 중심이 되고 수평적 상호작용이나 팀워크는 매우 적은 수준이다. 의사결정 및 통제 권한은 전적으로 상위경영층이 쥐고 있다.

② 시스템 2 유형: 온정적-권위적 시스템(benevolent authoritative system)으로서 가부장제적 경영시스템을 특징으로 한다. 즉, 리더가 한편으로는 권위주의적인 리더십을 발휘하고, 다른 한편으로는 구성원들을 배려하고 온정을 베푸는 방식이다. 구성원들에게 좀 더 많은 상호작용, 의사소통 및 의사결정의 기회가 주어지긴 하지만, 경영층에서 정해놓은 범위 내에서 제한적으로만 허용된다.

③ 시스템 3 유형: 상담적 시스템(consultative system)으로서 구성원들의 조직문제와 의사결정에 대한 의견 제시를 특징으로 한다. 구성원들 간의 상호작용과 의사소통이 더 빈번하게 이루어지고 구성원들에게 의사결정 권한이 좀 더 많이 부여되지만, 최종 의사결정을 내리는 것은 여전히 상위 경영층이다. 생산성이 비교적 높으

아지리스(C. Argyris)는 리커트(R. Likert)에 대해 다음과 같이 말하고 있다.

"리커트는 내가 대학원생이던 시절 조직개발 분야의 선두주자였다. 나는 그를 매우 존경했고 그가 이론과 실천을 연결시키려고 노력하는 점도 매우 존경했다. 내게 조직개발 분야에 대한 공로자들의 순위를 매기라면, 첫 번째는 레빈(K. Lewin), 두 번째는 리커트, 그리고세 번째로 맥그리거(D. McGregor)를 꼽을 것이다. 그들은 모두 자신만의 독특한 방식으로중요한 공헌을 했다."

자료: French & Bell (1995), *Organization Development*, Upper Saddle River, NJ: Prentice-Hall, pp.49~50.

며, 구성원들은 조직에 대한 만족도가 높은 편이다.

④ 시스템 4 유형: 참여적 시스템(participative system)으로서 시스템 1 유형과 정반대되는 특징을 갖는다. 상하간의 신뢰를 바탕으로 조직운영에 있어서 구성원들의 광범위한 참여와 몰입이 이루어진다. 즉, 구성원들이 목표설정, 의사결정, 결과평가등의 활동에 깊이 관여하며, 하향적 의사소통뿐만 아니라 상향적 및 수평적인 차원의 의사소통이 활발하게 이루어진다. 시스템 4 유형은 개방적이고 참여적인 조직운영을 통해서 생산성과 품질, 그리고 구성원들의 만족도를 높이는 것을 목표로한다.

리커트는 설문조사피드백 접근법을 활용하여 시스템 4 이론을 조직에 적용하였다. 조직구성원들을 대상으로 조직특성에 대한 설문조사를 실시하는 것으로부터 시작하는데, 리더십, 동기부여, 커뮤니케이션, 의사결정, 목표설정과 통제방식 등 여섯 가지 조직특성에 대해 현재 상태 및 이상적인 상태에 대한 구성원들의 의견을 조사한다. 다음단계로 조사자료를 조직구성원들에게 피드백 해주는데, 조직구성원들은 현재의 상황과이상적인 상태 간의 격차를 분석하고, 시스템 4의 상태로 조직을 발전시키기 위한 방안을 모색하고 실행계획을 수립한다.

규범적 접근의 또 다른 예로 블레이크와 무톤의 그리드 조직개발(Grid OD)을 들 수있다. 그리드 조직개발은 경영자의 리더십에 관한 규범적 모델인 관리그리드(Managerial Grid)에 기반을 두고 있는데(제9장 참조), '생산에 대한 관심'과 '인간에 대한 관심'을 모두 극대화할 수 있는 리더(9.9형)가 가장 이상적이라는 기본인식하에 이러한 이상형의 리더십을 개발하는 것을 목표로 하고 있다. 그리고 이러한 성과지향적 리더십 행동을 단계적으로 집단 및 조직개발에 적용함으로써 조직 전체의 성과를 높이는 것을 지향하고 있다. 그리드 조직개발은 개인 수준의 리더십개발로부터 전체 조직 수준의 전략 개발에 이르기까지 여섯 단계의 조직개발을 통해 이상적 조직모형의 실현을 목적으로 하고 있으며, 여러 가지 측정도구와 개인·집단의 자기평가, 그리고 다양한 지식·기술·행동 개발기법을 활용하면서 장기간에 걸쳐서 진행된다.

4 생산성과 근로생활의 질(QWL)

생산성과 근로생활의 질(QWL; quality of work life)을 향상시키기 위한 노력은 원래 1950년대 유럽에서부터 시작되었다. 런던에 소재한 타비스탁연구소(Tavistock Institute of Human Relations)의 트리스트(E. Trist)와 그의 동료들은 조직의 기술적 측면과 인간적 측면이 어떻게 상호작용하는지 연구하였고, 이는 직무설계에 있어서 사회기술시스템적(socio-technical system) 접근의 발달을 가져왔다. 이러한 연구에 기반을 두고 영국, 아일랜드, 노르웨이와 스웨덴의 실천가들은 일찍부터 기술과 인간을 좀 더 효과적으로 통합할 수 있는 직무설계를 시도하였는데, 이러한 QWL 프로그램들은 무엇보다도 노동조합과 경영진의 공동참여를 특징으로 하였다. 노사의 공동참여를 통해서 직무설계가 이루어졌고, 이를 통해 근로자들에게 더 많은 재량권, 과업다양성과 결과피드백을 부여되도록 하였다. 특히, 새로운 직무설계의 구체적인 형태로서 자율적 작업집단이 고안되고 활용되었다.

생산성과 QWL을 향상시키기 위한 프로그램들은 1960년대 들어서면서 미국으로 전파되었다. AT&T 사에서의 직무재설계 노력은 영리기업뿐만 아니라 공공부문에까지 다양한 직무충실화 프로그램들을 도입하게 만들었는데, 이러한 직무재설계의 기본 목적은 직무를 좀 더 도전적인 것으로 만듦으로써 구성원들의 동기를 유발하는 데 있었다. QWL 프로그램들은 점차적으로 개인 직무 차원이 아니라 집단 차원의 직무설계로 확장되었고, 더 나아가 보상시스템, 업무흐름, 경영스타일과 물리적 작업환경 등 구성원들의 생산성과 만족도에 영향을 미칠 수 있는 다른 조직관리 분야에도 관심을 기울였다. 이처럼 QWL의 관심분야가 넓어짐에 따라 초기의 직무충실화와 달리 좀 더 대규모의 장기 프로젝트로 진행되게 되었다.

QWL 프로그램이 종업원 몰입, 참여 경영과 산업민주주의 등의 이념을 지지한다는 점에서 이념적인 운동으로 인식되기도 하였다. 또한, 품질관리 분임조(quality circle) 등의 일본식 경영방식과 종업원참여 프로그램, 그리고 총체적 품질경영(TQM; total quality management)도 QWL의 발전에 큰 영향을 미쳤다. 총체적 품질경영은 고객의 관점에서 제품과 서비스의 품질을 지속적으로 개선하는 것을 목표로 하는데, Ford, Motorola, Xerox와 GE 등 많은 기업들이 이를 도입함에 따라 조직개발 기법의 하나로 널리 확산되게 된 것이다.

5 전략적 변화

전략적 변화 노력은 조직개발의 발전단계에 있어서 가장 최근의 것이다. 조직을 둘러싸고 있는 경제적, 기술적, 정치적 및 사회적 환경이 급변하고 불확실성이 증대됨에 따라 조직변화의 규모와 복잡성은 더욱 증대되어 왔다. 이러한 동향은 조직개발에 대한 전략적 관점을 필요로 하게 되고, 전체 조직 수준의 계획적인 변화과정을 중시하게 되었다.

전략적 변화는 기본적으로 조직환경과 전략 및 조직설계 간의 연계성을 높이는 것을 지향한다. 전략적 변화의 필요성은 대개 규제철폐, 기술혁신, 외부 CEO 영입 등 대규모 환경변화에 의해 촉발된다. 즉, 외부환경의 변화로 인해 조직과 환경 간의 간극이 커졌을 때 이를 줄이기 위한 조치로서 전략적 변화가 추진된다.

전략적 변화 접근의 대표적인 예로 베카드(R. Beckhard)의 개방시스템 계획(open system planning)을 들 수 있다. 개방시스템 계획이란 환경 및 전략에 대한 분석을 바탕으로 조직의 사명과 비전을 재정립함으로써 환경 요구와 조직 반응 간의 차이를 줄이고 성과를 향상시키는 것을 가리킨다. 그 이후로 다양한 전략적 변화모델들이 제안되었는데, 이들 모델들은 공통적으로 조직의 전면적인 변화와 조직문화의 변화를 포함하며, 상위 경영층에 의해 변화가 주도되고, 조직성과에 결정적인 영향을 미친다는 것을 특징으로 한다.

전략적 변화 접근은 1980년대 이후 조직개발 분야에 커다란 영향을 미쳐왔다. 예컨대, 전략적 변화 접근의 발달은 조직개발 실천가들로 하여금 팀구축, 실행-조사와 설문조사피드백뿐만 아니라 경쟁전략, 재무관리 및 마케팅에 대해서도 전문성을 가져야만 하게 만들었다. 그리고 이러한 전문기술은 조직 및 경영자에게 조직개발의 유용성을 더 높이도록 해주었다.

조직개발 기법은 조직 변화의 구체적인 대상이 무엇이냐를 기준으로 분류해볼 수 있다. 변화의 대상은 크게 조직이슈와 조직수준으로 나누어 살펴볼 수 있다(Cummings & Worley, 1997, pp.144~151).

1 조직이슈(Organizational Issues)

〈그림 12-6〉은 조직개발 기법들이 해결하고자 하는 문제를 네 가지의 상호 관련된 이슈들로 요약하여 보여주고 있다.

① 전략적 이슈(strategic issues): 조직은 어떤 제품 또는 서비스를 제공할 것인지, 어떤 시장을 목표시장으로 할 것인지, 환경과의 관계를 어떻게 관리할 것인지, 그리고 변화하는 상황에 대응하기 위해 어떻게 조직변화를 추진할 것인지를 결정해야 한다. 이러한 전략적 이슈는 오늘날과 같이 환경이 급변하고 경쟁이 심화됨에 따라 핵심적인 이슈가 되고 있다. 이러한 전략적 이슈를 다루기 위한 조직개발 기법들을 전략적 개입(strategic interventions)이라 부르며, 통합적 전략변화, M&A, 조직 간 관계 개발, 조직혁신 등을 포함한다.

② 기술 및 구조적 이슈(technology and structure issues): 조직관리자는 어떻게 업무를 나누어 부서에 할당할 것인지, 그리고 조직의 전략적 목표를 달성하기 위해 이렇게 분화된 업무를 어떻게 통합·조정할 것인지 결정해야 한다. 또한 제품이나 서비스를 어떤 방식으로 생산할 것인지, 그리고 사람과 과업을 어떻게 연계시킬 것인지를 결정해야 한다. 이러한 구조적 이슈와 기술적 이슈들을 다루는 조직개발 기법을 기술-구조적 개입(technostructural interventions)이라 부르며, 조직설계, 구성원참여 제도와 직무설계 등이 여기에 포함된다.

③ 인적자원관리 이슈(human resource issues): 인적자원관리 이슈는 우수 인재의 선발, 목표설정, 성과 평가 및 보상, 구성원들의 경력개발 및 스트레스 관리 등의 문제를 다루는 것을 말한다. 이러한 이슈들을 다루는 조직개발은 인적자원관리 개입(human resource management intervention)이라 부른다.

④ 인적과정 이슈(human process issues): 인적과정 이슈는 의사소통, 의사결정, 리더

십, 집단역학과 갈등관리 등 조직구성원들 간의 관계에서 발생하는 사회적 과정과 관련된 문제를 가리킨다. 이러한 이슈들을 다루는 조직개발을 인적과정 개입(human resource interventions)이라 부르며, 갈등해결, 제3자 개입, 팀구축 등 전통적인 조직개발 기법들이 이 범주에 포함된다.

조직의 문제들은 상호 연관되어 있기 때문에 서로 통합되어야 한다. 〈그림 12-6〉에서 서로 다른 문제들을 연결하고 있는 양방향의 화살표는 이들 간의 연계와 적합성을 나타내고 있다. 조직이 높은 수준의 효과성을 달성하기 위해서는 한 영역에서의 해결 대안이 다른 영역에서의 해결대안과 서로 조화를 이루어야 한다. 예를 들어 경쟁우위를 창출하기 위한 의사결정들은 조직구조 설계, 목표설정 및 성과평가시스템, 의사소통 방식에 관한 의사결정과 서로 일관성을 가져야 한다.

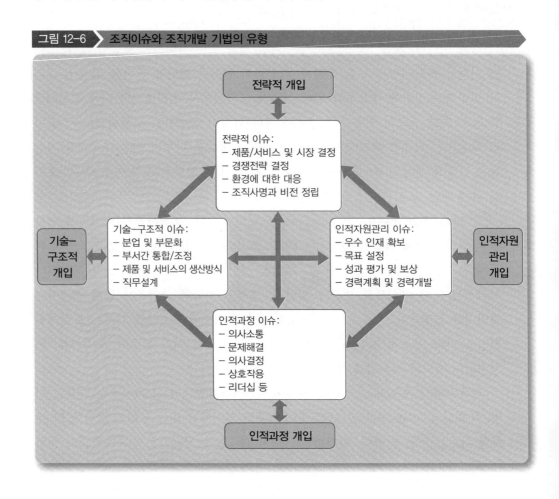

그림 12-6 조직이슈와 조직개발 기법의 유형

2 조직수준(Organizational Levels)

조직변화의 대상은 조직수준을 기준으로 또한 분류될 수 있다. 예를 들어, 기술-구조적 개입 중에서 직무설계는 개인이나 집단에 영향을 미치는 반면, 조직구조 설계는 조직의 전체적 구조에 영향을 미친다. 〈표 12-2〉에서 보는 바와 같이 개인, 집단, 전체 조직 등 조직수준을 기준으로 조직개발 기법들을 분류해볼 수 있다.

〈표 12-2〉에는 조직개발 개입의 주요 영향을 받는 수준이 제시되어 있는데, 대부분

표 12-2 조직수준과 조직개발 기법의 유형

조직개발 기법	주요 변화대상이 되는 조직수준		
	개인	집단	전체 조직
인적과정 개입			
T-그룹	X	X	
과정자문		X	
제3자 개입	X	X	
팀구축(team building)		X	
조직대면 회합(confrontation meeting)		X	X
집단간 관계 개발		X	X
그리드 조직개발		X	X
기술―구조적 개입			
조직구조 설계			X
인력감축(downsizing)			X
리엔지니어링		X	X
고몰입 작업조직	X	X	X
총체적 품질경영(TQM)		X	X
직무설계	X	X	
인적자원관리 개입			
목표설정	X	X	
성과평가 시스템	X	X	X
보상시스템	X	X	X
경력계획 및 경력개발	X		
인력다양성의 관리	X	X	
종업원 복지프로그램	X		
전략적 개입			
개방시스템 계획		X	X
통합적 전략변화			X
조직간 관계 개발			X
조직문화 변화		X	X
조직학습		X	X

의 조직개발 개입들은 다른 조직수준에 부차적인 영향을 미친다. 예컨대, 조직구조 설계는 주로 조직수준에 영향을 미치지만, 이는 작업집단과 개인의 직무를 설계하는 데 적용되는 기본 지침에 영향을 미치기 때문에 집단과 개인 수준의 변화에도 영향을 미치지 않을 수 없다. 따라서 변화담당자는 조직개발 개입을 설계함에 있어서 체계적인 사고를 해야 한다. 조직변화가 필요한 특정 조직수준을 확인하고 이에 적용되는 개입을 설계해야 하는 동시에 이러한 조직개발 개입이 다른 수준에 영향을 미칠 가능성도 충분히 고려해야 한다.

3 조직개발 기법의 개관

네 가지 범주의 조직개발 개입을 중심으로 조직개발 기법들을 간략히 살펴보고자 한다(Cumming & Worley, 1997, pp.146~151).

1) 인적과정 개입(human process interventions)

첫째, 인적과정 개입은 조직 내의 구성원들에 초점을 맞추고 있으며, 구체적으로 이들 구성원들이 조직목표를 달성하는 과정에 초점을 두고 있다. 인적과정 개입은 T-그룹, 팀구축, 조직대면회합 등 전통적인 조직개발 기법들이 중심이 되고 있다.

① T-그룹: 이는 소집단에서의 개방적 상호작용과 경험적 학습을 통해 집단역학에 대한 이해를 증진하고 리더십과 대인관계 능력을 향상시키기 위한 것이다. T-그룹은 10~15명의 소집단으로 구성되어 상호작용하며, 참가자들은 자신의 행동이 다른 사람에게 어떤 영향을 미치는지 피드백 받음으로써 자아인식(self-awareness)을 향상시키고 대인관계의 효과성을 높인다.

② 과정자문(process consultation): 이는 조직구성원들을 대상으로 개인행동이나 인간관계 등 조직과정에서 당면하는 문제에 대한 분석능력과 해결능력을 향상시켜 주는 조직개발 기법이다(Schein, 1999). 과정자문은 집단구성원들이 집단의 기능에 대한 진단을 하고 역기능적 갈등, 비효율적 의사소통, 부적절한 규범 등 조직과정의 문제(process problem)들에 대한 해결방안을 제시하고 이를 실행하는 데 도움을 제공한다. 즉, 과정자문은 집단구성원들이 스스로 문제를 규명하고 해결대안을 모색하고 실행할 수 있도록 이에 필요한 기술을 습득하는 것을 도와준다.

③ 제3자 개입(third-party intervention): 이는 과정자문의 한 형태로서 역기능적인 갈

등 등 대인관계 문제를 개선할 목적으로 이루어지는 것이다. 구성원들 간의 갈등은 업무수행방법에 대한 의견차이나 의사소통 과정에서의 오해 등 다양한 원인으로 인해 발생하는데, 제3자 개입은 변화담당자가 문제해결, 협상과 조정ㆍ화해 등의 방법을 통해 갈등해결을 돕는다.

④ 팀구축(team building): 팀구축은 작업집단이 과업목표를 성공적으로 달성할 수 있게 만들기 위해 집단구성원들 간의 신뢰구축과 응집력 향상 및 효율적인 상호관계를 조성하는 것을 말한다. 과정자문과 마찬가지로 집단구성원들이 스스로 문제를 진단하고 해결대안을 모색하지만, 팀구축은 집단과정의 문제뿐만 아니라 집단과업, 구성원들의 역할과 과업수행 전략 등을 다룬다는 점에서 과정자문과 차이점을 갖는다. 집단구성원들 간에 역할기대와 실제 역할행동 간의 불일치로 말미암아 갈등 및 스트레스가 발생할 수 있는데, 팀구축을 통해 구성원 각자의 역할을 분명히 하고 역할에 대한 구성원들 상호간의 공통된 이해를 조성함으로써 역할조화가 이루어지도록 한다.

⑤ 조직대면 회합(organization confrontation meeting): 대면회합은 집단 간에 갈등과 스트레스가 존재하는 경우 집단들이 공동으로 참여하여 문제를 진단하고, 행동목표를 설정하고, 문제를 해결하는 것이다. 즉, 집단들 간의 상호 개방적이고 협조적인 관계를 조성하고 이를 바탕으로 문제를 인식하고 해결하기 위해 공동 노력을 기울이는 것을 말한다. 대면회합은 주로 예비회의, 집단의견 정리, 상호 피드백, 집단별 토의, 전체 토의, 그리고 변화집행 및 효과분석의 단계적 과정을 거친다.

⑥ 집단간 관계 개발(intergroup relations): 이는 집단간 또는 부서 간의 상호작용을 개선시키기 위한 조직개발 프로그램이다. 집단간 갈등을 해소하기 위한 프로그램에서 변화담당자는 두 집단으로 하여금 갈등의 원인을 이해하고 적절한 해결방안을 선택하도록 돕는다.

⑦ 그리드 조직개발(Grid organization development): 그리드 조직개발은 생산에 대한 관심과 인간에 대한 관심이 모두 높은 이상적인 리더십을 개발하고, 이러한 리더행동을 조직성과와 연계시킴으로써 개인 수준에서부터 조직 수준에 이르기까지 전체 조직의 개발을 단계적으로 추진하는 것이다. 그리드 조직개발은 실제로 그리드 세미나 및 자아인식 향상, 집단행동개발, 집단간 행동개발, 전체 시스템적 행동개발, 목적지향적 행동개발과 개선된 행동의 정착 등의 단계적 과정을 장기간 동안 밟는다.

2) 기술-구조적 개입(technostructural interventions)

둘째, 기술-구조적 개입은 직무설계와 업무수행 방식 등의 기술적 측면과 부문화와 계층화 등의 조직구조적 측면을 대상으로 이루어지는 개입이다. 생산성과 조직효과성을 중요시함에 따라 기술-구조적 차원의 변화에 대한 관심이 증가되었다. 대표적인 기술-구조적 개입으로는 조직구조 설계, 인력감축과 리엔지니어링, 직무재설계 등을 들 수 있다.

① 조직구조 설계(structural design): 이는 조직의 분업, 즉 어떻게 과업들을 분화할 것인가를 다룬다. 이들 개입은 최근 전통적인 기능조직으로부터 사업부제 구조와 매트릭스 구조로 전환하는 것, 더 나아가서 프로세스기반 조직과 네트워크 조직 등 좀 더 유연한 조직형태로 재설계하는 것을 특징으로 한다. 또한 상황진단을 통해서 조직환경, 기술과 전략 등의 상황에 적합하게 조직을 설계하는 것을 지향한다.

② 인력감축(downsizing): 다운사이징은 고용조정, 조직개편, 아웃소싱 등을 통해 인력을 감축함으로써 비용을 절감하고 관료제를 줄인다.

③ 리엔지니어링(reengineering): 리엔지니어링은 서비스, 품질, 비용과 속도 등의 성과를 획기적으로 향상시키기 위해 핵심적인 업무프로세스를 근본적으로 재설계하는 것을 가리킨다(Hammer & Champy, 1994). 리엔지니어링이 성공적이려면 구성원들이 업무프로세스를 좀 더 효과적으로 통제하고 조정할 수 있도록 하는 새로운 정보기술이 뒷받침되어야 한다.

④ 종업원 몰입(employee involvement): 종업원 몰입프로그램은 구성원들의 복지와 조직효과성을 향상시키기 위한 다양한 개입기법들을 포괄한다. 이들 개입기법은 지식, 정보, 보상과 권력을 조직의 하위구성원들에게 위양하고자 노력한다. 종업원 몰입프로그램에는 노사협력 프로젝트, 품질관리 분임조, 고몰입 작업조직과 총체적 품질경영(TQM) 등이 포함된다.

⑤ 직무설계(job design): 이는 개인의 직무 및 집단의 과업을 설계하는 것을 말한다. 직무설계의 접근방법으로는 기술적 접근, 동기부여적 접근과 사회-기술적 접근으로 구분할 수 있는데, 기술적 접근은 생산성을 극대화하기 위해 분업의 원리를 적용하는 것인 반면, 동기부여적 접근은 과업다양성, 과업정체성, 자율성과 결과피드백 등을 통해 구성원들의 직무내재적 동기를 유발하고자 한다. 한편, 사회-기술적 접근은 기술과 인간의 통합과 조화를 추구하며, 이를 위해 자율관리 팀에 의한 팀 단위의 과업수행을 지향한다.

3) 인적자원관리 개입(human resource management interventions)

셋째, 인적자원관리 개입은 인적자원관리와 관련된 제도와 관행의 변화에 초점을 맞춘다. 이들 관행은 목표설정 시스템, 성과평가 및 보상 시스템, 경력계획 및 경력개발 프로그램과 종업원 복지프로그램 등을 포괄한다.

① 목표설정 시스템(goal setting): 이는 명확하고 도전적인 목표를 설정하는 것을 포함하며, 조직효과성을 향상시키기 위해 개인 목표와 조직 목표의 통합을 지향한다. 대표적인 제도로 목표관리(MBO; management by objective)를 들 수 있는데, 관리자와 구성원들이 공동으로 목표를 설정하고, 주기적으로 성과를 평가하고, 목표달성을 가로막는 문제들을 해결한다.

② 성과평가 시스템(performance appraisal): 성과평가 시스템의 개선은 구성원들의 업무관련 실적, 강점과 약점을 평가하는 과정을 합리화하고 체계화하는 것을 가리킨다. 예를 들자면, 과거 우리나라 기업들이 특성평가에 치중하던 것을 역량평가와 성과평가로 전환하는 것을 들 수 있다. 성과평가 시스템은 목표설정과 보상시스템 간의 중요한 연결고리가 되며, 전략적 목표를 효과적으로 달성하기 위한 도구가 된다.

③ 보상시스템(reward system): 보상시스템의 개선은 구성원들의 만족도와 성과를 향상시키고 조직의 전략적 목표를 효과적으로 달성하기 위해 보상제도를 바꾸는 것을 가리킨다. 예를 들면, 우리나라 기업들이 과거에 연공급 체계에 의존하던 것을 연봉제와 성과연계형 인센티브제도 등 능력급과 성과급 체계로 전환하는 것을 들 수 있다.

④ 경력계획 및 경력개발 프로그램(career planning and development): 이는 구성원들로 하여금 경력계획을 체계적으로 수립하고, 이렇게 수립된 경력목표를 성공적으로 추진할 수 있도록 경력개발을 돕는 것을 가리킨다. 즉, 구성원들이 자기평가를 하고, 경력목표 및 경력진로를 설정하고, 경력계획을 실행함에 있어서 경력상담가(career counselor)가 전문적인 지원과 조언을 해줌으로써 구성원들의 경력욕구를 충족시키는 동시에 조직의 인력수요를 충족시키는 것을 지향한다.

⑤ 종업원 복지프로그램(employee wellness): 이는 종업원 지원프로그램(EAP; employee assistance program)과 스트레스관리를 포함한다. 종업원 지원프로그램은 업무성과의 저하로 이어질 수 있는 약물중독, 정신건강, 가정문제, 재정문제 등의 문제를 다루기 위한 상담 및 지원프로그램이다. 스트레스관리 프로그램은 종업원들

이 스트레스에 효과적으로 대처할 수 있도록 돕는 것으로서 긴장과 불안 등의 스트레스를 완화시킬 수 있도록 도와주고, 역할갈등이나 역할모호성 등의 스트레스 원인을 제거해준다.

4) 전략적 개입(strategic interventions)

넷째, 전략적 개입은 조직과 환경을 연계시켜 적합성을 높이고, 조직이 환경변화에 잘 적응할 수 있도록 조직을 변화시키는 데 초점을 맞춘다. 전략적 개입은 조직개발 기법들 중에서 가장 최근에 등장한 것으로서 전략경영, 조직이론, 개방시스템 이론과 문화인류학 등의 학문분야에 기원을 두고 있다.

① 개방시스템 계획(open systems planning): 이는 조직과 환경 간의 관계를 체계적으로 진단하고, 조직이 환경과 좀 더 효과적인 상호작용을 할 수 있도록 계획하는 것을 가리킨다. 즉, 환경에 대한 체계적인 분석을 바탕으로 환경과 조직 간의 적합성을 높이는 것을 지향한다.

② 통합적 전략변화(integrated strategic change): 이는 조직 내외부의 환경변화와 연계해서 경영전략과 조직시스템을 통합적으로 변화시키는 포괄적인 조직개발 기법이다. 전략적 변화프로그램은 조직으로 하여금 현재의 전략 및 조직구조를 미래의 바람직한 전략적 방향으로 성공적으로 이행할 수 있도록 도와준다.

③ 조직간 관계의 개발(transorganizational development): 이는 한 조직이 담당하기에 어려운 과업을 수행하거나 복잡한 문제를 해결하기 위해 다른 조직과 제휴 내지 협력관계를 맺는 것과 관련된 조직개발이다. 이러한 개입은 조직으로 하여금 제휴의 필요성을 인식하고, 제휴관계를 성공적으로 추진하는 데 적합한 구조를 개발하는 것을 도와준다.

④ 조직문화 변화(culture change): 문화변화 개입은 조직 환경 및 전략과 적합하게 조직문화를 창조하고 개발하는 것을 가리킨다. 이는 강한 문화를 형성하는 데 초점을 두며, 이를 통해 조직구성원들이 조직비전과 가치를 공유하도록 하여 구성원들에게 분명한 방향성을 제공하고 조직목표의 달성에 몰입하게 하는 것을 지향한다.

⑤ 조직학습(organization learning): 조직학습 개입은 조직의 운영방식을 비판적으로 점검하고, 이를 바꿈으로써 지속적인 개선을 추구하는 것을 가리킨다. 조직학습은 개인 수준의 학습과 달리 조직 전체적으로 새로운 지식을 창출하고 이를 전사적으

로 공유하여 활용함으로써 지속적인 변화와 개선을 추구한다. 이처럼 지속적인 학습을 통해 핵심역량을 구축하고 발전시키는 조직을 학습조직이라 부른다.

이제까지 조직개발 분야에서 사용되고 있는 여러 가지 개입기법들에 대해 간략히 살펴보았다. 조직개발을 통해 성공적으로 조직변화를 이끌어내기 위해서는 조직문제의 성격과 상황 특성에 적합한 개입기법을 선택하는 것이 요구된다.

 사·례·연·구

≫ GM P조립공장의 시스템 4 조직개발

제너럴 모터스(General Motors: GM)의 P조립공장은 GM의 29개 조립공장 중 성과가 가장 나쁜 공장이었다. GM 조립본부는 P공장의 생산성, 품질, 사기, 결근율 등 조직효율성이 저조한 것을 이유로 P공장의 공장장을 전격 경질하고 새 공장장으로 브라운(L. Brown)을 임명하였다. GM 경영진은 그에게 P조립공장의 조직효율성 개선에 대한 전권을 부여하였다. 그는 P조립공장의 문제가 기계 설비나 기술보다는 공장경영에 있다는 판단하에 조직변화를 추진하는 데 조직개발 기법을 적용하기로 결정하였다.

그는 몇 년 전부터 조직개발에 관한 임원교육을 받아서 조직개발 이론과 기법에 대한 기본적인 지식을 갖추고 있었다. 그는 GM 중앙연수원의 협조를 얻어 변화담당자 역할을 할 핵심멤버들을 확보하고 조직개발팀을 구성하였다. 그는 조직개발의 첫 단계로 평소에 관심을 가지고 있던 시스템 4 조직개발기법을 활용하여 공장의 조직분위기 진단에 나섰다. 생산직 근로자와 사무·관리직 인력을 대상으로 설문조사를 실시한 결과, P공장 구성원들의 직무만족과 동료관계는 다른 GM 조립공장과 비슷한 수준이었으나 조직분위기, 리더십, 경영과정 등은 다른 공장들보다 훨씬 낮아서 전반적으로 시스템 2 유형(온정적-권위적 시스템)으로 진단되었다. 이와 같은 설문결과는 P공장의 조직효율성이 왜 낮은지 그 원인을 분석하고 구체적인 해결방안을 마련하는 데 활용되었다.

브라운 공장장은 설문조사 결과를 토대로 하여 P공장을 시스템 2 조직에서 시스템 3 유형(상담적 시스템)으로 바꾸는 것을 목적으로 본격적인 조직개발에 착수하였다. 첫째, 브라운 공장장은 자신의 조직개발 프로그램이 성공하려면 내부 경영진의 적극적인 협조와 참여가 필요하다는 전제하에 먼저 상부 경영층을 대상으로 상하간의 신뢰적 관계와 팀구축, 그리고 의사소통과 목표설정 등 조직분위기 개선과 리더십향상에 관한 교육훈련을 실시하였다. 그 다음 단계로 중간관리층과 일선관리자 등 전체 관리자들에게도 교육훈련을 실시함으로써 변화의 필요성을 인식하도록 하였다.

둘째, 브라운 공장장은 공장 구성원들에게 P공장의 원가, 품질, 생산성 등 공장운영에 관한 주요 통계자료들을 제공하였다. P공장과 다른 조립공장들을 비교한 자료를 줌으로써 성과개선의 필요성을 인식하고, 조직개발에 대한 관심을 갖도록 하였다.

셋째, 브라운 공장장은 전문스태프가 생산계획, 품질관리, 부품관리, 교육훈련 등 관리기능을 집중 지원하도록 함으로써 감독자는 이러한 지원 하에 근로자들을 감독하는 데만 전력을 기울일 수 있도록 하였다.

넷째, 근로자들의 제안을 활성화하고 제안과정에서 근로자들과 지원스태프(생산계획, 품질관리, 부품관리, 제품설계, 공정설계, 노사관계 등) 간의 상호작용을 증진시켰다. 이를 통해 근로자들의 경영참여를 확대하고, 근로자들과 지원스태프간의 협력적인 관계를 형성하고 상호간의 팀워크도 강화하였다.

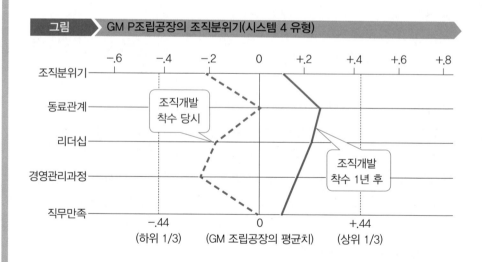

그림 ▶ GM P조립공장의 조직분위기(시스템 4 유형)

1년이 지난 후 브라운 공장장은 조직진단에 사용했던 똑같은 설문지로 P공장의 조직분위기, 경영관리과정과 직무만족도를 측정한 결과, 시스템 2 유형에서 시스템 3 유형으로 바뀌어 조직분위기가 개선된 것으로 나타났다. 다른 조직효율성 지표들도 개선되었는데, GM사의 다른 조립공장의 평균 수준보다 조금 더 높게 나타났다.

그렇지만 생산성과 인건비효율성 등 경제적 성과지표는 개선되지 않은 것으로 나타났다. 조직개발 프로그램을 위한 인력투입과 교육훈련 등이 비용증가를 초래한 때문이었다. 조직개발 프로그램이 장기간 추진되면서 경제적 성과지표도 개선되기 시작했는데, 조직개발 프로그램을 시작한 지 3년째부터 P조립공장은 조직효율성과 경제적 성과 면에서 GM 조립공장 중에서 가장 우수한 공장의 하나로 변신하였다.

토의질문

01. GM의 P조립공장에서의 시스템 4 조직개발을 실행–조사모형(action research model)의 관점에서 분석 · 평가하시오.

02. P조립공장의 조직개발에서 변화담당자의 역할과 성과, 그리고 성공요인을 분석하시오.

김상표 (2007), "개인 특성, 고객과의 상호작용 특성 그리고 관리기제가 감정노동 수행전략에 미치는 효과,"『경영학연구』, 36.2, 355-384쪽.

김영조 (1994), "소유와 경영의 분리가 조직특성 및 조직성과에 미치는 영향에 관한 연구," 연세대학교 대학원 경영학과 박사학위논문, 1994.8.

김영조 (2000), "조직문화와 조직성과의 변화에 관한 종단적 연구(longitudinal study),"『인사조직연구』, 8(2), 111-134쪽.

김영조 (2001), "고용조정(layoffs)의 공정성 및 고용조정의 강도가 잔류 구성원들(survivors)의 태도에 미치는 영향에 관한 연구,"『인사조직연구』, 9(2), 93-130쪽.

김영조 (2008), "호텔종사원들의 고용형태가 조직시민행동 및 고객지향성에 미치는 영향,"『경영학연구』, 37(4), 839-871쪽.

김영조 · 한주희 (2008), "서비스 직원의 감정노동 수행과 직무소진의 관계에 관한 연구,"『인사관리연구』, 32(3), 95-128쪽.

김유선 (2013), "비정규직 규모와 실태: 통계청 '경제활동인구조사 부가조사'(2013.8) 결과," 한국노동사회연구소.

김인수 (1999),『거시조직이론: 조직설계의 이론과 실제』, 무역경영사.

박상언 · 김영조 (2010), "인사관리연구 30년: 조직분야 연구의 성과와 과제,"『조직과 인사관리연구』, 34(1), 117-152쪽

박상언 · 김영조, "조직문화 프로필과 조직효과성간의 관계에 관한 연구: 한국기업에 대한 경쟁가치모형의 경험적 검증,"『경영학연구』, 24.3, 1995.8, 213-237쪽.

삼성경제연구소 (2010), "직원의 마음을 움직이는 소통 '소셜미디어'," SERI 경영노트, 2010.4.29.

이경묵 (2008), "인사 · 조직연구의 발전과 미래 과제: 인사 · 조직연구 게재논문과 한국인사 · 조직학회 학술대회 발표논문 분석결과를 중심으로",『인사 · 조직연구』, 16(3): 161-211쪽.

이영희 (1991), "극소전자 기술혁명과 노동의 변화: 일본 및 서구에서의 논의에 대한 검토," 박준식 · 이영희 편저,『기술혁명과 노동문제: 극소전자 기술혁명의 영향과 대응』, 두리, 15-42쪽.

이학종 (1989),『기업문화론: 이론, 기법, 사례연구』, 법문사.

이학종 (1997),『한국기업의 문화적 특성과 새 기업문화개발』, 박영사.

이학종 (1998),『정보기술과 현대경영』, 박영사.

이학종 (2003),『경영혁신과 조직개발』, 법문사.

이학종외 (1989),『한국기업의 구조와 전략』, 법문사.

장세진 (2003),『외환위기와 한국기업집단의 변화』, 박영사.

최규진 (2007), 『근대를 보는 창 20』, 서해문집, p.12.

Ariely, D./김원호 (2011), 『경제심리학(The Upside of Irrationality)』, 청림출판.
Ariely, D./장석훈 (2008), 『상식 밖의 경제학(Predictably Irrational)』, 청림출판, 113-115쪽.
Bolman, L.G. and Deal, T.E./신택현 (2004), 『조직의 리프레이밍(Reframing Organizations: Artistry, Choice, and Leadership)』, 지샘.
Braverman, H./이한주 · 강남훈 (1987), 『노동과 독점자본: 20세기에서의 노동의 쇠퇴』, 까치.
Cialdini, R.B., Goldstein, N.J., and Martin, S.J./윤미나 (2008), 『설득의 심리학: Yes를 끌어내는 설득의 50가지 비밀(Yes!: 50 Scientifically Proven Ways to Be Positive)』, 21세기북스.
Daft, R.L./정진철 · 최승준 (2011), 『리더십(The Leadership Experience)』, 한경사.
Danford, H.S./김윤경 (2011), 『불합리한 지구인』, 비즈니스북스.
Hammer, M. and Champy, J./안중호 · 박찬구 (1993), 『리엔지니어링 기업혁명(Reengineering the Corporation)』, 김영사.
Handy, C./이종인 (2001), 『코끼리와 벼룩』, 생각의 나무.
Helliegel, D. and Slocum, J.W./서재현 · 설현도 · 송상호 · 이호선 (2011), 『조직행동론(Principles of Organizational Behavior)』, 한경사.
Kahneman, D./이진원 (2012), 『생각에 관한 생각(Thinking Fast and Slow)』, 김영사.
Kelly, T. & Littman, J./이종인 (2002), 『유쾌한 이노베이션』, 세종서적.
Kida, T./박윤정 (2007), 『생각의 오류』, 열음사, 158-159.
Lundin, S.C./유영만 (2010), 『캣츠: 고양이에게 배우는 9가지 혁신원리(CATS: The Nine Lives of Innovation)』, K-books.
Marchiavelli, N./강정인 (1998), 『군주론』, 까치.
Mauboussin, M.J./김정주 (2010), 『왜 똑똑한 사람이 어리석은 결정을 내릴까?』, 청림출판.
S.헬레나(일터문화연구포럼) (2005), 『레오와 서번트 리더십』, ELTech.
한비자 · 묵자 · 순자/배종호 · 김학주 · 안병주 (1990), 『韓非子/墨子/荀子』, 삼성출판사.

Ackoff, R.L. (1971), "Towards a systems concept," *Management Science*, July, pp.661-671.
Adams, J.S. (1961), "Reduction of cognitive dissonance by seeking consonant information," *Journal of Abnormal and Social Psychology*, pp.74-78.
Adams, J.S. (1963), "Toward an understanding of inequity," *Journal of Abnormal and Social Psychology*, 67(November), pp.422-436.
Adams, J.S. (1965), "Inequity in social exchange," in L. Berkowitz(ed.), *Advances in Experimental Social Psychology*, Academic Press.
Adams, J.S. and Rosenbaum, W.B. (1962), "The relationship of worker productivity to cognitive dissonance about wage inequities," *Journal of Applied Psychology*, 46, pp.161-164.
Adler, N.J. (2002), *International Dimensions of Organizational Behavior*, 4e, Cincinnati, OH: South-Western.
Ahn, S.W. (1996), *The Difference of Masculinity and Femininity in Korea, Japan, the U.S.: A Critical Review of Hofstede's Study*, Seoul: Yonsei University.

Akin, G. and Hopelain, D. (1986), "Finding the Culture of Productivity," *Organizational Dynamics*, 7(2), pp.19-32.

Alderfer, C.P. (1972), *Existence, Relatedness and Growth*, NY: Free Press.

Allen, N.J. and Meyer, J.P. (1990), "The Measurement and Antecedents of Affective, Continuance, and Normative Commitment to the Organization," *Journal of Occupational Psychology*, 63, pp.1-18.

Allen, N.J. and Meyer, J.P. (1996), "Affective, Continuance, and Normative Commitment to the Organization: An Examination of Construct Validity," *Journal of Vocational Behavior*, 49, pp.252-276.

Allport, G.W. (1935), "Attitudes," in C. Murchison (ed.), *A Handbook of Social Psychology*, Worcester, MA: Clark University Press, pp.789–844.

Allport, G.W. (1937), *Personality*, NY: Henry Holt & Company.

Allport, G.W. and Odbert, H.S. (1936), "Trait-names: A psycho-lexical study," *Psychological Monographs*, 47(1), pp.1-171.

Allport, G.W., Vernon, P.E., and Lindzey, G. (1951), *Study of Values*, Boston: Houghton-Mifflin.

Anderson, T.D. (1998), *Transforming Leadership: Equipping Yourself and Challenging Others to Build the Leadership Organization*, 2e, Boca Raton: St. Lucie Press.

Ardono, T.W., Frenkel-Brunswik, E., Levinson, D.J., and Sanford, R.N. (1950), *The Authoritarian Personality*, NY: Harper & Brothers.

Argyris, C. (1957), *Personality and Organization*, NY: Harper and Row.

Argyris, C. (1964), *Integrating the Individual and the Organization*, NY: Wiley.

Argyris, C. (1970), *Intervention Theory and Method: A Behavioral Science View*, Reading, MA: Addison-Wesley.

Asch, S.E. (1951), "Effects of group pressure on the modification and distortion of judgments," In H. Guetzkow (Ed.), *Groups, Leadership and Men*, Pittsburgh, PA: Carnegie Press, pp.177–190.

Ashforth, B.E. & Humphrey, R.H. (1993), "Emotional Labor in Service Roles: The Influence of Identity," *Academy of Management Review*, 18(1), pp.88-115.

Ashkanasy, N.M. and Gallois, L. (1994), "Leader attributions and evaluation: Effects of locus of control, supervisory control, and task control," *Organizational Behavior and Human Decision Process*, 59, pp.24-51.

Ashton, M.C. (1998), "Personality and job performance: The importance of narrow traits," *Journal of Organizational Behavior*, 19, pp.289-303.

Avolio, B.J. (1999), *Full Leadership Development: Building the Vital Forces in Organizations*, Thousand Oaks, CA: Sage.

Axley, S.R. (1984), "Managerial and organizational communication in terms of the conduit metaphor," *Academy of Management Review*, 9(3), pp.428-437.

Axley, S.R. (1996), *Communication at Work: Management and the Communication Intensive Organization*, Wesport, CT: Quorum Books.

Bandura, A. (1977), *Social Learning Theory*, Englewood Cliffs, NJ: Prentice-Hall.

Bandura, A., Ross, D., and Ross, S.A. (1961), "Transmission of Aggression through the Imitation of Aggressive Models," *Journal of Abnormal and Social Psychology*, 63(3), pp.575-582

Barnard, C.I. (1938), *The Functions of the Executive*, Cambridge, MA: Harvard University Press.

Baron, R.A. and Byrne D. (1991), *Social Psychology*, 6e, Boston: Allyn-Bacon.

Baron, R.S. and Kerr, N.L. (2002), *Group Process, Group Decision, Group Action, 2nd ed.*, Philadelphia: Open University Press.

Bass, B.M. (1990), *Bass and Stogdill Handbook of Leadership*, 3e, NY: Free Press.

Bass, B.M. (1997), "Does the transactional-transformational leadership paradigm transcend organizational and national boundaries?" *American Psychologist, 52*, pp.130-139.

Bass, B.M. (1998), *Transformational Leadership: Industry, Military, and Educational Impact*, Mahwah, NJ: Erlbaum Associates.

Bass, B.M. and Vaughn, J.A. (1966), *Training in Industry: The Management of Learning*, Belmont, CA: Brooks/Cole Publishing.

Baum, J.R., LocKe, E.A., and Kirkpatrick, S.A. (1998), "A longitudinal study of the relation of vision and vision communication to venture growth in entrepreneurial firms," *Journal of Applied Psychology*, 83, pp.43-54.

Bavelas, A. (1950), "Communication patterns in task oriented groups," *Journal of the Acoustical Society of America*, 20, pp.725-730.

Bazerman, M.H. (1997), *Judgment in Managerial Decision-Making*, NY: Wiley.

Beckhard, R. and Harris, R.T. (1987), *Organizational Transitions: Managing Complex Change*, Reading, MA.: Addison-Wesley.

Beer, M. and Walton, A. (1987), "Organization change and development," in M. Rosenzweig, and L.W. Porter(eds.), *Annual Review of Psychology*, Palo Alto, CA: Annual Reviews Inc.

Bem, D.J. (1970), *Beliefs, Attitudes, and Human Affairs,* Belmont, CA: Brooks/Cole.

Bennis, W.G. (1967), "Organizations of the future," *Personnel Administration*, September-October, pp.6-19.

Berelson, B. and Steiner, G.A. (1964), *Human Behavior: An Inventory of Scientific Findings*, NY: Harcourt, Brace and World.

Berner, J. (1994), *The Joy of Working from Home*, San Francisco: Berrett-Kolhler.

Bertalanffy, L.V. (1968), *General Systems Theory*, NY: George Brazille.

Bertenthal, B.I. (1996), "Origins and early development of perception, action and representation," *Annual Review of Psychology*, 47, pp.431-459.

Blake, R.P. and Mouton, J.S. (1985), "Don't let group norms stifle creativity," *Personnel*, 62.8(August).

Blake, R.R., Mouton, J.S., Barnes, L.B., and Greiner, L.E. (1964), "Break-through in organization development," *Harvard Business Review*, 42(6). pp.133-135.

Blanchard, K.H., Zigami, D., and Nelson, R.B. (1993), "Situational leadership after 25 years: A retrospective," *Journal of Leadership Studies*, 1, pp.21-36.

Blau, P.M., Falbe, C.M., McKinley, W., and Phelps, K.T. (1976), "Technology and organization in manufacturing," *Administrative Science Quarterly*, 21(1), pp.20-40.

Booth-Kewley, S. and Friedman, H.S. (1987), "Psychological predictors of heart disease: A quantitative review," *Psychological Bulletin*, 101(3), pp.343-362.

Boulding, K.E. (1971), "General systems theory: The skeleton of science," in P.P. Schoderbek(ed.), *Management Systems, 2e*, NY: Wiley.

Bradford, L.P., Gibb, J.R., and Benne, K.D. (1964), *T-Group Theory and Laboratory Method*, NY: Wiley.

Brandenburger, A.M. and Nalebuff, B.J. (1996), *Coopetition*, NY: Currency Doubleday.

Bray, D.W., Campbell, R.J., and Grant, D.L. (1974), *Formative Years in Business: A Long-Term, AT&T Study of Managerial Lives*, NY: Wiley.

Brodbeck, F.C., Frese, M., & Javidan, M. (2002), "Leadership Made in Germany: Low on Compassion, High on Performance," *Academy of Management Executive*, 16(1), pp.16 – 30.

Brotheridge, C.M. & Grandey, A.A. (2002), "Emotional Labor and Burnout: Comparing Two Perspectives of 'People Work'," *Journal of Vocational Behavior*, 60, pp.17-39.

Buckley, W. (1967), *Sociology and Modern Systems Theory*, Englewood Cliffs, NJ: PrenticeHall.

Burgess, R.L. (1968), "Communication networks and behavioral consequences," *Human Relations*, 22, pp.137-159.

Burke, W.W. (1982), *Organization Development: Principles and Practices*, Boston: Little, Brown.

Burke, W.W. (1987), *Organization Development: A Normative View*, Reading, MA: Addison-Wesley.

Burns, T. and Stalker, G.M. (1961), *The Management of Innovation*, London: Tavistok.

Byham, W.C. (1970), "Assessment centers for spotting future managers," *Harvard Business Review*, 48.4(July-August).

Calori, R. and Sarnin, P. (1991), "Corporate Culture & Economic Performance: A French Study," *Organizational Studies*, 12, pp.49-74.

Campbell, J.P., Dunnette, M.D., Lawler, E.E., and Weick, K.E. (1970), *Managerial Behavior, Performance, and Effectiveness*, NY: McGraw-Hill.

Caplan, S.E. (2005), "A Social Skill Account of Problematic Internet Use," *Journal of Communication*, 55(4), pp.721-736.

Carroll, P. (1993), *Big Blues: The Unmaking of IBM*, NY: Crown Publishers.

Cartwright, D. and Zander, A. (1968), *Group Dynamics*: Research and Theory, NY: Harper and Row.

Carzo, R. and Yanouzas, J.N. (1969), "Effects of flat and tall organization structures," *Administrative Science Quarterly*, 14, pp.178-191.

Cattell, R.B. (1973), "Personality pinned down," *Psychology Today*, July, pp.40-46.

Champoux, J.E. (2003), *Organizational Behavior: Essential Tenets*. 2e, Mason, OH: South-Western.

Chandler, A.D. (1962), *Strategy and Structure*, Cambridge, MA: M.I.T. Press.

Charin, R. and Colvin, G. (1999), "Why CEOs fail," *Fortune*, June 21, pp.69-78.

Chu, K.H. & Murrmann, S.K. (2006), "Development and Validation of the Hospitality Emotional Labor Scale," *Tourism Management*, 27, pp.1181-1191.

Chung, K.H. and Lee, H.C. (1989), *Korean Managerial Dynamics*, NY: Praeger Publishers.

Coffey, R.E., Athos, A., and Reynolds, P.A. (1975), *Behavior in Organizations*, 2e, Englewood Cliffs, NJ: Prentice-Hall.

Collins, J.C. (2000), *Good to Great: Why Some Companies Lead and Others Don't*, NY: Harper Business.

Collins, J.C. and Porras, J. (1994), *Built to Last: Successful Habits of Visionary Companies*, NY: Harper Business.

Colquitt, J.A., Hollenbeck, J.R., Ilgen, D.R., LePine, J.A., and Sheppard, L. (2002), "Computer-assisted communication and team decision-making performance: The moderating effect of openness to experience," *Journal of Applied Psychology*, 87, pp.402-410.

Cook, J. and Wall, T. (1980), "New Work Attitude Measures of Trust, Organizational Commitment and Personal Need Nonfulfillment," *Journal of Occupational Psychology*, 53, pp.39-52.

Cooper, W.H., Gallupe, R.B., Pollard, S., & Cadsby, J. (1998), "Some Liberating Effects of Anonymous Electronic Brainstorming," *Small Group Research*, 29(2), pp.147-178.

Cornelius, E.T., and Lane, F.B. (1984), "The power motive and managerial success in a professionally oriented service industry organization," *Journal of Applied Psychology*, 69(1), pp.32-39.

Costa, P.T. and McCrae, R.R. (1992), *Professional Manual for the NEO PI-R and NEO-FFJ*, Odessa, FL: Psychological Assessment Resources, Inc,

Costello, T.W. and Zalkind, S.S. (1963), *Psychology in Administration*, Englewood Cliffs, NJ: Prentice-Hall.

Crouch, A. and Yetton, P. (1987), "Manager behavior, leadership style, and subordinate performance: An empirical extension of the Vroom-Yetton conflict rule," *Organizational Behavior and Human Decision Process*, 39(3), pp.384-396.

Cummings, L.L., Schwab, D.S., and Rosen, M. (1971), "Performance and knowledge of results as determinants of goal setting," *Journal of Applied Psychology*, 55(6), pp.526-530.

Cummings, T.G. and Worley, C.G. (1997), *Organizational Development and Change*, 6e, Cincinnati, OH: South-Western.

Cummings, T.G. and Worley, C.G. (2001), *Organization Development and Change*, 7e, Mason, OH: South-Western.

Cusmano, M.A. and Selby, R.W. (1995), *Microsoft Secrets*, NY: Free Press.

Daft, R.L. (2001), *Organization Theory and Design*, Cincinnati, Ohio: South-Western College Publishing.

Dansereau, F., Graen, G.G., and Haga, W. (1975), "A vertical dyad linkage approach to leadership in formal organizations," *Organizational Behavior and Human Performance*, 13, pp.46-78.

Davis, K. (1985), *Human Behavior at Work: Organizational Behavior*, 7e, NY: McGraw-Hill.

Deal, T.E. and Kennedy, A.A. (1982), *Corporate Cultures: The Rites and Rituals of Corporate Life*, Reading, MA: Addison-Wesley.

Deal, T.E. and Kennedy, A.A. (1999), *The New Corporate Culture*, Reading, MA: Perseus Books.

Deci, E. L. (1971), "Effects of externally mediated rewards on intrinsic motivation," *Journal of Personality and Social Psychology*, 18, pp.105 – 115.

Deci, E.L. (1972), "The effects of contingent and non-contingent rewards and controls in intrinsic motivation," *Organizational Behavior and Human Performance*, 8(2), pp.217-229.

Den Hartog, D.N., House, R.J., Hanges, P.J., Riutz-quintanilla, S.A., and Dorfman, P.W. (1999), "Culture specific and cross-culturally generalizable implicit leadership theories: Are attributes of charismatic/transformational leadership universally endorsed?" *Leadership Quarterly*, 10, pp.215-256.

Denison, D.R. & Spreitzer, G.M. (1991), "Organizational Culture and Organizational Development: A Competing Values Approach," In R.W. Woodman & W.A.Pasmore (Eds.), *Research in Organizational Change and Development*, vol.5. Greenwich, CT: JAI Press, pp.1-21.

Denison, D.R. (1990), *Corporate Culture and Organizational Effectiveness*, NY: Wiley.

Dennis, A.R. and Valacich, J.S. (1994), "Group, subgroup, and nominal group idea generation: New rules for new media?" *Journal of Management*, 20, pp.723-736.

Dessler, G. (1999), "How to earn your employees' commitment," *Academy of Management Executive*, 13(2), pp.58-67.

Diefendorff, J.M., Croyle, M.H., & Gosserand, R.H. (2005), "The Dimensionality and Antecedents of Emotional Labor Strategies," *Journal of Vocational Behavior*, 66, pp.339-357.

Dienesch, R.M. and Liden, R.C. (1986), "Leader-member exchange model of leadership: A critique and further development," *Academy of Management Review*, 11, pp.618-634.

Dobbins, G.H. and Platz, S.J. (1986), "Sex differences in leadership: How real are they?" *Academy of Management Review*, 11, pp.118-127.

Drucker, P.F. (1954), *The Practice of Management*, NY: Harper and Brothers.

Drucker, P.F. (1969), *The Age of Discontinuity: Guidelines to Our Changing Society*, NY: Harper & Row.

DuBrin, A.J. (1999), *Full Leadership Development: Building the Vital Forces in Organizations*, Thousand Oaks, CA: Sage.

Duchon, D., Green, S.G., and Taber, T.D. (1986), "Vertical dyad linkage: A longitudinal assessment of antecedents, measures, and consequences," *Journal of Applied Psychology*, 86(1), pp.56-60.

Duffy, M.K., Ganster, D.C., and Shaw, J.D. (1998), "Positive affectivity and negative outcome: The role of tenure and job satisfaction," *Journal of Applied Psychology*, 83, pp.950-959.

Dyer, W.G. (1987), *Team Building: Issues and Alternatives*, 2nd ed. Reading, MA: Addison-Wesley.

Dyer, W.G. and Dyer, W.G. (1986), "Organization development: System change or culture change?" *Personnel, February*. pp.14-22.

Eagly, A.H. and Johnson, B.T. (1990), "Gender and leadership style: A meta-analysis," *Psychological Bulletin*, 108, pp.233-256.

Earley, P.C. (1993), "East Meets West Meets Mideast: Further Explorations of Collectivistic and Individualistic Work Groups," *Academy of Management Journal*, 36, pp.319-348.

Eisenhardt, K.M. (1999), "Strategy as strategic decision-making," *Sloan Management Review*, Spring, pp.65-72.

Erikson, E. (1963), *Childhood and Society*, 2e, NY: W. W. Norton & Company.

Evans, M.G. (1996), "R.J. House's 'A path-goal theory of leader effectiveness'," *Leadership Quarterly*, 7(3), pp.305-309.

Fayol, H. (1949), *General and Industrial Administration*, London: Sir Issac Pitman.

Festinger, L. (1957), *A Theory of Cognitive Dissonance*, NY: Harper and Row.

Fiedler, F.E. (1967), *A Theory of Leadership Effectiveness*, NY: McGraw-Hill.

Fiedler, F.E. (1971), "Validation and extension of the contingency model of leadership effectiveness: A review of empirical finding," *Psychological Bulletin*, 76, pp.130-133.

Fiedler, F.E. (1994), *Leadership Experience and Leadership Performance*, Alexandria, VA: U.S. Army Research Institute.

Field, R.H.G. and House, R.J. (1990), "A test of the Vroom-Yetton model using manager and subordinate reports," *Journal of Applied Psychology*, 75, pp.362-366.

Fishbein, M. and Ajzen, I. (1975), *Belief, Attitude, Intention and Behavior: An Introduction to Theory and Research*, Reading, MA: Addison-Wesley.

Fleishman, E.A. (1973), "Twenty years of consideration and structure," in E.A. Fleishman and J.G. Hunt(eds.), *Current Developments in the Study of Leadership*, Carbondale, IL: Southern Illinois University, pp.1-37.

Folger, R. and Konovsky, M.A. (1989), "Effects of Procedural and Distributive Justice on Reactions to Pay Raise Decisions," *Academy of Management Journal*, 32, pp.115-130.

Ford, R.C. and Randolf, W.A. (1992), "A cross-functional structures: A review and integration of organization and project organization," *Journal of Management*, 18, pp.267-294.

Forsterling, F. (1985), "Attributional retraining: A review," *Psychological Bulletin*, 98(3), pp.495-512.

Fraser, C., Gouge, C., and Billig, M. (1971), "Risky Shifts, Cautious Shifts, and Group Polarization," *European Journal of Social Psychology*, 1, pp.7-30.

French, J.R.P. and Raven, B. (1960), "The bases of social power," in D. Cartwright and A.F. Zander(eds.), *Group Dynamics*, Evanston, IL: Row, Peterson and Company, pp.607-633.

French, W.L. (1982), *The Personnel Management Process*, 5th ed., Boston, MA: Houghton-Mifflin.

French, W.L. and Bell, C.H. (1995), *Organization Development*, Upper Saddle River, NJ: Prentice-Hall.

French, W.L. and Bell, C.H. (1999), *Organizational Development: Behavioral Sicence Interventions for Organization Improvement*, 6e, Upper Saddle River, NJ: Prentice-Hall.

French, W.L., Bell, C.H., and Zawacki, R.A. (eds.)(2000), *Organization Development and Transformation*, NY: McGrew-Hill.

Friedman, M. and Rosenman, R.H. (1974), *Type A Behavior and Your Heart*, Greenwich, CT: Fawcett Publications.

Frink, D.D. and Ferris, G.R. (1998), "Accountability, impression management, and goal-setting in the performance evaluation process," *Human Relations*, 51, pp.1259-1284.

Fry, L.W. (1982), "Technology-structure research: Three critical issues," *Academy of Management Journal*, 25, pp.532-552.

Fuller, J.B., Patterson, C.E.P., Hester, K., and Stringer, D.Y. (1996), "A quantitative review or research on charismatic leadership," *Psychological Reports*, 78, pp.271-287.

Fulmer, R.M., Gibbs, P., and Keys, J.B. (1998), "The second generation learning organization," *Organizational Dynamics*, Autumn, pp.7-20.

Galbraith, J.R. (1996), *Competing with Flexible Lateral Organizations*, Reading, MA: Addison-Wesley.

Gardner, W.L. and Avolio, B.J. (1998), "The charismatic relationship: A Dramaturgical perspective," *Academy of Management Review*, 23, pp.32-58.

Gellerman, S.W. (1963), *Motivation and Productivity*, NY: American Management Association.

Gerstner, L.V. (2002), *Who Says Elephants Can't Dance?: Inside IBM's Historic Turnaround*, NY: Harper Business.

Gibson, C.B. (1999), "Do they do what they believe they can? Group efficacy and group effectiveness across tasks and cultures," *Academy of Management Journal*, 42, pp.138-152.

Gibson, J.L., Ivancevich, J.M., and Donnelly, J.H. (1994), *Organizations: Behavior, Structure, Processes*, 9e, Burr Ridge, IL: Irwin.

Gillen, D.J. and Carroll, S.J. (1985), "Relationship of managerial ability to unit effectiveness in more organic versus more mechanistic departments," *Journal of Management Studies*, 22(6), pp.674-675.

Goleman, D. (1995), *Emotional Intelligence*, NY: Bantam.

Goleman, D., Boyatzis, R., & McKee, A. (2002), *Primal Leadership: Realizing the Power of Emotional Intelligence*, Boston, Mass.: Harvard Business School Press.

Goodman, P.S., Ravlin, E., and Shiminke, M. (1987), "Understanding groups in organizations," in L.L. Cummings and B.M. Staw(eds.), *Research in Organizational Behavior*, Greenwich, CT: JAI Press.

Gordon, G.G. & DiTomaso, N. (1992), "Predicting Corporate Performance from Organizational Culture," *Journal of Management Studies*, 29, pp.783-798.

Gordon, G.G. (1985), "The Relationship of Corporate Culture to Industry Sector and Corporate Performance," In R.H. Kilmann et al. (Eds.), *Gaining Control of the Corporate Culture*, San Francisco: Jossey-Bass, pp.103-125.

Gosserand, R.H. & Diefendorff, J.M. (2005), "Emotional Display Rules and Emotional Labor: The Moderating Role of Commitment," *Journal of Applied Psychology*, 90(6), pp.1256-1264.

Gould, J. and Kolb, W.L.(eds.) (1964), *A Dictionary of the Social Sciences*, NY: Free Press.

Graen, G. (1976), "Role-making processes within complex organizations," in M.D. Dunnette(ed.), *Handbook of Industrial and Organizational Psychology*, Chicago: Rand McNally.

Grandey, A.A. (2003), "When 'The Show Must Go On': Surface and Deep Acting as Determinants of Emotional Exhaustion and Peer-Rated Service Delivery," *Academy of Management Journal*, 46, pp.86-96.

Greenberg, J. (2002), "Who Stole the Money, and When?: Individual and Situational Determinants of Employee Theft," *Organizational Behavior and Human Decision Processes*, 89, pp.985-1003.

Greenberg, J. and Baron, R.A. (2008), *Behavior in Organizations, 9th ed.*, Upper Saddle River, NJ: Prentice Hall.

Greenwood, R.C. (1981), "Management by Objectives: As Developed by Peter Drucker, Assisted by Harold Smiddy," *Academy of Management Review*, 6(2), pp.225-230.

Grofman, B., Feld, S.L., and Owen, G. (1984), "Group size and the performance of a composite group majority: Statistical truth and empirical results," *Organizational Behavior and Human Performance*, 33(3), pp.350-359.

Guth, W.D. and Tagiuri, R. (1965), "Personal values and corporate strategy," *Harvard Business Review*, 43(5), pp.123-133.

Guthrie, E. (1952), *The Psychology of Learning*, NY: Harper and Row.

Guthrie, J.P., Ash, R.A., and Bendapudi, V. (1995), "Additional validity evidence for a measure of morningness," *Journal of Applied Psychology*, 80, pp.186-190.

Hackett, R. D., Bycio, P., and Hausdorf, P. A. (1994), "Further Assessment of Meyer and Allen's (1991) Three-Component Model of Organizational Commitment," *Journal of Applied Psychology*, 79, pp.15-23.

Hackman, J.R. and Oldham, G.R. (1976), "Motivation through the design of work: Test of a theory," *Organizational Behavior and Human Performance*, 16, pp.250-279.

Haire, A.P., Borgatta, E.F., and Bales, R.F.(eds.) (1956), *Small Groups*, NY: Knopf.

Hammond, J.S., Keeney, R.L., and Raffa, H. (1998), "The hidden traps in decision-making," *Harvard Business Review*, Sep.-Oct., pp.47-58.

Hamner, W.C. and Hamner, L.P. (1976), "Behavior Modification on the Bottom Line," *Organizational Dynamics*, Spring, pp.2-21.

Hamner, W.C. and Organ, D.W. (1982), *Organizational Behavior: An Applied Psychological Approach*, 2e, Plano, TX: Business Publications.

Handy, C. (1978), *Gods of Management*, London: Souvenir.

Handy, C. (1981), *Understanding Organizations*, Harmondsworth, Middlesex: Penguin.

Handy, C. (1990), *The Age of Unreason*, Boston: Harvard Business School Press.

Hanisch, K.A. (1992), "The job description index revisited," *Journal of Applied Psychology*, 77, pp.377-382.

Hannan, M.T. and Freeman, J. (1988), *Organizational Ecology*, Cambridge, MA: Harvard University Press.

Hansen, G.S. & Wernerfelt, B. (1989), "Determinants of Firm Performance: The Relative Importance of Economic and Organizational Factors," *Strategic Management Journal*, 10, pp.399-411.

Harrison, R. (1972), "Understanding Your Organization's Character," *Harvard Business Review*, May-June, pp.119-128.

Harvey, E. (1968), "Technology and the structure of organizations," *American Sociological Review*, 33, pp.247-259.

Healey, J.H. (1956), *Executive Coordination and Control*, Columbus, OH: Ohio State University.

Hellreigel, D., Slocum, J.W., Woodman, R.M. (2001), *Organizational Behavior, 9e*, Cincinnati, OH: South-Western.

Henderson, J.M. and Hollingsworth, A. (1999), "A high-level scene perception," *Annual Review of Pschologist*, 50, pp.243-271.

Hersey, P. (1984), *The Situational Leader*, NY: Warner Books.

Hersey, P. and Blanchard, K.H. (1993), *Management of Organizational Behavior: Utilizing Human Resources*, Englewood Cliffs, NJ: Prentice-Hall.

Herzberg, F. (1968), "One more time: How do you motivate employees?" *Harvard Business Review*, 46(1), pp.53-62.

Herzberg, F., Mausner, B., and Synderman, B. (1959), *The Motivation to Work*, NY: Wiley.

Hickson, D.J., Hinings, C.R., Lee, C.A., Schneck, R.E., and Pennings, J.M. (1971), "A Strategic Contingencies' Theory of Intraorganizational Power," *Administrative Science Quarterly*, 16, pp.216-229.

Hickson, D.J., Pugh, D.S., and Pheysey, D.C. (1969), "Operations technology and organization structure: An empircal reappraisal," *Administrative Science Quarterly*, 14(3), pp.378-397.

Hilton, J.L. and von Hipple, W. (1996), "Stereotypes," *Annual Review of Psychology*, 47, pp.237-271.

Hinton, P.R. (1993), *The Psychology of Interpersonal Perception*, London: Routledge.

Hirst, G., Knippenberg, D.V., Chen, C., & Sacramento, C.A. (2011), "How Does Bureaucracy Impact Individual Creativity? A Cross-Level Investigation of Team Contextual Influences on Goal Orientation-Creativity Relationships," *Academy of Management Journal*, 54(3), pp.624-641.

Hochschild, A.R. (1979), "Emotional Work, Feeling Rules, and Social Structure," *American Journal of Sociology*, 85(3), pp.551-575.

Hochschild, A.R. (1983), *The Managed Heart: The Commercialization of Human Feelings*, Berkeley: Univ. of California Press.

Hofstede, G. (1980), *Culture's Consequences: International Differences in Work-Related Values*, Beverly Hills, CA: Sage.

Hofstede, G. (1983), "The cultural relativity of organizational practices and theories," *Journal of International Business Studies*, 14(2), p.87-100.

Hofstede, G. (1991), *Cultures and Organizations: Software of the Mind*, NY: McGrew-Hill.

Hofstede, G. (1999), "The universal and the specific in 21st century management," *Organizational Dynamics*, Summer, pp.34-44.

Holland, J.H. (1973), *Making Vocational Choice: A Theory of Careers*, Englewood Cliffs, NJ: Prentice-Hall.

Homans, G.C. (1950), *The Human Group*, NY: Harcourt, Brace and World.

House, R.J. (1971), "A path-goal theory of leader effectiveness," *Administrative Science Quarterly*, 16, pp.321-338.

House, R.J. (1995), "Leadership in the Twenty-First Century," in A. Howard (ed.), *The Changing Nature of Work*, San Francisco, CA: Jossey-Bass.

House, R.J. (1996), "Path-goal theory of leadership: Lessons, legacy and a reformational theory," *Leadership Quarterly*, 7, pp.323-352.

House, R.J. and Aditya, R.N. (1997), "The social scientific stage of leadership: Quo vadis?" *Journal of Management*, 23, pp.409-473.

House, R.J. and Hanges, S.A. (1999), "Cultural influences on leadership and organization," in W.H. Mobley(ed.), *Advances in Global Leadership*, Stanford, CT: JAI Press.

House, R.J. and Wigdor, L. (1967), "Herzberg's dual factor theory of job satisfaction and motivation: A review of the empirical evidence and a criticism," *Personnel Psychology*, 20(Winter), pp.369-380.

House, R.J., Filley, A.C., and Kerr, S.(1971), "Relation of leader consideration and initiating structure to R&D subordinates satisfaction," *Administrative Science Quarterly*, 16(March), pp.19-30.

House, R.J., Shapero, H.J., and Wahba, M.A. (1974), "Expectancy theory as a predictor of work behavior and attitude: A re-evaluation of empirical evidence," *Decision Sciences*, July, pp.481-506.

Hull, C.L. (1951), *Essentials of Behavior*, New Haven, CT: Yale University Press.

Hutchinson, S., Valentino, K.E., and Kirkner, S.L. (1998), "What works for the gander does not work as well for the goose: The effects of leader behavior," *Journal of Applied Social Psychology*, 28, pp. 171-182.

Jackson, S.E. and Schuler, R.S. (1985), "A meta-analysis and conceptual critique of research on role ambiguity and role conflict in work settings," *Organizational Behavior and Human Decision Process*, 36(1), pp.16-78.

Janis, I.L. (1982), *Groupthink, 2e*, Boston: Houghton-Mifflin.

Jehn, K.A. and Mannix, E.A. (2001), "The Dynamic Nature of Conflict: A Longitudinal Study of Intragroup Conflict and Group Performance," *Academy of Management Journal*, 44(2), pp.238-251.

Jehn, K.A., Northcraft, G.B., and Neal, M.A. (1999), "Why differences make a difference: A field study of diversity, conflict, and performance in work groups," *Administrative Science Quarterly*, 44, pp.741-768.

Jennings, E.E. (1962), *The Executive: Autocrat, Bureaucrat, Democrat*, NY: Harper & Row.

Jick, T.D. (1995), "Accelerating change for competitive advantage," *Organizational Dynamics*, 24(Summer), pp.77-82.

John, O.P. and Srivastava, S. (1999), "The big five trait taxonomy: The history, measurement, and theoretical perspectives," in L.A. Pervin and O.P. John(eds.), *Handbook in Personality*, 2e, NY: Guilford, pp.139-153.

Johnson, C.E. (2001), *Meeting the Ethical Challenges of Leadership*, Thousand Oaks, CA: Sage.

Johnson, R.A., Kast, F.E., and Rosenzweig, J.E. (1973), *The Theory and Management of Systems*, 3e, NY: McGrawHill.

Jones, G.R. (1983), "Transaction Costs, Property Rights, and Organizational Culture: An Exchange Perspective," *Administrative Science Quarterly*, 28, pp.454-467.

Joyce, W.F. (1986), "Matrix organization: A social experiment," *Academy of Management Journal*, 29, pp.536-561.

Joyce, W.F., McGee, V.E., and Slocum, J.W. (1997), "Designing lateral organizations: An analysis of the benefits, costs, and enablers of non hierarchical organizational forms," *Management Science*, 28, pp.1-26.

Judge, T.A., Bono, J.E., Ilies, R., and Gerhardt, M.W. (2002), "Personality and leadership: A qualitative and quantitative review," *Journal of Applied Psychology*, 87(4), pp.765-780.

Kanter, R.M. (1983), *The Change Masters*, NY: Simon and Shuster.

Kast, F.E. and Rosenzweig, J.E. (1974), *Organization and Management*, 2ed, NY: McGrawHill.

Katz, D. and Kahn, R.L. (1966), *The Social Psychology of Organizations*, NY: Wiley.

Kearns, D.T. and D.A. Nadler (1992), *Prophets in the Dark: How Xerox Reinvented Itself and Beat Back the Japanese*, NY: Harper Business.

Keidel, R.W. (1984), "Baseball, football, and basketball: Models for business," *Organizational Dynamics*, Winter, pp.5-18.

Keil, E.C. (1981), *Assessment Center: A Guide for Human Resource Management*, Reading, MA: Addison-Wesley.

Keller, M. (1989), *Rude Awakening*, NY: William Morrow.

Kelley, H.H. (1973), "The processes of causal attribution," *American Psychologist*, 28(2), pp.107-128.

Kennedy, J.C. (2002), "Leadership in Malaysia: Traditional Values, International Outlook," *Academy of Management Executive*, 16(3), pp.15 – 16.

Kenny, D.A. and Zaccaro, S.J. (1983), "An estimate of variance due to trait in leadership," *Journal of Applied Psychology*, 68(4), pp.678-685.

Kerr, S. and Jermier, J.M. (1978), "Substitutes for leadership: Their meaning and measurement," *Organizational Behavior and Human Performance*, 22, pp.375-403.

Kerr, S., Schriesheim, C.A., Murphy, C.J., and Stogdill, R.M. (1974), "Toward a contingency theory of leadership based upon the consideration and initiating structure literature," *Organizational Behavior and Human Performance*, 12(1), pp.62-82.

Kilmann, R.H. (1975), *Beyond the Quick Fix*, San Francisco: Jossey-Bass.

Kim, L. (1997), *Imitation to Innovation*, Boston: Harvard University Press.

Kinicki, A. & Kreitner, R. (2009), *Organizational Behavior: Key Concepts, Skills & Best Practices*, 4th ed., McGraw-Hill.

Kirkman, B.I. and Rosen, B. (1999), "Beyond self-management: Antecedents and consequences of team empowerment," *Academy of Management Journal*, 42, pp.48-74.

Kirkpatrick, S.A. and Locke, E.A. (1991), "Leadership: Do Traits Really Matter?" *Academy of Management Executive*, 5(2), pp.48 – 60.

Kohlberg, L. (1981), *Essays in Moral Development, vol.1: The Philosophy of Moral Development*, NY: Harper and Row.

Koontz, H. (1966), "Making theory operational: The span of management," *The Journal of Management Studies*, 3(3), pp.236-238.

Koontz, H. and O'Donnell, C. (1972), *Principles of Management: An Analysis of Managerial Functions, 5e*, NY: McGraw-Hill.

Korgaad, M.A., Roberson, L., and Rymph, R.D. (1998), "What motivates fairness?: The role of subordinate assertive behavior on manager's interactional fairness," *Journal of Applied Psychology*, 83, pp.731-744.

Kotter, J.P. (1997), *Matsushita Leadership*, NY: Free Press.

Kotter, J.P. (1999), *What Leaders Really Do*, Boston: Harvard Business Review Book.

Kotter, J.P. and Heskett, J.L. (1991), *Corporate Culture and Performance*, NY: Free Press.

Kotter, J.P. and Schlesinger, L.A. (1979), "Choosing strategies for change," *Harvard Business Review*, March-April, pp.106-114.

Kreitner, R. and Kinicki, A. (1995), *Organizational Behavior*, 3e, Chicago: Irwin.

Lam, S.S.K. & Schaubroeck, J. (2000), "Improving group decisions by better pooling information: A comparative advantage of group decision support systems," *Journal of Applied Psychology*, 85, pp.564-573.

Larson, E.W. and Gobeli, D.H. (1987), "Matrix management: Contradictions and insights," *Annual Review of Psychology*, 38, pp.126-138.

Latane, B., Williams, K., and Harkins, S. (1979), "Many Hands Make Light the Work: The Causes and Consequences of Social Loafing," *Journal of Personality and Social Psychology*, 37(6), pp.822-832.

Latham, G. & Baldes, J. (1975), "The Practical Significance of Locke's Theory of Goal Setting," *Journal of Applied Psychology*, 60, pp.122-124.

Latham, G.P. and Huber, V.L. (1972), "Schedules of reinforcement: Lessons from the past and issues for the future," *Journal of Organizational Behavior and Management*, 12, pp.125-149.

Lawler, E.E. and Suttle, J.L. (1973), "Expectancy theory and job behavior," *Organizational Behavior and Human Performance*, 10, pp.483-502.

Lawrence, P.R. (1981), "Organization and environment perspective," in A.H. Van de Ven and W.F. Joyce(eds.), *Perspective on Organizational Design and Behavior*, NY: Wiley, pp.311-337.

Lawrence, P.R. and Lorsch, J.W. (1967), "Differentiation and integration in complex organizations," *Administrative Science Quarterly*, 12, pp.1-47.

Lawrence, P.R. and Lorsch, J.W. (1969), *Organization and Environment*, Homewood, IL: Irwin.

Leavitt, H.J. (1964), *Managerial Psychology, 2nd ed.*, Chicago: University of Chicago Press.

Lewin, K. (1947), "Frontiers in group dynamics," *Human Relations*, 1, pp.5-41.

Lewin, K. and Lippitt, R. (1955), "An experimental approach to the study of autocracy and democracy: A preliminary note," in A.P. Hare, E.F. Borgatta, and R.F. Bales(eds.), *Small Groups: Studies in Social Interaction*, NY: Knopf.

Lichterstein, B.B. (2000), "Self-organized transitions: A pattern amid the chaos of transformative change," *Academy of Management Executive*, 14, pp.128-141.

Light, D. and Keller, S. (1975), *Sociology*, NY: Knopf.

Likert, R. (1961), *New Patterns of Management*, NY: McGraw-Hill.

Loana, C.B. and Barry, B. (2000), "Stability and change as simultaneous experiences in organizational life," *Academy of Management Review*, 25, pp.753-759.

Locke, E.A. (1968), "Toward an theory of task motivation and incentives," *Organizational Behavior and Human Performance*, 7, pp.157 -189.

Locke, E.A. and Latham, G. (1984), *Goal-Setting: A Motivational Technique That Works*, Englewood Cliffs, NJ: Prentice-Hall.

Locke, E.L. (1977), "The myths of behavior modification in organizations," *Academy of Management Review*, 2(4), pp.543-553.

Loden, M. (1995), *Feminine Leadership or How to Succeed in Business without Being One of the Boys*, NY: Times Books.

Lord, R.G., DeVader, C.L., and Alliger, G.M. (1988), "A meta-analysis of the relation between personality traits and leadership perceptions: An application of validity generalization procedures," *Journal of Applied Psychology*, 73, pp.407-408.

Lorsch, J.W. and Morse, J.J. (1974), *Organizations and Their Members: A Contingency Approch*, NY: Harper and Row.

Lott, A.J. and Lott, B.E. (1965), "Group cohesiveness as interpersonal attraction: A review of relationships with antecedent and consequent variables," *Psychological Bulletin*, 64, pp.259-309.

Lovelace, K., Shapiro, D.L., and Weingart, L.R. (2001), "Maximizing Cross-Functional New Product Teams' Innovativeness and Constraint Adherence: A Conflict Communications Perspective," *Academy of Management Journal*, 44(4), pp.779-793.

Luker, W.A. (2000), "Convergence versus strategic reorientation: The antecedents of fast-paced organizational change," *Journal of Management*, 26, pp.911-945.

Luthans, F. and Kreitner, R. (1985), *Organizational Behavior Modification and Beyond: An Operant and Social Learning Approach*, Glenview, IL: Scott, Foresman & Company.

Luthans, F. and Stajikovic, A.D. (1999), "Reinforce for performance: The need to go beyond pay and even reward," *Academy of Management Executive*, 13, pp.49-57.

Lynd-Stevenson, R.M. (1999), "Expectancy theory and predicting future employment status in the young unemployed," *Journal of Occupational and Organizational Psychology*, 72, pp.101-106.

Manzoni, J.F. and Barsoux, J.L. (1998), "The set-up-to-fail syndrome," *Harvard Business Review*, March-April, pp.101-113.

March, J.G. and Simon, H.A. (1958), *Organizations*, NY: Wiley.

Martinko, M.J. and Gardner, W.L. (1987), "The leader-member attribution process," *Academy of Management Review*, 12, pp.235-249.

Maslow, A.H. (1943), "The theory of motivation," *Psychological Review*, July, pp.370-396.

Maslow, A.H. and Kaplan, A.R. (1998), *Maslow on Management*, NY: Wiley.

Mayo, E. (1933), *Human Problems of an Industrial Civilization*, Cambridge, MA: Harvard University Press.

McClelland, D.C. (1962), "Business drive and national achievement," *Harvard Business Review*, 40(4), pp.99-112.

McClelland, D.C. and Boyatzis, R.E. (1982), "Leadership motive pattern and long term success in management," *Journal of Applied Psychology*, 67(6), pp.737-743.

McClelland, D.C., Atkinson, J.W., Clark, R.A., and Lowell, E.L. (1953), *The Achievement Motive*, NY: Appleton-Century.

McClleland, D.C. and Burham, D. (1976), "Power is great motivator," *Harvard Business Review*, March-April, pp.100-111.

McGregor, D.M. (1957), "The human side of enterprise," *Management Review*, November, pp.22-28.

McGregor, D.M. (1960), *The Human Side of Enterprise*, NY: McGraw-Hill.

McGuire, W.J. (1960), "Cognitive consistency and attitude change," *Journal of Abnormal and Social Psychology*, pp.345-353.

McShane, S.L. & von Glinow, M.A. (2000), *Organizational Behavior*, Boston, Mass.: McGraw-Hill.

Mehrabian, A. (1981), *Silent Messages*, 2nd ed., Belmont, CA.: Wadsworth.

Merton, R.K. (1940), "Bureaucratic structure and personality," *Social Forces*, 18, pp.560-568.

Meyer, J.P. and Allen, N.J. (1984), "Testing the 'Side-Bet Theory' of Organizational Commitment: Some Methodological Considerations," *Journal of Applied Psychology*, 69, pp.372-378.

Meyer, J.P. and Allen, N.J. (1991), "A three-component conceptualization of organizational commitment," *Human Resource Management Review*, 1, pp.61-89.

Michailova, S. (2000), "Contrasts in culture: Russian and Western perspectives on organizational change," *Academy of Management Executive*, 14, pp.99-112.

Michalski, W.J. and King, D.G. (1998), *10 Tools for Cross Funtional Teams*, Portland, OR: Productivity Press.

Middleton, C.J. (1967), "How to set up a project organization," *Harvard Business Review*, 45(2), pp.73-82.

Miles, R.E. and Snow, C.C. (1995), "The new network firm," *Organizational Dynamics*, Spring, pp.5-16.

Miller, J.G. (1984), "Culture and the development of everyday causal explanation," *Journal of Applied Social Psychology*, 46, pp.961-978.

Mintzberg, H. (1980), *The Nature of Managerial Work*, Englewood Cliffs, NJ: Prentice-Hall.

Mitchell, R., Smyser, C.M., and Wood, E. (1975), "Locus of control: Supervision and work satisfaction," *Academy of Management Journal*, 18(3), pp.623-631

Mitchell, T.R. (1974), "Expectancy models of job satisfaction, occupational preference and effort: A theoretical, methodological, and empirical appraisal," *Psychological Bulletin*, 81(12), pp.1053-1075.

Mitchell, T.R. (1982), "Motivation: New direction for theory, research, and practice," *Academy of Management Review*, 7(1), pp.80-88.

Mitroff, I.I. and Denton, E.A. (1999), "A study of spirituality in the workplace," *Sloan Management Review*, Summer, pp.83-92.

Mooney, J.D. and Reiley, A.C. (1931), *Onward Industry*, NY: Harper and Brothers.

Moorhead, G. and Griffin, R.W. (2001), *Organizational Behavior: Managing People and Organizations, 6th ed.*, Boston: Houghton Mifflin.

Moreno, J. (1953), *Who Shall Survive?* 2e, Beacon, NY: Beacon House.

Mortensen, C.D. (1997), *Miscommunication*, Thousand Oaks, CA: Sage.

Mowday, R., & Steers, R.M. (1979), "The Measurement of Organizational Commitment," *The Journal of Vocational Behavior*, 14, pp.224-247.

Munter, M. (1993), "Cross-Cultural Communication for Managers," *Business Horizons*, May-June 1993, p.72.

Murphy, P.E. and Enderle, G. (1995), "Managerial ethical leadership: Examples do matter," *Business Ethics Quarterly*, 5, pp.117-128.

Myers, D.G. (1993), *Social Psychology, 4e*, NY: McGraw-Hill.

Nadler, D.A. and Tushman, M.L. (1997), *Competing by Design: The Power of Organizational Architecture*, NY: Oxford University Press.

Nadler, D.A.(1988), "Organizational frame bending: Types of change in complex organization," Kilmann, R.H., Covin, T.J. and Associates (eds.), *Corporate Transformation: Revitalizing Organizations for a Competitive World*, San Francisco, CA: Jossey-Bass.

Niehoff, B.P. & Moorman, R.H. (1993), "Justice as a Mediator of the Relationship between Methods of Monitoring and Organizational Citizenship Behavior," *Academy of Management Journal*, 36(3), pp.527-556.

Nonaka, I. and Takeuchi, H.(1995), *The Knowledge Creating Company*, NY: Oxford University Press.

Nord, W. (1969), "Beyond the teaching machine: The neglected area of operant conditioning in the theory and practice of management," *Organizational Behavior and Human Perfor-*

mance, 8(4), pp.375-401.

Norris, D.R. and Niebuhr, R. (1984), "Attributional influences on the job performance-job satisfaction relationship," *Academy of Management Journal*, 27, pp.424-431.

Northcraft, G.B. and Neal, M.A. (1989), *Organizational Behavior*, Chicago: Dryden Press.

Northouse, P.G. (1997), *Leadership: Theory and Practice*, Thousand Oaks, CA: Sage.

O'Reilly, C.A. (1989), "Corporations, Culture and Commitment: Motivation and Social Control in Organizations," *California Management Review*, summer, pp.9-25.

Ostroff, C. (1992), "The relationship between satisfaction, attitudes, and performance: An organizational level analysis," *Journal of Applied Psychology*, 77, pp.963-974.

Ouchi, W. (1981), *Theory Z*, Reading, MA: Addison-Wesley.

Packard, D. (1995), *The HP Way*, NY: Harper Business.

Pascale, R.T. (1990), *Managing on the Edge*, NY: Simon & Schuster.

Pascale, R.T. and Athos, A.G. (1981), *The Art of Japanese Management*, NY: Penguin.

Pavlov, I. (1927), *Lectures on Conditioned Reflexes*, NY: International.

Perrow, C. (1967), "A framework for the comparative analysis of organizations," *American Sociological Review*, 32(2), pp.194-208.

Peters, T. and Waterman, R.H. (1982), *In Search of Excellence: Lessons from America's Best Run Companies*, NY: Harper and Row.

Peterson, M.F. and Hunt, J.G. (1997), "International Perspectives on International Leadership," *Leadership Quarterly*, 8(3), pp.203 – 31.

Pfeffer, J. and Salancik, G.R. (1978), *The External Control of Organizations*, NY: Harper & Row.

Piderit, S.K. (2000), "Rethinking resistence and reorganizing ambivalence: A multinational view of attitude toward an organizational change," *Academy of Management Review*, 25, pp.783-784.

Polzer, J.T. (1998), "Role ambiguity," in C.L. Cooper and C. Argyris(eds), *The Concise Blackwell Encyclopedia of Management*, Oxford, England: Blackwell.

Porter, L.W. (1963), "Job attitudes in management: Perceived deficiencies in need fulfillment as a function of size of the company," *Journal of Applied Psychology*, 47(6), pp.386-397.

Porter, L.W. and Lawler, E.E. (1968), *Managerial Attitude and Performance*, Homewood, IL: Irwin.

Posdakoff, P.M., MacKenzie, S.B., and Adhearne, M. (1997), "Moderating effects of goal acceptance on the relationship between group cohesiveness and productivity," *Journal of Applied Psychology*, 82, pp.974-984.

Price, J.L., & Mueller, C.W. (1986), *Handbook of Organizational Measurement*, Marshfield, Mass.: Pitman.

Purser, R. and Cabana, S. (1999), *The Self-Managing: How Leading Companies Are Transferring the Work of Team for Real Impact*, NY: Free Press.

Quinn, R.E., & Kimberly, J.R. (1984), "Paradox, Planning, and Perseverance: Guidelines for Managerial Practice," In J.R. Kimberly & R.E. Quinn (Eds.), *Managing Organizational Transi-*

tions, Homewood,Ill.: Richard D. Irwin, pp.295-313.

Quinn, R.E., & McGrath, M.R. (1985), "The Transformation of Organizational Cultures: A Competing Values Perspective," In P.J. Frost et al. (Eds.), *Organizational Culture,* Beverly Hills: Sage, pp.315-334.

Quinn, R.E., & Rohrbaugh, J. (1983), "A Spatial Model of Effectiveness Criteria: Toward a Competing Values Approach to Organizational Analysis," *Management Science,* 29(3), pp.363-377.

Quinn, R.E., & Spreitzer, G.M. (1991), "The Psychometrics of the Competing Values Culture Instrument and an Analysis of the Impact of Organizational Culture on Quality of Life," In R.W. Woodman & W.A. Pasmore (Eds.), *Research in Organizational Change and Development,* vol.5, Greenwich, CT: JAI Press, pp.115-142.

Rafaeli, A. & Sutton, R.I. (1987), "Expression of Emotion as Part of the Work Role," *Academy of Management Review,* 12(1), pp.23-37.

Reeser, C. (1969), "Some potential human problems of the project form of organization," *Academy of Management Journal,* 12(4), pp.459-468.

Reitan, H.T. and Shaw, M.E. (1964), "Group membership, sex-composition of the group, and conformity behavior," *Journal of Social Psychology,* October, pp.45-51.

Rhee, Z. & Chang, E. (eds.), *Korean Business and Management: The Reality and the Vision,* NJ: Hollym, 2002.

Robbins, S.B. (1989), *Organizational Behavior,* 4e, Englewood Cliff, NJ: Prentice-Hall.

Robbins, S.P. & Coulter, M. (2010), *Management, 10th* ed., New York: Prentice-Hall.

Roberts, K., Kossek, E.E., and Ozeki, C. (1998), "Managing the global work force: Challenges and strategies," *Academy of Management Executive,* 12(4), pp.98-106.

Rodgers, F.G.B. (1986), *IBM Way,* NY: Harper and Row.

Roethlisberger, F.J. and Dickson, W.J. (1939), *Management and the Worker,* Cambridge, MA: Harvard University Press.

Rokeach, M. (1973), *The Nature of Human Values,* NY: Free Press.

Rokeach, M. and Ball-Rokeach, S.J. (1989), "Stability and Change in American Value Priorities, 1968-1981," *American Psychologist,* 44, pp.775-784.

Rose, E. and Buckley, S. (1999), *50 Ways to Teach Your Learners: Activities and Interventions for Building High-Performance Teams,* San Francisco: Jossey-Bass.

Rosenberg, M.J. (1960), "A structural theory of attitudes," *Public Opinion Quarterly,* 24, pp.319-340.

Rosener, J.B. (1990), "Ways women lead," *Harvard Business Review,* 68, pp.119-125.

Rothenbuhler, E.W. (1998), *Ritual Communication,* Thousand Oaks, CA: Sage.

Rotter, J.B. (1966), "Generalized expectancies for internal versus external control of reinforcement," *Psychological Monographs,* 80(1), pp.1-28.

Rowley, C., Sohn T.W., and Bae, J.S. (2001), *Managing Korean Business,* London: Frank Cass.

Ruben, D.H. and Ruben, M.J. (1985), "Behavioral principles on the job: Control or Manipulation?" *Personnel*, May. pp.60-67.

Ruggles, R. (1998), "Knowledge Management in Practice," *California Management Review*, 40(3), pp.80-89.

Saffold, G.S. (1988), "Culture Traits, Strength and Organizational Performance: Moving Beyond 'Strong' Culture," *Academy of Management Review*, 13, pp.546-558.

Sagie, A., Elizur, D., and Yamauchi, H. (1996), "The structure and strength of achievement motivation: A cross-cultural comparison," *Journal of Organizational Behavior*, 17, pp.431-445.

Sargent, S.S. and Williamson, R.C. (1966), *Social Psychology*, 3e, NY: The Ronald Press.

Scandura, T.A. and Graen, G.B. (1984), "Moderating effects of initial leader-member exchange status on the effects of a leadership intervention," *Journal of Applied Psychology*, 69, pp.428-436.

Scanlon, B. and Keys, J.B. (1979), *Management and Organizational Behavior*, NY: Wiley.

Schein, E.H. (1980), *Organizational Psychology*, 3e, Englewood Cliffs, NJ: Prentice-Hall.

Schein, E.H. (1984), "Coming to a new awareness of organizational culture," *Sloan Management Review*, 25, pp.3-16.

Schein, E.H. (1985), *Organizational Culture and Leadership*, San Francisco: Jossey-Bass.

Schminke, M., Cropanzano, R.S., and Rupp, D.E. (2002), "Organizational structure and fairness perceptions: The moderating effects of organizational level," *Organizational Behavior and Human Decision Processes*, 89, pp.881-905.

Schneider, J. and Locke, E. (1971), "A critique of Herzberg's classification system and a suggested revision," *Organizational Behavior and Human Performance*, 6(4), pp.441-458.

Schweiger, D.M., Anderson, C.R., and Locke, E.A. (1985), "Complex decision making: A longitudinal study of process and performance," *Organizational Behavior and Human Decision Process*, 36(2), pp.245-272.

Seifert, C.F., Yukl, G., and McDonald, R.A. (2003), "Effects of Multisource Feedback and a Feedback Facilitator on the Influence Behavior of Managers toward Subordinates," *Journal of Applied Psychology*, 88, pp.561-569.

Selznick, P. (1957), *Leadership in Administration*, NY: Harper and Row.

Senge, P.M. (1990), *The Fifth Discipline*, NY: Currency Doubleday.

Shamir, B., Zakay, E., Breinin, E., and Popper, M. (1998), "Correlates of charismatic leader behavior in military units: Subordinates' attitudes unit characteristics, and superiors' appraisals of leader performance," *Academy of Management Journal*, 41, pp.387-409.

Sharpe, R. (2000), "As Leaders, Women Rule," *Business Week*, November 20, p.75.

Shaw, J.B. and Barrett-Power, E. (1998), "The effect of diversity on small work processes and performance," *Human Relation*, 51, pp.1307-1325.

Shimp, T.A., Stuart, E.W., and Engle, R.W. (1991), "A program of classical conditioning experiments testing variations in the conditions stimulus and contexts," *Journal of Consumer Research*, 18, pp.1-10.

Simon, H.A. (1946), "The proverbs of administration," *Public Administration Review*, 6, pp.53-67.

Simon, H.A. (1957), *Administrative Behavior*, NY: Macmillan.

Simon, H.A. (1960), *The New Science of Management Decision*, NY: Harper & Row.

Simon, H.A. (1991), "Bounded rationality and organizational learning," *Organization Science*, 2, pp.125-134.

Simon, H.A. (1997), *Administrative Behavior: A Study of Decision-Making Process in Administrative Organizations, 4e*, NY: Free Press.

Simons, T., Pelled, L.H., and Smith, K.A. (1999), "Making use of difference: Diversity, debate, and decision comprehensiveness in top management teams," *Academy of Management Journal*, 42, pp.662-673.

Sims, H.P. and Lorenzi, P. (1992), *The New Leadership Paradigm: Social Learning and Cognition in Organizations*, Newbury Park, CA: Sage.

Skinner, B.F. (1953), *Science and Human Behavior*, NY: Mcmillan.

Slater, R. (1999), *Jack Welch and the GE Way*, NY: McGraw-Hill.

Slater, R. (2003), *The Wal-Mart Decade*, NY: Portfolio.

Slocum, J.W., Jackson, S.E., and Hellriegel, D. (2008), *Competency-Based Management*, Mason, Ohio: Thompson South-Western.

Snell, S.A., Snow, C.C., Davidson, S., and Hambrick, D.C. (1998), "Designing and supporting transnational teams: The human resource agenda," *Human Resource Management*, 37, pp.147-158.

Sorensen, J.E. and Sorensen, T.L. (1974), "The conflict of professionals in bureaucratic organizations," *Administrative Science Quarterly*, 16, pp.98-106.

Spears, L.C. (2010), "Character and servant leadership: Ten characteristics of effective, caring leaders," *The Journal of Virtues & Leadership*, 1(1), pp.25-30.

Spector, P. (1982), "Behavior in organizations as a function of employee's locus of control," *Psychological Bulletin*, 91(3), pp.482-497.

Spokane, A.R. (1985), "A review of research on person-environment congruence on Holland's theory of careers," *Journal of Vocational Behavior*, 26(3), pp.306-343.

Spreitzer, G.M. (1995), "Psychological empowerment in the workplace: Dimensions, measurement, and validation," *Academy of Management Journal*, 38(5), pp.1442-1465.

Spreitzer, G.M., Kizilos, M.A., and Nason, S.W. (1997), "A dimensional analysis of the relationship between psychological empowerment and effectiveness, satisfaction, and strain," *Journal of Management*, 23(5), pp.679-704.

Stajikovic, A.D. and Luthans, F. (1997), "A meta-analysis of the effects organizational behavior modification on task performance," *Academy of Management Journal*, 40, pp.1122-1149.

Steele, C.M., Spencer, S.J., and Aronson, J. (2002), "Contending with Group Image: The Psychology of Stereotype and Social Identity Threat," in P.P. Zanna (Ed.), *Advances in Experimental Social Psychology*, vol.34, San Diego, CA: Academic Press, pp.379-440.

Steers, R. (1977), "Individual differences in participative decision-making," *Human Relations*, 30(9), pp.837-847.

Steers, R.M. (1999), *Made in Korea*, NY: Rutledge.

Steers, R.M. and Black, J.S. (1994), *Organizational Behavior*, 5e, NY: Harper Collins.

Steers, R.M. and Porter, L.W. (1991), *Motivation and Work Behavior*, 5e, NY: McGraw-Hill.

Stewart, T. (1999), "CEOs See Clout Shifting," *Fortune*, November 6, p.66.

Stogdill, R.M. (1974), *Handbook of Leadership: A Survey of Theory and Research*, NY: Free Press.

Strauss, G. and Sayles, L.R. (1980), *Personnel: The Human Problems of Management, 4e*, Englewood Cliffs, NJ: Prentice-Hall.

Stump, S.A., Freedman, R.D. and Zard, D.E. (1979), "Judgmental decisions: A study of interaction among group membership, group functioning, and the decision situation," *Academy of Management Journal*, 22(4), pp.765-782.

Super, D. (1957), *The Psychology of Careers*, NY: Harper.

Swanda, J. (1979), *Organizational Behavior*, Sherman Oaks, CA: Alfred Publishing.

Syer, J.D. (1997), *How Teamwork Works: The Dynamics of Effective Team Development*, London: McGraw-Hill.

Szilagyi, A.D. and Wallace, M.J. (1990), *Organizational Behavior and Performance, 5e*, NY: Harper Collins.

Tapscott, D. and Caston, A. (1993), *Paradigm Shift: The New Promise of Information Technology*, NY: McGraw-Hill.

Taylor, F.W. (1911a), *The Principles of Scientific Management*, NY: Harper and Brothers.

Taylor, F.W. (1911b), *Shop Management*, NY: Harper and Brothers.

Thibaut, J. and Walker, L. (1975), *Procedural Justice: A Psychological Analysis*, Hillsdale, NJ: Erlbaum.

Thomas, K.W. and Velthouse, B.A. (1990), "Cognitive elements of empowerment," *Academy of Management Review*, 15, pp.666-681.

Thompson, J.D. (1967), *Organizations in Action*, NY: McGraw-Hill.

Thorndike, E.L. (1932), *The Fundamentals of Learning*, NY: Columbia University.

Tichy, N.M. (1974), "Agents of planned social change: Congruence of values, cognitions and actions," *Administrative Science Quarterly*, 19(2), pp.164-182.

Tichy, N.M. and Sherman, S. (1993), *Control Your Destiny or Someone Else Will: How Jach Welch is Making General Electric the World's Most Competitive Corporation*, NY: Doubleday.

Tichy, N.M. and Sherman, S. (1994), *Control Your Destiny or Someone Else Will: Lessons in Mastering Change from the Principles Jack Welch is Using to Revolutionize GE*, NY: Harper Business.

Time (1984), "Land of the can do spirit," September 10, pp.6-11.

Toffler, A. (1980), *The Third Wave*, NY: William Morrow.

Tolman, E.C. (1932), *Purposive Behavior in Animals and Men*, NY: AppletonCentury Crofts.

Tosi, H.L. (1975), "Effective and ineffective MBO," *Management By Objectives*, 4(3), pp.7-14.

Trice, H.M and Beyer, J.M. (1993), *The Cultures of Work Organizations*, Englewood Cliffs, N.J.: Prentice-Hall.

Ungson, G.R., Steers, R.M., and Park, S.H. (1997), *Korean Enterprise*, Boston: Harvard Business School Press.

Urwick, L.F. (1944), *The Elements of Administration*, NY: Harper and Row.

Urwick, L.F. (1956), "The manager's span of control," *Harvard Business Review*, 34(3).

Vande Walle, D. and Cummings, L.L. (1997), "A test of the influence of goal orientation on the feedback seeking process," *Journal of Applied Psychology*, 82, pp.390-400.

Vecchio, R. (1977), "An empirical examination of the validity of Fiedler's model," *Organizational Behavior and Human Performance*, 19(1), pp.180-206.

Vecchio, R., & Gobdel, B. (1984), "The vertical dyad linkage model of leadership: Problems and prospects," *Organizational Behavior and Human Performance*, 34, pp.5-20.

Vleeming, R.G. (1979), "Machiavellianism: A preliminary review," *Psychological Reports*, 44(1), 295-310.

Vroom, V.H. (1964), *Work and Motivation*, NY: Wiley.

Vroom, V.H. and Jago, A.G. (1978), "On the validity of the Vroom-Yetton model," *Journal of Applied Psychology*, 63(2), pp.151-162

Vroom, V.H. and Yetton, P.W. (1973), *Leadership and Decision-Making*, Pittsburgh, PA: University of Pittsburgh Press.

Waldman, D.A. and Yamarino, F.J. (1999), "CEO charismatic leadership: Levels-of-management and levels-of-analysis effects," *Academy of Management Review*, 24, pp.266-285.

Wallach, E.J. (1983), "Individuals and Organization: The Cultural Match," *Training and Development Journal*, 37, pp.29-36.

Waller, N.G. and Ben-Porath, Y.S. (1987), "Is it time for clinical psychology to embrace the five-factor model of personality?" *American Psychologist*, 42, pp.887-889.

Waterman, R.H. (1987), *The Renewal Factor: How the Best Get and Keep the Competitive Edge*, NY: Bantam Books.

Watson, J.B. (1914), *Behavior: An Introduction to Comparative Psychology*, NY: Holt, Reinhart, and Winston.

Weick, K.E. (1979), *Social Psychology of Organizing*, 2e, Reading, MA: Addison- Wesley.

Weick, K.E. and Quinn, R.E. (1999), "Organizational development and change," *Annual Review of Psychology*, 50, pp.361-386.

Weiner, B. (1980), *Human Motivation*, NY: Holt, Reinhart & Winston.

White, R. and Lippitt, R. (1960), "Leader behavior and member reaction in three social climates," D. Cartwright and A. Zander(eds.), *Group Dynamics: Research and Theory, 2e*, NY: Harper and Row.

Wick, C.W. and Leon, L.S. (1995), "From ideas to action: Creating a learning organization," *Human Resource Management*, 34, pp.299-311.

Woodman, R.W. (1993), "Observations on the field on the organizational change and development from the lunatic fringe," *Organization Development Journal*, 11, pp.71-74.

Woodman, R.W. (1995), "Organization development," in N. Nicholson(ed.), *Blackwell Encyclopedic Dictionary of Organizational Behavior*, Oxford, England: Blackwell, pp.359-361.

Woodward, J. (1958), *Management and Technology*, London: Her Majesty's Stationery Office.

Yeatts, D.E. and Hyten, C. (1998), *High-Performing Self-Managed Work Team: A Comparison of Theory and Practice*, Thousand Oaks, Sage.

Yukl, G.A. (1993), "A retrospective on Robert House's 1976 theory of charismatic leadership and recent revisions," *Leadership Quarterly*, 4, pp.367-373.

Yukl, G.A. and Latham, G.P. (1975), "Consequences of reinforcement schedules and incentive magnitudes for employee performance: Problems encountered in an industrial setting," *Journal of Applied Psychology*, 60, pp.294-298.

Yukl, G.A. and Van Fleet, D.D. (1992), "Theory and research in organizations," in M.D. Dunnette and L.M. Hough(eds), *Handbook of Individual and Organizational Psychology*, 3, Palo Alto, CA: Consulting Psychologist Press.

Zahra, S.A. (1999), "The changing rules of global competitiveness in 21st century," *Academy of Management Executive*, 13(1), pp.36-42.

Zand, D.E. (1995), "Force field analysis," in N. Nicholson(ed.), *Blackwell Encyclopedic Dictionary of Organizational Behavior*, Oxford, England: Blackwell, pp.180-181.

Zapf, D. (2002), "Emotional Work and Psychological Well-Being: A Review of the Literature and Some Conceptual Considerations," *Human Resource Management Review*, 12, pp.237-268.

Zucker, L.G. (1983), "Organizations as institutions," in S.B. Bacharach(ed.), *Research in the Sociology of Organizations*, 2, London: JAI Press.

Zuckerman, M. (1994), "An alternative five-factor model for personality," in C.F. Halverson, G.A. Kohstomn, and R.P. Martin(eds.), *The Developing Structure of Temperamental and Personality from Infancy to Adulthood, Hillsdale*, NJ: L. Erlbaum Association.

Zwerman, W.L. (1970), *New Perspectives in Organization Theory*, Westport CT: Greenwood.

색 인

ca 저자 소개 ∞

이학종

[학력 및 경력]
서울대학교 법과대학 입학
워싱턴대학교(St. Louis) 경영학 학사, 석사, 박사
뉴욕주립대학교(Albany) 경영학 교수
연세대학교 경영대학 교수(2001년 정년퇴임)
전경련 국제경영원 수석고문
한국경영학회 회장, 한국인사조직학회 회장
연세대학교 상경대학장, 국제학대학원장
연세대학교 상경대학 경영학 금호석좌교수

[수 상]
전경련, 자유경제출판문화대상(『한국의 기업문화』),
　　1994
한국경영학회, 상남경영학자상, 1997
성곡학술문화재단, 성곡학술문화상, 2000

[주요 저서]
『한국기업의 구조와 전략』, 법문사, 1986(초판);
　　1989(개정판)
『기업문화론: 이론, 기법, 사례연구』, 법문사, 1989
Korean Managerial Dynamics, New York: Praeger
　　Publishers, 1990
『MIS와 경영조직』, 박영사, 1986(초판); 1993(개정판)
『한국의 기업문화』, 박영사, 1993
『기업변신론: 한국기업의 변신전략과 사례연구』, 법문
　　사, 1994
『무한계시대의 전략경영』, 박영사, 1997
『조직행동론: 이론과 사례연구』, 세경사, 1984(초판),
　　1987(개정판), 1991(제3판), 1997(제4판)
*Korean Management: Global Strategy and Cultural
　　Transformation*, Berlin: Walter de Gruyter, 1997
『한국기업의 문화적 특성과 새 기업문화 개발』, 박영사,
　　1998
『정보기술과 현대경영』, 박영사, 1998
『한국기업의 구조조정과 새 조직문화개발』, 박영사,
　　1998
『경영혁신과 조직개발』, 법문사, 2003
『조직행동론』, 법문사, 2004
『기업문화와 기업경쟁력』, 박영사, 2008
『전략적 인적자원관리』, 박영사, 2005; 오래, 2012(개
　　정판)

김영조

[학 력]
연세대학교 상경대학 경영학과
연세대학교 대학원 경영학 석사, 박사

[주요 경력]
(현) 부경대학교 경영대학 교수
애리조나주립대학교 교환교수
부경대학교 경영교육혁신센터장
한국인사조직학회 부회장
한국인적자원관리학회 부회장
한국인사조직학회, 한국인사관리학회 편집위원

[주요 연구]
인사·조직 분야의 주제(기업지배구조, 조직문화, 기술
　　협력 네트워크, 가족친화제도, 고용조정, 감정노동,
　　임파워먼트, 조직시민행동 등)에 관한 다수의 연구
　　논문을 『경영학연구』, 『인사조직연구』, 『조직과 인사
　　관리연구』, 『인적자원관리연구』 등의 학술지에 발표.
『HR Champions: 21세기 인사전문가의 새로운 역할과
　　과제』(공역), 미래경영개발연구원, 2003
『내면으로부터 시작하는 리더십』(공역), 시그마북스,
　　2014

조직행동의 이해와 관리

발행일 2014년 6월 10일 초판 인쇄
      2014년 6월 20일 초판 발행
      2020년 3월 05일 초판 2쇄 발행

지은이 이학종·김영조
발행인 황인욱
발행처 도서출판 **오래**

저자와
협의하여
인지첩부를
생략함

주 소 서울특별시 마포구 토정로 222 한국출판콘텐츠센터 406호
전 화 02-797-8786, 8787, 070-4109-9966
팩 스 02-797-9911
이메일 orebook@naver.com
홈페이지 www.orebook.com
출판신고번호 제 2016-000355호

ISBN 978-89-94707-99-0 (93320)

가 격 25,000원